이호철의
갈래별
글쓰기
교 육

일러두기

- 이 책에 실린 아이들 글은 대부분 이호철 선생님이 지도한 아이들 글입니다. 이호철 선생님이 평생 대구 경북 지역에서 아이들을 가르쳐 왔기 때문에 글 속에 이 지역의 사투리가 많습니다. 사투리와 입말은 표준말로 고치지 않고 그대로 두었습니다.

- 이 책의 띄어쓰기와 맞춤법은 표준국어대사전을 따랐지만 '우리 말, 우리 글, 우리 나라'는 표준국어대사전을 따르지 않고 보리출판사의 기준대로 썼습니다.

이호철의
갈래별
글쓰기
교 육

이호철 글

보리

글쓰기 교육으로 아이들 삶이 아름답게 가꾸어지기를

아이들 글쓰기 교육을 해 온 지 35년이 넘었다. 교직에 몸담기 시작한 초기 몇 년 빼고는 줄곧 글쓰기 교육을 해 온 셈이다. 처음엔 아이들이 글짓기만 잘하면 된다고 생각했다. 아하! 그런데 길을 잘못 들었다. 어떤 일이든 열심히 안 하는 것도 문제지만 열심히 한다 해도 길을 잘못 들면 갈수록 더욱 어긋나 뒤에는 바른 길로 고쳐 가기가 무척 어렵게 되기도 한다.

그런데 나는 다행이었다. 이오덕 선생님을 만나 '삶을 가꾸는 글쓰기 교육'에 대해 일찍 눈뜨게 되었기 때문이다. 글쓰기를 중심으로 모든 교육, 무엇보다 인간 교육을 하는 것이 '삶을 가꾸는 글쓰기 교육'의 목표다. 아이들 삶을 가꾸는 것이 목적이고 글 쓰는 것은 수단으로 삼는다.

나는 또 선생님이 지도한 아이들 글을 엮은 책《일하는 아이들》과 《우리도 크면 농부가 되겠지》를 읽고 충격을 받기도 했다. 그 이후로 이오덕 선생님의 정신을 이어받아 실천하는 교사로 남겠다 다짐하고 지금껏 내 나름대로 열심히 글쓰기 교육을 해 왔다.

지금 세상은 어떤가! 옛날보다 더 나아진 게 별로 없다. 오히려 더욱 물질이 정신을 지배하는 황폐한 세상이 된 것 같다. 겉은 멀쩡해 보여도 속은 푹 썩은 것들이 득실거리고 있는 판이다. 경쟁 교육으로 아이들을 힘들게 하고, 잘못된 글짓기 교육으로 아이들을 병들게 하기도 한다. 이런 속에서 지금 우리 아이들은 제대로 살아가고 있는 걸까? 초·중·고생들이 지난 5년간 사흘에 한 명꼴로 스스로 목숨을 끊은 것만 보아도 그렇지 않은 것 같다.

그래도 어른들과는 달리 물길만 잘 터 주면 바른 길로 올곧게 갈 수 있는 게 우리 아이들이다. 그래서 언제나 아이들은 우리의 희망이다. 그 물길을 제대로 터 줄 수 있는 교육 방법은 수없이 많을 것이다. 그렇지만 나는 자기 삶을 귀하게 여기게 하고, 다른 사람의 잘못된 삶을 살펴서 따지고 비판하며 바른 길로 가게 하고, 세상 사람들과 더불어 살아갈 수 있게 하고, 아름다운 삶을 가꾸어 나갈 수 있게 하는 교육으로 '삶을 가꾸는 글쓰기 교육'보다 더 좋은 것은 없다고 본다. 그래서 나는 이 교육을 중심에 두고 거의 모든 교육을 해 왔다.

그간 내가 해 온 몇 가지 교육의 결과물을 책으로 묶어 내기도 했고, 《살아 있는 글쓰기》란 글쓰기 지도 책도 내기도 했지만, 지금껏 해 온 갈래별 글쓰기 교육의 결과물을 힘께 묶어 내는 건 이번이 처음이다. 글쓰기 교육 관련 책은 많이 나와 있으나 삶을 가꾸는 글쓰기 교육으로서 갈래별 글쓰기 교육 책은 아주 드물다. 그래서 지금껏 내가 실천해 온 것이나마 내보여야겠다 싶어 한국글쓰기교육연구회 회보에 연재했던 글들을 다듬어 이렇게 책으로 낸다.

여기에 내보이는 교육 방법은 특별한 것이 아니고 하나의 예시일 뿐이다. 삶을 가꾸는 글쓰기 교육 정신만 바로 서 있다면 방법은 수없이 많을 터, 교사들 누구라도 스스로 그 방법을 찾아가야 할 것이다.

그러면 이 책은 아이들 글쓰기 교육에 열성을 가진 교사들만 읽어야 하나? 아니다. 모든 교사, 모든 부모, 그 밖의 어른들도 읽어야 한다. 시중에는 어른들의 글쓰기 관련 책도 많이 나와 있고, 나도 더러 읽어 보았지만 별 도움이 되지 않았다. 따라서 자기 글을 쓰려는 어른들도 이 책을 먼저 읽고 글쓰기의 기초를 튼튼히 하길 바란다. 그래야 제대로 된 글을 쓸 수 있을 것이라 본다. 아이들의 글쓰기라고 우습게 볼 일이 아니다.

여기 여러 갈래별 글쓰기에서 극본 쓰기 같은 경우, 가끔 지도해 보긴 했지만 여러 종류의 극본을 고루 지도해 보지 못해 어른이 쓴 글을 예문으로 빌려 오기도 했다. 그리고 상상문은 지도 사례가 없어 백지 상태에서 내 나름대로 지도해 본 것이다.

또 갈래에 따라서는 지도 방법이 다른 갈래 글의 지도 방법과 겹치는 부분이 있는데도 그대로 둔 까닭은, 각 장마다 독립된 장으로 읽고 지도에 참고할 수 있도록 하기 위해서다. 그 점 이해해 주었으면 한다.

이 책에는 아이들의 글이 아주 많은데 이 자리를 빌려 글을 써 준 아이들에게 고맙다는 말을 전한다. 글쓰기 교육에서 아이들에게 보여 주는 예문이 얼마나 중요한지는 모두 잘 알 것이다. 여기에 실려 있는 글들 외에도 더 많은 좋은 예문들은 따로 묶어 내려고 한다. 그 것도 이 책과 함께 사전처럼 늘 곁에 두고 지도하는 데 참고하길 바란다. 아이들도 또래 아이들의 글을 많이 읽도록 했으면 좋겠다.

이 책으로 '삶을 가꾸는 글쓰기 교육' 정신이 더 널리 퍼진다면 더 바랄 것이 없겠다. 또한 이 책을 읽고 많은 이들이 글쓰기 교육을 연구하고 펼쳐서 우리 아이들의 삶이 아름답게 가꾸어지길 바란다.

끝으로, 이 책이 나오게 적극 도와준 신정숙 씨, 보리출판사 이경희 씨를 비롯해 관계자 여러분께 고맙다는 말 전한다.

2015년 3월
이호철

차례

어린이 글의 갈래 나누기

어른들의 글은 갈래의 틀이 어느 정도 잡혀 있지만 어린이의 글은 아직 또렷하지 못한 것이 사실입니다. 이오덕 선생님이 나누어 놓은 갈래를 바탕으로 한국글쓰기교육연구회의 이성인 선생님이 더욱 또렷이 나누고 그 성격을 밝혀 놓은 것이 있는 정도입니다.

어린이, 무엇보다 저학년 어린이 편에서 글의 갈래는 별 뜻이 없습니다. 글쓰기를 지도할 때 군이 갈래별로 성격을 설명하는 것도 별 뜻이 없고요. 하지만 글쓰기를 가르치는 사람은 어린이 글의 갈래와 그 성격을 또렷이 알아야 제대로 가르칠 수 있을 것입니다.

아이들의 글은 크게 시(운문)와 줄글(산문)로 나눌 수 있습니다. 줄글은 보고 듣고 겪은 사실(또는 사건)을 있는 그대로 쓴 '서사문', 어떤 대상에 대한 설명을 중심으로 쓴 '설명문', 사실보다 자신의 느낌이나 생각을 중심으로 쓴 '감상문', 어떤 문제에 대해 근거를 들어 의견이나 견해를 내세운 '논설문'으로 크게 나눌 수 있습니다.

구분	객관의 글(사실, 사건 중심)	주관의 글(느낌, 생각 중심)
감각 · 정서의 글	서사문	감상문
이성 · 논리의 글	설명문	논설문

서사문과 설명문은 둘 다 사실을 전달하는 것이 목적인 글이지만, 서사문은 어느 때 어느 자리에서 있었던 사건을 쓰는 글인데 반해, 설

명문은 되풀이되는 일이나 일반 사실을 풀이한 글입니다. 감상문과 논설문은 글쓴이의 주관을 쓴 글이라는 점에서 같지만, 감상문은 느낌이나 생각을 소극적인 자세로 쓴 글이라면, 논설문은 사건이나 문제에 대한 견해를 논리와 근거를 바탕으로 적극적인 태도로 쓴 글입니다.

서사문 안에는 생활글, 기사문, 사생문, 기행문, 기록문 들이 있고, 설명문 안에는 소개하는 글, 풀이하는 글, 알리는 글, 보고하는 글 들이 있습니다. 감상문 안에는 생활 감상문, 영화·연극 감상문, 시사 감상문, 독서 감상문 들이 있고, 논설문 안에는 주장하는 글, 비판하는 글, 옹호하는 글, 호소하는 글, 요구하는 글 들이 있습니다.

이 밖에도 줄글 중에는 특정한 대상을 염두에 두고 쓰거나 특수 목적을 가지고 쓴 갈래의 글이 있습니다. 말하자면 자기만 보기 위해, 자신의 역사를 기록한 일기가 있고, 읽을 사람을 정해 두고 쓴 편지도 있습니다. 또 연극을 하기 위해 쓴 극본도 있지요.

여기서 기록문과 보고문은 엄격하게 따지자면 서사문이나 설명문에 속한다고 보기 어려운 점도 있으나, 기록문이 사실을 기록해 두는 글이므로 서사문 쪽에 가까운 글이라고 보고, 보고문은 알리는 목적으로 쓰는 글이므로 설명문에 가까운 글이라 각각 서사문과 설명문에 넣어 놓았습니다.

또 한 가지는 상상문인데, 이 글은 머리로 생각한 것을 쓴다는 뜻
으로 보면 감상문에 들어갈 수 있기도 하겠지만 실제로 글 내용을 보
면 그렇지 않아 따로 떼어 놓았습니다.

글의 갈래를 나누어 놓고 봐도 아직 또렷하지 않은 부분이 없지는
않습니다. 여러분들도 한번 생각해 보기 바랍니다.

■ 어린이 글의 갈래

아이들이 쓰는 글이 이렇게 갈래가 많은가 놀랄 수도 있겠습니다.
실제 아이들이 쓴 글을 보면, 어른들이 쓰는 온갖 갈래 글의 싹들이
있습니다. 독서 감상문 중에는 서평에 가까운 것이 있고, 논설문 중

에는 어른들의 칼럼 못지않은 것도 있지요.

　우리가 아이들의 글을 지도할 때 글의 갈래를 염두에 두는 것은 아이들이 내용과 형식이 어울리는 글을 쓸 수 있도록 기초를 잡아 주려는 것이지 처음부터 어떤 틀에 맞추어 글을 쓰도록 지도하려는 것이 아닙니다. 아이들이 쓰고 싶은 글을 맘껏 쓰도록 하는 것이 가장 중요하고, 자기가 하고 싶은 이야기를 읽는 사람이 잘 알아들을 수 있게 쓰는 방법을 지도하는 것은 두 번째입니다.

　흔히 어른들은 아이들에게 자기의 느낌을 많이 쓴 글이 좋은 글이라고 합니다. 하지만 사실을 잘 전달해야 하는 글에서 사실보다 자기 생각을 더 많이 썼다면 그것이 좋은 글이 될 수 있겠습니까? 설명하는 글이나 알리는 글에서도 글쓴이의 생각이 많이 들어 있으면 좋은 글이 되기 어렵습니다.

　이렇듯 글을 쓰는 목적에 따라 쓰는 방법도 달라야 한다는 것을 가르치는 것이 바로 갈래별 글쓰기 교육의 핵심입니다.

1장

시

그때 그 감흥을
붙잡아 쓰는 글

1. 시란 어떤 글일까요?

어린이들에게 "시란 어떤 글일까요?" 하고 물으면 어떤 대답이 나올까요? "이야기글보다 짧은 글", "연이 나뉘어 있는 글", "리듬감이 살아 있는 글", 또 그 밖에 여러 가지 대답이 나오겠지요. 하지만 누구라도 딱 꼬집어서 이것이다 하고 대답하기는 쉽지 않을 것입니다.

그러면 먼저, 시가 산문과 다른 점은 뭘까요? 시는 겉으로 보면 대체로 길이가 짧습니다. 그리고 한 줄에 한 문장씩 나뉘어 있기도 합니다. 또 연으로 나뉘어 있기도 하지요. 시에서 연은 산문에서 문단쯤 되는데, 연을 나눌 때는 한 줄 띄워서 씁니다. 또 겉보기로는 산문처럼 보이는 시도 있지요.

산문은 일정한 목표를 두고 있는 그대로 쓰거나, 설명을 하거나, 이치를 밝혀 차근차근 써 나가는 글이지만 시는 마음속에 일어난 감흥(감정의 움직임)을 붙잡아서 짧게 표현한 글입니다.

이오덕 선생님은 시란 '마음의 소리' '자연이나 인간의 삶에서 얻은 감동을 짧게 나타낸 글' '사람의 마음을 울려 놓거나, 놀라움을 주거나, 새로운 것을 발견하게 하거나, 높은 곳으로 우리들 마음을 끌어올려 주는 짧은 글' '참 그렇구나! 참! 하고 느끼는 것' 이렇게 말하기도 했습니다.

좀 더 쉽게 간추려서, 시를 읽는 사람 쪽에서 보면 이렇게 말하기도 합니다.

① 마음을 따뜻하게 해 주는 것
② 기쁘게 해 주는 것
③ 새로운 세계를 열어 보여 주는 것

④ 자유롭게 살아가는 마음을 갖게 해 주는 것

⑤ 마음을 깨끗하게 해 주거나, 높은 곳으로 끌어올려 주는 것

⑥ 참된 것을 찾아낸 것

⑦ 희망을 주는 것

또 시를 쓰는 사람 쪽에서 보면 이렇게 말하기도 합니다.

① 새로움의 발견

② 아, 아름답구나! 참 그렇지, 하고 깨닫는 것

③ 참다 참다 그래도 참을 수 없는 말을 토해 낸 것

–《우리 모두 시를 써요》(이오덕, 지식산업사)

이렇게 볼 때, 아이들이 쓰는 시는 살아가면서 그때그때 부딪치는 온갖 일들에 대해 새롭게 느끼고 생각한 것(감동)을 될 수 있는 대로 짧은, 꼭 써야 할 자기의 말로 토해 내듯 꾸밈없이 쓴 것이라고 줄여 말할 수 있겠지요.

다음 시를 한번 읽어 봅시다.

엄마와 나

경산 성암초 6학년 조연희

깜깜한 밤에
사람 없는 골목길을
엄마와 나란히 걸어서
가게에 간다.
나는 손이 시려
주머니에 두 손을 넣었다.

아아, 따뜻하다!
엄마가 나에게 팔짱을 낀다.
"엄마, 왜 팔짱 끼는데?"
"그냥."
"엄마, 사실 밤이라 무서워 그러제?"
"아니다."
"에이, 무서워 그러면서……."
엄마와 나 서로 마주 보고
빙긋이 웃었다.
가로등 불빛에 봐도
엄마 얼굴이 빨개진 걸 알 수 있다.
그런 엄마의 모습이 재미있다.
난 언제까지나 이렇게
엄마와 팔짱을 끼고 걸었으면 좋겠다.
하늘에는 별이 반짝반짝한다.   (2004년 10월 27일)

  그렇게 특별할 것 없는 시입니다. 그런데 읽어 보면 마음이 따뜻해
집니다. 어떤 사람은 까닭 없는 눈물도 솟구칠 수 있을 것입니다. 이
시에서 눈물이 솟구쳤다면 그건 어머니와 딸의 참사랑을 느꼈기 때
문이겠지요. 어떤 일에서든 진솔한 감정을 느꼈을 때는 그렇게 눈물
이 나기도 합니다.

  개구리
                        청도 방지초 봉하분교 4학년 최기석
개구리 한 마리가 찻길을 건너다
차에 그만 칭기고 말았어요.

건너편 논에 알 놓으러 가다가
칭기고 말았어요.
엄마가 아기를 갖고 싶어 했던 소원이
이루어질라 하는데
가다가 차에 칭겨 죽고 말았어요.
배 속에 있던 개구리 알은 우무질 안에서
가만히 자고 있어요.
새끼는 어미가 죽었는지도 모르고
잠만 자요.
나는 알을 논에 넣어 주었어요.
나는 알보고 열심히 자라라고 했어요.
엄마 없다고 너무 많이 울지 마라고 했어요.   (1999년 4월 12일)

알 밴 개구리가 찻길을 건너다 차에 치여 죽은 것을 보고 매우 안타까워하는 마음을 나타낸 시입니다. 장면을 떠올리며 천천히 읽으면 정말 눈물이 핑 돌 만큼 찡하게 울려 오는 것을 느낄 것입니다. 이것이 감동입니다. 이런 감동이 담겨 있어야 시라고 할 수가 있습니다.

어린이들에게는 '아, 시란 이런 것이구나!' 조금 느낄 수 있을 정도로만 말해 주면 될 것입니다. 그래도 시가 뭔지 또렷이 알지는 못하겠지만 자꾸 시를 읽고 쓰다 보면 저절로 느끼고 깨닫게 될 것입니다. 시란 느껴서 아는 것이 진짜 아는 것 아니겠습니까.

그런데 어떤 어린이는 어른이 쓴 동시를 흉내 내어 써 놓고 시라고 하기도 해요. 그렇게 쓰는 시는 어린이 자신의 시가 아니란 걸 또렷이 말해 주어야 합니다. '동시'는 어른이 어린이들에게 주기 위해 쓴 시입니다. 그러면 어른 시와 어린이 시는 어떤 차이가 있을까요?

먼저 시의 갈래를 나누어 보겠습니다.

어른 시(어른이 쓰는 시): 시조, 시, 동요, 동시

어린이 시(어린이가 쓰는 시): 유아시, 유년시, 아동시, 소년시

　

여기서 보면 동요와 동시는 어른이 쓰는 시지만 읽는 사람은 주로 어린이들입니다. 그러니 어른이 쓴 동요와 동시를 어린이가 흉내 내어 쓰면 어린이 시라고 할 수 없습니다. 어린이가 쓰는 시에서 유아시는 아직 글자를 모르는 유아의 말을 어른이 받아 적은 것입니다. 유년시는 초등학교 저학년의 시를 말하고, 아동시는 초등학교 고학년의 시를 말합니다. 그리고 소년시는 중학생의 시를 말하지요.

왜 이렇게 나이에 따라 구분해 놓았느냐 하면 어린이들은 자람에 따라 마음도 자꾸 자라기 때문입니다. 그런데 어른이 쓰는 동요와 동시는 어린이 시에서 바로 발전하는 것이 아니라 어른의 일반 시에서 다시 어린이들이 읽을 수 있는 동요와 동시를 쓰는 길로 갑니다.

동요, 동시와 어린이 시의 다른 점은 또 있습니다. 다음 표를 잘 보세요.

	쓰는 사람	쓰는 과정	내용	읽는 사람
동요 동시	어른	느낌이 마음속에 머물러 있다가 생각이나 상상 같은 것이 들어가고 표현하는 기술이 들어갑니다.	어른이 본 어린이의 세계, 어른의 마음속에 남아 있는 어린이의 세계, 어린이도 이해할 수 있는 어른의 세계.	주로 어린이가 읽지만 어른도 읽음
어린이 시	어린이	어떤 사물을 보거나 어떤 일을 겪었을 때, 그때 느낀 것을 바로 씁니다. 다만, 고학년이 되면 말을 골라서 쓰기도 합니다.	어린이 자신의 삶, 어린이가 본 세계.	주로 어린이가 읽지만 어른도 읽음

그리고 어린이들이 쓰는 시를 어른들이 말할 때는 '어린이 시'라고 말하지만 어린이들이 말할 때는 그냥 '시', '어린이 시' 이렇게 말하면 됩니다. 어른들이 쓰는 시를 어린이들이 말할 때는 '어른 시, 동요, 동시'라고 하면 되겠지요.

2. 시는 왜 쓸까요?

"시는 왜 쓸까?" 하고 아이들에게 묻는다면 어떻게 대답할까요? 국어 책에 시 쓰는 것이 나오니까 쓴다고도 할 테고, 시를 쓰면 마음이 맑아지기 때문에 쓴다고도 할 테지요. 또 얼른 대답을 못 하는 어린이들도 있을 테고요.

그래서는 안 되지요. 무슨 일을 하든 목표가 또렷하지 않으면 모든 게 처음부터 잘못된 방향으로 가기 쉽습니다. 지금까지 자기 느낌이나 생각이 아닌 아름다운 말로 꾸며서 시를 써 온 잘못된 방법도 그래서 그런 겁니다. 어린이의 삶에 바탕을 두기보다는 오직 시를 잘 쓰는 것에만 목표를 두었기 때문입니다.

그러면, 시는 왜 쓰는지 알아봅시다. 이번에도 이오덕 선생님이 말한 '시 교육 목표'를 옮겨 보겠습니다.

① 일상의 삶에서 비뚤어지고 오염된 마음을 순화시킨다. 혹은 사람의 정신을 보다 높은 경지로 고양시킨다.
② 시적인 직감을 통해 사물의 본질을 붙잡는다
③ 참된 삶을 인식하고, 인간스런 삶의 태도를 갖는다.
④ 진정이 들어 있는 말, 진실이 꽉 찬 말, 정직한 말의 아름다움을 깨

닫고, 그런 말을 쓴다.

⑤ 자신의 느낌과 생각을 표현하고 싶은 욕구를 갖는다.

-《삶을 가꾸는 글쓰기 교육》(이오덕, 보리)

한마디로 '참된 사람이 되게 해 준다.' 이렇게 말할 수 있겠지요. 그러니까 누가 뭐라 하든 어린이는 어린이다운 마음을 마음껏 펼치며 자유롭게 시를 쓰면서 참된 사람으로 자라게 해야 합니다.

그러자면 먼저 어린이들에게 묻어 있는 때, 말하자면 사회의 어른들로부터 그릇되게 배우고 익혀 온 것이나 어린이답지 못한 것들을 잘 깨우쳐서 떨쳐 버리도록 해야겠지요. 그런 다음에 새 마음으로 시를 쓰게 해야 합니다.

3. 가짜 시와 진짜 시

물건에는 가짜 물건과 진짜 물건이 있습니다. 가짜 물건은 진짜 물건과 비슷하게 만들고 진짜의 이름을 붙여 진짜의 값으로 팝니다. 그런 물건은 질이 아주 나쁜 것이 대부분이지요. 겉모습은 아주 그럴듯하게 잘 만든 것 같아도 원료를 옳지 않은 것을 쓰거나 튼튼하게 만들지 않아 빨리 망가질 수도 있지요.

심지어 우리가 먹는 음식에도 가짜가 많습니다. 가짜 음식을 잘못 먹으면 우리들의 목숨까지 위험하지요. 그런 나쁜 사람들이 없어지지 않으니 참 큰일입니다.

그런데, 가짜는 시에도 있습니다. 가짜 시는 가짜 물건이나 가짜 음식처럼 그렇게 나쁘지는 않다 하더라도 우리에게 별 도움을 주지 못하거나 우리들의 느낌이나 생각을 어떤 틀 속에 가두어 새로운 느낌과 생각을 솟아나지 못하게 할 수도 있으니 좋지 않지요.

다음에 내보이는 시는 어느 신문에 실린 것입니다.

봄

4학년

내 마음이
봄의 향기로
가득 찼어요

내 마음의 향기를
날려 보내니
나풀나풀 나비가
날아와요

내 마음도
나비따라 나풀나풀
날아올라요

내 마음이 봄의 향기로 가득 찼다고 했는데 봄의 향기로 가득 찼다고 느낄 만한 경험이 없습니다. 그냥 생각으로 쓴 것입니다. 생각을 쓰더라도 실제 자기 경험에서 비롯된 생각이라야 하는데 이 시는 그런 새로운 생각이 없지요? 그러니 '아! 그렇구나!' 하는 감동이 없습니다.

다음 시는 어느 글짓기 대회에서 당선된 작품입니다.

꽃밭에서

6학년

정다운 꽃밭은
참 포근하기도 하지요.
아기가 아장아장 뛰어놀면
아기가 다칠까 봐 마음만 조마조마.
마치 엄마 품 같아요.

넓고도 넓은 꽃밭에
아기가 아장아장 걷다가 지쳐
엄마 머리카락처럼 보드라운
꽃밭에서 곤히 잠이 들지요.

무지개처럼 아름다운 꽃들은
참 춤도 잘 추지요.
무서운 바람 아저씨가 와도
언제나 즐겁게 한들한들
춤을 추지요.

아기는 아기는
참 행복하지요.
엄마같이 포근한 분이
또 있으니까요.

이건 더 살펴볼 것도 없이 가짜 시입니다. 시의 내용과 같은 일은
일어날 수가 없습니다. 머릿속으로 상상해서 꾸며 쓴 것이지요. 그러

니까 틀린 곳도 많고 감동은커녕 역겨운 느낌이 듭니다.

아기가 꽃밭에서 곤히 잠든다고 했는데 세상에 그런 일은 없습니다. 무서운 바람 아저씨가 와도 한들한들 춤춘다고요? 거짓말이지요. 무서운 바람 불 때 꽃밭을 한 번도 안 봤나 봅니다. 대충 봐도 모두 거짓말인데 하나하나 따져 보면 얼마나 엉터리 시인지 알 수 있을 것입니다. 또 '~지요.' 하는 말은 어른들이 쓴 동요나 동시 닮은 말투, 아주 어린 아기 말투입니다.

얼마 전 어느 신문 월 장원 상을 받은 시를 한 편 봅시다.

안경

6학년

동그란 렌즈
달랑 2개 달린
안경.

내 마음에
써 보았더니
참 좋더라.

거짓말하는 마음,
싸우는 마음은
오목렌즈 써서
줄여 주고

고운말 쓰는 마음,
볼록렌즈 써서

늘려 주었지.

이 시의 평 부분을 따오면 이렇습니다.

    장원에 오른 임○○(서울 초등 6학년) 어린이의 〈안경〉은 조금 다른 생각으로 나타내어서 좋았다. 보통 얼굴에 쓰는 안경이 아니라 마음에 쓰는 안경으로 생각한 점이 조금 낯설어 보였다. 마음의 상태를 오목렌즈와 볼록렌즈로 비유한 것도 좋았다.

    마음 상태를 오목렌즈와 볼록렌즈로 비유한 것이 좋았다고 했습니다. 흔히 시에서는 비유하는 말을 잘 써야 한다고 말하는데, 비유하는 말은 억지로 생각해 내는 게 아니고 삶에서 저절로 튀어나와야 살아 있는 비유가 되는 것입니다. 그러니 이 시는 삶 없이 지식을 바탕으로 묘한 생각을 지어낸 죽은 시라고 볼 수밖에 없지요.

    그러니까 앞의 시 세 편처럼 신문에 실린 시나 무슨 대회에서 뽑힌 시나 어느 한 편도 '참 그렇구나!' 하는 마음이 생기는 시가 없습니다. 형식은 어른이 쓴 동요, 동시 형식을 빌어와 머릿속에 들어 있는 아득한 생각을 말만 맞추어 갖다 붙였다고 볼 수밖에 없습니다. 그래서 어디서 수없이 본 듯하고, 누구나 보통 생활에서 생각할 수 있는 말을 늘어놓거나 말재주를 부려 놓은 것밖에 안 되었습니다. 진정한 자기 삶이 없는 시는 대체로 이렇습니다.

    조금 다른 시 한 편을 보겠습니다.

소싸움

5학년

소싸움을 보러 갔다.

선생님들 차로 갔다.

사자와 꺽쇠와 싸우는데

사자는 800kg이고 꺽쇠는 1050kg이다.

그래도 사자가 이길 거라고 믿었다.

사자는 완주 소라서이다.

그런데 꺽쇠가 사자를 밀어서

나무토막으로 막은 데로 밀리니까

거기 있는 사람들은

막 넘어지고 피했다.

어떤 아저씨는 바지를 버렸다.

꺽쇠가 이기고 사자가 졌다.

왜냐하면 사자가 헛바닥을 내놓고

도망을 갔기 때문이다.

이 시는 사실을 있는 그대로 썼다는 점에서 앞의 시들보다 칭찬할 만하지요? 그런데 줄글을 그냥 끊어서 써 놓은 것 같습니다. 말하자면 시 맛이 안 난다는 말이지요.

앞의 시 세 편은 모두 '가짜 시'라고 하겠습니다. 또 '죽은 시', '좋지 않은 시'라 해도 좋습니다. 그런데 네 번째 시 〈소싸움〉은 가짜 시라 하기가 좀 그렇지요? 그렇다면 이런 시를 '발전 시'라고 이름을 붙이면 어떨까 싶습니다. 앞으로 발전 가능성이 크니까요.

그러면 어떤 시가 가짜 시인지 쉽게 찾아낼 수 있는 요령을 말해 볼게요.

가짜 시

① 어디선가 많이 본 것 같은 시

② 교과서에 나오는 동시 형식을 닮은 시

③ 너무 매끈한 시

④ 어른스럽거나 어려운 시

⑤ 읽어 봐도 별맛이 없는 시

⑥ 아기 같은 소리를 쓴 시

⑦ 아름다운 말만 늘어놓은 시

⑧ 줄글을 시처럼 끊어 놓은 것 같은 시

어떻습니까? 이제 쉽게 찾아낼 수 있겠지요?
자, 이제 다음 시들은 어떤지 봅시다.

배나무

경산 성암초 6학년 권수진

옆집에 있는 배나무
배가 신문지에 폭 싸여 있다.
우리 마당으로 넘어온 가지에
달랑달랑 달린 배
그냥 톡 건드려 봤을 뿐인데
어머나!
툭 떨어진다.
우리 것도 아닌데
떨어뜨린 것이 미안해
배를 담 위에
가만히 올려놓았다.   (2004년 10월 9일)

담 너머 자기 집 마당 쪽에 달려 있는 배, 어쩌다 떨어뜨린 그 배를 먹지 않은 것뿐만 아니라 떨어뜨린 것도 미안해 담 위에 가만히 올려 놓았다고 했지요? 왜냐고요? 우리 것이 아니니까. 본디 어린이들의 마음은 이렇게 깨끗합니다. 그런데 우리가 사는 세상은 어떻습니까? 우리 집 쪽에 넘어온 것은 당연히 우리 것이고 우리 집 쪽에 넘어오지 않은 배도 우리 것이라고 착각하고 따 먹으려고 하는 사람이 많은 세상이 된 것 같습니다. 그런데 어른들은 여기 어린이같이 깨끗한 어린이들의 마음을 지켜 주지 못하고 있지요. 그래서 이 시는 더욱 따뜻한 감동을 주는 귀한 시라 말할 수 있습니다.

아빠의 런닝구

경산 성암초 6학년 이은경

베란다에 널려 있던
아빠의 런닝구
예쁘게 개다 보니
옆구리에
커다란 구멍이 나 있다.

"아빠, 런닝구 좀 사 입어요."
난 런닝구를 펼쳐
아빠에게 보여 주었다.

"개안타, 일하다 보면
녹물 튀고 하면 또 빵꾸 나고.
니들 하드 하나씩
묵을 수 있다 아이가."

난 아빠의 런닝구를
더 예쁘게 개었다.   (2004년 6월 24일)

오래전에 한 어린이가 〈엄마의 런닝구〉라는 시를 썼습니다.

  엄마의 런닝구

                                        경산 부림초 6학년 배한권

  작은누나가 엄마보고
  엄마, 런닝구 다 떨어졌다
  한 개 사라 한다.
  엄마는 옷 입으마 안 보인다고
  떨어졌는 걸 그대로 입는다.

  런닝구 구멍이 콩만 하게
  뚫려져 있는 줄 알았는데
  대지비만 하게 뚫려져 있다.
  아버지는 그걸 보고
  런닝구를 쭉 쭉 쨌다.

  엄마는 와 이카노
  너무 째마 걸레도 못 한다 한다.
  엄마는 새걸로 갈아입고
  째진 런닝구를 보시더니
  두 번 더 입을 수 있을 낀데 한다.   (1987년 5월 20일)

이 시에서는 어머니가 떨어진 '런닝구'를 그대로 입고 있지요. 어

머니의 삶 태도도 그렇지만 식구들의 따뜻한 사랑을 느낄 수 있다고
했습니다. 그리고 또 한 가지 칭찬할 것은 가정의 이런 모습을 다른
사람에게 내보이는 걸 부끄럽게 생각할 수도 있을 텐데 당당하게 내
보인 태도라고 했습니다.

　뜻밖에도 이렇게 〈아빠의 런닝구〉란 시도 나왔습니다. 이 시도 그
렇습니다. 녹물 튀는 일을 해서 구멍 난 아버지의 '런닝구'를 개다 아
버지를 생각하는 딸의 따뜻한 마음이 잘 나타나 있습니다. 아버지는
그런 딸을 사랑스럽게 생각하겠지요. 감동을 주는 시입니다.

　　호박 새싹

　　　　　　　　　　　　　　청도 방지초 봉하분교 5학년 최신영

　　호박에 물을 줬어요.
　　떡잎 두 장이
　　우산을 쫙 편 것 같아요.
　　물을 주니까 자꾸
　　호박이 까불거려요.
　　한쪽에 물 주면
　　잎은 조리로 해딱 가고
　　또 다른 쪽에 물을 주면
　　요리로 해딱 누워요.
　　떡잎 사이에 본잎이
　　혀를 내밀듯이 쏙 나왔어요.
　　하얀 털이 송송송 났어요.
　　만지면 간질간질해서
　　웃음이 터질 것 같아요.
　　호박 새싹은 물을 먹고 좋다고

자꾸 헤헤헤 웃어요.   (1999년 4월 29일)

　물을 주며 본 호박 포기의 모습을 잘 보고 표현한 시입니다. 호박 떡잎 두 장을 보면 마치 우산을 펼친 것 같지요? 물뿌리개에서 나오는 물줄기가 비라고 생각한다면 그런 생각을 더 하게 될 것이고요. 그런데 물을 주다 보니 떡잎이 요리 해딱 가고, 조리 해딱 가요. 본잎이 혀를 내밀듯이 쏙 나왔다고 하는 것도 '참 그렇구나!' 하고 느낄 수 있습니다. 하얀 털이 송송송 나고 그걸 만지면 간질간질해서 웃음이 터질 것 같고, 호박이 물을 먹고 좋다고 헤헤헤 웃는다는 표현도 정말 그렇겠구나 하는 느낌이 듭니다. 이 어린이만 쓸 수 있는 시입니다.

　　개똥

　　　　　　　　　　　　　　　　　　경산 성암초 2학년 박석범

　　문구점 옆에서 개똥을 봤다.
　　개똥 모양이 조금 길쭉하고
　　둥글기도 하다
　　네 개가 한 줄로 있다.
　　꼭 우리가 조회할 때
　　줄 서 있는 것 같다.
　　어떤 개가 누었을까?
　　아기랑 엄마랑 아빠랑
　　긷이 누었을까?
　　아니면 우리 앞집 검둥이가
　　네 무더기 다 누었을까?
　　개똥은 가만히 누워 잠을 잔다.

개똥은 조용하게 착하게
잘 누워 있다.   (2005년 6월 21일)

똥이라면 누구나 더럽다고 하는 게 보통입니다. 그런데 똥을 이렇게
예쁘게 본 어린이는 이 어린이 말고 몇 명이나 더 있을까요? 개똥 네
무더기를 보고 '아기랑 엄마랑 아빠랑 / 같이 누었을까?'라고 해서
정겹고 행복한 식구들의 모습을 그려 보게 됩니다. 또 '개똥은 조용
하게 착하게 / 잘 누워 있다.'는 건 바로 이 어린이의 착한 마음이 아
닐까요? 권정생 선생님의 동화《강아지 똥》생각도 나게 합니다. 자
꾸만 참 예쁜 시구나 하는 생각이 들게 하는 시입니다.
    그러니까 33쪽 〈배나무〉 시부터 37쪽 〈개똥〉 시까지는 생생하게
살아 있으며 가슴을 찡하게 울려 오거나, '참 그렇구나!' 하는 감동이
있습니다. 글쓴이 말고는 누구도 쓸 수 없는 시이지요. 이게 진짜 시
입니다.
    이렇게 시에서는 감동이 생명이라 할 만큼 중요합니다. 이 감동은
실제 생활 속 어느 곳 어느 시간에 구체로 얻어지는 것이지 〈봄〉, 〈꽃
밭에서〉, 〈안경〉 같은 글처럼 잔꾀를 부려 머리로 묘한 말을 꾸며 맞
추어 쓰는 데서는 생길 수 없는 것입니다. 말하자면 화장을 하지 않
은 사람의 실제 모습이나 사람 속에 숨어 있는 솔직한 마음 같은 것
이 진짜 그 사람의 모습 아니겠습니까. 시도 그런 모습을 나타내어야
감동을 줍니다. 그런 시를 '진짜 시' 또는 '살아 있는 시', '좋은 시'라
할 수 있습니다.
    '진짜 시'란 어떤 것인지 다시 간추려 말해 보겠습니다.

진짜 시

① 무엇보다도 감동을 주는 시. 여러 번 이야기했지만 '참 그렇구나!' 하고 마음을 찡하게 하는 시.

② 쉽게 읽히고 자연스럽게 느껴지는 시. 어려운 말을 쓰거나 머리로, 꾀로, 재주로 만들어 냈다는 느낌이 안 드는 시.

③ 자기만의 느낌이 나타난 시. 남의 말이나 생각을 흉내 내지 않고 지금까지 아무도 쓰지 않았던 것을 써서 싱싱하게 살아 있는 시.

④ 자기의 말로 쓴 시. 우스갯말, 수수께끼 놀이 말, 신기한 말, 아름다운 말, 고상한 말을 늘어놓으려 하지 않고 삶에서 쓰는 말 그대로 쓴 시.

⑤ 형식에 얽매이지 않고 자유롭게 쓴 시. 길게 쓰든지, 이야기 글같이 쓰든지 마음대로 쓰되 꼭 하고 싶은 말만 쓴 시.

또 어린이들에게 시 내용이나 시 쓰는 것이 재미있게 생각되어야 합니다. 이렇게 시를 느끼고 시를 붙잡아 쓰는 재미는 마음이 따뜻해지고, 혹은 뜨거워지고, 풍성해지고, 깨끗해지고, 긴장되는 재미를 말합니다. 그것은 사람 마음이 착해지고 진실해지고 순화되는 데서 느끼는 기쁨이지 우스꽝스러운 것을 볼 때 느끼는 재미, 수수께끼 놀이에서 얻는 재미, 과학이나 수학 공부를 할 때의 재미와는 다르다는 것도 잘 알아 두었으면 좋겠습니다.

지금까지 '가짜 시'와 '진짜 시'에 대한 이야기를 길게 했습니다. 매우 중요하기 때문이지요. 살아 있는 진짜 시를 쓰려면 이렇게 시를 바로 볼 줄 아는 눈부터 가져야 합니다. 시를 바로 볼 줄 알면 시 쓰기 공부는 반 이상 되었다고 볼 수 있지요.

참고로 이것도 잘 알아 두었으면 좋겠습니다.

좋은 시
① 자연의 모습을 생생하게 붙잡은 것
② 인간의 마음이나 생활의 진실을 붙잡은 것
③ 남들이 보지 못한 사물의 생명을 붙잡은 것

좋지 않은 시
① 감동이 없는 것
② 생명감이 없는 것
③ 재미있게 말만 꾸며 맞추려고 한 것
④ 정확하게 대상을 붙잡지 못한 것
⑤ 같은 내용이나 형식으로 계속 쓴 것
⑥ 설명으로 표현된 것
⑦ 평범한 것을 붙잡은 것
⑧ 개념적인 것
⑨ 모방한 것

- 《삶을 가꾸는 글쓰기 교육》(이오덕, 보리)

이제는 정말 시를 보면 진짜 시인지 가짜 시인지 잘 알겠지요? 어린이들에게 지도할 때는 살아 있는 진짜 시와 죽은 가짜 시를 서로 대비시켜 구분해 보도록 하면 더 쉽게 이해할 수 있을 것입니다.

다음 시 두 편을 견주어 보세요.

어머니
4학년

어머니에게 혼나 화날 때
'우리 어머니 맞나?'

의심하지요. 하지만

혈액형이 같으니
어머니가 맞나봐.

식성도 비슷하니
어머니가 맞나봐.

취미도 비슷하니
어머니가 맞나봐.

날 사랑하는 어머니의 마음이
항상 날 감싸주니
어머니가 맞나봐.

화날 때 소리 질러도
역시
우리 어머니다.
우리 가족

어머니

경산 중앙초 4학년 진해원

방문이 활짝 열렸다.
응?
어머니가
이불 속에 푹 파묻혀 있다.

"엄마, 어디 아프나?"
어머니는 얼굴을 만지며
"해원이 왔나?
밥은 해 놨으니까
니가 좀 챙기 무래이."
다시 이불을 덮는다.
"엄마, 엄마 밥도 차려 오까?"
"생각 없다."
문을 닫았다.
시름시름 앓는 소리.
흰죽을 만들어
어머니에게 갖다 드렸다.
몇 숟가락 들다가
못 먹겠다 한다.
그러고는 또 눕는다.
어머니가 참 많이 아프구나!
나는 눈물이 났다.   (1992년 10월 26일)

앞의 시 두 편 잘 견주어 보았지요? 긴말할 것 없이 앞 시는 가짜
시고 뒤의 시는 실제로 겪어 보지 않으면 쓸 수 없는 진짜 시입니다.

4. 살아 있는 진짜 시 쓰기를 방해하는 것들

우리가 어떤 사물에 대한 느낌을 받아들이는 성질을 감성이라고
합니다. 예사롭게 보던 사물도 이 감성의 촉각이 잘 발달되어 있으면

새롭게 느낄 수 있는 것들이 참 많습니다. 새롭게 느낄 수 있어야 더욱 좋은 시를 쓸 수 있지요.

그렇지만 지금 어린이들은 우리 주위에 있는 사물들을 제대로 볼 틈이 없습니다. 학교 갔다 집에 오면 학원에 가야 하고 학원 갔다 집에 오면 숙제를 해야 합니다. 어쩌다 놀 시간이 조금 있으면 컴퓨터나 텔레비전 앞에 앉아 있지요. 이렇게 옆 돌아볼 짬이 없는데 무엇을 어떻게 보고 겪으며 제대로 된 감성을 키울 수 있겠습니까?

시를 쓰는 데는 감성이 잘 발달되어 있어야 하지만 이성도 필요합니다. 사물의 이치를 논리로 생각하고 판단하는 마음의 작용을 '이성'이라 말하지요.

그런데 우리들이 살아가는 환경은 너무나 많이 오염되어 있습니다. 그래서 어린이들은 더욱 눈·코·입·귀·피부는 제대로 느낄 수가 없고, 머리로는 제대로 판단을 할 수가 없지요. 거기다 살아 있는 좋은 시 쓰기를 어렵게 만드는 것들은 참 많습니다. 그 몇 가지를 살펴보면 이렇습니다.

1) 교과서에 나오는 시

교과서에 나오는 시의 잘못된 점을 따지지 않을 수 없습니다. 어린이들이 시를 감상하고 쓰는 법을 배울 때 무엇보다 교과서에 많이 기대기 때문입니다. 표준이라 생각하고 있는 책인 교과서에는 살아 있는 시 쓰기를 공부하는 데는 모자란 점이 많습니다.

첫째, 교과서에 실려 있는 시가 문제입니다. 대부분 어른들이 쓴 동시가 실려 있습니다. 어린이들이 이것을 보고, 자기가 시를 쓸 때 어른들의 시와 비슷하게 쓰려고 합니다. 감상하는 시는 어른들이 쓴 시도 좋겠지만 쓰기 지도를 하기 위해 실어 놓은 시는 모두 또래 어린이들이 쓴 좋은 시라야 합니다. 그리고 시 내용도 자연의 모습이나 사람의 삶의 모습이 담겨 있는 시가 고루 실려 있지 않으면 어린이들은 편향된 내용의 시를 쓰기가 쉽습니다.

어린이들이 교과서에 실려 있는 시에만 매달리지 말고 여러 종류의 동시집에 실린 시를 많이 읽어 보도록 해야 합니다. 어린이들에게 선택해 줄 만한 시의 일반 조건은 이렇습니다.

첫째, 학생들이 읽어서 깊은 감동을 얻을 수 있는 시라야 한다. 즉 양질의 시, 훌륭한 시라야 하는 것이다.

둘째, 학생들의 삶과 마음의 세계가 잘 표현되어 있어서, 그들의 공감을 불러일으킬 수 있는 것이 좋다.

셋째, 그러나 그 시가 가진 인식과 사고의 깊이가 배우고자 하는 학생들의 그것보다 항상 얼마쯤 앞서 있는 것이어야 한다.

넷째, 어떤 한 가지 경향성을 띤 작품만을 주어서는 안 되며, 될 수 있는 대로 다양한 시의 세계를 보여 줄 수 있게 교재를 구성해야 한다.

다섯째, 감상보다 표현 욕구를 일으키기 위한 것이라면 배우는 학생들과 같은 정도의 인식과 감수(感受)의 세계를 보여 주는 작품이 좋다.

－《삶을 가꾸는 글쓰기 교육》(이오덕, 보리)

둘째, 국어 교과서 시 쓰기 방법이 문제입니다. 형식을 많이 강조하고 있거나 어른들이 시 쓰는 방식을 흉내 내도록 하고 있는 부분이 많습니다. 그리고 시 한 편을 아이 마음대로 쓰게 하지 않고 어른이 쓴 동시의 일부분을 바꾸어 쓰도록 해서 아이들이 개성을 펼치지 못하게 하고 있습니다.

5학년 1학기 〈듣기·말하기·쓰기〉 책 138~143쪽(7단원의 4-5/6차시)을 예로 들겠습니다. 먼저, 시의 일부분을 바꾸어 놓고 무엇을 바꾸어 썼는지, 바꾸어 쓴 시를 읽고 어떻게 느꼈는지 묻고 있습니다.

　다음 단계로는 시 한 편을 내보인 다음 그 시의 주인공을 바꾸고 끝 연을 만들어 써 넣게 합니다. 한 부분을 따오면 이렇습니다.

◉ 시 속의 주인공을 바꾸어 써 봅시다.

우리 아빠 시골 갔다 오시면

김용택

우리 아빠 시골 갔다 오시면
시골이 다 따라와요

이건 담장의 호박잎
이건 강 건너 밭의 풋고추
이건 부엌의 고춧가루

우리 아빠 시골 갔다 오시면
시골이 다 따라와요
맨 나중에 잘 가라고 손짓하시는
시골 우리 할머니 모습이 따라와요

▼

우리 엄마 시장 갔다 오시면

우리 엄마 시장 갔다 오시면

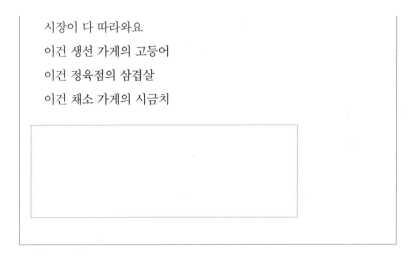

시장이 다 따라와요
이건 생선 가게의 고등어
이건 정육점의 삼겹살
이건 채소 가게의 시금치

　그다음 단계는 시를 한 편 보이고 자기 마음대로 바꾸어 써 보게 하고 있습니다. 그리고 5학년 국어 지도서 부록 내용 가운데 '시 바꾸어 쓰기'에서는 이렇게 말해 놓았습니다.

　시 바꾸어 쓰기는 시 작품을 다른 시로 바꾸어 써 보는 활동이다. 시의 운율이나 형식은 그대로 유지하되, 시가 보여 주는 세계를 다른 세계로 바꾸어 쓰는 방법을 뜻한다. 이 활동의 목적은 시를 깊이 있게 감상하게 하려는 데 있다. 함축된 표현이나 비유, 상징, 이미지 등의 특성으로 말미암아 이해와 감상이 어려울 때, 시의 세계를 자율적으로 해석하면서 시를 바꾸어 써 보면 시의 이해와 감상이 촉진된다.
　시 바꾸어 쓰기 과정에서 교사는 학생들에게 시의 세계를 그와 유사한 다른 세계, 자기 자신과의 가족, 친구, 학교, 지역 사회, 국가, 세계와 관련지어 생각하여 보게 할 수 있다. 학생은 작품을 다른 작품과 관련지어 생각하여 보거나, 연상되는 사건, 또는 특정 사실 등과 폭넓게 관련지어 봄으로써 작품을 다르게 바꾸어 쓸 수 있다.

-5학년 1학기 〈듣기 · 말하기 · 쓰기〉

이 말은 시 바꾸어 쓰기는 시의 이해와 감상을 촉진시키고, 유사한 다른 세계와 폭넓게 관련지어 생각해 보게 해서 작품을 다르게 바꾸어 쓸 수 있게 한다는 말인 것 같은데, 무슨 말인지 잘 이해가 안 되네요.

'시를 다른 갈래로 바꾸어 쓰기'에서는 "시를 다른 갈래로 바꾸어 쓰는 활동은 감상과 창작 또는 수용과 생산의 두 가지 의미를 지닌다."고 하면서 다른 갈래로 바꾸어 쓰는 방법을 말해 놓았습니다.

어찌되었건 시를 모방하고 만들어 쓰도록 하고 있습니다. 더구나 자신만의 세계를 표현하는 시를 어떻게 바꿀 것인가 동무들과 이야기 나누어 보도록 하고 있습니다. 또 시를 이야기글로 바꾸어 써 보게 하고 있는데, 이는 반대로 이야기글을 줄이면 시가 된다는 것을 가르쳐 주는 것과 같다고 봅니다. 시는 시고 이야기글은 이야기글이지 어떻게 시를 풀어 쓰면 이야기글이 되고 이야기글을 줄이면 시가 된다는 말일까요? 이것 또한 글을 만들어 내는 방법이지요.

교과서의 전 학년 시 지도 방법은 이런 줄기로 되어 있습니다. 이는 살아 있는 시 쓰기 지도 방법으로는 아주 좋지 않은 것이라 봅니다. 그리고 온전하게 자신의 감흥을 자기 말로 살아 있는 자기 시를 써 보게 하는 단원이 내가 알기로는 없는 것 같습니다. 이래서는 어린이들이 각자의 개성을 지닌 생생한 자기 시를 쓸 수 없다고 봅니다.

2) 신문이나 잡지에 발표되는 글

다음은 신문이나 잡지에 발표되는 글의 문제입니다. 신문에 발표되는 글은 보통 어른들이 보는 신문에 한 주에 한 번 정도 발표되는 경우와 어린이 신문에 '문예상'이라 해서 주마다 또는 달마다 가려 뽑아 상을 주고, 연말에 또 그 가운데 가려 뽑아 상을 주는 경우가 있습니다. 그리고 어린이 잡지사도 더러 그런 일을 했는데 요즘은 어떤지 잘 모르겠습니다.

어떤 경우든 신문이나 잡지에 발표되는 것은 많은 사람들이 보고 있기 때문에 그 영향은 매우 큽니다. 그런데 여기에 실리는 글들은 지금까지 내가 보아 온 경험으로는 옳지 않은 것이 대부분입니다. 문제는 어린이들이 그것을 모두 모범 글로 생각하고 본받기 쉽다는 것이지요.

3) 글짓기 대회와 당선 작품

다음은 글짓기 대회와 당선 작품 문제입니다. 대체로 글짓기 대회라면 그 대회를 주최하는 단체에서 노리는 목적이 따로 있습니다. 공공 기관에서 하는 것도 그렇지만, 어떤 이익 단체에서 하는 것은 더 말할 것도 없지요. 이렇게 하는 글짓기 대회는 그 단체의 목적을 달성하는 데 더 매달리지 어린이들의 삶을 가꾸는 데는 아무리 빨라야 두 번째가 될 수밖에 없습니다.

그리고 글을 심사하는 사람이 글을 보는 눈이 옳지 않을 때는 옳지 않은 글을 뽑아 상을 주지요. 뽑히는 시를 보면 대체로 동시 흉내를 낸 시가 많습니다. 이렇게 나온 작품들을 책으로 묶어 내고 신문에도 실어 야단법석을 떨기도 합니다. 이런 상을 타는 것을 어린이들은 아주 자랑으로 여기겠지요. 이것을 보고 부럽게 생각하기도 하고 여기에서 나온 글들을 모범 글로 생각하는 어린이들이 대부분입니다. 이런 글들은 모범 글이기는커녕 문제가 큰 작품도 많습니다.

한 번 더 당부합니다. 어떤 대회에서 상 타기를 목적으로 하는 글쓰기는 특별한 경우가 아니면 하지 않았으면 합니다.

또 학교에서 '자연보호에 대한 글쓰기' '경로효친에 대한 글쓰기'

같은 것을 하라고 할 때 어린이들은 글쓰기를 참 어려워하지요? 이때는 이 말을 그대로만 받아들이지 않게 이야기를 잘 해 주어야 합니다. 가령 '경로효친에 대한 글쓰기'를 하라고 할 때는 관련된 일들이 무엇이 있나 먼저 생각해 보게 하세요. 이를테면 어머니의 하루 생활을 조사하거나 일을 거들어 드리고 그 경험을 자세하게 글로 쓰든지, 경로당에 가서 할머니 할아버지를 도와 드리고 그 경험을 글로 쓰든지 하는 것이 좋겠지요.

그 밖에도 문집에 실리는 작품이나 학교 밖에서 그릇되게 배우는 글짓기의 문제들이 있습니다. 논술은 더욱 문제가 되고 있고요. 거기에 말려들지 않아야 합니다.

살아 있는 시 쓰기를 방해하는 것들은 이것 말고도 참 많이 있습니다. 어쨌든 어린이들이 스스로 살아 있는 시 쓰기 방해꾼들의 꼬임에 넘어가지 않도록 단단히 지도해야 합니다.

5. 시 마음 일깨우기

지금까지 진짜 시와 가짜 시를 알아보았고, 살아 있는 시 쓰기를 방해하는 훼방꾼도 알아보았습니다. 이제는 '시 마음'을 일깨우도록 해야 합니다.

시 마음이란 시를 쓸 수 있는 여러 가지 마음 바탕을 말합니다. 시를 쓸 수 있는 마음 바탕이 안 되어 있는데 억지로 시를 쓰라고 하면 가짜 시를 쓰게 되니까 참 중요한 일이지요.

그 방법을 몇 가지 말해 보겠습니다.

1) 마음 문 열기

먼저, 마음 문을 열도록 해야 합니다. 마음 문 열기란 넓고 깊은 마음으로 사물을 넉넉하게 받아들일 수 있게 하는 것이기도 하고, 자기 마음을 숨김없이 뚜렷이 드러내 보이는 것이기도 합니다.

우리는 겉보기에는 마음 문을 훤히 열어 놓았다고 생각하지만 여러 가지 까닭으로 해서 꼭꼭 닫아 놓고 사는 경우가 많습니다. 어린이도 마찬가지입니다. 왜 그럴까요? 자기 속내를 드러내었다가는 불이익을 당하기 쉽기 때문이지요. 어머니나 아버지가 잘못한 내용을 일기장에 썼는데 이 내용을 어머니나 아버지가 보았다고 생각해 봅시다. 왜 나쁜 모습을 썼냐고 꾸중하겠지요. 그러니 어떻게 사실대로 말할 수 있겠습니까. 마음 문을 닫을 수밖에요.

우리는 또 사물을 볼 때 별 생각 없이 대하고 일상으로 보아 온 겉모습만 슬쩍 보는 습관이 몸에 배어 있어 제대로 보지를 못하고 있습니다. 또 본디 성격이 그래서 마음 문이 쉽게 열리지 않을 수도 있습니다. 어린이도 마찬가지겠지요.

그런 닫혀 있는 마음 문을 열어 넉넉하고 세세하게 받아들일 수 있도록 해야 하고, 그것을 말이나 행동, 그리고 글로 솔직하게 드러낼 수 있도록 해야 합니다.

2) 좋은 시 맛보기

또 시 맛보기를 많이 하도록 해야 합니다. 또래 어린이들이 쓴 시를 많이 읽으며 감상하게 하는 것인데, 그렇게 살아 있는 시를 자주 감상하면 '시는 쉽구나!' '나도 쓸 수 있겠다.' '나도 써 보고 싶다.'는 생각이 일어나게 됩니다. 그런데 어린이들은 대체로 시집을 잘 읽지 않고 있습니다. 많이 읽도록 이끌어 주기 바랍니다. 여기에 좋은 어린이 시집 몇 권을 소개하겠습니다.

《엄마의 런닝구》한국글쓰기연구회 엮음, 보리
《나도 쓸모 있을걸》이오덕 엮음, 창비
《일하는 아이들》이오덕 엮음, 보리
《비 오는 날 일하는 소》이호철 엮음, 산하
《잠 귀신 숙제 귀신》이호철 엮음, 보리
《요놈의 감홍시》이호철 엮음, 보리
《개구리랑 같이 학교로 갔다》이승희 엮음, 보리
《까만 손》탁동철 엮음, 보리
《아버지 월급 콩알만 하네》임길택 엮음, 보리
《꼴찌도 상이 많아야 한다》임길택 엮음, 보리
《새들은 시험 안 봐서 좋겠구나》한국글쓰기교육연구회 엮음, 보리
《새끼 토끼》(일본 1, 2학년 어린이 시) 김녹촌 옮기고 엮음, 온누리
《개미야 미안하다》(일본 3, 4학년 어린이 시) 김녹촌 옮기고 엮음, 온
누리
《거꾸로 오르기》(일본 5, 6학년 어린이 시) 김녹촌 옮기고 엮음, 온누리

　이 시집들을 읽고 느낀 감상을 일기장 같은 데 조금 적어 보게 하
는 것도 좋겠지요.
　또 가끔 좋지 않은 시를 가지고 잘못된 점을 따져 보는 것도 좋습
니다. 진짜 시와 가짜 시를 가려보는 눈도 기르고, 잘못된 시 쓰기 습
관도 고치는 좋은 공부도 될 것입니다.
　한 가지 더 말할 것은 어른이 쓴 동시는 감상할 때만 읽도록 하고
시 쓰기 할 때는 안 읽도록 하는 것이 좋겠습니다. 자꾸 어른이 쓴 동
시를 흉내 내려고 하기 때문이지요.

3) 표현 찾아보기

시에서 생생하고 새롭게 표현된 말 찾아보기도 가끔 해 봅니다. 어린이들이 쓴 시에는 이 세상 어느 어른도 찾아내기 어려운 새로운 표현이 아주 많이 들어 있습니다. 이것은 어린이들이 순수하고 깨끗한 마음으로 보고 겪고 느끼기 때문이지요. 시 마음을 일깨우는 데 큰 도움이 될 것입니다.

· 돼지 아기가 모두모두 / 젖꼭지에 조롱조롱 / 가지처럼 매달린다.

· 문제집 할 때 우리 엄마는 / 놀부 박에서 나온 / 무서운 도깨비 같다.

· 라면이 뽀글뽀글 끓는다. / 냄비 안에는 지렁이가 / 바글바글

· 열쇠가 / "문을 열려면 / 저를 불러 주세요" 한다. // 열쇠가 / 문이랑 뽀뽀해서 / 문을 열어 주네.

· 바람 따라 / 날아다니는 포대 / 입을 아아 벌리는 / 하마 같다.

· 전깃줄은 / 자석이다. / 참새가 날아갔다 / 또 앉고 하니까.

· 자동차 불빛 앞에 / 비가 마구 내리면 / 땅에서 새싹이 / 뾰족뾰족 나오는 것 같다.

· 공이 굴러가는데 / 공에 남아 있는 힘을 / 땅이 다 빨아들인다. / 공이 멈춘다.

· 고추가 내 혀에 대였다. / 아아아! / 고추가 있는 힘을 다 해서 / 내 귀때기를 사정없이 / 때리는 것 같다.

· 고구마를 / 키우다 보니 / 싹이 나온다. / 지렁이가 나와서 / 두리번두리번하고 있다.

· 플라타나스 나무를 보니까 / 가지가 짝 뻗어 있는 게 / 사람 다리를 짝 벌려서 / 거꾸로 매달아 놓은 것 같다.

· 감나무 가지는 사슴뿔이다. / 사슴이 마을에 내려와 / 먼 산을 쳐다본다. / 마을도 둘러본다.

4) 나 아닌 무엇 되어 보기

또 나 아닌 무엇이 되어 보게 합니다. 말하자면 내가 우리 집 앞 놀이터에 있는 느티나무도 되어 보고, 우리 집에 기르는 개도 되어 보고, 내가 쓰는 지우개도 되어 보도록 합니다. 오늘 학교 앞 길에서 나뒹굴던 그 음료수 병도 되어 보고, 내가 어제 학교에서 집에 올 때 잃어버린 동전도 되어 봅니다. 그리고 우리 집 옆 공사판에서 열심히 일하는 키가 작은 그 아저씨도 되어 보고, 어제 엄마와 시장에 갔을 때 난전에서 채소를 놓고 파는 그 할머니도 되어 봅니다. 또 사람이 많이 다니는 우리 집 앞 인도 블록 사이에 간신히 나와서 꽃을 피운 민들레꽃도 되어 봅니다.

그러면 나무가 말도 하고, 웃기도 하고 울기도 하겠지요. 슬프고, 기쁘고, 억울하고, 속상한 감정도 느낄 수가 있겠지요. 내가 괴롭힌 우리 집 강아지의 괴로움도 느낄 수 있을 테고, 길에서 나뒹구는 음료수 병의 슬픔도 알 수 있을 테지요.

실제로 겪어 보지는 못해도 마음으로라도 그 무엇이 되어 보도록 합니다.

5) 많이 겪어 보고, 살펴보기

또 여러 가지 일을 많이 겪어 보거나 눈여겨 살펴보게 합니다. 어느 누구나 살아 있는 경험 없이는 살아 있는 글을 쓰기 어렵습니다. 따라서 어린이들 스스로 삶의 현장에서 여러 가지를 겪어 보는 것이 좋습니다. 청소부 아저씨와 함께 거리 청소해 보기, 시장 난전에서 나물 파는 할머니를 거들어 나물 팔아 보기, 농촌에 가서 동물과 함께 생활해 보기, 농사지어 보기, 비 맞아 보기 같은 것입니다. 이 '겪어 보기'는 글 쓰는 데 큰 도움이 될 뿐만 아니라, 겪어 보는 그 자체로도 큰 공부가 되지요.

어린이들이 직접 겪어 보기를 못할 경우 하루에 10분에서 20분 정도 어떤 사물이나 동물의 모습, 사람이 활동하는 모습을 자세하게 관찰하면서 남들이 발견하지 못하는 새로운 모습을 새로운 눈과 느낌으로 여러 가지를 찾아보게 하는 것도 시 쓰기에 큰 도움이 될 것입니다. 이때 머릿속으로 상상하는 태도는 좋지 않습니다.

교사가 직접 아이들을 데리고 밖에 나가 여러 가지를 살펴보고 경험해 보고 그 자리에서 느낌을 적게 하는 것도 좋습니다. 밖에 나갔을 때 두 아이가 잔디를 보고 쓴, 아래 시 두 편을 견주어 보세요.

잔디

청도 방지초 문명분교 3학년 송민규

잔디는
꼭
우리 아빠 다리에
털같이
나 있다.

(2002년 5월 24일)

잔디

청도 방지초 문명분교 3학년 김대윤

잔디들이
하늘을 콕콕 찌른다.
하늘이 아파서
아야!
아야!
그만해, 해도

잔디들은 하늘을
끝도 없이
찌른다,
콕 콕 콕…….   (2002년 5월 24일)

송민규는 보통 위치에서 본 모습을 썼고 김대윤은 언덕의 잔디를 아래에서 위로 쳐다본 모습을 썼습니다. 똑같은 사물을 보아도 이렇게 다르게 볼 수 있는 것입니다.

6) 생각주머니에 느낌 적기

또 '생각주머니'에 느낌이나 생각을 자주 적게 합니다. 살아가면서 번개처럼 번쩍 떠오르는 순간의 느낌이나 새로운 생각은 바로 적어 두지 않으면 달아나 버리기 쉽습니다. 잊어버리지 않기 위해 머릿속에 꼭꼭 쟁여 두었는데 길 건너다 잊어버리기도 하고, 적으려고 공책과 연필을 찾다가 잊어버리기도 합니다. 그러면 어떻게 해야 달아나지 않게 꼭 붙들어 둘 수 있을까요? 조그만 수첩과 볼펜을 늘 가지고 다니며 순간의 감동이 있을 때 언제, 어느 때, 어떤 자리에서든 바로 쓰는 것입니다. 이렇게 쓰는 수첩을 나는 생각주머니라고 이름을 붙였습니다. 잘 써 두면 좋은 시 글감이 되지요. 어떨 때는 그 자리에서 바로 시를 한 편 쓸 수도 있고요.

무엇을 눈여겨보고 써 둔다는 태도는 어떤 사물이나 일을 예사로 보아 넘기시 않고 살피는 눈도 갖게 해 주고, 사물을 보는 눈의 깊이도 더해질 것이라 봅니다. 또 자기의 생각이나 느낌을 귀하게 생각하는 마음도 길러져서 좋지요.

아이들이 생각주머니에 적은 것들을 몇 개 보여 드리겠습니다.

· 포도송이의 포도알이 움직인다. 아이들이 시끌벅적 떠드는 것 같다. 아이들의 대가리가 모여 있다. (1993년 9월 10일 6학년 박정미)

· 아줌마들이 싸우니 우습다. 꼭 머리털을 세우고 싸우는 닭 같다. / '바보 아줌마.' (1993년 4월 29일 6학년 소미령)

· 음악소리가 들려온다. 슬프고도 고요하게 느껴진다. 음악이 없는 세상은 사람이 없는 세상과 마찬가지다. 비눗방울이 공중으로 훨훨 날아오르는 것 같다. (1993년 11월 19일 6학년 은정)

· 눈이 막 빽빽이 내려온다. 아이들은 어쩔 줄 몰라 개미(고함)를 꽥꽥 지르고 막 죽을라 하네. (1993년 12월 22일 6학년 김형휘)

· 날씨가 춥다. 길에서 보니 사람들이 몸을 움츠리며 목이 짧아졌다. 두툼한 옷을 걸치고, 손을 주머니 속에 쿡 집어넣고 다닌다. (1993년 11월 20일 6학년 권경희)

7) 시늉말 그대로 적기

어떤 소리를 듣거나 움직임을 살펴보고 시늉말을 있는 그대로 적어 보도록 합니다. 똑같은 소리, 똑같은 모습이라도 듣고 보는 사람에 따라 다 다르고 그때의 환경이나 자기 감정에 따라서도 다 달라집니다. 그런데 그걸 한 가지로 통일해서 말하는 것은 잘못된 것이지요.

다음에 매미 소리를 듣고 쓴 것을 잘 살펴보세요.

흠재: 이이토안 이이토안 이이토안…찌찌찌찌…….

형용: 이이이창 이이이창 이이이창…찌찌르르르…….

무연: 이이씨용 이이씨용 이이씨요…찌찌르르르…….

원득: 찌이용 찌이용 찌이용…찌찌 찌찌…….

태규: 찌이이찌용 찌이이찌용 찌이이찌용…찌리리리리 찍.

-《나뭇잎 교실》(윤태규, 산하)

듣는 사람마다 다 다르지요? 또 어떤 어린이는 "문우 꼬추자지 문우 꼬추자지" 이렇게 운다고도 했습니다. 그 시를 한번 보겠습니다.

꼬추매미

울진 온정초 3학년 이문우

우리 집 추자나무에
꼬추매미가 붙어 있네.
날마다 붙어서
문우 꼬추자지
문우 꼬추자지
하며 놀기네.
고추매미야
우리 집이 너의 집이냐?
그럼 꼬추매미야
날마다 내카
노래 부르며 살자.   (1985년 7월)

다음 시도 한번 보세요.

참새

경산 부림초 5학년 김준홍

아무도 몰래 보면
참새는
째잭 째잭
감나무 가지 위에서 운다.
꼬리를 달싹달싹거리다가

땅에 내려와
머리를 처박고
콕콕 콕콕콕 콕콕콕
먹이를 쪼아 먹는다.
그러다가 뭐가 오는가 싶어
폴짝폴짝 뛰어가다가
째잭 째잭 째잭
울다가 무슨 소리가 나는가 싶으면
꼬리를 까딱까딱하다가
푸다닥
푸다닥
서로 도망을 간다.   (1989년 4월 30일)

이 밖에도 어떤 현상이나 모양, 촉감, 냄새, 맛 같은 감각도 실제로
겪어 보고 꽉 붙잡아 적어 보도록 하면 좋겠지요. 그러면 시를 쓸 때
감각을 넉넉하게 살려 쓸 수 있을 것입니다.

6. 시 쓰기 기본 공부

이쯤 하면 시 쓸 마음 준비는 어지간히 되었을 것입니다. 그런데
또 쓰려고 하면 무엇을 어떻게 써야 할지 또렷이 잘 안 잡히기도 하
겠지요. 아직 순수한 저학년이야 제 마음에서 나오는 대로 꾸밈없이
쓰도록 하면 되겠지만 중·고학년은 다음 내용을 알기 쉽게 지도하는
것이 좋겠습니다.

1) 자기가 겪은 것을 시로 쓰기

먼저, 어느 때 어느 곳에서 보거나 겪은 그 일을 글감으로 시를 쓰도록 해야 하고, 마음속에 언제나 품고 있는 생각이나 남몰래 가지고 있는 생각을 글감으로 시를 쓰더라도 또렷한 생각을 쓰도록 해야 합니다. 말하자면 실제 경험이나 또렷한 생각에서 느끼는 감정을 시로 써야 가슴에 와 닿는 시가 될 수 있다는 말입니다.

그렇지 않고 별 생각 없이 늘 보거나 겪는 어떤 일, 막연한 생각이나 느낌은 시로 써도 별 감동이 없습니다. 또 이런 일이 있을 것이다, 이런 느낌이 있을 것이다 하는 짐작으로 시를 써도 마찬가지입니다.

나무를 글감으로 글을 쓸 때는 그냥 '나무'가 아니고 '오늘 저녁 무렵 혼자 비 맞고 있는 우리 집 앞의 그 수양버들'이라야 하고 그냥 '아버지'가 아니라 '오늘 낮에 얼굴에 시커먼 기름을 묻혀 가며 경운기 고칠 때의 그 아버지'라야 합니다.

봄

5학년

봄 봄 바쁜 봄
매말랐던 나뭇가지
눈 틔우기 바쁘고,

봄 봄 바쁜 봄
진달래 개나리
고운 옷 입기에
바쁘고,

봄 봄 바쁜 봄

졸졸졸 시냇물
노래 부르기
바쁘고,

봄 봄 바쁜 봄
노오란 병아리
걸음마 연습에
바쁘고,

봄 봄 바쁜 봄
우리들은 봄맞이 가기
바쁘네.

봄이라도 이런 가짜 시에 나타난 두루뭉술한 '봄'이 아니라,

봄

경산 부림초 6학년 한진숙

바람이 분다.
까만 비닐봉지도 날리고
내 마음도 바람에 날린다.
금호강을 보니
아아, 시원하다.
새들이 날고 있다.
그 바람에 마음이 커지는 것 같다.
그 바람이 봄을 불렀는가?
밭가에 보니

냉이가 속곳속곳 올라온다.
쑥도 강아지 귀처럼
쫑긋쫑긋 세웠다.
아이들 셋이 웃으며
밀고 당기며
냉이 캐러 간다.   (1991년 3월)

　이렇게 '그때 그 언덕에서 내 눈으로 실제로 보고 느낀 그 봄이라
야 합니다. 그리고 '오늘 아침에 우리 집 골목길 담 밑 따뜻한 양지
쪽에 찾아온 그 봄'이라야 합니다. 말라 다 죽은 듯한 잔디 속에서 파
릇파릇한 새싹이 고개를 발딱 처들고 있으면 그게 봄입니다.

　쑥

　　　　　　　　　　　　청도 방지초 봉하분교 4학년 황정민

포릅포릅한 쑥
비에 흠뻑 젖었다.
꼭 유리관 쓰고 있는 것 같다.
말갛다.
건드려 보면
내 손가락에도 빗물이 묻는다.
어어!
내 손가락도
유리관을 썼다.   (1999년 3월 20일)

　쑥과 손가락이 유리관을 썼다고 했지요? 맑은 빗물을 머금고 있는
쑥과 빗물이 묻은 손가락을 잘 살펴보았기 때문에 이런 시를 쓸 수

있는 것입니다. 그러니까 이 시는 그냥 '쑥'이 아니라 '비 맞은 쑥'의 모습을 쓴 것입니다.

일도 그냥 '일'이 아니라 '어제 일요일 낮 양파밭에서 양파 뽑은 일'이라야 하고, 또 양파를 뽑은 일이라도 양파 뽑을 때의 일인지 양파 나를 때의 일인지 하나의 중심이 있어야 하지요. 늘 품어 왔던 생각도 그냥 생각이 아닙니다. 공부에 대한 생각이라도 그냥 '공부'가 아니라 '공부를 못해서 날마다 꾸중 듣게 하는 그 공부'에 대한 생각이라야 합니다.

이렇게 무언가 또렷이 들어오는 것이어야 하지 흐릿하고 막연한 무엇을 글감으로 선택하지 말아야 한다는 말입니다.

2) 자기만 쓸 수 있는 시 쓰기

그다음, 자기 자신만이 쓸 수 있는 시, 자기만의 색깔이 있는 시, 자기만의 향기를 뿜어낼 수 있는 시를 쓰도록 해야 합니다. 많은 어린이들이 다른 사람의 작품에서 쓴 좋은 말이나 어떤 형식을 흉내 내어 쓰는 경우가 많습니다. 언뜻 보기에는 좋은 작품처럼 보이지만 진실성이 없어 빈 쭉정이일 수밖에 없습니다. 또 억지로 만들고 꾸며 쓰는 것도 안 됩니다.

비

3학년

이슬비 이슬비
상냥하고 착하지요.
길거리를 다니면
반갑다고 인사하고

언제나 부드러운
착한 내 친구

소나기 소나기
거칠고 무섭지요.
길거리를 다니면
세차게 때리고
언제나 괴롭히는
미운 내 친구

어떻습니까? 어느 때 어느 곳에서 자신이 실제로 겪은 사실도 보이지 않거니와 어른이 쓴 동시 형식을 흉내 내어 억지로 썼지요.

또 일부러 흉내 내지 않더라도 자신도 모르게 흉내 내게 될 수도 있는데 그것도 좋지 않습니다. 마음속에 그것이 어떤 틀로 자리 잡고 있으면 그 틀을 빨리 깨뜨려 버려야 합니다. 겉보기에 그럴듯하게 보이는 시보다는 겉보기엔 어설퍼도 자기 마음이 가는 대로 진정으로 쓴 시가 더 감동을 주고, 그것이 더 가치가 있습니다. 그러다 보면 남이 발견하지 못한 새로운 것을 붙잡아 쓸 수가 있습니다.

또 사람마다 자신만이 가지고 있는 색깔이나 시의 향기가 있습니다. 그 색깔을 나타내어야 하고, 그 향기를 내뿜어야 이 세상 어느 누구도 흉내 낼 수 없는 훌륭한 시가 되는 것입니다. 자기 속에서 저절로 뿜어져 나오는 대로 써야 이 세상 어느 누구도 흉내 낼 수 없는 자기만의 개성이 있는 시가 되는 것입니다.

병아리

청도 방지초 봉하분교 4학년 김숙향

병아리가 어미 품 안에서 놀아요.
머리를 날갯죽지 사이로
쏙 내밀었다 쏙 들어갔다 해요.
머리를 쏙 내밀더니
까닥까닥하기도 해요.
엄마 품이 따뜻해서 그런지
눈을 사르르 감아요.
어떤 병아리는 날개에 눈이 덮여
뜨지를 못해요.
그래 눈을 살 감고
목을 쏙 내밀어가지고
동그랗게 떠요.
병아리가 자꾸 나올려고 해요.
한 마리는 꼬랑지로 나와요.
또 한 마리는 날갯죽지로 나와요.
어미는 모이도 못 먹어요.
새끼가 자꾸 나올까 싶어서요.
병아리가 나오면 발로 까리비서
품 안에 넣어 놓지요.
또 병아리가 나올까 싶어서
눈을 혜롱거리지요.
꾸꾸, 소리도 지르지요.
또 보니까요
어미가 날개를 부채처럼 쭈욱 펴고
꼬리를 살 낮추어
오리 엉덩이처럼 내밀어요.

병아리가 그 위에 낼름 올라가요.

어미는 등에 태워 주지요.

태워 주는 것도 이상해요.

옆에서 보면 병아리가 넘어질 상해요.

그래도 잘 태워 주지요.

보면 참 신기해요.   (1998년 4월 28일)

　병아리의 귀여운 모습이나 어미 닭이 병아리 돌보는 모습을 보면 '고것 참 귀엽구나!' 하는 감탄사가 나올 것입니다. 그리고 그 모습들이 눈앞에 생생하게 그려질 것이라 봅니다. 어미 닭이 어린 병아리를 품고 있는데 어린 병아리는 가만히 있지 못하고 자꾸만 날개 사이로 머리를 쏙 내밀기도 하고 밖으로 나오기도 하고 등에 올라가기도 하지요. 또 따뜻한 어미 품에서 졸기도 하고요. 어미 닭은 어떻습니까? 병아리가 밖으로 나오니까 발로 품 안으로 넣기도 하고 자꾸만 나올까 싶어 먹이도 못 먹고 살피기도 합니다. 어디 그것뿐입니까? 가만히 있지 못하는 어린 병아리가 잘 놀도록 등에 태워 주기도 합니다.

　그렇지만 이 시를 읽는 어린이들 가운데 이런 모습을 본 어린이는 별로 없겠지요. 시골에 사는 여러 어린이들이 이런 모습을 보아도 그냥 '귀엽구나' 하는 생각은 하겠지만 이렇게 귀여운 모습들을 잘 찾아내지는 못하는 것이 사실입니다. 똑같이 보아도 자기만이 볼 수 있는 마음의 눈을 가지지 않으면 어렵습니다.

　이렇게 해서 이 세상에서 단 하나밖에 없는 시, 나 아니고는 쓸 수 없는 시, 그러면서도 누구에게나 감동을 줄 수 있는 이런 시가 나온 것입니다. 어린이들이 이 시처럼 나만이 쓸 수 있는 시, 나만의 색깔을 가지고 있는 시를 쓰도록 해야 합니다.

3) 구체로 표현하기

또 시를 쓸 때는 구체로 표현하도록 해야 합니다. 앞서 시 글감을 찾을 때도 그렇게 찾으라고 했는데, 시 쓸 때도 마찬가지입니다. 그냥 '나무'가 아니고 '미루나무'나 '소나무'라야 더 구체 표현이고 미루나무라도 '혼자 비를 맞으며 우두커니 서 있는 미루나무'가 더 구체로 표현한 것입니다. '개미가 아주 많다.' 이렇게 표현하는 것이 아니고 '개미가 바글바글하다.' 이렇게 말입니다. 또 '너무 아파서 소리를 질렀다.' 이렇게 설명하지 않고 "앗 따거라!" 이렇게 표현하는 것이 더 구체로 표현한 것이지요.

한 어린이가 생각주머니에 이렇게 쓴 것이 있었습니다.

길을 걷다 보니 귀뚜라미가 '또르르륵 쪼르르' 하고 운다. 저쪽에서 들으면 '뚝그르르' 하고 운다. 같은 소리인데 여기서 듣는 소리와 저기서 듣는 소리가 다르다. 그렇지. 여기와 저기는 분명히 다르니까.

그렇지요. 여기서 듣는 소리와 저기서 듣는 소리가 다른데 모두 여기서 듣는 소리만 쓰면 안 되겠지요. 이쪽에서 들었으면 '또르르륵 쪼르르' 하고 써야 구체로 표현한 것이고, 저쪽에서 들었으면 '뚝그르르' 하고 써야 구체로 표현한 것이 됩니다.

앞의 시 〈병아리〉를 한 번 더 봅시다. 이 시에서 어미 닭과 병아리가 하는 모습을 마음이 끌려갈 수 있을 정도로 아주 자세하게 표현을 했지요? 그러면서도 한마디도 필요 없는 말이 없습니다. '자세하게 표현했다'는 말은 글의 길이가 길다는 말과는 다른 말입니다. '구체로 표현했다'는 말과 같은 말이지요.

4) 필요한 말로만 쓰기

또, 시를 쓸 때는 꼭 필요한 말만 써야 합니다. 시의 특징 가운데 하나가 산문과는 달리 간결하게 쓰는 것입니다. 따라서 될 수 있으면 필요 없는 말, 없어도 뜻과 느낌이 통할 수 있는 말은 없앱니다.

다음 시를 봅시다. 필요 없는 군더더기 말이 한 군데도 없는 시입니다.

살구

울진 온정초 3학년 황미현

우리 동네
살구나무 한 그루
아기 살구 한 개
골목길에 떨어졌네.
먹을까 말까?
아이들 안 보는 사이
얼른 주머니 속에
넣어 두었다.

(1985년 7월)

어때요? 그냥 '우리 동네'라고 써서 좀 막연한 느낌은 있지만 그래도 읽어 보면 걸림 없이 시원스럽게 읽히지요.

61쪽에 내보인 시 〈쑥〉을 다시 봅시다. 이 시도 군더더기 없이 깔끔하게 썼지요? 내 생각인데 딱 한 군데 빼노 될 말이 있습니다. 뭘까요? 끝 줄 '유리관을 썼다.'에서 '을'을 빼면 더 깔끔하겠지요. 여러분들은 어떻게 생각할지 모르겠습니다.

그렇지만 어린이들이 진정으로 하는 말, 입에서 저절로 터져 나오는 말을 쓰면 애쓰지 않아도 꼭 필요한 말만 하게 되어 있으니까 너무 어렵게 생각하지 맙시다. 억지로 만들고 꾸며 쓰려고 하다 보면 쓸데없는 군더더기 말을 많이 쓰게 됩니다. 진정으로 쓰는 시에서는 또 필요 없는 말이 좀 들어간들 뭐 어떻습니까.

5) 알맹이 생각하며 쓰기

시를 쓸 때는 내가 쓰는 시의 알맹이는 뭘까, 생각하고 쓰게 하면 좋겠습니다. 저학년이야 그냥 입에서 터져 나오는 그대로 쓰면 그걸로 되겠지만 고학년쯤 되면 시를 쓸 때 나는 왜 이 시를 쓸까, 생각해 보는 게 좋습니다. 그러면 내 생각이 흐트러지지 않고 모이겠지요.

또 시를 쓸 때는 알맹이가 겉으로 드러나지 않게 속에 감추어 두어야 합니다. 말하자면 알맹이는 겉으로 읽는 것이 아니라 느끼는 것입니다.

여기서 알맹이란 말을 조금 설명해야겠네요. 나는 글 속에 담겨져 있는 뜻을 '알맹이'라고 합니다. 그리고 알맹이를 '겉 알맹이'와 '속 알맹이'로 나누기도 했습니다. 겉 알맹이는 속 알맹이를 담는 중심이 되는 내용을 말합니다. 속 알맹이는 글 속에 담겨 있는 뜻을 말하지요.

어린이들에게 속 알맹이란 말을 쉽게 이해할 수 있도록 하기 위해 '심청 이야기'로 설명하는 것도 좋겠네요. 심청 이야기의 알맹이가 뭡니까? '부모님께 효도하자'는 내용이지요. 심청 이야기를 읽고 나면 나도 부모님께 잘해 드려야겠다는 마음이 생기지요. 그런데 그 이야기 내용에서 어디 한 군데도 '부모님께 효도합시다.'는 말은 없지요. 이야기를 읽으면 저절로 느껴지는 것입니다. 이게 속 알맹이입니다. 이 이야기에서 겉 알맹이는 이야기의 줄거리를 말하는 것이지요. 시에서도 그렇게 생각하면 되겠습니다.

어린이들은 알맹이를 생각 안 해도 마음에서 터져 나오는 것을 쓰면 저절로 그 속에 알맹이가 담기니까 그냥 이렇구나, 이 정도만 생각해도 좋습니다.

6) 쉬운 말로 쓰기

또 한 가지 중요한 게 있습니다. 어떤 글이든 쉬운 말로 써야 하지만 시를 쓸 때는 더욱 쉬운 말로 쓰도록 노력해야 합니다. 혹시 어려운 말이나 고상한 말로 시를 써야 잘 쓰는 것인 줄로 알고 있는 어린이는 없습니까?

다음 시를 보세요.

먹

6학년

먹 속에 한 올
내 영혼의 실꾸리를 감아 본다.
나는 먹과 한 몸이 되어
한 올 한 올 진하게 풀려
떨리는 붓 끝에서
용솟음치고
(글 뒤 줄임)

어린이들은 무슨 말인지 잘 모를 것입니다. 이 시는 고상한 말로 만들어 쓴 것입니다. 또 '어머니는 / 아궁이에 새벽을 태우고 있다'든지, '짹짹짹 / 아침을 쪼아 먹는 참새들 / 나는 산새 울음을 / 신나게 쓸어 모으고 있다'든지 하는 말도 무슨 말인지 이해하기 어려울 것입니다. 고상한 말을 억지로 만들어 내니까 이렇게 된 것이지요.

그러니까 어린이는 어린이가 하는 말로 시를 써야 합니다. 새로운 말이지만 누구라도 알 수 있는 말로 써야 모두가 감동을 받습니다. 63쪽에 내보인 〈병아리〉란 시에서 보면 '꼬랑지로 나와요.' '병아리가 나오면 발로 까리비서 품 안에 넣어 놓지요.' '눈을 헤롱거리지요.' '꼬리를 살 낮추어' '넘어질 상해요' 이런 말은 이 시를 쓴 어린이만이 할 수 있는 표현입니다. '꼬랑지'를 '꼬리'로, '발로 까리비서'를 '발로 긁어서'로, '헤롱거리지요'를 다른 말로 표현하거나, '넘어질 상해요'를 '넘어질 듯해요'로 표현한다면 맛이 없는 시가 되어 버릴 것입니다. 그러니까 시도 서사문처럼 자신이 늘 쓰는 입말로 써야 살아 있는 시가 됩니다.

7) 줄 나누기와 연 나누기

시를 쓸 때 줄과 연 나누기에 대해서도 알아 두는 것이 좋겠습니다. 그냥 아무렇게나 써 놓은 시보다는 줄과 연을 잘 나누어 써 놓으면 읽는 사람이 내용을 또렷이 알고, 생각이나 감정을 좀 더 잘 느낄 수 있습니다.

사실 줄이나 연은 시 쓰는 사람이 나누고 싶은 대로 나누면 됩니다. 그러니 무슨 법칙을 정해 놓은 듯 생각하지 않길 바랍니다. 어린이들이 시를 쓸 때 저절로 그렇게 쓰여지면 그게 줄이요 연이 되는 것입니다. 그런데 뜻밖에 줄이나 연을 꼭 나누어 써야 한다는 굳은 생각을 가지고 있는 어린이들이 참 많습니다. 그리고 어른들 모습을 흉내 내어 줄이나 연을 나누어 쓰는, 겉멋을 부리는 어린이들도 더러 있는 줄로 알고 있습니다. 산문을 줄이나 연을 나누어 쓴다고 시가 되는 것은 아닙니다. 또 시를 산문처럼 이어 쓴다고 산문이 되는 것도 아닙니다. 시란 겉모습이 아니라 그 속에 들어 있는 감동이 중요합니다. 그렇지만 줄이나 연을 나누어 쓰는 것을 그릇되게 알고 있거나 잘 모르고 아무렇게나 나누어 쓰는 어린이를 위해 잘 알려 주어야 할 것 같습니다.

한마디로 줄이나 연은 하나의 뭉뚱그려진 내용이나 생각의 묶음이라고 생각하면 되겠습니다.

눈 온 아침

청도 덕산초 5학년 박욱태

눈 온 아침 우리 마을이 하얀 솜이불을 끝도 없이 덮고 있다. 집집마다 얼굴만 빼꼼미 내놓았다. 추운지 입김을 호호 불어 가며 올망졸망 모여 재미있는 이야기를 하고 있다. 하얀 솜이불을 덮어쓴 우리 마을을 보고 있으면 빨려드는 것 같다. 미루나무가 세상 구경한다고 목을 쑥 빼고 있다. 우리 집 처마 끝에는 고드름이 쫄로리 달려 있다. 아침 햇살 하얀 세상 온 세상의 시간이 멈추어 있는 것 같다.　　(1996년 12월 11일)

이런 시가 있다고 합시다. 여기서 '눈 온 아침 우리 마을이 하얀 솜이불을 끝도 없이 덮고 있다.' 이 문장에서 '눈' '온' '아침' '우리' '마을이' 이것은 가장 작은 뜻을 나타내는 묶음이라고 할 수 있습니다. 그런데 이 작은 묶음으로는 더 나아간 하나의 뜻을 나타내기 어렵습니다. 그래서 가장 작은 이 묶음 몇 개를 묶어 보겠습니다. '눈 온 아침' '우리 마을이' 이렇게요. 이렇게 묶으니 이느 정도 하나의 완전한 뜻을 나타낼 수 있지요? 이걸 시에서 '줄(행)'이라 하면 되겠습니다.

눈 온 아침

청도 덕산초 5학년 박욱태

눈 온 아침
우리 마을이
하얀 솜이불을
끝도 없이 덮고 있다.
집집마다 얼굴만
빨꼬미 내놓았다.

추운지
입김을 호호 불어 가며
올망졸망 모여
재미있는 이야기를 하고 있다.
하얀 솜이불을 덮어쓴
우리 마을을 보고 있으면
빨려드는 것 같다.

미루나무가
세상 구경한다고
목을 쑥 빼고 있다.
우리 집 처마 끝에는
고드름이 쫄로리 달려 있다.

아침 햇살
하얀 세상
온 세상의 시간이
멈추어 있는 것 같다.   (1996년 12월 11일)

어떻습니까? 이렇게 해서 한 줄 한 줄 뭉뚱그려진 말에 뜻이 들어 있게 되지요. 그런데 처음 시 쓰기 하는 어린이들 가운데는 이런 식으로 줄을 나누어 쓰는 어린이도 있습니다.

눈 온 아침 우
리 마을이 하얀
솜이불을 끝도 없
이 덮고 있다.
집집마다 얼굴
만 뻘꼬미 내놓았다.

이렇게 쓰니까 좀 우습지요? 한 줄 한 줄 뭉뚱그려진 모습이 아니니까요. 잘 살펴서 나누어 쓰기 바랍니다.

또 줄을 나눌 때, 어떤 말을 강하게 나타내기 위해 그 줄만 짧게 나누기도 하고, 긴 시간을 표현할 때도 짧게 나누어 쓰기도 합니다.

아버지가
토끼집을 만드신다.
툭툭툭툭툭툭
망치로 못을 박는다.

이렇게 하면 망치를 빨리 툭툭툭 치는 것처럼 느껴지지요?

아버지가
토끼집을 만드신다.
툭

툭

툭

툭

툭

망치로 못을 박는다.

이렇게 하니까 어떻습니까? 천천히 강하게 툭 툭 내려치는 것처럼 느껴지지요? 느낌이 다릅니다.

'연'은 산문에서 말하는 '문단'쯤 됩니다. 좀 더 크게 뭉뚱그려진 하나의 묶음을 말하는 것입니다. 연을 나눌 때는 한 줄 띄어 씁니다. 그런데 어린이들이 쓰는 시는 어른들이 쓰는 시처럼 길지 않으니까 연을 나누지 않아도 괜찮은 경우가 많습니다. 오히려 연을 억지로 나누면 이상하게 보이기도 하지요.

그런데 저학년은 줄을 끊어 쓰지 않고 산문처럼 길게 쓰는 경우가 많습니다. 그걸 억지로 짧은 줄로 나누어 쓸 필요 없이 그대로 두어도 좋습니다. 중학년이 되면 줄을 짧은 한 문장 단위로 나누어 쓰든지 뜻이나 생각 묶음으로 나누어 쓸 수 있어야 합니다.

그러나 어린이들이 어렵게 생각하지 않도록 지도하기 바랍니다. 마음 편한 대로, 읽어 보았을 때 편하게 느껴지는 대로 자연스럽게 나누어 쓰면 되니까요.

또 시 내용에 따라서는 산문처럼 쓰는 시도 있습니다.

버스

문경 마성초 3학년 권영준

버스는 달립니다. 나무는 밀려가는 듯이 움직입니다. 버스는 미끄러지듯이 달립니다. 사람들은 손을 흔듭니다. 기쁩니다. 정말 아름다와요. 산에는 단풍, 들에는 누렇게 익은 벼, 버스는 먼지를 내며 달려갑니다. 버스는 재미있는가 봐. 사람들은 버스를 보고 손을 흔들어 준다. 상쾌한 느낌이 들었다. 버스는 그러나 쉬지 않고 달린다. 버스 안에서 잠을 자는 사람도 있었다. 버스는 바퀴 여섯 개를 가지고 달려갑니다. 잘도 달려갑니다. 버스가 달리면 날으는 것 같습니다. 타 있는 사람들은 무섭지도 않는가 봐. 이상도 하지. 참으로 이상하다. 이상한 느낌이 든다. 버스는 계속해서 달린다. 어머니, 아버지, 밭의 보리를 심느라고 야단입니다.

― 《아동 시론》(이오덕, 굴렁쇠)

지금 버스를 타고 가는 기분이 들 정도로 이 어린이의 즐거운 마음이 잘 나타나 있는 시입니다. 이 시를 짧은 줄로 나누어 쓴다면 버스가 쉴 새 없이 달리는 느낌이 안 날 것이고, 버스에 타고 있는 아이의 즐거움이 연이어 쏟아지는 말로 해서 흥겹게 읽히던 것이 그만 그렇지 않게 되겠지요. 이처럼 산문시를 끊어 쓰면 그 시에 대한 특별한 맛이 사라진답니다.

그러니 시를 쓸 때는 다른 사람이 쓴 형식을 따라 쓰지 말고 마음 내키는 대로 쓰게 해야 한다는 것을 한 번 더 말해 둡니다.

7. 시 쓰기

지금까지 어떻게 해야 살아 있는 시를 쓸 수 있는지 이야기했습니다. 이제 정말 시를 써 봅시다. 다시 말하지만 시 쓰는 방법은 꼭 정해져 있는 것은 아닙니다. 어떤 시가 살아 있는 좋은 시인지 또렷이 알면 나름대로 방법을 찾아 자기 마음에서 우러나오는 감동을 진솔하게 쓰면 됩니다. 그래도 도무지 어떻게 써야 할지 생각이 안 떠오르는 어린이들을 위해 내가 말하는 방법으로 지도해 보세요. 도움이 될 것입니다.

1) 시 마음에 빠지기

먼저 또래 어린이들이 쓴 살아 있는 시를 여러 편 읽어 주며 시 마음에 빠지도록 합니다.

갑자기 시가 써질 수도 있겠지만, "지금부터 시를 쓰겠습니다. 시작!" 이렇게 한다고 해서 바로 시가 술술 잘 써지는 것이 아닙니다. 그래서 먼저 시를 쓰고자 하는 마음을 불러일으키는 것이 중요하지요. 편안한 마음을 가지도록 하면서도 시를 쓰고자 하는 마음에 집중하도록 하는 것입니다.

어떻게 하면 될까요? 가장 좋은 방법은 또래 어린이들이 쓴 살아 있는 시 여러 편을 시 쓰기 바로 전에 읽어 주는 것입니다. '시 마음 일깨우기'에서 소개한 그런 시집에 실려 있는 시들 말입니다. 시를 읽어 주다 보면 마음이 시에 빠져들게 되고, '나도 이런 시쯤은 쓸 수 있겠구나.' 하는 마음이 일어나게 될 것입니다. 어린이 스스로 시를 쓸 때도 스스로 시를 읽으며 시 마음에 빠질 수 있도록 지도하기 바랍니다.

2) 쓸거리 찾기

어제와 오늘 사이 또는 아주 가까운 날에 겪은 일들을 되살려 쓸거리가 될 만한 것들을 찾아 제목을 적도록 합니다.

시 쓸거리(글감)는 먼 데 있는 것이 아닙니다. 내가 늘 생활하는 둘레에 널려 있지요. 내 주머니 속에도 있고 내 책상 밑에도 있지요. 우리 집 식구들에게도 있고 집 안 어디에든 다 있습니다. 내가 밟고 있는 흙 속에도 있고 풀밭에도 있습니다. 내가 가는 길가에도 있고 엄마 따라 간 시장에도 있지요. 내가 가는 곳, 내가 보고 듣는 것에는 어디든 어떤 것에든 다 있습니다.

서사문 쓰기를 할 때 글감 찾는 방법처럼, 어제와 오늘 사이 또는 아주 가까운 날에 보고 겪은 여러 가지 일들을 되살려서 쓸거리가 될 만한 것들을 모두 찾아 적게 합니다.

글감을 떠오르는 대로 적는다는 것은 매우 중요합니다. 생각만 하면 맴돌기만 할 뿐 또렷이 잡히지 않기 때문이지요. 글감으로 가치가 떨어지더라도 적어 가다 보면 내가 보고 겪은 일들이 실타래 풀리는 것처럼 자꾸 떠오를 것입니다. '정말 그럴까?' 하는 의심은 가지지 말기 바랍니다.

적을 때는 서사문 쓰기에서처럼 한 일, 놀이, 본 것, 들은 것, 생각한 것으로 나누어 적습니다. 이렇게요.

① 일: 동생 보기, 숙제하지 않고 놀다 혼남, 내 방 청소하기, 설거지 거들기 따위
② 놀이: 물놀이, 공깃돌 놀이, 딱지 따먹기, 말타기, 축구하기 따위
③ 본 일: 팔려 가는 소, 혼자 사는 옆집 할머니, 거지 아주머니, 경운기 고치는 아버지, 포장마차 아주머니, 도둑고양이, 옆집 감나무의 감홍시, 학교 갔다 오다 본 개구리, 아침 햇빛에 비친 이슬 따위
④ 들은 일: 매미 소리, 저녁에 들은 개구리 소리, 할머니 어렸을 적 이야기, 솔바람 소리, 아버지가 겪은 이야기 따위

⑤ 생각한 일: 답답한 마음, 나의 소원, 하늘에 계신 우리 아버지, 나는 커서 무엇이 될까? 따위
⑥ 그 밖의 다른 일

그런데 사실 이렇게 적기는 쉽지 않습니다. 그냥 어제오늘, 가까운 며칠 사이 내가 다닌 곳을 추적해 가며, 보고 겪은 일을 찾아 다섯 가지에서 열 가지 정도 적으면 됩니다. 이때 생각주머니에 날마다 적어 둔 것을 글감으로 참고하면 좋겠지요.

시 글감 찾기가 다른 갈래 글감 찾기와 좀 다른 점은 일이 일어난 까닭, 과정, 결과에 대한 사실보다는 어느 한순간에 느끼는 감흥을 더 중요하게 생각하는 것입니다. 오늘 아침에 학교에 오다가 풀잎에 맺힌 이슬이 햇빛에 반짝 빛나던 그 순간의 느낌 같은 것 말입니다.

또 보고 겪은 일 가운데 시 글감이 될 만한 것을 날마다 다섯 가지 정도 찾아 적어 보는 것도 글감 찾기 공부에 큰 도움이 될 것입니다. 그러다 보면 내 눈에 뜨이지 않던 사물도 차츰 또렷이 보이게 되고, 뜻을 가지고 다가오게 될 것입니다.

3) 글감 고르기

여러 가지 글감 가운데 가장 또렷하게 마음에 남아 있는 것을 하나 고르도록 합니다.

고를 때는 글감마다 그때 일로 돌아가 조금씩 겪어 본 다음, 가장 감흥이 남아 있는 것을 고르도록 해야 합니다.

글감 하나를 골랐으면 제목을 씁니다. 제목은 아주 간략하게 나타내어야 합니다. '손잡고 있는 겨울나무' 이렇게 하지 말고 그냥 '겨울나무' 이렇게 말입니다. 하지만 이것도 얽매이지 말고 될 수 있는 대

로 어린이들 마음대로 쓰게 하기 바랍니다.

4) 다시 시 마음에 흠뻑 젖기

다시 또래 어린이의 살아 있는 시를 몇 편 더 읽어 주며 더 깊이 시 마음에 빠지도록 합니다.

시 글감 찾기 바로 앞서도 또래 어린이들의 시를 맛보도록 했지요? 여기서도 그렇게 시를 몇 편 더 맛보도록 합니다. 이렇게 쓰기 바로 전에 하는 시 맛보기는 시 분위기에 더 깊이 빠져들게 해 주고, 자신감도 더 갖게 해 줍니다. 몇 편쯤 읽다 보면 이제 나도 써 봐야지 하는 마음이 다시 일어나게 됩니다. 그때 연필을 잡는 것입니다.

5) 마음과 몸짓으로 겪어 보기

그때 그 느낌과 감흥을 생생하게 되살려 낼 수 있도록, 골라 놓은 글 감에 얽힌 일을 마음으로, 또는 행동으로 끝까지 겪어 보도록 합니다.

서사문 쓰기에서처럼 겪어 보기를 하는 것입니다. 지나간 일에서 스쳐 갔던 감흥을 되살려 내려면 이렇게 그때 그 일로 다시 돌아가 겪어 보는 것이 가장 좋습니다. 그렇게 하지 않으면 시를 쓸 때 머리로 억지로 지어내려고 하기 때문이지요.

그 사물과 어떤 일, 이를테면 오늘 낮에 열심히 경운기 고치던 아버지에 대한 시를 쓰려면 '아버지' 이렇게 제목을 쓰고 낮에 아버지가 경운기를 고치기 시작한 때부터 한 행동과 과정, 그때 아버지의 모양과 모습, 아버지의 얼굴 표정, 누구와 주고받은 말, 아버지 자신도 잘 모르게 튀어나오는 말이나 중얼거렸던 말, 내가 중얼거렸던 말, 또 그때 시 쓰는 사람의 생각과 느낌 같은 것을 마음속에 떠올리는 겁니다. 그러니까 지금 자기 앞에 아버지가 경운기를 고치고 있는 것처럼 되살려 내는 것이지요. 필요에 따라서는 아버지가 경운기 고치는 모습에서 특징을 찾아 조금씩 몸짓과 행동으로도 해 보고, 표정도 지어 보고, 말도 해 보는 것이 좋습니다. 다시 말하지만 그때 그 일에 푹 빠지도록 해야 합니다.

이처럼 그때 그 일로 돌아가면 지금의 자신은 거의 없어지게 되는데, 그래도 시를 쓸 때는 지금의 내 생각이 조금씩 들어가게 됩니다. 무엇보다 자기도 모르게 터져 나온 말이나 중얼거린 말을 잘 살려 내도록 하면 좋겠습니다. 터져 나온 그 말 속의 감흥이 가장 생생한 느낌이기 때문입니다.

그리고 사람이 아닌 어떤 사물일 경우 그 사물이 되어 말도 하고, 소리도 듣고, 움직이기도 하고, 생각도 하고, 느끼기도 해 보게 하세요.

가장 좋은 방법은 어떤 일을 실제로 겪은 뒤 바로 시를 쓰게 하는 것입니다. 비 오는 날 밖에 나가 본다든지, 어떤 일을 해 본다든지, 무엇을 유심히 살펴본다든지 하는 것 말입니다.

6) 쓰기

겪어 보기 할 때 떠올렸던 그 감흥이 깨어지지 않도록 겪어 보기한 뒤 바로 자세하게 시를 써 내려가도록 합니다.

아! 이제야 실제로 시를 씁니다. 바로 앞에 '겪어 보기' 단계에서 떠올렸던 그 감흥이 깨어지지 않게 바로 이어서 토해 내듯이 마음에서 우러나오는 감동을 생생한 자기 말로 자세하게 써 내려가는 것입니다. 쓰다가 멈춰서 다른 생각을 하게 되면 그때 그 감흥이 깨어져 다시는 떠오르지 않을 수도 있기 때문에 겪은 일 속에 깊이 빠져들어 있을 때 쉬지 않고 끝까지 쓰는 것이 좋습니다.

자세하게 쓴다는 것은 그 일을 자세하게 설명한다는 뜻이 아니라,

나만이 본 새로운 모습, 모양, 표정, 행동, 주고받는 말, 중얼거렸던 말, 주위 분위기, 새로운 생각과 느낌, 마음의 움직임을 생생하게 잡아서 세밀하게 쓴다는 뜻입니다.

그런데 한 가지 주의할 일이 있습니다. 시를 쓸 때 어린이들이 맛본 시를 흉내 내어서는 안 됩니다. 자기가 일부러 흉내 내려고 하지 않아도 저절로 흉내를 내게 되기도 하는데, 그것도 안 됩니다. 누구든 한 사람 한 사람이 자기만이 보는 눈이 있고, 자기만의 생각과 느낌이 있고, 자기만의 말이 있고, 자기만이 쓰는 방식이 있기 때문입니다. 그걸 잘 살려 써야 이 세상에서 누구도 흉내 낼 수 없는 자기만의 훌륭한 시가 되는 것입니다.

또 한 가지는 처음부터 시를 너무 잘 쓰려고 하지 않도록 하세요. 내가 나타내려고 하는 그것을 다 살려 쓰면 그것으로 된 것입니다. 모자라는 점이 있어도 글다듬기 할 때 보충하면 되니까요. 처음 한 번에 너무 잘 쓰려고 하면 억지로 만들거나 꾸며 써서 그만 맛도 없는 죽은 시가 되기가 쉽습니다. 좀 모자라야 어린이답습니다. 어른들 보기에는 엉뚱하다 싶은 시가 더 좋은 시가 되는 경우가 많습니다.

그리고 시를 좀 많이 써 보아서 '시란 이런 것이로구나.' 하고 좀 알 때는 내가 지금 쓰는 시를 통해 무엇을 나타낼 것인가, 말하자면 알맹이를 한번쯤 생각하고, 어떤 감동을 받을지도 한 번 더 생각하고 쓰도록 하면 더욱 좋겠습니다.

7) 글 다듬기

다 쓴 다음 모자라는 것은 보충하고, 필요 없는 것은 빼고, 맞지 않는 것은 고치고, 껄끄러운 것은 다듬어서 시 한 편을 완성하도록 합니다.

시를 다 썼으면 잠깐 쉬어도 좋습니다. 그런 다음 쓴 시를 다시 읽어 보며 시 속으로 빠져듭니다. 그래서 모자라는 것은 보태고, 필요 없는 것은 빼고, 맞지 않는 것은 고치고, 껄끄러운 곳은 다듬어서 한 편의 시를 완성하는 것입니다.

무슨 일이든 형식에 맞추느라 애쓰다 보면 내용이 충실치 못하게 됩니다. 따라서 시 고치기도 내용을 먼저 충실히 보충하고 고친 다음에 형식을 고치고 다듬어야 알찬 시가 됩니다.

그러면 어떻게 할지 그 방법을 차근차근 이야기하겠습니다.

첫째, 시 전체를 한번 훑어 읽으며 모자라는 부분이 눈에 번쩍 뜨이면 그 부분부터 보태어 쓰도록 합니다.

둘째, 다시 한 줄씩 읽으며 겪어 보기를 하도록 합니다. 그러다 보면 그때 새롭게 본 모습이나 사실, 그때 그 생각과 느낌(감흥)이 더욱 자세하게 떠오를 것입니다. 그것을 보태어 적도록 합니다.

'물을 주니까 자꾸 / 호박이 까불거려요. / 떡잎 사이에 본잎이……' 이렇게 시를 썼다고 합시다. 여기서 '호박이 까불거려요.' 했는데 어떻게 까불거렸는지 잘 모르겠지요? 자신만 본 모습을 좀 더 살려 보태어 써야 합니다. 이렇게요. '물을 주니까 자꾸 / 호박이 까불거려요. / 한쪽에 물을 주면 / 잎은 조리로 해딱 가고 / 또 다른 쪽에 물을 주면 / 요리로 해딱 누워요. / 떡잎 사이에 본잎이……'

셋째, 충분히 보태어 적었으면 그다음은 필요 없는 말을 빼도록 합니다. 같은 말, 비슷한 말, 쓸데없이 되풀이 되는 말, 쓸데없는 말 같은 것 말입니다.

시에서는 겉으로 완전한 문장이 안 되어도 속으로 뜻이 통하면 됩니다. 보기를 들면 이렇습니다. '가을바람이 살랑살랑 붑니다.' 이런 말을 '가을바람 살랑살랑' 이렇게 써도 된다는 것입니다. '이'도 뺐고

'붑니다.'도 뺐습니다. 그래도 뜻이 다 통하니까요. 여기서 '이'나 '붑니다.'는 필요 없는 군더더기 말이 되지요.

필요 없는 말이 무얼까, 잘 모르는 어린이들에게는 이렇게 해 보세요. 먼저 한 줄씩 가리고 시를 읽어 보도록 합니다. 가려서 읽었을 때 뜻이 통하면 그 줄은 필요 없는 말이니까 빼도록 합니다. 가리고 읽었을 때 뜻이 안 통하거나 시 맛이 줄어들 때는 그 줄은 꼭 필요한 말이니까 그대로 두도록 합니다.

다음과 같이 시를 썼다고 해 봅시다. '호박에 물을 줬어요. / 떡잎 두 장이 / 우산을 쫙 편 것 같아요.' 여기서 '떡잎 두 장이'를 가렸다고 해 봅시다. 그러면 이렇게 읽어야겠지요. '호박에 물을 줬어요. / 우산을 쫙 편 것 같아요.' 이렇게 읽어 보니까 말이 안 되고 뜻도 안 통하지요? 그러니까 '떡잎 두 장이'란 말은 빼면 안 되는 것입니다. 꼭 넣어야 할 말이지요.

이렇게 한 줄씩 끝까지 다 한 뒤에는 한 낱말 묶음으로도 그렇게 하도록 합니다. 한 낱말 묶음씩 가리고 읽었을 때 뜻이 통하면 그 낱말 묶음은 버리고 뜻이 통하지 않으면 그냥 두는 것이지요. 그리고 또 필요 없는 낱말도 버려야 합니다. '가을바람이 살랑살랑 붑니다.'에서 '붑니다'와 '이'라는 낱말은 필요 없으니까 버리는 것처럼 말입니다.

넷째, 보태어 쓰고, 필요 없는 말을 빼서 내용이 충실해졌을 때 고치고 다듬기를 합니다. 말의 앞뒤가 안 맞는 곳 바르게, 틀린 말 바르게, 틀린 글자 바르게, 띄어쓰기 바르게, 행과 연 바르게 나누기, 부호 바르게, 우리 말 살리기 같은 것 말입니다.

여기서 또 한 가지 주의할 것은 보태어 쓰거나, 빼거나, 고쳐 쓰기 할 때는 붉은 볼펜을 쓰는 것이 좋습니다. 처음 쓴 것이 더욱 새로울 때도 있으니까 처음 말을 지우개로 지워 버리면 안 되겠지요. 붉은 볼펜을 쓰면 연필로 쓴 것이 살아 있으니까 필요하면 다시 살려 쓸 수 있습니다.

첫째에서 넷째까지의 방법을 몇 차례 하면 더욱 좋습니다. 그러다 보면 아주 좋은 시를 얻을 수 있겠지요.

이렇게 해서 완성한 시를 다시 스스로 차근차근 읽어 보며 맛보도록 합시다. 이때 또 잘못된 점이 발견되면 다듬으면 됩니다. 그리고 자기가 쓴 시를 여러 동무들 앞에서 낭독하고 서로 잘된 점을 찾으며 다른 시와 견주어 보도록 합니다.

다른 사람이 쓴 시를 감상할 때는

① 감동 받은 점이 무엇인가?
② 가치 있는 삶이 나타나 있는가?
③ 꾸밈없이 진솔하게 썼는가?
④ 글쓴이가 보고, 겪고, 생각하고, 느낀 점을 가장 잘 표현한 것은 어떤 것인가?

하는 것을 찾아보면서 감상하도록 합니다.

8. 맺는말

시 쓰기 방법을 무슨 공식처럼 단계를 나누어 복잡하게 설명했지만 실제로 시를 써 보면 아주 간단합니다. 그리고 내가 보인 방법은 하나의 사례이니까 너무 얽매이지 말고 참고만 하기 바랍니다. 어린이들의 시는 어느 순간에 잠깐 동안 터져 나오는 일이 더 많으니까 마음 가는 대로 쓰면 그게 자기 방법이 되기도 한다고 했지요? 이제 어린이들 스스로 마음을 가꾸어 주는 살아 있는 시를 쓰며 살아갔으면 좋겠습니다.

2장

서사문

겪은 일을 쓰는 글

1. 서사문이란 어떤 글일까요?

우리는 잠자는 시간을 빼면 잠시도 멈추지 않고 움직입니다. 사실은 잠잘 때도 숨을 쉬고 몸을 뒤척이기도 하니까 24시간 끊임없이 움직인다고 봐야겠지요. 눈으로는 자연의 모습이나 온갖 사물, 사람의 모습이나 사람이 하는 일을 봅니다. 귀로는 온갖 사물의 소리나 사람이 하는 말을 듣지요. 입으로는 온갖 쓸 말 못쓸 말을 쏟아 냅니다. 손으로 무엇을 만졌을 때 갖가지 감촉을 느낍니다. 또 끊임없이 손과 발을 놀려서 일을 하기도 합니다. 대부분의 행동은 다른 사람과 관계를 가지기도 해서 더욱 여러 가지 복잡한 일들을 만들어 내게 됩니다.

이렇게 자기 몸으로 직접 보고 듣고 겪은 사실을 있는 그대로 쓰거나, 다른 사람이 보고 겪은 일을 대신해서 생생하게 살려 쓴 글을 서사문이라고 합니다. 또 일이 일어난 줄거리를 가지고 있기 때문에 '이야기글'이라고도 합니다.

서사문은 겪은 사실을 그대로 쓰는 글이지만 쓰다 보면 생각이나 느낌이 조금씩 들어가기도 하지요. 생각이나 느낌이 아주 많이 들어가면 감상문이 되기도 하고, 자기 의견을 많이 주장하면 논설문이 되기도 합니다.

서사문은 생각이나 느낌이 거의 없는 글이라 글맛이 좀 없지 않을까 할 수도 있겠지만 그렇지 않습니다. 사실 속에 들어 있는 생각이나 느낌을 읽는 사람도 느끼고 감동할 수 있는, 살아 있는 글이 서사문입니다.

그러면 서사문 한 편을 볼까요.

붕어빵

경산 성암초 3학년 김아현

오전 11시쯤에 엄마와 아파트 후문 쪽으로 붕어빵을 사러 갔다. 그런데 손님이 많이 찾아와 오래 기다려야 했다. 나는 아파트 후문 쪽 계단에서 올라갔다 내려갔다 하며 놀고 있었다. 내가 놀고 있을 때 손님이다 가서 우리 차례가 되었다. 나는 엄마 옆으로 갔다.

아줌마는 빨간 앞치마를 입었고 안경을 쓰고 있었다. 얼굴에는 주름이 많이 있었다. 아줌마는 잠깐 기다리라 하고는 바쁘게 붕어빵을 구웠다. 그렇게 바쁘게 일하면서도 아줌마는 환하게 웃고 있었다.

아줌마와 우리 엄마는 이야기를 나누었다.

"요새 많이 춥지요?"

"예. 그래서 아이들이 자꾸 기침을 하네요."

"추우니까 더 맛있게 구워 드릴게요."

"고맙습니다."

붕어빵을 다 구워서 담았다. 맛있게 구워진 붕어빵만 골라 봉지에 담았다. 아줌마는 "다 되었습니다. 아이구! 니 예쁘네. 잘 먹어라." 하며 붕어빵을 주었다. 엄마는

"이렇게 많이 안 줘도 돼요. 조금만 주세요."

"아닙니다. 많이 드세요."

나는 붕어빵을 살짝 보았다. 붕어빵이 안 터져서 팥도 나오지 않았고, 까맣게 타지도 않았다. 정말 맛있어 보였다. 팥이 많이 들어갔고, 잘 구워져서 더 그런 것 같았다. 아줌마는 힘들어도 친절하게 대해 준다.

엄마와 천천히 걸어왔다. 그러다 붕어빵이 얼른 먹고 싶어서 엄마보고 빨리 가자고 했다. 엄마와 나는 뛰는 것처럼 빨리 왔다.

집에 오자마자 손을 씻었다. 엄마와 나는 붕어빵을 맛있게 먹었다. 먹다가 뜨거워서 물을 얼른 마셨다.

"엄마, 붕어빵이 맛있긴 한데 너무 뜨거워요."

"후-우-우, 불어서 먹어라."

나는 뜨거운 붕어빵을 후후 불어서 맛있게 먹었다. (2006년 11월 21일)

어머니와 붕어빵을 사서 먹은 일을 있는 그대로 적은 글입니다. 특별한 사건이 아닌 흔히 겪을 수 있는 일인데도 읽으면 마음이 따뜻해지는 걸 느낄 수 있습니다. 붕어빵을 파는 아주머니와 글 쓴 어린이의 어머니가 주고받는 말 속에, 어린이의 말과 행동 속에 따뜻함이 녹아들어 있는 것이지요.

우리들은 가까이에서 쉽게 보고 겪는 일은 예사로 넘기기 쉽습니다. 그런데 조금이라도 생각을 가지고 주의 깊게 살펴보면 모두가 글감이 됩니다. 어떤 일이든 뜻 없이 하는 일은 없기 때문입니다.

그럼 이번엔 조금 긴 서사문 한 편 볼까요?

토끼 똥 치기

청도 덕산초 6학년 윤영웅

오늘 오후의 일이다. 토끼 똥을 치울라고 토끼집에 가 보니까 새끼가 또 태어났다. 윗집에 있는 검은 토끼가 새끼를 낳았는데 모두 다섯 마리다.

"우와! 또 새끼 태어났다. 오예에! 아, 빨리 짚이나 깔아 죠야지!"

하고 작두로 짚을 자잘하게 잘라서 토끼집에 깔아 주었다.

"아, 이제 됐다. 요래만 해 놓으마 안 죽겠다. 토끼야, 잘 커래이. 히야, 고거 참 이쁘네! 자꾸 만져 보고 싶네야. 만지면 안 되지. 침, 똥 지우러 왔는데 윗집은 새끼 때문에 못 치우겠고 우째노? 못 치우지 뭐. 밑 집만 치우자."

밑 집에는 이제 한 달쯤 된 새끼가 네 마리 있고, 또 어미 토끼 한 마리와 수컷 한 마리가 있다. 이 토끼들을 사과 상자에 담았다. 어깨를 토끼장 안으로 쑤욱 넣고 팔을 쭈욱 뻗쳐서 토끼 귀를 손으로 잡고 엉덩이를 받쳐서 홀딱 들어가지고 한 마리 한 마리 꺼냈다. 어미 토끼를 잡아서 엉덩이를 받칠라고 하는데 몸을 막 비비 틀고 발을 막 흔들어 가지고 발톱에 내 손이 긁혔다. 거기다가 오줌까지 칠칠 싸서 내 얼굴이고, 몸이고, 옷이고, 손이고 온 데 다 묻었다. 그러니까 이상한 찌릉내가 지독하게 났다. 지금도 내 손에는 냄새가 난다.

"어이고오, 하이거어, 디기 독하네!" 하면서 사과 상자에 넣어 버리고 풀 넣고 또 다른 상자로 위를 덮어 버렸다. 덮었는데도 후다닥거린다. 모두 다 그렇게 해 놓고는 똥을 치웠다.

먼저 소죽 주는 커다란 소꾸리를 토끼 집 문 앞에 댔다. 그러고는 끝이 납닥한 괭이로 똥을 끌어냈다. 얼마나 똥을 안 쳤으면 괭이 날이 똥에 잘 안 들어가겠노. 괭이로 자꾸 똥 위를 쿡쿡 찍었다. 그래도 잘 안 되어 세게 한 번 꽉 찍으니까 괭이 날이 똥에 푹 박혔다. 그리고 괭이 끝을 누르면서 스으윽 당기니까 똥이 한 덩어리처럼 졸졸 졸졸 따라 나왔다. 문 가까이에 끌어내어서는 호미로 쿡 쿡 쿡 쿡 찍어서 잘게 빠수었다. 그리고 소르르 당겼다. 그러니까 똥이 토끼 집 밖으로 나와서는 소꾸리 속으로 또도도독 또도도도 떨어졌다. 이렇게 자꾸 긁어냈다.

이제 구석만 긁어내면 되는데 그 구석이 가장 문제다. 구석이 멀어 놓으니까 쬐끄만 곡괭이 자루 끝을 잡고 팔을 쭉 펴도 구석에는 닿지도 않고 힘이 빠져서 손만 까딱까딱한다. 그러다가 완전히 힘이 빠져서 다시 곡괭이를 꺼냈다. 다시 한 손으로 토끼집을 잡고, 문으로 어깨까지 쑥 들이밀고, 한쪽 팔로는 괭이로 모서리에 있는 똥을 살살 끌어냈다. 그러니까 조금씩 조금씩 긁혀서 나왔다. 그런데 냄새가 진동을 한다. 또 바닥에는 똥이 눌려서 진득진득하게 됐다. 초파리 애벌레 같은 것도 버글버글 끓었다.

"우아악! 오오옥!" 하면서 코를 막았다. 눈도 막 찌푸렸다. 머리털이 발딱 서는 것 같았다.

"어어이 냄새. 우우욱! 토하겠다. 으으으 숨도 못 쉬겠네. 죽을 뻔했다. 어휴우!"

이렇게 나 혼자 말을 하다 보니 똥을 거의 다 끌어냈다. 그리고 새 짚으로 갈아 주었다. 토끼가 좋다고 후다닥거리더니 가만히 있었다. 풀을 주니 오물거리며 잘 먹었다.

윗집에 있는 토끼 새끼를 다시 봤다.

"히야아아, 진짜 이쁘다! 우와아아!"

아직 눈도 안 떴는데 서로 막 기어오르며 어미젖을 빨아 먹었다. 서로 몸을 비비고 앞발을 사람 팔처럼 막 들어서 부둥켜안았다.

"우와아아! 꼭 깨물어 주고 싶다."

손가락으로 새끼 머리를 쓰다듬어 주었다. 정말 귀여워서 말로는 표현 못하겠다.

토끼집 문을 닫고 토끼 똥 담은 소꾸리를 들고 버리러 갔다. 골목 앞 거름 있는 데 버렸다. 그런데 버리다가 또 거기에 있는 소똥을 밟아 미끄러져서 내 오른쪽 팔이 똥 덩어리가 되었다.

똥을 다 치고 짚도 갈아 줘서 토끼들이 좋아하긴 좋아하는데 나는 아무리 씻어도 아직까지 냄새가 나서 기분이 영 찝찝하다.

(1997년 4월 13일)

토끼 똥 치는 모습이 읽는 사람 바로 눈앞에서 펼쳐지는 것으로 느껴질 만큼 자세하게 썼지요? 글쓴이가 토끼 똥 치는 모습에서 토끼를 얼마나 귀여워하는지 잘 느낄 수가 있을 것입니다. 토끼를 아주 많이 귀여워하지 않으면 힘든 토끼 똥 치기를 하기는 쉽지 않기 때문입니다. 서사문을 쓸 때는 이렇게 아주 자세하게 쓰기도 해야 합니다.

2. 서사문은 왜 쓸까요?

서사문은 어느 시점에서 어느 시점까지 시간의 흐름에 따라 어떤 일이 어떻게 펼쳐져 갔는지 차례로 또렷이 쓰는 글이기도 합니다. 그런데 어린이들에게 실제로 겪은 일을 차례로 진솔하게 쓰게 하는 것이 왜 중요할까요? 여러 까닭이 있겠지만 세 가지만 들어 보겠습니다.

첫째, 어떤 사물이나 사실을 더욱 조리 있고 또렷하게 볼 수 있게 해 줍니다. 우리는 일상생활에서는 특별한 관심을 두지 않으면 사물이나 사실을 스쳐보는 게 보통입니다. 그래서 어떤 모습인지, 어떤 일이 어떤 과정을 거쳐, 어떻게 이런 결과가 일어났는지 또렷하게 잘 모르지요. 서사문을 생생하게 쓰기 위해서 사물이나 사실을 자세하게 살펴보고, 또 겪었던 사실도 차근차근 되살려 보다 보면 사물이나 사실을 조리 있고 또렷하게 볼 수 있는 능력이 길러집니다. 감동의 뿌리와 모든 실마리를 푸는 기초는 이렇게 또렷하게 본다는 데 있지 않겠습니까.

둘째, 문제의 본질, 삶의 본질을 붙잡을 수 있게 해 줍니다. 보고 겪은 사실을 자세하고 또렷하게 보고 글로 또박또박 쓰면서 무엇이 참이고 거짓인지 문제의 본질을 잘 알 수 있게 할 뿐 아니라 나아가 삶의 본질까지 또렷이 붙잡아 낼 수 있게 해 줍니다. 거기에서 사람이 살아가는 길도 찾을 수 있겠지요.

셋째, 모든 글의 바탕이 되는 글쓰기 능력을 길러 줍니다. 모든 글은 사실에 뿌리를 두어야 믿음이 생기고 더욱 감동을 줄 수 있습니다. 서사문은 모든 글의 뿌리가 됩니다. 그래서 서사문을 많이 쓰게 하는 것이지요.

3. 여러 가지 서사문

서사문은 몇 갈래로 나누어 볼 수 있습니다. 언뜻 보면 겉보기에 다른 갈래처럼 생각되는 글도 따져 보면 서사문으로 분류될 수 있으니, 지도하는 선생님은 이를 잘 살펴서 또렷이 구분하기 바랍니다. 서사문에는 생활문(생활 기록문), 기사문, 사생문, 기행문, 견학 기록문, 관찰기록문 들이 있습니다.

1) 생활문(생활 기록문)

일상생활에서 보고 듣고 겪은 일을 생생하게 적은 글을 말합니다. 서사문에서 가장 많이 쓰는 갈래이기도 하지요. 우리가 늘 쓰는 일기는 온갖 갈래의 글로 쓰지만 생활문을 가장 많이 씁니다.

자리 양보

경산 동부초 4학년 최지원

오늘 엄마와 경산시장에 가기 위해 홈마트 옆에 100번 버스만 오는 버스 정류장으로 갔다. 5분쯤 있으니 버스가 왔다. 교통카드를 빨리 꺼내 '띡' 찍고 뒤에 앉으려고 하는데 엄마가 뒤에는 다친다고 앞에 앉으라고 했다. 그래서 내 입이 툭 튀어나왔다. 정류장을 지날 때마다 손님들이 타니까 자리가 자꾸 없어졌다. 조용했던 버스가 시끌벅적해졌다.

이제는 자리가 여섯 자리밖에 안 남았다. 그래서 나는 엄마 옆에 옮겨 앉았다. 또 한 정류장을 지나가니 네 자리밖에 안 남았다. 또 한 정류장을 지나니 아예 자리가 없다. 뒤를 돌아보니 서 있는 사람들도 보였다.

세 번째 정류장에 보니 어떤 한 할머니가 보였다. 양손에 들고 있는 짐들이 많았다. 그래서 엄마가 나보고 귓속말로 살짝 이렇게 말했다.

"지원아, 저기 할머니 짐도 많고, 앉을 자리 없으니까 니가 엄마랑 같이 앉자."

내가 일어서 엄마한테 가려고 하는데 그 할머니가 차에 올랐다. 내가 "할머니, 요기 앉으세요." 하니까 "너 괜찮으면 나랑 같이 앉을래?" 했다. 나는 엄마 눈 한 번 보고는 "아니요." 했다.

이마트가 보였다. 그런데 이마트 뒤에 경산시장이 있다. 경산시장에 가서 엄마와 내리려고 하는데 할머니가 "오늘 자리 비켜 줘서 고맙대이." 했다. 나는 할머니보고 "아니에요. 안녕히 가세요." 하고는 버스에서 내렸다.

나는 기분이 좋았다.   (2012년 6월 21일)

맨 끝에만 '나는 기분이 좋았다' 하고 자기 느낌을 적었을 뿐, 전체 내용은 어머니와 버스를 타고 가면서 할머니에게 자리 양보하는 모습을 생생하게 쓴 생활문입니다.

2) 기사문

사건이 펼쳐진 과정과 결과를 다른 여러 사람에게 객관으로 보고 알리는 글을 말합니다. 객관으로 보고 알린다는 말은 자신의 주관이 들어가지 않게 쓴다는 말입니다. 자신의 주관이 들어가지 않으니 글맛이 좀 없고 메마르지요. 또 기사문은 '누가, 언제, 어디서, 무엇을, 어떻게, 왜'란 여섯 가지 필수 조건(육하원칙)을 더욱 또렷이 갖추어 써야 합니다.

우리 마을 회관 준공식

청도 덕산초 6학년 박욱태

지난 4월 11일부터 짓기 시작한 우리 마을(오산 1리) 회관을 다 지어 드디어 8월 28일 준공식을 가졌다. 원래 두 달 만에 짓도록 되어 있었는데 장마와 태풍 때문에 일을 못하는 날이 많아지는 바람에 늦어지게 된것이다.

건물 넓이는 총 45평으로 반 정도는 마을 연쇄점, 나머지는 마을 회관이다. 연쇄점의 반은 또 참기름 짜는 곳을 만들었다. 수도와 화장실 같은 여러 가지 시설도 잘 만들어 더욱 좋다. 23평쯤 되는 연쇄점에는 물건을 꽉 채워 놓아서 좁기는 해도 깨끗하고 편리하게 되어 좋다. 전에 있었던 헌 연쇄점 부순 자리에는 쉼터를 만들고 나무도 세 그루 심어 놓았다. 헌 연쇄점을 부수기 위해 그 옆에 있던 재활용 쓰레기 창고를 옮겨야 했는데, 그걸 옮기려고 온 지게차가 너무 작아 마을 어른들이 잡아 주고 밀어 주고 하느라 애를 먹었다.

이날 마을 사람들은 말할 것 없고 군수님, 면장님, 조합장님을 비롯해 면내 기관장님들도 오셨다. 국회의원 김종학 아저씨도 축하한다는 내용의 전보를 보내었다.

그러나 이날 잔치에 쓴 돼지고기가 원인으로 보이는 식중독 때문에 동네 어른 18분이 배가 아프고 설사를 해서 자리에서 일어나지도 못했다. 좋은 날에 날벼락 맞은 것이다.

그래도 이번 회관 준공으로 우리 마을이 더욱 발전하기를 바란다. 2층도 곧 짓는다고 한다.　　　　　　　　　　　　　　　(1997년 9월 30일)

　　　　　　　　　　　　　　　-오산 1리 마을 신문 〈까치〉 제5호에서

청도 덕산초등학교 우리 반 어린이들이 낸 마을 신문에 실려 있는 기사입니다. 회관 준공식을 했다는 소식으로 회관 모습이나 회관을 짓는 과정, 준공식 내용을 또렷이 나타내었습니다.

3) 사생문

사생문은 '묘사'가 중심이 되는 글로 어떤 대상의 모양이나 모습을 있는 그대로, 바로 눈앞에 보이는 것처럼 그림 그리듯이, 훤히 펼쳐 보이듯 쓰는 글을 말합니다. 눈, 코, 혀, 귀, 살갗 같은 모든 감각 기관으로 본 것, 맡은 냄새, 맛, 소리, 감촉 같은 것을 그대로 적는 것입니다. 그리고 마음 상태를 들여다보는 것처럼 표현하기도 합니다. 사생문은 따로 쓰이는 경우는 별로 없고, 다른 글에 섞이어 쓰이는 것이 보통이지요. 사생문 쓰기는 글쓰기 공부의 바탕이 되니까 자주 써 보도록 했으면 좋겠습니다.

설거지하는 엄마

경산 동부초 4학년 선재훈

거실 소파에 앉아 텔레비전을 보던 엄마가 부엌으로 간다. 앞치마를 입고 핑크색 고무장갑을 손에 낀다. 그리고 싱크대의 개수대에 쌓여 있는 많은 그릇들 중 한 개를 들고 초록색 수세미에 세제를 묻힌다. 다시 수돗물을 틀고는 그릇을 수세미로 문지르며 설거지를 한다. 엄마는 빠른 손놀림으로 그릇을 수세미로 구석구석 닦고 개수대 옆에 놓아 둔다. 나는 엄마가 그릇을 수세미로 문지를 때 빨리 대충하는 것 같았는데 꼼꼼히 문질러 그릇에 세제 거품이 골고루 묻혀져 있다.

개수대에는 철로 만들어진 큰 그릇이 있는데, 엄마는 옆에 있는 반짝거리는 회색 수세미에 세제를 묻혀 그 그릇을 문지른다. 나는 전에부터 그 회색 수세미의 정식 이름이 궁금했다. 그래서 엄마에게 물어보았다. 그 이름은 '철수세미'라고 했다. 철로 만든 수세미인데, 철로 된 그릇 같은 것은 보통 수세미로 하면 음식 찌꺼기가 잘 안 떨어지니까 씻을 때 음식물이 잘 떨어지도록 만들어진 것이라고 했다.

엄마는 개수대에 있는 모든 그릇을 세제를 묻힌 수세미로 문지른다. 그리고 나서 다시 물로 모두 씻어 옆 개수대에 놓아둔다. 이번에도 대충 대충 물로 씻는 것 같았는데 그릇에 세제 거품이 하나도 묻어 있지 않았다. 거의 5초 만에 그릇 한 개를 씻는데 그 짧은 시간에 어떻게 구석구석 다 씻어 내는지 신기했다.

그런데 엄마는 모든 그릇을 한 번 씻어 바로 그릇 정리대에 올려놓지 않고 두 번 정도 더 씻었다. 나는 한 번 씻어도 굉장히 깨끗해 보이는데 왜 세 번씩이나 씻는 것인지 이해가 안 되어 엄마에게 물었다.

"엄마, 그릇을 한 번만 씻어도 굉장히 깨끗하던데, 그냥 한 번만 씻지 왜 귀찮게 세 번씩이나 씻어?"

"한 번만 씻으면 세제가 그릇에 조금이라도 묻어 있을 수 있잖아. 그래서 귀찮아도 세 번은 씻어야 하는 거야."

엄마는 그릇을 모두 씻어 그릇 정리대에 차곡차곡 올려놓는다. 엄마가 그릇을 정리대에 올려놓으니까 밑으로 물이 빠져나온다. 내가 보고 있으니까 묻지도 않았는데 "받침에 물이 고이면 한 번씩 받침을 빼내어 물을 부어 버리고 깨끗이 씻어야 해." 한다.

엄마는 그릇을 다 씻고는 행주로 싱크대를 쓱쓱 닦는다. 다시 물을 쏴아 틀어 행주를 싹싹 씻는다. 그리고는 물을 꼭 짜 싱크대에 둔다. 고무장갑을 벗어 싱크대에 걸쳐 놓고 앞치마도 벗어 벽에 걸어 둔다. 잠시 머뭇거리더니 행주로 가스레인지 밑을 또 닦는다.

설거지를 다 마친 엄마는 거실 소파에 편하게 누워 손전화로 게임을 한다.   (2012년 12월 5일)

4) 기행문

기행문은 여행하면서 있었던 일과 보고 듣고 느낀 일, 즐거움 같은 것을 쓴 글입니다. 기행문을 쓰면 여행하면서 넓힌 견문을 자기 것으로 또렷이 다질 수 있고, 여행했던 곳에 대한 기억을 오래 간직할 수 있어 좋지요. 어디든 여행을 한 뒤에는 꼭 기행문을 써 보기 바랍니다.

경주에 가다

대구 동호초 4학년 임혁규

토요일, 동생 혁준이랑 같이 집에 오려고 하는데 학교 앞에서 아빠와 엄마가 기다리고 있었다.

"아빠, 엄마, 왜 왔어요?"

"놀러 갈라고 왔지."

"어디 가요?"

"경주에 가려고 그러지. 안 가고 싶냐?"

"아니요! 당연히 가고 싶죠!"

"그럼, 경주로 가자!"

"아싸!"

약 한 시간 만에 경주에 다다랐다. 먼저 경주국립박물관으로 들어갔다. 고고관으로 가니까 드라마 '선덕여왕'에 나왔던 선덕여왕의 왕관이 실제로 있었다. 머리 위에 두르는 넓은 띠 앞면 위에는 山자 모양이 석 줄, 뒷면에는 사슴뿔 모양이 두 줄로 있는 형태다. 山자 모양은 4단을 이루며 끝은 모두 꽃봉오리 모양으로 되어 있다. 금관 전체에는 원형 금판과 굽은 옥을 달아 장식하였고, 금실을 꼬아 늘어뜨리고 금판 장식을 촘촘히 연결하기도 했다. 밑으로는 나뭇잎 모양의 늘어진 두 가닥이 달려 있다. 완전 다 금이었다.

또 보니까 청동은 녹이 슬지 않았는데 철은 녹이 슬었다. 그래서 아빠에게

"왜 이렇게 되었어요?"

"뭐?"

"이거요."

"아, 청동이랑 철 말하는 거니?"

"네."

"청동은 구리와 주석을 섞어서 이산화탄소를 만나면 청록색으로 변하기 때문에 부서지지 않은 상태로 있어 녹이 슬지 않은 것처럼 보이는 것이고, 철은 산소와 만나서 녹이 슬기 때문에 붉게 변하면서 삭아 버려서 부서지는 것이란다."

"그러면 청동으로 만들지 왜 철기로 만들어요?"

"왜 청동기 시대에서 철기 시대로 넘어갔을까?"

"청동이 약해서요?"

"맞다. 싸울 땐 강한 게 최고거든. 그래서 고조선 시대에 청동기에서 철기로 넘어가게 되었단다."

여러 가지를 살펴보고 박물관 밖을 둘러본 다음 대릉원에 있는 천마총에 갔다. 천마총 안에는 돌들과 유물들이 있었다. 천마도 장니(천마도가 그려져 있는 것), 금관, 새 날개 모양 장식, 금모, 나비 모양 관장 신, 금제 귀고리, 팔찌, 곡옥 반지, 금동 말안장, 금동 마구 장식, 서조도 복제품, 가마 인물도 복제품, 새 모양 칠기 잔, 접시, 쇠솥뚜껑, 목 긴 항아리가 있었다. 하지만 다 복제품이라서 아쉬웠다. 진품은 경주국립박물관에 있다고 적혀 있었다.

천마총 앞에 있는 호수에 붕어와 잉어들이 있는데 건빵을 사서 주니까 먼저 먹으려고 엄청 싸웠다.

다음은 국보 제31호인 첨성대로 갔다. 들어가는 곳에 연을 팔아서 나도 연을 사서 날려 보았다. 높이 올라가서 기분이 정말 좋았다. 다음에는 집 가까이에서도 한번 날려 보기로 했다. 첨성대로 갔지만 자세히 관찰은 하지 못했다. 사람이 너무 많아 가까이 들어가서 볼 수도 없고, 아빠에게 업혀서 보려고 해도 어떤 사람들이 아이를 목말 태우고 있어서 보지 못했다. 조금 떨어져 보니 볼 수는 있지만 자세하게는 볼 수는 없었다. 그래도 벽돌 모양의 돌로 둥글게 쌓아 올렸는데 엄청 큰 병 모양 같다. 그 옛날에 거기서 천체를 관측했다고 하는데 나는 믿기지가 않았다.

첨성대를 보고 차를 타고 오다 '멧돌 순두부' 집에 가서 순두부찌개로 저녁을 먹었다. 배가 고파서 그런지 무조건 맛있었다.

집으로 오면서 동생과 가위바위보를 해서 이기는 사람이 진 사람에게 꿀밤을 때리는 놀이를 했다. 동생의 이마가 빨개졌다.

저녁 8시쯤 집에 다 왔다. 오후 잠깐 동안 갑작스럽게 간 여행이지만 기분이 좋다. 다음에 가면 또 다른 곳을 자세하게 보고 싶다.

(2010년 5월 30일)

경주로 한나절 갔다 와 쓴 기행문입니다. 박물관과 천마총, 첨성대를 둘러보았는데, 왕관을 유심히 보았는지 아주 자세하게 설명해 놓았네요. 아버지가 청동기 시대에서 철기 시대로 넘어간 이야기를 어린이에게 친절하게 설명해 주는 모습도 참 보기 좋습니다.

5) 견학 기록문

견학 기록문은 박물관이나 미술관, 고적, 공장, 공공기관 같은 곳에 가서 보고 배운 것을 적은 글입니다. 기행문과 비슷한 점은 있지만 견학 기록문은 공부를 하기 위한 목적으로 견학을 가고, 견학 간 현장에서 학습한 내용을 중심으로 쓴다는 점이 다릅니다.

아빠 일터에 잠깐 다녀와서

경산 성암초 5학년 권희연

오후 6시다. 아빠가 야근이라고 하면서 일복으로 갈아입고 일터에 갈 준비를 했다. 그러고는 아무 말도 없이 집을 나서는 것이었다. 나는 '아차!' 하고 아빠를 불러 세웠다. 아빠는 나를 보며 "왜?" 하고 물었다.

"아빠, 아빠 일터에 따라가면 안 되나?"

"안 돼. 위험해. 니는 집에서 공부해라."

"방학 숙제라서 가야 돼."

아빠는 한숨을 내쉬면서 차 문을 열었다. 나는 아빠 옆에 앉았다. 아빠는 시동을 걸어 운전을 했다.

경산에서 그렇게 멀지 않은 공사장에 멈추었다. 벽돌을 쌓다 둔 3층 정도 되는 집 주위에는 벽돌 무더기, 공사에 쓰는 나무들이 여기저기 쌓여 있었다. 거기에 일하는 아저씨 네 명이 있었다. 네 명만 있는 게 이상해서 아빠에게 물었더니 "겨울에 누가 일 시켜 주나? 그나마 여기는 할 일 있어 갖고 네 명이라도 일할 수 있는 거지."

아빠는 일을 하기 시작했다. 삽으로 땅을 파다가 잘 안 파지니까 삽의 오른쪽 부분을 발로 밟으며 손잡이 부분을 슬쩍 밀었다 당겼다. 그러니 흙이 움푹 파였다. 쉬워 보여서 내가 해 보겠다고 하니 아빠는 삽을 내어 주었다. 내가 해 보니 마치 돌에 걸렸는 것처럼 삽이 땅에 들어가지 않았다. 아빠가 그 모습을 보고 "이 세상에 쉬운 일이 어디 있노. 없지." 하고는 웃었다. 그러고는 다시 아빠는 삽으로 땅을 파기 시작했다.

그때 한 아저씨가 "어이, 권씨!" 하고 불렀다. 일을 바꾸어서 하자는 것이다. 아빠가 하는 일은 질통에 모래를 지고 계단을 타고 건물 위로 올라가는 것이다. 아빠가 모래를 지면서 "끙" 했다. 엄청 무거운가 보다. 질통을 지니 허리가 앞으로 꼬부라졌다. 계단으로 어렵게 한 발 한 발 올라갔다. 나는 아빠가 한 발 한 발 올라갈 때마다 몸이 움찔움찔했다. 낮에 해도 위험한 일을 밤에 하니 더 그렇다. 그래도 안전모와 '후래쉬'가 있기 때문에 조금은 안전하다고 생각했다.

그때였다. 위에 있던 아저씨가 벽돌을 떨어뜨렸다. 아저씨들이 깜짝 놀랐다. 순간에 일어난 일이라 나는 가슴이 쿵 내려앉았다. "휴우!" 한숨을 쉬었다. 다행히 그 밑에는 아무도 없었다. 그런데 벽돌 떨어지는 소리에 아빠가 깜짝 놀라 계단에서 미끌한 것 같았다. 아빠는 "아이고!" 하면서 잠깐 서 있었다. 그때 보니 아빠 다리가 달달 떨리는 것 같았다.

나는 아빠가 걱정되어서 물었다. "아빠, 괜찮나?" 그러자 아빠는 웃어 보이며 "허이구, 이 정도야 뭐." 했다. 나는 마음속으로 생각했다.

'집에 가면 파스 붙여 줘야지.'

아빠가 몇 번을 오르내렸을까? 아빠가 시계를 보았다. 아홉 시라고 했다. 세 시간 가까이 일을 한 것이다. 아빠가 "희연아, 아빠가 데려다 줄게, 집에 가서 자라." 하며 어서 차에 타라고 했다. 나는 어쩔 수 없이 차를 타고 집으로 왔다.

아빠는 나를 내려놓고는 다시 일터로 갔다. 나는 오늘 아빠가 일하는 모습을 잠깐 보았다. 얼마나 힘들게 일하는지 처음 알았다. 자려고 누워도 잠이 잘 안 왔다. 나는 아빠에게 평생 은혜를 갚아도 갚을 수 없을 것 같다.

(2007년 1월 17일)

아버지가 공사장에서 힘들게 일하는 모습을 보고 쓴 견학 기록문입니다. 잠깐 보았지만 아버지가 얼마나 힘들게 일하는지 처음 알았다고 했습니다. '나는 아빠에게 평생 은혜를 갚아도 갚을 수 없을 것 같다'고 하는 말이 가슴에 찡하게 와 닿습니다.

6) 관찰기록문

관찰기록문은 동식물의 모습, 동물의 생활모습이나 식물의 자람, 자연에서 일어나는 여러 가지 현상, 과학 실험을 통해 변화하는 모습을 다섯 가지 감각(눈으로 보는 것, 코로 냄새 맡는 것, 입으로 맛보는 것, 귀로 듣는 것, 살갗으로 만지거나 느끼는 것)으로 잘 붙잡아 적는 글입니다.

개미

경산 중앙초 6학년 현종학

개미가 굴에서 나왔다. 친구들과 먹이를 찾으러 가는지 길을 나서고 있다. 여기저기 살펴본 개미는 넓은 밭으로 향한다. 가다가 개미는 발을 잘못 짚었는지 굴렀다. 구르는 순간 위에 있던 조그만 흙 뭉치가 개미 위를 덮쳤다. 개미는 다리를 이리저리 흔들며 흙 뭉치를 옆으로 밀어냈다.

다시 먹이를 찾으러 길을 나섰다.

드디어 기다리고 기다리던 먹이를 구하였다. 그 먹이는 조그만 벌이다. 그 개미는 얼른 친구들을 불러왔다. 서로 힘을 합하여 무사히 벌을 옮기다가 한 마리의 개미가 다른 벌을 발견하고 그쪽으로 달려가 있는 힘을 다해서 끌어당긴다. 그러나 그 개미는 벌을 운반하지 못하고 힘만 빼었다.

개미는 지쳤는지 서 있는데 옆에 있는 하수구 구멍에서 이상한 벌레가 나와서 개미를 잡아먹으려고 하자 있는 힘껏 달아난다. 자기 집 입구까지 도착했다. 개미는 재빨리 굴로 들어간다. 이상한 벌레는 집에 돌아가지 않고 개미집 주위를 두리번거리다가 끝내는 간다.

개미는 살았다는 듯 머리를 조금 내어 보다가 재빨리 집어넣고는 한참 동안 나오지 않는다.　　　　　　　　　　　　　　　　　(1993년)

개미를 30분 동안 관찰하고 쓴 글입니다. 개미가 흙 뭉치 밀어내는 모습, 힘을 합해 먹이를 끌고 가는 모습, 벌레가 나왔을 때 달아나는 모습을 썼는데 좀 더 구체로 적었으면 싶습니다. 그러니까 관찰 대상물의 모습이나 움직임을 꼼꼼히 잘 붙잡아 써야 하지요.

이 글은 한번 관찰한 것을 적었지만, 여러 날 계속 관찰할 경우에는 관찰 일기나 일지 형식으로 쓰기도 합니다.

앞에 든 여섯 가시 살래 말고도 더 있겠지만 크게 이 정도로 나누어도 될 것 같습니다.

4. 서사문과 다른 갈래 글의 관계

1) 서사문과 설명문의 관계

먼저 서사문과 설명문의 관계입니다. 서사문과 설명문은 둘 다 사실을 쓰는 글이지만 차이가 있습니다. 서사문은 어느 때, 어느 자리에서 있었던 구체 사실을 현실감 있게 쓰고, 설명문은 되풀이되는 일이나 또렷이 알고 있는 일반 사실(지식)을 잘 알 수 있도록 풀어 쓴다는 것이 다른 점입니다.

다음에 '고양이'를 글감으로 쓴 글 두 편을 견주어 봅시다.

집 없는 아기 고양이

울진 온정초 4학년 황경현

방 청소를 하다가 걸레를 빨려고 했더니 아기 고양이가 와서 우리 고양이를 데리고 밖으로 나가려고 하는지 들어왔다 나갔다 <u>했다</u>. 우리 집 고양이는 신이 났는지 꼬리를 흔들며 밖으로 나가려고 <u>했다</u>.

그때 할머니께서,

"저 고양이 누구 거고?"

엄마는 모른다고 하시며 가엾은 아기 고양이를 쥐고 산으로 올라가 던져 버리고 얼른 <u>내려오셨다</u>. 아기 고양이는 우리 집을 알고 있는지 엄마가 내려오자마자 '야옹야옹' 하며 쫓아 <u>내려왔다</u>.

할머니께서는 그 고양이가 싫은지 고양이를 동산에 또 내버리고 오라고 <u>하셨다</u>. 나는 고양이를 아카시아 잎이 떨어진 곳에 놓아두고 집으로 왔다.

고추를 고르는데 또 와서 우리 집을 <u>어슬렁거렸다</u>. 우리 고양이는 내 눈치를 보더니 슬금슬금 <u>뒷걸음질했다</u>. 고개를 돌린 새 바람처럼 아기

고양이에게 <u>다가갔다.</u> 둘이서 데이트를 하는지 얼굴을 비벼대며 요리 보고 조리 보며 신체검사를 <u>했다.</u> 튼튼하게 보이는지 고개를 <u>끄떡였다.</u> 우리 고양이는 아기 고양이를 계속 <u>따라다녔다.</u>

아기 고양이는 집이 없는지 우리 집 헌 집에 들어가 꼬리로 얼굴을 가리고 포근한 이불 속에 들어간 것처럼 눈을 <u>감았다.</u> 우리 고양이는 그 고양이가 좋은지 잠자는 고양이의 둘레를 빙빙 <u>돌았다.</u> 아기 고양이가 가엾게 <u>생각되었다.</u>

(1986년)

우리 집 고양이

경산 부림초 3학년 조현주

우리 집 고양이는 낮에는 어디 돌아다니다가 밤이 되면 집에 와서 아무 데나 따뜻한 곳에 숨어서 잠을 <u>잔다.</u> 아침에 일어나 보면 박스에 들어가 잠을 <u>잔다.</u> 고양이를 보고 있다가 내가 조금이라도 움직이면 잠을 깨 <u>버린다.</u> 고양이는 잠을 깨서 나를 보다가 슬금슬금 어디로 도망가 <u>버린다.</u> 그러다가 내가 없으면 또 박스에 와서 잠을 <u>잔다.</u>

내가 학교 갔다 오면 고양이는 어디 가 버리고 <u>없다.</u> 그러다가 조금 있으면 와서 박스 속에 앉아 있다. 쓰다듬어 주면 고양이는 내가 무섭다고 도망을 가 <u>버린다.</u> 내가 고양이 눈을 빤히 보면 고양이는 뒤로 돌아서 <u>버린다.</u>

우리 고양이는 수염이 하얀 게 양쪽에 붙어 있다. 발가락을 보니 뾰족하고 무섭게 <u>생겼다.</u> 이빨도 보니 무섭게 생겨져 <u>있다.</u> 털은 하얀색에다 갈색이 섞여 <u>있다.</u>

그런데 우리 집 고양이는 <u>이상하다.</u> 내만 보면 도망을 잘 가 버리는 <u>거다.</u> 또 물라 칸다.

내가 고양이 눈을 보니까 어떤 때는 크게 뜨고 나를 <u>쳐다본다.</u> 그렇게 뜨니 고양이 눈은 귀신 <u>같다.</u> 그리고 걸어갈 때는 '야옹야옹' 하며 걸어

간다. 또 가만히 누워 있다가 꼬리로 얼굴을 만질 때도 있다. 또 우리 집 고양이는 개밥을 빼앗아 먹는다. 그러면 엄마가 와서 고양이를 막 멀어 칸다.

나는 그래도 우리 고양이가 제일 좋다. 고양이도 아마 속으로는 내가 좋을지도 모른다.   (1988년)

앞 글은 어느 때 어느 곳에서 고양이가 한 구체 행동을 쓴 서사문이고, 뒤 글은 고양이가 늘 하는 행동이나 고양이에 대한 일반 사실을 쓴 설명문입니다. 밑줄 그어 놓은 글월 끝을 잘 살펴봅시다. 서사문인 앞 글은 '~했다'는 과거형으로 문장이 끝나 있는 것이 특징이고, 설명문인 뒤 글은 '~이다' '~아니다' '~한다'와 같이 지정사와 형용사의 기본형이나 동사의 현재형으로 맺어져 있는 것이 특징입니다.

2) 서사문과 감상문의 관계

서사문은 겪은 일을 중심으로 쓰는 글이라고 했습니다. 그렇지만 어린이들이 쓰는 서사문에는 느낌이나 생각을 쓴 문장도 어느 정도 들어갑니다. 그게 자연스러운 것이지요. 그러나 느낌이나 생각이 많이 들어가 그것이 중심이 되면 감상문이 됩니다.

3) 서사문과 그 밖의 다른 갈래 글의 관계

서사문은 여러 갈래 글 중에서도 가장 중요하다고 합니다. 왜 중요할까요? 한마디로 말하면 가장 많이 쓰기 때문입니다. 어린이들이 쓰는 일기문도 대부분 서사문이고 기행문이나 견학 기록문, 기사문도 서사문입니다. 생각과 느낌을 중심으로 쓰는 감상문도 서사문이 뿌리가 되어 있고, 그 밖에 모든 글들도 잘 쓰려면 먼저 서사문 쓰기 실력부터 갖추어야 합니다.

또 어른들이 쓰는 생활글은 말할 것도 없고, 생활 수기나 자서전, 기사문, 사생문, 기행문, 일기문, 소설, 동화, 옛이야기들이 모두 서사문이라 할 수 있습니다. 무엇보다 소설이나 동화 같은 글은 이야기를 꾸며내기도 하지만 다 사실이 바탕이 된 것입니다. 어른이 쓰는 감상문, 수필 같은 글에도 '서사'가 어느 정도 들어가게 됩니다. 생각이나 느낌도 겪은 사실에서 진실로 우러나오는 생각이나 느낌이라야 다른 사람에게 감동을 줄 수 있지요.

그런데 어떤 어린이들은 실제로 겪어 보지도 않고 이야기를 만들어 쓰거나 겪은 사실보다 더 크게 부풀려 쓰기도 합니다. 착한 일을 하지 않았는데도 한 것처럼 꾸며 쓰는 경우도 참 많고요. 더구나 겪은 일 쓰기도 제대로 하지 못하면서 어른들이 쓰는 동화를 흉내 내어 쓰는 어린이도 있습니다. 어린이 스스로 쓰는 것이 아니라 어른들이 그렇게 쓰도록 가르쳤기 때문이겠지요. 어쨌든 초등학교 어린이가 그렇게 어른들이 쓰는 글을 흉내 내어 쓰는 것은 좋지 않습니다. 어린이들은 오직 보고 듣고 한 일을 진솔하게 쓰면 됩니다.

5. 어떤 서사문이 좋은 서사문일까요?

서사문 쓰기의 기본은 누가, 언제, 어디서, 무엇을, 왜, 어떻게 하였다는 여섯 가지를 또렷하게 나타내는 것입니다. 그렇지만 그것만 신문 기사처럼 또렷이 나타내었다고 해서 좋은 글이라 할 수는 없습니다. 겪은 사실이 바로 눈앞에 보이는 듯, 귀에 들리는 듯, 지금 무슨 일을 하고 있는 듯 생생하게 잘 드러나도록 써서 글쓴이의 느낌이나 감정이 읽는 이에게도 잘 전달되었을 때 그 서사문은 '좋은 서사문' '살아 있는 서사문'이라고 할 수 있습니다.

그러면 다음 글 세 편을 견주어 보면서 어떤 글이 좋은 서사문인지 알아봅시다.

해변의 개구쟁이들

6학년

"와, 엄마 정말이에요? 정말 가는 거죠?"

"그럼, 정말이구말구. 내일 아침 일찍 출발할 테니까 준비해 두거라."

여름방학 중, 심심하다고 자꾸 보채자 며칠이 지난 어느 날 어머니께서 바닷가에 놀러가자고 했다. 하루종일 '룰루랄라' 신나게 노래를 부르며 짐을 챙겼다.

"비누도 넣고, 치약도 넣고. 아참, 수건도 넣어야 되겠지? 사촌들도 온다니…… 정말 좋다. 좋아."

하루 종일 들뜬 마음을 가누지 못했다.

"자~ 떠나자~ 동해 바~다로~."

신나게 노래도 부르고 율동도 하며 즐겁게 놀다보니 드디어 바다에 도착하였다. 내리자마자 바닷물에 들어가서 출렁거리는 파도와 함께 춤을 추고는 우리가 묵을 곳으로 가서 대충 짐 정리를 해 놓았다. 그리고는 예쁜 수영복으로 갈아입고 내 동생과 같이 수영도 하고 잠수 시합도 했다. 동생이 내 머리를 눌러 바닷물을 먹기도 했다.

서로 다투기도 했으나 바다가 주는 행복감에 곧 서로 화해했다.

-〈ㅁ 신문〉

이 글은 어떤 신문에 실려 있던 글인데 사실이 또렷하게 나타나 있지 않고, 사실보다 좀 부풀리고 꾸며 쓰기도 한 글입니다. 글쓴이는 경북의 큰 읍 정도 되는 작은 도시에 살고 있는 어린이입니다. 그런데 주고받은 말이 서울 말입니다. 또 하루 종일 신나게 노래 부르며 짐 챙기는 것, 바다가 주는 행복감에 곧 서로 화해했다는 것 따위도 진실성이 없고 부풀려졌습니다. 그리고 누구와 갔는지도 모르겠고, '어느 날'이라고만 해서 언제인지도 잘 모르겠지요? 바다에 갔지만 어느 바다인지도 안 나타나 있습니다. 그러니까 모든 장면을 겉스쳐 본 것처럼 썼다는 것입니다. 바다에 가 보지 않아도 누구나 이 정도는 쓸 수 있는, 아주 맛없는 글이 된 것이지요.

등산

4학년

우리 식구들은 오늘 산에 올랐다. 무슨 산인지 산 이름 잘 모르겠다.

월드컵경기장 쪽으로 차를 타고 갔다. 거기에는 차가 많아 주차할 곳이 별로 없었다. 그래도 겨우겨우 자리를 찾아서 차를 주차했다.

차에서 내린 우리는 등반길로 갔다. 조금 올라가 보니 거기에는 폐쇄된 것 같은 식당이 하나 있었다. 힐끗 봤다. 차는 두 대가 세워져 있었다.

'영업하는 것 아닌가?'

드디어 산으로 오르기 시작했다. 처음에는 본 길이 있었는데 더 뒤로 와서 올라가니 지름길로 올라온 것 같았다. 그래서 계속 올라갔다.

중간중간 의자가 있었는데, 우리는 의자가 나올 때마다 물을 마시기로 했다. 가다 보니 의자가 나왔다. 내가 "물!" 하고 외쳤다. 그러니까 아버지가 물통을 건네주었다. 나는 물잔에 물을 부어 마셨다. 동생도 마시고 어머니도 마셨다. 계속 앞으로 갔다. 또 의자가 나왔다. 또 내가 "물!" 하고 외쳤다. 그러자 동생이 좀 웃었다. '왜 저렇게 웃을까?' 하고 생각했다.

계속 올라가 보니 묘지가 많았다. 누군가가 벌초를 하고 있었다. 잠깐

보다가 계속 올라갔다. 두 갈래 길이 나왔다. 보니 표지판이 있었다. 1시 방향은 등산로이고 12시 방향은 야외체육공원이었다. 야외체육공원은 두고 1시 방향으로 계속 등산을 하기로 했다. 올라가다 수양버들을 보았다. 좀 더 가니 조팝나무도 있었다. 나는 조팝나무를 계속 "조빱나무, 조빱나무." 했다.

많이 올라가 보니 네 갈래 길이 나왔다. 우리는 봉정사에 가기로 했다. 그 길로 가다가 다람쥐 굴을 보았다. 거기에는 도토리가 한 개가 들어있었다. 그런데 그 길은 너무 멀어서 다시 돌아갔다.

가다가 진달래를 보았다. 어머니가 "옛날에는 산에 많이 올라가서 진달래 따 먹고는 했는데……." 했다. 그리고는 진달래를 따서 먹었다. '허걱!' 어머니는 "좀 쓰다." 했다.

다시 네 갈래 길로 돌아왔다. 다시 올라간 길로 내려온 것이다. 질퍽질퍽한 길이 나왔다. 그래도 참고 내려왔다. 다음에는 다시 돌길로 왔다. 그리고 가자고 했던 야외 체육공원으로 왔다. 그런데 아버지가 "뭐별거 없네." 했다. 다시 내려왔다. 내려오면서 식구들과 영어로 음식 이름 대기 놀이를 했다. 다시 폐쇄된 것 같은 식당에 다다랐다.

차를 탔다. 우리 식구들은 다시 집으로 돌아왔다.

이 글은 등산하는 과정을 잘 나타내긴 했지만 그냥 그것뿐이지 무엇 때문에 썼나 하는 생각이 들기도 합니다. 글을 읽는 사람에게 주는 감동이 없는 글, 알맹이가 없는 글이지요. 좋은 글이라고 볼 수는 없습니다.

할머니 짐 들어 드리기

청도 덕산초 6학년 윤영웅

오늘 오후의 일이었다. 학교 갔다 와서 밖에 나갔다. 마을에 돌아다니다가 마을 회관 옆에 있는 정류소에 갔다. 정류소 의자에 앉아서 가만히 있었다. 4시 40분 차가 우리 마을 앞에 섰다. 버스 문이 열리더니 우리 뒷집 성국 할머니가 내렸다. 성국 할머니는 우리 마을에 혼자 사신다. 자식들은 모두 부산에 있다고 한다. 할머니가 손수 지은 곡식과 우리 마을 사람들의 곡식을 사서 시장에 내다 판다. 가끔 산에 가서 나물을 뜯어서 시장에 내다 팔 때도 있다.

오늘은 장날이 아니다. 그런데도 버스에서 짐을 세 보따리나 가지고 내렸다. 뭐가 가득 든 포대 두 개하고 보자기로 싼 짐 하나다.

"할매예, 안녕하십니꺼? 어디 갔다 오는데예?"

"오이야, 웅아네. 풍각 갔다 온다. 웅아, 내 요 보따리 집에 갖다 놓고 다시 오게. 요고 좀 지키고 있을래?" 하고는 짐을 가지고 가셨다. 포대에 있는 짐 하나는 이고 보자기에 싼 것은 오른손으로 들고 가신다. 포대 하나는 놔두고 갔다. 허리를 구부정하게 해서 겨우 들고 가는 모습을 보니 안쓰러웠다. 힘없는 할머니가 다시 와서 끙끙대며 들고 가는 모습이 머릿속에 그려졌다. 안 그래도 그 할머니가 요즈음 허리가 아프다고 하는데 말이다.

'이 짐을 들어 줘야 되나 말아야 되나? 에이시, 모르겠다. 그냥 들어주자. 이런 거쯤이야.' 하고 짐 보따리를 한 손으로 들려고 하니 자석처럼 땅에 착 달라붙어서 꿈쩍도 안 했다. 팔에 힘을 뺐다가 다시 힘을 팍 주어서 들었다. 그런데 이번에는 땅에서 10cm쯤 떨어졌을까? 힘이 빠져서 다시 땅에 내려놓았다.

"어쭈그리! 쪼끔 무겁데이."

이번에는 허리를 구부려서 두 손으로 매듭을 꽉 움켜잡았다. 그러고는 다시 힘을 주었다. 그제서야 짐이 땅에서 좀 떨어졌다. 두 손으로 짐을 꼭 잡고 어기적어기적 걸어가려니까 정말 속이 답답했다.

'이래 들다가는 해 빠지겠다.'

있는 힘을 다해 끌어안아서 눈높이까지 겨우 들었다. 그러고는 고개를 앞으로 숙이고 어깨에 억지로 얹었다. 어깨에 얹으니까 훨씬 가볍게 느껴졌다. 움직이는 데도 편했다. 짐이 떨어지지 않게 두 손을 뒤로 해서 꽉 잡았다.

'이러니까 훨씬 더 가볍네!'

씩씩하게 걸어갔다. 그런데 가면 갈수록 점점 더 무거워지는 것 같았다. 한 발짝 한 발짝 떼면 뗄수록, 앞으로 가면 갈수록 뭐가 어깨를 누르는데 꿈쩍을 못하겠다. 방앗간 앞에 와서는 더 이상 움직일 수 없었다. 이 짐이 무거운 것인지 아니면 내 힘이 약해진 것인지 모르겠다.

'아이고 도저히 못 가겠다!'

할 수 없이 땅바닥에 내려놓고 말았다. 오른쪽 어깨에 짐을 메고 있었기 때문에 오른쪽 어깨는 내려앉고 왼쪽 어깨는 위로 올라갔다. 왼쪽 손으로 오른쪽 어깨를 툭툭 쳤다. 그러니까 어깨에서 '딱' 하는 뼈 소리가 나더니 어깨가 좀 덜 아팠다. 길에 퍼질고 앉아 조금 쉬었다. 다시 들고 가야 하는데 들고 싶지가 않았다.

'남의 일인데 내가 뭐하러 이카노. 그렇다고 여기서 놔두고 갈 수도 없고. 아니지, 여기 놔두고 가면 할머니가 내려오면서 보고 가져갈 수도 있지.'

그런데 차마 놔두고 갈 수가 없었다.

'에이, 이까지 왔는데 그냥 들고 가자. 이제 머리에 이고 가 보자.'

우선 어깨 위에 짐을 올렸다. 그리고 두 손으로 짐을 잡고 다시 고개를 제쳐 짐을 머리 위에 얹었다. 머리 위에 얹으니까 머리는 조금 아팠지만 별로 무겁지는 않았다. 그런데 균형을 못 잡겠다. 고개를 조금만 앞으로 숙여도 짐이 앞으로 푹 기울어져 버린다. 그 짐을 똑바로 하려고 다시 고개를 뒤로 넘기면 짐이 또 뒤로 넘어갔다. 몇 번을 술 취한 사람처럼 비틀거리다가 겨우 균형을 잡았다.

그러고는 천천히 걸어갔다. 살살 걸어가니까 별로 힘들지 않았다. 그렇게 몇 분을 걸어갔다. 욱태네 집 앞을 지나 다시 샘이네 집 왼쪽 귀퉁이를 돌았을 때 갑자기 머리가 아파 왔다. 머리 위가 쑤시는 것 같았다. 다리도 점점 아파 왔다. 할머니 집은 우리 마을 맨 위에 있어서 정말 멀었다. 이제 머리까지 어질어질했다. 계속 걸어가니까 녹색 대문으로 된 성국 할머니 집이 보였다.

'이제 다 왔다!'

마지막 있는 힘을 다해 걸었다. 대문 앞에 가니까 정말 짐을 내던지고 싶었다. 그때 대문이 열리고 성국 할머니가 밖으로 나왔다.

"아이고오, 이까지 들고 왔나!"

내 짐을 받아 주셨다.

"이까지 뭐하로 들고 오노, 이거 억수로 무거운데."

"뭘요, 하나도 안 무겁던데요."

"아아고, 미안해 죽겠네. 우야꼬? 아나, 이 돈 까자라도 사무라."

"아이, 괜찮아예."

"그래도 가져가라. 어여 받아라."

"고맙습니다. 그러면 안녕히 계세요."

"오이야, 잘 가거래이."

나는 집에 왔다. 오는 길에 바람이 내 이마의 땀을 씻어 주었다. 그런데 내가 돈 때문에 짐을 들어 준 것 같은 기분이 들었다.

'이 돈을 받으면 안 되는 건데…….'

잘못했다는 생각이 들었다.　　　　　　　　　　　　　(1997년 12월 8일)

글 쓴 어린이가 할머니 짐을 들고 가는 모습, 혼잣말 속에 마음의 움직임이 아주 생생하게 잘 나타나 있는 살아 있는 글입니다. 글 쓴 어린이가 한 행동이나 혼잣말에서 웃음이 나오기도 하지만, 포기하지 않고 끝까지 할머니의 짐을 들어 주는 모습에서 글 쓴 어린이의 순수하고 아름다운 마음이 느껴질 것입니다. 좋은 서사문이지요.

이제 좋은 서사문의 조건은 무엇인지 몇 가지로 간추려 보겠습니다.

① 자기만의 생활 모습을 꾸미지 않고 사실 그대로 생생하게 쓴 글
② 사실이나 모습을 자세하게 나타내어 누구나 잘 알 수 있도록, 글을 읽는 사람이 궁금한 점이 없도록 쓴 글
③ 자기의 입말로 쓰되 누구나 잘 알 수 있도록 쉬운 말로 쓴 글
④ 정성이 나타나 있고 이야기의 줄기가 바로 서 있는 글
⑤ 가치 있는 알맹이가 들어 있는 글
⑥ 재미가 있고 마음에 찡하게 울려오는 감동이 있는 글

앞에 내보인 글들은 좋은 서사문의 조건 가운데 어떤 조건을 갖추고 있는지 어린이들이 살피면서 읽게 해 보기 바랍니다.

6. 서사문 쓰기 기본 공부

그러면 서사문은 어떻게 써야 할까요? 그냥 겪은 일을 쓰고 싶은 대로 쓰라고 하지만, 막상 쓰려고 하면 무엇을 중요하게 생각하며 써야 할지 잘 모를 것입니다. 지금부터 무엇을 중요하게 생각하며 써야 할지 몇 가지로 나누어 말해 보겠습니다.

1) 육하원칙을 살려 또렷이 쓴다

앞서도 말했지만 서사문은 어떤 일이 일어난 차례대로 적는 글이니까 누가, 언제, 어디서, 무엇을, 왜, 어떻게 했는지(어찌되었는지)를 또렷이 잘 써야 합니다. 이 가운데서도 언제, 어디서가 매우 중요한데, 어린이들은 흔히 대충 쓰거나 빠뜨리곤 합니다. 이를테면 '오늘 동무들과 숙제를 했습니다. 무슨 숙제냐 하면 사회 역사연표를 모둠별로 그려오는 것입니다.' 이런 식입니다. 여기서 언제를 나타내는 '오늘'이란 말은 또렷하지 못하지요? '오늘 오후에' 또는 '오늘 5교시 공부를 마치고'처럼 자세히 밝혀 써야 합니다. 또 어디서 했는지도 빠뜨렸네요. '우리 집에서' 또는 '아현이네 집에서' 정도는 써야겠지요.

그런데 여러분들이 잘 아는 신문기사도 이 여섯 가지를 밝혀 쓴 서사문이지만, 읽어 보면 재미없고 딱딱합니다. 그 까닭은 글에서 일이 일어난 과정 이야기를 자세하게 쓰지 않았고 글쓴이의 자기 주관이 없기 때문입니다. 그러니까 서사문은 누가, 언제, 어디서, 무엇을, 왜, 어떻게 했다는 뼈대에 살을 입히고, 피를 돌게 하고, 정신을 불어넣은 글이라 하면 되겠지요.

2) 자기 삶을 진솔하게 쓴다

자기의 생활 모습을 꾸미지 않고, 정직하고, 생생하게 써야 합니다. 모든 글이 그렇겠지만 무엇보다 중요한 것은 겪은 일을 거짓 없이 솔직하게 있는 그대로 쓰는 것입니다. 글을 잘 쓰기 위해서 거짓으로 꾸며 쓰거나 부풀려서 쓰는 경우가 많은데, 그렇게 쓴 글은 감동이 없을 뿐만 아니라 삶을 가꾸는 글쓰기 정신의 뿌리부터 아주 잘못된 것임을 알아 두기 바랍니다.

또 남의 글을 흉내 내거나 억지로 지어내면 무척 힘겹기도 합니다. 그러면 글도 쓰기 싫어지지요. 그러나 자신이 겪은 일을 진솔하게 쓰면 기분이 좋아집니다. 어려운 일을 글로 쓰면 위안도 되고 자신과 용기도 얻을 수 있습니다.

아름답게 꾸며 쓰려고도 하지 않아야 합니다. 어린이들은 모두 참 답게 살아가기 때문에 꾸며 쓰는 것보다는 있는 그대로가 더 아름답 습니다. 또 그렇게 쓴 글이 사람 마음을 더 움직이게 하지요.

3) 가치 있는 삶을 쓴다

가치 있는 삶의 모습, 알맹이가 있는 글을 써야 합니다. 앞서 글은 진솔하게 써야 한다고 했습니다. 그렇지만 진솔하게 썼다고 해서 다 좋은 글은 아닙니다. 글 속에 가치 있는 삶이 들어 있어야 하고, 읽는 사람이 그것에 감동을 느껴야 합니다. 글쓰기 이전에 먼저 가치 있는 삶을 살아가는 것이 더 중요하답니다. 그래서 '글은 곧 삶'이라고 말 할 수 있는 것이지요.

개미 죽이기

4학년

나는 어제 개미가 한 줄씩 올 때 나는 돌을 찾아와 돌로 개미들을 콕 콕 죽였다. 개미가 자기 집으로 들어가서 모래로 파묻어 버렸다. 모래 속에서 살아 나오면 또 발로 밟고 돌로 대가리를 때려 죽였다. 그러고 나니까 개미는 아무 데도 없었다. 왜냐하면 사람이 없는 곳으로 갔기 때 문이다.

또 개미가 과자를 들고 열심히 갈 때 밟아 버리니까 과자를 놔두고 허둥지둥 빠른 속도로 막 도망갔다. 발로 밟으니까 내 신발에 기어오르 기도 했다. 그때는 손으로 잡아 문지르니까 개미가 죽었다.

난 개미가 죽은 벌이나 매미를 가져가는 걸 보았다. 그때 나뭇가지로 쿡쿡 찌르니까 막 도망을 갔다. 또 발에 몇 번을 밟혀도 죽지 않아 손으로 꾹꾹 눌러 죽여 버렸다.

〈개미 죽이기〉는 개미 죽인 일을 솔직하게 썼습니다. 그러나 옳지 않은 생활 모습이지요. 이런 글을 다른 사람이 널리 읽도록 할 수 없지요. 이런 글을 가치 없는 글이라 합니다.

청소하는 아줌마

대구 동호초 4학년 허은지

집에서 피아노 학원에 갈 준비를 했다. 그리고 집을 나섰다. 피아노 학원 건물에 들어섰다. 피아노 학원 계단을 오르고 있는데 청소부 아줌마가 계단을 닦고 있었다. 수세미 같은 곳에 세제를 많이 묻혀서 닦았다. 닦는 소리는 '쏙쏙 싹쏙' 이렇게 들렸다.

다시 난 계단을 올랐다. 닦은 부분이 신발에 닿지 않도록 조심스럽게 지나갔다. 그런데 청소부 아줌마가 "그쪽은 아직 안 닦았으니깐 그냥 가라." 설명해 주었다. 그래도 나는 조심스럽게 지나갔다. 그러니 청소부 아줌마가 빙그레 웃었다. 그리고 "아이고 넌 참 착하구나." 했다. 나도 아줌마 보고 웃었다. 그리고 피아노 학원으로 갔다. 내 머릿속엔 그 아줌마가 떠오른다.

피아노 수업이 다 끝나고 계단을 내려갔다. 깨끗했다. 창문 사이로 빛이 들어왔는데 반짝반짝했다. 아까 땀을 흘리며 힘들게 청소하던 아줌마 모습이 떠올랐다. 난 너무 깨끗해서 내려갈 때도 두 칸씩 내려갔다. 그러다 미끄러질 뻔했다.

다시 마음을 신정하고 두 칸씩 내려갔다. 이번엔 손잡이를 잡고 가서 덜 미끄러웠다. 그런데 아줌마는 아직 1층을 청소하고 있었다.

5학년짜리 오빠가 계단을 올라오고 있었다. 그런데 과자 봉지도 내팽개쳐 버리고 신발에 묻은 흙을 계단에 다 묻히며 갔다. 나와 청소부 아줌마는 찡그린 표정을 지었다. 나보다 높은 학년인데 모범을 보이지 않아 실망이 컸다.

청소부 아줌마가 더 힘들겠다. 또 해야 하니까.

난 그 오빠를 아니까 좀 깨우쳐 주어야겠다.   (2008년 6월 13일)

이 글은 알맹이가 들어 있습니다. 어떤 알맹이가 들어 있습니까? 어떤 가치 있는 삶이 나타나 있습니까? 그건 바로 청소하는 아줌마를 생각하는 따뜻한 마음이지요. 나는 이 글에서 '난 너무 깨끗해서 내려갈 때도 두 칸씩 내려갔다.'는 부분에서 더욱 가슴 찡한 감동을 느꼈는데 여러분들은 어떻게 느꼈습니까?

글은 자기 혼자만의 즐거움을 위해 쓰기도 하지만 대부분 다른 사람에게 자신이 겪은 일을 잘 알도록 하기 위해 씁니다. 그러니까 자신이 쓴 글이 다른 사람에게 관심을 끌어 잘 읽히도록 해야겠고, 관심을 끄는 만큼 함께 느낄 수 있는 그만한 가치가 들어 있게 글을 써야겠지요.

가치 있는 삶이란 남을 짓밟고 까내려서 저 혼자만 잘 살려고 하지 않고 더불어 사는 것입니다. 또 살아 있는 것들의 목숨을 함부로 하지 않고 귀하게 여기는 것입니다. 물질에 얽매이지 않고 높은 정신을 귀하게 여기는 것이고, 나보다 못나고 보잘것없는 것들을 업신여기지 않고 따뜻한 마음으로 사랑하는 것입니다. 그리고 땀 흘려 열심히 일하는 것을 귀하게 여기는 것이고 거짓 없이 참답게 사는 것입니다.

이렇게 가치 있는 삶 속에서 가치 있는 글이 나오고, 가치 있는 글을 쓰면서 더욱 가치 있는 삶을 살아가게 되는 것입니다.

4) 꼭 필요한 말로 자세하게 쓴다

궁금한 점이 없도록 자세하게 쓰되 꼭 필요한 말만 써야 합니다. 다른 갈래의 글에서도 마찬가지겠지만 서사문 쓰기에서 자세하게 쓰는 것은 매우 중요합니다. 사람이나 사물의 모양, 모습, 표정, 행동, 주고받은 말, 중얼거리는 말, 소리, 사건의 경위, 분위기(배경), 생각, 느낌 같은 것을 바로 눈에 보이는 듯, 지금 귀에 생생하게 들리는 듯 궁금한 점이 없게 자세히 쓰는 것이지요.

왜 그렇게 자세히 써야 할까요? 그건 글을 쓰는 사람은 겪어 보았기 때문에 잘 알고 있지만 글을 읽는 사람은 모르기 때문입니다.

이렇게 자세히 쓰려면 자신이 겪은 일을 하나하나 잘 떠올려 그리듯이 써야 합니다. 그런데 생각하기 싫어하는 어린이들이 많습니다. 겪었던 일을 떠올리지 않으려고 하면서 어떻게 글을 쓸 수 있겠습니까?

또 서사문을 쓸 때 일이 일어난 차례대로 무조건 자세하게 쓴다고 다 좋은 글이 되는 것은 아닙니다. 자신이 나타내고자 하는 중심 부분은 아주 자세하게 쓰고 나머지 부분은 중심 부분을 도와줄 수 있을 정도로만 써도 됩니다. 그러니까 글을 길게 써야만 꼭 좋은 글이 되는 것은 아니라는 말입니다. 짧게 쓰더라도 꼭 나타내야 할 중요한 부분만 자세하게 나타내어도 아주 좋은 글이 될 수 있습니다.

그러나 처음에는 이런저런 생각하지 말고 자세히 쓰는 힘부터 기르도록 합시다. 그러면서 자세히 써야 할 부분과 그러지 않아도 될 부분을 가려 쓰는 능력을 기르면 되는 것이니까요. 또 너무 쓸데없이 자세히 쓴 부분이 있다면 글 다듬기 할 때 잘 생각해 보고 빼어 버리면 됩니다.

5) 일이 일어난 차례대로 정확하게 쓴다

글을 쓸 때 먼저 일어난 일을 뒤에 쓰고, 뒤에 일어난 일을 앞에 쓰면 내용이 뒤죽박죽되어 잘 알 수 없습니다. 따라서 서사문은 대체로 일이 일어난 차례대로 적는 것이 좋습니다. 그래서 긴 이야기를 쓸 때는 일이 일어난 차례대로 얼거리를 짠 뒤에 쓰면 글이 엉키지 않겠지요.

또 읽는 사람이 잘 알아듣지 못하는 내용이 있다면 글쓴이의 표현에 문제가 있는 것이지요. 그러니까 좀 더 정확하게 표현해야 합니다. 이를테면 "문 닫고 들어오너라." 했을 때 틀린 표현은 무엇일까요? 그렇지요. "들어와 문 닫아라."고 해야지요. 그런데 틀리게 말하는 사람들이 많거든요. 조금만 더 정신을 모아 쓰면 이런 실수는 하지 않을 것입니다.

그리고 한 문장을 너무 길게 쓰려고 하는 어린이들이 많습니다. 문장을 길게 써서 한 문장에 두 가지 이상의 내용을 담으면 정확하게 나타내기 어렵습니다. '아침에 일어나서 세수하고 밥 먹고 학교 가서 공부하고 집에 와서 학원 갔다 다시 집에 와서 저녁을 먹고 조금 있다 잠을 잤다.' 한 문장에 몇 가지 일이 들어 있지요? 좋지 않습니다. 그러니까 문장을 좀 짧게 끊어 써야 정확하게 표현된다는 걸 알아 두기 바랍니다.

아빠가 불을 땔 때

4학년의 일기

오늘 오후 나는 숙제를 하다가 찬우가 사탕을 먹고 오는 거였다. 그래서 나도 엄마에게 사탕을 받으러 갔다.

신발을 신고 있는데 굴뚝에서 하얀 연기가 나는 거였다. 불 때는 데를 힐금 보니 아빠가 군불을 때는 거였다. 나는 맨날 때는데 안 도와줘도 되겠지 생각하고 그냥 엄마에게 갔다.

"엄마, 사탕 도."

"알았다. 기다려라."

그리고 엄마는 찬장을 찾아보더니 큰 사탕 하나 내어 주었다. 나는 그리고 엄마에게

"엄마, 사탕 하나만 더 도."

"됐다! 이빨 썩는다."

"엄마아."

엄마는 할 수 없이 사탕 하나를 더 주셨다. 나는 즐거워 히히 웃으면서 나갔다.

그런데 불 때는 데에서 '콜록콜록' 기침 소리가 났다. 나는 살금살금 굴뚝 뒤에 서서 지켜보니 아빠가 연기를 마셔서 기침을 하는 거였다. (글 뒤 줄임)

이 글의 첫 문장 '오늘 오후 나는 숙제를 하다가 찬우가 사탕을 먹고 오는 거였다. 그래서 나도 엄마에게 사탕을 받으로 갔다.'만 살펴보도록 합시다.

① 오늘: 날짜가 쓰여 있는 일기이니까 여기서는 '오늘'이란 말은 안 써도 될 것 같네요. 그래도 꼭 쓰고 싶으면 그대로 두어도 괜찮습니다.

② 오후: '오후' 언제쯤인지 또렷하지 못하니까 '저녁때' 또는 '오후 해 질 녘에' 정도로 밝혀 주어야 합니다.

③ 또 어디에서 숙제를 했는지도 알았으면 좋겠네요. '작은방에서' 정도면 되겠네요.

④ 나는: 누구라는 것은 말하지 않아도 알고 있으니까 이 말을 넣어야 할 특별한 까닭이 없으면 빼는 것이 좋겠습니다.

⑤ 숙제를: 그냥 두어도 되겠지만 무슨 숙제를 하고 있는지는 알 수 있도록 하는 것도 좋겠지요? '수학 숙제를' 또는 '가을꽃 한 송이 그리기 숙제를'처럼 또렷이 합시다.

⑥ 하다가: '하다가'와 '찬우가' 사이에 무슨 말이 빠져서 말이 안 되지요? 그 사이에 '문 여는 소리가 나서 보니'라는 말을 더 넣으면 되겠습니다.

⑦ 찬우가: 여기서는 일기니까 그냥 '찬우가' 하면 되겠지만 일기가 아닌 겪은 일 쓰기라면 찬우가 누구인지는 밝혀야 되겠지요. '동생 찬우가' 같이 말입니다.

⑧ 사탕을: 여기서 사탕도 어떤 사탕인지 잘 모르겠지요? 알맹이가 되는 중요한 말은 아니지만 그래도 '왕사탕' 정도로 어떤 사탕인지 알 수 있도록 하면 더 실감이 나겠지요.

여기까지는 서사문의 기본 표현인 여섯 가지를 좀 더 자세하고 또렷하게 표현하도록 지적한 것입니다.

⑨ 먹고 오는: 여기서 사탕을 '먹고 온다'는 말은 '문 닫고 들어오너라'는 말과 같습니다. '아작아작 깨물어 먹으며'로 정확하게 쓰는 것이 좋겠습니다.

⑩ 거였다: 여기서 '거였다'는 말은 이 아이가 흔히 쓰는 말도 아니고 보통 쓰는 말도 아니니까 바꾸는 것이 좋겠습니다. 그냥 '들어왔다'로 하면 되겠는데 그래도 그냥 살려 두도록 하겠습니다.

이렇게 해서 문장을 다듬어 보면 다음과 같습니다.
'오후 해 질 녘에 작은방에서 수학 숙제를 하다 문 여는 소리가 나

서 보니 동생 찬우가 왕사탕을 아작아작 깨물어 먹으며 들어오는 거였다.'

처음 쓴 것보다는 나아졌지요? 그다음은 이 문장을 두 문장으로 나누어 보겠습니다.

'오후 해 질 녘에 작은 방에서 수학 숙제를 하고 있었다. 문 여는 소리가 나서 보니 동생 찬우가 왕사탕을 아작아작 깨물어 먹으며 들어오는 거였다.'

글을 쓸 때는 이처럼 정확하게 쓰도록 노력해야 한다는 것을 잊지 맙시다.

6) 살아 있는 입말로 누구나 알 수 있도록 쉽게 쓴다

그때 그 느낌과 감정이 살아 있는 자기의 입말로, 누구나 알 수 있는 쉬운 말로 써야 합니다. 우리는 보통 말은 잘하는데 글을 쓰라고 하면 잘 못 씁니다. 왜 그럴까요? 그건 말과 글이 따로 있는 것으로 생각하기 때문입니다. 그런데 그게 아니지요. 앞서 말한 것을 글자로 적으면 글이 된다고 했지요? 말하듯이 글 쓰는 것을 '입말로 글을 쓴다'고 합니다. 이렇게 글을 쓰면 그때의 느낌과 감정이 생생하게 살아 있게 됩니다.

이와 다르게 그럴듯하게 만들고 꾸미는 문장으로 쓴 글을 '글말로 썼다'고 합니다. 이런 글은 겉모습은 그럴듯하나 느낌과 감정이 죽어 있어 별맛이 없습니다.

물결

6학년

붉은 가을 물이 뼈속까지 곱게 물들이는 늦가을, 채 익지 않은 감들이

가지가 휘도록 매달려 있다. 두 마리의 까치들이 시끄럽게 울어대고 주황빛 저녁노을이 하늘을 태운다. 이런 황홀한 광경을 보고 있으면 입가에 빙그레 미소가 번진다.

바로 그때가 생각난다. (글 뒤 줄임)

어떻습니까? 글말로 쓴 죽은 글이지요. '가을 물이 뼛속까지 곱게 물들이는 늦가을' '주황빛 저녁노을이 하늘을 태운다.' 이런 말은 우리 생활에서 하는 말이 아니고 억지로 꾸며 쓴 말입니다. '황홀한 광경'이란 말은 어린이들이 쓰는 말이 아니지요. 그리고 '미소'도 우리 말이 아니고요.

담배 심기

안동 임동동부 대곡분교 2학년 권순교

우리는 담배를 심었습니다. 할아버지가 "날이 꾸무리할 때 숭구면(심으면) 잘 큰다." 하여서 내가 "담배도 쪼매는데 하마 숭굴라고요?" 하니, 할머니는 "그래도 숭거야 한다." 합니다. 그래 모두 점심을 먹고 담배를 뽑는데, 할아버지는 두 묶음 뽑았습니다. 할머니는 한 묶음 뽑고, 아버지는 세 묶음 뽑았습니다. 어머니는 두 묶음 뽑았습니다. 아버지가 나는 못 뽑는다고 해서 안 뽑았습니다. 나는 동생을 보았습니다. 내 동생은 젖이 먹구져서(싶어) 울었습니다. 달개도(달래어도) 안 되고 자꾸 웁니다. 나도 눈물이 나서 동생을 업고 가두둘 가서 동생을 젖을 먹여 가지고 왔습니다.   (1969년 5월 25일)

- 《우리도 크면 농부가 되겠지》(이오덕 엮음, 보리)

이 글은 40년 전 농촌 어린이가 쓴 글입니다. 왜 오래전의 글, 그것도 농촌 어린이의 글을 예로 내보일까요? 그건 지금보다 말이 덜 오염되었기 때문입니다. 말하듯이 써서 입말이 그대로 살아 있지요. 그리고 '숭구면' '쪼매는데' '먹구져서' '달개도'와 같은 경상도 지역 사투리도 그대로 살아 있습니다.

다시 말하지만 글을 쓸 때는 꼭 입말로, 또 쉬운 말로 쓰도록 합시다. 또 표준말이 아닌 어린이들이 살고 있는 지역에서 쓰는 입말이나 사투리를 글을 쓸 때도 그대로 쓰도록 해야 합니다. 그래야 글맛이 더 살아나기 때문이지요.

7. 서사문 쓰기

글쓰기를 시작하면 바로 쓸거리가 떠오르고, 글이 줄줄 나오면 좋겠지만 그러지 못할 때가 많지요. 그래서 글쓰기를 하기 바로 앞서 또래 어린이들의 글을 읽어 준다든지 해서 '서사문은 이렇게 쓰면 되는구나!' '이 정도면 나도 쉽게 쓸 수 있겠구나!' 하는 자신감을 가지게 하고 '이제 나도 한번 써 봐야지!' 하는 마음이 일어났을 때 글을 쓰게 하는 것이 좋겠습니다.

자, 그러면 이제부터 실제로 서사문을 써 보도록 합시다.

1) 쓸거리 찾기

먼저 자기가 보고 듣고 겪은 일 가운데 생각이나 느낌이 더 생생한 일을 떠오르는 대로 찾아 제목을 적는 단계입니다.

첫머리에도 말했지요? 우리는 잠시도 멈추지 않고 움직이면서 온갖 일을 겪는다고요. 가깝게는 집에서부터 마을이나, 학교, 그 밖에 어디에서나 갖가지 일을 겪습니다. 또 텔레비전이나 컴퓨터를 통해서 우리 나라뿐 아니라 세계 곳곳에서 일어나는 일들도 보고 듣습니다. 그 가운데 생각이나 느낌이 마음속에 생생하게 살아 있는 일을 글로 쓰면 되겠지요.

그런데 실제로 어린이들에게 쓸거리를 찾아보게 하면 특별한 일이 선뜻 안 떠올라 어려워할 때가 많습니다. 그때는 아무 일이나 떠오르는 대로 제목을 자꾸 적어 보게 하세요. 아주 오래전 일이 아니라 가까운 날에 겪었던 일부터 붙잡아 써야 합니다. 그래야 그 일을 더욱 생생하게 떠올릴 수 있거든요.

겪은 일을 그냥 머릿속으로 떠올리지 않고 왜 이렇게 제목을 모두 적어 보라고 하나 궁금한 분들도 있겠지요? 다 까닭이 있습니다. 가만히 앉아 머릿속으로만 글감을 떠올리면 또렷이 잡히지 않기 때문입니다. 우리의 뇌는 쉬고 있을 때는 자꾸만 쉬려고 하거든요. 그럴 때 자꾸 적어 나가다 보면 뇌가 자극을 받고 일을 하기 시작합니다. 그러면 겪었던 일들이 실타래 풀리듯이 살살 떠오르게 됩니다.

적을 때는 본 일, 들은 일, 한 일로 나누어 적으면 좋습니다.

① 본 일: 마을 할머니 짐 들어 드림, 일하는 소, 이웃집 아저씨, 굴 다리 밑에서 본 거지 아저씨, 아침에 본 참새, 시장에서 본 나물 파는 할머니…….
② 들은 일: 어머니가 살아온 이야기, 아버지가 외국에서 겪은 이 야기, 아침에 일어난 교통사고 소식, 우리 마을에 살았던 순이 소식…….
③ 한 일: 고추 모종 심기, 야구, 변소 청소, 사과 따기, 소똥 치기, 할머니 짐 들어 드리기, 밥 짓기…….

어린이들이 이렇게 본 일, 들은 일, 한 일로 나누어 적는 것을 귀찮아하면 그냥 열 가지 정도 적게 하는 것도 좋습니다. 그래도 잘 안 떠오른다고요? 그러면 이렇게 하도록 해 보세요. 오늘 아침부터 지금까지 내가 움직였던 곳을 따라 무슨 일을 겪었는지 떠올리는 것입니다.

'아침에 일어나서 뭐했지? 맞아. 일어나자마자 눈 비비며 화장실에 가다 벽에 탁 부딪혔지. 그래서 코피가 났어. 그래! 이것 적자. 〈벽에 부딪혀 코피 난 일〉. 그다음은 세수하고 밥 먹었지. 아, 맞아! 밥 먹다가 내 동생하고 반찬 때문에 싸웠어. 싸우다가 아침부터 아빠한테 혼나고 밥도 덜 먹고 나왔지. 홧김에 문을 탁 차 버렸는데 그만 문이 부서져서 또 혼났지. 혼나고 학교에 가다가 그만 돌부리에 걸려 넘어져 무릎을 깨었어. 그래! 이것 적자. 〈밥 먹다 동생과 싸운 일〉…….'

뭐 이런 식으로 말입니다. 오늘을 다 살펴보고 다음은 어제 겪었던 일, 그다음은 그저께 겪었던 일……. 이렇게 찾아가도록 하는 것입니다.

이젠 글감을 잘 찾을 수 있겠지요? 그런데 무엇보다 중요한 것은 평소에 사물을 유심히 살피고, 비판하는 눈으로 보거나 문제의식을 가지고 봐야 글감을 쉽게 찾을 수 있습니다.

참, 한 가지 더! 늘 생각주머니를 가지고 다니며 현장에서 그때그때 겪은 일을 적어 두는 버릇을 들이도록 하는 것이 좋습니다. 그렇게 하면 사물에 관심을 가지게 되어 쓸거리가 눈에 더 잘 들어오게 됩니다.

저학년은 생각의 범위가 자기 자신과 식구, 이웃집 정도입니다. 더 나간다면 학교와 마을까지 범위를 넓힐 수 있습니다. 따라서 쓸거리도 이와 관련 있는 일이 대부분이지요. 그러나 글감을 마음대로 찾아보라고 하면 잘 찾아내지 못하는 어린이들도 있습니다. 그때는 "집안일 도운 적 있지요? 어떤 일이 있나 말해 봐요." 하고 물어본 뒤 어린이들이 말을 하면 "무슨무슨 일이 있는지 적어 보세요." 해서 적어 보게 합니다. '심부름, 청소, 아기 보기' 따위로 어린이들이 처한 환경에 따라 여러 가지 글감이 나오겠지요. 또 "요즘에 어떤 놀이를 했나요?" "여러분들 집에는 어떤 동물을 기르고 있어요?" 같이 교사가 생각의 범위를 어느 정도 정해 주고 쓸거리를 찾아보게 합니다.

학년이 올라갈수록 자기중심에서 사회로 차츰 범위가 넓어지고 깊어지게 됩니다. 저학년 어린이들은 어떤 부끄러운 일도 솔직하게 잘 쓰는 편인데, 중학년이 되면 보고 듣고 겪은 일을 솔직하게 나타내기를 꺼리는 경향이 있습니다. 따라서 부끄러운 일을 솔직하게 드러내어 쓴 글을 자주 읽어 준다든지, 솔직하게 쓴 것을 칭찬해 준다든지 해서 쓸거리를 찾을 때 감추는 일이 없도록 해야 합니다.

고학년이 되면 모든 사물이나 일을 자세히 살펴보고 느끼며 깊이 생각하고 그 일의 속뜻을 붙잡아 낼 수 있도록 해야 합니다. 어떤 일이라도 그 가치를 찾아 글을 쓸 수 있도록 말이지요. 그래서 관련이 있는 글을 읽어 주고, 이야기해 주고, 직접 경험할 수도 있게 해 주어야 합니다. 또 고학년에 맞추어 범위를 정해 주고 가치 있는 쓸거리를 찾아보게 합니다. '지난 일요일에 겪은 일 가운데 한 가지 쓰기' '오늘 아침 학교 오는 길에 보고 겪은 일 가운데 한 가지 쓰기' '며칠 사이 속상했던 일 가운데 한 가지 쓰기' '동무와 다툰 이야기 가운데 한 가지 쓰기' 이렇게요.

2) 글감 고르기

'1) 쓸거리 찾기'에서 나온 여러 가지 쓸거리 가운데 가장 생생하게 떠오르는 일, 느낀 것이 가장 큰 일을 글감으로 고르는 단계입니다.

이때 무엇을 골라야 할지 잘 모르면 찾아 놓은 글감 하나하나에 대해 그때 일을 떠올려 보도록 합니다. 그러다 보면 가장 깊이 느낀 일이 하나 나타나게 됩니다. 그 가운데 강하게 마음에 새겨진 것, 꼭 글로 써 보이고 싶은 것, 그것을 쓰면서 뿌듯한 마음을 가질 수 있는 것을 골라 적으면 더욱 좋겠지요. 그래도 안 되면 억울한 일, 속상한 일, 따지고 싶은 일, 슬픈 일, 괴로운 일, 답답한 일을 글로 쓰게 하는 것도 괜찮겠습니다.

그래도 어린이들은 별 뜻 없는 글감을 고를 때가 많습니다. 이때는 고른 글감에 대해 겪은 이야기를 조금 들어 보고 절실한 일인지, 겪은 내용이 많은지, 솔직하게 쓸 수 있는지, 가치가 있는지, 감동이 있는지 따위를 비추어 보고 다시 고르도록 도와주는 것이 좋습니다. 다시 고를 때는 처음 고른 글감이 왜 가치가 없는지를 일깨워 주면 좋은 글감 찾기 공부가 될 것입니다.

때때로 하루나 이틀 전에 관찰 조사를 하게 한다든지 가치 있는 어떤 일을 실제로 해 보도록 한 다음 글쓰기를 하면 좋겠지요.《재미있는 숙제, 신나는 아이들》(이호철, 보리)을 참고하기 바랍니다.

이렇게 하다 보면 보는 눈이 넓어지고 깊어져서 남의 일까지도 예사롭게 보지 않고 자기에게 끌어들이게 됩니다. 그렇게 되면 그 속에 들어 있는 알맹이도 찾아낼 수 있게 되는 것이지요.

3) 얼거리 짜기

어떤 내용을 어떤 차례로 써 나갈 것인지, 일이 일어난 차례대로 얼거리를 짜시 간단히 적어 보는 단계입니다.

저학년은 글이 짧으니까 겪은 일을 생각나는 대로 써 나가면 되지만 중·고학년은 글을 쓰기 전에 어떤 차례로, 어떤 내용을 쓸까 계획을 세워야만 글이 뒤죽박죽되지 않고 잘 쓸 수 있습니다.

서사문 쓰기에서 얼거리 짜기란, 어떤 일이 시간이 지남에 따라 어떻게 되어 갔는지 차례로 떠올리며 잊어버리지 않게, 차례가 뒤엉키지 않게 몇 단계로 나누어 중요한 내용을 적어 보면 됩니다. 그리고 그 일의 어느 때에서 어느 때까지를 글로 쓸 것인지를 또렷이 정해 두고 얼거리를 짜고, 어느 부분을 더 자세하게 써야 자신이 나타내고자 하는 뜻을 잘 드러낼 수 있을까도 생각하며 얼거리를 짜면 더 좋겠지요.

어른들은 글 효과를 살리기 위해 쓰는 차례를 일삼아 바꾸어 쓰기도 하지만 어린이들은 차례를 바꾸어 짜 맞추지 않는 것이 좋겠습니다. 자연스런 맛이 없어지니까요.

글쓰기 며칠 전에 어떤 것을 관찰 조사하게 한다든지 실제로 어떤 일을 해 보게 해서 쓸거리를 찾게 하지요? 그때 얼거리 짜기도 어느 정도 할 수 있습니다. 그래도 글을 쓰기 바로 전에 다시 차례를 잡아 보는 것이 좋겠습니다.

저학년은 얼거리를 적는 게 별 뜻이 없으므로 교사가 질문을 하거나 이야기를 하게 해서 쓸 내용을 잡아 가면 되겠습니다.

앞에 내보인 윤영웅이 쓴 글 〈할머니 짐 들어 드리기〉를 보기로 들어 얼거리를 짜 보면 다음과 같습니다. 여기서 가운데 부분인 '짐 들어 드림'이 가장 중심 되는 부분이고 글로 쓸 때 가장 자세히 쓰는 부분이 됩니다.

〈할머니 짐 들어 드리기〉
① 처음: 성국 할머니 짐을 봄
 · 버스 정류소에서 성국 할머니가 버스에서 짐 들고 내리는 모습 봄

· 할머니가 짐 때문에 어려워함

② 가운데: 짐 들어 드림

· 짐 들어 드리지 말까 망설이다 들어 드리기로 함

· 그냥 들어 보니 무거움

· 힘겹지만 어깨 위에 얹어 들고 감

· 머리 위에 얹어 겨우겨우 감

③ 끝: 성국 할머니가 고마워함

· 성국 할머니 댁에 다 가니 할머니가 매우 고마워함

· 집으로 돌아옴

좀 자세하게 얼거리를 짜 보았는데, 이렇게 하지 않고 서너 줄로 간단히 적어 보아도 됩니다.

4) 마음과 몸짓으로 겪어 보기

글을 쓰기 전에 좀 더 또렷이 글의 줄거리를 잡을 수 있도록, 얼거리 차례대로 그때 그 일을 마음으로 다시 겪어 보게 합니다.

서사문 쓰기에서 겪어 보기를 하는 것은 그때 그 일을 자세하고 생생하게 찾아내기 위해서입니다. 이때 마음속으로 소리를 내어 다른 사람에게 이야기하듯 일이 일어난 차례대로 말을 해 보는 것이 좋습니다.

어제 저녁에 밥을 먹고 있는데 고양이 한 마리가 왔어. 그래, 털은 까만 색깔이지. 크기는 내 주먹만 하고 아기 걸음 모양으로 아장아장 걷는 게 얼마나 귀여운지 몰라. "응애애 응애애" 우는데 꼭 아기 울음소리 같아. 쬐끄만 혀를 낼름거리며 입술을 빨아서 밥이 먹고 싶은가 싶어서 내

밥을 조금 주니까…….

이렇게 말입니다. 몸은 그때 행동한 대로 움직여 보고 표정도 지어 보면 더욱 좋습니다. 물론 마음으로 움직이는 것이지만 실제로도 조금씩 움직여 보면 더 실감이 나겠지요.

이렇게 겪어 보기를 할 때 더 많은 사실을 찾아 보태기도 하고, 갑자기 뒷부분이 먼저 생각나면 그것도 잊어버리기 전에 슬쩍 적어 두는 것이 좋습니다.

저학년은 앞서 말했듯이 질문을 한다든지 이야기를 해 보게 하는 것이 얼거리 짜기와 아울러 겪어 보기도 되는 셈입니다.

5) 쓰기

얼거리 짠 차례대로, 말하듯이 술술 써 내려가야 합니다.

글로 자기표현을 하는 중요한 단계입니다. 글을 쓰다 보면 차례가 바뀔 수도 있고, 생각의 움직임이 조금씩 바뀌어 처음 마음먹은 글이 아닌 좀 다른 글이 될 수도 있습니다. 그래도 괜찮습니다. 그러니까 얼거리에 너무 얽매이지 않도록 하세요.

서사문의 형식에서 더 말할 것은 '았다(었다)' 체로 쓸 것인지, 경어체인 '았습니다(었습니다)' 체로 쓸 것인지 결정해 한 가지로 통일해서 쓰도록 해야 합니다. 또 쓰기에 앞서 이 글에서 무엇을 나타내려고 하는지, 글의 알맹이는 무엇인지 한 번 더 생각하고 쓰도록 하세요.

무엇보다 글을 쓸 때는 정신을 집중해야 합니다. 쓰다가 쉬다가, 쓰다가 쉬다가 하지 않도록 하고 글쓰기 분위기에 젖어 있을 때 쉬지 않고 끝까지 쓰도록 하는 것이 좋습니다. 쓰다가 쉬면 떠오르던 생각이 막힐 수도 있으니까요.

6) 보태어 쓰기

쓴 글을 다시 읽고 글 가운데 모자라는 부분을 다시 한 번 더 겪으면서 더 자세하게, 더 또렷하게 보태어 쓰는 단계입니다.

한 번에 글을 아주 잘 쓰면 좋겠지만 누구도 한 번에 잘 쓸 수는 없습니다. 그래서 쓴 글을 차근차근 읽어 가다 보면, 중요한 내용이 빠져서 무엇을 쓴 것인지 알 수 없는 부분과 사실이 자세하지 못한 부분이 드러나게 될 것입니다. 이런 부분을 한 번 더 겪으면서 보태어 쓰거나, 더 자세하고 정확하게 써서 완전한 글이 되도록 합니다.

먼저 글을 살펴서 '누가, 언제, 어디서, 무엇을, 왜, 어떻게 하였는지(되었는지)'가 또렷이 나타나 있는지 찾아보게 하고, 또렷하지 않은 부분은 보태어 적게 합니다. 또 이야기가 펼쳐짐에 따라 자세하게 쓸 부분에는 보태어 쓰도록 하면 좋을 것입니다.

어린이 스스로 보태어 쓰기를 한 뒤에 교사가 1차 개별 지도를 할 경우 교사가 보아서 더 보태어 쓰기를 해야 할 곳에 번호 표시를 해서 다시 어린이가 보태어 쓰도록 합니다. 2차 개별 지도를 할 경우, 마주 앉아 보태어 쓸 곳에 대해 도움말을 해 주고 더 생생하게 살려 내도록 합니다. 이때 교사의 생각이 끼어들지 않도록 조심해야 합니다.

'보태어 쓰기'는 글을 다 쓴 뒤 바로 하는 것이 좋지만 어린이가 싫증을 낼 수도 있으니까 하루 이틀쯤 쉬었다 다시 해도 좋습니다. 그렇게 하면 바로 이어서 하는 것보다 생각이 더 넓어지고 깊어져 더 좋은 글을 쓸 수도 있습니다. 너무 오래 지난 뒤에 하면 자세한 것은 잊어버릴 수도 있겠지요.

가끔 글 한 편을 놓고 반 전체 어린이들과 함께 고치고 다듬는 것도 좋은 공부가 될 것입니다.

7) 글 다듬기

다 쓴 글을 차근차근 다시 읽어 보면서 모자란 곳은 보태어 쓰고, 틀린 곳은 고치고, 필요 없는 곳은 빼서 사실을 더욱 충실하고 정확하게 나타내는 단계입니다.

글을 처음 쓸 때나 보태어 쓸 때는 전체 내용에 충실하다 보니 작은 것까지 요것조것 살피기 쉽지 않습니다. 그래서 다 쓴 뒤에 차근차근 읽어 보면 모자라는 곳이 또 보입니다. 이때 좀 더 보태고, 바르게 고치고, 필요 없는 곳을 줄여야 자신이 나타내고 싶었던 사실을 더 충실하고 정확하게 나타낼 수 있습니다.

글 다듬기를 할 때는 다음 차례대로 하는 것이 좋겠습니다.

① 한 번 더 조금 보태어 쓰기: 자신이 나타내고 싶었던 것들을 충실히 잘 나타내지 못한 부분을 다시 겪어 보고 좀 더 보태어 씁니다.

② 사실에 맞지 않는 말과 글 고치기: 사실과 다르게 쓴 곳이나, 부풀려 쓴 곳이나, 꾸며 쓴 곳을 사실에 맞게 고쳐 씁니다.

③ 필요 없는 말 빼기: 겹쳐 나온 곳이나 필요 없는 군더더기 말은 뺍니다.

④ 뒤죽박죽된 것 바로잡기: 얼거리를 짠 차례대로 차근차근 쓰면 글이 뒤죽박죽되지 않는데, 글쓴이의 감정대로 써 나가다 보면 글 내용 차례가 바뀌어 이상한 글이 될 수도 있고, 한 문장에서 낱말 차례가 바뀌어 글맛이 이상하게 될 수도 있지요. 이런 것을 어법에 맞게 바로잡는 것입니다.

⑤ 문단 나누기가 제대로 되었나 살펴보기: 문단 나누기를 잘 못하는 어린이가 흔합니다. 내용이 바뀔 때는 문단을 꼭 나누도록 해

야 합니다. 이때는 줄을 바꾸어 쓰고 한 글자 들여 써야 한다는 것을 잊지 않도록 해야 합니다.

⑥ 틀린 글자와 문장부호 바로잡기: 글 내용에 정신을 쏟다 보면 글자를 틀리게 쓰거나 빠뜨린다든지, 문장부호를 빠뜨리거나 엉뚱한 것을 쓴다든지 할 때가 많지요. 그것을 바로잡습니다.

⑦ 띄어쓰기 바로 하기: 띄어쓰기만 따로 정신을 쏟아서 살펴보고 바로 고칩니다.

⑧ 자기 말, 우리 말 살려 쓰기: 글을 다 다듬은 뒤에는 자기가 쓰는 말이 아닌 말이나 우리 말이 아닌 말을 찾아 바로 하고, 우리 말법에 어긋나는 것도 바로잡습니다. 가장 중요한 것이지요.

⑨ 다시 살펴보기: 마지막으로 잘못된 곳은 없나 살펴보며 글을 읽어 봅니다.

또 원고지 쓰는 법을 지켰는지도 한번 살펴보도록 합니다.

이렇게 글 다듬기를 할 때 한꺼번에 여러 가지를 하는 것이 아니라 한 번에 한 가지를 중심으로 고치고 다듬어야 헷갈리지 않습니다. 그리고 완전하게 다듬었다 싶어도 며칠 있다 읽어 보면 모자라는 부분을 새로 발견할 수 있으니 그렇게 해 보는 것도 좋습니다.

개별 지도는, 교사가 어린이 글에서 무엇을 어떻게 고쳐야 하는지 고쳐야 할 곳에 약속 기호나 말로 표시를 해 주고 고치도록 하는 것입니다. 어린이 스스로 하게 하는 방법과, 어린이와 교사가 마주 앉아 글을 읽으면서 고쳐야 할 곳을 지적해 주고 글 쓴 어린이가 교사 앞에서 고치는 방법 두 가지가 있습니다. 교사는 어린이가 자기 생각을 스스로 최대한 이끌어 낼 수 있도록 어떤 점이 잘못되었는지 지적만 해 주고 도와주기만 해야 합니다. '6) 보태어 쓰기' 때와 마찬가지로 교사의 생각이 조금이라도 들어가지 않도록 해야 합니다. 더구나 어른 마음대로 글을 고쳐 쓰게 하거나 어린이의 글을 건드리는 짓은 절대 해서는 안 됩니다. 어린이의 삶을 짓밟는 행위이기 때문입니다.

어른이 볼 때 틀린 글도 어린이에게는 자기표현의 수단이 됩니다. 그래서 때에 따라서는 틀린 글도 그대로 살려 두는 것이 좋을 때도 있다는 점을 잊지 말기 바랍니다.

글쓰기 개별 지도 방법은 《살아 있는 글쓰기》(이호철, 보리) 62~69쪽, 129~133쪽을 참조하기 바랍니다.

8. 서사문 쓰기를 도와주는 몇 가지 방법

'15장 글쓰기 도움 글'에 서사문 쓰기를 도와주는 여러 가지 방법을 썼지만 여기서는 그 밖의 방법을 몇 가지 말하겠습니다.

1) 또래 어린이가 쓴 서사문 맛보기

틈틈이 또래 어린이들이 쓴 글 가운데도 글쓴이가 참되게 살아가는 모습이 생생하게 담겨 있는 글을 읽어 줍니다. 글 내용에서 배우는 것도 있지만 어떤 글감으로 어떻게 써야 좋은 서사문을 쓸 수 있는지도 어느 정도 알게 됩니다.

좋은 글들이 실려 있는 책을 몇 권 소개하지요.

《우리도 크면 농부가 되겠지》 이오덕 엮음, 보리
《방학이 몇 밤 남았나》 이오덕 엮음, 보리
《꿀밤 줍기》 이오덕 엮음, 보리

《내가 어서 커야지》 이오덕 엮음, 보리

《우리 반 순덕이》 이오덕 엮음, 창비

《이사 가던 날》 이오덕 엮음, 창비

《공부는 왜 해야 하노》(4학년 어린이 글) 이호철 지도, 산하

《아무도 내 이름을 안 불러 줘》(1, 2학년 글모음) 한국글쓰기연구회 엮음, 보리

《아주 기분 좋은 날》(3, 4학년 글모음) 한국글쓰기연구회 엮음, 보리

《주먹만 한 내 똥》(5, 6학년 글모음) 한국글쓰기연구회 엮음, 보리

2) 서사문 한 편을 놓고 공부해 보기

좋은 서사문 한 편을 다 같이 읽고 이야기의 전개 과정, 글의 알맹이(글의 관점, 주제), 자세하게 표현된 부분, 필요 없는 부분, 실감나게 표현된 대화체 같은 것에 대해 이야기를 나누어 보면서 그 글의 좋은 점이나 좀 더 표현되었으면 싶은 것을 알아봅니다.

3) 어떤 일을 집중해서 살펴보는 습관 들이기

사람들은 생활이 매우 바빠 옆 돌아볼 사이도 없이 살아가지요. 또 자기와 직접 관련이 없으면 예사로 보아 넘기기도 하지요. 어린이들도 마찬가집니다. 그래서 우리 주위에 살아가는 사람들의 모습 가운데 한 장면을 집중해서 살펴보는 습관도 좀 들이면 좋겠습니다. 노점상에서 장사하는 어느 한 사람의 모습, 땀 흘리며 열심히 일하는 사람의 모습, 놀이터에서 놀고 있는 아이의 모습…….

4) 겪은 일 짧게 이야기해 보기

오늘 아침에 겪은 일, 조금 전에 겪은 일, 바로 앞 쉬는 시간에 겪

은 일, 체육 시간에 겪은 일 따위를 동무들 앞에서 1~2분 안에 겪은 차례로 짧게 발표하는 것입니다. 또 어떤 사건을 육하원칙에 맞추어 발표하도록 하는 것도 서사문 쓰기에 도움이 될 것입니다.

5) 지금 바로 앞에 있는 아이들의 어떤 행동이나 이야기를 끌어들여 글쓰기

어린이들이 지금 하고 있는 행동이나 나누고 있는 이야기 속에 교사가 자연스럽게 끼어들어 더 많은 이야기를 이끌어 냅니다. 그러다 어린이들이 더욱 표현해 보고 싶은 마음이 끓어올랐을 때, 그와 관련된 겪은 일을 써 보게 합니다. 저학년 어린이들에게 좋은 방법이 되겠지요.

9. 맺는말

"바쁜데 언제 글 써요?" 하고 말하는 아이들이 많습니다. 아침 일찍 학교에 오면 학과 공부 해야 하고, 집에 돌아가자마자 학원으로 가야 하고, 다시 집에 오면 숙제하기 바쁘니까요. "눈코 뜰 새 없이 바쁜데 언제 글쓰기 지도를 합니까?" 하는 교사들도 많겠지요. 하루 내내 아이들에게 매달리면서 틈틈이 사무도 처리하고, 행사도 치러야 하니까요.

하지만 그건 핑계일 따름입니다. 뜻만 있으면 시간은 만들 수 있습니다. 나는 아침 시간을 많이 이용합니다. 다른 반보다 10~15분 정도 일찍 오게 해서 그림 그리기, 관찰기록, 글쓰기 지도를 합니다. 처

음에는 조금 힘들어 해도 얼마 지나지 않아 곧 익숙해집니다. 꾸준히 지도하다 보면 어느새 아이들이 훌쩍 커 있는 것을 발견하게 될 것입니다.

나는 새 학년이 시작될 때 일기 쓰기 지도를 조금 한 뒤 서사문 쓰기 지도를 많이 합니다. 서사문 쓰기를 어느 정도 할 때쯤 시 쓰기 지도를 하면서 다른 갈래 글 지도를 하고요. 서사문 쓰기를 잘하면 다른 갈래 글은 쉽게 잘 쓸 수 있을 것입니다.

3장

기행문

여행하며 보고 듣고
느낀 것을 쓰는 글

1. 기행문이란 어떤 글일까요?

사람은 누구나 익숙해지면 지루함을 느끼기도 하지요. 따라서 그 일상에서 벗어나 신선하고 낯선 다른 경험을 해 보고 싶어집니다. 낯선 경험 가운데서도 가장 설레고 즐거움이 함께하는 것이 여행이지요. 어른들은 여행을 자신의 일상에서 벗어나 다른 사람의 일상 속으로 들어가는 것이라고도 하는데, 참 알맞은 표현인 것 같습니다. 다른 사람의 일상 속에서 또 다른 나를 발견하기도 하겠지요.

어쨌든 여행을 하면 즐겁습니다. 어린이들은 더욱 그렇겠지요. 일상의 얽매임에서 벗어나 자유스러움을 마음껏 누릴 수 있기 때문이기도 하고, 잘 모르는 낯선 곳에서 색다른 풍물을 보고 낯선 사람들을 반갑게 만날 수 있다는 설렘 때문이기도 할 것입니다. 새로운 일을 겪을 수 있다는 것도 가슴 벅차게 하는 기쁨일 테고요. 즐거움과 설렘이 있다면 거기엔 또 느낌과 생각도 있을 테고, 이것을 어떤 방법으로든 표현하고 싶어지기도 할 것이고 다른 사람들과 나누고 싶어지기도 할 것입니다. 이렇게 해서 쓴 글, 그러니까 여행을 하면서 새롭게 보고 듣고 겪은 사실과 그때 느끼고 생각한 감상을 적은 글을 기행문이라고 합니다.

역사에 남은 어른들의 기행문학을 보면, 서양에는 중세 말기 동방 세계의 실상을 전해 준 마르코 폴로의 《동방견문록》과 이븐 바투타의 《삼대륙 주유기》가 있습니다. 그다음엔 프랑스의 식민지 지배에 항의한 앙드레 시느의 《콩고 기행》과 러시아의 획일주의를 비판하는 《소비에트 기행》도 있지요. 중국의 기행문학 작품은 아주 많답니다. 그 가운데 송나라 법현의 《불국기》와 당나라 현장의 인도 여행 기록인 《대당서역기》가 아주 유명하다고 합니다.

우리 나라에는 국내 기행기로 정철의 《관동별곡》, 김인겸의 《일동장유가》, 김진형의 《북천가》 같은 글이 있답니다. 이는 모두 기행가사로 쓴 글이지요. 외국 여행으로는 신라 때 혜초 스님이 십 년 동안 인도를 여행하면서 생활 풍습과 여러 가지 모습을 자세히 기록한 《왕오천축국전》과 정조 때 연암 박지원이 청나라 연경에 갔다 오면서 역사, 지리, 풍습, 정치, 경제, 문화, 예술 같은 온갖 모습을 일기 형식으로 아주 자세하게 기록한 《열하일기》가 있습니다. 근대에 처음 쓴 유길준의 《서유견문》(1895년)이 있고, 그 뒤 최남선의 《백두산 근참기》 같은 기행문이 있답니다.

교통이 발달한 현대엔 기행문학 작품이 쏟아지고 있지요. 시간이 나면 이런 기행문학 작품도 읽어보면 좋을 것입니다. 《열하일기》는 한문 일기지만 청소년들이 읽을 수 있도록 쉽게 풀이한 책도 나와 있으니 어린이들도 꼭 읽어 보기를 권합니다.

그러면 어린이가 쓴 기행문 두 편을 보겠습니다.

경주 석굴암과 불국사를 돌아보고

경산 동부초 4학년 이현영

나는 어디를 갈 때는 언제든지 마음이 들뜨는데 이번에도 마찬가지로 마음이 들떠 있었다. 8시 50분, 드디어 학반별로 6대의 버스에 올랐다. 그리고 천천히 달리기 시작했다. 영남대학교를 지나 진량 쪽으로 가니 농사를 짓는 밭이 많이 보였다. 길가에는 군데군데 참외를 많이 팔고 있었다. 경산 톨게이트를 들어서 고속도로를 시원하게 달리기 시작했다.

평사 휴게소를 지나 드디어 9시 40분쯤에 경주에 들어섰다. 그런데 경주에 들어서니까 우리가 사는 경산의 모습하고는 많이 다른 점이 있었다. 주유소의 지붕이랑 가게랑 대부분의 집들이 기와지붕으로 되어 있는 것이다. 또 작은 산 같은 능도 많이 보였다. 친구들은 "야, 저기 봐라! 무덤 보이제? 와아 크다!" 하고 소리쳤다.

우리는 먼저 석굴암으로 갔다. 토함산 뒤쪽으로 올라가는데 길이 엄청나게 꼬불꼬불했다. 그래서 그만 멀미를 할 뻔했다. 다행히 멀미를 심하게 하기 전(10시 25분쯤)에 주차장까지 가서 다행이었다. 차에서 내려 토함산의 시원한 공기를 흠뻑 마셨다. 그러니 멀미가 가라앉았다. 주차장에서 아래를 내려다보니 속이 시원했다. 경주 시내도 훤하게 보였다.

거기서 다시 구불구불 넓은 숲길을 걸어서 갔다. 오른쪽은 산기슭 아래다. 아름드리나무 숲길을 친구들과 이야기를 하며 가다 보니 다람쥐가 나무 위로 쪼르르 올라가는 게 보였다. "야, 다람쥐 봐라!" 우리가 소리치니까 그만 내려와서 다른 데로 도망을 가 버렸다. 30분쯤 걸어가니 석굴암이 나왔다. 밑에서 보니 멀리 산기슭에 석굴암이 보였다. 다시 계단을 올라가니 석굴암이 있었다.

석굴암은 신라의 김대성이란 사람이 세운 것으로 국보 제24호라고 한다. 들어올 때 보니 큰 바위에 석굴암이 유네스코 지정 세계문화유산이라고 쓰여 있었다. 산기슭 속으로 좀 들어간 곳에 큰 부처님(본존불상: 국보 제24호)이 인자한 표정을 지으면서 덩그러니 앉아 계셨다. 부처님은 양반다리를 하고서 눈을 지그시 감은 것처럼 아래를 내려다보는 것 같았다.

부처님도 돌로 되어 있지만 벽이고 천장이고 모두 돌로 되어 있었다. 천장은 둥글게 되어 있다. 벽에는 빙 둘러 가며 앉아 있는 부처님도 있고 서 있는 부처님도 새겨져 있었다. 돌인데 손으로 어떻게 매끄럽게 잘 다듬었을까? 어떻게 세밀하게 새겼을까? 참으로 놀라웠다.

그리고 부처님 이마 가운데 반짝이는 것이 박혀 있었다. 나는 그것이 왜 있는지 궁금했다. 그런데 밖에 가서 우리 선생님께 들을 수 있었다. 동해 바다에 해가 뜨면 가장 먼저 부처님의 이마를 비췄다고 한다. 또 원래 박혀 있던 보석은 일본 사람이 떼어 갔다고 하는데 참 나쁘다고 생각했다. 나는 그 이야기를 들으니 정말 신기했다.

사람들 가운데는 부처님 앞에서 무슨 소원을 비는지 두 손을 모아 열심히 절을 하는 사람도 있었다. 석굴암을 구경하는 사람들을 보니까 외국 사람들도 많이 보였다. 외국 사람들이 우리나라에 있는 석굴암을 보고 가니까 기분도 좋고 자랑스럽기도 했다. 외국 사람이 한두 명이 아니고 정말로 많았다. 석굴암 밖에서 멀리 동해 바다 쪽으로 내려다보니 시원하고 경치도 좋았다.

그다음에는 석굴암이 있는 토함산을 내려와 먼저 불국사 앞에 있는 넓은 숲에서 점심을 먹었다. 점심때가 좀 일찍은 것 같았지만 배가 고파서 그런지 꿀맛이었다. 선생님께서 "야들아, 너거들은 선생님한테 좀 먹어 보라 카지도 않고 먹냐?" 하셔서 우리는 그때서야 "선생님, 이거 좀 드세요." 했다. 선생님께 좀 미안한 마음이 들었다.

점심을 먹고 친구들과 막 뛰어놀았다. 남학생들은 장사하는 사람한테 모형 칼을 사서 가지고 놀다가 선생님께 꾸중을 듣기도 했다.

한참 놀다 불국사로 갔다. 불국사도 석굴암처럼 유네스코 지정 세계문화유산이다. 불국사에 들어서니 먼저 아름다운 경치가 내 눈을 휘둥그렇게 만들었다. 아름다운 정원을 지나 불국사 앞에 가니 넓은 광장이 나타났다. 거기에 바로 불국사가 우뚝 서 있었다. 옆으로 돌아 불국사 안으로 들어갔다. 사람들이 엄청 많아 부딪힐 정도였다. 들어서자마자 눈에 먼저 들어온 것은 탑이다. 책에서 보던 다보탑이다. 석가탑은 지금 수리 중이어서 집을 지어 가려 놓았다. 보지 못해 참 아쉬웠다. 그런데 왜 수리를 하는지 궁금하다.

할 수 없이 다보탑을 자세히 보기로 했다. 다보탑은 국보 제21호로 대웅전 동쪽에 서 있고 높이는 10.34m다. 사방에 계단이 있는데 그 바탕 위에 네 개의 기둥이 있다. 기둥 위에 넓은 지붕처럼 생긴 사각형 넓은 돌 판이 놓여 있고, 그 위에 팔각형 모양의 탑이 얹혀 있었다. 위에는 아주 작은 탑이 하늘로 삐쭉하게 뻗어 있었다. 다보탑은 다른 탑보다는 매우 정교하게 짜여져 있어 예뻐 보였다. 나는 다보탑 앞에서 친구들과 사진을 찍기도 했다.

그다음은 대웅전을 보았다. 대웅전은 색이 좀 바랬는 것 같았다. 이 대웅전은 석가모니불을 모신 곳이다. 681년에 창건되었다고 한다. 대웅전 안에 보니 금빛이 나는 큰 부처님이 떡하니 앉아 계셨다. 그리고 옆에는 조금 작은 부처님이 있었다. 부처님을 보고 불국사 절 안을 이리저리 살펴보았다. 건물 앞에 한문으로 적어 놓아서 잘 모르겠는데 선생님이 관음전, 비로전, 또 무엇이라고 하셨다.

불국사에는 대웅전과 극락전에 오르는 계단이 있는데 동쪽에 있는 게 청운교와 백운교이고 서쪽에 있는 게 연화교와 칠보교라고 한다. 우리는 불국사 안에서 밖으로 나와서 살펴보았다. 청운교, 백운교는 국보 제23호라고 해서 더 많이 보았다. 다리 아래 속세와 다리 위 부처의 세계를 이어 주는 상징적인 의미를 지닌다고 쓰여 있다. 그런데 계단인데 청운 계단, 백운 계단 해야 할 텐데 청운교, 백운교라고 하는 게 이상했다. 아래 부분을 청운교라 하고 윗부분을 백운교라고 한다. 이것도 다보탑처럼 아주 정교하게 꾸며져 있다. 아래서 보니 더욱 멋있게 보였다.

청운교, 백운교 아래쪽에서 불국사를 보니 날아갈 듯이 더욱 웅장해 보였다. 우리는 거기서 우리 반 전체 사진을 찍었다. 선생님이 불국사 전체 모습이 잘 들어오는 자리라고 했다. 선생님이 또 모둠별 사진도 찍어 주셨다. 서로 찍으려고 조금 다투기도 했지만 크게 싸우지는 않았다.

밖에서 보면 불국사 가운데 우뚝 솟은 건물이 있는데 이게 범영루라고 한다. 지금은 그 안에 법고가 있는데 원래는 종이 있어 법종각이라고 했다고 한다. 751년에 세워졌고, 기단의 돌기둥은 수미산을 본뜬 것이 특징이라고 한다. 원래는 수미범종각이라고 했다고 한다. 나는 그게 무슨 뜻인지는 잘 모르겠다. 내가 더 자라면 자세하게 알아보고 싶다.

우리 반은 선생님과 차근차근 불국사를 돌아보느라 다른 반보다 좀 늦었다. 그래서 급하게 버스 주차장으로 돌아왔다. 다른 반은 벌써 버스에 타고 있었다. 집에 돌아오는 길에도 차창 밖을 보니 벼가 익어 가는 들판이 펼쳐져 있고, 농사짓는 사람들이 보이고, 멀리 산이 있고, 곱게 단풍이 든 나무들이 아름다웠다. 돌아올 때는 뭔가 마음이 뿌듯하기도 했다. 우리는 친구들과 이야기도 하고 노래도 부르며 왔다.

나는 어디 갈 때 경주를 몇 번이나 지나갔지만 별로 느끼지를 못했는데 이번에는 뭔가 많이 느끼게 된 것 같다. 그리고 선생님이 석굴암에서 해 주신 이야기도 기억에 남아 있다.   (2012년 10월 8일)

경주 석굴암과 불국사를 둘러본 기행문입니다. 경주에 들어섰을 때 다른 곳과 좀 다른 모습도 잘 보았고 석굴암의 본존불상의 모습도 잘 보았습니다. 양반다리를 하고 인자하게 내려다보고 있다고 말해 놓았지요. 불국사의 다보탑 모습을 '사방에 계단이 있는데 그 바탕 위에 네 개의 기둥이 있다. 기둥 위에 넓은 지붕처럼 생긴 사각형 넓은 돌 판이 놓여 있고, 그 위에 팔각형 모양의 탑이 얹혀 있었다.' 이렇게 구체로 나타낸 것을 보니 참 꼼꼼하게 살펴보았구나 싶습니다. 또 예사로 보기 쉬운 범영루도 관심을 가지고 살펴보았네요. 글 전체로 봐도 여행 과정이 또렷이 잘 나타나 있는 기행문입니다.

대구대 영덕 연수원에 다녀오다

대구 동호초 4학년 최지현

2010년 6월 5일 토요일 맑음

야호! 오늘부터 1박 2일로 영덕에 있는 대구대 영덕 연수원에 간다! 토요일이라 오전 수업을 마치고 얼른 여행 준비를 했다. 그리고 오후 2시 30분쯤에 집 앞 공원으로 나갔다. 아빠와 마라톤 하는 사람들 온 가족들이 함께 가는데 우리 집 앞 공원에서 만나 같이 가기로 했기 때문이다. 모두들 제 시간에 나왔다. 기분이 좋은지 그저 싱글벙글이다. 우리들은 조잘조잘 지껄이며 떠들어대었다.

대구에서 영덕까지는 자가용으로 약 2시간쯤 걸린다. 하양, 영천, 안강, 포항을 지나 동해안 국도를 따라 올라가면 삼사해상공원이 나오고 바로 강구항이 나오는데, 여기서 바닷가 길로 3km 정도 더 올라가면 그곳이 바로 영덕 연수원이다. 바다가 보이는 길이 나타났을 때 나는 "와, 바다다!" 하고 외쳤다. 차창 밖으로 보이는 푸르고 넓은 바다는 내 가슴을 확 트이게 하면서 마음이 너무 설레게 만들었다.

가는 길에 바다가 보이는 휴게소에 들러 모임에서 준비해 간 조그만 송편을 내어 놓고 먹었다. 한마디로 꿀맛이다. 점심을 제대로 못 먹었기 때문에 더욱 그렇다. 바다가 보이는 곳이라 더 신이 났다. 짧은 휴식 시간 동안 바닷가에 내려가 조약돌 던지기, 달리기, 모래성 쌓기를 하기도 했다.

영덕 연수원에 다다르니 오후 5시쯤 되었다. 바닷가 언덕 위에 우뚝 솟아 있는 영덕 연수원은 현대식 건물이다. 아늑하고 바다와 무척 잘 어울리는 멋진 휴양지인 것 같았다.

아빠는 예약해 놓은 방을 확인한 뒤 다시 짐을 챙겨 방에 들어갔다. 방은 큰 것이 한 칸인데 아주 넓고 바다도 한눈에 들어오고, 작은 방은 두 칸이고 거실도 굉장히 넓다.

저녁에는 야외에서 바비큐를 해 먹기로 했는데 계획했던 것과 달리 야외 시설에 문제가 있어 공용 식당에서 그냥 먹었다.

밖에는 놀이터가 있었디. 놀이터에서는 사람들이 농구와 족구를 하고 있었다. 그리고 철봉도 있고 그네 바이킹도 있었다. 나는 철봉에서 놀았다. 누가 더 오래 매달리는지 동생과 시합을 했다. 당연히 내가 이겼다. 시원한 바닷바람을 맞으며 그네 바이킹을 탈 때면 기분이 날아갈 것 같았다.

나는 저녁밥을 빨리 먹고 나서 건물 3층에 있는 컴퓨터실에서 컴퓨터 게임도 조금 했다. 그런데 아이들이 줄을 많이 서 있어서 조금밖에 하지 못했다.

컴퓨터 게임을 조금 한 뒤에 방으로 내려왔다. 시간이 너무 많이 지나 밤 9시다. 나는 과자를 조금 먹었다. 그때 동생이랑 동생 친구랑 나와 같은 나이인 한 남자아이가 들어왔다. 나는 잘되었다 생각하고 방으로 데리고 들어와 베개 던지기 싸움을 했다. 정말 재미있었다. 그런데 내 동생이 많이 맞았다.

밤이 더 깊어 갈 무렵에 아빠 친구 가족들이 윷놀이를 했다. 그건 어른들만 해서 어린이들은 끼일 수가 없었다. 우리는 그냥 앉아서 구경만 했다. 그런데 이상하게도 모가 하나도 나오지 않았다. 나는 이럴 때 이런 생각이 들었다.

'내가 하면 대번에 모 나올 텐데……'

놀이 결과 우리 가족 팀이 이겼다. 그래서 엄마와 아빠는 상품으로 칫솔을 받았다. 나도 덩달아 기분이 좋았다.

나는 12시쯤에 잠이 들었다.

2010년 6월 6일 일요일 맑음

오늘 아침에는 일찍 일어난 편이다. 6시다. 나는 아빠랑 해맞이 하러 방파제에 나갔다. 그런데 해는 벌써 떠 있었다. 아아, 아쉽게 되었다. 그래도 구름 사이로 빨강과 노랑이 섞인 해가 밝고 눈부시게 떠 있다. 아아, 그 모습이 정말 아름다웠다. 잔잔한 바다 위로 고기잡이배들이 물살을 가르며 나가는 모습도 아름답고 신기했다. 아침 햇살이 비치는 바다를 배경으로 아빠가 사진도 찍어 주었다. 조개껍데기도 줍고 놀았다.

아침도 식당에서 먹었다. 아빠 친구 분이 직접 양념한 삼겹살에 김치랑 섞어 불고기를 한 것인데 정말 맛있었다.

오전 11시쯤에 모든 짐을 챙겨 방에서 나왔고, 아빠는 방 열쇠를 반납하였다. 우리들은 영덕 연수원 마당에 모여 있는 동안 엄마가 화단에 피어 있는 무슨 꽃을 보고 설명을 해 주었다.

"애들아, 이 꽃은 해당화란다. 이건 섬이나 바닷가에서만 볼 수 있는 꽃이야."

해당화는 꼭 무궁화꽃과 비슷하게 생겼는데 붉은 꽃잎이 다섯 개 정도였고, 꽃이 진 곳엔 동그란 열매가 맺혀 있는데, 꼭 꼬마 사과처럼 생겼다.

연수원을 나와 북쪽 바닷가 길을 따라 약 4km 정도 올라가면 해맞이 공원이 나온다. 그 가까이에는 멋진 등대도 있고, 그 뒤에는 풍력발전소가 있다. 먼저 대게가 큰 집게로 휘감고 있는 듯한 모양의 등대로 올라갔다. 정말 온 바다가 한눈에 다 보이고 시원했다.

그다음은 등대 뒤편 언덕에 있는 풍력발전소로 갔다. 풍력발전기가 세워져 있는 곳은 워낙 넓어 차를 타고 움직여야 했다. 바람의 힘으로 전기를 만든다고 하는데, 바람개비가 어마어마하게 커 깜짝 놀랐다. 세워져 있는 기둥 지름이 5~6m정도 되는 것 같았고, 높이는 100m쯤 되어 보였다. 바람개비 또한 20~30m는 되어 보였다. 그 모습이 웅장하여 입이 다물어지지 않았다.

풍력발전은 고산지대나 해안 지방 즉, 파랑주의보가 자주 일어날 만큼의 일교차가 큰 지역에 만든다고 한다. 쉽게 말해서 바람이 많은 지역이어야 한다. 그 바람에 의해 동력 전달 장치인 프로펠러가 터빈을 돌려 동력을 얻게 되면 이것이 발전기를 통해 에너지를 응축, 축전시킨다고 한다. 응축은 기체가 액체로 변화하는 현상을 말한다.

우리는 오면서 장사 해수욕장에 들렀다. 나는 치마를 벗고 쫄바지와 위의 옷만 입었다. 샌달도 벗었다. 샌달을 벗고 모래사장을 걸으니 발바닥이 프라이팬 위를 걷는 것처럼 뜨거웠다. 바닷물에 조심조심 발을 담그면서 들어갔다. 정말 차가웠다. 나는 자꾸 바다로 들어갔다. 그래도 허벅지까지밖에 담글 수 없었다. 왜냐하면 너무 추웠기 때문이다.

그렇게 놀고 있는데 엄마가 오라고 했다. 얼른 가니 엄마가 라면을 끓여 놓았다. 나는 그 라면을 맛있게 먹었다. 정말 꿀맛이었다. 빨리 먹고 다시 바다에 들어갔다.

이제 내가 재미를 알아서 신나게 놀려고 하니까 오라고 했다. 집으로 오는 것이다. 더 많이 못 놀아서 아쉬웠다.

집으로 오는데 너무 피곤해서 차 안에서 계속 잠만 잤다. 어느새 집이다. 내 방에 가만히 앉아 있으니 동해 바다의 파도가 자꾸만 내 눈앞에 아른거리는 것 같다.

아, 또 가고 싶다!

다른 가족이랑 이틀 동안 영덕에 있는 대구대 영덕 연수원에 휴양 여행 간 일을 쓴 기행 일기입니다. 첫날은 영덕 연수원으로 가는 길, 가서 놀며 지냈다는 이야기입니다. 둘째 날은 아침에 방파제에 나가 해맞이 한 일과 해맞이 공원에 간 일인데, 해맞이 공원에서도 등대와 풍력 발전소에 간 일을 더욱 구체로 나타내었네요. 그리고 돌아오는 이야기입니다. 특별히 문화유적지를 돌아본 일은 없지만 이틀 동안 편하게 보내며 여행한 일을 담담하게 잘 나타내었습니다.

같은 곳을 여행하더라도 사람에 따라 어디에 관점을 두는가, 어디에 더 중심을 두고 쓰는가, 또 어떤 형식으로 쓰는가, 어떤 방법으로 쓰는가, 어떤 글투로 쓰는가에 따라 글맛이 저마다 달라집니다. 따라서 여러 사람의 기행문을 읽어 보면 기행문을 쓰는 데 도움이 될 것입니다.

2. 기행문은 왜 쓸까요?

즐거움과 설렘, 생각과 느낌이 있다면 이것을 어떤 방법으로든 표현하고 싶어지지요. 그리고 이것을 다른 사람에게도 전해 주고 싶어지고요. 그림 그리기를 좋아하는 사람이라면 중요한 장면을 그림으로 남기기도 할 테고, 사진 찍기를 좋아하는 사람은 사진으로 남기기도 할 테고, 글쓰기를 좋아하는 사람은 글로 써서 남기기도 할 테지요. 이렇게 쓴 글이 기행문입니다. 그러면 기행문은 왜 쓰는지, 기행문을 쓰면 어떤 좋은 점이 있는지 살펴보겠습니다.

첫째, 여행하면서 새롭게 보고 듣고 느낀 것을 내 것으로 다질 수 있습니다. 그냥 예사로 보고 지나쳐 버리거나 마음속으로만 새겨 두면 쉽게 잊혀지고 말지요. 그것보다는 글로 적어 보는 것이 더욱 또렷이 내 것으로 남아 있게 하는 방법이란 건 잘 알고 있을 것입니다.

기행문을 쓰면 여행할 때는 물론 여행한 뒤에도 보고 듣고 느낀 기억에 더 적극 개입하게 되어 아리송한 것을 구체로 살려 낼 수 있습니다. 그리고 질서 없이 배우고 깨달은 것들을 잘 정리해 체계적으로 질서를 세울 수도 있고요. 여행 기억들 가운데도 새롭게 발견하거나 배운 것, 깊이 감명을 받은 것이나 남다르게 느끼고 생각한 것일지라도 세월이 지나면 흐려지다가 끝내는 사라지고 맙니다. 글로 적으면 이것들을 질서 있게 붙잡아 둘 수 있을 뿐 아니라 더욱 넓고 깊게 가질 수 있고, 예사로 본 것에도 새로운 뜻을 담게 되어 더욱 살아 있는 양식으로 내 마음속에 다져지게 된다는 말이지요.

둘째, 다른 지방(나라)을 더욱 잘 알 수 있게 하고 더욱 가깝게 다가갈 수 있게 합니다. 그 지방에는 그 지방만의 지리와 자연이 있고, 역사와 문화유산이 있고, 생활 모습, 풍물, 풍습, 문화가 있고, 그 지방 사람만이 가진 인정이 있습니다. 이것들은 기행문을 쓰면서 더욱 자세하고 생생하게, 더욱 또렷이 알게 되고 느낄 수 있습니다. 그뿐만 아니라 그 지방에 대해 관심과 정감을 더 가지게 되고 더욱 가깝게 여기게 되지요.

셋째, 먼 훗날 여행했던 곳에 대한 아주 좋은 추억으로 마음에 깊이 새겨 둘 수 있습니다. 그 시절 그때 그곳을 여행하면서 내가 느낀 감정은 다른 사람과 다를 뿐만 아니라 지금의 내 감정하고도 다를 것입니다. 글로 적어 놓으면 그때 그 모습과 느낌과 소감, 그때의 놀라운 감격을 오래도록 간직할 수 있게 해 줍니다.

넷째, 먼 훗날 귀중한 자료가 될 것입니다. 나도 여행을 무척 좋아하는데 여행지에 대한 기초 지식을 얻기 위해서 다른 사람이 써 놓은 여행 기록도 많이 읽어 봅니다. 그러니까 기행문은 아직 그곳을 여행해 보지 않은 사람들에게 여행하는 데 큰 도움을 줍니다.

더욱 중요한 것은 오랜 세월이 지나 그 시대 그곳의 역사, 지리, 풍물, 풍습, 정치, 경제, 문화, 예술 같은 것을 알아볼 수 있는 귀중한 자료가 된다는 것입니다. 앞에서도 말했지만 우리가 너무나 잘 알고 있는 연암 박지원의 《열하일기》는 정조 때 청나라 연경의 여러 가지 모습들을 눈앞에 보이듯이 아주 자세하게 일기 형식으로 기록해 놓아 여러 가지 연구에 귀한 자료가 되고 있지 않습니까. 어린이들이 쓰는 기행문도 오래 지나면 그런 자료가 될 수 있고, 기행문 쓰기는 어릴 때부터 그런 기록 공부를 하는 귀한 기회이기도 합니다.

다섯째, 세상을 보는 눈이 더욱 넓고 깊어지고, 꿈과 희망과 이상을 더욱 넓고 크게 가질 수 있게 해 줍니다.

나는 어릴 때 도시에서 아주 떨어진 시골에서 자랐고, 그곳을 크게 벗어나 보지 못했습니다. 거기다 성격도 매우 내성적이고요. 그래서 그런지 생각도 짧고, 자신감도 모자라고, 무엇보다 보는 눈도 매우 좁았습니다. 그런데 나이가 아주 많이 들어서지만 여러 나라 여행을 하면서 훨씬 달라졌습니다. 꼬집어 말할 수는 없지만 사물을 보는 눈, 세상을 보는 눈이 훨씬 넓어지고 여유로워졌습니다. 남들은 우습게 생각할지는 모르겠지만 나이가 많아도 더 큰 희망과 이상을 가지게도 되었습니다. 내게는 이것이 그 나라의 자연이나 문화유적 같은 것을 하나 더 아는 것보다 더 큰 수확이었습니다. 어린이들도 그럴 것이라 생각합니다. 기행문을 쓰면 그런 마음을 더욱 확고하게 가질 수 있게 됩니다.

여섯째, 보고 듣고 느낀 것을 정리하는 능력과 글쓰기 능력이 길러집니다. 여행을 하면 보고 듣고 느낀 것이 다른 때보다 아주 많습니다. 그걸 다 글로 쓰려면 제대로 질서를 잡아야 합니다. 정리하고 글을 쓰면서 그런 능력이 길러지겠지요. 더구나 자기 눈으로 특별히 본 것을 자기만의 느낌으로 걸러서 쓰면서도 글을 읽는 사람에게 여행 정보 전체를 아울러 알려 주는 건 결코 쉬운 일이 아닙니다.

그런데 여행은 좋아하지만 기행문을 쓰라고 하면 싫어하는 어린이가 아주 많습니다. 처음부터 너무 잘 쓰려고 하지 말고 다시 여행한다는 기분으로 즐겁게 쓰는 것이 중요합니다.

3. 여러 가지 기행문

어른들의 기행문은 여행 목적에 따라 포구 기행문, 산촌 기행문, 오지 기행문, 예술 기행문, 섬진강 기행문, 불교 성지 기행문……. 이렇게 나눌 수 있습니다. 또 같은 여행 목적으로 여행을 하더라도 여행하는 사람의 관점에 따라서 다르게 나눌 수도 있을 것입니다.

그래서 여기서는 어린이들이 흔히 쓰는 글의 형식에 따라 서사문 형식의 기행문, 일기 형식의 기행문, 편지 형식의 기행문, 시 형식의 기행문으로 나누어 보겠습니다.

1) 서사문 형식의 기행문

가장 많이 쓰는 기행문 형식이지요. 여행하기 전부터 여행 과정, 여행 끝난 후까지 차례대로 보고 듣고 느낀 점을 쓴 기행문입니다. 느낌이 조금 들어가긴 해도 어디까지나 보고 들은 일이 중심이 되는 글이라 서사문 형식의 기행문이라 했습니다. 생활글 형식의 기행문이라고도 하지요.

포항 호미곶

경산 동부초 4학년 윤혜정

어젯밤에 아빠랑 어디를 여행할까 이야기를 나누다 너무 멀지도 않고 그렇다고 가깝지도 않은 곳, 차로 두 시간 거리인 호미곶으로 정했다. 나는 시원한 바닷가로 여행을 간다고 생각하니 마음이 들떠 잠이 잘 안 왔다. 뒤척이다 나도 모르게 잠이 들었다.

일요일인 다음 날 아침, 우리는 조금 일찍 일어나 호미곶으로 갈 채비를 했다. 아빠는 내비게이션에 우리 집에서 가장 가까운 거리를 검색했다. 조폐청을 지나 경산 IC로 해서 대구 포항간 고속도로를 타고 갔다.

고속도로를 빠져나오니 포항이었다. 포항에 들어서니 가장 먼저 눈에 띄는 것은 포스코였다. 포항이라는 도시가 포스코를 빼고는 볼 것이 없는 도시같이 포스코가 큰 부분을 차지했다. 형산교 다리를 지나니 바로 포스코다. 아빠가 포스코는 우리나라 제일의 제철 회사이며 우리나라의 자랑거리라고 했다. 포스코는 바닷가를 따라 늘어서 있었다. 우뚝우뚝 괴물처럼 솟아 있는 공장들은 눈으로 대충 보아도 엄청 커서 놀라지 않을 수 없었다. 일요일인데도 굴뚝에 연기가 뿜어져 나왔다. 커다란 원통형으로 된 굴뚝 같은 곳에 'POSCO'라고 적혀 있는 글씨도 보였다. 공장 안의 굴뚝과 건물들을 둘러싸고 있는 철제 건물들은 회색 페인트로 칠해져 있었고, 에펠탑처럼 생긴 탑들도 우뚝 솟아 있었다. 일요일이라 그런지 사람 한 명 보이지 않고 경비실 안에 경비원들만 보였다. 한참을 가니 포스코 정문에는 'Green & Clean Posco' 라는 글이 왕복 8차선 길 위 아치형 조형물에 적혀 있었다. 길 중앙에 경비실 같은 건물이 있었다. 출입구를 제외하고는 담으로 둘러싸여 밖에서는 공장 안을 볼 수 없어 아쉬웠다. 그리고 포스코 맞은편 주위에는 크고 작은 제철소들이 많이 있었다. 포스코를 실제로 처음 보는 나는 크기에 놀랐다. 그리고 세계 제일의 제철소가 우리나라에 있다는 것이 자랑스러웠다.

드디어 오늘의 목적지인 등대 박물관에 다 갔다. 맨 처음 10미터 정도 되는 팔각형 등대가 우뚝 서서 우리를 반겨 주었다. 등대 박물관은 크게 네 곳으로 분류되어 있었다. 등대 박물관, 수상 전시관, 해양 박물관, 등대 생활관. 가장 큰 건물은 등대 박물관으로 최근에 지어진 듯 깨끗하고 네모반듯하게 지어졌다. 바깥 벽은 아빠가 시공하는 베이스 '판넬'로 해 놓았다. 나머지 건물 벽은 대부분 흰색이었다.

'등대관'은 전시실 가운데 가장 큰 곳으로 우리나라 100년 등대 역사를 한눈에 볼 수 있다. 오래된 등대 시설과 장비를 잘 보존해 놓았다. 내부는 전시물이 잘 보일 만큼 어두웠는데 전시품에만 조명이 더 비추어졌다. 음파표지 유물은 옛날 것에서부터 현재의 것까지 전시되어 있는데 모두 아주 큰 나팔 모양으로 되어 신기했다.

'등대원의 생활관'에는 매직 비전을 활용한 디오라마 모형과 등대 업무에 관련한 각종 문서들이 함께 전시되어 있다. 등대지기의 과거와 현재 모습을 자세하게 살펴볼 수 있었다.

'수상 전시관'은 따로 건물이 없이 야외에 전시되어 있는데 인어상이 가장 기억에 남았다. 인어상은 국제항로표지협회의 심벌이라고 한다.

다음으로 간 곳은 '해양 전시관'이다. 등대 전시관의 1/4정도 크기의 건물로 들어서자마자 2층으로 올라가는 나선형의 계단이 있는데 그곳으로 올라가면 사방팔방 밖을 볼 수 있고 작동은 되지 않지만 망원경도 있었다. 그리고 1층에는 바다 생물 표본을 만들어 전시하고 있다. 갈치부터 복어, 삼치 등 실제 생선들을 긴 유리관에 넣어 표본을 만들어 놓았다. 또 우리나라 가까운 바다에 살고 있는 바다 생물들을 관찰할 수 있게 전시해 놓았는데, 고기와 두 눈이 마주치니 무서웠다. 우리나라 등대의 변천사와 등대의 종류, 등대지기들의 생활 모습을 한눈에 볼 수 있었고 덤으로 우리나라의 바다 생물들을 알 수 있어 좋았다.

야외 전시장에는 부표와 부등표, 전기혼, 송신국 안테나, 포항 신항 서단 등대 모형을 전시해 놓았다. 인천 팔미도 등대에서 사용된 흰색의 전기혼은 두 개씩 세 단으로 튤립처럼 생긴 것이 정말 신기했다. 그리고 바로 옆에는 우리나라 최초의 등롱도 전시되어 있다. 등롱의 모습은 큰 새장 같았다. 한 가지 아쉬운 점은 아직 주변이 개발하는 중이어서 어수선하고 차로와 인도 구분이 없어 차 사고가 날 위험성이 있어 보였다.

등대 박물관 바로 옆에는 새천년기념관도 있었는데 나는 배도 고프고 날씨도 덥고 빨리 바닷가에 가고 싶은 마음에 새천년기념관은 다음에 날씨가 선선해지면 아빠랑 다시 와서 둘러보기로 하고 옥상에만 올라갔다.

4층 맨 꼭대기로 올라가니 시원한 바람이 우리를 반긴다. 구룡포를 사방팔방에서 볼 수 있었다. 앞쪽으로는 '상생의 손'이 새천년 광장의 손과 마주 보며 넓게 펼쳐진 바다에 우뚝 솟아 있었고, 뒤쪽으로 초록의 밭과 논, 산이 펼쳐져 있었다. 주위에는 새천년기념관보다 높은 건물이 하나도 없어 속이 뻥 뚫리는 기분이었다.

시원한 바람을 맘껏 쐬고 1층으로 다시 내려왔다. 무료로 입장할 수 있는 전시관이 있어 한번 둘러보았다. 이곳에선 포항의 역사와 미래의 포항이 나아가야 할 방향과 포항의 특산물 등을 소개하고 있었다. 그 중 기억에 남는 것은 견우와 직녀처럼 보이는 사람 크기만 한 동상이 양쪽으로 서서 아치형의 브라운관에서 나오는 영상을 설명하는 것 같은 손 동작이 인상적이었다.

전시관을 다 둘러보고 나오는 문 쪽에 나무 한 그루가 있었다. 나무 기둥에는 새끼줄을 감아 놓았는데 거기에는 사람들의 소원을 적은 쪽지를 묶어 놓았다. 나도 그냥 갈 수 없어 '내내년에는 꼭 더 좋은 일만 있게 해 주세요.' 라는 소원을 적었다. 이 쪽지들은 2014년 정월대보름 때 포항에서 열리는 달집 태우기 행사 때 태운다고 했다. 내가 적은 소원이 꼭 이뤄졌으면 좋겠다.

밖에서 본 새천년기념관은 본관을 둘러싸고 있는 원형의 링 조형물이 있다. 원형 조형물은 마치 큰 식당에 가면 음식 냄새를 빨아들이는 네모 난 후드같이 생긴 것이 건물 주위를 둘러싸고 있는 모습이다. 건물을 올려다보며 '어떻게 저렇게 큰 조형물을 만들었을까?' 입이 벌어졌다.

우리는 왔던 길을 되돌아 구룡포 해수욕장으로 갔다. 바닷가에는 파라솔 밑에 앉아 있는 사람들과 아직 이르지만 더운 날씨 탓에 벌써부터 바닷물에 들어가 물놀이하는 사람들도 꽤 있었다. 파라솔 탁자가 일렬로 20개 정도 늘어서 있었고 바다에는 수상보트를 탄 아저씨가 시원한 물살을 가르며 멋있게 지나갔다. 가족 단위로 온 사람들이 많아 모두 단란하고 평화로운 분위기였다.

우리가 모래사장으로 들어서자 한 아줌마가 다가와 파라솔 하나를 대여하라고 속삭였다. 아빠는 파라솔 대여하는 아줌마랑 흥정을 했다. 반 가격에 대여해서 우리는 그늘진 곳에 의자를 옮겨 앉았다.

나는 앉자마자 신발을 벗어 놓고 바다로 조심조심 들어갔다. 부드럽고 따뜻한 모래의 감촉이 좋았다. 그리고 바닷물은 깨끗하고 시원했고, 바다 멀리 수평선은 까마득했다. 파도가 찰싹찰싹 내 다리를 칠 때마다 파도의 하얀 물거품들이 다리를 간지럽혔다. 바다의 짠 냄새도 좋았다. 갈아입을 옷만 있었다면 아마 물놀이를 했을 것이다. 엄마도 바지를 좀 더 걷어 올리고 바닷물에 발을 담갔다. 엄마는 짧은 물놀이가 아쉬웠는지 시험 끝나면 다시 오자는 약속을 했다.

돌아오는 길에는 엄마가 운전을 했다. 나는 피곤했는지 세상모르고 잤다. 오늘은 정말 즐거웠다. 조금은 더웠지만 여행 가기에는 좋았고, 엄마 아빠도 즐거웠던 것 같았다. 시험도 끝나고 방학이 되면 친구들이랑 다시 한 번 가자고 엄마에게 약속을 꼭 받아 놓아야겠다.

(2013년 6월 30일)

가는 길에 포항에 들러서 본 포스코, 목적지 호미곶의 등대 박물관, 새천년기념관 옥상에서 내려다본 바다 모습, 구룡포 해수욕장에서 겪은 일을 자세하게 쓴 기행문입니다. 무엇보다 전시관을 영역별로 나누어 본 모습을 또렷이 적은 점이 좋습니다.

2) 기행 일기

여러 날 여행할 경우, 뒤에 한꺼번에 기행문을 쓰려면 그때 보고 들은 경험이나 느낌을 떠올려 쓰기가 쉽지 않을 것입니다. 이때는 그날그날 일기 형식으로 쓰면 더욱 자세하고 생생하게 쓸 수 있습니다.

중국 상하이를 다녀와서

대구 동호초 4학년 최지현

2010년 12월 24일 금요일 맑음

중국에 살고 있는 아빠 친구의 초청으로 우리 가족은 중국 상하이를 가게 되었다. 우리 가족 전체 해외여행은 처음이라 많이 설레기도 했다. 3박 4일이라 그런지 준비물도 꽤 많았다. 옷, 양말, 속옷 등은 기본이고 드라이기까지 챙겼다.

대구 국제공항 12시 15분 동방항공 편이다. 자가용으로 대구공항에 가 비행기표를 끊고 텔레비전을 보며 기다렸다. 30분 정도 기다렸을까? 비행기를 타려고 하는 사람들이 줄을 서서 우리도 덩달아 섰다. 여권을 확인하고 비행기에 탔다. 비행기에 들어가자마자 스튜어디스 언니가 인사를 했다.

비행기에 타서 안내 말을 들었다. 기내식도 준비해 준다고 했다. 나는 엄청 기대했다. 왜냐하면 비행기라서 정말 맛있는 고급 음식들이 나올 줄 알았다. 그런데 생각보다 별로 맛있는 고급 음식이 아니었다. 조금 실망했다.

비행기가 서서히 움직이기 시작했다. 마음이 더욱 들뜨기 시작했다. 비행기가 부웅 날아오를 때는 떨어지지나 않을까 걱정도 되었지만 이상하고도 내 몸이 붕 뜨는 기분이다. 귀도 멍멍했다. 비행기가 하늘 높이 오르면서 건물들이 성냥갑처럼 아주 작아졌다. 구름 위로 오르니까 내가 마치 구름바다 위에서 헤엄을 치는 것 같았다. 약 2시간 걸려 중국 상하이 푸동 공항에 내렸다. 내릴 때는 속으로 "우와아!" 소리를 질렀다. 바퀴가 땅에 텅 닿을 때는 더욱 깜짝 놀랐다.

아빠 친구 김용찬 아저씨가 마중 나와 공항 출구에서 손을 흔들며 반겼다. 기사가 모는 뷰익(차 이름)을 타고 상하이 시내를 가로지르는 2차 순환도로를 따라 30분 정도 가니 아저씨가 사는 아파트에 다 왔다.

아파트도 생각보다 아주 좋았다. 우리 한국에는 복도를 보는 아줌마들이 없는데 그 아파트에는 복도에서 엘리베이터를 눌러 주는 아줌마들도 있었다.

17층으로 올라가니 아저씨 가족이 반겨 주었다. 특히 가장 반기는 것은 아빠 친구의 개다. 별이인데 정말 조그맣고 하얀 게 귀엽다. 아저씨의 가족은 중학교 2학년인 김민중 오빠와 초등학생인 6학년 김희연, 그리고 아저씨, 아주머니 이렇게 4명이다. 그 집은 정말 부자인 것 같았다. 왜냐하면 기사도 있고, 가정부도 있기 때문이다. 오늘은 그 아파트에서 여장을 풀고 그냥 쉬기로 했다.

저녁은 집 근처 근사한 중국식 레스토랑에서 외식을 했다. 식당에는 여러 나라 사람들로 붐볐다. 백인도 있고, 중국 사람도 있고, 한국 사람도 있었다. 음식이 자꾸 나왔지만 내 입맛에는 정말 맞지 않았다. 그래서 많이 먹지는 못했다.

난 거기서 아주머니한테 중국어 하나를 배웠다. '화성삥샤'라는 것이다. 땅콩 아이스크림이라는 뜻이다. 동생 승헌이는 그 말을 배우더니 직접 주문도 했다. 고소하고 달콤한 게 정말 맛있었다.

가로등과 건물에 켜진 전등불, 눈부신 상하이의 도심 야경은 화려했다. 크리스마스이브라 그런지 거리의 불빛들은 더욱 화려했다. 아저씨가 말했다.

"중국은 정말 이상해. 사람들은 왜 불을 좋아하는지 모르겠어. 봐 봐라. 저기 전부다 전등 불빛이다. 저거 다 우리 세금으로 하는 건데 우리 돈 너무 아깝다."

날씨는 좀 쌀쌀했지만 상하이의 밤거리를 온 가족이 함께 걸으니 마냥 즐겁기만 했다. 약 20분 정도 거닐다가 집으로 돌아왔다. 케이크도 사서 말이다. 파티를 하기 위해서다.

집에서 귀여운 강아지랑 같이 파티를 했다. 오빠가 기타도 쳐 주고, 드럼도 쳐 줬다. 아저씨네 가족이랑 우리 가족이랑 한국에 대해서 이야기를 나누면서 밤을 보냈다. 잠은 각자 흩어져 이 방 저 방에서 잤다.

2010년 12월 25일 토요일 맑음

오늘도 날씨가 맑아 더욱 기분이 좋았다. 오늘은 패키지로 항저우 1일 여행을 하기로 했다. 아침을 간단하게 차려 먹고 7시 정각에 아파트 앞에 대기하고 있던 봉고차에 올랐다. 우리 가족 5명과 모르는 한국 어른 남자 2명이 동행했다.

항저우까지는 고속도로로 2시간 남짓 걸린다고 했다. 가다 휴게소에 들러 썩은 두부(처우 떠우푸 - 臭豆腐)도 사 먹어 보았다. 처음엔 악취가 진동을 하는 것 같았지만 먹어 보니 먹을 만했다. 우리 언니가 가장 좋아했다. 언니는 개구리튀김, 부화되다 만 달걀, 메뚜기 등 엽기적인 음식을 먹어 보는 데 관심이 많았다. 달리는 차 안에서는 가이드 아저씨가 끊임없이 중국에 대한 이야기, 근처 관광지에 대한 이야기를 해 주셨다. 중국에는 크게 세 가지가 전 세계에 알려져 있다고 했다. 첫째는 땅이 넓고, 둘째는 인구가 많고, 셋째는 짝퉁이 그것이라 했다. 짝퉁으로 유명하다니 참으로 웃긴다.

항저우에서 처음 도착한 곳은 서호이다. 인공으로 만들어진 오래된 호수로 아주 아름답기로 소문난 관광지라고 한다. 보니 시원하게 펼쳐진 호수에 유람선이 떠 있고, 주위의 정자와 건물들, 호수 위의 다리와 나무들이 어우러져 정말 그림같이 아름다웠다. 이 넓은 호수를 어떻게 인공으로 만들었는지 상상이 안 갔다. 멀리 낮은 산 위에 탑이 있어 더욱 아름답게 보였다. 서호는 시인 소동파라는 사람이 시를 읊기도 했다고 한다. 소동파의 동상 앞에서 가족사진도 찍고 서호를 한 바퀴 도는 유람선도 탔다. 기념품 파는 가게도 많았는데, 한국 돈 천 원으로 옥수수 두 개를 사서 맛있게 먹기도 했다.

서호 관광을 하고 나니 모두 배가 무척 고파 점심을 먹으러 갔다. 대략 30분 정도가 걸렸다. 푹 삭힌 돼지고기인 동파육과 거지들이 먹었다는 거지닭 요리 등 중국 희귀 전통 요리를 점심으로 먹었다. 이 요리도 내 입맛에는 맞지 않아 집에서 가져온 김과 김치를 꺼내 먹었다.

점심을 먹고는 항저우 박물관에 가서 구경했다. 1층에는 고대 청동관, 조소관이 있고, 2층은 도자기관, 3층은 서예관과 회화관 그리고 새인(도장)관이 있고, 4층에는 옥기관과 중국 화폐관, 소수 민족 공예관이 있었다. 나는 무엇보다 도자기가 눈에 확 뜨였다. 우리 나라 도자기와는 다르게 엄청 화려했다. 크기도 컸다.

그리고는 항저우에 있는 임시정부 청사에 들렀다. 일제 때에 나라를 빼앗기고 정부가 피난을 하면서 나라를 되찾으려고 고생한 흔적이 그대로 보이는 것 같았다. 그때 활동한 사람들의 사진도 많이 걸려 있었다.

다음으로 사람들로 복작복작한 중국 전통 야시장을 구경하고, 송성 가무쇼를 구경했다. 나는 가장 앞자리, 무대가 움직이는 자리에 앉아서 구경했다. 남송 시대 역사를 표현한 것이라고 하는데 나는 하나도 모르겠다. 의상과 조명이 얼마나 화려한지 눈이 휘둥그레졌다. 좌석이 이쪽으로 갔다가 저쪽으로 갔다가 하는 것도 신기했다. 한복을 입고 아리랑을 부르는 장면도 나왔다. 한국 사람이 많이 오니까 그렇게 불러 주는 것 같았다. 가이드 아저씨가 다음에 다시 중국 항저우의 서호에 오게 되면 인상서호라는 쇼를 한번 구경하라고 강력하게 추천했다. 인상서호는 항저우 서호의 아름다운 호수 위에서 수백 명이 출연해 남녀의 사랑과 이별, 추억 등을 연출하는 대형 공연인데 2008년 본격적으로 대외 공연을 시작한 후 매년 50만 명이 찾고 있으며 중국을 여행하는 한국인들의 단골 관람 코스로 꼽힌다고 했다.

송성 가무쇼를 구경 다 하고, 다시 봉고 버스는 상하이로 달려왔다. 한국식 식당인 '이화숯불'이라는 곳에서 돼지고기를 구워 저녁을 먹었다. 나는 한국식 음식을 먹지 않았더라면 정말 토했을 것이다. 아빠와 다른 어른들은 소주도 마셨다. 한 병에 9천 원이라고 했다. 참 비싸다.

다시 아파트로 돌아오니 저녁 8시쯤이다. 별이가 가장 반갑게 우리를 맞아 주었다. 피곤했다. 나는 이내 꼬꾸라져 잤다.

2010년 12월 26일 일요일 맑음

아침에 느긋하게 일어나 아주머니가 해 주는 아침밥을 먹었다. 중국은 밖에서 많이 사 먹어 집에서는 음식을 잘 해 주지 않는다. 그래서 이 아침밥이 처음이다. 정말 꿀맛이었다.

아빠 친구 가족과 함께 지하철을 타고 시내 관광에 나섰다. 지하철은 엄청 넓었다. 완전 우리 나라와는 차원이 달랐다. 그런데 자리에 한 사람씩 앉아야 할 표시가 되어 있지 않아 불편했다.

예원이라는 곳을 갔다. 상하이에서 가장 유명한 명청 시대 전통 정원이라고 한다. 우리 나라 기와집 같은 옛 건물과 연못, 그리고 이상하게 생긴 돌과 멋있는 나무들이 어우러져 이리저리 구경하다 보니 마치 용궁에 온 것 같은 기분이 들었다. 정원 주변 도심 거리에는 옛날 중국의 모습을 볼 수 있어 정말 좋았다. 거리에는 기념품을 사는 사람, 음식을 먹는 사람, 구경을 하는 사람들로 붐볐다.

이곳저곳 도심을 걸어서 다니다 드디어 황포강에 갔다. 황포강 주위에는 높은 빌딩들이 즐비했다. 뾰족한 탑처럼 생긴 유명한 동방명주도 있고, 중국인이 가장 좋아한다는 88층 빌딩, 그리고 그 옆에 일본인 기업에서 지었다는 100층짜리 빌딩이 서 있다. 눈이 휘둥그레졌다. 배경 삼아 사진도 찍었다. 유람선 배를 타고 강을 유람하다 건너편 동방명주에 올라가 보기로 했다. 그 전에 동방명주 옆 건물 백화점 식당가에서 한국식 점심을 먹었다. 그런데 그릇이 좀 깨끗하지 못해 찝찝했다. 점심을 먹고 백화점 화장실에 갔다. 우리 한국 백화점 화장실은 깨끗한데 중국 화장실은 문도 다 부서졌고 정말 제대로 된 화장실이 없었다. 그래서 그냥 참기로 마음먹었다.

높고 높은 동방명주 타워에 올라갔다. 엘리베이터도 엄청 빨리 올라갔다. 그런데 올라갈수록 귀가 꽉 막혔다. 귀가 멍멍해졌다. 그래도 중국까지 와서 이 정도는 구경을 해야 제맛인 것 같다. 가장 꼭대기에 올라가니 상하이 시내가 온 사방으로 다 보였다. 어마어마한 도시이다. 상하이는 서울 크기의 9배라고 하니 놀랍지 않을 수 없다.

30분쯤 지났을까, 다 구경을 하고 내려오는 길이었다. 사람들이 모여 있는 곳을 봤다. 보니 유리로 된 바닥에 올라서서 노는 모습이 보였다. 나도 올라가 봤다. 밑이 훤히 보여 공중에 붕 떠 있는 느낌이 들어 공포스러웠다. 비명이 절로 나왔다. 그래도 즐거웠다.

집으로 돌아올 때는 택시를 타고 돌아왔다. 정말 피곤했다. 씻고는 바로 잤다.

2010년 12월 27일 월요일 맑음

드디어 오늘은 집으로 돌아오는 날이다. 아침 일찍 서둘러 7시 30분까지 푸동 공항으로 왔다. 우리를 친절하게 대해 준 아저씨네 가족들이 참으로 고마웠다. 8시 50분에 대구로 출발하는 비행기를 탔다. 비행기를 타고 조용히 눈을 감았다. 중국에서 본 여러 가지 모습이 자꾸 떠올랐다. 중국은 우리 나라와 참 많이 다르다. 무엇이든 규모가 크다. 볼거리도 참 많다. 땅도 엄청 넓으니까 그렇겠지. 다음에는 중국의 다른 곳에도 많이 가 보고 싶다. 아니 세계 온 천지에 다 가 보고 싶다.

중국 상하이를 여행하고 쓴 기행 일기입니다. 첫날은 처음 비행기를 타는 소감이나 상하이에 첫발을 내디딘 소감을 나타내었습니다. 2일째는 항저우의 서호와 항저우 박물관, 임시정부청사, 중국 전통 야시장을 둘러보고 송성 가무쇼를 구경한 일을 썼고요. 3일째는 명청 시대의 정원인 예원이란 곳을 둘러보고 황포 강에서 주위의 풍경과 건물들을 둘러보았습니다. 건물 가운데도 동방명주라는 유명한 건물에도 올라가 보았네요. 여정에 따라 본 모습과 그 소감을 대체로 잘 나타내어 이 글을 보는 사람도 마치 여행을 한 듯한 느낌입니다.

3) 편지 형식의 기행문

여행을 하면서 보고 듣고 느낀 점을 편지로 쓰는 기행문도 있습니다. 편지 형식이니까 부모님이나 형제자매, 선생님이나 동무 또는 마음의 대상에게 다정하게 말하듯이 쓰게 되겠지요. 보통 편지 형식처럼 부르는 말, 받는 사람의 안부, 보내는 사람의 안부, 여행하면서 보고 듣고 느낀 내용, 끝인사, 편지를 쓴 날짜, 보내는 이 차례로 쓰지만 안부 편지가 아니니까 안부와 끝인사는 아주 간략하게 쓰고 기행문의 특징을 한껏 살려 써야겠지요. 편지 형식은 직접 말하듯이 자기 감정을 쏟아 내어 쓰기 때문에 느낌과 생각을 더욱 생생하고 풍성하게 살려 낼 수 있는 것이 다른 형식보다 좋은 점입니다.

멋진 거제도 여행

경산 동부초 4학년 황유민

근영이에게

근영아, 안녕? 나 유민이야. 나는 방학이 되면 가장 기대가 되는 것이 늦잠, 그다음은 여행을 가는 거야. 나는 여행을 참 좋아해. 엄마 아빠가 여행을 좋아하니까 그런가 봐. 내가 사는 경산 말고 다른 낯선 지방에 가는 건 언제나 마음 설레게 하거든. 근영이 너도 여행 좋아하니? 나는 봄방학 때 아주 신나는 일이 있었어. 우리 가족끼리 거제도로 여행을 갔거든. 멀리 가서 힘겹기도 했지만 아름답고 멋진 여행을 하니까 좀 힘든 건 참아야 하지 않겠니? 이 멋진 여행을 너에게도 나누어 주고 싶어 이렇게 편지를 쓰는 거야.

원래는 토요일에 떠나려고 했는데 금요일에 떠났어. 나야 더 일찍 여행 가서 좋았지. 하루 일찍 출발하면 여행을 하루 더 버는 거잖아. 우리는 아빠 일 마치는 오후 6시에 떠났어. 아직 겨울이니까 벌써 밖이 어두워. 얼마나 지났을까? 잠들어 있었는데 엄마가 막 떠드는 거야. 그래서 눈을 떴더니 막 사진을 찍고 있는 거야. 바로 해저터널을 지나고 있었거든. 난 해저터널을 두 번째로 지나는데 그래도 너무 신기했어. 물속을 가듯이 굴속을 차가 달리니까. 그런데 귀가 안 들렸어. 귀가 막히면 나는 엄마한테서 배운 귀로 숨쉬기를 해. 그러면 뚫리거든. 해저터널을 지나자 엄마는 아쉬워했어.

그다음은 거제 대교가 나왔어. 다리 가운데는 큰 삼각형이 모양을 이루고 있는 큰 기둥이 있었어. 나는 그게 가운데서 다리를 받쳐 주는 것으로 알고 있어. 그러면서 장식도 돼. 기둥 사이사이에 아주 굵은 쇠밧줄이 대각선으로 고정되어 있었어. 처음에는 오르막이다가 점점 사이가 좁아졌어. 바다가 펼쳐 있고, 건너에 있는 집들의 불빛이 빤짝거렸어. 그게 바다에 비치니까 정말 아름다워. 바닷가에 배들이 늘어선 모습도 그림 같아. 바닷물이 잠잠히 물결을 쳤어. 거기에 건물이 비치니까 건물이 막 움직이는 것 같이 보였어. 밤에 보는 바닷가 풍경이 낮에 보는 것보다 더 아름다운 것 같아.

집에서 출발해 3시간쯤 지났나? 우리 가족은 솔로나 펜션이라는 곳에 다 왔어. 엄마가 방을 잡아 두었나 봐. 방 안에 들어가서 보니 바깥도 훤히 보이고 얼마나 좋은지 몰라. 밤길 가로등이 불빛을 내고 차들은 펜션 앞을 지나가. 그리고 앞에는 야자같이 생긴 나무와 풀, 전등으로 만든 작은 나무들이 어우러져 아름다운 빛을 내고 있었어. 씻고 떡국으로 저녁을 먹고 텔레비전을 보다 밤 12시쯤 되니 졸리는 거야. 그대로 자 버렸어.

다음 날, 우리는 아침 10시에 일어났어. 잠을 푹 잤지. 우리 가족은 오빠와 내가 알아 둔 맛집, '싱싱 게장' 집에 갔어. 텔레비전에 나온 집인데 인터넷 평가도 거의 10점이고 친절하고 맛도 엄청 맛있대. 근영아, 내가 먹어 본 맛을 알려 주면 네 입에서 군침이 막 나오겠지? 게 다리를 씹으면 껍질이 톡 터지고 안에 살이 나와. 그런데 더 좋은 건 이게 무한

리필이라는 거! 무한! 먹고 싶은 대로 먹으니까 얼마나 좋아. 아이고, 또 먹고 싶다. 그런데 근영아, 정말 미안해. 나는 맛있지만 너에게는 먹고 싶은 고통을 주었으니 말이다.

다 먹고 우리 가족은 해양 문화관이라는 배 전시관에 갔어. 배를 만드는 것부터 옛날의 배, 뗏목, 지금의 배, 배의 종류가 엄청 많아. 나는 배 만드는 모습보다는 옛날의 배 모습이 더 신기하고 멋있었어. 배 가운데 큰 기둥을 세우고 그 기둥을 기준으로 여러 가지 줄이 있어. 이리저리 이어진 복잡한 줄 모양 자체가 멋져. 그 기둥 끝에는 사람이 올라가서 망을 보는 바구니처럼 생긴 것도 있고 그물도 있었어. 그리고 전시품 중에서 정말 웃기는 것이 있었어. 있잖아, 배 위에서 어부가 배를 만지면서 벌러덩 누워 있는 전시품이었어. 그거 보고 얼마나 웃었는지 몰라.

해양 문화관은 규모가 엄청 커서 다 보니 오후 5시가 되었어. 그래서 우리는 어떤 잠잘 곳에 갔어. 그런데 난 완전 놀랐어. 집을 통째로 하나 빌렸는데 작지만 수영장에, 침대 두 개, 소파 두 개, 화장실 두 개가 있는 이층집이야. 나는 이층집이라는 게 더 마음에 들었어.

저녁에는 집 앞에 있는 탁자에서 고기를 구워 먹었어. 아빠가 물이랑 라면이랑 폭죽을 사 오셨어. 그래서 나는 폭죽을 터뜨렸어. 그런데, 아이고! 아빠가 폭죽을 쐈는데 그게 나무 있는 데로 가 불붙을 뻔했어. 그걸 본 우리들은 모두 소리를 질렀어. 아빠보고도 놀랐다고 막 소리 지르고 그랬어. 그래도 정말 신나는 작은 축제 같았어. 한바탕 놀고 나는 내가 좋아하는 이층에서 잤어. 따뜻하고 편안하게……

다시 일요일 아침이야. 집으로 돌아오는 날이지. 오기 전에 이번 거제도 여행의 미지믹인 거제 포로수용소에 갔어. 거기는 포로들이 어떻게 생활하는지 생생한 모습을 볼 수 있도록 전시해 놓았어. 들어가면 포로들의 생활 모습이 나와. 나는 포로들이 제대로 말을 안 들으면 밥도 안 주는 줄 알았어. 내가 생각하는 것보다는 조금 나은 것 같아. 하지만 포로들이 사는 모습을 보니 정말 마음이 아파. 왜냐하면 먹는 것 입는 것 등 모든 생활이 불편하기 이를 데 없으니까. 스스로 청소도 해야 하고 자기 똥도 치워야 하니까.

근영아, 나는 여자니까 여자 포로수용소에 대해 더 자세히 보았어. 나는 여자들은 포로로 안 잡혀가는 줄 알았어. 그런데 그게 아니야. 같은 여자라서 그런지 더 마음이 아팠어.

둘러보고 난 뒤에 우리는 직접 포로가 되는 체험을 했어. 마을에서 평화롭게 살다가 전쟁이 터졌어. 거기서 레이저 총도 쏴 봤어. 나무가 막 쓰러졌어. 진짜도 아닌데 엄청 무서웠어. 포로로 잡혀 기차를 타고 가 다시 배를 탔어. 그리고 거기서 일하고 다시 기차를 타고 고향으로 왔지. 나는 이렇게 꾸민 것도 무서운데 진짜로 잡혀간 포로들은 얼마나 힘들고 무서웠을까? 마음이 많이 아팠어.

또 마을을 지키는 게임도 했어. 괴물들을 죽이는 것이야. 동생이 세 번 연속 이겼어. 그리고 탱크, 헬리콥터, 대포 쏘는 곳도 봤어. 동생에게 어울리는 군인 모자도 사고. 수용소를 둘러보고 체험을 하고 나니까 전쟁은 정말 무서운 것 같아. 전쟁은 절대로 안 일어났으면 좋겠어.

근영아, 이제 우리의 멋진 여행을 마쳐야겠어. 우리는 지심도도 가려고 했지만 못 갔어. 배 시간이 안 맞았거든. 집에 올 때는 너무 피곤해 그냥 곯아떨어져 버렸어. 언제 집에 왔는지 모르겠어.

근영아, 나는 언제나 네가 좋아. 다음엔 너랑 꼭 같이 여행해 보고 싶어. 그러면 얼마나 신나겠니, 키키키. 나의 최고 동무 근영아! 그럼, 안녕!

2014년 3월 21일

너의 가장 친한 동무 유민이가

식구들과 거제도 여행한 일을 친한 동무에게 이야기하듯 편지로 쓴 기행문입니다. 포로수용소에서 포로들이 생활하는 모습을 조금만 더 구체로 나타내었으면 하는 욕심도 있긴 하지만 이것만으로도 4학년 수준으로는 아주 훌륭하다고 봅니다.

4) 시 형식의 기행문

시 형식의 기행문은 다른 글보다는 짧게 쓰는 글이지요. 짧은 글 속에 여행의 내용은 물론 순간의 느낌과 생각을 감동 있게 표현하는 글입니다. 가끔 시 형식의 기행문도 써 보도록 하면 좋겠습니다.

다시 가고 싶은 강원도 태백

경산 동부초 4학년 신민서

경산역에서 기차를 타고
강원도 태백으로
내 마음이 들뜬다.
"와아! 저기 눈 봐라!"
눈이 엄청나게 쌓여 있다.

석탄 박물관을 돌아본다.
땅속에서 어떻게
이런 아름다운 돌이 나왔을까?
형광돌, 자수정, 루비가 반짝반짝
가지고 싶다.

그런데 광부들은
깜깜하고 답답한 굴속에서
어떻게 석탄을 캤을까?
우린 석탄 캐는 곳으로

땅속 깊은 곳으로
엘리베이터를 타고 내려간다.
드르르르르르
철컹 철컹
우당탕탕
신비하기도 하고 무섭기도 하다.
아! 굴 끝에서 석탄 캐는 광부 아저씨들
시커먼 얼굴을 하고 깜깜한 곳에서
석탄 캐는 광부 아저씨들의 모습
대단한 광부 아저씨들!
굴 밖으로 나오니 천국에 온 것 같다.

박물관에서 나와 신나는 눈싸움 하고
눈 위에 뒹굴고
눈 속에 파묻힌 우리들의 하얀 마음.

다시 별밤열차를 타고 신나게 달린다.
강이 코앞에 있고
눈 쌓인 산도 손에 잡힐 듯하다.
굴속 천장이 별처럼 빛난다.
여행하는 사람들 모두 싱글벙글.

별밤열차에서 내려 하는 불꽃놀이
번쩍이는 불꽃
사람들은 찰칵찰칵 사진도 찍는다.
겨울왕국 'Let's it go'

아름다운 음악이 울려 퍼진다.
우리들도 따라 노래를 부르고,
손에 든 야광 빛을 들고 빙글빙글
우리들 마음도 빙글빙글

다시 기차를 타고 경산으로 돌아오는 길
태백에서의 시간들이 다시 떠오른다.
석탄 박물관에서 본
석탄 캐는 대단한 사람들!
별밤열차에서 본 아름다운 강
아름다운 산!
다시 가고 싶은 강원도 태백.   (2014년 2월 23일)

   강원도 태백을 여행하고 쓴 기행 시입니다. 아름다운 산과 강을 보
는 것만으로도 훌륭한 여행이었겠지요. 여기다 석탄 박물관도 살펴
보고 별밤열차를 타고 즐거움을 더했으니 더욱 잊을 수 없는 여행이
되었을 것입니다. 그런 즐거움이 배어 있는 기행 시이지요.
   이 밖에도 보고문 형식의 기행문, 안내문 형식의 기행문도 있습니
다. 또 다른 갈래의 기행문도 있겠지요. 자신의 취향에 따라 여행의
특성에 따라 쓰고 싶은 형식으로 기행문을 쓰면 될 것입니다.

4. 기행문의 특징과 다른 갈래 글과 관계

   나는 기행문을 서사문에 넣었습니다. 보고 들은 것이 중심이 되기

때문이지요. 그 사이사이 느낌이나 생각이 보통의 서사문보다 더 들어가기도 하지만 어디까지나 보고, 듣고, 겪은 사실이 중심이 되므로 서사문에 속하지요.

그래서 여행을 하면서 보고 들은 것은 말할 것 없고, 여행하면서 느꼈던 감흥이 글을 읽는 사람에게 잘 전해지도록 쓰되 부풀리지 말아야 하고, 왜곡하거나 없는 일을 더해서는 더욱 안 되는 것이 기행문이기도 합니다. 그러면서도 글쓴이의 개성이나 생각이 또렷이 드러나도록 써야 하지요.

어린이들의 글을 보면 기행문이라고 쓴 글이 설명문, 견학 기록문과 비슷하기도 하고, 견학 기록문이라고 쓴 글이 기행문과 비슷한 글이 많습니다. 견학 기록문은 처음부터 공부가 목적이기 때문에 어디까지나 더 깊이 조사하고, 체험하고, 탐구한 것을 중심으로 쓴 글입니다. 한마디로 학습에 필요한 자료로 이용하기 위한 글이지요. 그런데 기행문은 공부를 목적으로 쓴 글이 아니라 여행하는 동안의 즐겁고 가슴 벅차고 경이로운 경험을 쓴 글입니다. 같은 소재로 다른 갈래 글을 쓴 글 두 편을 견주어 보겠습니다.

[글 1] 이 석굴암은 신라 경덕왕 10년(751년)에 당시 재상이던 김대성이 처음 건립하였는데 건립 당시에는 '석불사'라고 불렸다. 경덕왕(재위 742~765) 때에는 석굴암 외에도 불국사, 황룡사대종 등 많은 문화재들이 만들어져 신라의 불교예술이 전성기를 이룬다.

석굴의 평면 구조는 앞쪽이 네모났고 뒤쪽은 둥글다. 석굴에는 본존불을 중심으로 둘레에 천부상, 보살상, 나한상, 거사상, 사천왕상, 인왕상, 팔부신중상 등이 조각되어 있다. 인도나 중국의 석굴과는 달리 화강암을 인공으로 다듬어 조립한 이 석굴은 불교 세계의 이상과 과학기술 그리고 세련된 조각 솜씨가 어우러진 걸작이다.

석굴암 석굴의 구조는 입구인 직사각형의 전실과 원형의 주실이 복도 역할을 하는 통로로 연결되어 있으며, 360여개의 넓적한 돌로 둥근 형태의 주실 천장을 교묘하게 축조한 것이다. 이 건축 기법은 세계에 유례가 드문 뛰어난 기술이다.

《삼국유사》에 김대성이 전세의 부모를 위하여 건립했다고 전하는 석굴암은 신라 예술의 극치이자 동양 불교미술의 대표적 작품으로 평가되어 1995년 유네스코 세계문화유산 목록에 등록되어 있다.

(석굴암 안내판의 안내문)

[글 2] 다시 계단을 올라가니 석굴암이 있었다. 석굴암은 신라의 김대성이란 사람이 세운 것으로 국보 제24호라고 한다. 들어올 때 보니 큰 바위에 석굴암이 유네스코 지정 세계문화유산이라고 쓰여 있었다. 산기슭 속으로 좀 들어간 곳에 큰 부처님(본존불상: 국보 제24호)이 인자한 표정을 지으면서 덩그러니 앉아 계셨다. 부처님은 양반다리를 하고서 눈을 지그시 감은 것처럼 아래를 내려다보는 것 같았다.

부처님도 돌로 되어 있지만 벽이고 천장이고 모두 돌로 되어 있었다. 천장은 둥글게 되어 있다. 벽에는 빙 둘러가며 앉아 있는 부처님도 있고 서 있는 부처님도 새겨져 있었다. 돌인데 손으로 어떻게 매끄럽게 잘 다듬었을까? 어떻게 세밀하게 새겼을까? 참으로 놀라웠다.

그리고 부처님 이마 가운데 반짝이는 것이 박혀 있었다. 나는 그것이 왜 있는지 궁금했다. 그런데 밖에 가서 우리 선생님께 들을 수 있었다. 동해 바다에 해가 뜨면 가장 먼저 부처님의 이마를 비췄다고 한다. 또 원래 박혀 있던 보석은 일본 사람이 떼어 갔다고 하는데 참 나쁘다고 생각했다. 나는 그 이야기를 들으니 정말 신기했다.
(글 앞뒤 줄임)

[글 1]은 석굴암 앞에 있는 안내판의 안내문입니다. 석굴암에 대해 객관 사실을 적어 놓은 설명문이지요. 글쓴이의 주관이나 생각은 없습니다. [글 2]는 석굴암에 다녀온 뒤 쓴 기행문의 일부입니다. [글 1]과 달리 글쓴이가 나름대로 본 모습과 감상이 잘 드러나 있지요. 이렇게 기행문은 사실을 바탕으로 쓰지만 글쓴이의 감상도 많이 들어가는 글입니다.

앞에서 박지원의 《열하일기》 같은 여행 일기도, 여행한 곳에 대해 쓴 편지도 기행문이라고 했는데, 일기와 편지는 왜 기행문에도 들어가고 독서감상문, 관찰기록문(관찰 일기)에도 들어갈까요? 그것은 잣대가 다르기 때문입니다. 서사문·감상문·설명문·논설문은 글의 내용에 따라 갈래를 나눈 것이라면 일기와 편지는 글의 형식에 따라 나눈 것입니다. 서사문·감상문은 형식이야 어떻든 내용이 사실을 바탕에 둔 객관의 글이냐 글쓴이의 생각에 중심을 둔 주관의 글이냐가 갈래를 짓는 데 중요하지만, 일기와 편지는 형식을 깨 버리면 일기와 편지가 되지 않습니다. 쓴 날짜가 없는 글은 일기글일 수가 없고, 받는 사람, 쓴 날짜, 쓴 사람 없는 글은 편지가 될 수 없지요.

5. 어떤 기행문이 좋은 기행문일까요?

어린이들이 쓴 기행문 가운데는 조사 기록의 요소가 많은 부분을 차지해 딱딱하게 된 글도 많고, 즐거움의 요소가 대부분을 차지해 싱거운 흥미로 흐른 글도 많습니다. 이 두 요소가 잘 어우러져 기행문을 읽는 사람도 여행자처럼 여행하는 것같이 느껴지게 된다면 아주 좋은 기행문이 되겠지요.

그러면 좋은 기행문의 조건을 몇 가지로 나누어 보겠습니다.

첫째, 여행 목적과 여정이 또렷이 드러나야 합니다. 기행문은 여정에 따라 쓰지만 여행을 한 뒤에 글을 쓰기 때문에 어떤 여정은 빠뜨리기도 합니다. 아주 중요한 여정을 빠뜨린다면 글의 알맹이 중 일부분이 빠져 버리는 꼴이 되겠지요. 또 목적이나 관점을 또렷이 하고 그 점을 자세히 쓴다면 좋은 기행문이 될 것입니다.

둘째, 여행한 사람이 무엇을 보고 들었는지 읽는 사람이 잘 알 수 있도록 써야 합니다. 표현력이 모자라 그렇기도 하겠지만, 여행 과정에서 수많은 것을 보고 들어서 무엇에 방점을 찍을지 몰라 대충 뭉뚱그려 쓰기 쉽습니다. 보고 들은 것, 특히 그 지방의 정경이나 풍물 가운데 자기 마음에 와 닿았던 점을 읽는 이가 상상할 수 있을 만큼 잘 표현하면 생생한 기행문이 되겠지요.

셋째, 여행하는 사람의 느낌과 감상이 읽는 사람에게도 그대로 전달되도록 써야 합니다. 여행 중에 보고 들은 것이 아무리 즐겁고, 놀랍고, 새로운 감동을 받았더라도 글에 나타나지 않으면 자기 것밖에 될 수 없습니다. 그걸 기행문으로 쓸 때는 그 글을 읽는 사람에게 고스란히 전달되도록 자신의 감상도 친절하게 표현해야 합니다.

넷째, 실제와 어긋나지 않고, 역사적 사실은 고증해서 거짓이 없도록 써야 합니다. 어린이들의 기행문 가운데는 제대로 기억하지 못하거나 잘못 메모해 와서 사실이 틀리는 경우도 더러 있고, 역사적 사실이 왜곡되어 있는 부분도 가끔 봅니다. 사실이 틀리면 안 되지요. 그리고 이미 나와 있는 자료를 너무 많이 빌려 와 자신의 글이라고는 할 수 없는 경우도 더러 봅니다. 이미 나와 있는 자료를 빌려 오더라도 자기 것으로 소화한 뒤 실제 여행 경험을 더 생생하게 쓰는 데 도움이 될 정도로 써야 합니다.

다섯째, 글쓴이의 개성이 잘 나타나도록 써야 합니다. 사람마다 모습이 다 다르듯이 느끼는 것과 생각하는 것도 다 다릅니다. 그래서 같은 곳을 여행하더라도 글맛이 다릅니다. 관점이나 느낌과 생각만 각자의 성격에 따라 달리 나타날 뿐만 아니라 글로 표현하는 투도 사람마다 다릅니다. 그렇게 그 사람만이 가지고 있는 향기가 나도록 쓴 글이 더 좋지 않겠습니까.

6. 기행문 쓰기 기본 공부

〈여행하기 전과 여행할 때〉

1) 여행 계획을 세워 일정표를 짠다

계획 없이 가는 여행도 있지만 대부분 간단하게라도 계획을 세웁니다. 여행을 가는 목적과 뜻을 먼저 생각해야겠지요. 그런 다음 여행 일정에 따라 언제, 어느 때, 어디에, 어떻게 가서(교통), 무엇을 보고 경험할 것인지, 어디에 가서 숙박을 할 것인지 계획을 짜는 것입니다. 그래야 경비도 절약할 수 있고 짧은 기간에 즐겁게 더 많은 것을 보고 겪으며 느낄 수가 있으니까요.

2) 여행의 목적이나 관점을 또렷이 한다

즐기기 위한 여행을 떠나는 경우 또렷한 목적이 없고 별 생각도 없이 떠나는 경우가 많습니다. 그러면 무엇을 보고 느꼈는지도 잘 모르겠지요? 뜻있는 여행이 되기 위해서는 목적을 또렷이 하는 것이 좋습니다. 즐기기 위한 여행이라도 '즐기는 것' 그 자체만이 아니라 한 가지라도 뜻있는 목적을 세우고 여행을 하면 양식을 얻고 자신을 한 층 더 고양시키는 귀한 기회가 될 것입니다.

고대 백제의 문화를 알아보기 위한 공주·부여 여행, 우리 나라 섬 의 아름다운 모습을 느끼기 위한 남해 여행, 충무공 이순신의 활약상 을 알아보기 위한 한산섬 여행, 통일 신라의 유물 유적을 알아보기 위한 경주 여행, 자연 경치를 몸으로 느끼기 위한 지리산 지역 여행, 이렇게 말입니다. 여기다 보고 듣고 느끼는 관점도 나름대로 마음에 둔다면 더욱 알찬 여행이 되겠지요.

하지만 또 여기에 너무 얽매이지는 말았으면 합니다. 자유스런 마 음이 너무 억눌리면 부담스런 여행이 될 수도 있으니까요. 때로는 예 상과 어긋나는 여행이 될 경우도 있겠지만 그때는 나름대로 뜻을 찾 으면 될 것입니다.

3) 여행에 앞서 여행지에 대한 정보와 지식을 갖춘다

여행할 곳이 정해지면 여행지에 대한 정보를 미리 알아 두면 여행 을 알차게 할 수 있을 것입니다. 여행지의 지리와 자연환경, 그 지방 의 기후, 역사, 유물과 유적, 풍물, 풍습, 특별한 산업 시설, 특산물과 그 밖의 특색, 기념물, 축제, 교통, 숙박, 토속 음식 따위를 잘 살펴보 면 기행문도 더욱 알차게 쓸 수 있을 것입니다. 또 이런 정보를 질서 없이 단편으로 알기보다는 여행 일정에 따라 질서 있게 알아 두는 것 이 좋습니다. 자료를 찾을 수 있는 곳은 인터넷이나 백과사전, 여행 관련 책 같은 것인데, 인터넷에는 다른 사람들이 먼저 여행한 경험까 지 자세하게 올리는 경우도 많아 여행에 큰 도움이 될 것입니다.

기행문을 잘 쓰려면 여행을 떠나기에 앞서 기행문을 쓰겠다는 마 음가짐도 중요합니다. 그러면 여행지에서 더 꼼꼼히 살펴보고, 느끼고, 메모하게 될 것이고 그것을 바탕으로 기행문을 더욱 잘 쓸 수 있을 것이기 때문입니다.

4) 여행 중 보고 들은 정보나 겪고 느낀 점을 그때그때 메모한다

어떤 일이든 시간이 지나면 잊히기 마련이지요. 잊기 전에 새롭게 보고 들은 것, 느낀 것을 제때 적어 두어야 기행문 쓸 때 편리합니다. 이를테면 여정에서 중요한 내용을 시간과 장소에 따라 차례로 적어 두는 것이 좋고, 여행 중에 만난 사람들과 나누었던 이야기, 특별히 마음에 와 닿았던 풍경, 풍물, 생활 모습과 그런 것들을 보고 듣고 느낀 점을 그때그때 적어 두는 것입니다.

아주 하찮게 보이는 것, 하찮은 경험, 하찮은 느낌과 기분, 하찮은 생각은 그냥 지나쳐 버리기가 쉬운데 오히려 이런 것들이 더욱 중요할 수도 있답니다. 이런 것들은 시간이 조금만 지나도 아주 잊어버리기 쉬우니 더욱 잘 적어 두는 것이 좋습니다.

그런데 적는 것에 너무 얽매여 보고 느끼는 것을 제대로 하지 못하는 어린이들도 있는데, 그래서는 안 되겠습니다. 그리고 자료로 이미 다 나와 있는 내용을 하나하나 다 적을 필요는 없겠지요.

5) 자료를 잘 챙겨 온다

여행을 하면 곳곳에 여행지의 지리나 여러 가지 정보를 담은 쪽지들을 많이 얻을 수가 있습니다. 관광지 안내 팸플릿이나 홍보 책자, 입장권 같은 것 말이지요. 여행 시작 전에 그것들을 먼저 대충이라도 읽어 보는 것이 좋겠고, 돌아올 때는 그것들을 잘 챙겨 오기 바랍니다. 기행문 쓸 때 중요한 자료가 되니까요.

또 한 가지 중요한 자료는 사진입니다. 뜻있는 장면이나 말로 표현하기 어려운 장면을 사진으로 찍어 기행문 쓸 때 참고하기도 하고, 글 군데군데에서 곁들여 보여 주면 글을 읽는 사람도 더욱 실감이 나겠지요. 여행지에 따라서는 사진 찍는 것을 금지하는 곳도 있으니 주의해야 합니다. 여행할 때는 기본이기도 하지만 특히 자료를 얻기 위해 질서를 어지럽히고, 여행지의 여러 가지 것들을 훼손하는 일이 없도록 특별히 주의를 기울여야겠지요.

〈기행문 쓸 때〉

어떤 글이든 마찬가지겠지만 기행문도 여행에서 돌아와 바로 써야 생생하고 감동 있게 쓸 수 있을 것입니다. 그리고 다음 내용을 마음에 두고 쓰면 더욱 좋은 기행문을 쓸 수 있지요.

1) 제목을 적는다

기행문의 제목은 보통 여행지의 이름을 붙여서 이렇게 많이 씁니다.

- 제주도를 다녀와서
- 강화도를 다녀와서
- 경주를 찾아서

그리고 여행의 목적이나 관점, 특징을 넣어 쓰기도 합니다.

- 신라의 옛 자취를 따라서
- 충무공 이순신의 활약상을 보고
- 아름다운 우리 나라 섬
- 정겨움이 살아 있는 할아버지의 고향

여행하는 곳이나 여행 목적, 특별히 보고 듣고 느낀 점에 따라, 글의 내용에 따라 돋보이는 제목을 붙이면 좋을 것입니다. 기행문의 첫 얼굴인 만큼 더욱 뜻있게, 읽는 사람이 끌리도록 말입니다.

2) 언제, 어디로, 누구와 같이 갔나, 여행 목적은 무엇인가 쓴다

기행문에서 가장 중요한 내용이라 할 수 있지요. 기행문 전체에 영향을 주는 밑바탕이 되는 내용으로 주로 앞부분에 많이 씁니다.

> 우리 선생님께서 이번 토요일 오후에 우리 반 아이들 다같이 대구 박물관에 가 보자고 하셨다. 선생님과 동무들이 함께 가는 것이라 "야아아!" 소리를 지르며 더욱 즐거워했다. 특히, 나는 우리 역사를 좋아해서 박물관 구경하는 것이 무엇보다 뜻있을 것이라 생각했다. (글 뒤 줄임)

> 지난 일요일, 나는 아버지, 어머니 그리고 형과 함께 피서 여행으로 영덕 바닷가에 갔다. (글 뒤 줄임)

3) 여행을 떠나게 된 동기를 쓴다

여행을 가게 되었다면 아무래도 가게 된 동기가 있을 것입니다. 제주도에 사는 삼촌이 놀러 오라고 하셔서라든지, 아버지께서 모처럼 휴가를 얻어 쉴 겸 해서라든지, 보이스카우트 단체 활동에 참여하기 위해서라든지…….

> 방학을 하고 며칠 지나자 엄마가 나에게 "방학도 했는데 우리 어디 놀러나 갈까?" 하는 것이다. 나는 그 말을 듣자마자 "엄마, 정말? 야호!" 내 입에서 "야호!" 소리가 저절로 터져 나왔다.

전에부터 우리 나라 제2의 도시인 부산이란 곳은 어떤 곳인지 꼭 한 번 가 보고 싶은 곳이었다. 생각만 해도 신이 났다. 그래서 나는 틈만 나면 부산에 대해 인터넷으로 살펴보기도 했다. 텔레비전에서 부산의 자갈치 시장의 모습도 몇 번 보았는데 거기에도 꼭 가 보고 싶었다. 드디어 내일은 부산으로 간다! (글 뒤 줄임)

아빠의 여름휴가를 맞아 우리 식구들은 즐겁게 보낼 수 있는 방법이 무얼까 생각했다. 아! 그건 바로 제주도로 여행을 가는 것이다. 늘 일 때문에 바빠 함께할 시간이 없는 아빠와 함께 여행을 간다고 생각하니 더욱 마음이 들떴다. 여행을 간다는 말이 떨어지고부터는 내 마음은 벌써 제주도에 가 있는 것 같았다. (글 뒤 줄임)

4) 여행지에 대한 상상과 기대감도 나타낸다

처음 가게 되는 여행지일 경우 그곳은 어떤 곳일까, 그곳에서 어떤 것들을 볼 수 있을까, 어떤 경험을 할 수 있을까, 어떤 즐거움이 있을까 하는 끝없는 상상을 하게 될 것입니다. 그리고 그런 것들에 대해 큰 기대감을 가지기도 할 것입니다. 기행문 처음 부분엔 그런 상상과 기대감도 드러내는 게 보통입니다.

경주에는 옛 신라의 유물 유적이 아주 많다고 들었는데 어떤 것들이 있을까? '책에서 보았던 석가탑과 다보탑은 실제로 보면 어떨까? 석굴암 본존불상은 어떤 모습일까? 첨성대는 옛날 우리 조상들이 전체를 관찰하고 연구했다는데 정말 어떤 모양일까? 또 다른 유물 유적들은 어떤 것이 있을까?' 나는 정말 궁금한 점도 많고 기대도 컸다. (글 앞뒤 줄임)

아! 드디어 서해 여행을 하게 되었다. 나는 벌써 내 동생과 얼굴에 시커먼 흙을 묻히며 갯벌에 뛰어다니는 것 같은 착각에 빠지기도 했다. 동생은 "내가 형보다 조개 더 많이 잡을 거야." 하며 까불거렸다. 우리의 마음은 벌써 바닷가 갯벌에 가 있었다. (글 앞뒤 줄임)

5) 출발할 때의 상황도 나타낸다

출발할 때의 여러 가지 모습, 이를테면 여행 떠날 때의 날씨, 시간, 교통편, 자신의 기분, 모습, 주위 분위기 같은 여행 떠나기 바로 전의 상황도 여행에 크게 영향을 주기 때문에 빼놓을 수 없겠지요.

몇 시나 되었을까? 나도 모르게 눈이 번쩍 떠졌다. 그리고 용수철처럼 벌떡 일어났다. 엄마는 언제 일어났는지 벌써 음식과 준비물을 챙기고 있었다.

"엄마, 언제 일어났어요? 날씨는 괜찮아요?"

나는 창문을 활짝 열어보았다. 아, 다행이다! 구름 한 점 없고 동쪽 하늘부터 훤히 밝아 오고 있었다. 아빠도 가지고갈 물건을 챙기며 "이제 얼른 출발 준비해야지." 하셨다.

준비를 다 했는데 같이 가려고 한 친구 미희가 아직 안 온다. 초조하게 기다리고 있는데 밝게 웃으며 나타났다. 드디어 우리와 함께할 아빠 차에 시동을 걸었다.

"부릉 부릉!"

출발! 차창 문을 열고 시원한 공기를 마시니 마치 나르는 기분이다. (글 앞뒤 줄임)

나는 한껏 들뜬 마음으로 학교로 갔다. 오늘이 바로 경주로 여행을 가는 날이다. 가다 보니 경수가 나를 부르며 쫓아왔다. 경수도 싱글벙글했다. 학교에 가니 친구들이 몇 명밖에 오지 않았다. 한참 기다리다 보니 다 모였다. 명석이는 보통 때도 학교에 늦게 오는데 오늘도 가장 늦게 와 선생님을 당황하게 만들었다.

"야, 명석이 너 놀이할 때 쓸 준비물 챙겨 왔어?"

"내가 늦게 온다고 그것도 안 챙겨 올까 봐."

"휴우, 다행이다!"

우리는 차례차례 버스에 올랐다. 서로 친한 친구들끼리 앉는다고 야단이다. 아이들은 마음이 얼마나 들떠 있는지 시끄럽다.

버스가 움직이기 시작하자 교장 선생님과 엄마 아빠가 손을 흔들어 주었다. 우리도 손을 막 흔들었다. (글 앞뒤 줄임)

6) 여행 가는 길의 모습과 기분을 잘 나타낸다

여행 가는 길에 보이는 모습은 자신이 사는 고장의 모습과 사뭇 다를 것입니다. 기차를 타고 가는지, 버스를 타고 가는지, 비행기를 타고 다른 나라로 가는지에 따라서도 모습과 느낌은 다를 것입니다. 놀랍도록 새롭게 보이는 여러 가지 정경과 자연의 모습, 우리 고장과 다른 사람들의 생활 모습, 그때의 느낌과 기분, 경험 같은 것을 나타내는 것입니다.

버스는 우리가 사는 경산을 벗어나 경부고속도로를 힘차게 달리기 시작했다. 나는 들뜬 마음으로 친구들과 웃고 떠들다 바깥의 경치를 감상했다. 들판의 벼들이 누렇게 익기 시작했다. 산의 나무들도 노릇노릇 붉긋붉긋 단풍이 들기 시작했다. 활짝 핀 길가의 코스모스와 나무들이 마치 우리들에게 손을 흔들어 주는 것 같았다. 바깥 경치에 정신이 팔려 있는데 버스는 어느새 휴게소에 들렀다. 멀미도 조금 나려고 했는데 버스에서 내려 맑은 공기를 마시니 정신이 맑아졌다.

버스는 다시 달렸다. 시간이 얼마나 지났을까? 잠깐 조는 동안 드디

어 목적지에 다다랐다. (글 앞뒤 줄임)

　짐을 꾸려 집을 나선 시각은 5시 20분쯤이다. 청도 외할머니 댁은 자동차로 30분가량 걸린다. 아빠는 운전석에, 엄마는 조수석에, 누나와 나는 뒷좌석에 자리 잡았다. 드디어 출발했다. 길에는 벌써 차들이 많이 지나가고 있었다. 뒷좌석 창문을 내리니 시원한 바람이 불어 나의 얼굴을 스친다. 머리카락이 날리니까 더욱 상쾌한 기분이 들었다.

　한 10분쯤 달렸을까? 스쳐 지나는 바람에 달콤하고 향긋한 복숭아 내음이 코끝에 와 닿았다. 누나는 눈을 지그시 감더니 "으음, 냄새 좋고!" 하며 코를 발름발름거렸다.

　창밖을 보니 이른 아침인데도 노인 분들이 밭에 나와 일하는 모습이 보였다. 경운기에 플라스틱 상자를 가득 싣고 가는 모습, 바구니를 들고 부지런히 복숭아를 따 담는 모습. 그런데 '왜 일하는 분들이 할아버지 할머니뿐이야?' 하는 생각이 들었다. 그런데 내가 생각을 잘 못했다. 외갓집에도 칠순을 지낸 할머니 할아버지 두 분이 농사를 지으신다. 아빠 또래 어른들은 잘 없다. (글 앞뒤 줄임)

7) 여정(거쳐 간 곳)이 잘 드러나게 쓴다

　기행문은 여행 일정(시간과 장소)에 따라 쓴다. 혹시나 그 차례가 흐트러지면 여정이 뒤죽박죽되어 글을 읽는 사람도 혼란스러워 제대로 알 수도 느낄 수도 없을 것입니다. 외국 여행이라면 시차도 있을 테고, 나라와 여행지의 이름이 낯설기도 해서 자칫 잘못하면 헷갈릴 수 있을 것입니다. 그것들을 바르게 또렷이 잘 나타내어야 합니다.

　다음과 같이 앞부분에 미리 여정을 밝혀 두는 것도 좋을 것입니다.

　버스가 고속도로에 들어서 달리기 시작하자 선생님께서 다시 마이크를 잡았습니다.

"여러분, 즐겁습니까?"

"예!"

"그러면 오늘 일정을 한 번 더 말하겠습니다. 가장 먼저 바로 석굴암을 관람하겠습니다. 석굴암에는 본존불상이 있는 곳이지요. 석굴암에서 나오면 불국사를 관람할 겁니다. 책에 나와 있는 다보탑과 석가탑도 볼 수 있지요. 그리고 바로 점심을 먹도록 하겠습니다. 점심을 먹고는 천마총과 첨성대를 둘러보도록 하겠습니다. 일정이 빡빡하니까 여러분들이 질서를 잘 지켜 빨리 행동해 주기 바랍니다."

선생님의 일정 설명을 듣고 나니 더욱더 빨리 다보탑과 석가탑이 보고 싶었습니다. (글 앞뒤 줄임)

우리 식구들은 아버지가 일을 마친 금요일 오후 6시쯤에 사흘 동안의 여행을 떠났다. 첫날은 늦으니까 거제 대교를 지나 바닷가 펜션에서 하룻밤 머무를 것이다. 그리고 이튿날인 토요일에는 거제 바람의 언덕과 해양 문화관을 돌아보고 마지막 날인 일요일에는 거제 포로수용소를 돌아보고 오기로 했다. 군데군데에서 맛있는 것도 먹고 바닷가에서 놀기도 하면서 말이다. (글 앞뒤 줄임)

8) 여행지의 첫인상도 쓴다

여행지에 다다르면 먼저 주위 분위기나 기후가 다르다는 것을 느끼게 될 것입니다. 언뜻 달리 보이는 그 모습과 느낌을 나타냅니다. 또 언뜻 눈에 들어오는 풍물, 언뜻 눈에 들어오는 그곳의 특산물, 사람의 모습, 사람들의 생활 모습도 나타내면 좋겠지요. 우리나라와 여러 가지로 많이 다른 외국 여행을 할 경우엔 더욱 그 모습과 느낌이 남다를 것이라 봅니다.

버스에서 내리자마자 뾰죽뾰죽한 큰 산이 내 눈앞을 가로막았습니다. 바로 설악산입니다.

"와아! 산이 엄청 높고 멋있다!"

"이야아, 정말 아름답다!"

동무들이 소리를 질렀습니다.

공기도 서늘한 게 우리가 사는 곳하고는 아주 달랐습니다. 서늘하지만 깊이 들이마시니 폐 속의 나쁜 공기가 맑은 공기로 채워지는 것 같고 기분이 한껏 상쾌해졌습니다. 온 산의 나무가 울긋불긋 곱게 물들어 마치 산이 불타오르는 것 같습니다. 알록달록 등산복을 입은 사람들이 줄을 이었습니다. (글 앞뒤 줄임)

씨엠립 공항이다. 비행기에서 내리자마자 오빠와 내가 한 말이 "우와, 진짜로 덥네!" 이 말이었다. 캄보디아 사람들을 보니 우리보다 짙은 갈색 피부를 가진 사람들이 많았고 피부가 하얀 서양 관광객들도 눈에 많이 띄어 다른 나라에 왔다는 것이 실감이 났다. 그런데 공항이 우리 나라보다 아주 작아 보였다.

우리는 먼저 공항 화장실에서 가벼운 반팔 티로 갈아입었다.

공항 밖을 나서니 햇볕이 따갑고 더욱 덥다. 나무들은 우리 나라 식물원에서나 볼 수 있는 나무들이다. (글 앞뒤 줄임)

9) 여정에 따라 보고 들은 일과 겪은 일을 쓴다

그 나라 그 지방의 자연 지리와 기후, 역사와 유물 유적, 풍물과 풍습, 건물과 시설, 특산물, 사람들의 모습이나 삶의 모습과 말투, 얽힌 전설이나 이야기 같은 것을 잘 알 수 있게 자세히 나타냅니다. 그 지방의 정경이나 풍물은 읽는 이도 충분히 그릴 수 있도록 생생하게 표현해야 하고, 배운 지식보다는 보고 겪은 사실을 중심으로 글을 써야 합니다. 유물 유적 이야기에서는 거기에 얽힌 이야기와 처음 새롭게 보고 들은 사실, 상상한 것과 직접 본 것과의 차이점과 놀라움을 잘 살려 쓰면 더욱 좋을 것입니다. 그리고 그 지방의 특색을 잘 나타내고 그 지방 사람이 하는 말, 그러니까 방언을 살려 쓰면 더욱 실감이 나겠지요.

또 겪은 일 가운데 잊히지 않는 일, 이를테면 바닷가에 갔다 파도에 옷을 흠뻑 젖었던 일, 차멀미를 해서 토했던 일, 게를 잡다가 집게발에 물려 울었던 일 같은 것들을 곁들여 쓰면 더욱 실감 날 것입니다.

그리고 여행에 영향을 주었던 날씨나 어려웠던 일, 주위의 환경 분위기 같은 것도 나타내면 마치 글을 읽는 사람 자신이 여행을 하고 있는 듯한 느낌을 느낄 수 있을 것입니다.

우리는 먼저 레일바이크를 타러 갔다. 하지만 레일바이크는 11시 30분에 운영을 한다고 했다. 한 시간 정도가 남아서 가까운 계곡에서 다슬기도 잡고 시원한 물에 발을 담그기도 했다. 시간이 10분밖에 남지 않았을 때쯤에는 아빠가 레일바이크에 대하여 설명해 주셨다.

"레일 바이크는, 석탄 산업이 사양화되면서 문경 탄광 지대를 오가던 석탄열차가 사라졌어. 그러니까 철길만 외로이 남겨졌지. 그런데 지역 경제를 되살리려는 문경시의 노력 중 하나로 관광객 유치를 위해 아이디어를 낸 것이 이 철로 자전거의 시작이었어."

"진짜? 정말 잘했네!"

나중에 알게 된 이야기지만 레일바이크는 문경이 첫 시작이었다고 한다. 덥기도 했지만 푸르고 아름다운 산과 강을 내려다보며 레일바이크를 타는 기분은 정말 짱이었다. 아빠가 "레일바이크는 생각보다 힘 안 들었으니까 수중 자전거도 탈까?" 했다. 우리는 아빠 말이 끝나자마자 "좋아!" 하고 소리쳤다. 우리는 강에서 수중 자전거를 탔다. 물이라 시원한 느낌이 들었다. 엄마와 나는 수중 자전거를 타는 동안 재미있어했지만 아빠는 자전거 페달을 밟았기 때문에 "아이구 힘들어!" 하는 말을 자꾸 하면서 페달을 밟았다. 힘들다고 하시면서도 우리를 생각해 페달을 밟는 아빠를 보니 무척 고마웠다.

우리는 식당에서 그 식당에서 가장 잘하는 고추장불고기를 먹고 문경새재로 갔다. 문경새재는 조선시대 영남지역에서 한양을 오가는 중요한 관문이었다고 한다. 문경새재는 새도 날아서 넘기 힘든 고개라는 뜻으로 '조령'이라고도 한다. 우리는 문경새재에 대해 대충 알고 나서 오미자 슬러시를 사 들고 옛길 박물관으로 갔다. 그런데 박물관 관리인 아저씨가 "음료수 들고 들어가면 안 되는데요." 해서 하는 수 없이 놓고 들어갔다.

옛길 박물관 제1전시실에는 문경관문, 영남대로, 문경의 전투, 경상감사 도임행차, 제2전시실에는 문경의 문화와 의식주 생활, 집과 모둠 살이, 신앙과 의례, 생업기술 등에 관한 소장품 및 자료를 전시하고 있었다. 제3전시실에서는 굽다리접시, 토기항아리 등 신라 시대 토기가 주를 이루는 매장 문화재, 1724년 도화서 화원 이치가 그린 옥소 권섭 영정, 선조가 홍인걸에게 하사하였다고 전해지는 어필과 홍인걸의 유품인 투구, 김승주 삼공신 회맹록 판본 주두업 지석 등에 관한 전시가 있었고 야외에는 금학사지삼층석탑, 서낭당, 연자방아, 옹기와 장독대 등이 있다. 나는 그것들을 보며 자꾸 감탄을 했지만 특히 토기 문양을 보고는 더욱 감탄을 했다. 왜냐하면 나는 전에부터 옛날 토기에 관심을 가졌는데 여기에서 보는 토기 문양은 더욱 아름답다는 생각이 들었기 때문이다. 많이 낡고 부서지긴 했지만 토기의 문양들은 잘 보였다.

나는 문경이 정말 좋다. 레일바이크와 수중 자전거 탄 것, 문경새재 모두가 좋았지만 무엇보다 풍경이 너무 아름다웠기 때문이다. (글 앞뒤 줄임)

앞에 내보인 예문은 한 가지 예입니다. 기행문에 따라서 그 지방의 역사와 유물을 중심으로 쓸 수도 있고, 풍물과 풍습을 중심으로 쓸 수도 있습니다. 그리고 겪었던 일을 중심으로 쓸 수도 있을 테고, 그 밖에 자신이 관심을 더 둔 분야를 중심으로 쓸 수도 있을 것입니다. 그렇지만 기행문을 쓸 때는 될 수 있는 대로 여러 가지를 고루 잘 알고 느낄 수 있게 쓰는 것이 좋겠지요.

10) 새롭게 보고 들은 점이나 인상 깊었던 점, 그리고 거기에 대해 느끼고 생각한 점을 강조해서 쓴다

여행 과정에서 여러 가지를 보고 듣지만 모든 것을 하나하나 다 나타내기는 어렵습니다. 그래서 때에 따라서는 더욱 새롭고 인상 깊었던 점과 재미있고 즐거웠던 점을 강조해서 나타내고, 특별히 다르게 느끼고 배운 점은 무엇인지를 더욱 또렷이 나타내면 좋겠습니다.

나는 박물관에서 장신구를 더 자세하게 살펴보았다. 장신구를 보면서 대부분 요즘 사람들의 것과는 달리 엄청 크다는 것이다. 금귀고리 장식품 하나만 보더라도 거짓말 좀 보태어 말하면 내 주먹만 하다. 너무 커서 속으로 '저걸 어떻게 귀에 달고 다닐까? 잘못하면 귀 떨어지겠네.' 이렇게 생각했다. 특히 장군들이 입는 갑옷이나 칼 같은 것을 보면 더욱 큰데 옛날 장군들은 몸집도 크고 힘도 엄청나게 세었던가 보다. 그러니까 장군이라 하겠지.

또 한 가지는 쇠나 돌로 만든 여러 가지 유물을 보니 그 옛날에 어떻게 이렇게 섬세하게 만들었을까 하는 생각이 들었다. 그런 걸 보면 우리 조상들이 돌을 다루는 훌륭한 솜씨를 잘 알 수 있을 것 같았다. (글 앞뒤 줄임)

11) 여행지에서 보고 듣고 느낀 점을 자신의 생활과 관련해서 쓰기도 한다

자신의 생활과 관련해 쓰면 글을 쓰는 사람은 자기 생활 반성이 되거나 더욱 뜻깊어지게 될 것입니다. 글 읽는 사람도 공감할 것이고요.

시장에 들어서는 곳부터 사람들이 붐볐다. 그리고 장사하는 사람들의 힘찬 소리가 들렸다. 어떤 아저씨는 "자, 싱싱한 갈치 한 마리 5000원!" 하고 소리치며 갈치를 들고 흔들어 보였다. 앉아서 고기를 파는 어떤 할머니는 얼음을 오징어와 또 다른 생선에 뿌리고 있었다. 놀러온 사람들이 생선을 사는지 장사하는 사람과 흥정하는 모습도 보였다.

그때 또 어떤 아저씨와 아줌마가 박스와 주걱 냄비 뚜껑 등을 두드리며 가락을 맞추었다. 그러자 사람들이 웃으며 덩실덩실 춤을 추며 손을 번쩍 치켜들었다. 아저씨는 곧 제자리로 돌아가 "싱싱한 해산물 왔어요, 3000원!" 하고 흥겹게 장사를 시작했다. 솔직히 나는 참 게으르기도 하고 힘든 일은 하기 싫어하기도 했다. 그런데 여기 자갈치 사람들이 열심히 장사는 모습을 보니 정말 부끄러운 마음이 들었다. 힘들어서 투덜대기도 했는데 그 마음도 그만 달아나는 것 같았다. (글 앞뒤 줄임)

12) 여러 가지 사실에 대한 고증을 충실히 해서 쓴다

특히 유물 유적에 얽힌 역사적 사실, 또 말로 들어오던 것과 실제로 보고 느낀 것의 차이점 같은 것을 잘 살펴서 틀리지 않게 나타내어야 한다는 말입니다. 말로 표현하기 어려운 것은 사진이나 그림을 곁들여 더욱 충실하게 이해를 도울 수 있도록 해야 합니다.

한 가지 특별히 주의할 점은 기행문을 쓸 때 팸플릿 자료나 인터넷, 백과사전 자료를 참고하기도 할 것입니다. 하지만 그 내용을 너무 많이 끌어오거나 그대로 베끼는 일은 없어야 합니다. 쓰더라고 내 것으로 소화해야 하고, 고증할 수 있는 자료 정도로 써야 합니다.

13) 여행에서 돌아올 때의 상황, 기분이나 느낌과 생각을 쓴다

여행을 다 마치고 돌아올 때의 여러 가지 경험과 느낌이나 생각을 나타내는 겁니다.

우리 반은 선생님과 차근차근 불국사를 돌아보느라 다른 반보다 좀 늦었다. 그래서 급하게 버스 주차장으로 돌아왔다. 다른 반은 벌써 버스에 타고 있었다. 집에 돌아오는 길에도 차창 밖을 보니 벼가 익어 가는 들판이 펼쳐져 있고, 농사짓는 사람들이 보이고, 멀리 산이 있고, 곱게 단풍이 든 나무들이 아름다웠다. 돌아올 때는 뭔가 마음이 뿌듯하기도 했다. 우리는 친구들과 이야기도 하고 노래도 부르며 왔다. (글 앞뒤 줄임)

이제 집으로 돌아와야 할 시간이 되어 나는 아쉬웠지만 청와대 견학으로 여행을 끝마쳤다. 엄마와 떨어져 1박 2일을 막 시작할 때에는 두려움이 컸는데 막상 경산으로 오려고 하니 더 보고 싶고 더 알고 싶었다. 내려오는 길은 퇴근 시간과 맞물려 서울을 빠져나오는 데 시간이 꽤 걸렸다. 왕복 8차선 도로에 차들이 어찌나 많은지 태어나서 도로에 차가 그렇게 많은 건 처음 봤다. 고속도로 톨게이트를 빠져나오니 다른 승용차들은 거북이걸음이었는데 우리 버스는 버스전용차선을 타고 시원하게 달렸다. 버스가 천안 휴게소에 들러 서녁을 먹었다. 배가 부르니 잠이 왔다. 눈을 뜨니 대구 시내였다. 대구에만 와도 마치 우리 집에 온 느낌처럼 포근하고, 갑자기 엄마가 빨리 보고 싶어졌다.
드디어 버스가 시지 맥도널드에 왔다. 나는 엄마가 보고 싶어서 맨 먼저 내렸다. 엄마가 반은 걱정스런 얼굴로 날 반겨 주었다. 나도 엄마 얼

굴을 보니 잠깐 울컥했다. 그렇지만 꾹 참았다. (글 앞뒤 줄임)

14) 글 끝에 여행 동안의 느낌과 생각, 앞으로의 희망이나 바람을 종합 정리해서 쓰기도 한다

이번 체험 여행에서 나는 우리 전통에 대해 많이 경험을 했다. 앞으로 우리의 전통을 잘 지켜 나가도록 노력해야겠다고 생각했다. (글 앞 줄임)

중국에서 본 여러 가지 모습이 자꾸 떠올랐다. 중국은 우리 나라와 참 많이 다르다. 무엇이든 규모가 크다. 볼거리도 참 많다. 땅도 엄청 넓으니까 그렇겠지. 다음에는 중국의 다른 곳에도 많이 가 보고 싶다. 아니 세계 온 천지에 가 보고 싶다. (글 앞 줄임)

이렇게 조목조목 떼어서 기행문 쓰기에 대한 공부를 해 보았지만 공식을 따르듯 이렇게 써야 하는 것은 아닙니다. 어떤 부분은 아주 뺄 수도 있고, 줄일 수도 있으며 어떤 부분은 더욱 내세워 쓸 수도 있겠지요. 기행문의 기본 요소인 여정, 견문, 감상 중 어느 한 가지라도 빠지면 기행문으로서 가치는 떨어지겠지요.

7. 기행문 쓰기

어떤 글이든 마찬가지겠지만 기행문은 더욱 처음부터 완전하게 쓰겠다는 욕심보다는 여정에 따라 떠오르는 대로 부담 없이 쓰는 것이 중요합니다. 다 쓴 뒤 다시 하나하나 자료를 더해 보충하면 될 것입니다.

1) 어떤 형식의 기행문으로, 어떤 관점을 중심으로 쓸 것인지 정하기

서사문 형식, 감상문 형식, 일기 형식, 편지 형식, 시 형식 가운데 어떤 형식으로 쓸 것인지 정하고, 어떤 내용을 중심으로 쓸 것인지도 정해 둡니다.

형식에 따라 조금씩 쓰는 방식이 다를 수 있습니다. 서사문 형식은 보고 듣고 겪은 일을 좀 더 자세하게 나타낼 것이고, 감상문 형식은 느낀 감상을 더 자세하게 나타내게 되겠지요. 또 일기 형식이라면 그날의 여정에 따라 나타내니까 모든 면에 부담 없이 더 자세하게 생활을 기록하듯 쓰면 될 것입니다. 편지 형식으로 쓰면 지금 여행을 하고 있는 듯 글을 읽는 사람이 더욱 마음에 와 닿게 쓸 수 있을 것입니다.

여행을 하더라도 자신의 취향에 따라 기행문의 내용이 조금씩 달라질 수도 있겠지요. 그리고 그 지방 사람의 삶의 모습에 더 중심을 두고 쓰겠다든지, 풍물이나 특산물을 더 중심에 두겠다든지, 유물 유적을 더 중심에 두겠다든지 하는 식으로 관점을 정해서 쓸 수 있을 것입니다.

2) 여행 과정 정리하기

지나온 여행 과정을 시간과 장소에 따라 차례로, 중요한 사실들을 떠올리거나 메모한 것을 바탕으로 정리해 적습니다.

여행할 때 메모해 둔 것을 바탕으로 어느 날 어느 시간에 어디를 여행했는지, 무엇을 보고 듣고, 어떻게 느꼈는지, 새롭게 본 것은 무엇인지 정리해서 적어 보는 것입니다.

① 처음: 여행을 떠나게 된 동기나 목적, 여행에 대한 기대나 호기심, 미리 알아본 여행 경로나 여행지에 대한 소감이나 마음의 상태, 여행지에서 더 알아보고 싶은 것, 누구와 언제 어디로 여행을 떠난다는 내용, 준비 상황, 떠나는 마음의 설렘, 출발할 때의 날씨, 시간, 교통편이나 특별한 상황, 가는 도중의 이야기.

② 가운데: 여행 가는 도중의 이야기, 여행 과정과 그때그때 보고 들은 경험과 느낌, 여행한 곳의 독특한 풍경이나 풍속 풍물, 고적, 전설, 인물, 만난 사람과 주고받은 이야기, 새롭게 발견하고, 새로 알게 되고 깨달은 점.

③ 끝: 여행에 대한 글쓴이의 느낌이나 희망 따위. 이를테면 여행을 마치고 나서 전체적인 감상, 집을 떠나서 느낀 향수, 여행하는 곳의 극적인 어떤 장면, 앞으로의 계획이나 희망.

그런데 실제로 어린이들을 지도해 보면 대충 이렇게 이야기해 주어서는 깨우치기가 쉽지 않습니다. 다음과 같이 구체로 예를 들어 얼거리 짜기 이야기를 해 주면 더 쉽게 이해할 것입니다.

경주 유적지를 다녀와서
① 처음
· 경주 여행 계획이 선 뒤 여행 전날까지의 이야기
· 경주 여행 떠나기 바로 전 이야기
· 경주로 가는 중 보고 겪은 이야기
② 가운데

· 석굴암

· 불국사

· 경주 박물관

· 천마총

③ 끝

· 경주 여행에서 돌아올 때의 이야기

· 경주 여행을 마친 뒤의 이야기와 종합 소감

3) 자료 정리하기

여행하면서 수집한 실물 자료, 팸플릿, 사진이나 그림 자료, 그 밖에 자료를 여행 과정에 따라 정리합니다.

여행할 때는 그때그때 자료를 잘 챙겨 두라고 했습니다. 여행지에 대한 지도 자료, 실물 자료, 모형 자료, 유물 유적의 설명 팸플릿, 유물 유적지의 입장표, 차표, 사진이나 그림 자료들을 모두 여정에 따라 잘 정리합니다. 기행문을 더욱 실감나게 쓸 수 있는 참고 자료로 활용하기 위해서지요.

4) 여행 과정에 따라 마음속으로 여행하기

여행 과정에 따라 지금 여행하는 기분을 살려 마음속으로 겪어 보기를 합니다.

그래야 메모에서 빠진 여러 가지 본 것과 작은 경험들을 더욱 생생하게 떠올릴 수 있고, 그때 그 감정도 그대로 살려 낼 수 있을 것이기 때문입니다.

5) 쓰기

정리한 여행 과정에 따라 여행하는 기분을 살려 편하게 기행문을 써 나갑니다.

여행 과정에 따라 보고 들은 것을 낱낱이 다 쓰기는 매우 힘들 것입니다. 그래서 크게 중요하지 않은 부분은 때에 따라 줄이기도 하고 또 어떤 부분은 더욱 세밀하게 나타내기도 해야 할 것입니다. 하지만 너무 마음 쓰지 않아도 됩니다. 마음 가는 대로 쓰다 보면 저절로 관심을 많이 가진 부분은 자세하게 쓰게 될 것이기 때문이지요.

다시 강조하지만 참고 자료를 너무 베껴 쓰지 않도록 해야 한다는 것 잊지 말기 바랍니다.

6) 글 다듬기

다 쓴 기행문을 다시 차근차근 읽어 보면서 모자라는 곳은 보태어 쓰고, 필요 없는 말은 빼고, 틀린 곳은 고치고, 껄끄러운 곳은 다듬어서 보고 들은 것과 느낌과 생각을 충실하게, 정확하고 또렷하게 나타내도록 합니다.

기행문을 다듬을 때는 다른 사람들이 보아도 여정을 어느 정도 알 수 있도록 나타내었는지, 특별하고 새로운 모습이나 경험이 잘 나타나 있는지, 나만의 느낌과 생각이 잘 나타나 있는지 잘 살펴보고 보충하고 다듬어야 더욱 좋은 기행문이 될 수 있을 것입니다.

7) 여행지 관련 공부 더 해 보기

여행지에 대한 관련 자료를 더욱 많이 찾아보고 깊이 공부를 해 보는 것입니다.

단순히 기행문을 쓰고 덮어 두기보다는 여행지와 관련한 자료를 더욱 많이 조사하고 찾아서 공부를 하면 더욱 깊은 살아 있는 공부가 될 것입니다. 기행문 쓰기와는 거리가 있지만 공부하는 과정을 덧붙여 보았습니다.

8. 맺는말

생활이 넉넉해진 요즘엔 어린이들도 외국 여행을 하곤 합니다. 이렇게 여행을 한 뒤에는 그냥 덮어 두기보다 기행문으로 적어 본다면 얼마나 뜻있는 경험이 되겠습니까. 또 가 보지 않았던 곳을 처음 여행하는 것도 좋지만 갔던 곳을 다시 찾아가 보는 것도 좋을 것입니다. 짧게는 계절에 따라, 길게는 여러 해 전에 갔던 곳을 다시 가 보면 여행하는 맛이 또 다를 것입니다.

어린이들 모두 낯선 나라 낯선 곳의 여러 가지를 직접 보고 듣고 느끼면서 더욱 많이 견문을 넓혔으면 좋겠습니다.

4장

기록문

실제로 있었던
사실을 기록하는 글

1. 기록문이란 어떤 글일까요?

'워낭 소리'라는 영화를 본 적이 있나요? 할아버지와 40년을 함께 살아온 늙은 암소가 마지막 숨을 거둘 때까지 3년 동안 있었던 실제 모습을 생생하게 담은 영화지요. 나는 할아버지와 함께 평생 일만 하며 살아온 이 늙은 소가 목숨이 다 되어 조용히 눈을 감고 숨을 거둘 때는 어찌나 눈물이 나는지 몰랐습니다. 아마 이 영화를 보는 사람들은 다 눈시울을 적셨을 것입니다.

잘 알겠지만 이런 종류의 영화를 기록영화라고 합니다. 실제 있었던 사건이나 상황, 자연현상을 그대로 기록한 영화지요. 텔레비전에서 흔히 다큐멘터리라고 하면서 보여 주는 것들은 모두 이런 종류입니다.

영화뿐 아닙니다. 사진도 그때 그 모습을 생생하게 기록으로 남겨 두기 위한 목적으로 찍기도 한답니다. 이런 사진을 기록사진이라고 합니다. 사진기자들이 찍어서 신문에 올려놓는 사진들은 대부분 기록사진이지요.

어디 그뿐입니까? 글로도 어떤 사실을 실제 그대로 기록합니다. 어른들이 말하는 기록문학이 그렇습니다. 우리나라 기록문학을 소재에 따라 분류한 것을 보면 전기류가 있지요. 어떤 인물의 행적이나 일생을 기록한 글입니다.

어린이들이 읽는 책을 예로 들어 보면《나비 박사 석주명》《청년 노동자 전태일》《태양을 훔친 화가 빈센트 반 고흐》《위대한 영혼, 간디》이런 책들 말입니다. 그리고 자신의 행적이나 일생을 기록한 글을 자서전이라고 합니다. 또 기록문학에는 실기·야사류가 있는데 이는 역사적인 사건을 기록한 글이라고 보면 되겠습니다. 그리고 유기

·여행기류가 있습니다. 개인이나 또는 국가의 소임을 맡아 국내외를 여행한 기록들이지요. 또 잡기류가 있는데, 이는 전해 들은 일이나 생각을 형식에 얽매이지 않고 자유로이 기록한 글입니다. 그 밖에 일기류도 기록문이지요.

근대에는 민족해방운동에 몸을 바친 인물들의 고난과 투쟁을 기록한 책으로, 김구의 《백범일지》, 장준하의 《돌베개》, 김산의 《아리랑》이나 1950년대 초 지리산을 중심으로 한 빨치산의 활동을 기록한 이태의 《남부군》 같은 책도 있습니다. 모두 중요한 기록문학이니 어린이들이 자라서 꼭 읽어 보았으면 합니다. 그리고 더욱 가까운 날에 일어났던 광주민주화운동을 기록한 책도 있고 북한 기행문 책이나 민중운동을 생생하게 기록한 책들도 있지요.

아직 어린이들에게는 거리가 있는 책들이지만 굳이 이렇게 말하는 까닭은, 우리에게는 어떤 기록문이 있고 또 어떻게 읽히고 있는지 알려 주기 위해서입니다. 그러니까 실제로 있었던 일이나 몸소 체험한 일, 관찰·조사한 일 따위를 꾸밈없이 사실대로 기록한 글을 기록문이라고 합니다.

버스, 신호 무시 새치기 일인자

경산 중앙초 6학년 소미령

오늘의 재미 숙제는 교통에 관한 것들을 조사하는 것이다. 시장을 갔다 오다가 마침 재미 숙제가 생각났다. 그래서 초원 하이츠 앞 큰길 옆에서 차들이 다니는 모습을 보려고 잘 보이는 곳을 찾아 앉았다. 지나가는 사람이 모두 한 번씩 나를 뚫어져라 쳐다보고 갔다. 규칙을 지키지 않고 어기는 사람이 있어 나 혼자 중얼거렸다가 운전수에게 눈총까지 받기도 했다.

큰길에 나간 시각은 정확히 4시 2분이었다. 턱을 괴고 넋 나간 듯이 차가 다니는 모습만 구경했다. 그사이 1시간에 내가 본 차들은, 버스 36대, 승용차 92대, 트럭 7대였다. 아니 내가 잠시 한눈판 사이에 몇 대가 더 지나갔을지도 모른다. 총 135대 중 24대가 교통질서를 지키지 않았다. 그중 버스가 가장 많이 규칙을 어겼으며 다음이 승용차, 마지막이 큰 화물 트럭이었다.

내 눈에 가장 먼저 뜨인 모습은, 뒤에서 오던 차가 좀 빨리 가려고 이리저리 왔다 갔다 하더니 갑자기 르망 앞으로 쏙 새치기를 하는 것이다. 새치기당한 차는 얼떨결에 당한 새치기에 놀란 건지 아니면 화가 나선지 모든 사람이 들으라는 식으로 '빵빵빵'거렸다. 정말 새치기당한 차는 어처구니가 없을 거다. 더 심했으면 사고가 났을지도 모르는 일이다. 너무나 아슬아슬한 일이다.

다음은 아직 차가 가서는 안 될 신호인데 지나가는 것이다. 신호 앞에는 파란색의 소나타가 대기하고 있었다. 소나타 운전석에 앉아 있던 아저씨는 유리문에 팔을 올리고 기대어 담배를 뻐끔뻐끔 피우고 있더니 갑자기 인상을 팍 쓰고는 "에이 씨발! 퉤이, 경찰도 없네." 하며 요리조리 눈알을 굴리더니 빠른 속도로 달렸다. 그런데 반대쪽에서 멋도 모르고 달려 나오던 여자 운전수의 차와 박을 뻔한 것이다. 다행히 여자 운전수가 천천히 차를 몰다 소나타를 발견하고 섰기 때문에 사고는 나지 않은 것이다.

"아휴, 다행이다!" 하고 마음 놓은 뒤 뒤로 봤더니 소나타는 어느샌가 가고 있었다. '도대체 이린 사람이 차를 이렇게 몰고 디녀. 이런 사람들의 차는 모두 빼앗아야 된다.'

그 밖의 차들은 거의 비슷한 위반이었다. 사람이 건너는 파란불인데 신경 쓰지 않고 마구 달려 나가는 것이다. 지나가려는 사람들은 얼마나 놀랐으면 길 가다 말고 "저런 인간의 차는 당장 빼앗아가 조뿌자야 된다. 신호도 지킬 줄 모르는 인간……. 아휴, 죽을 뻔했네." 하며 그 차에게 욕이란 욕은 다 해댔다. 그런데 생각보다는 신호 위반 차가 적었다. 나는 대부분의 차가 조금씩의 위반은 할 거라고 생각했는데 나와서 보니 생각이 틀렸다. 그러나 이것은 맞았다. 나오기 전에도 버스 운전수가 가장 난폭할 것이라고 생각했는데 정말이었다. 다른 차가 조금이라도 자기 눈에 거슬리면 욕을 하고 빵빵거리고, 신호도 무시한다. 그러나 신호 위반 하다가 경찰에 걸리면 아양 떠는 것은 최고였다. 그래도 트럭 운전수가 여유 만만하게 다른 차보다는 신호의 어김이 없었다.

여기에 몇 자 적어 본 것은 내 눈으로 본 모습만 적은 것이다. 사람이 안 보는 곳에서, 또 다른 여러 경우의 장소에서는 어떤 일이 벌어질지는 아무도 모른다. 텔레비전의 몰래카메라에 잡힌 모습을 보면 내가 실제로 본 것과는 아주 딴판으로 엉망인 걸로 알고 있다. 사실은 그게 더욱 큰일이다.

이번 숙제는 정확하게 잘한 것 같지는 않다. 그렇지만 교통 규칙 어기는 사람이 없었으면 좋겠고, 아예 교통사고란 것도 없었으면 좋겠다.

〈교통 규칙 어긴 내용〉

차 종류	지나간 대수	교통 규칙 어긴 내용
승용차	92대	대체로 신호 무시
		담배 피우면서 운전하다가 길거리에 잘 버림
버스	36대	가장 안 지킴
		신호 무시
		난폭 운전
		새치기 일인자
		경찰에 아양 떨기 최고
트럭	7대	내가 본 바로는 가장 잘 지킴
		내가 오늘 본 것으로는 몇 대가 신호 무시

(1993년 11월 28일)

길거리에서 한 시간 동안 교통 규칙을 어기는 차들을 조사하고 쓴 조사 기록문이지요. 크게 만족할 만한 글은 못 되지만 꾸미지 않고 있는 그대로 쓴 점은 좋다고 볼 수 있습니다.

이 어린이가 조사한 135대의 차 가운데 24대가 교통 규칙을 어겼다고 했지요. 어긴 내용을 표로 나타낸 점도 좋습니다. 조사 내용을 표나 그래프로 나타내면 한눈에 쉽게 상황을 잘 알 수가 있지요. 그런데 교통 규칙을 어긴 24대의 차 가운데 승용차, 버스, 트럭이 각각 몇 대가 규칙을 어겼는지를 나타내었으면 좋겠네요. 비율로 나타내면 더욱 또렷해지기도 하겠고요.

한 편 더 보도록 하겠습니다.

땅강아지 관찰

경산 부림초 6학년 이유찬

학교에 갔다 와 가정 연락부를 보니 '관찰 30분'이라고 쓰여 있었다. 30분 동안 곤충을 자연 상태로 관찰하는 것이다. 일찍 저녁밥을 먹고 나서 "아이씨, 이거 뭐 관찰하꼬? 식물은 별 재미도 없고……." 하며 짜증을 내었다.

그런데 거름 자리에서 땅강아지가 기어 나왔다. 그러더니 흙 쪽으로 갔다. 돌이 옆에 있으니 자꾸 올라가려고 서서 발을 움직이더니 안 되겠다 싶었던지 옆으로 돌아갔다. 조그만 흙은 잘 넘어갔다. 그러더니 큰 돌 새에 들어가서 그 돌을 들췄다. 돌 밑에는 공벌레도 두 마리 있었다. 땅강아지는 상관하지 않고 자꾸 어디론가 갔다.

모래와 흙이 섞인 곳에 와서는 땅을 파고 들어갔다. 거기는 땅이 좀 무른 곳이다. 땅을 파는데 앞발은 빨리 위로 처올려서는 다시 밑으로 내리찍고 머리부터 흙에 집어넣었다. 뒷다리는 안 미끄러지려고 뒤로 버티었다. 머리로 움찔움찔하며 흙 속에 들어갔다. 몸이 들어가니 가만있었다. 난 '흙 속에서 뭐 하노? 한번 들춰 보까?' 하다가 그만뒀다.

난 그동안 엄마 심부름이나 했다. 40분쯤 지나 왔더니 어둑어둑했다. 땅강아지가 나오더니 날개를 펴서 '붕' 날랐다. 난 놀라서 퍼뜩 뛰어 따라갔다. 옆집 대문 앞에서 몇 번 빙빙 돌더니 내려앉았다. 그러곤 또 그 주위를 막 걸어 다니다가 또 몸을 숙이더니 '붕' 날아올랐다. 높게는 안 날고 1미터쯤밖에 안 날았다. 날개가 멀리 날 정도로 튼튼하지는 않는 것 같았다. 그러다가 어두워서 땅강아지를 놓쳐 버렸다.

"으이구, 놓쳤뿌따."

그런데 어? 땅강아지가 수돗가 세멘에 있었다. 내가 가서 더듬이를 건드리니 거름 쪽으로 막 기어갔다. 높은 데서 떨어져도 다치지도 않았는지 끄떡없이 자꾸 갔다. 어떻게 해서 높은 데서 떨어져도 하나도 안 다치고 끄떡없을까? 몸이 가벼워서 그러나? 그게 참 궁금하다. 사람 같으면 어디를 다쳐도 다쳤을 건데 말이다.

난 이제 그만했다. 땅강아지는 밤에도 활동하고 날아다닌다는 걸 알았다. 그런데 자연 상태에서 관찰하긴 너무 어렵다.   (1991년 11월 9일)

땅강아지를 30분 동안 추적 관찰하고 쓴 관찰기록문입니다. 짧은 30분 동안 관찰을 했지만 새롭게 발견한 것이 있지요? '땅을 파는데 앞발은 빨리 위로 쳐올려서는 다시 밑으로 내리찍고 머리부터 흙에 집어넣었다. 뒷다리는 안 미끄러지려고 뒤로 버티었다. 머리로 움찔 움찔하며 흙 속에 들어갔다. 몸이 들어가니 가만 있었다.'는 것과 밤에 밖으로 나와 날아다니고, 날아도 낮게 난다는 것 따위를 알아낸 것입니다. 짧은 30분 동안에 이 정도만 관찰해 글을 쓴 것도 잘한 것이지요.

2. 기록문은 왜 쓸까요?

사람이 살아가는 동안 수많은 일들을 보고 듣고 겪으면서 남이 미처 알지 못하는 새로운 사실을 알게 되고, 새로운 것을 느끼게 되고, 새로운 생각을 갖게 되고, 거기서 또 새로운 것을 깨닫게 되기도 합니다. 이렇게 새롭게 알게 된 사실이나 느끼고 생각한 것, 새롭게 깨달은 것은 그냥 덮어 두기보다는 기록해 보는 것이 좋습니다. 기록하는 건 그 자체로도 중요하지만 어린이들에게는 큰 공부가 되지요. 어디 그뿐입니까? 그냥 덮어 두면 자기만 알 뿐이지만 기록해 두면 다른 사람에게도 도움이 될 수 있으니 더욱 뜻있는 일 아니겠습니까.

이 기록문 쓰기의 장점은 보고문 쓰기에서 얻는 장점과 비슷한 면이 많습니다. 좋은 경험을 쌓을 수 있고, 많은 것을 얻게 해 주고, 스스로 조사 연구하는 방법도 배울 수 있고, 자연과 사물, 자연과 사물의 현상, 또는 사회나 사회에서 일어나는 사실에 대해 흥미와 관심을 가지게 되는 것이 그것이지요.

그러면 기록문은 왜 쓰는지 종합해서 말해 보겠습니다.

첫째, 살아 있는 자기 공부가 됩니다. 보고문도 마찬가지겠지만 자연과 사물의 모습이나 현상, 사람과 사회의 모습을 스스로 자세히 살펴보고 기록하면 자기에게 뜻이 있게 되고, 기록하는 가운데 그것이 바로 자기 몸과 마음에 녹아들어 가게 되지요. 또 그러면서 사물을 자세히 보는 눈도 키울 수 있어 살아 있는 공부가 됩니다.

관찰기록의 경우, 자연의 모습이나 자연현상을 관찰함으로써 문제를 발견하고, 또 문제를 해결할 수 있는 정보를 얻고, 나아가 문제를 해결할 능력을 길러 줍니다. 무심코 보았을 때는 흩어져 보여서 질서를 찾지 못하지만 사물이나 현상을 관찰기록해 나가면 질서를 찾을 수 있지요. 그래서 같거나 비슷한 것끼리 나눌 수 있는 능력도 길러집니다. 여기에서 어떤 규칙이나 원리, 법칙을 찾아낼 수도 있을 것입니다. 그러니 사물을 예사로 보지 않고 주의 깊게 살펴보는 태도와 능력이 길러지는 것은 말할 것도 없고, 자연에 대한 생각도 깊어지지요.

또 자연 관찰을 해 나가면서 자연을 사랑하게 되고, 생명의 존엄성도 깨닫게 됩니다. 뿌리도 없는 아득한 생각보다는 사실에 바탕을 둔 또렷한 생각을 가질 수 있게도 해 주고 그런 태도를 갖게도 해 줍니다. 끊임없이 관찰해 나가다 보면 참을성과 끈기도 길러지고 의지도 굳어집니다. 다른 글을 쓸 때도 사실에 바탕을 둔 진솔한 글을 실감 나게 쓰는 태도를 길러 주기도 합니다.

관찰기록의 경우가 아닌 다른 기록문 쓰기에서도 마찬가지입니다.

둘째, 기록 자료로도 그 뜻이 큽니다. 기록문은 사실을 그대로 기록하는 글이기 때문에 오랜 세월이 지나 뒷세대 사람들이 보면 지금 내가 살았던 시대의 모습을 알 수 있게 해 주는 자료가 됩니다. 그뿐만 아니라 사실을 그대로 기록해 두면 어떤 사실에 대한 증거 자료로서 가치도 생기겠지요. 또 관찰, 조사, 연구 기록문일 경우 자신뿐만 아니라 다른 사람들에게도 중요한 기초 연구 자료로 쓰일 것입니다. 《난중일기》나 《안네의 일기》, 《이윤복의 일기》는 그 시대 상황을 잘 알 수 있게 해 주고, 《파브르 곤충기》나 《시튼 동물기》 같은 것은 연구 자료로 활용될 수도 있다는 말입니다.

셋째, 보고문의 바탕이 되기도 합니다. 보고를 받는 사람이 믿고 받아들일 수 있는 보고문을 쓰는 데 사실 기록이 없다면 설득력이 떨어지겠지요. 그래서 보고문의 중요한 바탕이 된다는 것입니다.

3. 여러 가지 기록문

앞서 어른들이 쓰는 기록문학 몇 가지를 이야기했지요? 그러면 이제 어린이들이 쓰는 기록문에는 어떤 것들이 있는지 알아봅시다. 사실 어린이들이 쓰는 기록문은 서사문이나 설명문에 가까운 것이 대부분입니다. 또 보고문과 별 차이가 없기도 합니다. 그렇지만 이 기록문이 어느 위치에 있는지, 어떤 성격을 갖는지 알아야 하고, 어린이들이 많이 쓰는 관찰기록문은 따로 이야기하지 않으면 안 될 것 같아 이렇게 이야기하는 것입니다.

그러면 기록문의 갈래를 살펴봅시다.

1) 생활 기록문

생활 기록문이라면 흔히 말하는 생활문이지요. 생활문 가운데도 서사문 형태로 쓴 글을 말합니다. 말하자면 생활해 나가는 가운데 일어나는 어떤 특별한 일의 상황이나 변화하는 모습을 사실대로 기록한 글이지요. 때에 따라서는 글쓴이의 생각이나 느낌을 조금씩 적어 두기도 합니다.

생활 기록문 가운데도 일기는 하루 생활을 기록하는 더욱 생생한 기록문이지요. 어린이가 쓴 일기 가운데 1960년대에 이윤복이 쓴 《저 하늘에도 슬픔이》가 있다고 했지요? 너무나 가난해 어렵게 살았지만 정직하고 꿋꿋하게 살아가는 한 어린이의 삶을 기록한 일기이자 기록문이기도 합니다.

일기는 보통 자기만 읽는 글이지만, 형편에 따라서는 이렇게 여러 사람이 읽게 해서 그때 그 사실을 알리기도 합니다.

다음은 경산 중앙초 4학년 홍광태의 일기 가운데 일부입니다.

1992년 1월 1일 수요일 맑음

개한테 물림

자전거를 타고 신문을 돌리다 개를 만났다. 개가 이쪽저쪽에 왔다 갔
다 해서 어지러워 넘어졌다. 개를 발로 찼다. 개는 멍멍 짖더니 내 다리
를 물어뜯었다. 그래서 나는 옷이 타졌다.

다시 신문을 였다(넣었다). 그런데 아줌마가 "너 왜 이리 무릎이 째졌
니?" 하며 말했다. 나는 개 때문에 그렇다고 했다. 아줌마는 "그래, 수고
한다." 하며 말했다.

'서울 족발'에서 음료수 한 잔을 얻어먹었다. 시원하였다. 보니 나를
물었던 그 개는 '서울 족발' 개였다. 나는 음료수를 마시고 "잘 먹었습니
다." 하며 빨리 뛰어나왔다.

오늘은 재수가 없다.

1992년 5월 11일 월요일

삼성전자와 경보 이용소의 오해

신문을 돌리다 '삼성전자'에 열(넣을) 때였다. 문을 열고 들어가니 사
람이 많았다. 대머리 조금 까진 아저씨가

"니 어제 왜 안 여 주노?"

"여 줬는데요."

"신문 없든데?"

"어제 어떤 오징어 묶는 아저씨한테 줬는데요."

"안 받았다 안 카나."

"진짜 줬어요."

나는 눈물이 핑 돌라 캤다.

'여 줬는데.' 하며 속으로 욕이 나올 정도였다.

어떤 아저씨가 들어왔다.

"니 어제 이 아한테 신문 받았나?"

"예."

속이 시원했다.

"야, 미안하다." 카며 나가라 했다.

나가서 '경보 이용소'에 가니 아저씨가

"야, 니 어제 신문 안 였나?"

"였는데요."

"누구한테 줬노?"

"어떤 아저씨한테요."

"어구우 그 사람 이발하러 온 사람 와 주노."

나는 미안해서 어쩔 줄 몰랐다. 속으로 '죄송합니다.'라고 사과하는 말이 나왔다.

"니 이제 딴 사람한테 주지 마래. 자, 이거 요구르트 먹어라."

"고맙습니다."

'경보 이용소' 아저씨가 꼭 아버지같이 대해 주셨다. '경보 이용소' 아저씨가 무척 좋았다.

이 일기는 그때(1992년) 힘겹게 신문 배달하는 아이의 모습을 잘 알 수 있는 기록문이기도 합니다.

2) 관찰기록문

관찰기록문은 어느 시가 동안에 동시물이니 지연현상, 또 실험 소작을 통해 바뀌어 가는 모습을 자연 상태로 잘 살펴보고 크기, 모양, 색깔, 자라남, 움직임, 생활, 습성, 현상 같은 것, 말하자면 자연 사상을 있는 그대로 붙잡아 적은 글을 말합니다. 관찰기록문에 관한 자세한 이야기는 '5장 관찰기록문'을 참조하기 바랍니다.

비 오는 날의 모습

경산 성암초 5학년 신현지

비가 왔다. 참 심심하다. 그런데 창밖을 보니 나무가 싱싱해졌다. 비 오면 우리는 이렇게 심심한데 나무는 심심하기는커녕 기분이 좋아 팔팔하다. 이것저것 살펴보다 보니 재미가 있다. 나는 우산을 쓰고 나가 보았다. 그런데 사실 내가 스스로 비 오는 날을 관찰하는 것이 아니다. 우리 선생님이 관찰해 보라는 말이 있었다.

나가 보니 움푹 파인 땅에는 빗물이 고여 있다. 샘물같이 고여 있는 게 신기해서 손가락으로 빗물을 콕 쑤셔 보았다. 진동이 전해졌는지 동그란 물결이 퍼져 나간다.

놀이터에 가니 모래흙 색이 변해 있다. 비가 오기 전에는 보들보들하고 연한 황토색이었는데 비가 오니 모래 색은 갈색이고 질퍽질퍽했다. 비가 오는 날은 흙이나 모래의 색이 더 진해진다. 그러고 보니 나무도 집도 길도 모두 색깔이 더 진해져 있다. 풀잎은 또 더욱 진한 녹색이다. 고개를 푹 숙이고 있다. 풀잎 끝에 보면 물방울이 보석이 달려 있는 것처럼 맺혀 있다. 물방울을 만지면 손가락 끝에 붙어 있는 게 신기하다. 이슬 속을 가만히 보면 내 모습이 조금 비친다.

놀이터를 벗어나려고 하는데 길옆에 달팽이 다섯 마리가 기어가고 있다. 가만히 살펴보니 달팽이가 더 많았다. 비 오는 날 달팽이가 많이 나온다는 말을 들었는데 그 말이 맞다. 달팽이뿐 아니다 지렁이도 여기저기 보였다. 숨을 못 쉬어서 나오는가 보다. 그래도 자꾸 기어 다니다가 밟혀 죽거나, 갑자기 맑아지면 미처 흙속에 못 들어간 지렁이는 말라 죽기도 하는 걸 보았다. 조금 걱정이 되었다.

다시 옆을 보니 물웅덩이가 있는데 나무에서 떨어지는 큰 물방울이 떨어지니까 물이 톡 튀어 왕관 모양으로 되었다. 그게 얼마나 신기한지 자꾸 보았다.

사람들의 모습을 보니 모두 우산을 쓰고 다닌다. 물이 있으니까 물이 없고 질지 않은 곳으로 피해 다닌다. 옷을 보니 긴 옷 입은 사람이 가끔 보인다. 조금 추워서일 것이다. 우산 없는 어떤 아이가 비를 피해서 막 뛰어간다. 한 언니는 우산 없이 오는데 머리가 좀 젖어 있었다. 옷도 좀 젖었다. 비가 안 올 때보다 다니는 사람들도 적었다.

길에 자동차가 다니는 것을 보니 물이 막 튄다. 무거운 자동차가 지나 가면 압력을 받아서 물이 갈 데가 없으니 튀는 것이다. 물이 튀니까 지 나가는 사람들이 우산으로 가리기도 하고 또 차가 오나 안 오나 살피면 서 조심히 가고 있다.

가다 보니 오토바이나 자전거를 세워 둔 것이 많이 보인다. 비를 맞아 도 그대로 둔 집도 있지만 비를 안 맞게 하려고 비닐이나 무엇으로 덮어 놓은 집이 많았다. 골목에 세워 둔 차들이 비를 그대로 맞고 있는데 몸 을 깨끗이 씻어서 시원하다고 웃는 것 같다.

대구은행 있는 곳에 보니 빗물이 줄줄 흘러내리는 곳이 있었다. 나는 장난으로 발로 가려 보았다. 물이 다른 방향으로 흐른다. 내 발이 걸림 돌이 되는 것이다. 가까이에서 돌을 주워 와 놓아 두니 물은 돌을 돌아 두 갈래로 흘러간다.

마지막으로 맨발로 걷기를 해 보았다. 흙 위를 걸어 보았다. 밟으니까 발이 푹 들어간다. 그리고 더 부드러운 느낌이다. 만져 보니 물컹물컹하 고 질퍽하다. 뭉치니까 뭉쳐졌다. 담 옆을 보니 흙이 비를 덜 맞았다. 그 흙을 뭉쳐 보니 잘 안 뭉쳐진다.

비 오는 날의 공통점은 비 맞는 것들은 모두 젖는다는 것이다. 젖기 때문에 비 맞는 모든 것들이 조금씩 다르게 보이는 것 같다. 동식물이나 사람들은 비 오는 데 적응해서 생활하고 있는 것 같다. 비 오는 날 늘 보 는 것이지만 새롭게 보니까 신기한 게 참 많다는 걸 깨달았다.

(2006년 7월 3일)

비 오는 날 모습을 잘 살펴보고 쓴 관찰기록문입니다. 비 오는 날에는 모두 색이 진해지고 달팽이나 지렁이가 많이 나온다는 것 외에여러 가지 모습들을 잘 나타내었습니다.

아무 생각 없이 보면 발견하지 못하는 것도 마음을 다잡아 유심히 살펴보면 새로운 사실을 발견할 수 있고, 흔히 보아 온 모습도 더욱 새롭게 다가올 것입니다.

3) 견학 기록문

어린이들은 흔히 시청이나 면사무소, 우체국, 은행 같은 관공서를 견학하기도 하고 배 만드는 공장이나 자동차 만드는 공장, 섬유 공장 같은 각종 공장도 견학합니다. 또 유적지나 유물을 전시한 박물관을 견학하기도 할 것입니다. 이렇게 어떤 곳을 찾아가 보고 듣고 생각한 것을 기록한 글을 견학 기록문이라고 합니다.

등대 박물관을 다녀와서

대구 동호초 4학년 김벼리

사회 책에 보면 박물관 견학하기가 있다. 선생님이 우리 반은 박물관 꾸미기와 박물관 견학과 견학 기록문 쓰는 것을 한 가지 박물관으로 하자고 했다. 그래서 나는 등대 박물관으로 정했다. 포항에 친척이 있는데다 아직 등대 박물관에 안 가 보았기 때문에 마침 잘된 것이다.

9월 19일, 우리 식구들은 포항에 사는 사촌과 함께 등대 박물관에 갔다. 그런데 어라! 문이 닫혀 있다. 분명히 인터넷에는 일곱 시까지라고 해서 여섯 시까지 겨우 갔는데 큰일 난 것이다. 그래서 사촌 집 가까이에 있는 모텔에서 하룻밤 잤다. 이모부가 포항에서 일을 해 몇 시까지인지 알아보니 일곱 시까지가 맞았다. 그런데 요즘 안내원이 바뀌어서 그런다고 했다.

그다음 날인 9월 20일에 다시 등대 박물관에 갔다. 이번에는 늦지 않으려고 아침을 먹고 바로 가서 열한 시쯤에 들어갔다. 다행히 문이 열려 있었다. 나는 사촌 동생 민아가 자꾸 머리를 잡아땡겨서 화가 나, 문 앞에서 엄마가 사진 찍을 때는 얼굴을 찌푸렸다. 하지만 나의 표정은 곧 개어졌다.

맨 먼저 국립 등대 박물관에 들어갔다. 문에 들어가니 커다란 사진이 벽에 붙어 있었다. 자세히 보니 등대와 관련된 그림이었다. 설명에는 뱃길을 밝히는 불빛을 그린 것이며, 내용은 근대식 항로표지가 설치되기 이전부터 선박의 안전 운항을 위하여 횃불 등을 이용하였으며, 등대 박물관을 상징하기 위하여 동판으로 설치한 부조라고 되어 있었다. 들어가는 문에서부터 멋지게 해 놓아 참 보기가 좋았다.

우리가 들어가는 곳이 바로 2층이어서 1층으로 내려가려고 했다. 그런데 내려가는 길에 이상한 선풍기가 놓여 있었다. 그래서 엄마에게 "엄마, 이거 뭐야?" 물었더니, 엄마가 "내용 읽어 보고 말해라." 했다. 괜히 말해서 꾸중만 들었다. 그래서 내용을 읽어 보았다.

내용에는 '수은조식 회전식 등명기이며, 1910년부터 1987년까지 여수지방해양수산청 소리도 등대에서 사용하던 수은조식 등명기이다. 렌즈 지름에 따라 3등급 소형 등명기로 구분되며 렌즈 내부에 석유 백열등을 설치하고 프리즘 렌즈의 굴절과 반사되는 성질을 이용하여 빛을 방사하였다.'라고 적혀 있었다. 나는 그제서야 선풍기가 아니고 '수은조식 회전식 등명기'라는 것을 알았다.

1층으로 내려가는 계단 옆 벽에는 등대 사진이 전시되어 있었다. 나는 하나씩 다 살펴보았다. 그런데 모양이 모두 다 신기했다.

밑에 내려가니 '근역강상맹호기상도'라는 호랑이가 그려져 있는 지도가 있었다. 그리고 등대 박물관이 호랑이 꼬리에 있다는 것을 알았다. 호미곶이 왜 호미곶인 줄도 알게 되었다.

1층에는 호미곶의 등대 모형이 있었다. 그리고 음파라는 단추를 누르니 통에서 은색 빛이 맴돌았고 전파를 누르니 한쪽에서 등대까지 점선이 그려졌다. 그리고 우리 나라에도 등대가 30개가 넘는다는 것을 알게 되었다. 그리고 가장 중요한 것은 세계 최초의 등대는 파로스 등대라는 것이다. 나는 파로스 등대 이외에도 많은 등대들을 보았다. 등대에 따라 이름, 모양이 모두 다 달랐다. 중국에는 중국 전통무늬로, 다른 외국의 것은 깔끔하고 이층집처럼 생겼다. 그와 달리 우리 나라 등대는 아주 평범했다. 등대원 숙소도 보았다. 등대여서 그런지 앞부분이 둥그스름했다. 그리고 공간이 좁았다.

과학관에 가니, 배 운행 체험실이 있었다. 게임으로 하는 것이지만 배를 어떻게 운행하는지 대충은 알았다. 그런데 자꾸 '선박 파손'이나 '항로 이탈'이라고 나와서 짜증이 났다. 그리고 아주 큰 지구 모형이 있었다. 구멍이 있어서 들여다보니 전파로 뱃길을 오가게 하는 모형이었다. 키 순서 대로 해 놓아서 참 좋았다. 나는 가장 높은 것에서 두 번째로 높은 것을 선택했다. 지구 속에는 여러 나라가 있었다.

'등대 유물관'에 가니, 여러 가지 등롱들이 많이 있었다. 그런데 나가는 문 쪽에 전기 사이렌이 있었다. 바다에 위급할 때 사이렌을 울렸던가 보다. 나팔처럼 생겨서 한번 후우우 불어 보았더니 아무 반응이 없었다.

등대 박물관에서 밖에 나와 보니 독도와 울릉도의 모형이 있었다. 울릉도에는 '독도 박물관'도 있다는 것을 지나가던 아줌마에게 들었다.

조금 더 가니, '해양 전시관'이 나왔다. 우리는 전시관 1층에 들어갔다. 처음에는 배가 변천한 과정을 보여 주는 곳이 있었다. 그런데 들어가자마자 내 눈에 확 뜨인 것은 바로 교관선이었다. 설명에는 '통일신라 시대 청해진 대사 장보고의 무역선'이라고 설명되어 있었다. 너무 커서 한번 타 보고 싶은 느낌이 들었다.

그리고 조금 더 안에 들어가니 배가 전시되어 있었다. 배 안에는 장난감 차들이 수북이 놓여져 있었다. 엄마는 "봐라. 배 안에 차 있제? 지금 육지로 옮기려고 배로 싣고 가는 거야." 했다. 나는 고개를 끄덕거렸다. 그리고 옆으로 갔다. 그런데, 와우! 수산물이 전시되어 있었다. 놀랍게도 새끼 고래, 새끼 상어도 있었다. 그런데 웃기는 것은 대게 이름이 '너 도대게' 라는 것도 있다는 것이다. 그 이름을 보고 사촌들과 함께 '큭큭 큭!' 웃었다.

2층으로 올라가니, 전망이 아주 좋았다. 사진들도 멋졌다. 바닷바람에 비린내가 솔솔 풍겨 왔다. 코앞이 바다여서 그런지 갈매기들이 막 날아 왔다. 다시 내려가니 엄마 아빠, 그리고 이모가 테마 공원에 가자고 했다. 우리는 공원이라는 말에 '야!' 소리를 지르며 표지판이 가리키고 있는 테마 공원에 갔다. 테마 공원에는 전마선, 우도 등대, 영도 등대, 우리 나라에서 최초로 나온 팔미도 등대 등이 있었다. 나는 그중에 영도 등대가 참 멋있었다. 왜냐하면, 돌 사이에 등대를 세웠기 때문이다. 우리 나라에도 영국이나, 미국처럼 멋있는 등대가 있다는 것이 자랑스러웠다.

기획 전시관에는 가지를 못했다. 하지만 테마 공원에서 나가니 바로 동해 바다와 호미곶 조형품이 보였다. 다시 사촌과 우리 식구들은 모두 바다에서 고디와 게를 잡는다고 푹 빠졌다. 그러나 민아가 게를 무서워 해 몇 마리를 놓쳤다. 다행히 내가 음료수 병을 들고 가서 그 안에 고디와 게를 넣을 수 있었다. 그런데 놀다 보니 민아와 내가 오줌이 마려워 동해 바다에 영역 표시를 하고 와 버렸다. 미안한 마음!

등대 박물관을 통해서 궁금한 점이 많이 풀렸다. 등대의 종류도 여러 가지 외웠다. 그리고 등대는 밤에 뱃길을 잘 밝혀 주고 특히 폭풍우가 칠 때 사람들을 구조해 주는 중요한 구조대 역할을 한다는 것을 또렷이 알았다. 다음에 호미곶을 보러 갈 때는 꼭 기획 전시관에 가 볼 것이다.

"등대야, 나의 길도 훤히 밝혀 줘!"   (2009년 9월)

군더더기 말이 좀 많고, 등대 박물관의 1, 2층에 전시된 전시물에 대한 기록은 조금 더 구체로 했으면 좋았겠지요? 하지만 4학년이니까 이 정도로 쓴 것도 제법 썼다고 봅니다.

4) 조사 기록문

어떤 것이나 어떤 사실을 알아보기 위해 조사 정리해서 체계 있게 기록한 글을 조사 기록문이라고 합니다. 이 조사 기록문은 자료를 얻는 방법에 따라 두 갈래로 나눌 수가 있습니다. 사전(백과사전, 국어사전)이나 여러 가지 참고 책, 신문이나 잡지, 그리고 인터넷을 통해 자료를 조사하는 경우와 실제로 현장에 가서 실태를 조사하는 경우로 나뉩니다.

어른들은 업무 관련 보고를 하기 위해 조사 기록을 많이 하지만 어린이들은 주로 살아 있는 공부의 한 방편으로 합니다. '금호강의 환경 실태 조사, 우리 고장의 문화재 조사, 두부 만드는 과정 조사, 우리 아파트 단지 내 주차 실태 조사, 우리 고장의 이름에 얽힌 이야기 조사, 요즘 어린이들의 놀이 실태 조사, 우리 고장의 지방 말 조사' 같은 것들입니다. 어린이들이 공부하는 교과 가운데 사회과에는 조사 기록을 하지 않으면 안 되는 것들이 아주 많지요?

그런데 보고문처럼 기록문 쓰기도 크게 좋아하지 않는 어린이들이 많습니다. 내용 자체가 별맛이 없고 딱딱한 것이 대부분이고, 글도 체계를 세워 써야 하기 때문에 그럴 것입니다. 그렇지만 어린이들 가운데는 조사 기록을 하면서 새로운 것을 알아가는 것에 큰 흥미를 느끼는 어린이도 많이 있을 것입니다. 흥미가 있든 없든 이런 살아 있는 공부를 많이 해야 할 것입니다.

외국어 때문에 자존심 상한다

경산 중앙초 6학년 권경희

오늘의 재미 숙제는 아주 재미있을 것 같은 예감이 들었다. 오늘 마침 시장에 가야 할 일이 있어서 옷가게에 들렀다. 처음으로 들린 집은 단골로 다니는 '명동 의류 백화점'이다. 이 집에는 옷의 종류가 많기 때문에 영어가 쓰인 옷과 쓰이지 않은 옷들도 많이 있었다.

가장 먼저 영어가 쓰인 옷을 찾아보았다. 한 청색 남방의 카라 있는 곳에 'CDFGCT'라는 영어가 쓰여 있었다. 또 단추에는 'POWER'이란 글자가 단추 모양에 맞추어 쓰여 있었다.

모자가 달린 티셔츠를 보았다. 이 티셔츠 카라 부분에 'ACPOTHM'이란 글자가 쓰여 있고, 티셔츠의 앞면에도 똑같은 영어가 쓰여 있었다. 요즘 유행하는 바지도 대부분 영어로 쓰여 있다. 청바지는 허리띠 매는 곳에 'QIVAN' 이렇게 쓰여 있다. 뽀빠이바지는 청으로 되어 있는데 앞주머니에 'DONG SEOA' 이렇게 쓰여 있다. 앞주머니에 커다랗게 눈에 잘 띄게 해서인지 몰라도 이 옷이 참 예쁘고 보기가 좋아 보였다. 나도 눈이 어떻게 되었는지 모르겠다.

유치원 아이들이 입는 옷에는 한두 벌에 우리 말이 쓰여 있었다. 세 살에서 네 살 어린이들이 입는 옷인데 'OFROMT'란 영어가 검정색으로 예쁘게 새겨져 있었고, 또 치마는 'AYSHENO'란 글자가 주의 사항이 있는 곳에 쓰여 있었다. '해피랜드'와 같이 우리 한글로 적혀 있지만 외국어로 해 놓은 것도 있다. 이 외국어의 뜻은 '행복의 집'이란 뜻이다. 그냥 '행복의 집'이라고 우리 나라 말로 써 놓으면 될 텐데 왜 영어로 써 놓았는가?

이 옷 저 옷 뒤적거리며 수첩에 쓰고 하니까 일하는 언니가 자꾸 이상하게 쳐다봐서 조사하는 데 고생이 많았다.

다시 어른 옷이 있는 쪽으로 가니 눈에 확 뜨인 옷이 있었다. 이 옷에는 사람들이 아주 알아보기 힘들게 영어를 막 날려 써 놓았다. 이 옷 카라 있는 곳에 '브렌따노'란 글자가 있는데, 이 뜻은 '우리 좋은 친구들'이라고 한다. 어느 나라 말인지 모르겠지만 '브렌따노'보다는 '우리 좋은 친구들'이 더 좋다. 그런데 우리 말을 이렇게 억지로 다른 나라 말로 바꾸어 쓰는 이유가 뭘까? 우리 나라를 아주 우습게 보는 태도라고 생각한다.

다음은 우리 집이다. 우리 집에도 영어로 쓰인 옷이 많이 있을 것이라 예상했다. 왜냐하면 옷 가게를 조사해 보니 거의 다가 외국어로 쓰여 있는 옷이어서 그렇다. 내가 잘 입는 청색 남방의 상표 이름은 '카운트다운'인데 이 옷을 잘 살펴보면 순전히 영어로만 쓰여 있다. 아빠가 잘 입는 '노바' 상표의 옷이 있는데 이것도 위의 옷과 같이 완전히 영어로 날려 써 놓았다.

나는 조사하다가 성질이 나서 그만했다. 어차피 조사해 봐야 모두 외국어로 적혀 있는데 뭐하게 쓸데없는 수고를 하나 싶어서 그렇다. 우리 나라 말이 쓰여 있는 옷보다 외국어가 더 많게 만들어 놓은 사람은 도대체 누구인지, 어떤 위대하고 자랑스런 인물들이 만들어 놓았는지 알고 싶다. 알아보기 쉽고, 언제 보아도 머리 아프게 해석을 하지 않아도 아주 쉽게 뜻을 알 수 있는 좋은 우리 나라 말이 있는데 그렇게 어렵고 알아보기 힘든 영어를 쓸 필요가 뭐 있을까?

나는 이것을 대충 조사해도 우리 나라 사람이 지금 가지고 있는 근본 정신이 흐트러져 가고 있다는 것을 느꼈다. 여러 옷들에 쓰여 있는 우리 말이 아닌 외국어를 찾아야 한다는 것에 몹시 자존심이 상했다.

(1993년 10월 16일)

옷에 쓰여 있는 말을 조사한 결과 다른 나라 말이 정말 많다는 것을 새롭게 알았습니다. 여기 어린이는 옷에 다른 나라 말이 너무 많아 자존심이 상했다고도 했습니다. 정말 우리 말의 뿌리가 흔들릴 정도지요.

5) 체험 기록문

우리가 책을 통해서나 눈으로 보기만 하거나 귀로 듣기만 하는 것으로는 무엇을 제대로 알고, 느끼고, 깨닫기에 모자라는 점이 많습니다. 그렇다면 또렷이 알 수 있고, 느낄 수 있고, 깨달을 수 있는 방법으로 무엇이 있을까요? 바로 몸으로 겪어 보는 것입니다. 이를테면 '농촌에 가서 일해 보기, 밥해 보기, 환경미화원과 함께 일해 보기, 맨발로 흙 위를 걸어 보기, 눈 감고 지내 보기, 한쪽 팔 안 쓰고 지내 보기, 우리 집 앞 일주일간 청소해 보기' 같은 체험이지요. 이런 체험을 해 보고 쓰는 기록문이 체험 기록문입니다. 어떤 주제를 정하고 계획을 세워서 체험을 하고 체계를 세워 쓴다면 보고문이 되겠지요.

그러면 체험 기록문을 한 편 보겠습니다.

비 오는 날 맨발로 흙길 걸어 보기

경산 성암초 5학년 한도현

오늘 밖에 나가서 비 오는 모습을 보고, 비 오는 데 맨발로 걸어 봤다. 비가 오니 우산이 있는 사람은 그냥 우산을 쓰고 가는데 우산이 없는 사람은 막 뛰어간다. 어떤 사람이 뛰어가다가 넘어졌다. 그만 온몸에 흙이 묻고 빗물에 흠뻑 젖어 버렸다. 나는 그냥 비를 맞으면서 천천히 걸으면서 갔다. 흙길에 빗물이 내려가서 골이 졌다. 빗물이 조르르 내려간다.

맨발로 흙 위를 걸어 보았다. 미끌미끌하고 뭔가가 발에 붙는 것 같다. 발이 흙에 푹푹 들어갔다. 그러다 돌을 밟으니까 아파서 깜짝 놀라기도 했다. 그런데 갑자기 발 있는데 지렁이가 나왔다.

"아이구, 엄마야!"

깜짝 놀랐다. 소름도 끼쳤다. 너무나 놀란 나머지 지렁이를 발로 차서 멀리 보내어 버렸다. 그러고 나니까 지렁이한테 미안한 마음이 들었다. 지렁이는 괜히 날벼락을 맞은 거다. 가다가 흐르는 빗물에 발에 묻은 흙을 대충 씻었다. 청구 아파트 있는 데는 빗물이 많이 흘러내렸다.

골목길로 오는데 '쪼로로록' 소리가 났다. 소리 나는 쪽을 보니 파이프 같은 곳에서 물이 흘러내렸다. 그 파이프는 어떤 집의 지붕에 연결되어 있었다.

오다가 보니 원래 엄청나게 더럽고 초록색 녹조가 굉장히 많이 끼여 있는 더러운 물이 흙탕물이 되어 있었다. 그 바로 앞에 밭이 있는데 나는 재미있을 것 같아 또 한번 맨발로 걸어 보았다. 그때는 이미 비가 조금밖에 안 내렸다. 흙은 쑥쑥 들어갔고 물렁물렁한 느낌이었다. 거기엔 잡돌이 많아서 따가워 죽는 줄 알았다. 그래서 더는 못 걷고 그냥 슬리퍼를 신고 왔다. 그런데 문제가 하나 생겼다. 발에 붙어 있던 조그만 잡돌들이 슬리퍼에 끼여서 걸으면 조금씩 따갑고 아팠다. 그냥 참고 집에까지 오려고 했는데 너무 불편해서 정욱이 집 앞에 물이 고여 있는 곳에서 발도 씻고 슬리퍼의 돌도 씻어 내었다. 그때서야 좀 편해졌다. 그런데 갑자기 선생님의 말씀이 떠올랐다. '불편한 생활이 행복한 생활이다!'라고 하는 말이다. 왜 이런 말이 떠올랐는지 모르겠다. 선생님이 우리가 좀 불편하게 살아야 자연을 더 보호할 수 있다고 한 말도 떠올랐다.

나는 하늘을 올려다보았다. 시커먼 구름이 막 움직이고 내리는 비도 보인다. 비가 내 눈에 들어갔다. 눈을 감고 손으로 비볐다. 길가 자동차에는 빗방울이 송송 맺혀 있다. 차 트렁크에 맺힌 빗방울을 건드리니까 텔레비전에서 보는 도깨비불 같은 모양이 되면서 주르륵 흘러내렸다. 그 밑에 있는 빗방울들이 다 쓸려 내려갔다. 하지만 금방 또다시 옆에 있던 빗방울들이 와서 메워 주었다.

놀이터에 가 보았다. 나무 밑에 보니 벌레가 나왔다. 전번에 정욱이 엄마가 쥐며느리는 비가 오려고 하면 살던 집에 물이 차서 나온다고 했다. 쥐며느리도 보였고 지네 비슷한 벌레도 기어 나왔다. 나는 모래 위를 맨발로 걸어 보았다. 까실까실하면서도 간질간질했다. 좀 걸어 보니 더는 못 걷겠다.

그러다 집으로 왔다. 정욱이 집 앞에 왔다. 집 안에서 무슨 소리가 들렸다. 정욱이의 목소리인데 뭐라고 말하는 것 같았다. 제대로 듣지를 못했다. 그러다 순간 나는 엄청난 것이 떠올랐다.

'아! 우리 집 창문!'

그렇다. 나는 창문을 닫지 않고 온 것이다. 소나기가 왔다가 안 왔다가 했는데 창문을 열어 놨으니까 이젠 다 젖었겠다, 생각하고 집으로 왔다. 그런데 집에는 동생 정미가 있었다. 내가 계단을 올라오니까 정미가 현관문을 열고 말했다.

"오빠야, 내가 문 닫아 놨다."

"잘했다! 그러면 빗물 안 들어왔재?"

"당근이지."

"오우예! 그러면 엄마한테 혼은 안 나겠네. 우리 정미 오랜만에 제대로 좋은 일 했네. 아니 처음인가, 키키키……."

집에 들어왔다. 그런데 돌발 상황이 하나 더 생겼다. 작은 방 창문을 닫지 않았다. 나는 그대로 뭉크의 '절규'라는 그림처럼 되어 버렸다. 왜냐하면 거기에 내가 써 놓은 일기랑, 글이랑, 공책이랑 다 있었기 때문이다. 글이랑 일기는 이미 모두 잉크가 번졌다.

"안 돼애애애애! 아이고 홀딱 망했뿌따!"

나는 그대로 바닥에 주저앉아 천장만 봤다.

'아아! 비가 오니 이렇게도 된다, 이런 제기럴! 아아, 젠장 젠장 젠장!'

나는 비 오는 날 별걸 다 겪어 봤다.　　　　　　　　　　(2006년 7월 3일)

맨발로 빗물 머금은 흙 위를 걸어 본 일, 파이프에 물 내려오는 소리 들은 일, 자동차에 맺혀 있는 빗방울을 본 일, 벌레가 나오는 모습을 본 일, 창문을 안 닫아 글 써 놓은 것이 젖어 버린 일……. 비 오는 날 맨발로 걸어 보기를 하면서 겪은 일들을 그대로 기록해 놓았습니다.

그 밖에도 여행 과정을 쓴 여행 기록문, 어떤 사실을 연구하는 과정과 결과를 기록한 연구 기록, 사건의 전개 과정과 결과를 기록한 사건 기록, 어떤 회의 과정과 결과를 기록한 회의 기록 같은 것들도 모두 기록문에 들어갑니다. 어른들의 연구 기록문 같은 경우는 연구 보고문 또는 연구 논문이란 말로 더 많이 쓰고 있습니다.

4. 기록문의 특징과 다른 갈래 글과 관계

1) 기록문의 특징

기록문의 특징은 여러 가지가 있겠지만 중요한 것 세 가지만 말하겠습니다.

첫째, 기록문은 사실을 충실히 기록하는 글입니다. 사실이 또렷하게 기록되도록 하자면 자기 주관대로 판단하거나 짐작해서 써서는 안 되겠지요.

개미의 음식 운반 모습

개미의 음식 운반 모습을 자세히 살펴보았다. 밥알을 마당에 두었더니 개미가 왔다. 발 여섯 개 중 앞발 두 개를 이용해서 밥을 끌고 갔다. 혼자가 아니고 두 마리가 밥알 앞뒤에서 허리를 꼿꼿이 세우고 끌듯이 들고 갔다.

생각이나 짐작으로 기록하지 않았지요? 이렇게 사실 그대로 써야지 그렇지 않으면 거짓말이 되어 기록문의 가치를 아주 잃어버립니다.

둘째, 정확하게 기록하는 글입니다. 기록문은 사실을 기록하는 글이기 때문에 틀리게 기록하거나 막연한 표현으로 기록해서는 안 됩니다.

오이의 자람 관찰

7월 6일 목요일 맑음

7월 4일에는 길이가 12cm이고 손가락 한 개 굵기였는데 오늘은 길이가 20.5cm이고 굵기는 손가락 두 개 굵다. 4일에는 오이 자루 쪽에만 줄이 그어져 있었는데 오늘은 오이 전체 다 줄이 그어져 있다. 줄이 그어져 있는 곳은 좀 튀어나와 있으며 가시 같은 털도 굵어졌으나 양은 줄어들었다. 전번보다 하얀색은 줄었는데 줄이 그어져 있는 곳은 하얀색이 좀 있다. 꽃은 그대로이다.

관찰 일기인데 여기서 '오이의 길이가 7월 4일보다 오늘이 더 크게 자랐다.' 이렇게 기록한다면 구체로 정확하게 기록했다고 볼 수 없지요. '오이의 길이가 7월 4일 12cm에서 7월 6일 20.5cm로 자랐다.' 이렇게 정확하게 기록을 해야 합니다. 연도, 때와 장소, 모양, 크기, 길이, 넓이, 갯수, 색깔, 맛, 촉감 같은 것을 정확한 수치로 나타내어 어느 누가 보아도 또렷이 잘 알 수 있도록 써야 하지요.

셋째, 짜임새 있게, 간결하게 쓰는 글입니다. 기록문은 자신의 생각이나 느낌을 기의 쓰지 않고, 꾸미는 말도 잘 쓰지 않는 메마른 글이라 할 수 있지요. 또 군더더기 없이 더욱 간결하고 또렷하게, 정확하게 하기 위해 도표나 그림, 사진을 곁들여 한눈에 볼 수 있게도 합니다. 앞에 보인 모든 예문을 살펴봐도 잘 알 수 있을 것입니다.

2) 기록문과 다른 갈래 글의 관계

큰 틀로 보면 기록문은 서사문에 들어갑니다. 보고 듣고 겪은 일을 그대로 쓰니까요.

기록문과 보고문은 쓰는 목적이 다릅니다. 보고문은 어떤 사람에게 보고하기 위해 쓰는 것이고, 기록문은 단순히 기록물로 남겨 두기 위해 쓰는 것이지요. 그러니까 보고문은 보고하는 어떤 대상을 마음에 두고 쓰기 때문에 사회성이 있는 글에 가깝고, 기록문은 있는 그대로 써서 그 시대의 사실들을 잘 알 수 있도록 쓰는 것이니까 역사성, 시대성이 더 있는 글이라 할 수 있지요. 기록문은 사실을 있는 그대로 객관으로 쓰지만 보고문은 때론 객관 사실을 분석해서 판단하고 대안을 제시하기도 합니다. 그렇지만 어린이들은 이 두 갈래 글을 별 차이 없이 쓰는 것이 보통입니다.

그러면 견학 기록문과 설명문은 또 어떻게 다를까요? 두 글 모두 자신이 알고 있는 것을 쓴 글입니다. 하지만 견학 기록문은 자신이 직접 보거나 몸으로 겪어 새로이 알게 된 사실을 그대로 쓴 글이고, 설명문은 자기가 이미 알고 있는 것을 다른 사람이 잘 알 수 있도록 풀이해 보이는 글입니다. 이렇게 견학 기록문은 글쓴이가 배운 것을 쓴 글이라면 설명문은 글쓴이가 알고 있는 것을 가르쳐 주기 위해 쓴 글이지요.

현대 중공업은 배 만드는 곳입니다. 1972년에 처음 시작하여 지금은 세계 1위의 조선 대국이 되었습니다. 22년간 세계 1위를 놓치지 않을 만큼 큰 공장입니다. 종업원 수는 약 2만 7000여 명이나 되고, 1년에 큰 배 약 65척을 만들 수 있다니 참으로 대단하다고 할 수 있습니다. 현대 중공업에서 만든 배는 전 세계의 배 15%를 차지하고 있고, 프로펠러는 40%를 차지하고 있습니다.

(글 앞 줄임) 안내 언니가 설명하는 동안에도 나는 차창 밖으로 공장을 이리저리 살펴보았습니다. 그런데 우리가 타고 있는 바로 옆쪽에 바퀴가 여러 수십 개 달린 이상한 차에 큰 철판을 휘어서 만든 집채만 한 것을 싣고 느릿느릿 가고 있었습니다. 나는 깜짝 놀랐습니다. 저 무거운 쇳덩어리를 싣고 가다니! 안내 언니가 설명해 주는데 그 집채만 하게 철판으로 만든 건 큰 배의 한 부분을 만든 것이라고 합니다. (글 가운데 줄임) 더 들어가니 산더미만 한 배에 사람들이 개미같이 여기저기 붙어서 땜질을 하고 무엇을 나르기도 하면서 열심히 일을 하고 있었습니다. 그 배는 몇 천 톤이나 되는 큰 배로, 외국에서 주문을 받아 만드는 것이라고 합니다. 그런데 그런 배가 한 척이 아니고 세 척이나 되었습니다. (글 뒤 줄임)

이 두 글은 어떤 갈래 글일까요? 군말할 것도 없이 앞의 글은 설명문이지요. 현대중공업이 어떤 규모인지 잘 알 수 있게 알려 주는 글입니다. 뒤의 글은 현대 중공업을 가서 살펴보고 겪으며 새롭게 알게 된 사실을 기록한 견학 기록문이지요.

어린이들 가운데 견학 기록문과 기행문을 잘 구분 못하는 어린이도 많습니다. 둘 다 어디를 다녀온 뒤 쓰는 글이라는 공통점 때문이겠지요. 견학 기록문이라고 썼는데 기행문이 된 것을 자주 봅니다. 견학 현장에서 보고 겪으며 배운 내용은 별로 없고 견학하는 과정에서 겪고 느낀 점을 중심으로 대충 쓰기 때문입니다. 기행문은 여행을 가서 글쓴이가 보고 듣고 생각한 것을 중심으로 쓴 글이므로 쓴 사람의 주관이 끼어들 여지가 많습니다. 하지만 견학 기록문은 어디까지나 공부하기 위한 목적으로 배운 정보를 정리해서 쓴 객관성 있는 글입니다.

5. 어떤 기록문이 좋은 기록문일까요?

앞서 '기록문의 특징'에서 말한 것과 겹쳐지는 부분이 많지만 한 번 더 풀어서 말하겠습니다.

첫째, 사실 그대로 쓴 기록문이 좋은 기록문입니다. 기록문에서는 사실 그대로 쓰는 것이 생명입니다. 자기 주관으로 판단하고 추측하고 상상하는 것은 사실이 아닙니다. 그러니 그런 것들은 조금도 들어가지 않게 오직 객관의 사실만을 기록해야 합니다. 그래야 기록 자료로서도 가치가 있을 것입니다.

이를테면 잠자리가 냇가에서 꼬리에 물을 적시며 운동하는 모양을 보고 '잠자리는 물에 꼬리를 적신다.' 하면 사실을 기록한 것이지만 '잠자리는 꼬리로 물을 먹나 보다.'고 표현하면 글쓴이가 상상한 것이기 때문에 기록문에서는 바람직하지 못합니다.

둘째, 분명하고 정확하게 기록한 기록문이 좋은 기록문입니다. 아무리 사실을 기록했다 하더라도 정확하게 기록을 하지 않으면 또 가치가 떨어지겠지요. 대충 표현하는 것이 아니라 하나하나 구체로 기록해야 한다는 말입니다. (※229쪽 기록문의 둘째 특징 참조)

셋째, 표현은 군더더기 말 없이 간결하면서도 중심 되는 부분은 세밀하게 표현해서 누구나 잘 알 수 있게 쓴 글이 좋은 기록문입니다. (※229쪽 기록문의 셋째 특징 참조)

아래와 같이 오이를 관찰기록했다고 합시다.

7월 1일 맑음, 바람
오이 길이는 7cm로 어제보다 1cm 더 길어졌다. 꽃의 색깔이 흰색으로 변했다.

이 관찰기록은 오이의 길이와 꽃의 색깔 변화는 알 수 있으나 오이의 자람에 대한 다른 여러 가지는 자세하게 알아볼 수가 없습니다. 오이가 자라면서 나타나는 여러 가지 변화를 자세하게 살펴서 다른 사람이 읽어 보아도 그 자람을 훤히 알 수 있게 적어야 좋습니다. 다음과 같이요.

7월 1일 맑음, 바람
어제는 꽃이 노란색을 하고 오므려 있었는데 오늘은 노란색이 아니고 흰색에 가까워졌다. 그렇지만 꽃 밑쪽 속에는 아주 연한 노란색을 띠고 있었다. 많이 나 있던 털도 없어지고 까칠까칠한 꽃잎이 아니고 아주 가늘고 부드러운 꽃잎이 되었다. 꽃받침의 색깔은 어제보다 더 연한 연두색인데 꽃처럼 시들어 버렸다.
오이의 길이는 7cm로 어제보다 1cm 더 길어졌으며, 볼록볼록 튀어나온 그 끝에는 굵은 털 같은 것이 숭숭 나와 있다. 그런데 오이가 달린 자루 가깝게는 볼록 튀어나오지를 않았다. 오늘은 더 많이 굽어 반원처럼 되었다. 그런데 오이는 왜 곧게 안 자라고 이렇게 굽는지 참 궁금하다. 오이 색깔은 어제보다 더 진하여 진한 연두색이다.
지금까지 보면 오이꽃도 사람처럼 나이가 점점 많아져 이제는 쭈글쭈글 주름살까지 났다.

넷째, 처음 부분의 동기와 끝 부분의 결과도 또렷이 나타낸 기록문이 더욱 좋은 기록문입니다. 어린이들의 글을 보면 처음 들어가는 부분과 끝마무리가 잘 안 되어 글의 질서가 잘 안 잡히고 어설픈 글이 되는 경우가 많습니다. 처음에 어떻게 해서 견학을 하게 되었고, 관찰을 하게 되었고, 조사를 하게 되었는지 어느 정도 밝혀 쓰고, 가운데 부분에 그 과정이나 내용을 잘 알 수 있게 씁니다. 그리고 끝에 그 결과를 잘 마무리해야만 글이 더욱 살아나고 글을 읽는 사람도 잘 이해할 수가 있습니다.

다섯째, 경우에 따라서는 그림이나 사진을 곁들여야 잘 이해할 수 있는 좋은 글이 될 수 있습니다. 글로 아무리 자세하게 표현한다 해도 실제 눈으로 보는 것보다는 못합니다. 그러니까 눈으로 보지 않으면 잘 이해할 수 없거나 말로는 표현하기 어려운 것은 그림이나 사진으로 보여 줄 수밖에 없습니다.

6. 기록문 쓰기 기본 공부

기록문도 계획 없이 그냥 써 나가면 더 좋은 기록문이 되기 어렵습니다. 좋은 기록문을 쓰기 위해서는 기본 공부를 좀 해 두어야겠지요. 기록문 쓰기는 보고문 쓰기와 겹쳐지는 부분이 많아 여기에서는 기록문 쓰기와 중요하게 관계되는 내용을 중심으로, 기록문의 종류별로 말해 보겠습니다.

1) 생활 기록문 쓰기

생활 기록문은 서사문의 한 갈래이기도 하니까 서사문 쓰는 방식으로 쓰면 되겠습니다. 우리 일상의 한 면이나 특별한 일을 있는 그대로 기록하는 것이지요. 사실을 언제, 누가, 어디서, 무엇을, 왜, 어떻게 하였는지를 군더더기 말 많이 없이 정확하고 또렷이 써야겠지요. 일기는 일기 쓰는 방식으로 쓰면 되겠고요.

2) 관찰기록문 쓰기

관찰기록문은 사물을 사실 그대로 자세히 관찰하면서 보통 때는 발견하지 못했던 새로운 사실을 잘 발견해 쓸 수 있어야 합니다. '관찰기록문 쓰기'는 초등학교에서 매우 중요한 부분이라 '5장 관찰기록문'에서 자세하게 이야기해 두었으니 참조하기 바랍니다.

자연 관찰기록에서 무엇보다 중요한 것은 자연을 사랑하고 생명을 존중하는 것입니다. 관찰을 핑계로 동식물을 함부로 잡아 가두거나 못살게 굴어서 죽게 만드는 일이 없도록 해야 합니다. 그러니까 자연 상태로 두고 관찰하는 것이 가장 올바른 관찰 태도라고 하겠습니다.

3) 견학 기록문 쓰기

견학 기록문 쓰는 방법은 보고문 쓸 때와 별다를 바 없습니다. 따라서 '7장 보고문'을 많이 참조하기 바랍니다. 잘 알겠지만 견학 기록문도 대체로 처음, 가운데, 끝 부분으로 나누어 쓰면 되겠습니다.

① 처음: 견학 날짜와 견학 간 곳, 견학을 하게 된 동기나 목적 같은 것을 씁니다.
② 가운데: 견학 과정에 따라 배운 점(알게 된 점)을 자세하고 조리 있게 씁니다. 남이 발견하지 못한 새로운 사실을 발견해서 쓰면

더욱 훌륭한 견학 기록문이 될 것입니다.

③ 끝: 견학하면서 생각한 것이나 느낌을 쓴다든지, 견학 내용이나, 궁금한 점, 문제점 같은 것을 종합해 씁니다.

어떤 어린이는 견학 내용(배운 점, 알게 된 점)을 자세히 쓰지 않고 견학하면서 했던 행동을 중심으로 쓰기도 하는데, 그러면 좋은 견학 기록문이라 할 수 없습니다. 어디까지나 보고 듣고 조사해서 배운 내용을 중심으로 써야 합니다.

4) 조사 기록문 쓰기

조사 기록문 쓰기도 보고문 쓸 때와 별다를 바 없습니다. 따라서 '7장 보고문'을 참조하기 바랍니다. 조사 기록문도 전체를 줄글로 이어 쓸 경우 처음, 가운데, 끝 부분으로 나누어 쓰기 바랍니다. 바로 앞의 견학 기록문 쓰기 요령과도 비슷합니다.

5) 그 밖의 기록문 쓰기

그 밖의 기록문 쓰기도 앞에 말한 여러 가지 기록문 쓰기와 비슷한 점이 많습니다. 보고문 쓰기나 다른 갈래 글 쓰기와 겹쳐지는 부분도 있고요. 또 기록문에 들어가지만 성격이 많이 다른 갈래의 기록문(일기나 기행문 따위)도 있습니다.

일기는 12장에서, 기행문은 3장에서 따로 이야기하기 때문에 여기서는 생략합니다. 형편에 따라 목적에 맞게 창의성을 살려 쓰도록 지도하기 바랍니다.

7. 기록문 쓰기

기록문은 사회 과목 공부할 때 흔히 쓰는 글입니다. 그런데 어린이들이 쓴 글을 보면 내용이 충실하지 못하거나, 찍어 온 사진만 붙이고 겨우 설명 몇 자를 곁들이거나, 인터넷이나 책에서 그대로 베껴온 내용들이 많았습니다. 그런 글은 진정한 기록문이라고 할 수 없습니다. 어디까지나 자신이 직접 겪고, 조사하고, 연구한 것을 익히고 다시 살려내어 짜임새 있게 잘 정리해야만 진정한 기록문이라고 할 수 있습니다.

기록문을 어떻게 쓰는지는 기본 공부에서도 알아보았을 것이고 보고문 쓰기와도 비슷하지만, 다시 정리한다는 생각으로 다음을 보기 바랍니다.

1) 쓸거리 정하기

이미 정해서 실행한 주제를 한 번 더 살펴보고 목표와 내용을 점검해 봅니다.

정한 주제를 한 번 더 점검하면서 기록문 쓸 내용의 알맹이는 무엇인지를 마음속으로 생각하며 기록문 쓸 마음을 가다듬습니다. (※7장 보고문, 412쪽 1) 쓸거리 정하기 참조)

2) 자료 정리하기

모아 놓은 자료를 질서를 찾아 잘 정리합니다.

보고 듣고 겪으면서, 관찰하고 견학하고 조사 연구하면서 얻은 자료 가운데는 쓸모없는 것들도 있고, 뒤죽박죽 섞여 있기도 합니다.

이를 쓸 것과 버릴 것을 잘 가려 선택하고 질서 있게 정리하는 것입니다. 겪은 일은 겪은 차례로, 관찰한 것은 관찰한 차례로, 견학한 것은 견학한 차례로, 조사 연구한 것은 조사 연구한 차례나 연구 내용별로 정리하는 것이 보편의 방법입니다. (※7장 보고문, 412쪽 2) 자료 정리하기 참조)

3) 얼거리 짜기

기록문의 갈래에 맞는 차례에 따라 어떤 내용을 쓸 것인지 얼거리를 짜 적어 봅니다.

기록문 쓰기는 기본 공부에서도 말했지만 얼거리는 처음, 가운데, 끝 부분으로 나누어 짜는데, 가운데 부분의 얼거리를 더욱 잘 짜기 바랍니다. (※7장 보고문, 414쪽 3) 얼거리 짜기 참조)

4) 쓰기

얼거리 차례에 따라 차근차근 기록문을 씁니다.

기록문도 보고문처럼 어떤 형식에 맞추어 쓸 경우에는 그에 맞추어 써야 하고, 줄글로 쓸 때는 얼거리 짠 차례에 맞추어 쓰면 되겠습니다. 앞에서 공부했지만 기록문의 특징이나 기록문 쓸 때의 주의점을 한 번 더 생각하며 쓰기 바랍니다. 이때 보고문 쓸 때처럼 꼭 필요한 사진, 그림, 그래프, 통계표 따위를 알맞게 배치해 넣으면 좋겠지요. (※7장 보고문, 415쪽 4) 쓰기 참조)

5) 보태어 쓰기

글을 다시 살펴보며 모자라는 부분을 보태어 씁니다.

보고문이나 기록문을 쓸 때, 중요한 것은 빠뜨리고 별로 중요하지 않은 부분을 길게 쓰는 어린이가 많습니다. 견학 기록문 쓸 때 더 그렇지요. 견학을 할 때 무엇이 중요한지 잘 모르고 마치 놀러 온 것처럼 별생각 없이 견학을 했기 때문입니다. 그리고 보고 듣고 조사 기록은 했지만 중요한 것을 잘 모르는 경우도 있지요. 글을 차근차근 읽어 본 뒤 중요한 부분이 빠졌을 경우 자료를 다시 찾아 보태어 적어야 합니다. (※2장 서사문, 135쪽 6) 보태어 쓰기 참조)

6) 글 다듬기

다 쓴 글을 차근차근 읽어 보면서 필요 없는 말은 빼고, 틀린 곳은 고쳐서 내용을 더욱 충실하고 정확하게 나타냅니다.

보태어 쓰기까지 해서 내용은 충실하니까 여기서는 글이 좀 더 또렷하고 정확하게, 쉽게 읽히게 하기 위해 문장이 틀린 곳이 없도록 하는 것이 주된 일입니다. (※2장 서사문, 136쪽 7) 글 다듬기나 7장 보고문, 415쪽 5) 글 다듬기 참조)

7) 정리하고 더 깊이 공부하기

써 놓은 기록문을 잘 정리 보관하고 더 조사해서 깊이 공부합니다.

기록문을 써서 그냥 내버려 두면 그 뜻이 없어집니다. 어린이들은 살아 있는 공부의 한 방법으로 여러 가지 활동을 하고 기록문을 쓰는 것이니까 더욱 그렇지요. 관련된 전문 책을 찾아본다든지, 전문가를 찾아가 궁금한 점을 물어본다든지 해서 다시 자료를 보충하고 공부를 하면 더욱 알뜰한 공부가 되겠지요. 이렇게 하는 공부는 평생 잊히지 않을 것이며, 이렇게 공부하는 태도가 진정으로 살아 있는 공부 방법입니다. 이는 어린이들이 어른이 되어도 아주 큰 영향을 줄 것입니다. 지금처럼 시험에만 매달려 달달 외워서 얻은 지식은 얼마 못 가서 잊히고 맙니다. 그러니까 죽은 공부지요.

쓴 기록문은 모은 자료와 함께 파일에 종류별로 잘 모아 두고, 컴퓨터에도 잘 저장해 두면 좋겠습니다. 더욱 깊이 공부할 수 있는 바탕 자료가 되니까요. 이는 보고문 쓰기에서도 마찬가지입니다.

8. 맺는말

기록문 쓰기에서 자꾸 보고문 쓰기와 관련을 지어 이야기한 것에 대해 궁금해하는 어린이들이 많을 것입니다. 앞에서도 이야기했지만 어린이들이 하는 보고문 쓰기나 기록문 쓰기의 큰 목적은 학습(공부) 차원에서 하는 것으로 비슷한 부분이 많기 때문입니다. 어른들은 어떤 이익과 관계가 있기 때문에 보고문과 기록문이 다른 부분이 많습니다. 선생님들은 어른들이 쓰는 보고문과 기록문에 대해서도 공부를 조금 해 두면 어린이들을 지도하는 데 많은 도움이 될 것입니다.

5장

관찰기록문

잘 살펴보고 쓰는 글

1. 관찰기록문이란 어떤 글일까요?

'사물을 있는 그대로 보는 것'을 '관찰'이라고 합니다. 좀 더 자세히 말하면, '어떤 목적을 가지고 사람의 오관을 통해 자연 모습이나 사실을 있는 그대로 붙잡아 정확하게 느끼어 아는 것'입니다. '어떤 목적을 가지고'란 말은 '자연을 지나치듯 슬쩍 보는 것이 아니라 탐구에 필요한 문제를 발견하기 위해서나, 그 문제 해결을 위한 정보를 찾아 모을 목적을 가지고'란 뜻입니다. 관찰에서 '있는 그대로의 모습을 보고 받아들이는 것'은 매우 중요한 요소입니다.

그림을 그릴 때도 제대로 관찰해야 잘 그릴 수 있고, 글을 쓸 때도 자세하게 관찰하면 더 잘 쓸 수 있습니다. 더구나 과학에서 관찰은 새로운 것을 창조해 낼 바탕이기 때문에 아주 중요하지요.

관찰해서 자연의 모습이나 사실을 알았다고 다 된 것이 아닙니다. 이것은 개인의 판단으로 알고 있는 사실에 그칠 수도 있고, 객관 사실을 알았다 해도 시간이 지나면 잊힐 수 있기 때문입니다. 그래서 기록이 필요한 것이지요. 기록은 관찰한 사람이 깨닫고 이해한 사물의 모습이나 사상을 표현하고 보존하는 활동입니다. 관찰한 것은 기록으로 표현되어야 뜻이 생기고, 잘 보존되어야 더 발전된 탐구를 할 수 있지요.

이렇게 여러 가지로 생각해 볼 때, 관찰기록문이란 어느 시간 동안 사물과 자연의 모습이나 활동하고 변화하는 사실(사물의 크기, 모양, 색깔, 자라남, 움직임, 생활, 습성, 현상 같은 것)을 있는 그대로 관찰해 적은 글이라 할 수 있겠습니다.

관찰기록문 하면, 흔히 《파브르 곤충기》와 《시튼 동물기》를 떠올릴 것입니다. 파브르는 프랑스 곤충학자로 한평생 곤충 연구에 애를 써서 훌륭한 곤충기를 남겼지요. 이 관찰기록문은 오늘날에도 아주 훌륭한 자료이자 작품으로 남아 있습니다. 영국의 시튼도 30여 편이 넘는 동물 일기를 썼지요. 자연에 대한 사랑과 관찰을 하고자 하는 열정과 끈기가 없었다면 이런 훌륭한 기록은 없었을 것입니다.

그러면 먼저 《파브르 곤충기》의 한 부분을 맛보겠습니다.

쇠똥구리의 집은 그 위에 있는 조그마한 흙무덤 때문에 겉으로 보아도 쉽게 알아볼 수 있다. 흙무덤 아래 10센티미터가량의 깊이에 세로 구멍이 있고, 거기에 곧거나 꼬부라진 터널이 이어져 있으며, 그 끝에 주먹이 들어갈 만한 구멍이 있다. 바로 이 구멍이 쇠똥구리의 살림집이며 그곳에 먹이에 싸여 있는 알이 있다.

알은 몇 센티미터 두께의 흙을 통해서 들어오는 뜨거운 태양열에 의해 깨어난다. 어미는 이 넓은 방에서 자유로이 왔다 갔다 하며 앞으로 태어날 새끼를 위해서 빵을 반죽하여 배 모양의 공을 만드는 것이다.

똥으로 만든 이 빵은 수평으로 놓여 있다. 그 모양과 크기는 생 장(Saint-Jean)종(種)의 작은 배, 그 싱싱한 빛깔과 향기로운 냄새 때문에 아이들이 즐겨 먹는 배와 너무도 닮았다. 크기는 크게 차이가 나지 않는다. 제일 큰 것은 길이 45밀리미터에 폭 35밀리미터이며, 가장 작은 것도 길이 35밀리미터에 폭 28밀리미터이다.

겉은 윤이 나진 않지만 전혀 들쭉날쭉하지 않고, 붉은 흙으로 얇게 칠해진 다음 아주 정성껏 다듬어져 있다. 배 모양의 빵은 막 만들어졌을 때는 진흙처럼 무르지만, 시간이 흘러 마르면 단단해져서 손끝으로 눌러도 자국이 나지 않는다. 이렇게 굳어진 껍데기는 애벌레를 적의 침입으로부터 보호한다. 애벌레는 이 속에서 조용히 먹이를 먹으며 자라는 것이다.

－《파브르 곤충기》(파브르 글, 정석형 옮김, 두레)

《시튼 동물기》의 한 부분도 맛보겠습니다.

한번은 어떤 목동이 로보가 부하들을 모으는 귀에 익은 신호를 듣고 살며시 다가가서 봤더니, 로보 일당이 좁은 골짜기 쪽으로 소 떼를 '몰아넣고' 있었다고 한다. 로보는 멀찍이 떨어진 둔덕에 앉아 있었고, 블랑카는 다른 늑대들과 함께 점찍어 놓은 어린 암소를 '무리에서 떼어 놓으려' 하고 있었다.

소들은 늑대들에게 뿔을 겨눈 채 빽빽이 무리 지어 서서는 늑대의 공격에 겁먹은 암소가 소 떼 한복판으로 들어가려고 할 때를 빼고는 한순간도 빈틈을 보이지 않았다. 늑대들은 소뿔 대열이 흐트러지는 틈을 타 암소에게 상처를 입혔지만 치명적이지는 않았다.

로보는 더 이상 두고 볼 수 없었던지, 벌떡 자리를 차고 일어나 한 차례 우렁차게 울부짖고는 소 떼 쪽으로 돌진해 갔다. 공포에 질린 소들이 갈팡질팡하는 사이 로보는 소 떼 한복판으로 뛰어들었다. 소들은 폭탄이 터지듯 사방으로 흩어졌다. 늑대들이 점찍어 놓은 암소도 달아났지만, 20미터도 채 못 가서 로보에게 붙잡히고 말았다.

로보는 암소의 목덜미를 덥석 물고 온몸의 힘을 실어 멈추어 서면서 암소를 땅바닥에 메어꽂았다. 암소는 바닥으로 곤두박질치는 순간 큰 충격을 받았다. 로보는 공중을 한 바퀴 돌고는 사뿐히 내려섰고, 다른 늑대들이 암소에게 달려들어 순식간에 숨통을 끊어 놓았다. 로보는 암소를 죽이는 일에는 끼여 들지 않았다. 그저 희생양을 툭 던져 놓고는 "멍청한 녀석들, 이까짓 것 하나 해치우지 못하고 그렇게 질질 끌어?" 하는 표정을 지었다.

- 《시튼 동물기 1》(시튼 글·그림, 햇살과나무꾼 옮김, 논장)

관찰의 힘을 느끼게 하는 대목들이지요?

우리는 늘 수많은 사물을 눈으로 보고 있지만 예사로 볼 때가 많습니다. 이것이 뜻이 있게 되려면 더욱 깊고 자세하게 관찰하면서 새로운 것을 캐내어 알아보려고 하는 탐구 정신이 있어야 합니다. 탐구 정신에는 '왜 그럴까?' 하는 흥미와 호기심이 따르게 됩니다.

다음은 우리 반 어린이들이 강낭콩을 계속 관찰할 때 내가 따로 화분을 마련해 쓴 관찰기록문입니다.

강낭콩의 일생 관찰기록

2007년 4월 16일 월요일 맑음

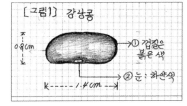

[그림 1] 강낭콩 씨앗 관찰　　　　　　　[그림 2] 강낭콩을 반으로 갈라놓은 모습

아이들과 같이 강낭콩을 관찰하기 시작했다. 오늘은 먼저 강낭콩 씨앗을 관찰했다. 씨앗의 모양은 길쭉하게 둥근 편인데 눈이 있는 쪽이 조금 들어갔다. 길이는 1.4cm이고 폭은 0.8cm이며, 눈의 크기는 0.3cm다. 껍질의 색깔은 붉은색이고 눈은 하얀색이다. 껍질은 만져 보면 매끄럽고 그냥 놓고 보면 반짝인다. 씨앗을 눌러 보면 매우 딱딱하다. 이런 물체에서 어떻게 싹이 나올까 싶다.

씨앗을 반으로 갈라서 관찰해 보았다. 속은 조금 누르스름한 흰색이다. 이게 떡잎이 되어 싹이 뿌리를 내려서 물과 양분을 빨아들여 자랄 때까지 영양분이 되는 것이다. 강낭콩 한쪽에 새싹이 앙증맞게 들어 있는데 무척이나 귀엽다. 이것이 물을 먹으면 자라는가 보다. 새싹은 희끄

무례한 노란색이다.

오늘 이 강낭콩을 우리 반 모둠별(6모둠)로 각각 1개의 긴 화분에 4 알씩 심고 물을 푹 주었다. 잘 자라기를 빌면서……. 나도 계속 관찰하기 위해 긴 화분 하나에 심었다. 강낭콩 심은 화분은 2층 우리 교실 앞인, 1층 현관 지붕 위 햇빛 잘 드는 곳에 두었다. 관찰할 때만 들어와서 관찰하려고 한다.

그리고 또 모둠별로 샬레에다 물에 적신 솜을 놓고 그 위에 강낭콩을 놓아두었다.

2007년 4월 19일 목요일 맑음

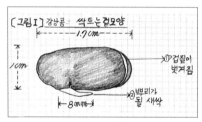

[그림 3] 강낭콩 싹튼 겉모양   [그림 4] 강낭콩 싹튼 속모양

강낭콩 심은 지 4일째 되는 날이다. 샬레에 둔 강낭콩에서 싹이 나왔다. 같은 날 화분에 심은 강낭콩 씨앗도 지금 싹이 나왔겠지? 물을 흠뻑 머금은 강낭콩은 크기가 커졌다. 크기(길이)가 1.7cm다. 그리고 살짝 눌러 보니 단단하지 않다. 처음엔 껍질의 색깔이 짙은 붉은색이었는데 이제 연한 붉은색으로 변했고, 껍질은 또 갈라져 벗겨지려고 한다. 또 씨앗의 눈 쪽에서 뿌리가 되는 하얀 싹이 0.8cm 크기로 나왔다.

강낭콩의 속 모양을 보니 떡잎이 되는 부분은 물론 잎이 되는 새싹과 뿌리가 되는 새싹 모두가 노란색을 띤다. 잎이 될 싹은 아직 조그맣지만 잎의 형태가 갖추어져 있으며, 잎맥도 더욱 또렷하게 튀어나와 있다. 죽은 듯한 씨앗이 살아서 벌써 싹을 키우고 있으니 정말 신비롭고 놀랍다.

2007년 4월 24일 화요일 흐림

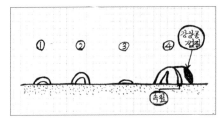

[그림 5] 강낭콩 껍질과 속잎

오늘이 강낭콩 심은 지 9일째 되는 날이다. 강낭콩 4개의 싹이 흙을 들추고 올라왔다. ①번 강낭콩은 줄기가 0.3cm 정도 윗부분이 보이고 ②번 싹은 0.7cm 정도 위로 자랐다. ③번은 아직 위로 솟아오르지는 않고 땅 위로 줄기가 조금 보일 뿐이다. ④번은 강낭콩 떡잎까지 땅위로 1cm 솟아올라 있는데, 떡잎은 2/3 정도 올라와 있다. 강낭콩 줄기의 색깔은 연두색인데 ②번의 줄기는 아래쪽 부분이 붉은색을 조금 띠고 있다.

④번을 좀 더 살펴보자. 줄기와 떡잎이 좀 더 짙은 연두색이다. 두 떡잎 사이에 속잎이 조금 보인다. 떡잎 오른쪽에 강낭콩 씨앗의 껍질이 붙어 있다. 껍질은 붉은색이다.

강낭콩이 올라오는 주위의 흙은 갈라져 있다.

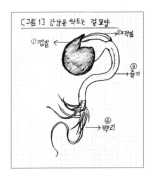

[그림 6] 강낭콩 싹트는 겉모양

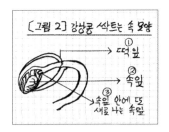

[그림 7] 강낭콩 싹트는 속모양

샬레에 두었던 강낭콩의 변화를 살펴보면 껍질이 더욱 벗겨져 있다.

떡잎과 줄기 부분이 초록색을 띠고 있고 뿌리 부분은 하얀데, 뿌리 끝부분은 더욱 하얗다. 잎도 더욱 자랐다. 속잎의 색깔은 연두색이다. 잎맥은 더욱 또렷하게 튀어나와 있다. 속잎 안에 또 속잎이 돋아나고 있다. 줄기도 많이 자랐지만 무엇보다 물과 양분을 빨아들일 뿌리(곁뿌리)가 12개나 나왔다.

　이것으로 보면 위의 강낭콩 ④번의 줄기와 뿌리가 이 정도 자란 것이 아닐까 생각한다.

2007년 4월 25일 수요일 맑음

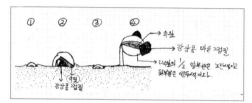

[그림 8] 강낭콩 껍질　　　　　　　　　　　　[그림 9] 강낭콩 속잎

　강낭콩 심은 지 10일째 되는 날이다. ①번 강낭콩은 0.5cm 정도로 위로 자랐고, ②번은 1.5cm 정도로 자랐고 떡잎도 위로 올라왔다. 강낭콩 싹 주위에 흙이 갈라져 있다. 떡잎 사이에 속잎도 노랗게 나오고 있다.

　③번은 아직 땅 위로 올라오지는 않고 어제 그대로 있는 것 같다. 다만 땅이 조금 더 부풀어 오른 것 같다.

　④번은 1.7cm 자랐다. 하루 사이 0.7cm가 더 자랐다. 속잎이 제비 부리 벌어지듯 두 갈래로 벌어져 떡잎 밖으로 나왔다. 강낭콩 껍질을 벗기자 본 모습을 드러냈다. 속잎의 길이는 2.3cm로 자라 있었다. 색깔도 초록색에 가까운 연두색이다. 잎의 가장자리는 노란색이다. 속잎에는 잎맥이 아주 복잡하게 그물처럼 얽혀 있다.

2007년 4월 26일 목요일 맑음

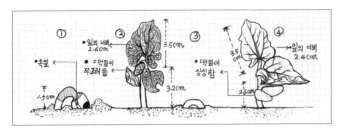

[그림 10] 강낭콩 자라는 모습

　강낭콩 심은 지 11일째 되는 날이다. 아아! 하루 사이 엄청 많이 자랐다. 어제는 ②번이 ④번보다 더 작았는데 오늘은 ②번이 ④번보다 더 자랐다. 떡잎도 ④번은 싱싱한데 ②번은 벌써 쭈그러들었다. ④번 강낭콩의 뿌리가 아직 옳게 자라지 못해서 그런 건 아닐까? ②번의 키는 3.2cm로 어제보다 무려 1.7cm 자랐다. 그런데 ④번의 키는 2.6cm로 어제보다 0.9cm정도밖에 못 자랐다. ② ④번의 잎은 하루 사이에 그림처럼 하트 모양으로 완전히 펴졌다. 길이가 3.5cm로 같고, 너비는 2.6cm, 2.4cm로 오히려 ②번이 더 커졌다.

　① ③번은 참 안 자란다. 키가 1.5cm, 0.5cm 정도다.

　①번은 떡잎이 아직 노란 부분이 많다. 먼저 햇빛을 받은 부분(빗금 친 부분)은 연두색이다. ② ④번은 전체가 연두색에 가까운 초록색이다. ③번도 보이는 줄기 부분은 초록색이다. 그런데 가장 안 자란다. 왜 그럴까? 참 마음이 쓰인다. 뿌리에 문제가 있는 건 아닌지 모르겠다.

　② ④번은 두 잎자루 사이에서 새싹이 뾰족이 돋고 있다. 줄기나 속잎에 솜털이 많다.

　②번 강낭콩 잎의 잎맥을 아주 자세하게 그려 보았다. 그림을 보면 잎맥이 크게 몇 갈래로 나누어지고 다시 여러 갈래로 나누어져 그물처럼 되어 있다. 마치 사람 몸속의 핏줄과 같다.

　2007년 5월 3일 목요일 맑음

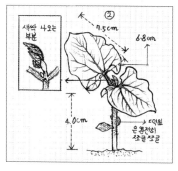
[그림 11] 강낭콩 자라는 모습

며칠 동안 바빠 관찰을 못했다. 4월 26일 관찰하고 일주일 만이다. 강낭콩을 심은 지 18일째 되는 날이다. 그간 강낭콩 4포기가 다 올라와 오늘 관찰하는 ②번 강낭콩과 비슷한 크기로 자랐다. 이제 4포기 다 집중 관찰하기가 힘들어 오늘부터는 ②번 강낭콩만 집중 관찰하기로 했다.

먼저, 강낭콩 4포기 전체 모습을 대충 살펴보겠다. ①번은 잎이 제대로 자라지 못하고 좀 쭈그러들어 있다. 키는 4.8cm로 ②번보다 오히려 크다. 잎의 길이가 4.5cm, 너비는 4.7cm로 너비가 0.2cm 더 크다. ③번은 늦게 자라 애를 태웠는데 이제는 오히려 더 튼튼해져 ②번과 비슷하다. ④번 잎 하나는 벌레가 갉아 먹은 것처럼 되었고 아주 쭈그러들었다.

다시 ②번에 대해 말하겠다. 떡잎은 아주 쭈그러들었다. 키는 4cm, 본잎의 길이 7.5cm, 너비 6.8cm이다. 속잎 큰 것이 3갈래로 나오는데 그 가운데 가장 큰 싹이 1.5cm이다. 그리고 아래(안쪽)에 또 3갈래로 된 속잎이 돋고 있다.

솜털은 줄기 위로 올라갈수록 많고 속잎에는 더욱 많다. 줄기 아래쪽엔 털이 적은데 그 까닭은 뭘까?

잎의 색깔이 초록색이 좀 바랜 듯한 색깔이며 누른색을 조금 띠고 있기도 하다.

2007년 5월 4일 금요일 맑음

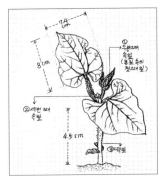

[그림 12] 강낭콩 자라는 모습

어제에 이어 관찰을 했다. ①번 강낭콩의 쭈그러들었던 잎이 오늘은 펴졌다. ④번의 쭈그러들었던 한 잎은 더 자라지 않았다.

②번은 그림과 같이 키가 4.5cm로 어제보다 0.5cm 더 자랐다. 본잎의 길이도 8cm로 어제보다 0.5cm 더 자랐고, 너비는 7.4cm로 0.6cm 더 자랐다. 떡잎은 더욱 쭈그러들었고 갈색으로 변했다.

중요한 건 속잎이다. 첫번째로 나오는 속잎이 세 갈래로 벌어졌는데, 가운데 잎이 2.4cm로 자랐다. 솜털이 보송보송하다.

잎 대부분의 색깔은 짙은 초록색이다.

2007년 5월 8일 화요일 맑음

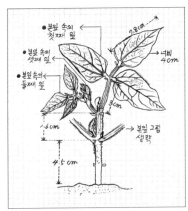

[그림 13] 강낭콩 자라는 모습

5월 4일 관찰하고 4일째다. 강낭콩을 심은 지 23일째 된다.

①번 강낭콩은 ②번보다 자람이 늦다. ③번은 한쪽 본잎이 기형으로 되더니 자람에도 영향을 주어 속잎 나오는 것도 느리다. 이제 모두 떡잎은 말라붙어 버렸다. ②번 떡잎은 떨어지고 없다. 떡잎은 이렇게 강낭콩 포기가 왕성하게 자라면서 아주 사라지는 것이다.

내가 집중 관찰하는 ②번의 자람이 가장 왕성하다. 그런데 밑에서 본 잎자루까지의 키가 4.5cm로 지난번과 같다. 그 대신 본 잎자루에서 속 잎 자루 있는 데까지 길이가 1.6cm로 많이 자랐다. 본잎의 크기도 더 자랐다. 길이가 9cm, 너비가 8.5cm이다. 4일보다 길이 1cm, 너비 1.1cm 더 자랐다.

속잎은 매우 왕성하게 자라고 있다. 첫째 속잎의 가운데 잎은 4일 2.4cm에서 오늘 7.8cm로 4일 만에 5.4cm 자랐다. 무엇이든 어릴 때는 쑥쑥 자란다.

첫째 속잎은 벌써 다 펴지고 자라서 본잎 위에 자라고 있다. 그리고 둘째 속잎도 거의 다 펴졌다. 셋째 속잎도 돋아나고 있다.

잎의 색깔은 본잎과 첫째 속잎이 가장 진한 초록색이고 다른 잎은 연두색이다.

2007년 5월 11일 금요일 맑음

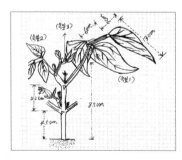

[그림 14] 강낭콩 자라는 모습

심은 지 26일째 되는 날이다.

②번 강낭콩은 본잎까지의 키가 4.5cm로 지난번과 같다. 전체 크기는 8.5cm다. 본잎 길이는 9.5cm, 너비는 9cm다.

첫째 속잎의 가운데 잎의 길이는 13cm이고 너비는 7cm다. 속잎의 개수는 큰 것이 1개, 조금 큰 것이 1개, 작은 것이 2개로 모두 4개다. 그리고 잎이 될 싹은 4개다.

2007년 5월 18일 금요일

오랜만에 관찰한다. 지난 11일 관찰한 뒤 체험학습, 중간학력평가 같은 여러 가지 일 때문에 그렇게 되었다. 학교는 늘 이렇게 바쁘다. 이렇게 관찰기록 한 가지 하는 것도 쉽지 않다. 오늘이 심은 지 33일째 되는 날이다.

이제는 강낭콩이 많이 자라 전체 모습을 그림으로 나타낼 수가 없다. 먼저 ②번 강낭콩의 본잎까지의 크기는 4.5cm로 더 자라지 않고 그대로다. 그러니까 본잎까지의 키는 5월 4일부터 그대로 멈춘 것이다. 전체 키는 19cm다.

본잎의 길이는 9.5cm, 너비는 9cm로 지난 11일의 크기와 같다. 이제 본잎도 더는 자라지 않는 것 같다.

첫째 속잎의 길이는 13cm, 너비는 8.2cm다. 11일보다 너비만 1.1cm 커졌다. 속잎의 개수는 큰 것 2개, 조금 큰 것 2개, 이제 세 갈래로 벌어진 조그만 잎이 3개로 모두 7개다. 잎이 될 싹이 다시 5개 돋아났다.

2007년 5월 22일 화요일 맑음

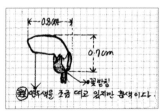

[그림 15] 강낭콩 꽃잎

강낭콩 심은 지 37일째다.

이제 날씨가 꽤나 덥다. 날씨가 더우니 강낭콩도 무럭무럭 잘 자란다. 그러나 지금껏 말은 하지 않았지만 물 주는 일이 참 힘겨웠다. 위험해서 창 너머로 아이들이 나갈 수가 없으니 내가 직접 나가서 물을 주어야 하고, 관찰할 때도 화분을 내가 직접 들여와야 하니 힘겨울 수밖에. 그래도 끝까지 관찰해 보기 위해 물 주는 것을 한 번도 거르지 않았다. 한 번 거르면 회복하기가 어렵기 때문이다. 더욱 쉽지 않은 것은 연휴 때도 화분이 마르지 않게 하는 것이다. 화분 받침에 물을 가득 부어 주었다. 그런 노력의 결과, 오늘은 지난 18일에 안 보이던 강낭콩 꽃이 드디어 보인다. 지금은 아카시 꽃도 지기 시작했고 장미꽃도 지는 판이다. 찔레꽃이 한창이다.

본잎까지의 키는 5월 4일부터 4.5cm로 그대로다. 그러나 굵기가 더욱 굵어지고 튼튼해진다. 점점 커져 가는 강낭콩 전체를 지탱하려면 그러지 않고는 안 될 것이다. 전체 키는 25.5cm로 18일 때보다 6.5cm 더 자랐다.

본잎은 5월 11일부터 길이가 9.5cm, 너비는 9cm로 그대로다. 이것도 크기는 다 자란 모양이다. 그러나 잎이 더욱 억세어지고 두꺼워진 것 같다. 또 잎 가장자리가 조금 노릇하다.

속잎의 길이는 16cm로 지난번보다 3cm 더 자랐고, 너비는 8.8cm로 0.7cm 더 자랐다. 역시 속잎도 더 억세어지고 두꺼워졌다. 속잎의 개수는 9개로 지난번보다 2개가 늘어났다.

꽃은 제법 모양을 갖춘 것이 3송이나 된다. 모양은 그림과 같이 기역 자 모양이고 꽃잎 부분은 연두색을 조금 띠면서 흰색이다. 꽃받침은 양쪽 2개는 진한 연두색이고, 사이에 있는 2개는 아주 연한 연두색이다. 꽃 하나는 그림으로 나타낸 모양과 같다. 2개는 그림 크기의 반 정도 되고 연두색을 띤다. 크기는 0.8cm, 0.7cm이다.

2007년 5월 29일 화요일 흐리다가 비 옴

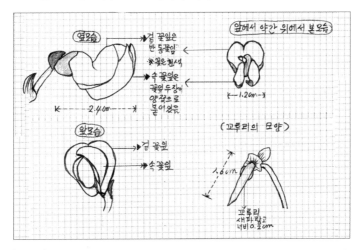

[그림 16] 강낭콩의 꽃 모습

　시간이 잘 나지 않아 또 이렇게 일주일 만에 관찰을 하게 되었다. 심은 지 44일째다.

　그간 변화가 많았다. 벌써 꼬투리가 맺혔고, 전체의 잎이 더욱 억세어지고 튼튼해졌다.

　본잎까지의 키는 역시 4.5cm이고 굵기는 지름이 0.8cm 정도로 지난번보다 더욱 굵어졌다. 전체 키는 줄기 끝부분이 부러지는 바람에 새순이 나온 것으로 재어 보니 24cm 정도 된다.

　본잎은 역시 그대로고, 속잎의 크기는 길이 16cm, 너비 9cm다. 첫째 속잎의 끝이 조금 말랐다. 길이는 더 자라지 않고 너비만 0.2cm 더 자랐다. 속잎의 개수는 13개로 지난번보다 4개가 더 많아졌다.

　꽃은 5개이고, 이미 꽃이 져서 꼬투리가 된 것이 6개다. 꽃잎의 색깔은 흰색이다. 그런데 꽃잎이 노랗게 변하고 마르면서 그 속에서 꼬투리가 자란다.

　꼬투리 모양은 마치 칼 모양 같다. 꼬투리의 길이는 1.6cm다. 앞으로 정해 놓은 이 꼬투리를 중심으로 꼬투리가 자라고 변해 가는 모습을 더 자세하게 살펴볼 생각이다.

2007년 6월 5일 화요일 맑음

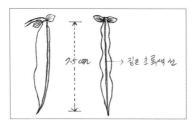

[그림 17] 강낭콩 꼬투리 모양

바빠서 또 이렇게 일주일 만에 관찰을 하게 되었다. 얼른 보기에도 강낭콩은 매우 튼튼해졌고 꼬투리도 많이 커졌다. 심은 지 51일째다.

이제부터 크기와 개수의 변화는 표에 기록하는 것만 하겠다. 그리고 특별히 새롭게 변하는 모습만 글로 나타내려고 한다.

꼬투리의 개수는 16개로 지난번보다 10개나 더 생겼다. 아주 활발히 자란다는 증거다. 처음부터 집중 관찰하는 꼬투리는 크기가 지난번보다 7.5cm로 5.9cm 더 자랐다. 꼬투리 속의 알맹이가 자라기 시작하는지 조금 볼록해진다. 지금은 알맹이가 4개로 보인다. 꼬투리 끝은 뾰족하다. 색깔은 조금 옅어져 흰색이 비치는 연두색이다. 꼬투리 가운데 두 쪽으로 나뉘는 선은 짙은 초록색이다.

2007년 6월 11일 월요일 맑고 더움

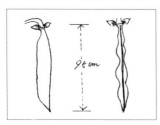

[그림 18] 강낭콩 꼬투리 모양

또 한 주가 지나간다. 오늘이 심은 지 57일째 되는 날이다.

요즘 보리가 완전히 익어 거두어들일 때가 다 되었다. 살구가 노랗게 익었다. 또 오디(뽕)도 새까맣게 익었고, 감자도 알이 굵어져 일찍 굵어진 감자는 캐어 삶아 먹을 수 있게 되었다. 모가 뿌리내려 나풀나풀 자라고 있어 들녘이 참 아름답다. 요즘 기온은 30도를 넘는다. 강낭콩 줄기는 더욱 튼튼해지고 잎도 아주 진한 초록색이고 억세어졌다.

본잎의 길이는 9cm로 지난번보다 줄어들었다. 끝이 조금 말라 들어갔기 때문이다. 본잎 전체가 조금 누렇게 변했다.

이제 꽃은 보이지 않는다. 집중 관찰하는 꼬투리는 9.5cm로 지난번보다 2cm 더 자랐고 알맹이가 제법 자라 볼록해졌다. 그런데 알맹이가 네 개로 자랄 줄 알았는데 한 개는 퇴화했는지 3개로 될 것 같다. 다음번에 봐야 또렷이 알 수 있을 것 같다. 꼬투리의 개수는 22개로 지난번보다 6개가 더 생겼고 모두 잘 자란다. 꽃 한 송이는 꼬투리가 되지 못하고 떨어진 모양이다.

2007년 6월 18일 월요일 맑고 더움

[그림 19] 강낭콩 꼬투리 모양

다시 한 주가 지나갔다. 심은 지 64일째다.

강낭콩이 이제는 조금씩 늙어 가고 있다. 본잎이 완전히 노란색으로 변했고 속잎도 아래 큰 잎부터 생채기도 생기고 초록색의 선을 넘어선 것 같다.

이제 꽃은 더 피지 않고 있다. 화분이라 영양이 충분하지 않기 때문이 아닐까 싶다. 그래서 이제부터는 강낭콩 알맹이를 충실하게 키우려는 모양이다.

내가 집중 관찰하는 꼬투리의 알맹이는 3개로 확실해졌다. 꼬투리 개수는 17개로 지난번보다 5개가 줄었다. 시원찮아 노랗게 변해 떨어져 버린 것이다. 이제 남은 꼬투리는 충실하게 잘 자랄 것이라 본다.

2007년 6월 28일 목요일 맑고 무더움

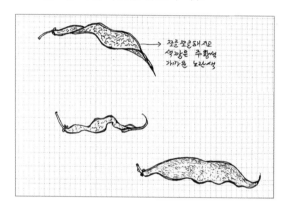

[그림 20] 강낭콩 꼬투리 모양

또 열흘이 지났다. 심은 지 74일째다.

이제 강낭콩이 누렇게 익어 간다. 본잎은 떨어지고 속잎도 누렇게 변한 잎이 5~6장이나 된다.

집중 관찰하는 꼬투리의 크기는 9.5cm로 그대로다. 이제 크기는 멈추고 알맹이를 여물게 하려는 모양이다 꼬투리는 언두색이 조금 비치면서 노릿게 변했다. 익는 것이다.

꼬투리 개수는 모두 14개로 두 개만 아직 파랗고 12개는 모두 익고 있다. 꼬투리 3개는 아쉽게도 자라지 못하고 그림처럼 말라 떨어졌다. 14개의 꼬투리는 확실한 것 같다.

2007년 7월 2일 월요일 흐림

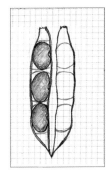
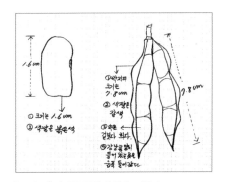

[그림 21] 강낭콩 익은 꼬투리　　　[그림 22] 강낭콩 콩알과 익은 꼬투리

오늘이 관찰 마지막 날로 강낭콩을 심은 지 78일째 되는 날이다. 이 제 열매(꼬투리)도 거의 다 익었고, 잎도 누렇게 변하고 말라 들어가기 시작한다. 그러나 늦게 새로 나온 잎은 파랗기도 하다. 그렇지만 이 잎 도 곧 누렇게 변할 것이다. 자기 할 일을 다했고 수명이 여기까지라 어 쩔 수 없다.

그래서 오늘 강낭콩을 모두 수확했다. 내가 집중 관찰하는 ②번 강낭 콩에서 14개의 꼬투리가 익었는데 여기서 나온 알맹이 개수가 42개다. 강낭콩 알맹이 1개에서 42개를 얻은 것이다.

내가 집중 관찰해 온 꼬투리 속에 알맹이가 들어 있는 모습은 그림과 같다. 꼬투리 속에 알맹이가 들어 있는 모습을 보면 강낭콩의 알맹이 눈 이 깍지에 붙어 있다. 그게 사람으로 치면 아기의 배꼽이 어머니와 탯줄 로 연결되어 있는 것이나 다름없다. 그렇게 어머니로부터 영양분을 받 아먹고 자란 것이다. 이제 여기서 떨어져 나와 하나의 개체가 된다. 새 로운 씨앗이 되는 것이다. 그래서 다시 생명은 이어지고…….

우리 반 각 모둠의 강낭콩도 다 거둬서 모두 나누어 가졌다. 잘 두었 다가 내년에 심기로 했다. 4학년 2반, 우리 반 아이들도 강낭콩 관찰을 하면서 느낀 것이 많았을 것이다.

여기서 지난 4월 16일부터 시작한 강낭콩 한평생인 78일간의 관찰을 마친다. 다음은 강낭콩 자람 기록표다.

[②번 강낭콩의 자람 표]

날짜	본잎까지 키 (cm)	전체 키 (cm)	본잎 길이 (cm)	본잎 너비 (cm)	속잎 길이 (cm)	속잎 너비 (cm)	속잎 수 (개)	꽃 수 (개)	꼬투리 크기 (cm)	꼬투리 전체 수 (개)	익은 꼬투리 수 (개)	알맹이 수 (개)
4/16	강낭콩 심은 날											
4/24	0.7	0.7										
4/25	1.5	1.5										
4/26	3.2	3.2	3.5	2.6								
5/3	4.0	4.5	7.5	6.8								
5/4	4.5	6.4	8.0	7.4	2.4	1.0	1					
5/8	4.5	7.6	9.0	8.5	7.8	4.0	2					
5/11	4.5	8.5	9.5	9.0	13.0	7.0	4					
5/18	4.5	19.0	9.5	9.0	13.0	8.1	7					
5/22	4.5	25.5	9.5	9.0	16.0	8.8	9	3				
5/29	4.5	34.0	9.5	9.0	16.0	9.0	13	5	1.6	6		
6/5	4.5	31.0	9.5	9.0	16.0	9.0	16	7	7.5	16		
6/11	4.5	32.5	9.0	9.0	16.0	9.0	18	0	9.5	22		
6/18	4.5	32.5	8.5	8.5	15.7	9.0	17	0	9.5	17		
6/28	4.5	32.5			15.0	9.0	17	0	9.5	14	12	
7/2	4.5	32.5			15.0	9.0	17	0	9.5	14	14	
7/2	강낭콩 수확한 날											42

바로 앞에 내보인 [②번 강낭콩의 자람 표]를 예사로 보아 넘기지 말기 바랍니다. 잘 살펴보면 이 속에 강낭콩의 한평생이 다 담겨 있거든요. 예를 들어 5월 4일 뒤부터는 본잎까지의 키기 똑같습니다. 이것은 본잎까지의 자람을 멈춘 것을 말합니다. 이때부터는 영양분이 열매 맺는 데로 가기 때문이겠지요. 그리고 밑 부분의 키만 자라면 강낭콩이 쓰러지겠지요. 그러니까 그때부터 밑부분은 더 굵어지기만 해서 몸을 지탱하는 것입니다. 그런데 6월 5일의 강낭콩 전체

키를 보세요. 5월 29일보다 줄어들었지요? 강낭콩 끝부분이 부러져서 그렇습니다. 6월 28일에는 본잎 관찰 기록이 없지요? 수명을 다한 본잎이 그만 떨어지고 만 것입니다.

어때요? 참 재미있는 걸 발견할 수 있지요?

이번에는 5학년 어린이의 관찰기록문 두 편을 보겠습니다.

오이 자람 관찰

경산 부림초 5학년 박지애

1989년 6월 22일 목요일 맑음 (관찰 시각: 오후 6시 54분)

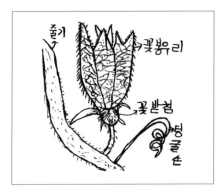

[그림 23] 오이 꽃잎 모양

오늘부터 오이의 자람을 관찰하려고 한다. 먼저 수꽃을 관찰한다.

꽃은 아직 활짝 피지 않고 봉오리다. 가장 윗부분은 별 모양같이 모아져 있다. 통꽃이다.

꽃잎의 길이는 약 1.6cm가량 된다. 꽃잎의 색깔은 노란색이다. 꽃받침은 연두색이다. 꽃잎에 그물처럼 꽃맥이 얽혀 있고 꽃잎 전체에 보송보송한 털이 나 있다. 보니 꽃받침에 털이 더 많다. 꽃을 만져 보니 까끌까끌하다.

1989년 6월 25일 일요일 맑음 (관찰 시각: 오후 7시 2분)

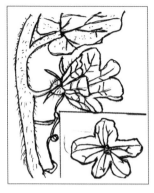

[그림 24] 오이 꽃잎 모양

지난 목요일에는 꽃봉오리였으나 오늘(4일째) 보니 이미 활짝 피어 있다. 이틀 사흘 만에 오이꽃이 활짝 피었다. 꽃의 길이는 2.7cm로 지난 번보다 1.1cm나 더 길어졌으며 많이 나 있던 털도 이제는 꽃받침에만 있고 거미줄같이 보이던 꽃맥도 잘 안 보인다.

꽃잎은 5갈래이며 꽃받침도 5개이다.

1989년 6월 26일 월요일 맑음 (관찰 시각: 오후 7시 31분)

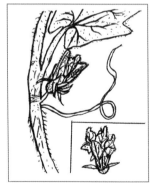

[그림 25] 오이 꽃잎 모양

어제는 꽃이 활짝 피었으나 오늘은 꽃이 다시 처음과 같이 꽃봉오리 처럼 오므라졌다.

꽃잎의 길이는 어제와 같으나 색깔은 어제보다 더 연하여 지금은 연한 노란색을 띠고 있다. 어제보다 털도 더 많이 없어졌다. 어제 꽃받침의 색깔은 연두색이었는데 오늘은 꽃잎 색깔과 비슷하다.

1989년 6월 27일 화요일 흐리고 비 옴

[그림 26] 떨어진 오이 꽃 모습

수꽃이라 어제의 그 모습으로 떨어졌다.

1989년 6월 28일 수요일 맑음 (관찰 시각: 오후 6시 38분)

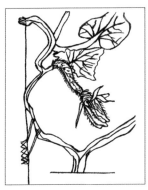

[그림 27] 오이 모양

어제까지 관찰한 것은 수꽃이고 또 떨어져 버려서 오늘부터는 암꽃 하나를 집중 관찰해 볼라고 한다. 암꽃은 수꽃과 달리 꽃봉오리 때부터 오이가 달려 있다는 것이 다르다.

오늘부터 관찰할라고 하는 오이의 길이는 4cm다. 오이가 달려 있는 모양은 그림과 같이 꽃받침에서부터 뒤쪽(줄기쪽)으로 달려 있다. 오이의 표면은 오돌토돌하다. 또 끝 쪽으로 갈수록 조금씩 가늘어졌다.

꽃잎의 길이는 1.5cm이며 색깔은 노란색이고 아직 오므리고 있다. 꽃받침은 연두색이고 다섯 갈래로 나뉘어 있는데 길이는 꽃잎 길이와 같다.

오이의 색깔도 꽃받침과 같은 연두색이다.

꽃봉오리와 오이에는 솜털이 많이 나 있다. 만져 보면 모두 까끌까끌하다. 꽃맥은 끝에 있는 가는 것은 꽃 색깔하고 가깝지만 아래쪽 굵은 것은 연두색이다.

1989년 6월 29일 목요일 맑음 (관찰 시각: 오후 6시 22분)

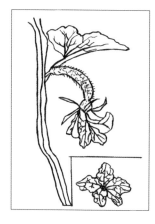

[그림 28] 오이 모양

6월 28일, 어제는 꽃이 봉오리였는데 오늘은 활짝 폈으며 색깔도 좀 달라져서 어제보다 좀 연한 노란색을 띠고 있다. 그리고 꽃잎의 길이는 2cm로 어제보다 0.5cm 더 길어졌고 오이의 길이는 5cm로 1cm 더 길어졌다.

그리고 어제는 거의 구부러시지 않았던 것 같은데 오늘은 조금 구부러진 것 같다.

1989년 6월 30일 금요일 맑음 (관찰 시각: 오후 6시 54분)

[그림 29] 오이 모양

어제는 꽃이 활짝 피었는데 오늘은 꽃이 다시 오므라들었다. 봉오리에서 하루 만에 활짝 피어서 하루 만에 져 버렸다.

오이는 6cm로 어제보다 1cm 더 길어졌다.

1989년 7월 1일 토요일 맑음, 바람 (관찰 시각: 오후 6시 15분)

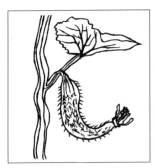

[그림 30] 오이 모양

어제는 꽃이 노란색을 하고 오므려 있었는데 오늘은 노란색이 아니고 흰색에 가까워졌다. 그렇지만 꽃 밑 쪽 속에는 아주 연한 노란색을 띠고 있었다. 많이 나 있던 털도 없어지고 까칠까칠한 꽃잎이 아니고 아주 가늘고 부드러운 꽃잎이 되었다. 꽃받침의 색깔은 어제보다 더 연한 연두색인데 꽃처럼 시들어 버렸다.

오이의 길이는 7cm로 어제보다 1cm 더 길어졌으며, 볼록볼록 튀어나온 그 끝에는 굵은 털 같은 것이 숭숭 나와 있다. 그런데 오이가 달린 자루 가깝게는 볼록 튀어나오지를 않았다. 오늘은 더 많이 굽어 반원처럼 되었다. 그런데 오이는 왜 곧게 안 자라고 이렇게 굽는지 참 궁금하다.

오이의 색깔은 어제보다 더 진하여 진한 연두색이다. 지금까지 보면 오이꽃도 사람처럼 나이가 점점 많아져 이제는 쭈글쭈글 주름살까지 났다. 그런데 속마음은 노란 꽃이 피는 청춘일 것이다.

1989년 7월 4일 화요일 맑음 (관찰 시각: 오후 6시 5분)

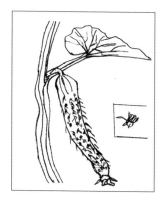

[그림 31] 오이 모양

7월 1일에는 오이의 길이가 7cm였는데 오늘은 12cm나 된다. 그래서 자를 들이대는 순간 나도 모르게 '와!' 하는 소리가 나오게 된다. 오이 가장 윗부분은 작을 때와는 달리 파인 듯한 줄이 세 개 있고 색깔도 진한 초록색으로 변해 가고 있다.

지금 꽃은 한 군데도 빠짐없이 흰색이고 할머니 주름살같이 쭈글쭈글하다. 완전히 하얀 머리를 달고 있는 오이 같다. 그렇지만 오이가 달리게 만든 것이 바로 이 꽃이란 것을 알면 아무도 볼품없다 소리는 못할 것이다.

그런데 한 가지 놀랄 일은 굽어 있던 오이가 다시 펴지기 시작했다는 것이다.

1989년 7월 6일 목요일 맑음 (관찰 시각: 오후 6시)

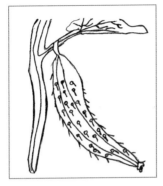

[그림 32] 오이 모양

　7월 4일에는 길이가 12cm이고 손가락 한 개 굵기였는데 오늘은 길이
가 20.5cm이고 굵기는 손가락 두 개 굵기다. 4일에는 오이 자루 쪽에만
줄이 그어져 있었는데 오늘은 오이 전체 다 줄이 그어져 있다. 줄이 그
어져 있는 곳은 좀 튀어나와 있으며 가시 같은 털도 더 굵어졌으나 양은
줄어들었다. 전번보다 하얀색은 줄어들었는데 줄이 그어져 있는 곳은
하얀색이 좀 있다. 꽃은 그대로이다.

1989년 7월 9일 일요일 비(갬) (관찰 시각: 오후 5시 5분)

[그림 33] 오이 모양

　오이의 길이는 25cm, 굵기는 손가락 세 개 굵기만 하여 이제는 먹어
도 될 것 같다. 노란 꽃봉오리 때부터 12일 동안 노란 꽃이 하얗게 변해

서 완전히 시들어지고 대신 굵은 초록색 오이가 달렸다. 짧은 기간이지만 이 정도로 관찰해도 오이가 클 때까지의 과정을 잘 알게 되었다. 봉오리였던 꽃이 하루 만에 피어서 하루 만에 지는 것, 하루 1~2cm 정도 자라는 것, 구부러졌다가 다시 펴지는 것 등을 알게 되었다.

1989년 7월 11일 화요일 맑음 (관찰 시각: 오후 6시 10분)
학교에 갔다 와서 오이밭에 가 보니까 내가 관찰하던 오이가 없어졌다. '아이쿠!' 나는 실수를 했다. 엄마한테 말하지 않아서 따고 말았던 것이다. 어제 내가 먹을 때가 되었다고 촐랑댄 것이 문제. 늙을 때까지 관찰해 볼라고 했는데 아깝게 되었다. 눈물을 머금고 다른 오이를 관찰할 수밖에 없게 되었다.

12일 동안 오이의 크기와 구부러졌다 펴지는 모습, 꽃이 피고 지는 모습 따위를 잘 관찰기록했습니다. 늘 보는 식물이라도 이렇게 관심을 가지고 계속 관찰해 보면 그 변화를 또렷이 발견할 수 있지요.

PC방 사람들의 행동 관찰

경산 성암초 5학년 한도현
오늘 관찰글 쓰기를 하기 위해 게임하는 사람이 많은 우리 집 가까운 PC방에 가 보았다. 역시 내 예상대로 사람들이 아주 바글바글했다. 주말에는 자리가 없을 정도다. 나는 게임을 하고 있는 사람들을 살펴보았다. 그런데 살펴보니까 뜻밖에도 게임하는 사람들보다 블로그나, 카페나 이런 곳에서 친목을 쌓는 사람들이 더 많았다. 중학생쯤 되어 보이는 누나가 계속 피식피식 웃어 댄다. 가 보니까 개그 프로그램을 다시 보고 있었다. 나는 생각했다. '동영상 보는 사람들도 PC방에 찾아오는구나.' 하고 말이다.

PC방 반 바퀴를 돌았을 때쯤 어떤 형이 '서든 어택'이란 총싸움 게임을 하면서 절규를 했다. 한숨도 뻑뻑 쉬고 있었다. 또 다른 편에서는 막 소리를 지르고 난리가 났다. 그러니까 카운터에 있던 사장님이 와서 조용히 좀 하라고 꾸중을 했다.

나는 가장 끝줄에 가 보았다. 거기서는 또 어떤 형이 '피파 온라인'이라는 게임을 하고 있었다. 축구 게임이다. 골을 넣을 수 있는 찬스면 가슴을 내밀면서 엉덩이를 의자에서 뗀다. 참 이상한 모습이다. 그러면서 키보드를 과격하게 눌러 부서질 정도다. 그러다가 골을 못 넣으면 또 가만히 앉아 있는다. 패스나 슈팅, 개인기 같은 것이 되지 않으면 막 짜증을 내고 욕을 한다.

"마크도 안 되고, 패스도 안 되고, 골키퍼도 못하고, 슈팅도 안 되네! 아이 씨발!" 하면서 짜증스럽게 키보드를 툭툭 친다. 참 태도가 불량스러웠다.

그 게임을 하는 사람이 또 있었다. 그 사람은 골을 넣어서 역전을 하면 좋다고 떠들어서 난리가 나고 자리에서 일어나서 한다. 일어서서 하는 사람은 키보드에서 손이 안 보일 정도로 엄청나게 빨리 '다다다다다다다닥' 눌러 댔다. 참 대단하다고 생각했다. 골을 넣지 못하면 얼굴을 찌푸리고 똥 씹은 얼굴로 해서 의자에 앉는다. 그런 모습을 보면 참 웃음이 나온다.

이번엔 어른들이 많이 앉는 자리인 흡연석을 관찰해 봤다. 참 어른들은 담배를 아주 심하게 피워 댔다. 심각하다. 나는 목이 아파 죽는 줄 알았다. 어른들은 그냥 얼굴 표정이 굳어 있는 사람이 많다. 가만히 있으면서 막 담배를 한 대 피우고 재떨이에 침 한 번 뱉고 게임하고, 게임하면서 또다시 담배를 물고 다 피우고, 다 피우면 재떨이에 침 뱉고 이랬다. 아무 표정이 없는 것 같은데 마음 편한 표정은 아니었다.

또 흡연석에서 직장인으로 보이는 아저씨가 '스타 크래프트'라는 게임을 하고 있었다. 이 게임은 아주 유명한 게임이다. 아저씨는 '프로토스'라는 종족으로 '캐리어' 유닛을 뽑아서 적들을 부수고 있었다. 그래서 막 먼저 나와 같이 간 태환이가 "스타 한다."고 하면서 봤다. 거기에 현성이가 따라가고, 상한이가 붙어서 보고, 정욱이와 나도 붙어서 봤다. '캐리어올' 공격을 해서 이기고 있었다. 이 게임을 하는 아저씨는 양복을 입고 PC방에 왔다. 나는 그런 사람은 처음 봤다. 그 아저씨는 게임을 다 끝냈다. 잘되었는지 얼굴 표정이 밝다. 게임을 다 해도 우리가 가질 않자 "게임 다 했다. 이제 안 한다." 하면서 우리를 떼어 내려고 했다.

PC방에는 재미있는 어른이 있는 반면에 무섭거나 무표정하거나, 옆에서 게임을 봐도 아무 반응 없이 그냥 묵묵히 하는 어른들도 있었다. 무서운 어른들은 막 얼굴을 찌푸리면서 우리를 째려보기도 했다. 그럴 때는 참 무섭다.

나는 다시 자리를 옮겨 카운터 바로 앞자리 줄에 가 보았다. 거기서 자리 1번에 앉은 중학생 형은 자꾸 손을 만지작거렸다. 게임을 하다가도 만지작거리고 게임을 하다 죽어서 못 하는 시간에도 계속 만지작거렸다.

어떤 사람은 개를 데리고 와 가지고 풀어놓고 게임을 하는 사람도 있었다. 그 개가 어떨 때는 책상 밑으로 들어가서 갑자기 사람에게 머리를 내밀어 엄청나게 놀래킨다. 그런 개념 없는 사람은 싫다.

나는 두 시간쯤 관찰했는데 그것을 다 적기가 힘들어서 몇 사람 모습만 적었다. 그렇지만 사람들은 게임을 하다가 온갖 자기 행동을 하고 있다는 것을 알았다. 자기도 모르고 그런 행동을 하는 것 같다. 다음에는 종류별로 나누어 관찰해 보고 싶다. 예를 들면 게임이 잘되어 기분 좋을 때 하는 행동은 어떤 종류가 있나, 게임이 잘 안 될 때는 어떤 특별한 행동을 하는가, 뭐 이런 것을 말이다.

오늘 관찰은 힘들었지만 재미있었다. (2006년)

PC방 여러 사람들의 모습을 관찰했습니다. 컴퓨터 게임을 하면서 저마다 다르게 행동하는 모습을 나름 잘 붙잡아 관찰기록했지요?

2. 관찰기록문은 왜 쓸까요?

관찰기록은 사람이 깨달아 알아낸 사물과 자연의 모습을 그림과 글로 표현하고 보존하는 활동이면서 새로운 탐구의 바탕이 되는 활동이라고 했습니다. 그러면 관찰기록을 하면서 얻는 것은 무엇인지 하나하나 나누어 말해 보겠습니다.

첫째, 살아 있는 자연 공부가 됩니다. 우리는 자연과 함께 살아가면서도 자연을 잘 모릅니다. 날마다 숨 쉬고 있는 공기가 얼마나 귀한지 잘 못 느끼듯 자연도 얼마나 귀한지 못 느끼고 관심 없이 살아가기 때문이지요. 또 자연을 책에서 보았거나, 다른 사람에게 듣거나, 인터넷이나 또 다른 간접 방법으로 안 것은 제대로 아는 것이 아닙니다.

진짜 자연 공부는 자연 속에 들어가 애정을 가지고 살펴보며 한식구가 되어야 이루어집니다. 한식구가 되어 관찰해야 새로운 모습과 문제를 발견할 수 있고 문제 해결에 필요한 정보도 얻을 수 있습니다.

둘째, 관찰력이 길러집니다. 사실이든 현상이든 관찰을 하지 않고는 알 수가 없습니다. 더구나 더 넓고 깊게 알고, 더 깊이 느끼고 깨달으려면 관찰력을 길러야 합니다. 관찰력은 모든 학문에 큰 영향을 줍니다. 글을 쓰거나 그림을 그리거나 음악을 하는 데도 관찰력이 있으면 더 훌륭한 작품을 창조할 수 있습니다. 예사로 보던 사물도 자세히 관찰하면 새로운 사실을 발견할 수 있습니다. 따라서 그만한 관찰력을 기르려면 끊임없이 어떤 뜻을 가지고 주의 깊게 관찰하고 기록하는 태도를 길러야 합니다.

셋째, 기록 능력, 살아 있는 글쓰기 능력이 길러질 뿐만 아니라 추상 능력도 길러집니다. 끊임없이 관찰기록을 하다 보면 기록 능력이 길러질 수밖에 없겠지요. 관찰기록은 사물과 자연 모습이나 사실이나 현상의 정확한 기록이라고 했습니다. 꾸미거나 만들어 낼 수 없는 참된 기록이지요. 꾸밈없는, 있는 그대로의 생생한 기록은 다른 모든 글쓰기에도 생명을 불어넣어 주는 힘이 됩니다. 진솔하게 글을 쓰는 바탕이 됩니다. 나아가 또렷하고 정확한 사실 기록은 추상의 세계로까지 생각을 끌어올려 줍니다. 사실에서 규칙과 원리를 발견하고 규칙과 원리에서 또 다른 사실을 추리할 수가 있는 것이지요.

넷째, 관찰을 통해 자연에 대한 흥미와 관심이 높아지고 자연을 사랑하는 태도도 길러집니다. 풀 한 포기를 살펴보아도 신비롭기 그지없습니다. 겨우 보이는 작은 씨앗이 생명을 싹틔우고 자랍니다. 온갖 어려움을 이겨내고 아름다운 꽃을 피우고 마침내 열매를 맺습니다. 이걸 가만히 살펴보면 어떻게 신비롭지 않겠습니까. 어떻게 사랑스럽지 않겠습니까. 어떻게 함부로 대할 수 있겠습니까! 그러니까 관찰기록을 하면 자연을 사랑하는 마음이 우러나오지 않을 수 없지요. 자연과 사람은 함께 어울려 살아가야 하는 동반자란 걸 다시 느끼기도 하겠지요. 그러면서 사람다운 품성도 길러지는 것입니다.

다섯째, 사실과 실제를 존중하고 또 그대로 실천하는 태도를 길러 줍니다. 많은 사람들이 흔히 뜬구름을 잡는 것 같은 삶을 살아갑니다. 막연한 생각과 말을 늘어놓기도 하지요. 사실이 바탕이 되지 않은 말과 생각은 허구입니다. 그런 것에는 믿음이 안 가지요. 자연을 있는 그대로 관찰하고 기록하면서 사실의 중요성을 더욱 깨닫게 되고 거짓 없이 살아가게 될 것입니다.

여섯째, 참을성과 끈기, 그리고 성실성이 길러지고 협동하는 태도까지 길러집니다. 자연을 관찰기록하는 일은 끈기가 없으면 할 수 없는 일입니다. 어려움을 참고 기다려야 자연은 제 모습을 보여 주기 때문이지요. 또한 게으른 사람은 자연의 참모습을 볼 수가 없습니다. 언제 어느 때 새로운 모습을 보여 줄지 모르기 때문에 부지런해야 합니다. 때로는 여럿이 마음을 맞춰야 하는 관찰기록도 있지요. 이렇게 하다 보면 협동하는 태도도 길러질 것입니다.

3. 여러 가지 관찰기록문

관찰기록문은 관찰 대상(내용)에 따라 사물 관찰기록문, 식물 관찰기록문, 동물 관찰기록문, 실험조작 관찰기록문이 있습니다. 쓰는 형식에 따라 그림 관찰기록문, 개조식 관찰기록문, 서사문 형식 관찰기록문, 관찰 일기, 보고문 형식 관찰기록문이 있습니다. 여기에선 형식에 따라 나눈 관찰기록문에 대해 알아보겠습니다.

1) 그림 관찰기록문

기록에서 중요한 것은 내용의 보존과 전달이라고 했지요? 둘의 공통점은 소통입니다. 기록 내용과 글쓴이의 소통이기도 하고, 기록 내용과 다른 사람의 소통, 글쓴이와 다른 사람의 소통이기도 합니다. 그 가운데 그림은 눈으로 할 수 있는 소통 방식입니다. 말이나 글로는 전달하기 어려운 것이 참 많은데 그림 관찰기록문은 바로 사물의 겉모습이나 변화 모습, 동물의 행동 모습 같은 것을 그림을 중심으로 기록하는 것입니다.

방동사니

[그림 34] 방동사니

경산 부림초 4학년 김령희

이 풀은 우리 집 앞 도랑가에 있었다. 잎은 날카롭고, 길게 생겼고, 끝은 뾰족하다. 뿌리는 많이 없지만 수염 같이 붙어 있는데, 흰색도 있고, 불그레한 색도 있었다. 씨앗 같은 것이 쪼록쪼록 붙어 있는데 잎과 줄기보다는 거의 연두색에 가깝다. 그래 이름이 뭔가 싶었는데 농약 선전하는 책에서 보니까 '방동사니'였다. 그런데 책에는 논에 나 있었다. 아까 전에 내가 방동사니 뽑은 곳도 바로 물가였으니까 이 식물은 물이 많은 곳에 잘 자라지 싶다.　　　(1990년 9월 24일)

앞 그림들에서는 색깔 표현이 안 되어 있지만 그림 관찰기록을 할 때는 색깔을 나타내면 좋겠습니다. 그런데 그림 관찰기록에서 한 가지 아쉬운 점은 크기를 정확하게 알 수 없는 것입니다. 따라서 글자를 알고 길이를 가늠할 수 있고 자로 길이를 측정할 수 있는 어린이는 크기도 나타내고 설명도 조금 붙이면 좋겠습니다.

2) 개조식 관찰기록문

개조식이란 말하고자 하는 내용을 요점 위주로 기록하는 방식입니다. 이렇게 정리 기록하면 서술만 하는 것보다 내용을 더 쉽게 알 수 있는 경우가 많습니다. 사물의 겉모습이나 사물의 변화 과정을 한눈에 잘 알 수 있도록 기록하는 경우가 그렇습니다. 이때 번호를 붙여 가며 정리하면 편리한 점이 더 많습니다.

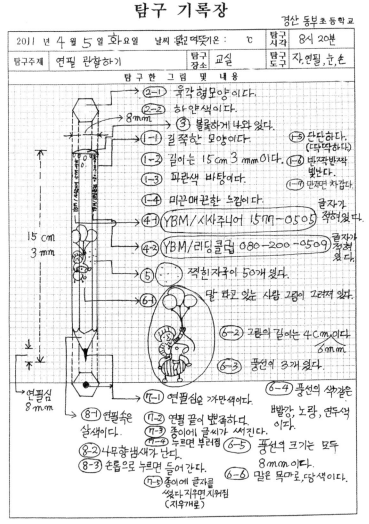

[그림 35] 연필 관찰기록

또 다른 사례를 하나 더 봅시다.

서기 198 9 년 6 월 5 일 월 요일				
기상관계	날씨 흐림 기온 ℃	태풍	풍향	폭우 mm	폭설 mm
관찰대상	개구리			
관찰장소	학교 (교실)	관찰시간	1시 3분 12초	
관찰내용	크기, 모양 등	관찰방법	눈, 손, 자 등을 사용	

⑩코가 한쌍이다. ①앞다리가 2개(1쌍), 뒷다리가 2개(1쌍)이다 ②눈이 한 쌍이다. ③뒷다리의 발가락은 5개이고, 앞다리는 4개이다. ④개구리 전체의 길이는 9cm가량(오므렸을때) ⑤뒷다리에 물갈퀴가 있다 ⑥눈 밑에 동그란 것이 있는데 그것은 커다. ⑦뒷다리의 길이는 4cm 이다. ⑧앞다리의 길이는 2.5cm 이다. ⑨등의 색깔은 대체로 연한 고동색이다 ⑪등의 줄이 있다. 색깔은 가운데는 녹색이고 가의 두줄은 갈색이다. ⑫뒷다리는 이렇게 생겼는데 사람의 알통배긴 다리 같다. ⑬앞다리는 이렇게 생겼는데 마치 아기의 팔같다. ⑭개구리의 몸에 까만점이 많이 나 있다. ⑮배의 색깔은 흰색이다. ⑯물갈퀴의 색깔은 투명한 색 같기도 하고 살색같기도 하다. ⑰귀의 모양이 구멍뚫린 동전처럼 생겼다. ⑱눈꺼풀 가에 흰줄의 테가 나 있다 ⑲개구리를 옆에서 보면 배부분(흰부분)중에서 제일 끝에 볼록 한 것이 있는데 그것이 바로 울음주머니다. ⑳다리 뒷부분의 색깔은 살색이다.

9cm

[그림 36-1] 개구리 관찰기록

서기 198 9 년 6 월 5 일 월 요일						
기상관계	날씨 흐림	기온 ℃	태풍	풍향	폭우 mm	폭설 mm
관찰대상	개구리					
관찰장소	학교		관찰시간	오후 1시 3분 12초		
관찰내용	크기, 모양 등		관찰방법	눈, 손, 자를 사용		

관찰사항

※관찰발견벽 ...
※<개구리 계속> 25 뒷다리가 앞다리보다 훨씬 더 길고 통통하다. 21 배 가운데 부분이 다른 부분보다 좀 저모스름하고 연두색이 좀 띤다. 22 뒷발가락은 처음 발가락은 작고, 두번째 발가락은 상당히 길고, 그 다음으로 갈수록 짧아진다 23 개구리의 다리 색깔은 몸통보다 연하고 거기에 나 있는 점도 몸통보다 연하다 24 눈의 색깔은 상당히 까맣다. 26 배를 만져보니 물랑물랑하다.

새로 알게된 점

o 얼핏 보면 모르겠는데 개구리의 귀가 어디에 있는지 이제야 일았다.

나의 문점과 의견	선생님 의견
o 왜 뒷다리의 발가락은 5개이고 앞다리의 발가락은 4개일까?	1989.6.6

(경산 부림초 5학년 박지애)

[그림 36-2] 개구리 관찰기록

3) 서사문 형식 관찰기록문

어떤 사물을 관찰한 뒤 그 사실을 서사문 형식으로 기록하는 관찰기록문입니다. 활동 과정이나 변화 과정을 자세하게 기록해야 할 경우에는 대체로 서사문 형식의 관찰기록문을 많이 씁니다. 더 따지자면 설명을 많이 더한 서사문 형식이라 할 수 있을 것입니다.

① 처음: 대체로 관찰 동기, 관찰 목적, 관찰 방법, 관찰 준비 과정 따위를 간단하게 기록합니다.
② 가운데: 사물을 보고 듣고 느낀 점을 자세하게 기록합니다.
③ 끝부분: 관찰로 새롭게 알게 된 점이나 느낀 점, 놀라움, 앞으로의 계획이나 희망 같은 것을 간단하게 기록합니다.

우리 집 개 '복실이'

경산 부림초 5학년 박지애

우리 집 동물 가운데 개와 고양이가 있는데 한 식구와 다름없다. 고양이는 어떨 때 하루쯤 안 보일 때도 있는데 개는 정말 우리 곁에서 떠나 본 적이 없다. 내가 때려도 도무지 화를 낼 줄 모르는 순한 동물이다. 나는 관찰 대상을 우리 복실이로 정했다.

2월(2월 11일) 겨울이다. 봄날같이 햇볕이 따뜻하게 내리쬐는 낮에 마루에 앉아 책을 읽으며 복실이를 관찰하고 있는데 복실이도 햇볕을 쬐며 누워 있었다. 그러다가 세모진 귀를 흔들흔들 쫑긋쫑긋하더니 기지개를 켜면서 벌떡 일어났다. 다시 귀를 쫑긋 세우고 꼬리를 세우더니 길 쪽을 보며 막 짖는 것이었다. 나는 무엇 때문에 그릴까 싶어 길 쪽을 보니 번쩍거리는 승용차가 우리 집 쪽으로 오고 있었다. 차에서 내리는 분은 서울 고모할머님이었다. 복실이도 고모할머님을 기억하는지 폴짝폴짝 뛰어 고모할머님 어깨 위까지 올라갔다. 복실이도 사람을 알아보고 반가워할 줄도 아는 것이다.

오늘(2월 12일 월요일) 아침, 학교 가는 길에서 어떤 아이가 우리 집 쪽으로 막 달려오니 복실이는 그 아이가 우리를 해치러 오는 줄 알았던지 그 아이를 막 물려고 했다. 내 동생 상규와 나는 복실이를 막 불렀다. 그래도 복실이는 자꾸 그 아이의 다리를 물려고 했다. 그때는 주인의 말도 듣지 않았다. 복실이는 과연 주인을 위해서 그러는 걸까?

해가 저물고 어둑어둑해지자 복실이가 집에서 자고 있었다. 내가 마당에 불을 켜고 복실이를 깨웠다. 복실이도 우리 사람들이 자고 일어났을 때와 같이 행동하였다. 나를 빤히 쳐다보면서 눈을 깜빡깜빡거리고 입을 한 번 쭉 벌려 하품을 하고 쩝쩝거렸다. 빨간 불빛을 보더니 고개를 돌렸다. 복실이가 우습기도 하고 신기하였다. 내가 싱긋이 웃으니까 복실이는 기지개를 켜고 일어났다.

장난꾸러기 사촌 동생들이 많이 오고 또 비도 왔다. 사촌들과 복실이가 서로 장난을 치며 어울려 놀았는데 장난꾸러기 사촌들이 복실이를 괴롭혔는지 '와아아알' 하며 화를 내고 달려들려는 태도를 했다. 꼬리는 곤두서고 귀는 뒤로 착 눕히고 자세를 낮추었다. 이때 눈을 보니 아주 날카롭게 보였다. 이것이 바로 개가 화날 때의 모습이다. 귀엽던 복실이가 그때는 무섭게 보였다.

2월 달인데 비가 참 많이 온다. 어제에 이어 계속 비가 온다. 복실이를 보니 털이 많이 젖어 있었다. 복실이가 자는 자리에 비가 뿌린 탓인지 오늘은 계속 사랑방 앞마루 위에 자꾸 올라와 엄마에게 잔소리를 많이 들었다. 깨끗한 몸이면 괜찮은데 비도 맞고 흙을 묻혀 엄마가 복실이보고 잔소리를 할 만도 하였다.

복실이는 참 이상하다. 물과 우리 집의 바가지를 매우 싫어한다. 우리가 바가지만 들면 멀리 도망을 가 버리고, 목이 말라 물을 먹을 때도 우리가 주는 깨끗한 물은 먹지 않고 꾸정물, 못물, 도랑물 이런 더러운 물만 먹는다. 무엇 때문에 그런지 도무지 모를 일이다.

밥을 주고 개 줄로 목을 묶으려고 하니까 밥을 먹으면서도 덜덜 떨었다. 꼬리를 두 다리 사이로 감아 넣고 자세를 낮추어 나를 보다가 묶지 않으니까 밥을 먹었다. 바로 그것이 복실이가 두려웠을 때의 모습이다.

나는 며칠간 우리 복실이를 유심히 보면서 개라는 짐승이 사람의 조그만 행동만 보고도 슬픔, 두려움, 즐거움을 느끼고, 제 스스로 표현한다는 것이 너무나 신기하였다. 이런 동물들을 어떻게 해칠 수가 있을까 하는 생각이 들기도 하였다. (1989년 2월 12일)

제법 형식을 갖추어 쓴 관찰기록문입니다. 개 복실이가 기쁠 때, 위협을 느낄 때, 자고 일어날 때, 목을 묶으려고 할 때의 행동이나 바가지에 대한 반응 같은 것을 잘 살펴서 자세히 기록했습니다.

4) 관찰 일기

날마다 일기 쓰듯이 관찰한 내용을 기록하는 형식을 말합니다. 이 일기 형식의 관찰기록문은 오랜 기간 동안 끊임없이 어떤 일이 일어나거나 변화하는 과정과 결과를 자기의 생각과 느낌까지 보태어 생생하고 실감나게, 자세하게 기록할 수 있어 좋습니다.

돼지 관찰

경산 부림초 4학년 이상호

1991년 1월 10일 목요일 바람이 조금 불고 맑음

〈돼지 관찰 시작〉

아침에 탐구생활을 하다 보니 방학계획표의 일기 쓰기에서 '관찰일기 10일간 쓰기'라고 되어 있는 것을 보게 되었다. 그래서 오늘부터 19일까지(10일간) 관찰일기 쓰기 기간으로 정했다.

오전에는 숙제를 하고 점심을 먹고 나갔다. 약 2분을 걸어서 돼지가 있는 돼지우리를 살펴보았다. 돼지우리 밑바닥에는 짚이 아주 많이 깔려 있고, 짚 여기저기에는 똥도 볼 수가 있었다. 어미 돼지가 누워 있는데 그 주위에는 새끼도 누워 있는 모습을 볼 수가 있었다. 어미 돼지의 등에는 똥파리가 50마리도 넘게 붙어 있는 것도 볼 수가 있었다. 하지만 깨끗한 돼지도 여러 마리 볼 수가 있었다. 돼지우리는 칸칸으로 되어 있는데 한 곳에 평균 세 마리 정도가 있었고, 돼지우리는 모두 열두 칸이나 된다. 그리고 돼지가 먹는 먹이통은 돌로 만든 것인데 아주 컸다.

돼지는 여러 마리 중에서 가장 큰 것은 높이가 내 허리까지 오는 것도 있다. 어깨 너비는 약 60cm 정도 되었다. 그리고 무게는 얼마나 될까 싶어서 찬우 형에게 물어보니 전번에 재어 보았을 때는 174kg 정도였다고 했다. 나는 놀라지 않을 수가 없었다.

좀 더 관찰해 보려고 했는데 필숙이 누나가 방에 다 들어오라고 했다. 내가 관찰하기 숙제라고 하니 내일 하라고 하는 바람에 방에 들어와야만 했다. 방에 들어와서 세수를 하고 아이들과 놀려고 하다가 책을 읽었다. 책 제목은 '정의의 기사 돈키호테'라는 것인데, 아주 재미있고 우스웠다.

내일은 더 많이 관찰해야겠다고 마음먹고 오늘 관찰한 것을 생각해 보았다.

1991년 1월 11일 금요일 맑고 바람이 조금 붐
〈돼지의 먹이〉
오늘은 어제와 다르게 오전부터 관찰을 하려고 나갔다. 그런데 너무 추워서 다시 방에 들어와 한 시간 정도 있다가 잠바를 입고 나갔다.

오늘은 가니 여러 형들이 돼지우리의 짚을 깔아 주고 있어 한참 기다렸다가 짚을 다 깔아 주고 난 뒤에 관찰을 했다.

내가 알기로는 돼지는 잡식동물이라고 들었는데 정말 그런가 싶어서 며칠 전부터 있던 배춧잎과 오늘 아침 배춧국을 끓이면서 시들어 버린 것을 가지고가서 동시에 던져 주고 먹는 것을 유심히 살펴보았다. 처음에는 냄새를 맡더니 오늘 것부터 먼저 먹고 며칠 전의 것은 냄새를 한참 맡다가 겨우 먹었다. 아무리 돼지라 하더라도 싱싱한 것을 잘 먹는다는 것을 알 수 있었다. 보니 며칠 전의 배추는 썩는 냄새가 났다.

다음으로 채소와 고기 종류 중 어느 것을 더 잘 먹는가 실험을 해 보려고 채소는 아까 그 배추로 하고, 고기는 며칠 전에 먹은 뼈를 겨우 찾아서 두 가지를 함께 떨어뜨렸더니 돼지가 다가왔다. 아까와 마찬가지로 냄새를 이리저리 맡더니 생선뼈를 먼저 먹었다.

오늘 실험 두 가지를 통해서 알 수 있는 점은 첫째, 오래된 것보다는 싱싱하고 오래되지 않은 것을 좋아하고 둘째, 채소보다는 고기 종류를 더 좋아하는 것을 알 수 있었다. 이것이 내 스스로 실험해서 얻어낸 결과라고 생각하니 정말이지 기분이 좋고, 이 결과를 알아내느라고 추운 데서 두 시간 가까이 있었지만 하나도 춥지 않았다.

나는 방에 들어와 추운 데서 고생한 손을 방바닥에다 대었다. 한참 있으니 따뜻해졌다.

1991년 1월 12일 토요일 맑고 춥지만 바람은 불지 않았음
〈돼지가 먹이 먹는 모습〉
오늘은 어제와 마찬가지로 오전 열 시쯤 되어서 밖에 나가니 조금은 따뜻했다.

어제는 돼지가 먹는 종류에 대해서 실험하고 관찰해 보았지만 오늘은 먹는 모습에 대해서 관찰해 보려고 갔는데 글쎄 돼지들이 모두 자고 있는 것이다. 나는 깨우려고 조그만 자갈을 던졌지만 끄떡도 하지 않았다. 어떻게 할까 생각했다. 한참을 생각하다가 조그만 막대를 이용하면 안 될 것 같아 큰 작대기를 주워 툭툭 쳤다. 그래도 좀처럼 일어나지 않

았다. 그래서 세게 치려고 하는데 김 선생님이 보시고 왜 가만히 잠자는 돼지를 괴롭히냐고 하면서 벌을 서고 있으라고 하시는 거다. 오해를 받은 것이지만 어쩔 수가 없었다.

세 시간 정도 가만히 서 있는 벌을 받고 나니 몸이 아파서 죽을 뻔했다. 하지만 벌을 서는 동안에 점심시간도 되었기 때문에 당연히 돼지도 점심을 먹게 되었다. 김 선생님이 돌그릇에 죽을 부어 주니 자다가도 금방 일어나더니 냄새를 맡으며 먹는 것이다. 어떻게 먹는가 싶어서 유심히 살펴보았더니 윗니와 아랫니 모두를 동원해서 퍽퍽 집어먹는 것이다. 이때 이 중에서도 중간 이를 많이 쓰는데, 윗니 아랫니를 엇갈리게 하면서 왼쪽으로 오른쪽으로 먹었다. 그리고 음식을 먹을 때는 코도 음식에 파묻고 버럭거리며 먹었다.

유심히 보면서 관찰을 하는데 벌을 서고 있어서 온몸이 아팠다. 벌을 다 서고 나서 관찰을 하지 않아도 되었지만 점심을 다 먹고 난 후였기 때문에 배가 무척이나 고파서 참기가 어려웠다. 배가 고파도 참고 놀다 보니 완전히 잊어버렸는데 간식을 먹으러 가니 배가 더 고파 오는 것이다. 간식으로 배를 채웠는데 그래도 먹은 것 같지가 않았다. 그러나 기분이 좋았다.

1991년 1월 13일 일요일 맑다가 구름이 많이 낌
〈돼지가 걷는 모습〉
오늘은 이때까지 실험하고 관찰한 것과는 다르게 돼지가 어떻게 걷는지 참 궁금하였다. 그래서 이것을 알아보려고 어떻게 돼지가 걸어 다니게 할까를 생각해 보았다.

나무막대에 배추를 찍어서 요리조리 움직여 보았다. 돼지를 움직이게 하는 데는 성공하였지만 내가 오래 버틸 수도 없고, 돼지의 동작도 너무 빨랐다. 그래서 더 좋은 방법을 생각하다가 방법이 떠올랐지만 별로 좋은 방법이 아니어서 그만두었다. 다시 생각하였지만 별로 좋은 생각이 나지를 않아서 쩔쩔매고 있는데 김 선생님이 돼지우리 청소를 한다고 하면서 돼지를 차례로 데리고 나왔다. 이때 걷는 모습을 살펴보니 한쪽 앞발과 뒷발을 동시에 앞으로 옮기고 그리고 다른 한쪽도 앞발과 뒷발을 움직이는 것이다. 그런데 앞발과 뒷발이 움직이는 시간차가 아주 조금 있었다. 하지만 뛰어갈 때는 앞발 두 개를 동시에 옮기고 뒷발도 동시에 옮기며 펄쩍펄쩍 뛰었다. 높은 층계에 올라갈 때도 뒷다리 두 개를 굴려서 펄쩍 뛰어 앞다리 두 개를 계단 위에 올리는 것이다. 그리고 뛰어오른 반동으로 다시 뒷다리를 펄쩍 올린다. 다리가 네 개나 되어서 층계를 오를 때는 상당히 불편하다는 것도 알 수가 있었다.

김 선생님께서 돼지우리 청소를 다하고 짚도 새로 깔아 넣어 주고 돼지를 다시 넣어서 나는 방에 들어왔다.

1991년 1월 14일 월요일 맑고 바람이 약간 붐

〈돼지의 울음소리〉

오늘은 무엇을 관찰할까 생각하고 걸어가고 있는데 갑자기 돼지 울음소리가 들려왔다. 그런데 조금은 이상하게 들렸다. 보통 돼지들은 '꿀꿀'거린다고 생각하지만 다르게 생각을 해 보니 '꾸리리윽 꾸리리윽' 하면서 들리는 것이다. 더 가까이 가서 들어보니 '버르륵 버륵' 하면서 이상한 소리를 내었다.

나는 거리에 따라서 어떻게 달라지는지 알아보기 위해서 처음에는 아주 가까이서 울음소리를 들어보았다. '버르륵 버르륵' 하고 소리를 내면서 울었다 나는 또 25걸음 정도 떨어져서 소리를 들어보았다. '꾸리륵 꾸리륵' 하는 이상한 소리가 들렸다. 이때 나는 거리에 따라서 울음소리가 다르게 들린다는 것을 알 수가 있었다. 하지만 몇 미터에서 어떻게 울음소리가 바뀌나 하는 것을 모르겠다. 어떻게 하면 정확하게 할까 생각하다가 한 걸음에 1m씩 쳐서 해야 되겠다고 생각을 했다. 37m 정도에서 들어보고, 또 다음 50m 정도에서도 들어보았다. 정확하게 알 수는 없지만 대강 20m 정도마다 소리가 조금씩 변하는 것을 알 수가 있었다.

그런데 얼마 있지 않아서 돼지가 더 이상 울지 않아 실험을 할 수가 없었다. 방에 들어와서 다른 숙제를 했다.

1991년 1월 15일 화요일 바람이 조금 불고 따뜻함
〈돼지의 콧구멍 크기〉

돼지의 콧구멍은 얼마나 클까 궁금해서 종이와 자, 연필을 가지고 돼지우리가 있는 곳으로 내려갔다. 미리 생각한 대로 20cm 정도 되는 철사를 하나 주워서 처음에 2.5cm 잘라서 돼지 코에 대려고 하다가 잘 못해서 물릴 뻔했다. 좀 더 좋은 생각이 없을까 생각하다가 철사를 2.5cm의 원형으로 만들어서 갖다 대어 보았다. 그런데 어림도 없는 것같이 보였다. 다음에는 3cm, 그 다음에는 3.5cm, 또 4cm, 또 4.5cm, 그 다음 5cm를 가지고 맞추어 보았는데 김 선생님이 오는 게 보였다. 나는 돼지우리 뒤쪽으로 가서 숨었다. 며칠 전처럼 돼지를 못살게 했다고 또 벌을 설까 봐 겁이 나기도 했다. 그런데 김 선생님께서 안 가고 돼지 죽을 끓이는 데서 불을 피우고 있는 것이다. 나는 다리가 하도 아파서 앉고 말았다. 그리고 한 30분 정도 지났을까? 구멍으로 내다보니 여전히 있었다. 나는 돌 맞추기 놀이를 혼자 했다. 그러고 나서 밖을 내다보니 아무도 없는 것같이 보였다.

얼른 나와서 주위를 살펴보니 아무도 없었다. 좋아서 크기를 맞추어 볼려고 하는데 그 원형 철사가 보이지 않았다. 또 찾다가 보이지 않아서 할 수 없이 다시 만들어서 맞추려고 하는데 돼지가 우리 안쪽으로 들어가서 안 나오는 것이다. 난 정말 화가 났다. 뒤로 가서 천을 발로 차니 아무 소리도 없이 앞쪽으로 나왔다. 그래서 맞추어 보았더니 완전하게

딱 맞았다. 그때 기분은 말할 수 없이 좋았다. 금덩이라도 본 것 같았다.

나는 방으로 달려왔다. 방에 오니 아이들이 장기나 게임 같은 것을 하는 것이다. 그래도 나는 그런 거 하는 것보다 기분이 더욱 좋았다.

1991년 1월 16일 수요일 맑지만 상당히 추움
〈먹는 양〉

오늘은 관찰할 것이 생각나지 않아 어떻게 할까 생각하고 있는데 아이들이 "너는 살이 쪄서 먹는 거도 많이 먹겠다." 하는 말이 생각났다. 그래서 좋은 생각이 떠올랐다.

순간 시계를 보니 7시 30분이었다. 내가 뛰어나가서 보니 벌써 돼지에게 죽을 주어 버렸다. 그런데 죽을 담은 들통에 죽이 굳어 있어서 그 선이 남아 있었다. 그 선은 들통의 3분의 2 정도에서 굵게 표시가 나 있었다. 그래서 방으로 뛰어와서 컵 밑바닥을 잘 살펴보았더니 250ml로 되어 있었다. 우선 목욕탕에 갔다. 아이들이 많이 있어서 조금 있다가 보았다. 아무도 보이지 않았다. 들통에 돼지죽 담았던 높이만큼 물을 채워 방에서 가져온 컵으로 한 컵 한 컵 떠내며 세어 보았다. 보니 28컵이 되었다. 1ml는 1g이라고 하는데 그러면 7kg이나 되는 셈이다. 한 끼에 그 정도나 먹는다고 생각하니 무척이나 많이 먹는다는 것이 실감난다. 그것도 하루 세 끼이니 21kg이나 된다. 내가 실험한 것이 틀릴지는 모르나 무척 많이 먹는다는 것은 알 수가 있다.

호준이 형은 나에게 무엇을 하는데 며칠 동안 밖에 나갔다 들어왔다 하냐고 물어보았다. 그래서 나는 사실대로 말했다. 그러니 알았다고 하며 가 보라고 했다.

나는 목욕탕에서 다시 컵을 가지고 방에 들어와 넣어 두고 총정리를 꺼냈다. 시계를 보니 8시 50분이었다. 내일은 학교에 가서 선생님께 숙제 검사도 받고 좋겠다고 생각했다. 빨리 내일이 왔으면 좋겠다.

1991년 1월 17일 목요일 아침에는 상당히 추움

〈돼지의 생김새〉

학교에 갔다 와 방에 들어오자마자 시계를 보니 오후 2시 10분이었다. 나는 신발을 넣고 식당에 가서 점심을 먹고 돼지우리로 뛰어갔다. 가니 돼지는 내가 와서 그런지 상당히 좋아하는 것처럼 보였다. 먹는 것을 좋아하니까 내가 먹는 것을 가져오는 줄 알았겠지.

오늘을 시간도 없어서 간단하게 돼지의 생김새를 관찰하기로 마음먹었다. 관찰을 시작했다. 먼저 눈을 살펴보았다. 눈은 별로 크지 않으면서 둥글었다. 코는 말할 것도 없이 아주 크고 뭉텅했다. 입은 크나 이빨은 아마 쇠붙이도 끊을 정도로 튼튼하다. 다리는 몸에 견주어 매우 짧으며, 발바닥도 크지 않고, 발톱은 두 갈래밖에 없다. 꼬리는 짧으면서 말려 있고, 털색은 희지만 똥 찌끄레기 같은 것과 똥파리들이 진을 치고 있었고, 젖은 한 걸음 한 걸음 갈 때마다 출렁거렸다. 몸무게는 보통 100kg이 넘는다고 한다. 돼지는 정말 몸집이 못 말리는 동물이다.

1991년 1월 18일 금요일 맑으며 따뜻한 날씨

〈소리 반응〉

오늘은 돼지와 많이 있기 위해서 점심을 먹자마자 밖으로 나갔다. 돼지우리로 달려가 새끼들을 봤다. 열 마리가 있었다.

실험을 하기로 하고 깡통을 가지러 창고에 들어가 두리번거리며 살펴보았다. 거기에는 녹이 슨 깡통이 있고, 그 뒤에 나무 작대기에 방울과 비슷한 것이 달려 있었다. 나무 작대기를 흔들어 보니 톡톡거리고, 깡통을 두들겨 보았더니 꽝꽝거렸다. 난 잘됐다고 생각했는데 그 안에 무엇이 들어 있는 것 같아서 보니 어떤 하얀 가루 같은 것이 있었다. 그래서 넣어 두고 다른 깡통을 찾아보니 녹도 별로 슬지 않고 참 보기도 좋은 깡통이 있어서 들고 나와 버렸다.

돼지우리로 갔다. 처음에 내가 보지 않으니까 구석 쪽에 있었다. 내가 살며시 나무 막대기의 방울 같은 것을 치니 돼지가 몰려들었다. 그래서 2분가량을 툭툭 치니까 8마리가 고개를 내밀고, 남은 두 마리는 계속 그대로 있었다.

이번에는 다른 소리 실험을 해 볼려고 하는데 돼지들이 오지 않는 것이다. 할 수 없다고 생각하고 배추 찌끄레기를 주워서 구석 쪽으로 던지니 금 덩어리를 서로 주우려고 하는 사람들 같았다. 그러고 나서 한참 있다가 쇠붙이로 두들기니 아무 돼지도 이쪽으로 오지 않았다.

결과를 정리해서 돌아오는데 돼지들이 불쌍하다는 생각이 들었다. 이제 나도 내일 관찰을 끝내고 한동안 오지 않을 것으로 생각하니 좀 섭섭하기도 했다. 그러나 완전히 안 보는 것은 아니니 슬퍼할 필요는 없다고 본다.

방에 올라와 아이들과 만들기 숙제를 도와주었다.

1991년 1월 19일 토요일 맑음 보통 추운 날씨

〈돼지가 자는 모습〉

나는 돼지가 요즘에 잠자는 모습을 확실하게 본 적이 없다. 돼지가 잠자고 있을 때도 유심히 볼걸 하는 생각이 들었다. 그런데 오늘 돼지가 자지도 않고 말똥말똥 눈만 뜨고 있어서 한참을 기다려 보았다.

그중 한 돼지가 잠을 자려고 하는 것을 볼 수 있었다. 조용히 있으니 그만 잠을 자고 말았다. 하지만 다른 돼지들이 소리를 낼까 봐 좀 더 기다리기로 했다. 한참을 기다리니 거의 다 잠을 자는 것이다. 이때리고 생각을 하고 자세히 살펴보니 다음과 같았다.

돼지는 앞의 두 다리를 먼저 내리고 그 다음 뒷다리도 앉더니 누워서 잠을 자는 것이다. 그리고 동쪽으로 누워서 머리 한쪽을 옆으로 땅에 대고 자는 것이다.

오늘은 관찰 10일째 되는 날이다. 짧은 10일 동안이지만 장난도 치고 하여 벌써 돼지하고는 친한 사이가 되었다. 그래서 섭섭하였다. 잠자는 돼지를 깨우기는 싫었다. 깨워야 되나 망설이다가 아무래도 안 되겠다 싶어 그만 돼지우리에서 나왔다. 돼지우리에서 멀어지면서 자꾸 뒤를 돌아보았다.

기분이 좋지 않아 친구들과 놀다가 저녁 먹을 때쯤 되어서 방에 들어왔다. 동진이가 잠을 자고 있어서 조용히 행동했다. 저녁을 먹으러 식당으로 내려가니 아직 저녁밥을 먹지 않는다고 했다. 그래서 현관 앞에서 놀고 있으니 호준이 형이 밥 먹으러 가자고 하면서 식당 쪽으로 가고 있었다. 하지만 난 돼지 생각이 자꾸 났다.

나는 이 관찰기록문에서 내용보다는 태도에 더 큰 칭찬을 아끼지 않겠습니다. 이 어린이는 보육원에서 생활합니다. 관찰하기가 쉽지 않은 상황인데도 추위와 다른 여러 가지 어려움을 이겨 내면서 몇 시간 동안 끈질기게 관찰하는 태도는 모든 어린이들이 본받을 만합니다.

5) 보고문 형식 관찰기록문

주로 과학 실험 과정과 결과나 그 밖의 일정한 변화 과정을 거쳐 일어나는 사실을 관찰기록할 경우엔 보고문 형식의 기록 방법이 좋습니다. 관찰 대상, 관찰 시간과 장소, 관찰하게 된 동기와 목적, 관찰 과정, 관찰 결과, 새롭게 알게 된 점, 앞으로의 희망이나 계획 같은 것을 틀에 맞게 적으면 보는 사람이 더 이해하기가 쉽겠지요.

보고문은 더 깊은 탐구 과정을 거쳐 내보이는 글인데, 보고문 형식 관찰기록문은 단순 관찰로 나타나는 과정과 현상을 기록한 글이라 보면 될 것입니다.

			차시	9/15
실험 주제	전자석 주위에 철가루가 늘어선 모양			
학습문제	전자석 주위에 철가루를 뿌리면 막대자석과 비슷한지 알아보자.			
〈예상〉	전자석 주위에 철가루를 뿌리면 막대자석과 비슷할 것이다.			
이유	같은 자기장의 성질을 갖고 있기 때문에			
〈실험계획〉	○전자석 위에 유리판을 놓는다. ○그 위에 철가루를 골고루 뿌린다. ○스위치를 닫아 전류가 흐르게 한다. ○유리판을 가볍게 두드린다. ○막대자석 위에도 위와 같이 실험한다. ○전자석과 막대의 철가루가 늘어선 모양을 살피고, 비교해 본다.			
〈실험 및 결과〉	○자석의 가에 철가루가 많이 모였다. ○스위치를 닫으면 선이 생기면서 철가루가 늘어섰다. ○모양이 사람처럼 되어 있다.			
〈결과토의〉	○전자석 주위에 철가루가 늘어선 모양 ○막대자석과 비슷하다. ○늘어선 모양이 자기력 선 이다. ○일정하게 늘어섰다			
〈알게된점〉	전자석과 막대자석은 자기장이 있으므로 철가루가 나타난 모양은, 같다.			

[그림 37] 자석 주위 철가루 모습 관찰기록

- 《자연과 기록지도의 이론과 실제》(경상북도교육위원회)

관찰기록할 때는 어떤 형식으로 기록하든 필요할 때는 사진이나 그림, 도표 같은 것을 곁들이면 더욱 사실성 있고 객관성 있는 생생한 관찰기록이 될 것입니다.

4. 관찰기록문의 특징

관찰기록문은 사람의 감성 가운데도 주로 자연에 대한 놀라움, 신비로움, 호기심을 더 많이 불러일으키는 글입니다. 일반 서사문에서는 사람의 행위에서 느끼는 감정이나 사물의 아름다움에 대한 감정 같은 것을 많이 느낄 수 있지만, 관찰기록문은 주로 새롭게 알게 된 자연에 대한 놀라움이나 사람의 세계에서는 느낄 수 없는 신비로움을 느낄 수 있게 해 주는 글이지요. 그리고 그것에 대한 사람의 끝없는 호기심을 자극하기도 하고요. 또 관찰기록문에서 드러나는 감성은 사람의 행위는 많이 배제되고, 감각기관을 통해 객관으로 느끼는 감성이기 때문에 주관이 많이 들어가 있는 일반 서사문의 감성과는 차이가 있습니다. 문장이 무미건조하거나 짜임새 있고 간결하게 표현한다는 것도 감성의 차이를 만드는 까닭이 되겠지요.

관찰기록의 내용을 보면 주로 정성적인 관찰 내용과 정량적인 관찰 내용에다 변화를 나타내는 내용으로 이루어져 있습니다. 정성적 관찰이란 오관을 이용하여 관찰 대상의 성질을 감각적으로 관찰하는 것입니다. 이를테면 '잎이 푸르다, 잎맥이 있다, 뿌리가 희다, 여러 장의 잎이 모여 붙어 있다, 한 장씩 떨어진다, 물 위에 뜬다'와 같이 오감에 따른 색, 냄새, 모양, 촉감, 맛 같은 성질이 어떠하다는 것을 나타냅니다. 정량적 관찰이란 관찰 대상의 크기, 길이, 무게, 개수 같은 양의 관점으로 관찰하는 것이지요. 정성적인 관찰 내용과 정량적인 관찰 내용에다 한 가지 더해지는 것은 변화 관찰 내용입니다.

관찰의 종류, 목적, 관점에 따라 관찰기록문의 내용이 달라집니다. 다른 갈래의 글도 그렇겠지만 관찰기록문은 아주 많이 달라진다는 말입니다. 자연의 관찰은 관점에 따라 여러 가지로 구분할 수 있습니다. 관찰 방법에 따라 자연 관찰과 인위 관찰이 있고, 관찰의 정밀도에 따라 전체 관찰과 분석 관찰이 있고, 관찰 내용에 따라 정성 관찰과 정량 관찰이 있고, 관찰 관점에 따라 단일 관찰과 비교 관찰, 계속관찰이 있는데 비교 관찰에는 같은 종 비교 관찰과 다른 종 비교 관찰이 있지요. 또 관찰 장소에 따라 실내 관찰과 야외 관찰이 있고, 관찰의 기능 면에 따라 문제를 의식하는 단계의 관찰, 문제 해결을 위한 단계의 고찰, 관념 확인 단계의 관찰 같은 것이 있습니다. 이에 따라 관찰기록문의 내용이 달라지지요.

관찰기록문은 다른 연구의 바탕이 되고 과학적 사실을 추리할 수 있도록 해 줄 뿐만 아니라 연구보고서의 바탕이 됩니다. 관찰이나 실험에서 얻은 사실을 모아 이들 간의 관계나 까닭을 생각하는 것이 추리인데, 이는 관찰기록을 해야만 가능한 일입니다. 그러니까 관찰기록문은 다른 탐구 과정 요소의 활동이 제대로 이루어지도록 하는 바탕이 되는 글로 매우 중요하지요.

5. 어떤 관찰기록문이 좋은 관찰기록문일까요?

관찰기록문은 과학과 더 깊은 관련을 가지고 있기 때문에 다른 어떤 글보다 객관성과 정확성을 가진 글입니다. 그러면 어떤 관찰기록문이 좋은 관찰기록문인지 몇 가지로 나누어 살펴보겠습니다.

첫째, 관찰 내용을 잘 알 수 있게 쓴 글이 좋은 관찰기록문입니다. 어떤 글이든 내용을 잘 알 수 있게 써야 하는 것은 기본이지만 관찰기록문은 과학 관련 글이니까 더욱 그렇습니다. 관찰 내용을 잘 알 수 있게 하려면 먼저 관찰 목적이나 관찰 관점이 또렷이 나타나 있어야 하고, 객관화가 잘되어 있어야 합니다. 이를테면 '오이가 엄청나게 크다.' 이렇게 쓰면 오이가 얼마나 큰지를 잘 모릅니다. 엄청나게 크다는 것은 자기 주관이니까요. '오이가 팔뚝만 하다.' 이 말은 앞의 말보다는 조금 나아졌지만 팔뚝의 길이도 제각각이니까 이것 또한 주관이 어느 정도 개입된 표현입니다. '오이의 크기는 35cm다.' 이렇게 기록한다면 어느 누구라도 그 크기를 잘 알 수 있을 것입니다.

또 또렷하고 정확하게 기록해야 하고 군더더기 없이 간단명료해야지요. 그리고 그림으로 나타내기도 해야 하고, 어떤 한 부분을 더욱 또렷이 알도록 하려면 그 부분을 확대해서 그리기도 해야 합니다. 필요한 경우 표와 그래프로 나타내 주어야 합니다. 기록이나 통계 같은 것은 문장으로 표현하기보다는 표나 그래프로 일목요연하게 보여 주는 것이 더 좋을 때가 많습니다. 일어난 일을 종합으로 보여 주기 때문이지요. 그 속에서 여러 가지 새로운 정보를 발견해 낼 수가 있습니다. 그래프는 그것을 한눈에 알 수 있도록 보여 주지요.

둘째, 자연의 새로운 모습을 더 많이 발견하여 기록한 것이 좋은 관찰기록문입니다. 누구나 알고 있는 모습만 기록한 것보다 넓고 깊은 눈으로 새로운 모습을 발견하고 기록해야 더욱 가치가 있겠지요.

셋째, 탐구 활동에 바탕이 될 수 있도록 쓴 것이 더 좋은 관찰기록문입니다. 보통 어린이들은 관찰기록 능력을 기르기 위해 관찰기록을 많이 합니다. 하지만 어떤 목적이나 관점을 정해 탐구 활동을 하려고 할 때는 그것과 관련한 관찰기록을 더욱 넓고 깊게 해야 합니다. 관찰 능력이 많이 나아졌을 때 이렇게 할 수가 있지요.

동물행동학자 베른트 하인리히는 《과학자의 관찰 노트》란 책에서 '단순히 자연을 바라보는 사람과 어떤 주제나 문제의식을 가지고 자연을 관찰하는 사람은 기록하는 방식에서 차이가 난다.'고 했는데 맞는 말입니다.

넷째, 느낌과 감동을 꾸밈없이 표현하고 호기심을 더욱 자극할 수 있는 관찰기록문입니다. 관찰기록은 정확하고 간단명료해야 하지만 어린이들의 관찰기록문에는 느낌과 감동도 숨김없이 나타나야 합니다. 이것은 어린이가 얼마나 흥미와 관심을 가지고 관찰기록을 하느냐 하는 것과 관련이 있기 때문입니다. 어린이들에게는 흥미와 관심이 아주 중요합니다. 또 관찰기록을 하면서 발견되는 사실에 대해 호기심을 가지고 더 깊이 관찰해 보려는 태도가 매우 중요합니다.

6. 관찰기록문 쓰기 기본 공부

독서감상문을 쓰려면 책 읽기를 먼저 해야 하고, 기행문을 쓰려면 여행을 먼저 해야 하듯이 관찰기록문도 관찰을 먼저 해야 합니다. 그래서 관찰기록문을 쓰기 전에 관찰 준비 이야기를 먼저 하겠습니다.

1) 학년별 관찰력 발달 단계를 알아본다

관찰기록 지도를 하기 전에 학년별로 관찰력 발달 단계를 대충이라도 알아 놓으면 도움이 될 것입니다. 다음에 말하는 것은 절대 기준은 아니니 참고 자료로 활용하기 바랍니다.

① 1학년은 전체 경향을 관찰하며 짧은 시간(10~20분) 동안 관찰할 수 있고 사물의 특징 정도를 관찰할 수 있습니다.
② 2학년은 초보 관찰로 사물의 특징을 견주는 데서 각 개체의 특

징을 발견하게 되고 또렷이 큰 차이가 있는 것만 관찰할 수 있습니다.

③ 3학년은 사물의 공통점과 차이점을 찾는 자연의 관계를 관찰할 수 있고, 좀 길게 관찰할 수도 있습니다.

④ 4학년은 사물의 현상을 주의 깊게 관찰할 수 있고, 생물의 규칙성을 파악할 수 있으며 대체로 정확하게 계량화할 수도 있습니다.

⑤ 5학년은 조작하면서 가설 형성-검증-결론-원리 발견을 할 수 있으며 며칠에 걸쳐 계속 관찰도 할 수 있습니다.

⑥ 6학년은 합리적인 사고로 정밀한 기구도 사용할 수 있으며 추리력과 창의력을 동원해 규칙과 원리를 발견합니다.

2) 관찰에 대한 흥미를 불러일으킨다

관찰기록 지도에서 가장 중요한 것은 관찰에 대한 흥미를 불러일으키는 일입니다. 우리는 늘 사물을 보지만 본다고 해서 뜻있는 사물로 받아들여지지는 않습니다. 그래서 뜻있는 사물로 느끼려면 날카롭게 관찰하는 태도가 있어야 하는데, 그게 억지로 되는 것이 아니잖습니까? 관찰에 흥미를 느껴서 스스로 관찰하고 기록하려는 태도를 갖도록 이끌어 주어야만 합니다.

먼저 흥미를 끌어야겠지요. 이를테면 지금껏 교실에 없었던 것을 내보이는 것도 한 방법입니다. 물고기가 딱 한 마리 든 어항을 갖다 놓는다든지, 관심을 끌 만한 식물을 한 포기 갖다 놓는다든지, 보통 때와 다른 교사 자신의 모습을 보여 준다든지 하는 것 말입니다. 일단 관심을 끌면 그림을 그리도록 한다든지 해서 관찰을 시킵니다.

그다음에는 관찰 관점을 조금 주어 더 깊이 관찰기록을 하도록 끌어들이고, 어느 정도 집중을 하면 자유롭게 관찰하도록 하면 될 것입니다. 관찰기록에서 긴장감과 의욕을 가지고 관찰 대상에게 사로잡히도록 하는 방법으로는 시간을 제한시킨다든지 어린이들 저마다의 생각 상태를 또렷이 하는 지시를 하는 것도 좋습니다.

3) 관찰 태도를 잘 갖추도록 지도한다

관찰할 때는 어떤 태도를 가져야 할까요? 온 정신을 집중하고 대상을 주의 깊게 살펴보면서 온갖 사실을 다 캐내어 다른 사람이 보아도 어떤 사물인지 어떤 변화가 일어났는지 훤히 알 수 있도록 관찰하도록 하고, 더 깊이 파고들어 하나하나 뜯어 가며 살펴보는 태도도 길러야 합니다.

관찰할 때 한 가지 주의를 기울여야 할 것은 이미 알고 있는 상식의 눈으로, 어설픈 지식의 눈으로, 지레짐작하는 눈으로 살펴보지 말라는 것입니다. 우리가 늘 대하는 사물이라도 처음 본다는 마음으로 있는 그대로 보아야 합니다. 이 세상 어떤 사람이라도 사물을 '있는 그대로' 다 볼 수는 없습니다. 하지만 관찰할 때는 그렇게 보도록 노력해야 합니다. 그러자면 끊임없이, 꾸준히 살펴보는 자세가 무엇보다 중요합니다.

또 한 가지는 언제나 '왜 그럴까?' 하는 의문을 가지고 살펴보라고 해야 합니다.

4) 관찰 계획을 세운다

무슨 일이든 계획이 없으면 시간도 많이 걸리고 힘도 더 들고 또렷한 성과도 올리기 어렵습니다. 관찰기록도 어느 정도 계획을 세워야 합니다. 무엇을 언제 어느 때 어떻게 관찰할 것인가, 어떤 준비물이 필요한가, 어떤 방법으로 기록할 것인가 계획해야 합니다.

5) 준비물을 갖춘다

① 기본 준비물: 관찰기록지(모눈이 있는 것이 좋음), 2B 연필(심이 가늘고 잘 부러지지 않으며 또렷하게 잘 나오는 것), 돋보기, 칼, 자, 온도계 같은 것
② 특별 준비물: 사육 상자와 관찰 대상에 따른 준비물, 관찰 대상과 관련한 참고서, 안전을 위한 장갑이나 마스크, 보안경 같은 것

6) 관찰 대상을 정한다

저학년이나 관찰 지도 초기에는 주로 관찰자의 주변에서 가까운 단순한 사물, 움직이지 않는 사물(학용품, 여러 가지 씨앗 같은 것)을 감각기관을 다 써서 관찰하도록 합니다. 중·고학년으로 올라갈수록, 관찰 능력이 늘어 갈수록 복잡한 사물이나 움직이는 사물(동식물의 자람, 자연현상의 변화 같은 것)을 선택하도록 해서 관찰의 폭을 넓혀 갑니다.

관찰 대상은 지도교사가 선정할 수 있습니다. 저학년이나 관찰 초기에는 학급 전체 어린이를 대상으로 한 가지 사물을 정해 관찰기록을 하도록 하는 방법이 있고, 아이들의 관찰력이 좋아진 뒤에는 저마다 다른 것을 정해 주거나 한 대상을 나누어 제시할 수도 있습니다. 나무를 관찰할 때 잎, 가지, 뿌리, 꽃, 열매로 나누어 아이들이 각각 다른 부위를 관찰하도록 하는 것이지요.

관찰력이 좀 생겼으면 관찰자 자신이 관찰 대상을 선택할 수도 있습니다. 자신의 능력과 목적에 따라 자유롭게 관찰하도록 하면 관찰에 대한 흥미와 집중도를 더 높일 수 있지요.

집에서 관찰할 때는 강아지, 금붕어, 새, 또는 취미로 기르는 곤충

이나 다른 동물, 양파 따위를 하다 차츰 범위를 넓혀 갑니다.

덧붙이자면 관찰기록을 시작할 때는 작은 것을 택해야 합니다. 이를테면 '감나무'가 아니라 '감나무 잎'으로요.

7) 관찰하는 때를 정한다

시기는 봄부터 겨울까지 관찰 대상이나 목적에 따라 정하면 될 것입니다. 변화가 빠른 것은 짧은 시간 안에 또는 날마다 해야 하는 것도 있지만, 변화가 느린 것은 이틀이나 사흘에 한 번, 변화가 아주 느린 것은 일주일에 한 번이나 한 달에 한두 번, 일 년에 몇 번이나 한 번 할 수도 있습니다. 하루 가운데도 언제나 같은 때에 한다든지, 수시로 살펴보면서 특별한 변화가 있을 때 한다든지, 관찰할 때를 정해 두고 하는 것이 좋겠습니다. 대상에 따라 관찰 내용에 따라 달리해서 잘 정하기 바랍니다.

8) 관찰하는 방법

① 눈(봅니다): 모양(전체나 부분, 표면의 모양), 크기(길이, 너비, 지름, 둘레 따위), 양(개수, 무게, 부피, 들이 따위), 색깔(전체나 부분의 색깔, 색의 진하기), 밝기, 반짝이기, 위치, 어떤 일이 일어나는 현상이나 활동 모습(자연 상태로 두었을 때나 어떤 조건을 주었을 때).

② 코(냄새를 맡습니다): 구린내, 비린내, 쉰내, 썩는 냄새, 된장 냄새, 장미 향기 따위.

③ 입(맛봅니다): 단맛, 짠맛, 신맛, 쓴맛, 고소한 맛, 매운맛, 떫은 맛 따위.

④ 귀(소리를 듣습니다): 사람 소리, 동물의 소리, 자연의 소리(바람

소리, 물이 떨어지거나 흐르는 소리), 부딪치는 소리, 끄는 소리 따위.

⑤ 살갗(느낍니다): 손으로 만져 보거나, 문질러 보거나, 눌러 보거나, 들어 보거나, 비벼 보거나, 긁어 봅니다. 그래서 차갑고 따뜻한 정도(~만큼 따뜻하다. ~만큼 차갑다.), 매끄럽거나 꺼끌꺼끌한 정도, 무겁고 가벼운 정도, 단단하기 따위를 느낍니다.

이런 기본 관찰 방법에다 비교, 분석, 조작, 계속 관찰하기 같은 방법으로 더 깊이 있는 관찰을 할 수 있겠지요.

누가 보아도 잘 알 수 있게 또렷한 관찰이 되어야 합니다. 또렷한 관찰이란, 예를 들어 크기를 관찰할 때 '크다, 작다' 하지 않고 '색연필 길이만 하다(아직 자로 잴 줄 모르는 어린이)' 또는 자로 재어서 '몇 cm, 몇 mm'로 써야 한다는 말입니다. 양도 '많다, 적다' 하지 않고 '몇 개, 몇 리터, 몇 컵' 이렇게 측정해 적어야 합니다.

또 사물을 관찰할 때는 그 대상물을 어떤 차례로 관찰할 것인가를 생각하고 관찰해야 좋습니다. 이를테면 꽃피는 식물 한 포기를 관찰할 때 잎, 줄기, 뿌리, 꽃 이런 식의 차례로 관찰하고 기록해야 한다는 말입니다. 그렇지 않으면 질서가 서지 않아 뒤죽박죽되어 관찰한 것을 정리하기가 어려워지겠지요.

또 관찰할 때 '무엇을 중심(초점)으로 알아보겠다.'는 관찰의 중심(초점, 관찰 관점)을 생각하고 관찰하는 것이 좋습니다. 강낭콩을 관찰한다면 강낭콩의 자람을 중심으로 관찰한다든지, 강낭콩이 꽃을 피워 콩을 수확할 때까지 관찰한다든지 하는 것입니다. 또 나비를 관찰한다면 배추흰나비의 한살이라든지, 개라면 개의 습성을 관찰한다든지 하는 것입니다. 하지만 어떤 특별한 목적이나 관점 없이 전체를 관찰하다 새로운 사실을 찾아내는 방법도 있습니다.

또 한 가지는 관찰한 내용을 머릿속에 다 기억할 수는 없으므로 관찰한 내용은 꼭 기록해 두어야 합니다. 과학에서 적당히 기록하는 건 있을 수 없는 일이니까요. 관찰을 하고 시간이 지난 뒤에 기록하려면 잊어버리니까 어떤 사실이 발견될 때 재빨리 기록해야 합니다. 관찰하는 동안 얻은 참고 자료도 모아 놓으면 관찰기록문을 쓸 때 큰 도움이 됩니다.

9) 기록하는 방법

첫째, 관찰 목적이나 관찰 관점이 또렷이 나타나게 씁니다. 하지만 때로는 관찰의 목적이나 관점 없이 덮어놓고 관찰기록하는 것도 필요합니다. 관찰하다 보면 거기서 무언가 또렷이 나타나는 것이 있을 것입니다. 우연의 발견일 수도 있지만 무언가 또렷이 잡힐 때 관찰 관점을 잡아 더욱 그쪽으로 집중 관찰하면 좋겠지요. 하지만 이렇게 하면 시간이 많이 듭니다. 짧은 시간에 또렷한 무엇을 발견하려면 미리 관찰 목적이나 관점을 정하는 것이 좋습니다.

둘째, 메모한 것을 바탕으로 차례에 맞게 질서를 잘 찾아서 써야 합니다. 질서 없이 뒤죽박죽 쓰면 이해하기도 어렵고 새로운 모습을 발견하기가 어려워지기 때문이지요.

셋째, 관찰기록문 쓰는 요령입니다. 이렇게 요령을 제시하는 것은 처음 계속 관찰기록을 하는 어린이들에게 도움을 주기 위헤서입니다. 관찰 대상이나 관찰이 성격, 관찰 관점에 따라 기록 방법이 다를 수도 있고, 또 사람에 따라 방법이 다를 수도 있으니 이것은 하나의 예로 참고만 하기 바랍니다.

① 처음: 관찰기록의 시작 부분

· 관찰을 시작할 때 자신의 행동, 생각이나 느낌을 짧게 기록한다.

· 대상에 대한 기본 이야기나 대상을 보고 눈에 뜨이게 나타나는 변화와 그 감동이나 생각 같은 것을 짧게 기록한다.

② 가운·데: 관찰한 내용을 쓰는 부문

· 중요하게 관찰한 내용을 쓴다.

· 관찰 그림을 그린다. 관찰 대상을 그릴 때는 전체를 그릴지 특정 부분만 그릴지 정해서 그린다. 그림을 그릴 때는 명암이나 원근 표현, 색칠을 하지 않고 선으로 또렷이 나타낸다. 색칠을 하면 정확도가 떨어지곤 한다. 변화가 빠른 대상은 한 번에 그리고, 틀렸을 경우 지우개로 지우지 말고 X표를 하거나 줄을 긋고 그 옆에 다시 그린다. 변화가 빠른 대상은 지우개로 지울 시간이 없기 때문이다. 단, 야외에서 자연 관찰을 할 경우엔 색칠도 하는 것이 좋다. 모양 모습과 아울러 색깔도 매우 중요하기 때문이다. 계속 관찰기록을 할 때는 특별한 변화가 없으면 그릴 필요가 없다. 특별한 변화가 있을 때도 그림으로 나타내어야 할 필요가 있는 부분만 그린다. 부분마다 번호를 붙이는 것이 편리할 때도 있다. 세밀하게 나타내어야 할 부분은 따로 확대해서 그린다.

· 기록표 만들기: 대상이 변하는 부분은 표로 나타내어 변하는 모습(길이, 개수, 양, 색깔 따위)을 기록하는 것이다. 이는 기록을 단순화하면서도 한눈에 변화 모습을 알아볼 수 있어 좋다. 기록표를 어디에 넣을지 생각한다.

· 기록표를 완성했으면 그 내용과 관찰 그림에 대해 간단한 설명을 덧붙인다.

· 그 밖에 새로 나타난 변화나 특별히 눈에 띄는 것들을 쓴다.

③ 끝: 관찰기록을 끝맺는 부분

· 관찰기록한 것을 종합해서 쓴다.

· 관찰 소감을 쓴다.

· 새롭게 알게 된 사실이나 궁금한 점 같은 것도 쓴다.

7. 내가 해 본 관찰기록 지도

그러면 여기에 내가 해 본 관찰기록 지도 경험을 이야기해 보겠습니다.

1) 날마다 관찰기록하기

처음 한 달쯤은 날마다 아침에 한 가지씩 관찰기록을 하게 했습니다. 관찰 대상을 그린 뒤 번호를 붙여 가며 쓰도록 했지요. 처음에는 아주 단순한 사물(연필, 지우개, 자)을 관찰하면서 실력이 붙으면 차츰 식물 관찰을 하도록 했고, 다음은 작은 동물(개미, 거미, 메뚜기, 물매암이, 물자라, 물고기 따위) 관찰을 하게 했습니다.

관찰 그림은 2B 연필을 써서 선으로 정확하게 그리도록 했습니다.

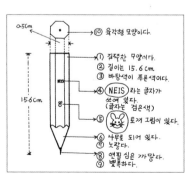

[그림 38] 연필 관찰기록

관찰력이 발전함에 따라 차츰 비교 관찰, 분석 관찰 따위 여러 가지 관찰 방법을 찾아 해 보기도 했습니다.

2) 관찰 일기 쓰기

한 달쯤 앞의 방법으로 관찰기록을 해서 관찰기록 능력이 나아졌을 때 관찰 일기를 쓰도록 했습니다. 한 주에 두세 번 관찰기록을 했지만, 요즘 우리 반의 경우 수요일 아침만 관찰기록 하는 시간으로 정해 두고 꼭 하고 있습니다. 수요일 날 못 하면 다음 날에라도 해서 일주일에 꼭 한 번 이상은 관찰기록을 하도록 했지요. 또 4학년을 지도할 때는 교과에 나오는 강낭콩 관찰기록을 했는데, 처음 변화가 빠른 며칠은 하루에 한 번씩 관찰기록을 할 때도 있었습니다. 관찰 일기를 쓸 때는 지난번과 견주어 변화된 모습을 중심으로 쓰도록 했습니다.

3) 그림과 관찰기록문 쓰기

관찰 그림을 세밀하게 그리고 짧은 관찰글을 쓰도록 하는 것입니다. 사진으로 찍어 보이는 것보다는 그림으로 그리는 것이 더욱 또렷합니다. 그림을 그리면 어떤 모양인지 어떤 구조로 되어 있는지 몸으로 느껴 더욱 또렷이 알 수 있지요. 그런 다음에 짧은 글을 쓰게 했습니다. 이를테면 식물일 경우 어디에서 어떻게 살고 있었는지 그 식물의 모양, 특징 같은 것을 쓰는 것이지요.

4) 30분 관찰기록문 쓰기

30분 동안 곤충이나 큰 동물의 생활 모습을 자연 상태로 두고 집중 추적 관찰을 하고 쓰는 글입니다. 관찰 훈련을 하는 데 괜찮은 방법입니다. 움직이는 동물은 따라다니며 관찰 메모를 하고 변화가 아주 빠른 현상을 관찰할 때는 눈을 떼지 않고 관찰하게 했습니다. 때로는 한 가지 조건을 주었을 때의 행동을 관찰하도록 했습니다.

다음은 30분 집중 추적 관찰기록 예문입니다.

개 관찰

경산 부림초 6학년 이동혁

우리 개는 이제 겨우 한 살 정도지만 집 지키는 데는 아주 뛰어나다. 나는 우리 개 꼭지를 삼십 분 동안 관찰하기로 했다.

꼭지는 나를 보더니 혀를 내밀고 코를 벌름거리며 꼬리를 막 흔들었다. 아마도 나를 몹시 반기는 것이겠지. 그때 마침 엄마가 꼭지 밥을 가지고 왔다. 나는 "엄마, 내가 밥 주께." 하며 꼭지 밥그릇에다 밥을 부어 주었다. 그러니까 꼭지는 내가 있는지 없는지도 모른 채 막 먹기 시작했다. 나는 "저것도 짐승은 짐승인가 보다. 조금 전까지만 해도 내 좋다고 해놓고……." 하며 좀 비웃었다. 그런데 밥 먹다가도 다른 사람 소리가 나니까 밖을 보며 막 짖었다. 개는 게으른 인간과는 달리 자기 할 일은 밥 먹으면서까지 했다. 밥을 먹을 때 꼬리 모양을 보았다. 난 이때까지 늘어뜨리고 먹는 줄 알았는데 세워서 먹었다. 혀의 모양은 위로 구부려서 먹는 것이 아니라 아래로 구부려서 먹었다. 몸 전체는 앞으로 약간 숙이고, 앞다리는 구부리고 뒷다리는 쫙 폈다.

또 내가 꼭지 주위를 속도를 빠르게 했다 느리게 했다 하며 돌아다니니까 꼭지도 속도를 빠르게 했다 느리게 했다 하며 따라다녔다. 이때 발견한 점인데 꼭지가 제자리에 설 때는 몸을 뒤로 약간 젖히고 앞다리는 굽히며 몸 쪽으로 바짝 붙였다. 그렇지만 뒷다리는 좀 넓게 벌리고 버티어 힘을 주어서 파르르 떨었다. 귀는 쫑긋하게 세모 모양을 만들었다.

발톱은 앞발 뒷발 모두 세 개인데 딱딱하고 뾰족하며 약간 삼각형 모양이지만 옆은 타원형이다. 또 구부러져 있다. 발톱을 유심히 관찰하게 된 까닭은 꼭지가 가끔 땅을 파기 때문이다. 그것은 모두 이 발톱으로 판 것이다. 자기 집을 쥐처럼 갉아서(쥐는 이로 갉지만) 무너졌다. 엄마는 그것을 보고 맨날 "꼭지 저거 한번 봐라. 건숙이하고 동혈이 닮아 간다." 하고 말한다.

꼭지는 또 똥을 다 쳐 놓으면 꼭 그 자리에서 다시 똥을 눈다. 참 이상하다 생각하겠지만 짐승도 사람처럼 똥 누는 곳이 정해져 있다는 것이다.

나는 꼭지의 몰랐던 점을 새로 알게 되었다.   (1991년 11월 20일)

5) 긴 관찰기록문 쓰기

30분 관찰로 관찰기록 능력이 늘었을 때 더욱 긴 시간 동안 관찰해서 긴 관찰기록문을 써 보도록 했습니다. 긴 글이니까 얼거리를 짜게 해서요.

6) 관찰기록하고 원리 공부해 보기

어떤 물건을 좀 더 분석하며 관찰하도록 해 봅니다. 이를테면 볼펜을 관찰한다고 했을 때 겉모습만 관찰하는 것이 아니라 해체해서 부품 하나하나를 관찰기록하는 것입니다. 그다음, 그 물건의 사용 방법을 설명하는 글을 써 보도록 합니다. 그리고 한 단계 더 나아가 이 볼펜 속에 숨어 있는 과학 원리를 찾아 공부해 보는 것입니다. 어린이들은 잘 모르니까 책에서 찾아본다든지 그 분야에 잘 아는 사람을 찾아가 물어본다든지 해서 정리해 적습니다.

더 깊이 공부를 하려면 볼펜을 구성하고 있는 물질에 대한 것도 알아보면 좋겠지요. 간단한 물건인 볼펜 하나에도 아주 많은 과학의 요소가 숨어 있다는 것을 잘 알 수 있을 것입니다. 간단한 관찰로도 얼마든지 깊이 있는 과학 공부까지 해 볼 수 있겠지요?

8. 관찰기록문 쓰기

관찰과 관찰기록문 쓰기에 대해 여러 가지 기본 공부를 해서 잘 알 겠지만 이제 실제로 관찰기록문을 써 보도록 합니다. 여기서는 서사 문 형식으로 쓰는 관찰기록문 중심으로 이야기하겠습니다.

1) 관찰물 떠올리기

관찰 메모한 것을 살펴보며 관찰물을 머릿속에 떠올립니다.

앞서 말한 '관찰 일기'나 '30분 관찰기록문', '긴 관찰기록문'을 쓸 경우에는 관찰하면서 바로 문장으로 쓸 수 없으니까 관찰하면서 여러 가지 새로운 사실을 메모해 두었을 것입니다. 이것을 다시 살펴보면 서 관찰물을 한 번 더 떠올리며 관찰기록문 쓸 마음의 준비를 합니다.

2) 얼거리 짜기

관찰기록문 형식에 맞게 어떤 내용 차례로 쓸 것인지 얼거리를 짜 봅니다.

저학년이나 고학년이라도 짧게 쓸 때는 필요 없겠지만 긴 관찰기 록문을 쓸 때는 얼거리를 짜 보아야 잘 쓸 수가 있습니다. 앞서 처음, 가운데, 끝으로 나누어 관찰기록문 쓰는 형식을 말해 놓았지요? 거기 에 맞추어 얼거리를 짜 봅니다.

〈개 습성 관찰〉
① 처음
· 우리 집 개의 일반 습성

· 우리 집 개를 관찰하게 된 까닭

② 가운데

· 나를 볼 때 반가워하는 모습

· 엄마가 밥 가지고 왔을 때의 행동

· 밥 먹다 사람 소리 났을 때의 행동

· 밥 먹을 때의 모습

· 꼭지가 날 따라다니고 급히 서는 모습

· 발톱과 그 쓰임새

· 똥 누는 버릇

③ 끝

· 관찰 소감

3) 마음으로 겪어 보기

관찰기록문 쓰기에 앞서 그때 그 모습이나 행동을 되살려 낼 수 있도록 마음으로 겪어 봅니다.

관찰할 때는 잘 기억했다 싶지만 관찰기록문을 쓸 때 작은 일들은 잊어버릴 경우가 많습니다. 그런 작은 부분까지 생생하게 잘 살려 내려면 서사문 쓰기 할 때처럼 관찰할 때의 상황으로 돌아가 그때 그 모습을 잘 떠올려 보는 것이 필요합니다.

4) 쓰기

얼거리 차례에 따라 관찰 메모한 것을 살펴가며 정확하고 또렷하게 관찰기록문을 써 내려갑니다.

처음 써 내려갈 때는 문장을 완벽하게 쓰는 데 너무 신경 쓰지 않아도 됩니다. 먼저 얼거리 차례에 따라 중요하게 새롭게 관찰한 중요한 내용부터 빠뜨리지 않고 써 나가는 것이 중요합니다. 그 다음에 겪어 보기를 하며 떠올렸던 사소한 이야기들을 보태어 적으면 되기 때문입니다.

5) 보태어 쓰기

관찰기록문 가운데 모자라는 부분을 한 번 더 기억을 되살려 더 자세하게, 더 또렷하게 보태어 씁니다.

중요하게 관찰한 부분은 좀 더 세밀하게 표현해서 보태어 적고, 잊었던 사소한 것들을 되살려 자세하게 보충을 해 넣는 것입니다. 이때 느낌과 생각, 놀라움 같은 내용도 조금씩 가미해 넣으면 더욱 글이 생생하게 될 것입니다.

여기서 한 가지 좋은 방법은 관찰기록한 것을 어린이들끼리 서로 바꾸어 살펴보도록 한다든지, 같은 사물을 관찰기록한 것 가운데 잘 기록한 어린이의 것을 복사해 나누어 주고 자기 것과 견주어 보도록 하는 방법도 있습니다.

6) 글 다듬기

다 쓴 글을 차근차근 다시 읽어 보면서 모자란 곳은 보태어 쓰고, 틀린 곳은 고치고, 필요 없는 곳은 빼어서 관찰 사실을 더욱 충실하고 정확하게 나타냅니다.

'2장 서사문'의 '글 다듬기'(※136쪽 참조) 부분에서 말했던 것처럼 사실에 맞지 않는 말과 글은 고치고, 필요 없는 말과 부분은 빼고, 글의 차례가 잘 안 맞는 곳은 바로잡고, 문단 나누기, 틀린 글자와 부호, 띄어쓰기도 바로잡고, 마지막에 우리 말을 잘 살려 썼는지도 살펴서 완성하는 것입니다. 그 밖에도 서사문 쓸 때와 같이 하면 될 것입니다.

또 한 가지 중요한 것은 손으로 직접 글을 쓸 경우엔 글을 쓰면서 사진이나 그림, 도표나 그래프를 알맞은 곳에 배치해 넣어야 한다는 것입니다. 컴퓨터로 글을 쓸 때는 글을 다 완성한 뒤에 배치해 넣으면 되겠습니다. 그림을 너무 많이 넣지 말고 꼭 필요한 것만 넣기 바랍니다.

7) 더 깊이 공부해 보기

써 놓은 관찰기록문을 잘 정리 보관하고 관찰한 것과 관련된 분야를 더 조사해서 공부합니다.

기록문 쓰기에서도 말했지만 관찰기록문도 써서 그냥 내버려 두기보다는 어린이들이 깊은 관심을 가지고 있을 때 더 깊이 공부할 수 있도록 이끌어 주면 좋을 것입니다. 관련된 전문 책을 찾아본다든지, 전문가를 찾아가 궁금한 점을 물어본다든지 하는 것입니다. 훌륭한 과학 공부가 될 것입니다.

9. 맺는말

나는 초등학교에서 하는 과학 교육은 관찰기록만 잘해도 모자랄 것이 없다고 생각합니다. 여기다 학과 시간에 실험하면서 탐구하는 방법을 익혀 가면 되겠다 싶습니다.

해마다 4월이면 과학의 달 행사를 한 번씩 합니다. 이렇게 한 번 하는 것도 안 하는 것보다는 낫겠지만 꾸준히 지도했으면 좋겠습니다. 과학의 달 행사 때에는 보통 과학 상상 글짓기나 과학 상상 그림 그리기를 합니다. 이것도 아이들이 과학에 대한 꿈을 키워 나가는 데 필요하긴 하지만 관찰기록 대회나 식물 그리기, 기계 그리기 같은 실질적인 활동도 많이 하도록 했으면 좋겠습니다.

관찰기록문 쓰기 지도도 저학년 때부터 많이 해야 한다고 생각합니다. 관찰기록 능력도 어릴 때부터 길러 주어야 한다는 것이 내 생각입니다. 어린이들에게 《파브르 곤충기》나 《시튼 동물기》도 꼭 읽혔으면 좋겠고 과학에 관한 좋은 책도 많이 읽혔으면 좋겠습니다.

지금까지 관찰기록문 쓰기에 대해 이야기했는데 관찰기록에서 무엇보다 중요한 것은 자연을 사랑하고 생명을 귀하게 여기는 것입니다. 관찰을 핑계로 동식물을 함부로 잡아 가두거나 못살게 굴어서 목숨을 잃게 만들어서는 안 될 것입니다.

관찰기록은 끊임없이 꾸준히 해야 합니다. 그리고 교사 자신도 관찰기록을 해야 합니다. 그래야 어린이들의 관찰기록문을 바로 볼 수 있는 눈을 기를 수 있고, 실제 경험으로 알아야 더욱 구체로 잘 지도할 수 있기 때문입니다.

끝으로, 교사가 읽으면 좋은 책 두 권을 소개합니다. 관찰기록 지도의 중요성, 자연 관찰기록 지도법과 관련된 책입니다.

《과학자의 관찰 노트》 마이클 R. 캔필드 엮음, 에드워드 오스본. 윌슨 외 지음, 김병순 옮김, 휴먼사이언스

《자연 관찰 일기》 클레어 워커 레슬리 · 잘스 E. 로스 지음, 박현주 옮김, 최재천 감수, 검둥소

6장

설명문

잘 알 수 있게
풀어 쓰는 글

1. 설명문이란 어떤 글일까요?

설명문은 우리 생활에 널리 쓰이고 있는 글입니다. 우리가 말을 할 때 "이것이 무엇이니? 이것이 어떤 것이니?" 하고 물을 때가 있지요? 이때 "그건 무엇무엇이다. 그건 이러이러한 것이다."고 대답합니다. 또 이때 물었던 사람이 그 내용을 잘 모르면 "좀 자세하게 설명해 봐." 합니다. 그러면 대답하는 사람은 자신이 알고 있는 온갖 지식을 다 모아서 상대편이 이해할 수 있도록 다시 자세하게 설명하게 됩니다. 여기서 "그건 무엇무엇이다. 그건 이러이러한 것이다." 하고 풀어서 말하는 것을 '설명한다'고 말합니다. 설명하는 말을 글로 쓰면 바로 설명문이 되는 것이지요. 말하자면 어떤 사물이나 사람, 실제로 있었던 일이나 사실, 또는 나타나 보이는 현재의 상태(현상)와 어떤 이론에 대하여 밝히고 풀이하여 쓰는 글을 설명문이라고 합니다. '풀이하는 글'이라고도 하지요.

우리 집 강아지 인형

경산 성암초 4학년 김아현

우리 집에 있는 인형 중 내가 가장 아끼는 인형은 작은 강아지 인형이다. 왜냐하면 동물 중에서 강아지를 가장 좋아하기 때문이다. 그 인형이랑 똑같이 생겼는데 조금 큰 인형도 있지만 나는 작고 귀여운 강아지 인형을 더 좋아한다.

강아지의 **종류**는 시추다. 시추는 정말 귀엽다. 언니와 나는 시추를 너무 좋아해서 엄마가 그 인형과 닮은 큰 인형도 사 주셨다.

우리 집에는 사람처럼 앉아 있는 강아지 인형도 많지만 엎드려 있는 강아지 인형이 더 많다.

내가 가장 아끼는 강아지 인형은 노란색 옷을 입고 있다. 옷에는 노란 모자도 달려 있다. 그 모자를 씌우면 인형이 더 귀여워 보이기 때문에 날마다 그 모자를 씌운다. 또 몸의 색은 하얀색에 갈색이 조금 섞여 있다. 귀는 갈색이고 얼굴과 몸은 하얀색이다. 얼굴에도 한쪽 눈가는 갈색이다. 또 꼬리도 갈색이고 짧다. 코는 아주 진한 검정색이고 눈은 하얀 털에 가려서 작아 보인다. 털을 예쁘게 빗어서 인형의 눈을 잘 보이도록 하면 강아지 인형의 눈은 아주 크고 진한 검정색이다.

나는 이 인형의 이름을 안 지었다. 그러다 2006년 겨울에 이름을 지었다. 겨울에는 내가 따뜻한 코코아를 많이 마시기 때문에 '코아'라고 지었다. 또 내가 일곱 살 때 샀지만 이름을 2006년에 지어서 나이를 한 살로 하기로 했다. 그리고 이 강아지 인형은 원래 언니 것인데 내가 얻었다. 그래서 언니 생일과 내 생일을 붙여서 강아지 인형의 생일을 정했다. 언니의 생일은 12월 16일이고 나는 6월 27일이기 때문에 언니 생일의 12월, 내 생일의 27일을 붙여서 강아지 생일을 12월 27일로 정한 것이다.

전번에 인형을 가지고 놀다가 모르고 먼지가 많은 옷장 위에 던져 버렸다. 겨우 내려 보니까 인형에 먼지가 다 묻어 있었다. 그래서 먼지를 씻기는 김에 우리 집 인형을 다 씻긴 적이 있다. 다 씻긴 후에 말려서 옷을 입히는데 아빠가 옷을 잘못 입혀서 하얀 강아지 옷과 코아의 옷이 바뀌었다. 다행히 둘 다 크기가 비슷해서 옷을 다르게 입혀도 별 차이가 없었다. 그래서 지금도 그렇게 입히고 있다. 옷이 바뀌니까 더 귀여운 것 같아서 옷을 바꿔 입히길 잘했다는 생각도 들었다.

나의 인형 코아는 언제 봐도 예쁘고 귀엽다. (2007년 6월 5일)

자신이 좋아하고 아끼는 강아지 인형에 대한 설명입니다. 어떤 강아지 인형을 좋아하는지, 가장 아끼는 강아지 코아에 대한 모양, 강아지 인형의 이름을 지은 내력, 인형을 씻기고 옷을 바꿔 입힌 일들을 잘 알 수 있도록 자세하게 적어 놓았습니다. 이 글을 보면 이 어린이가 강아지 인형을 얼마나 좋아하는지도 느낄 수 있을 것입니다.

말타기 놀이

청도 덕산초 6학년 배상현

아이들이 축구공 같은 것이 없이 모이면 "야, 말타기 하자." 하면서 슬슬 시작한다. 말타기 놀이는 말 그대로 사람이 말이라 치고 타는 것이다. 하다가 넘어져도 서로 얼굴 맞대면 '푸히히히' 하고 웃음이 터지게 되어 있다.

먼저 말타기를 하려면 아이들을 불러 모아야 한다. 말타기를 하고 싶은 아이들이 동무 집에 전화를 건다.

"여보세요?"

"웅아가? 내 상현이다. 우리 오늘 공터에서 말타기하자. 빨리 나온나."

그리고 다른 동무한테 또 전화를 건다.

"여보세요?"

"욱태가? 아이들 다 모였는데 광장으로 빨리 나온나."

또 아이들이 우르르 몰려가서 불러내기도 한다. 아이들 수는 한 10명 정도만 있으면 된다. 한편에 5명으로 하면 알맞다. 또 너무 많이 하게 되면 시간도 오래 걸리고 복잡하기 때문이다. 편을 가르는데 먼저 대표 두 사람이 나와서 가위바위보를 한다. 이기면 먼저 한 사람을 뽑아 간다. 진 아이는 그다음에 뽑아 간다. 이렇게 여러 번 해서 편을 기른다. 그리고 이느 핀이 먼저 말에 탈 건지 또 양쪽 대표가 나와서 가위바위보를 하게 된다. 이기면 말에 올라타고 지면 말을 만들어 태워 주어야 한다. 편을 가를 때는 자기편에 잘하는 아이를 데려가려고 생떼를 쓰기도 한다.

"오예, 이겼다! 웅아!"

"안 된다. 웅아 데리고 가면 우리가 안 되지, 임마."

"어떻게 안 되노? 해봤나?"

"하여튼 안 된다. 야, 바까라. 좀!"

"싫다, 임마."

이때 다른 한 동무가

"야, 그만 싸워라. 해 보고 바꾸든지 새로 편을 짜든지 하면 되잖아."

"그라마 좋다. 한번 해 보자."

이렇게 편을 다 갈랐으면 규칙을 정한다. 그렇지만 꼭 규칙을 정할 필요는 없다. 오히려 규칙이 없는 것이 더 재미있을 때가 많다. 그 까닭은 설명하기가 어렵기 때문에 하여튼 해 보면 안다.

놀이 방법도 쉽다. 진 편은 말을 만들게 되는데 먼저 덩치가 작거나 가위바위보를 잘하는 아이를 맨 앞에 세운다. 설 때는 큰 나무나 벽에 기대야 한다. 이 사람을 말 머리라고 한다. 그리고 말 머리 다리 사이에 머리를 넣고 허리를 굽혀 상대편이 올라탈 수 있도록 하는 사람을 말 목이라고 한다. 그 사람 뒤에 이어서 세 번째 네 번째 사람도 바로 앞 사람 엉덩이 다리 사이에 넣고 허리를 굽힌다. 이 사람을 말 몸뚱이라고 한다. 그리고 가장 끝에 있는 사람을 말 꼬리라고 한다.

이렇게 말이 다 만들어지면 말 타는 아이들이 올라탄다. 올라탈 때는 "야, 간다!" 한마디 외치고 뛰어가서 펄쩍 올라탄다. 맨 처음 올라타는 곳은 말 꼬리다. 뜀틀 넘듯이 두 손으로 꼬리의 등을 짚으며 뛰어오른다. 그러고는 말 머리까지 살살 기어서 간다. 이때 앞의 말 등을 짚고 엉덩이를 살짝 들어서 앞으로 당겨 나가면 쉽다. 그러나 말에 올라타다가 떨어지면 자기 혼자만 죽게 되고, 올라탈 때 말이 무너지면 다시 말을 만들어 태워 주어야 한다. 그러니까 상대방끼리 넘어지지 않으려고 하고, 떨어지지 않으려고 하는 모습을 보면 우습기도 하고 재미도 있다.

전에 마을 아이들과 모여 말타기를 신나게 했다. 창제가 지훈이 등에 올라탈 때 우스운 일이 벌어졌다. 창제가 지훈이 등에 올라타는 순간 '뻐리릭 뻬이잉' 하고 방구를 뀐 것이다. 방구가 터지면서 말이 무너져 위에 올라탔던 아이들에게 깔리고 말았다.

"으악! 창제 히야 방구는 십 년 만에 뀌나. 와 이래 독하노."

지훈이는 코를 막고 찡그렸다. 아이들의 얼굴은 우는 건지 웃는 건지 분간이 안 갈 정도로 웃겼다.

재미있는 일은 더 많다. 올라탔을 때 말을 만들고 있는 아이들의 표정은 무섭다. 얼굴색은 뻘겋게 익어 있고, 콧구멍은 벌렁벌렁, 눈알을 보면 핏줄이 벌겋게 선 것이 도깨비가 따로 없다. 무서워도 웃기기는 웃긴다. 그리고 올라탄 아이들은 말을 애먹일려고 엉덩이로 흔들기도 한다. 그때 말은 다리를 후들후들 떨고 이리 갔다 저리 갔다 한다. 한번 참아 보기도 하지만 그만 코 막힌 소리로 "좀 가만있어라!" 고함을 지르고 만다.

아이들이 올라탈 때 말 차례 정하는 것도 요령이 있으면 낫다. 보통 말 꼬리에 그냥 풀쩍 뛰어 올라탄다. 그러니까 꼬리에 덩치 크고 키 큰 아이를 붙이면 타다가 높아서 떨어지기 쉽게 되는 것이다.

이렇게 해서 모두 말에 올라타면 말 머리 바로 앞인 말 목에 타고 있는 아이와 말 머리와 가위바위보를 한다. 이때 어느 편이든지 이기면 봐먹고 지면 말을 만들어야 한다. 이렇게 계속 놀이를 한다.

놀이를 할 때 주의할 일도 있다. 올라타는 사람이 올라탈 때 장난삼아 엉덩이로 말 등을 세게 찧는 수도 있는데 잘못하면 말로 있던 아이의 허리를 다칠 수도 있다. 그리고 말에 올라타는 아이는 말 등에 타야 하는데 등과 등 사이에 타면 목을 다칠 수도 있다. 또 머리를 다리 사이에 넣고 손으로 앞 사람의 다리를 잡아야 한다. 그러지 않으면 말이 무너져서 크게 다칠 수도 있다.

하여튼 말타기 놀이 언제 해도 재미있는 놀이다. (1997년)

말타기 놀이 방법을 잘 알 수 있게 적어 놓은 설명문입니다. 동무들 불러 모으기, 편 가르기, 놀이 방법, 놀이하면서 겪은 일, 주의할 점 같은 것을 아주 자세히 써서 실제 놀이하는 모습이 눈에 선하게 그려집니다. 아마 이 글만 보면 말타기 놀이를 안 해 본 어린이들도 잘할 수 있을 것입니다. 또 이 글은 설명문이지만 재미도 있지요? 그건 왜 그럴까요? 그냥 어떤 책에서 본 것이 아니라 실제 놀이를 해 본 경험을 그대로 살려 생생하게 썼기 때문입니다.

2. 설명문은 왜 쓸까요?

한마디로 설명문은 글을 읽는 모든 사람이 무엇이나 무슨 일에 대해 잘 알 수 있게 하려고 씁니다. 좀 더 자세히 말하자면,

첫째, 다른 사람에게 내가 알고 있는 어떤 사실이나 생각, 그리고 새로운 지식을 잘 알려 주려고 씁니다. 보통 어떤 사실이나 생각, 새로운 지식들이 머릿속으로는 알고 있는 것처럼 느껴져도 실제로 또렷이 알고 있다고 말하기는 어렵습니다. 왜 그럴까요? 머리로 대충 알고 있는 것은 손에 안 잡히는 뜬구름과 같은 것이기 때문입니다. 그러니까 내 것으로 꼭 붙잡으려면 글로 써 보도록 해야 합니다.

더 중요한 것은 자신이 알고 있는 것을 말로 하거나 글로 써 보여야 다른 사람도 알 수 있지요. 그런데 말로 대충 들어서는 잘 알 수가 없습니다. 글로 써서 보여 주어야 또렷이 알 수 있는 것이지요.

둘째, 자기 생각, 어떤 사실, 몸으로 겪은 일, 새로 알게 된 지식들을 정리하고 요약하는 힘을 길러 줍니다. 어지럽게 널려 있는 것들을 질서를 잡아 쓰려고 노력하다 보면 정리하고 요약하는 힘이 길러지

는 것이지요.

셋째, 어떤 사실이나 생각을 서로 견주고 분석하고 종합하는 힘을 길러 줍니다. 여러 가지 사실이나 생각에 대해, 이건 이렇고 저건 저러니까 이러저러하다고 종합 결론을 또렷이 내릴 수 있는 능력을 길러 준다는 말입니다.

이렇게 살펴보니 설명문이 얼마나 중요한지 잘 알 수 있지요? 설명문을 공부해 보면 잘 알겠지만 실제 생활에는 다른 어떤 글보다 많이 쓰이는 것이 이 설명문입니다. 그런데도 어린이들에게 설명문 쓰기 지도를 잘 안 하고 있는 게 현실입니다. 국어 교과서를 살펴봐도 한 학기에 겨우 한 단원 정도밖에 안 나옵니다. 그래서 이렇게 따로 설명문 쓰기 공부를 하지 않으면 안 되는 것입니다.

3. 여러 가지 설명문

이오덕 선생님은 《삶을 가꾸는 글쓰기 교육》에서 설명문에는 크게 두 가지가 있다고 했습니다. 그 하나는 오랫동안 쌓은 경험을 설명하는 글이고, 다른 하나는 새로운 지식과 경험을 설명하는 글이랍니다. 앞의 것은 평소에 늘 생각하고 있는 것, 잘 알고 있는 사실, 그것이 어느 정도 또렷이 자기의 것으로 굳어져 있거나 마음속에 간절히 바라고 있는 것이랍니다. 그리고 이것은 지금의 행동에 동기를 주고 있으며 지식과 기능과 생각에 영향을 미치고 있는 사실들이기에 언제 어디서든지 쓸 수 있는 것이 특징이라 했습니다. 뒤의 것은 학교나 사회나 책에서 얻은 사실을 쓰는 것인데, 학습의 과정에서 배우고 깨달은 것을 쓰는 경우가 가장 많다고 했고요.

설명문은 내용과 형태로 보면 자기를 알리는 글부터 우리가 쓰는 물건이나 그림, 사진, 공작품 같은 것을 설명하는 글, 책 내용을 알리는 글, 사전의 낱말 풀이, 지리나 역사를 설명하는 글, 시설 이용법이나 고적을 알리는 글 같은 것이 있는데, 모두 우리 생활에서 쓰이는 설명문입니다.

그러면 어린이들이 즐겨 쓰는 설명문에는 어떤 것들이 있을까요?

1) 생활 설명문

우리는 일상의 일을 되풀이하면서 살아갑니다. 그런 일상의 경험이나 많은 사람들이 알고 있는 사실도 귀한 것입니다. 나한테는 일상일 수 있는 일이지만 다른 사람들에게는 새로운 삶의 발견일 수도 있으니까요. 이렇게 되풀이되는 경험이나 자신이 알고 있는 일반 사실을 잘 알 수 있도록 풀이해 쓰는 글, 내가 하는 일, 아버지 어머니가 하는 일, 우리 동네 붕어빵 파는 아저씨가 하는 일, 청소하는 아저씨가 하는 일, 이런 일의 모습이나 과정을 소개하는 글을 생활 설명문이라 이름 붙였습니다. 이런 글을 자세히 적어 보면 새롭게 느끼는 것도 많을 것입니다.

안경

경산 성암초 4학년 박석범

나는 일곱 살 때부터 눈이 나빠서 안경을 쓴다. 그런데 나는 장난이 심해서 안경을 자꾸 부순다. 그래서 사면 한 번에 두 개를 사야 한다.

나는 안경이 없으면 물건이 희미하게 보인다. 안경이 없으면 눈을 찡그려서 보아야 하기 때문에 눈이 따갑기도 하다. 또 멀리 있는 사물은 잘 안 보인다. 또 잘 걸을 수도 없다. 난시가 심해서 어지럽다.

어떨 때는 안경이 짜증날 때도 있다. 그 까닭은 자고 일어날 때 안경이 어디 있는지 몰라서 어리둥절해하기 때문이다. 어떨 때는 안경을 뒤집어쓰기도 한다. 그러면 아빠가 "야, 안경!" 그렇게 말하며 혼낸다. 안경이 더러우면 아빠가 "야, 니는 안경이 이렇게 더러운데도 보이나?" 이렇게 말한다. 그럴 때는 짜증이 난다. 안경이 더러워도 나한테는 잘 보인다.

내 동생 석환이가 내 안경을 손으로 잡아당기면 내만 혼난다. 그 까닭은 내 물건도 스스로 잘 못 지키기 때문이다. 나는 안경이 참 싫다.

(2007년 6월 7일)

안경 때문에 일어나는 일상의 일을 적은 글입니다. 안경이 없으면 안 되는 까닭과 안경 때문에 아버지께 꾸중 들은 일, 안경을 쓰니까 매우 불편한 일 같은 것을 잘 나타내었습니다. 끝 부분에는 아버지가 꾸중하고 잔소리하니까 짜증 난다는 자기 생각과 이런 여러 가지 까닭으로 안경이 싫다는 자기 생각을 조금 나타내기도 했습니다. 안경이 없으면 어려움이 아주 많다는 걸 알 수 있습니다.

2) 사람을 소개하는 글

자기나 다른 사람을 소개하는 글을 말합니다. 사람들은 자기를 알려야 할 일이 많습니다. 어른들은 인사를 할 때 명함을 서로 건넵니다. 이름과 주소, 전화번호, 직업이나 직책 같은 것을 적어 자기가 어떤 사람이란 것을 알리려는 것이지요. 그리고 어디에 취직을 할 때 이력서란 것을 내기도 합니다. 거기엔 자신이 어떤 일을 했는지 알 수 있도록 적어 놓습니다. 이력서 대신에 자신을 소개하는 글을 적어 내기도 합니다. 이런 것은 모두 자기를 소개하는 글이지요.

어린이들은 새 학년이 되었을 때 동무를 새로 만나게 됩니다. 그럴 때 말로 간략하게 자기를 소개하기도 하지만 글로 적어서 소개하기도 합니다. 또 새로운 모임에 갈 때도 자기소개를 하지요.

그런데 사람들 가운데는 직업이나 직책을 마구 부풀려 적어 자기를 과시하기도 하고, 겨우 이름이나 주소 정도만 알려 자기를 낮추기도 합니다. 자기를 부풀려 알리는 사람은 아무래도 진실성이 없어 보입니다. 자꾸만 자기를 낮추어 소개하는 사람은 소박한 마음을 가지고 있거나 자기를 잘 드러내지 않으려는 성격일 것입니다. 그렇지만 자기 모습을 있는 그대로 진실하게 알리는 것이 가장 좋습니다.

우리는 자기와 가까운 사람들에 대해서도 관심이 참 많습니다. 싫든 좋든 사람은 늘 어떤 관계를 맺고 살아가지 않으면 안 되기 때문입니다. 그런데 누구하고나 늘 좋은 관계를 맺고 살아가기는 쉽지 않습니다. 또 그것이 꼭 좋은 것만도 아닐 테고요. 마음이 맞지 않아 다투기도 하면서 정이 깊어지기도 하거든요. 나쁘게 행동한 동무 이야기도 따지고 보면 그 동무가 착해져서 친하게 지내기를 바라는 마음이 있기 때문이지요.

나와 가까운 사람들은 어떤 사람들이 있을까요? 할머니, 할아버지, 어머니, 아버지, 언니(누나), 오빠(형), 동생, 친척들, 동무, 짝, 선생님, 이웃집 아저씨 아주머니, 우리 동네 어떤 사람…… 참으로 많지요?

내 짝

경산 부림초 5학년 김병찬

내 짝은 천날만날 나를 때린다. 5학년 들어와서 하루에 30대는 맞았다. 또 샤프로 나를 만날 찌르고 선생님이 안 보실 때는 목을 막 조르고 어떨 적에는 지가 잘못해서 넘어져 놓고 나를 막 때린다. 또 지가 피곤

하면 "휴전이다!" 캐놓고 쉬다가 "전쟁이다!" 카면서 때린다.

전번 음악 시간에 한번은 음악가 이름 "생상, 주페" 하고 말하니까 지 별명이라 카면서 청소 시간에 빗자루 가지고도 막 때리고 걸레 가지고 도 막 집어 던지고 그랬다.

지보다 약하면 때리고, 때리는 것을 막으면 샤프 가지고 옆구리를 막 조찌르고, 《큰길로 가겠다》 책을 내가 보는데 가지고 가서 돌라 캐도 안 주고 지 다 보고 난 다음에 내가 빼앗아 와야지 주지 안 그카면 안 주고 지가 가지고 다닌다. 좋은 점은 별로 없고 나쁜 짓을 억수로 한다.

놀다가 받힌 것도 "때린다." 하면서 나를 막 때리고 어짜다가 지가 빨 간 볼펜을 안 가지고 왔을 때 내가 빌려 주면 가지고 가 쓰고는 자기 자 리에 놔두고 "니가 가지고 가라." 카고는 가만히 있다.

내가 때리고 싶어도 지기 때문에 자꾸 겁이 난다. 형이 "니 짝이 자꾸 때린다더나?" 하고 물었다. "만날 때린다, 와." 카니 "군기 좀 빼놔야지." 하고는 더 이상 안 묻는다. 그래도 무력으로 하면 나쁘다.

오늘도 가만히 있다가 또 나를 괴롭히고 "히히힉" 카고는 도망갔다. 그래도 가만히 있으니 와 가지고는 막 때리고, 선생님이 출장 간다고 하 니 "니 죽는대이." 카고는 내한테로 와서는 때릴라 카다가 간다.

지금도 내보고 "니 죽어!" 카면서 막 조때리고, 목도 막 조르고 "니 공 부 마치면 죽는다." 칸다. 또 지 욕 많이 쓰지 말고 좋은 것도 쓰라고 한 다. 그래도 나는 좋은 것이 생각이 안 나서 맞을 생각하고 나쁜 것만 쓴 다. 정말로 심술꾸러기다.

저거 집은 잘사는지 만날 과자 사 먹는다. 이때까지 중에 안 사 먹은 날이 없다.

내 짝은 비떡하면 때리고 지 할 일을 내한테 시키고 잘난 체도 한다. 나는 그래도 내 짝이 착해지고 날 잘 대해 주면 좋은데 하고 생각한다.

(1989년 7월 13일)

자기를 괴롭히는 짝에 대한 설명문입니다. 이 글을 보면 짝이 이 어린이를 얼마나 괴롭히고 있는지 눈에 훤히 보이는 듯하지요? 그래도 이 어린이는 끝에 '나는 그래도 내 짝이 착해지고 날 잘 대해 주면 좋은데 하고 생각한다.' 이렇게 말했습니다.

세실리아 아줌마

경산 성암초 4학년 김아현

세실리아 아줌마는 학교에 갈 때 나와 자주 마주치는 사람이다. 처음에는 세실리아 아줌마가 성당에 다니는 줄도 몰랐는데 알고 보니 우리 엄마와 같이 성당에 다니는 아줌마다.

세실리아 아줌마의 본래 이름은 '이정순'이고 나이는 51세다. 세례명은 성당에서의 본명이라고 할 수 있다. 성인들의 이름을 따서 정하는데, 아줌마의 세례명이 세실리아다. 그래서 내가 세실리아 아줌마라고 부르는 것이다. 세실리아라는 세례명이 같은 사람이 흔해서 이름만 들었을 때는 어느 아줌마인 줄 잘 모르기도 한다.

세실리아 아줌마는 협화 아파트 101동에 살고 있다. 가족은 시아버지, 남편, 아들, 딸, 그리고 세실리아 아줌마까지 해서 모두 5명이다. 세실리아 아줌마의 남편인 아저씨는 군부대에 근무하신다. 세실리아 아줌마의 고향은 충청도 청주인데 아저씨가 근무하는 곳이 대구이다 보니 이곳으로 오래전에 이사를 와서 산다고 한다.

세실리아 아줌마는 다른 아파트에 몸이 불편한 아저씨가 있으면 그 아저씨의 아침밥을 챙겨 주는 일을 한다. 그래서 날마다 아침에 일찍 밖에 나간다. 아침에는 나도 학교에 가야 하기 때문에 예진이와 같이 가려고 예진이를 기다린다. 그때 세실리아 아줌마와 자주 마주치기도 한다.

세실리아 아줌마는 경상도 사람이 아닌데도 말투가 좀 요란스럽다. 옆에서 들으면 엄청 시끄럽다. 또 나랑 말투가 달라서 답답할 때도 있다. 그리고 성격이 급해서 그런지 걸음도 엄청 빠르다.

세실리아 아줌마는 눈이 크다. 그런데 눈에 견주면 코는 작다. 또 안경을 썼다. 약간 뚱뚱하다. 그리고 언제나 잘 웃는다. 엄마는 세실리아 아줌마가 웃을 때 보면 귀엽다고 한다. 왜냐하면 웃을 때 약간 수줍어하는 것처럼 웃기 때문이라고 한다. 세실리아 아줌마의 좋은 점은 언제나 그렇게 잘 웃는다는 것이다. 웃는 걸 보면 나도 기분이 좋아지고 보기에도 좋다. 또 웃으면 아주 착한 사람처럼 보인다.

무엇보다 세실리아 아줌마는 모두에게 친절하게 대해 준다. 그래서 나는 세실리아 아줌마를 무척 좋아한다.   (2007년 9월 10일)

동네나 성당에서 만나는 한 아주머니에 대한 설명입니다. 이름과 고향, 외모, 하는 일, 성격을 자세히 밝혀 썼습니다. 이처럼 나와 가까운 사람들에 대해 적다 보면 더욱 가깝게 느껴지지요.

3) 동식물을 설명하는 글

동물의 모습이나 행동, 습성, 특성 같은 것을 소개하거나, 풀이나 나무, 곡식 같은 식물이 자라나고 변화하는 모습을 설명하는 글입니다.

우리 집 강아지, ‘미르’

경산 성암초 6학년 김태욱

우리 집에는 귀여운 강아지 한 마리가 있다. 이름은 ‘미르’이고 청삽살개다. ‘청’이라는 말이 붙은 까닭은 달빛에 비추면 털이 청색으로 반짝여서 그렇다.

‘미르’는 늘 사고뭉치지만 하는 짓이 아주 귀엽고 깜찍하다. 게다가 피부병을 치료하려고 털을 밀어 버렸는데 갈수록 털이 길어져 모습도 달라진다. 처음에 밀었을 때는 ‘도베르만’ 같은 사냥개 같았지만 그다음엔 흑염소 새끼가 되더니 조그마한 곰 새끼, 이제는 삽살개가 아닌 '슈나우저'같이 되어 버렸다.

하는 짓도 정말 귀엽다고 했는데 그 행동은 이렇다. 먼저, 사람이 오면 좋아서 오줌을 질질 싸는데, 그걸 닦으려고 걸레를 들고 앉으면 "왜 이제 온 거야?" 하고 말하는 것같이 내 어깨에 발을 얹고 얼굴을 막 핥는 것이다. 일어서서 얼굴을 닦으면 입술을 깨물려고 땅을 박차고 뛰어오르는데, 그때 발톱과 이빨에 살이 긁히면 너무 아프다. 그것 때문에 내 무릎엔 흉터도 생겼다.

내 생각인데, 삽살개들끼리는 물을 먹을 때 물을 턱에 묻혀 상대방을 핥는 게 친밀감 표시인 것 같다. 내가 집에 들어와 옷을 다 벗을 때까지 턱에 물을 묻혀서 자꾸 나를 막 핥는다. 기분은 좋지만 침이 끈적끈적해서 찝찝하다.

우리 강아지는 또 먹는 걸 엄청나게 좋아한다. 거실에서 밥 먹으려고 상을 차리면 코를 몇 방 때릴 때까지 물불 안 가리고 음식에 덤벼든다. 게다가 보통 때는 '발, 엎드려, 기다려' 등 여러 명령을 죄다 무시하는데 간식을 꺼내 들면 무엇이든 척척 재빠르게 한다. 사료도 밥그릇에 부어 주자마자 게 눈 감추듯 금세 다 먹어 버린다. 그렇게 먹는데도 살이 전혀 안 찌는 것이 신기하다.

황당한 것은 아직 어려서 자기 몸을 잘 모르는지 자기 꼬리만 보면 물려고 달려들고, 목을 긁은 뒷다리도 입에 넣어 깨문다. 가려워서 그런가, 생각하기도 한다.

기특한 점도 많다. 자명종같이 내가 학교 갈 시간을 아는지 그때가 되면 침대에 발을 얹고 내 얼굴을 할퀴고 핥는다. 그 덕분에 바로 깨어날 수 있다. 이름은 알아듣지만 아무리 불러도 잘 안 오고, '소세지'란 말에는 자다가도 일어나 헐레벌떡 달려온다. 난 그런 우리 집 개 미르가 좋다.

(2007년 10월 4일)

집에서 기르는 강아지의 귀여운 모습이나 행동을 자세하게 적어 놓은 설명문입니다. 어린이들에게 자기가 기르는 동물과 식물에 대해 소개하는 글을 쓰게 해 봅시다.

4) 물건을 풀이하는 글

내가 쓰는 물건이나 기구들도 나와 가까운 것들이 많지요. 옷, 신발, 학용품, 인형, 놀이 기구…… 이 가운데 특별히 아끼는 물건의 모양이나 물건을 얻게 된 경위, 내용, 성분, 쓰임새, 쓰는 방법 같은 것을 글로 써 보도록 하는 것입니다. 그러면 그 물건을 새롭게 알게 되고 더욱 귀하게 여기게 될 것입니다.

우리 집 냉장고

경산 성암초 6학년 김태욱

내가 2학년 때부터 지금까지 엄마가 한 맛있는 반찬과 음식 재료를 듬직하고 든든하게 지켜 주는 고마운 우리 집 냉장고, 지금부터 그 냉장고에 대해서 말하려고 한다.

이 냉장고의 모델 이름은 'SRS689LMS'이며, 이름은 '지펠'이다. 전체 용량, 즉 냉장실, 냉동실을 포함한 용량은 684리터다. 냉장실은 417리터 냉동실은 267리터로 우리 식구들이 사용하기에 알맞은 넓이를 가지고 있다. 폭은 1미터 15센티미터, 깊이는 1미터다. 높이는 1미터 85센티미터다. 색깔은 은백색으로 가끔 햇빛이 비치면 반짝반짝 빛이 나서 처음 샀을 때는 "이야, 멋있네!" 하고 온 식구들이 감탄했다.

어떤 냉장고는 냉장고 자체에 정수기가 날려서 먹는 물도 나오고 얼음도 나오는 것이 있지만 우리 집 냉장고에는 없다. 냉장고 문은 다른 냉장고와 같이 두 개다. 왼쪽은 냉동실 오른쪽은 냉장실이다. 그런데 냉장실 쪽이 약간 더 넓고 문도 더 크다. 문을 여는 손잡이는 은색이며 거울처럼 얼굴이 비친다. 또 냉장실, 냉동실 문 가운데 가로 50센티미터, 세로 45센티미터의 작은 문이 달려 있는데, 그곳은 우유나 물, 음료수를 넣어 두는 곳이다. 또 큰 문을 열어서 보면 안쪽에 투명한 플라스틱 바구니가 달려 있는데 바구니 뚜껑을 열면 작은 문으로 넣었던 것을 다시 꺼낼 수 있다.

사용법은 간단하다. 아까 말한 작은 문 가운데 냉동실 문에 달린 작은 문 위를 보면 볼록 튀어나온 자물쇠 버튼이 있다. 이 버튼 좌우로는 튀어나온 원이 있는데, 이 가운데 자물쇠 버튼으로는 전원을 껐다 키거나, 냉장실과 냉동실 문을 잠글 수 있다. 그 옆의 원 버튼으로는 냉장실과 냉동실을 나타내는데, 냉동실과 냉장실 중 하나를 선택해서 자물쇠가 어떤 역할을 할지 선택한다. 어떤 걸 누르는지에 따라서 잠글 수도 있고 열 수도 있다. 온도는 냉장고가 알아서 조절해 주니까 걱정하지 않아도 된다.

내가 2학년 때 성암으로 전학 오기 전까지만 해도 우리 집은 회갈색의 오래된 냉장고를 쓰고 있었다. 그런데 이사를 오니 냉장고 문에 달린 고무 파킹이 완전히 닳아 잘 닫히지도 않고 기능도 시원치가 않았다. 그래서 3학년쯤에 지금 쓰고 있는 멋진 냉장고로 바꾸었다. 엄마는 식구들보다 냉장고가 더 좋은지 "흠집 내지 마! 엄마 보물이야!" 하며 청소를 하면서도 보고 음식을 하면서도 보던 일이 생각난다. 그게 바로 지금의 냉장고다.

별거 아니지만 냉장고 사용할 때 주의할 것이 몇 가지 있다. 앞부분에서 냉동실과 냉장실 문 잠그는 법을 알려 줬을 것이다. 그것을 가지고 장난을 치게 되면 잠시 열이 생기면서 전원이 꺼졌다가 다시 켜지게 된다. 문이 잠긴 상태로 전원이 꺼지면 영영 못 열 수도 있다. 또 아까 말한 그 작은 문에 음식을 너무 많이 집어넣으면 안쪽의 플라스틱 망이 덜컹 열려 우유통 같은 것들이 쏟겨 냉장실이나 냉동실에 있던 반찬통과 부딪칠 수 있다. 그때 자칫 잘못하면 그릇이 깨질 수도 있기 때문에 조심해야 한다. 또 너무 많이 넣어 기준량 초과가 되면 문이 안 닫히고 쿨러 기능이 멈추기 때문에 조심해야 한다.

맛있는 반찬을 잘 먹게 해 주는 착한 돼지인 우리 집 냉장고, 생각해 보면 참 고마운 물건이다. (2007년 5월 19일)

냉장고의 종류, 크기와 모양, 쓰임새, 쓰는 방법, 주의할 점 따위를 자세하게 써 놓은 설명문입니다. 이만하면 이 냉장고를 머릿속에 그릴 수 있겠지요?

다음은 물건 사용 방법을 설명한 글입니다.

전기밥솥 쓰는 방법

경산 성암초 4학년 이다예

나는 할머니가 날마다 전기밥솥으로 밥하는 걸 보았습니다. 그래서 나도 쓰는 방법을 알고 싶어 실제로 해 보았습니다.

전기밥솥의 모양은 둥근 것도 있고 네모난 것도 있다고 합니다. 전기밥솥은 밥통 밑에 설치된 열판에서 발생하는 열로 밥을 짓는 기구입니다. 열을 내는 열판과 밥이 다 되었을 때 전류를 차단시켜 주는 온도 조절 장치로 되어 있습니다.

먼저, 쓰기 전에 조심해야 할 점이 있습니다. 젖은 손으로 전기를 만지지 않아야 합니다. 또 하나는 밥이 한창 되고 있는데 뚜껑을 함부로 열지 않아야 합니다. 이것은 기본으로 주의할 점입니다.

전기밥솥 쓰는 법을 알려 드리겠습니다. 첫 번째부터 다섯 번째까지 있습니다.

1. 쌀은 맑은 물로 깨끗하게 씻어 넣고, 밥통에 물을 3분의 1정도로 붓습니다.

2. 전기선을 꽂습니다.

3. '취사' 스위치를 누릅니다.

4. 밥이 다 되면, 자동으로 '보온'으로 넘어가니까 가만히 두면 됩니다.

5. 그다음은 밥을 퍼서 먹으면 됩니다.

한 가지 더 주의해야 할 점이 있습니다. '취사' 과정이 지나가고 '보온'으로 넘어갈 때 손으로 보온을 누르면 안 됩니다. 누르면 보온 절차가 겹쳐지게 되어서 밥이 눌어붙을 수도 있습니다.

또 전기밥솥에 대해 한 가지 알아두기가 있습니다. 밥통에 있는 밥은 3일 정도 지나면 안 먹는 것이 좋습니다. 밥이 상할 수도 있기 때문에 먹으면 안 됩니다. 밥이 너무 많다 싶으면 락앤락 통에 담아서 냉장고에 넣어 두면 됩니다. 락앤락이란, 음식물이 남으면 보관했다가 나중에 먹을 수 있도록 하는 통입니다.   (2007년 10월 30일)

아주 흔하고 쉽게 쓰는 기구도 실제로 안 해 보면 모릅니다. 그리고 머릿속으로 알고 있는 것도 이렇게 적어서 좀 더 또렷이 알게 해야 합니다. 이렇게 적어 놓으면 다른 사람이 그 기구를 쓸 때 아주 편리하겠지요.

그런데 밥통에 물을 3분의 1 정도 붓는다고 했는데 그 양을 짐작할 수 없습니다. 쌀 양에 따라 어느 정도 물을 붓는지 누가 봐도 알 수 있도록 더 정확하게 말해야 할 것입니다.

5) 장소를 알리는 글

우리는 자기가 살고 있는 장소에도 관심이 많습니다. 좋은 점을 알려 주고 싶기도 할 테고 좋지 않은 점은 밝혀서 고치고 싶기도 할 테지요. 그냥 어떤 곳을 가르쳐 주고 싶을 때도 있을 것입니다. 우리 집, 우리 동네, 우리 학교, 학교 앞 문방구, 집 앞 놀이터, 학원이나 학교에서 집으로 가는 길, 내가 자주 가는 도서관, 도서관 가는 길…….
이런 곳에 대해서 써 보는 것도 좋을 것입니다.

학교에서 우리 집 오는 길

경산 성암초 6학년 김태욱

내가 다니는 학교는 경산시 성암초등학교다. 학교 뒤로는 성암산이
멋있게 솟아 있고 여러 가지 시설도 잘 갖추어진 좋은 학교다. 우리 집
은 경산 우방 아파트 107동 207호다. 좀 오래되었지만 우리 집이니까
좋다.

이제 학교에서 우리 집까지 오는 길을 설명할까 한다. 먼저 무조건 학
교 정문에서 내려와 육교를 건넌다. 건너서 오른쪽으로 내려와 코앞에
있는 성암문구점까지 온다.

문구점에서 바로 동쪽으로 뻗어 있는 큰길 인도로 곧장 내려와서 큰길
을 건너오는 방법도 있지만 나는 좀 더 안전하게 오는 길을 설명하겠다.

성암문구점 앞에는 횡단보도가 있다. 파란불이 켜지면 건너가는 건
다 알겠지? 하지만 파란불이 켜져도 그냥 쌩쌩 지나가는 차들이 있으니
조심해야 한다.

횡단보도를 건넜다면 그대로 왼쪽, 즉 동쪽으로 뻗어 있는 큰길 인도
를 따라 내려온다. 십오 미터쯤 오면 오른쪽에 아파트 입구가 하나 보인
다. 하지만 그곳은 협화 아파트이기 때문에 지나쳐 내려와야 한다.

거기서 삼십 미터쯤 내려오다 보면 오른쪽에 오래된 돌계단이 있고
떡볶이, 오뎅, 붕어빵, 슬러시 같은 것을 파는 포장마차가 여러 개 있다.
하지만 계단을 올라가면 다시 협화 아파트 뒤쪽으로 가기 때문에 가지
않도록 해야 한다. 그 바로 밑에 쇠로 마치 구름처럼 볼록볼록 만들어
놓은 담장이 있는데 그곳을 넘어 똑바로 오면 우리 집에 올 수 있지만
길이 아니기 때문에 생략하겠다.

십 미터쯤 내려오다 보면 큰길 건너편에 '대백마트'가 보일 것이다. 하지만 그곳은 신경 쓰지 말고 오른편을 보면 협화 아파트 입구보다 넓고 경사진 오르막길이 있을 것이다. 그곳을 올라오면 우리가 사는 우방 아파트 안이다.

자, 이제 거의 마지막 단계다. 높은 입구를 다 올라왔다면 일단 수고했다는 말을 해 주고 싶다. 하지만 입구보다는 덜하지만 그래도 경사가 조금 져 있는 언덕이 있을 것이다. 불평하지 말고 꿋꿋하게 올라오자. 올라오다 보면 오른쪽에 아파트가 우뚝 서 있다. 동을 보면 103동일 것이다. 그곳이 우리 집이 있는 아파트 단지다.

이제 103동 있는 데서 오른쪽으로 온다. 드디어 107동이 보일 것이다. 107동 안으로 들어왔으면 엘리베이터는 타지 말고 계단으로 조금 올라오면 2층. 2층에 들어서서 왼쪽 집이 207호인데, 거기가 우리 집이다.

"아, 여러분들! 우리 집 찾아오느라 정말 수고했습니다. 이제 슬슬 더워지기 시작하지요? 먼저, 시원한 주스부터 한 잔 드리겠습니다. 자, 드십시오. 쭈욱!"   (2007년 5월 10일)

길을 아주 친절하게 안내해 놓아 누구에게 물어보지 않아도 쉽게 글 쓴 어린이의 집을 찾아갈 수 있을 것 같습니다. 설명문은 이렇게 누구나 잘 알 수 있게 써야 하는 것입니다.

6) 놀이나 일의 방법을 풀이하는 글

놀이를 하든, 일을 하든, 물건을 사용하든 다 방법이 있습니다. 방법을 모르면 할 수가 없습니다.

어린이들은 끊임없이 놀이를 하지 않으면 안 되지요. 그 종류도 참 많습니다. 구슬치기, 딱지치기, 공기놀이, 비석치기, 여의봉 놀이, 오징어 놀이, 자치기 같은 전통 놀이도 있고, 새로 만들어 낸 놀이도 있지요. 이 놀이의 방법을 자세하게 적어 보면 새삼스럽기도 할 것이고, 자기가 쓴 것을 보고 다른 사람도 그 놀이를 할 수 있다면 얼마나 좋은 일입니까.

또, 물건의 사용 방법을 모르면 쓸 수 없고 잘못 쓰다가는 기구를 상하게 할 수도 있고 사고를 당할 수도 있습니다. 그래서 어떤 물건을 사면 꼭 사용 설명서를 잘 읽어 보아야 합니다. 그리고 그것을 자기만 알면 자기밖에 쓸 수 없지만 다른 사람도 알기 쉽게 설명해 놓으면 여러 사람이 잘 쓸 수 있겠지요.

'시멘트 놀이' 해 봤나요?

청도 덕산초 6학년 김영석

'시멘트 놀이'는 흙에 있는 술래가 시멘트 안에 있는 아이를 잡는 놀이다. 술래가 시멘트에 들어가서는 안 된다.

나는 시멘트 놀이를 하고 싶으면 아이들 있는 데서 "시멘트!" 하고 소리친다. 그러면 대번에 모여든다. 10월 19일 날에도 했는데 재미가 너무나 있어서 세 시간 동안이나 했다. 그런데 요즘 형, 누나들은 시시하다고 하지 않으려고 한다. 그렇지만 나는 동생들에게 이 놀이를 알려 주고 싶다. 바로 이렇게 말이다.

아이들은 5~10명 정도 있으면 되고, 장소는 시멘트로 되어 있는 곳과 흙이 적당히 있는 곳이면 된다. 장소가 정해지면 가위바위보로 술래 한 명을 정한다.

술래가 정해지면 시작하게 되는데 술래는 흙에 있어야 하고 봐먹는 사람들은 시멘트에 올라가 있어야 한다. '시작' 신호와 함께 시작한다. 처음 시작하는 시멘트 안에서 10초 이상 있으면 안 되고 10초 이내에 나와 다른 시멘트로 옮겨 다녀야 한다. 만약 처음 시작하는 곳에서 10초 이상 있으면 죽는다. 처음 시멘트에서 나온 다음에는 오래 있어도 상관

없다. 그러나 처음 시작한 곳에는 들어갈 수가 없다.

놀이를 하다가 넘어져 다치거나 쉬고 싶을 때는 '쉬자' 그리고 잠시 쉬어도 된다. 술래가 두 발 다 시멘트를 밟으면 술래를 한 번 더 해야 된다. 그리고 술래가 아닌 아이가 한 발이라도 흙을 밟으면 그 아이가 술래를 해야 된다. 술래는 한 발은 흙에 닿게 하고 한 발은 시멘트에 올려서 몸과 다리, 손을 뻗쳐 잡아도 된다. 이렇게 놀이는 간단하고 쉽다.

10월 19일 날 일곱 명이 했는데 재우가 넘어져서 울기도 했다. 이 놀이는 싱거울 것 같지만 재미있는 놀이니까 먼저 한번 해 보시라구요.

(1997년)

놀이 설명문은 이렇게 적어 놓은 글만 보아도 누구나 그 놀이를 할 수 있도록 써야 합니다.

7) 그림·사진·공작품을 설명하는 글

그림이나 사진, 공작품 자체를 설명하거나 작품 제작 동기나 제작 과정 같은 것을 설명하는 글을 말합니다. 미술 작품은 때로 설명 없이 감상하는 것이 더 좋을 수도 있지만, 필요할 때도 있습니다.

다음은 일하는 사람들의 모습을 찍은 사진을 찾아 붙이고 설명하는 글을 쓴 것입니다.

길 포장하는 사람들

경산 동부초 4학년 홍태검

이 사진은 길을 포장하는 모습입니다. 길 한 부분에 무슨 공사를 한다고 파서 다시 한다고 그런지 아스팔트를 깔고 있습니다.

왼쪽에 있는 노란색 차는 길고 둥근 바퀴가 앞뒤로 달렸는데 이것이 지나가면서 아스팔트가 평평하게 됩니다. 노란색 차 위에 타고 있는 아

저씨는 노란색 조끼를 입고 있습니다. 길에서 일하면 위험하기 때문에 눈에 잘 뜨이도록 하기 위해 입는 옷인데 공사하는 사람 모두 입고 있네요. 차를 타고 있는 아저씨는 천천히 운전을 하면서 아스팔트가 잘 펴지는지 잘 다져지는지 아래를 내려다보고 있습니다.

오른쪽에서 모자를 쓰고 자루가 긴 연장을 가지고 있는 아저씨는 아스팔트를 대충 평평하게 고르고 있습니다. 그러면 길을 평평하게 하는 차가 아주 반반하게 꼭꼭 다집니다.

아직 오른쪽에는 아스팔트가 없습니다. 저 뒤에 있는 트럭이 아스팔트를 더 싣고 와야 합니다. 또 오른쪽에는 공사하는 아저씨 세 분이 더 있는데 한 분은 일을 하고 두 아저씨는 할 일이 없는지 지켜보고 있습니다. 또 멀리 있는 한 분은 공사하는 옷을 안 입고 허리에 팔을 짚고 보고 있습니다. 책임자인지 그냥 동네 사람인지는 잘 모르겠습니다.

일을 하는 이 사람들은 땀을 흘릴 것입니다. 이 사람들이 땀을 흘리기 때문에 우리는 길을 편하게 다닐 수 있습니다. 아저씨, 감사합니다.

(2012년 12월 18일)

어른들이 쓰는 '책의 내용을 알리는 글', '사전의 말 뜻풀이', '지리와 역사를 설명하는 글', '일반 시설 이용 알림글과 고적 알림판의 글' 같은 설명문은 어린이들은 잘 쓰지 않는 글이지요. 그렇지만 공부 삼아 이런 글도 한번 써 보게 하는 것도 괜찮겠다 싶습니다.

8) 배운 것을 정리한 글이나 조사 보고문

어린이들은 학교에서나 사회, 그리고 책에서 배우고 깨닫는 것들이 많습니다. 그렇게 배운 것들을 잘 정리해 적어 보면 한 번 더 공부하게 되어 확실한 자기 것이 될 것입니다. 또 그렇게 정리해 두면 그것을 바탕으로 한층 더 나아간 공부도 할 수 있지요. 말하자면 자기 발전의 큰 바탕이 된다는 말입니다. 이렇게 새롭게 배운 것이나 조사해서 알게 된 것, 깊이 연구해서 알게 된 것을 잘 정리하면 자기 발전뿐만 아니라 다른 사람들과 나누어 가질 수도 있지요.

조사하고 실험하고 실행한 것을 그대로 적은 것이 조사 연구 보고문인데, 어른들은 이를 바탕으로 어떤 생각을 논리를 세워 또렷하게 내세우는 논문도 쓰게 됩니다.

다음 글은 책을 읽고 새롭게 얻은 지식을 정리한 글입니다.

선인장에는 가시가 있다?

경산 성암초 4학년 권세민

보통 사람들은 다 선인장에 붙어 있는 뾰족한 것을 '가시'라고 한다. 나도 가시라고 생각했는데 '밀레니엄 과학백과-식물나라' 시리즈에서 《선인장의 종류》라는 책을 읽어 보았다. 그런데 책에서는 그 가시가 잎이라고 한다.

아이들은 거의 다 선인장의 잎을 보고 가시라고 한다. 아이들이 하는 말을 예로 들면 "야, 이 선인장 가시 있잖아! 그런데 별로 안 뾰족하다!" 하고 말한다. 또 "야, 이 선인장 가시 진짜 뾰족하다. 나 가시에 찔려 지금 엄지손가락 아파 죽겠다!" 하고 말하기도 한다.

책에 있는 내용을 보니 '잎이 변한 가시 - 보통 식물의 잎이 하는 일에는 크게 세 가지가 있습니다. 첫째는 식물이 살아가는 데 필요한 양분을 만드는 일입니다. 둘째는 호흡 작용입니다. 잎에 작은 구멍이 많이 있는데, 이 구멍을 통해 산소와 이산화탄소를 교환합니다. 셋째는 기공을 통해 몸속의 수분을 밖으로 내보내는 일입니다. 또한 체온 조절도 할 수 있습니다. 그런데 비가 적은 사막에 사는 선인장이 보통 식물들처럼 잎에서 수분을 밖으로 내보낸다면 금방 말라 죽겠지요. 그래서 선인장은 살아남기 위해 잎을 가시로 바꾸었습니다. 한편 가시는 줄기를 감싸서 강한 모래 바람을 막아 주기도 하며, 발처럼 그늘을 만들어서 뜨겁고 강한 사막의 햇볕으로부터 줄기를 보호하기도 합니다. 이와 같이 선인장의 가시는 여러 가지 일을 하는, 없어서는 안 될 중요한 부분입니다.' 라고 나와 있다.

　　나는 이때까지 선인장의 잎을 보고 가시라고만 불러왔는데 사실을 알고 나니 내가 정말 멍청한 것 같았다.　　　　　　　　(2007년 11월 13일)

　책에서 그대로 따온 말은 이렇게 따로 묶어서 따왔다는 표시를 해야 합니다. 자기 말이 아니기 때문이지요. 책에서 얻든 어디에서 얻든 조그만 지식을 이렇게 정리해 보면서 알아가는 즐거움은 정말 어디에도 견줄 수가 없을 것입니다.

4. 설명문의 특징과 다른 갈래 글과 관계

1) 설명문의 특징

　이오덕 선생님은 《삶을 가꾸는 글쓰기 교육》에서 설명문을 가장 산문다운 산문이라고 했습니다. 그것은 시와 견주어 보면 곧 알 수 있다고 했고요. 가령 '자물쇠는 우리 집 문지기이다.'고 하면 이것은 산문 표현이지만 '자물쇠, 우리 집 문지기'라고 하면 시 표현이 된다는 것입니다. 이렇게 구분이 되는 것은 '는'이란 토씨와 '이다'라는 설명문의 어미가 붙고 안 붙는 차이지요. 어린이들이 쓰는 시에 보면 '~하면 ~된다'는 문장 구조가 더러 나오는데 이는 제대로 된 시 형식이라고 볼 수 없습니다. 이것은 설명하는 문장이기 때문이지요. 그래서 서사문 형식의 시는 있어도 설명문 형태의 시는 있기 어렵다고 합니다. (※2장 서사문, 106쪽 4. 서사문과 다른 갈래 글의 관계와 6장 설명문, 344쪽 6. 설명문 쓰기 기본 공부 참조)

2) 설명문과 다른 갈래 글의 관계

어떤 갈래의 글이든 설명의 요소가 들어가지 않은 글은 잘 없습니다. 그 설명이 어떤 형식으로 들어갔는지, 또 설명을 중심으로 썼는지 아니면 다른 갈래의 글을 쓰는 과정에서 설명이 들어갔는지에 따라 설명문인지 다른 갈래 글인지를 구분하는 것이지요.

사람의 행복

경산 성암초 6학년 김태욱

오늘 오후다. 한가하게 게임을 즐기는데 갑자기 'hangame에 문제가 생겨서 프로그램을 종료해야 합니다.' 하며 게임이 꺼져 버렸다.

"에이, 뭐야!" 이러며 게임을 다시 켜려다가 '게임은 쉬어 가면서 해야 한다.' 하던 엄마, 아빠의 말이 생각나 '그냥 인터넷에나 들어가 봐야지.' 하고 네이버에 들어갔다.

그런데 검색창 밑에 〈today-질문!〉란에 '사람이 80살을 살 때 행복한 시간은?'이란 질문이 있었다. 얼마 전에도 선생님이 그 이야기를 해 주셨지만 기억이 가물가물하던 참이어서 그 질문을 클릭했다. 보니까 '사람이 80살을 살 때 행복한 시간은 고작 약 48시간, 많아 봐야 52시간이라고 합니다.' 이렇게 쓰여 있다.

난 게임을 할 때, 여행을 갈 때, 아빠하고 대화할 때는 즐겁다. 즐거운 시간이 무척이나 많은데. 나는 이해가 가지 않아 더 찾아보았다. 사람의 뇌 중 즐거움을 느끼는 부분은 뇌에서 극히 작은 부분이며 고작 5초의 즐거운 감정이 흘러 들어오면 즐거움을 감지하는 뇌가 잘 받아들이지 못하여 대뇌와 소뇌까지 넘쳐 5초를 3분 내지 5분 정도의 시간으로 느낀다고 한다.

그것을 보고 컴퓨터를 끄고 엄마와 이야기도 하고 텔레비전도 보며 함께 웃었다. 시간은 금방 흘러가니까 흘러가는 그 시간 동안 다른 사람보다 조금이라도 행복해지고 싶어서다. 앞으로도 행복한 시간을 늘려 보기 위한 노력을 해야겠다.   (2007년 7월 3일)

이 글에 '난 게임을 할 때, ~ 시간으로 느낀다고 한다.' 는 부분은 설명이며 꽤 많은 분량입니다. 그렇지만 글의 큰 줄기로 보면 컴퓨터 게임을 하려다 인터넷에서 행복한 시간에 대한 내용을 찾아보고 그 내용을 이야기했고, 행복해지고 싶어 컴퓨터를 끄고 엄마와 이야기 하고 텔레비전을 보며 웃었다는 이야기입니다. 그래서 서사문에 더 가깝지요.

다시 말하지만 겪은 일을 써 가는 가운데 설명이 좀 들어갔다고 해서 설명문으로 분류되는 건 아니란 뜻입니다.

5. 어떤 설명문이 좋은 설명문일까요?

좋은 설명문이란 한마디로 누구든지 쉽게 잘 알 수 있게 쓴 글을 말합니다. 그 글을 읽는 사람이 잘 이해할 수 없다면 무언가 문제가 있을 것입니다. 글을 읽는 사람의 편에서 자세히 쓰지 못했다든지,

문장의 구조가 잘못되었다든지, 글이 앞뒤가 안 맞는다든지, 말이 어렵다든지 하겠지요.

그러면 어떤 설명문이 좋은 설명문인지 알아보겠습니다.

첫째, 설명하고자 하는 목적이 또렷이 드러나게 쓴 글입니다. 무엇 때문에 썼는지, 무엇을 중심으로 썼는지, 어떤 사람을 대상으로 썼는지 또렷이 알 수 있게 쓴 글을 말합니다.

둘째, 쉽고 친절하게 써서 누구라도 잘 알 수 있게 쓴 글입니다. 어떤 글이든 마찬가지겠지만 무엇보다 설명문은 우리 생활에 쓰이는 글이 많습니다. 그래서 어린이로부터 나이가 아주 많은 노인들까지 어느 누구라도 잘 알 수 있게 자세히 써야 합니다.

다음 두 글을 견주어 봅시다.

우리 선생님

경산 부림초 3학년

우리 선생님은 이름은 '이' 자 '호' 자 '철' 자이시다. 3학년 2반을 담임하신다. 얼굴은 못생기기도 하고 잘생기기도 하다. 성격은 무서울 때는 무섭고 안 무서울 때는 인자하시다. 우리들에게 공부를 열심히 가르쳐 주신다. 또 한 가지는 우리들을 위해 학급신문을 열심히 만드신다. 나는 우리 선생님을 사랑합니다. 우리 선생님이 최고로 좋다.   (1988년)

우리 선생님

경산 부림초 3학년 정소영

우리 선생님은 머리가 희다. 눈은 크고 길며 둥글다. 눈동자는 말똥말똥거린다. 코는 넓적하고 펑퍼졌다.

그다음 우리 선생님 입. 잠깐, 이런 말을 해도 되는지 모르겠지만, 우리 선생님 입은 연못에서 금방 나온 오리의 튀어나온 입 같다. 또 우리 선생님은 고생을 많이 하셔서 입술이 부르터져 껍데기가 붙어 있다.

우리 선생님 목은 가늘고 길어서 매력적이다. 목이 긴 남자는 어른이 되면 멋쟁이라더니 우리 선생님은 할아버지가 되어서도 멋쟁이가 되시려나 보다.

우리 선생님 손은 쭈글쭈글하고 핏줄이 볼록 튀어나왔다. 그것도 다 우리 때문일 것이다.

성격은 매우 빠르다. 성질이 났다 하면 무엇이든지 날아갈 판이다. 그리고 무슨 일이든지 빨리 하고 꼭 해내신다. 학급신문 만드시는 걸 보면 남자가 꼼꼼하시다. 기분이 좋으실 때에는 씽긋 웃으신다. 허허 웃으실 때도 있다. 그런 모습을 보면 나도 기분이 좋고, 웃음이 절로 나온다.

우리 선생님이 고생을 안 하시면 좋을 텐데. 그 고생, 고생, 고생 때문에…….

정들면 잘하다가 헤어지면 정말 한 번도 안 볼 것처럼 그렇게도 변덕스러우신 우리 선생님, 그래도 이 세상에서 세 번째로 좋으신 우리 선생님, 나는 진정으로 선생님이 좋아요.　　　　　　　　　　　　　　(1988년)

앞의 글은 담임 선생님이 가지고 있는 특징이 자세하게 안 나타나 있습니다. 뒤의 글은 담임 선생님만 가지고 있는 모습이나 성격이 훨씬 생생하게 잘 나타나 있습니다. 선생님과 같이 생활해 보아야만 쓸 수 있는 글이지요.

셋째, 앞뒤가 맞고 질서가 잘 잡혀 있는 글이 좋은 글입니다. 특히 설명문은 아주 충실하게 썼다 할지라도 문장이나 글 전체 내용의 질서가 바로 잡혀 있지 않으면 내용을 이해하기 어려울 것입니다. 어린이들이 쓴 글은 앞뒤 질서가 잘 안 잡혀 있어 이해하기 어려운 글이 많은 편이지요.

넷째, 구체 사실을 넣어서 재미있고 싱싱하게 쓴 글입니다. 자기 머릿속에 들어 있는 막연한 지식이나 책을 통해 얻은 지식만 늘어놓지 않고 실제로 보고 듣고 겪어서 얻은 사실을 담아 쓴 글을 말합니다. 이를테면 앞에 내보인 〈말타기 놀이〉 같은 글을 들 수 있지요.

다섯째, 싱싱한 입말로 쓰고, 알기 쉽고 깨끗한 우리 말로 쓴 글입니다. 어떤 갈래 글이든 마찬가지지만 다른 사람에게 널리 알리기 위한 글이니까 훨씬 더 어린 친구도 잘 알 수 있는 쉬운 말을 쓰면서, 부풀리거나 꾸며 쓰지 않고, 살아 있는 입말로 써야 합니다. 입말이 다른 글보다 더 많이 살아 있는 글이 앞에 내보인 〈내 짝〉이란 글입니다.

다른 글과 마찬가지로 어떤 설명문이 좋은 설명문인지 어린이들에게는 예문을 들어 친절하게 이야기해 주어야 합니다.

6. 설명문 쓰기 기본 공부

설명문을 쓸 때는 무엇을 중요하게 생각하며 써야 할까요? '설명문은 다른 사람들이 쉽게 잘 알 수 있도록 쓰는 글'이란 말 속에 어떤 글감을 어떻게 써야 하는지 다 들어 있는 셈입니다. 그러면 몇 가지로 나누어 공부해 봅시다.

1) 설명문의 문장 형태

먼저, 설명문의 특징이 드러나는 문장 형태에 대해 알아보겠습니다. 설명문의 문장은 다른 갈래 글의 문장과 생김새가 좀 다릅니다. 이에 대해 다시 이오덕 선생님의 말에 내 말을 조금 보태어 말하겠습니다.

① 문장의 끝이 '이다' '아니다'로 되어 있는 문장(지정사)이 많습니다. '우리 집에 있는 인형 중 내가 가장 아끼는 인형은 작은 강아지 인형이다.' '잎이 뾰족하다고 해서 모두 소나무는 아니다.' 이렇게요.

② 상태나 성질을 나타내는 말(형용사)을 기본형으로 씁니다. 예를 들면 이렇습니다. '우리 복실이는 달리는 모습이 더 귀엽다.' '갓 핀 꽃은 어떤 꽃이든 다 예쁘다.'

③ 움직임을 나타내는 말(동사)을 현재형으로 씁니다. '우리 강아지는 밥을 잘 먹는다.' '내 짝은 나를 잘 때린다.' 이렇게요.

④ 때로는 동사나 지정사의 현재형이나 과거형이 나오기도 합니다. 그럴 때는 꼭 이런 모양으로 나오지요. '~면 (언제나) ~있다.' '~면 (언제나) ~한다.'든지 '~하니 (어느 날) ~고 있었다.' '~으니 (어느 날) ~하였다.'

예문을 들어 보겠습니다. '내 방 창문을 열면 미루나무가 우뚝 서 있다.' '우리 강아지는 내가 학교 갔다 돌아오면 언제나 꼬리를 살랑살랑 흔들며 나온다.' '그런데 어느 날 학교에 갔다 오니 강아지는 제 집에서 자고 있었다.' '좀 덜 익은 사과를 먹으니 너무 시어서 몸이 막 떨렸다.'

⑤ 과거형으로 끝나는 문장에서는 문장 안에 반드시 과거의 어떤 때를 표시합니다. '우리 집이 부자였을 때는 먹을 것도 마음대로 먹었다.'는 문장을 보면 과거형 '먹었다'로 끝나지요? 이렇게 과거형으로 끝날 경우 '부자였을 때'와 같이 어떤 때가 꼭 들어간다는 말입니다. 그리고 현재형도 이와 같이 어떤 때에 일어나

고 있는지를 꼭 보여 줍니다. '우리 아버지는 언제나 밤에 일터에 가서서 아침에 돌아오신다.' 같이요. 이런 현재형일 경우 앞에 '~이면', '~하면', '보통 때는~', '항상(언제나)~' 이런 말이 붙습니다. 이런 말이 꼭 있어야 하는데 없다면 문장에서 생략되었다고 보면 됩니다.

그러니까 '언제, 어떻게 하면 어떻게 된다.' 이를테면 '언제나 옆집 개가 으르렁거리기만 하면 나는 달아난다.' 이런 문장 구조는 설명문에 주로 있습니다.

지금까지 설명문의 문장 구조에 대해 쉽게 풀어서 이야기했지만 나는 어린이들이 이런 것까지 꼭 공부를 해야 한다고 보지는 않습니다. 그렇지만 고학년은 배워 두면 도움이 되니까 더 공부하고 싶은 어린이들에겐 조금씩 지도하는 것도 괜찮을 것 같습니다.

2) 사물과 사실, 내용을 또렷이 살펴보아야 한다

설명문을 쓰기에 앞서 사물을 꼼꼼히 살펴보고 사실을 정확히 알아보아야 합니다. 설명문은 자기 마음 가는 대로 쓰는 글이 아닙니다. 한 사물을 같은 사람이 보고 글을 썼을 때 그 내용이 대체로 같게 되는 글, 말하자면 객관화된 글이라 할 수 있지요. 그래서 어떤 사물이나 사람, 그리고 사실을 짐작이나 느낌이 아니라 있는 그대로 정확히 알아야 합니다. 그러자면 늘 자기와 가깝게 있고 마음이 가는 사물을 눈여겨 살펴보는 버릇을 들여야 합니다. 그리고 머릿속에만 넣어 두려고 할 것이 아니라 때로는 꼼꼼히 적기도 하면서 살펴보아야 합니다. 그래야 다른 사람이 발견할 수 없는 것도 발견할 수가 있지요. 여러 사람이 같은 사물을 보고 글을 써도 무엇을 발견했느냐에 따라 글의 깊이가 달라지는 것입니다. 다른 사람이 발견하지 못한 것을 더 발견한 사람이 설명문을 더 잘 쓸 수 있는 것이지요.

3) 관심 있는 사물이나 사실에 대해 쓴다

자기가 잘 알고 있고 관심이 있고 자기에게 절실한 사물이나 사실에 대해 써야 좋습니다. 자기가 잘 모르거나 관심이 적은 일은 제대로 쓸 수 없습니다. 또 자기가 잘 알아야 흥미를 가지고 다른 사람에게 자신 있게 잘 설명할 수 있지요.

4) 쓸거리에 대해 미리 조사한다

글쓰기에 앞서 설명할 거리에 대해 조사 정리를 잘해야 합니다. 자신이 잘 알고 있는 사물이나 사실에 대해 설명문을 쓰더라도 쓰기 전에 다시 한 번 더 잘 알아보아야 합니다. 무엇이든 시간이 지나면 지날수록 기억이 흐려지기 때문이지요. 책이나 인터넷에서도 찾아보고 실제로 조사해야 할 것은 조사해야 합니다. 그것뿐 아니지요. 놀이에 대한 설명문을 쓸 때는 실제로 놀이를 해 보아야 하는 것처럼, 글감에 따라서는 다시 한 번 더 겪어 보면서 살아 있는 사실을 자세하게 기록하도록 해야 합니다.

그리고 수집한 자료를 잘 정리해야 합니다. 머릿속에 들어 있는 정보든 메모를 해 둔 정보든 그 자료들을 종합하고 분석하고 일정한 규칙에 따라 꼭 정리해 두는 것이 좋습니다.

5) 쉽고 친절하게 쓴다

쓸 때는 쉽고 친절하게 써야 합니다. 앞서 다른 사람이 잘 알 수 있도록 쓴 글이 잘 쓴 설명문이라고 말했지요? 잘 알 수 있게 쓰려면 먼저, 쉽게 써야 합니다. 어른들 가운데는 공연히 글을 어렵게 쓰는 사람이 있습니다. 어렵게 쓰면 글의 수준이 높다고 생각하거나 글을 잘 쓴다고 잘못 생각하고 있기 때문이지요. 오히려 어렵게 쓰는 것이 능력이 모자라기 때문이란 걸 잘 알아 두기 바랍니다.

그런데 어린이들은 일삼아 어렵게 쓰지는 않습니다. 아직 잘 몰라서 그렇게 쓰는 것이지요. 어린이들이 쓴 글 가운데는 몇 문장으로 나누어 써야 할 것을 이어 쓴다든지, 한 문장 안에서 말의 차례를 바꾸어 쓴다든지 해서 다른 사람이 읽었을 때 이해하기 어려운 글이 더러 있습니다. 또 어른들이 쓰는 어려운 말을 써서 이해하기 어렵게 만들기도 합니다. 그러니까 문장을 알맞게 끊어 쓰고, 한 문장에서 말의 차례를 바로잡아 쓰고, 어려운 말을 쓰지 않아야 하겠지요. 어린이들에게 우리 말 바로 쓰기 지도도 많이 해야 합니다.

또 친절하게 써야 한다고 했습니다. 이를테면 '육교 있는 데서 큰 길 따라 한참 오면 협화 아파트가 있는데 거기가 우리 집이야.' 하고 동무들에게 알려 주면 동무들이 우리 집을 잘 찾아올 수 있을까요? '우리 학교 앞에서 육교를 지나 오른쪽 계단으로 내려와. 거기서 10미터 정도 와서 왼쪽으로 돌면 바로 성암문구점이 나타나. 성암문구점을 지나 동쪽 큰길로 50미터쯤 내려오면 협화 아파트가 나타나거든. 거기서 정문을 찾아. 정문은 아파트 단지 끝나는 큰길 쪽에 있어. 정문을 들어서서 오른쪽 아파트 세 번째 동이 201동인데 그 아파트 403호가 우리 집이야.' 이 정도로 친절하게 써야 잘 알 것입니다.

자기가 본 사물이나 겪은 일은 자기 머릿속에 남아 있기 때문에 글로 쓰지 않아도 이미 잘 알고 있습니다. 그렇지만 보지도 겪지도 못한 다른 사람은 대충 써 놓은 글을 보고는 잘 알 수 없습니다. 가끔 글을 쓰는 사람은 자기가 친절하고 자세히 글을 썼다고 착각하기도 합니다. 사물과 사실을 보지도 겪지도 못한 사람이 글을 읽는다고 생각하고 써야 더욱 친절하게 쓸 수 있을 것입니다.

6) 앞뒤 질서에 맞추어 간결하게 쓴다

다른 글도 그렇지만 설명문은 더욱 앞뒤 질서가 잘 서 있게 쓰면서도 간결하게 써야 합니다. 그래야 읽는 사람이 이해하기 쉽습니다. 사람의 겉모습에 대해 설명하는 글을 쓴다고 해 봅시다. 겉모습이라면 머리, 몸통, 팔다리 이렇게 나누어집니다. 그러면 먼저 머리의 겉모습을 설명한 다음 몸통의 겉모습을 설명하고, 끝에 팔다리를 설명해야 질서가 서 있게 되지요. 그런데 머리에서 눈을 설명하다가 발을 설명하고, 발을 설명하다가 몸통을 설명하고, 몸통을 설명하다가 코를 설명한다면 뒤죽박죽되어서 글 읽는 사람이 헷갈리겠지요. 그래서 글의 차례를 잘 정한 뒤 얼거리를 짜서 글을 쓰면 질서가 잘 잡힐 수 있습니다. 또 문단도 또렷이 잘 나누어 써야 합니다.

그리고 5)번에서 친절하게 글을 쓰라고 했는데, 너무 친절하게 자세히 쓰다 보면 필요 없는 내용이나 말이 많이 들어가서 오히려 내용을 이해하기 어렵게 되는 경우도 있습니다. 그러니까 필요 없는 내용은 아닌지 생각해 가며 글을 써야겠지요.

7) 사실을 담아 살아 있는 글을 쓴다

생활에서 겪은 일이 들어가서 살아 있는 글을 써야 합니다. 어린이들에게 조사하라는 숙제를 내면 그만 인터넷에 있는 자료를 받아 그대로 인쇄해 오곤 합니다. 이런 지식은 죽은 지식입니다. 인터넷 자료나 책에 있는 내용을 베껴 쓰는 것보다 자기가 살아가면서 알게 된 사실이 들어가야 더욱 실감이 납니다. 그런 글은 또 재미도 있습니다. 인터넷이나 책의 내용을 참고하더라도 자기 것으로 소화해서 새롭게 정리할 수 있어야 합니다.

8) 깨끗한 우리 말을 쓴다

낱말이나 말법을 바르게, 그리고 깨끗한 우리 말을 써야 합니다. 그래야 읽는 사람이 헷갈리지 않고 잘 알 수 있기 때문이지요.

7. 설명문 쓰기

어린이들에게 글을 쓰라고 하면 흔히 설명문 형식으로 많이 씁니다. 서사문 형식으로 써야 할 글을 설명문 형식으로 쓰면 실감이 덜 나고 감동도 줄어들곤 하지요. 하지만 글감에 따라 설명문으로 써야 할 때도 있습니다. 이렇게 설명문도 어린이들이 널리 써야 할 매우 중요한 글입니다.

1) 쓸거리 찾기

다른 사람에게 알릴 필요가 있거나, 정리해 두어야 할 사실이나 생각, 지식 가운데 한 가지를 글감으로 정합니다.

설명문 글감을 필요성에 따라 나누면 다른 사람에게 알릴 필요가 있는 것과, 정리해 두면 자기 공부가 될 뿐만 아니라 자기 발전의 바탕이 되고 다른 사람과도 나누어 가질 수가 있는 것, 이렇게 두 가지로 나눌 수 있다고 했습니다.

① 알릴 필요가 있는 것: 나, 우리 어머니 아버지, 내 짝, 이웃집 할아버지, 우리 집 찾아오는 길, ○○기구 쓰는 법, 내가 잘하는 볶음밥 만드는 법, 내가 만든 발명품 설명, 무엇을 안내하는 글…….

② 정리해 두어야 할 것: 식물의 번식에 대해 공부한 내용, 수직·수선·평행에 대해 공부한 내용, 보건 선생님이 말한 질병 예방법, 우리 동네 간판 조사 결과…….

찾아보면 이 밖에도 여러 가지 글감이 있을 것입니다. 생활하면서 발견되는 글감들을 잘 생각해 두거나 적어 두기 바랍니다. (※346쪽 6. 설명문 쓰기 기본 공부 2), 3) 참조)

2) 자료 모으기

정한 글감과 관련된 여러 가지 자료를 모읍니다.

머릿속에 들어 있던 사실이나 생각, 지식들은 흐려지거나 잊어버리게 되지요. 그래서 글감과 관련하여 잊어버린 내용에 대한 자료를 잘 찾아서 모아야 합니다. 인터넷에서 찾은 자료도 자기 것으로 소화해 새롭게 표현해야 합니다. 살아 있는 자료를 모아야겠지요. (※347쪽 6. 설명문 쓰기 기본 공부 4) 참조)

3) 얼거리 짜기

긴 설명문을 쓸 경우에는 설명 내용이 뒤죽박죽되지 않도록 얼거리를 꼭 짭니다.

짧은 설명문이야 그냥 써도 되지만 긴 설명문은 어느 정도 계획성 있게, 조직성 있게 써야 읽는 사람이 쉽게 알 수가 있습니다. 그래서 얼거리를 또렷이 짜서 쓰는 것이 좋습니다. 얼거리를 짜더라도 미리 틀을 만들어 놓고 끼워 맞추지 말고 아주 편안하게 자연스런 차례로 얼거리를 짜는 것이 좋습니다. 일이 일어난 사실을 설명하자면 일이 일어난 차례대로 얼거리를 짜면 될 것이고, 사람이나 물건에 대해 설명할 때는 무엇을 설명해야 다른 사람이 잘 알 수 있을까 생각하며 설명할 내용을 메모해 차례를 정하면 됩니다. 그래도 글을 써 보면 흐름이 바뀌기도 합니다. 그렇더라도 '글의 중심'만은 흔들리지 않도록 해야 합니다. '나'를 알리는 설명문을 쓰고자 할 때는 '내 장점이 잘 나타나도록 쓰겠다' 또는 '내 성격을 솔직하게 내보여야겠다', 놀이를 설명하고자 할 때 '놀이의 방법을 잘 알 수 있도록 쓰겠다' 또는 '놀이의 재미를 중심으로 쓰겠다' 이렇게 어느 정도 중심을 잡아 놓는 것이 좋다는 것입니다.

다음은 놀이 설명문의 얼거리 예입니다.

재미있는 '구슬치기'
① 처음
· 놀이 해 보았던 경험 이야기
② 가운데
· 구슬치기 할 준비: 구슬치기 할 사람 수 정하기, 구멍 파기, 구슬치기 할 사람 차례 정하기
· 구슬치기 하는 방법: 범이 되기까지
· 구슬치기 하는 특별한 방법: 엑구 날리기, 칼치기, 빼내기, 똥집 날리기와 10포, 첫 골
③ 끝맺음
· 재미있는 구슬치기 놀이 많이 하자

※ 그림 자료가 있으면 그림 자료도 마련해 놓습니다.

4) 자료 정리하기

앞서 모은 자료를 얼거리 짠 차례에 따라 나누어 정리합니다.

'자료 모으기' 단계에서 모은 자료는 아직 제대로 정리되지 않았습니다. 그 자료를 활용하려면 얼거리 짠 차례에 맞추어 분배하고 재정리해야겠지요.

5) 쓰기

얼거리 짠 차례에 따라 차근차근 설명문을 써 나갑니다.

설명문이라도 누구나 다 알고 있는 일반 사실만 늘어놓듯이 쓰면 재미가 없습니다. 눈으로 본 것은 지금 바로 눈앞에서 보는 것처럼 묘사하듯이 쓰고, 겪은 일은 지금 바로 겪고 있는 것처럼 쓰면 글이 더 재미있고 생생하게 됩니다. 필요하면 그림을 그려 넣어도 되겠습니다. 그러면 읽는 사람이 더 쉽게 이해할 수 있겠지요. (※347쪽 6. 설명문 쓰기 기본 공부 5), 6) 참조)

6) 글 다듬기

다 쓴 글을 차근차근 읽어 보면서 모자라는 것은 보태어 쓰고, 필요 없는 말은 빼고, 틀린 곳은 고치고, 껄끄러운 곳은 다듬어서 다른 사람들도 잘 알 수 있도록 글 내용을 충실하고, 정확하고, 또렷이 나타나게 합니다.

글을 다 쓴 다음에는 설명하고 있는 대상을 다시 찬찬히 살펴본다든지 다시 겪어 본다든지 합니다. 이를테면 나를 소개하는 글을 쓴다면 나를 되돌아보아야 하고, 물건을 설명할 때는 그 물건을 다시 살펴보거나 물건에 얽힌 이야기를 찾아보는 것입니다. 또 어떤 놀이를 다른 사람이 할 수 있게 설명하는 글을 썼을 때는 그 놀이를 다시 한 번 해 보면서 모자라는 부분을 찾아내 자세하게 보태어 적습니다.

설명문에서는 내용의 차례가 알기 쉽게 잘 잡혀 있는지 한 번 더 살펴서 잘 이해할 수 있도록 고치는 것이 참 중요합니다.

나머지는 '2장 서사문' 글 다듬기 (※136쪽) 부분을 참고하기 바랍니다.

7) 발표

다 쓴 설명문을 여러 사람 앞에 발표하고, 내용이 충실하지 못한 부분은 없는지 충고를 들어 다시 보충하고 다듬습니다.

설명문은 다른 사람이 잘 알 수 있도록 쓰는 글이기 때문에 여러 사람 앞에 내어놓기에 앞서 먼저 가까운 사람한테 발표해 보는 것도 좋습니다. 거기에서 모자라는 부분이 발견되면 다시 보충하고 다듬으면 되겠지요. 그런 다음, 여러 사람 앞에 내어놓는 것입니다.

8. 설명문 쓰기를 도와주는 몇 가지 방법

1) 우리 주변에서 설명문 찾아 읽어 보기

우리 주변을 잘 살펴보면 설명문은 무척 많습니다. 이를테면 컵라면의 컵에 이런 글이 쓰여 있습니다.

〈조리 방법〉

① 용기의 뚜껑을 열고 분말스프를 뜯어 면 위에 넣은 다음,

② 끓는 물을 용기 안쪽 표시 선까지 부은 후 뚜껑을 덮고 3분 후 잘
저어 드십시오.

※ 나트륨(식염)섭취를 조절하기 위하여 기호에 따라 적정량의 스프를
첨가하여 조리하십시오.

라면 끓이는 방법을 설명해 놓은 글입니다. 이것뿐 아니지요. 제품
의 재료와 성분도 써 놓았고, 그릇의 재질과 주의할 점도 적어 놓았
습니다. 이것이 모두 설명문입니다.

그 밖에도 우리 주위엔 안내하는 글, 주의할 점, 알리는 글, 선전하
는 글과 같이 설명하는 글이 많은데 이런 글을 찾아 읽어 보도록 하
는 것입니다.

2) 그림 설명을 말로 설명해 보기

상품뿐만 아니라 우리가 살아가는 곳곳에 교통안전표지판처럼 글
로 쓰지 않고 그림으로 간결하게 무엇을 알리는 표시를 많이 해 놓았
습니다. 그 그림 설명을 말로 자세하게 설명해 보도록 하는 것입니다.

3) 설명문이 아닌 다른 갈래의 글에서 설명 부분 찾아보기

서사문이나 또 다른 갈래의 글 내용 가운데 설명하는 부분을 찾아
보는 것입니다. 그러면 설명문을 더욱 또렷이 알 수 있는 공부가 될
것입니다.

4) 자신의 물건 한 가지를 동무들 앞에 설명하기

자신이 가장 아끼는 물건이나 자신과 관계가 깊은 물건을 동무들

앞에 보이며 온갖 설명을 하도록 하는 것입니다. 한 주에 한 번씩 한다면 더욱 좋겠지요. 자신의 물건에 대해 더욱 애착심도 가지게 하고 실질적인 말하기 교육에도 큰 도움이 될 것입니다.

5) 다른 사람의 설명문에서 모자라는 부분 보충하기

다른 사람이 쓴 설명문이나 우리 생활 곳곳의 설명문을 더 자세하게 더 쉬운 말로 보충하고 다듬어 보도록 하는 것입니다.

앞서 컵라면 조리법에서 보면 어려운 다른 나라 말이 많지요? '분말스프', '용기', '나트륨(식염)', '섭취'니, '기호', '적정량', '첨가' 같은 어려운 말을 써 놓았는데 모든 사람들이 잘 알 수 있도록 쉬운 우리말로 고쳐 보는 것도 한 방법이지요.

6) 관찰 관점 정해 관찰기록하기

관찰 관점을 정해 자세하게 관찰기록하게 하는 것도 설명문 쓰기에 도움이 될 것입니다.

9. 맺는말

설명문 쓰기 지도의 필요성을 좀 느꼈는지요? 우리 생활 곳곳에서 설명문이 쓰이고 있습니다. 설명문의 종류도 아주 많아 여기에 예문을 하나하나 다 보일 수는 없습니다. 그러나 여기에 적어 놓은 만큼만 공부를 하면 다른 것은 상황에 맞추어 쉽게 쓸 수 있을 것입니다.

앞에서도 말했지만 설명문은 필요에 따라 쓰는 글이 많아 어린이 스스로는 잘 안 쓰는 글이기도 합니다. 또 특별한 감동을 주는 내용이 아닌 글이 많기 때문에 재미없는 글이라고 생각하는 어린이도 많습니다. 그래도 생활에 꼭 필요한 글이고 서사문을 비롯해 다른 갈래 글 속에 들어가기도 하기 때문에 기본으로 꼭 배워야 할 글입니다. 어린이들이 자주 쓸 수 있도록 적극 지도하기 바랍니다.

7장

보고문

새로운 정보와
지식을 알리는 글

1. 보고문이란 어떤 글일까요?

보고문이란 어떤 일(특정 주제, 주어진 임무)을 체험, 조사, 실험, 연구해서 얻은 내용(새로운 정보와 지식, 사실)이나 감동(느낌이나 생각)을 다른 사람도 잘 알 수 있게 쓴 글입니다. 하지만 어린이들은 박물관 견학하고 보고문 쓰기, 시장 조사하고 보고문 쓰기, 예절 교실 체험하고 보고문 쓰기, 또 '파리는 어떤 색을 좋아할까? 나팔꽃 줄기는 하루에 몇 번 감을까? 개미는 어떤 먹이를 좋아할까?' 같은 주제로 연구를 하고 보고문 쓰기, 이렇게 숙제로 하는 경우가 대부분이지요. 일삼아 견학, 체험, 조사, 실험, 연구 활동을 하고 보고문까지 써야 해서 보고문 쓰기를 매우 어려워하는 어린이도 많습니다. 그렇지만 보고문이 어떤 글인지, 왜 쓰는지, 어떻게 쓰는지를 잘 알면 덜 어려워할 테고, 오히려 즐겁게 보고문을 쓰는 어린이도 많아지겠지요.

우리 마을의 농약 사용 실태

청도 덕산초 5학년 문지혜

1. 연구 기간
1995년 8월 1일~1995년 8월 20일 (20일 동안)

2. 연구하게 된 까닭과 목적
우리 마을 들녘을 지나가면 농약 냄새가 코를 찌른다. 그만큼 농약을 많이 친다는 증거다. 올해도 ○○ 아버지가 과수원에 약을 치다가 죽을 뻔한 일도 있다. 그 정도까지는 안되어도 약을 치다가 머리가 아프다고 하는 사람들이 참 많았다. 그러니 약을 치는 사람은 말할 것도 없고, 약을 친 농산물을 먹는 사람들은 또 얼마나 많이 해로운지 생각하지 않을 수가 없다. 그래서 나는 우리 마을에는 농약을 얼마나 사용하며 그에 따라 어떤 피해를 얼마나 입고 있는지 알아보고 그 해결책을 알아보고 싶었다.

3. 연구 내용
1) 우리 마을은 어떤 농산물에 어떤 농약을 몇 회 치는지 알아봄
2) 농약 보관과 농약 사용할 때의 실태
3) 농약이 사람에게 어떤 영향을 얼마만큼 끼치는가를 알아봄

4. 연구 방법
1) 조사 대상 범위는 우리 마을로 하되, 농사를 많이 짓는 집, 20~30집으로 정했다.
2) 조사할 집을 집집마다 돌아다니며 어떤 농산물에 그 농산물을 수확할 때까지 어떤 농약을 몇 회 치는지 물어서 조사했다. 이때 농약의 보관 상태도 조사했다.
3) 조사 결과는 통계를 내어 알아보았다.
4) 농약을 칠 때 어떻게 하는지 여러 가지를 조사하기 위해서 농약을 치는 현장에 가 보았다.
5) 어떤 병해충을 죽이는지 농약병의 안내표를 보고 알아보았다.
6) 농약이 생물(사람)에게 얼마나 해로운가를 실험과 현장 조사로 알아보았다.
7) 여러 가지 문제점을 찾아보았다.
8) 해결점을 알아보았다.

5. 연구 과정과 결과(연구한 내용)
1) 우리 마을은 어떤 농산물에 어떤 농약을 몇 회 치는지 알아봄
우리 마을에서 농사를 많이 짓는 집을 찾아다니며 물어보고 다음과 같이 표를 만들어 적었다. 그리고 평균을 내어 본 결과 다음과 같다.

	농작물	농약 치는 횟수		농작물	농약 치는 횟수
1	사과	16	10	깨	2
2	복숭아	6.2	11	콩	1.3
3	배	6	12	배추	1.2
4	고추	5.2	13	포도	1
5	감	4.2	14	열무	1
6	벼	3.1	15	오이	1
7	앵두	2.1	16	수박	1
8	팥	2.1	17	참외	1
9	대추	2	18	가지	0

※ 그래프는 생략

2) 우리 마을의 농약 보관 실태와 농약 칠 때의 실태를 알아봄

농약 보관 상태는 농사짓는 15집을 찾아다니며 조사하고, 농약 사용상의 실태는 실제로 농약을 치고 있는 현장 9곳을 조사하였다. 그 결과는 다음과 같다.

① 농약 보관을 아무렇게나 하는 집이 7집, 사람 손이 잘 미치지 않는 곳에 두었으나 함부로 둔 집이 5집, 잘 보관한 집이 3집이었다.

② 농약 치는 9곳에서 농약을 치는 사람의 복장은 어떤가를 살펴보았다.

· 마스크도 하지 않고 반팔 반바지만 입고 농약 치는 곳이 3곳

· 긴 옷과 모자는 썼으나 마스크를 하지 않고 농약 치는 곳이 2곳

· 마스크는 했으나 반팔 반바지를 입고 농약 치는 곳이 2곳

· 마스크를 하고 긴팔 옷을 입었으나 반바지를 입은 곳이 1곳

· 마스크를 하고 긴 옷을 입고 모자 쓰고 안경까지 쓴 곳이 1곳

③ 약을 치는 9곳 가운데 농약 병을 밭이나 논가에 그냥 두고 오는 곳이 4곳, 집으로 가지고 오는 곳이 3곳, 2곳은 물길에 던져 버리기도 했다.

3) 농약이 우리 마을 사람에게 얼마나 어떤 영향을 끼치는지 알아봄

① 병충해에 치는 농약을 조금 탄 물에 미꾸라지 한 마리를 넣어 보았더니 3분 만에 죽어 버렸다.

② 병해충이 죽는다.

③ 농약을 치고 제초제를 쳐서 논에는 올챙이, 미꾸라지, 메뚜기 같은 동물과 곤충을 찾아보기가 어렵다.

④ 제초제를 쳐서 논에 풀이 자라지 않는다.

⑤ 농약 치는 어른에게 물어보면 모두가 머리가 조금 아프다고 한다.

6. 종합 결론

1) 우리 마을 농작물별로 약 치는 횟수를 볼 때 사과는 16회나 쳐서 다른 농작물보다 으뜸이고, 다른 농작물에도 대부분 농약을 많이 치는 것으로 나타났다.

2) 농약의 종류를 알아본 결과 병해충의 종류도 많고 병해충을 죽이는 약도 무척 많다는 것을 알았다.

3) 농약의 성분을 알아본 결과 전문 지식이 없어 잘 모르지만 병해충을 잘 죽이는 성분과 어떻게 하면 그 약이 병해충에 잘 접촉하고 잘 흡수할 수 있을까 하는 성분이 들어 있다는 것을 알았다.

4) 농약 보관을 매우 허술하게 하고 있고, 농약 치는 사람의 복장을 보면 매우 위험하다. 또 농약 병도 함부로 버려서 위험하고 환경을 오염시키고 있다.

5) 여러 가지 실험과 관찰로 미루어 보면 농작물에 치는 농약으로 사람에게 얼마만큼 해를 주는지 알 수 있었다.

7. 해결 방법

1) 농약 치는 횟수를 줄인다.

2) 농약을 칠 때는 복장을 안전하게 해서 친다.

3) 농약을 안전하게 보관하고 안전하게 사용한다.

4) 약을 쳤을 경우에는 얼마 동안 먹지 않거나 깨끗이 씻고 껍질을 깎아 먹는다.

5) 농약을 치지 않고도 병충해를 입지 않는 농사 방법을 찾아낸다.

6) 병해충을 이겨 내는 종자를 개발한다.

7) 농작물이나 사람에게 해롭지 않고도 병해충을 없애는 약을 개발해 낸다.

8. 더 알고 싶은 것

1) 위험해서 실험을 못한 것이 많다. 내가 자라면 농약이 우리 몸에 직접 어떻게 얼마만큼 어떤 해를 주는지 실험을 하나하나 해서 밝혀 보겠다.

2) 내가 자라면 농약을 치지 않고도 병해충의 피해를 입지 않는 방법을 연구하고 싶다.

9. 연구를 한 소감

연구를 하면서 농약에 대해 많은 것을 느꼈다. 병해충을 죽이는 약이 우리의 목숨을 조금씩조금씩 먹어 들어간다는 것을 알 수 있었다. 농약을 치며 농사를 짓는 사람은 목숨을 걸어 놓고 병해충과 전쟁을 하고 있다는 생각이 든다. 또 이렇게 지은 농산물을 사람들이 먹어야 한다니 정말 걱정이다. 도대체 과학이 이렇게 발달했는데도 몸에 해롭지 않은 농약 하나 못 만들어 내고 있나 하는 생각도 든다. 하여튼 농촌에 살면서 예사로 생각했는데 깊은 관심을 가지게 된 것만 해도 이번 연구는 매우 보람 있는 일이었다.

(1995년)

우리 마을의 농약 사용 실태를 통해 농촌의 농약 사용 실태를 어느 정도 알 수 있도록 쓴 보고문으로, 형식에 맞추어 쓴 조사 연구 보고문입니다. 군더더기 없이 간결하게 썼지요? 여기에 그래프나 그림, 사진 자료를 곁들이면 더욱 좋은 보고문이 되지 않을까 생각합니다.

어린이가 집집마다 찾아다니며 하나하나 물어서 알아본 일이나, 농약 치는 사람의 모습과 농약을 허술하게 보관하고 농약 병을 함부로 버려 놓은 모습을 유심히 살핀 일은 더욱 크게 칭찬할 만하지요. 이보다 더 훌륭한 공부가 어디 있겠습니까?

2. 보고문은 왜 쓸까요?

어른들 같으면 어떤 정보를 전달한다든지, 무언가를 제안한다든지, 논쟁을 이끌어 내고 참여를 유도한다든지, 사람들을 설득한다든지, 정보를 기록한다든지, 사람들을 교육한다든지, 현재의 상황이나 생각을 발전시키고 강화시킨다든지 하는 어떤 목적을 가지고 보고문을 씁니다. 그리고 과정보다 결과를 더 중요하게 생각하지요. 그러나 어린이들은 어른들처럼 결과만을 생각해서는 안 됩니다. 견학, 조사, 체험, 연구 활동 과정이나 보고문을 써 나가는 과정 모두가 귀한 공부가 되기 때문이지요.

그러면 어린이들이 보고문을 쓰기 위한 여러 가지 활동으로, 보고문을 써 나가는 과정과 그 결과로 얻는 것은 뭘까요?

첫째, 무엇보다도 좋은 경험을 쌓게 해 줍니다. 보고문을 쓰려면 반드시 어디에 가서 무엇을 조사한다든지, 체험한다든지, 연구한다든지 해야 합니다. 그러는 가운데 많은 경험을 하게 되는데, 이런 경험은 어린이들의 삶에 큰 밑거름이 될 것입니다.

둘째, 많은 것을 알게 해 줍니다. 보고문을 쓰기 위해서는 여러 가지 지식이 필요하지요. 필요한 지식을 얻기 위해서는 공부를 해야 합니다. 이렇게 공부하면서 또 더 넓고 깊은 지식을 쌓을 수 있게 되지요. 어디 그뿐입니까? 견학, 조사, 체험, 연구를 하면서도 새로운 지식을 얻게 되는데, 무엇보다 이렇게 직접 겪으며 얻는 지식은 평생 잃어버리지 않는 알찬 지적 자산이 될 것입니다.

셋째, 문제 해결 능력을 길러 줍니다. 한 가지 방법으로 다 같이 배우는 공부나 단순 지식을 달달 외우는 공부는 죽은 공부지요. 제 스스로 조사하고 연구해서 새로운 것을 알아가는 공부가 살아 있는 공부입니다. 나아가 제 스스로 살아 있는 공부 방법을 찾아내고 문제 해결 능력을 기를 수 있다면 더욱 좋겠지요. 이를테면 연구 계획 설정 능력, 자료 수집 능력, 조사 연구 능력, 자료에 따른 결론을 내리는 능력, 효과적인 발표 능력 같은 것 말입니다. 보고문 쓰기는 평생 사용할 기술인 이런 능력을 길러 줍니다. 이 능력이 길러지면 스스로 흥미를 가지고 더 넓고 깊게 공부할 수도 있을 것입니다.

넷째, 창의력이나 논리력을 길러 줍니다. 견학, 조사, 체험, 연구를 하는 가운데 창의력이 길러지는 것은 말할 것 없고, 보고문은 다른 글보다 더 체계를 세워 분명하고 정확하게 써야 다른 사람이 잘 알 수 있는데, 그렇게 쓰도록 노력하다 보면 창의력이나 논리력이 길러지는 것이지요.

다섯째, 사물이나 사물의 현상, 사회나 사회에서 일어나는 사실에 대해 흥미와 관심을 가지게 해 줍니다. 관심을 가지면 그것을 아주 넓고 깊게 이해할 수 있지요.

여섯째, 무엇을 이루어 냈다는 성공감이나 자부신을 갖게 해 줍니다. 조사 연구를 해서 보고문을 쓰고 발표를 하면 스스로 내가 무엇을 해냈다는 큰 보람을 얻을 수 있습니다. 이것은 어떤 일에서든 자신감으로 이어지지요.

보고문을 쓰면서 얻을 수 있는 것을 몇 가지 말했지만 알차게만 한다면 앞에서 말한 것보다 더 많은 것을 얻을 수 있을 것입니다.

3. 여러 가지 보고문

보고문은 큰 틀로 보면 설명문에 들어갑니다. 다른 사람이 잘 알도록 하기 위해 쓰는 글이니까요. 그렇지만 설명문에서 다루지 않고 이렇게 따로 떼 내어 이야기하는 것은 설명문과는 또 다른 면이 있기도 하고, 어린이들 글쓰기에서 보고문이 차지하는 부분이 매우 크기 때문이기도 합니다. 보고문은 형식으로나 내용으로 다시 여러 갈래로 나눌 수 있지요.

어른의 경우 형식으로 나누어 보면 경과보고와 결과보고로 나눌 수 있습니다. 어떤 사건이나 사태 또는 활동이 진행되어 온 자취를 알리는 글을 쓰게 되면 경과보고가 되고, 그 일의 결과만을 알리게 되면 결과보고가 됩니다.

이오덕 선생님은 《우리 문장 쓰기》(한길사)에서 보고문의 종류를 내용으로 나누어 '노동 현장 보고(공장 노동, 탄광 노동, 고기잡이 노동, 건설 현장 노동……) · 영농 보고 · ○○노동자의 하루 생활 보고 · 도시 빈민 생활 실태 보고 · 어린이 생활 실태 보고 · 청소년 교외 생활 실태 보고 · ○○산 자연환경 실태 보고 · 골프장과 자연환경 파괴 상황 보고 · 수해 현장 조사 보고 · 연구 보고 · 견학 보고 · 농사 실습 보고 · ○○사건 보고 · ○○회 결성 보고 · 회의 상황 보고 · 담화(말) 내용 보고 · 학습 보고 · 교생 실습 보고 · 방송 청취 보고……' 같은 것이 있다고 했습니다. 그 밖에도 많이 있지요. 업무 보고, 결산 보고, 교육 강좌 수강 보고, 출장 보고, 행사 보고……. 업무 보고 안에도 또 여러 갈래가 있습니다. 보는 바와 같이 어른들이 쓰는 보고문은 실제 생활이나 업무에 많이 쓰이고 있지요.

어린이들이 쓰는 보고문의 갈래는 어른들과는 성격이 다른 면이 많습니다. 크게 학습 보고, 조사 보고, 연구 보고, 상황 보고, 내용 보고 이 정도로 나누어 볼 수 있겠습니다.

1) 학습 보고문

학습 보고문은 공부하는 과정이나 그 결과를 알리는 보고문입니다. 견학·체험 학습, 실험·실습 학습, 일반 학습(일반 공부)을 하는 과정이나 결과를 보고하는 것이지요.

체험 학습은 실제 몸으로 겪으며 하는 공부로 농촌 체험, 장애인 체험, 기아 체험, 보육원에서 어린아이를 보살피는 체험, 노인복지회관에서 노인들을 도와주는 체험, 환경미화원 체험 같은 것들이 있습니다. 실험·실습은 과학 시간이나, 실과 시간, 또는 가정에서 하는 여러 가지 실험이나 실습을 말합니다. 일반 학습은 학교와 가정이나 사회에서 일상으로 하는 여러 가지 공부를 말하고요.

체험 학습 보고문의 예문 한 편을 보겠습니다.

엄마 아빠 일 체험해 보기

경산 성암초 5학년 이승은

우리 엄마 아빠는 횟집을 운영하고 있다. 선생님이 보통 날에는 이려우니까 방학 때는 꼭 부모님이 하는 일터 체험을 해 보라고 하셨다. 처음에는 신경질이 좀 났지만 그래도 우리 엄마 아빠가 힘들다는 것을 좀 깨닫기 위해 하는 공부니까 좋게 생각하기로 했다. 또 자식이 부모님이 일하는 사정도 모르면서 부모님 은혜니 뭐니 이런 말을 할 수 있을까,

그런 생각도 들었다. 하루는 좀 그렇고 해서 3일을 체험했다.

〈1일째〉

오늘은 엄마 아빠 일터 체험의 첫날이다. 먼저 엄마 아빠가 어떤 일을 하는지 살펴보기로 했다. 아빠는 회 뜨기, 초밥 만들기 같은 일을 하고 엄마는 각종 반찬 만들기, 설거지하기를 하였다.

나도 이제 일을 하기 시작했다. 엄마가 하는 반찬 만들기를 해 보았다. 먼저 시금치무침, 김치를 만들었다. 양념을 해서 골고루 무쳐서 그릇에 담았다. 그런데 조금하다가 엄마한테 넘겨주고 엄마가 날마다 하는 설거지를 했다. 그릇이 산더미처럼 쌓여 있어 언제 다할까, 고민을 해 가며 30분이 지나도록 설거지를 했다. 계속하니까 허리도 아프고 팔도 아프고 안 아픈 데가 없었다. 그릇을 정리했는데 그릇 쌓는 데가 밑에 있어서 허리를 완전히 굽혀야 겨우 들어갈 수 있었다. 난 단 몇 분만 해도 정말 힘든데 엄만 이런 일들을 날마다 했으니 얼마나 힘이 들겠나, 생각했다.

다음은 아빠 일을 도왔다. 어떤 일을 도왔냐 하면 물고기 그물로 잡기, 회 썰기, 회 접시 예쁘게 꾸미기다. 아빠는 못한다고 하지 말라고 했지만 꼭 해 보고 싶다고 하니 해 보라고 했다.

먼저 물고기 잡는 일부터 했다. 물고기 뜰 그물로 물고기를 건졌다. 살아 있는 물고기다 보니 정말 힘이 세어서 잘 안 잡혔다. 물을 푸다닥 튀겨서 옷을 버리기도 했다. 그래도 포기하지 않고 잡아서 통에 넣으니 아빠가 가져가 도마 위에 놓았다. 그러니까 살라고 발버둥을 친다. 아빠가 머리를 톡 때려 기절을 시키고 회를 하나씩 떴다. 나도 아빠가 하는 것처럼 한번 해 보았다. 칼질을 하려니 위험하기도 하고 똑같은 크기로 잘라야 해서 힘도 들었다. 회를 다 뜨고 나서 이제는 예쁜 그릇에 장식하는 일을 했다. 꽃 모양으로 만든 당근을 가지고 이리저리 놓았다. 그리고 회를 담아서 손님상에 갖다 놓았다. 손님들은 맛있게 회를 먹었다.

엄마는 날마다 음식 만들고 설거지하고, 날마다 손님들 오면 음식을 날라야 하니 팔다리 어깨 안 아픈 곳이 없다. 또 아빠도 물고기를 날마다 잡아야 하고, 날마다 도마 위에서 회를 썰어야 하고, 날마다 접시를 들고 날라야 하니 엄청 힘이 들 것이다.

〈2일째〉

오늘 아침에 일어나 보니 어깨가 결리고 팔다리도 쿡쿡쿡 쑤셨다. 하지만 오늘도 엄마 아빠 일을 도와주어야 해서 일을 하러 나갔다. 아침부터 바닥을 쓸고 밀대로 이리저리 돌아다니며 닦고 방마다 하나하나 청소를 다해야 했다.

"엄마, 힘들다. 좀 쉬었다가 하면 안 되나?"

"묵고살라 카마 그래 일해 가지고 되겠나? 그리고 니는 일터 체험한다고 하면서 쉬면 되나? 빨리 일하고 집에 가서 쉴 생각이나 해라."

"알았다. 근데 청소 다하고 나서 뭐 해야 돼?"

"음식 만들지, 뭐 하기는."

"알았다."

나는 얼른 방 청소와 바닥 청소를 하고 완벽하지는 않지만 식탁까지 그런대로 깨끗이 닦았다. 청소를 하고 나니 겨울인데도 더웠다. 그래서 10분 동안 쉬어도 온몸이 뻐근하다. 엄마는 쉴 틈도 없이 얼른 부엌으로 가서 음식을 했다. 어제처럼 반찬을 만들었다. 그런데 어제와 똑같은 것만 만드는 것이 아니었다. 오늘은 야채샐러드와 콘치즈구이를 만들었다. 먼저 각종 야채들을 썰었다.

"엄마, 이거 어떻게 썰어야 돼? 두껍게 아님 얇게?"

"당연히 얇게지. 니는 만약에 얇게 안 하고 두껍게 하면 먹을 수 있겠나?"

"아, 알았다."

나는 엄마가 말한 대로 썰기 시작했다. 칼이 너무 날카로워 위험하기도 했다. 샐러드에 들어가는 각종 야채들을 다 썰고 물에 담가 두었다.

그다음으로는 콘치즈구이를 만들었다. 마요네즈와 콘옥수수와 설탕을 넣어서 먼저 비볐다. 비비고 나서는 이제 철판에 비빈 콘옥수수를 얹어서 그 위에 치즈를 뿌려서 구웠다. 그런데 정말 맛있는 냄새가 났다.

"엄마, 나 이거 하나만 먹어 보면 안 돼?"

"니는 지금 부모 일터 체험하잖아. 그리고 바쁘잖아. 이것만 하고 먹어라."

"알았다. 먹고 싶은데……."

"안 된다. 일 다하고 나서 먹으라고 했제?"

"알았다."

나는 할 수 없이 계속 일을 하였다. 방에선 손님들 소리가 시끄럽다. 엄마는 손님들 상에 갖다 나르기도 해서 더 바쁘다. 좀 있으니 손님 한 무리가 빠져나갔다. 나는 또 설거지를 했다. 어제처럼 깨끗이 씻어서 선반에 넣고 깨끗이 정리한 다음 주위에 물기가 튀었으면 행주로 이리저리 닦았다. 깨끗했다. 그런데 엄마는 한가한지 혼자 텔레비전을 보고 있었다.

"엄마, 내한테 일 다 시켜 놓고 왜 엄마 혼자 텔레비전 보는데?"

"니가 다 하니깐 나는 할 일이 없잖아."

"뭐가 없어. 나를 지도해야지, 지도를."

"내가 없어도 잘하는데, 뭐하로 지도를 일일이 따로 하는데?"

"피이, 치사해."

나는 엄마가 얄밉기도 하지만 오늘은 푹 쉬게 해 주고 싶었다. 내가 놀면 엄마는 내가 안 얄미운지 모르겠다.

이제는 아빠한테 배운 초밥 만들기를 했다. 식초를 밥과 함께 섞어서 밥이 식을 때까지 기다렸다가 밥이 다 식으면 그때 와사비와 회를 얹어서 만든다. 내가 초밥을 만드니까 엄마 아빠가 다 먹어 버렸다.

"엄마, 내가 만들었으니까 나도 하나 줘잉."

"니는 회 뜨기나 잘해라."

나는 정말로 화가 났지만 꾹 참고 다시 회를 뜨기 시작했다. 뼈는 발라내고 하나하나 회를 떴다. 생각보다 엄청 어려웠다.

"아빠, 회 뜨기가 왜 이렇게 힘든데? 볼 때는 쉽게 해질 줄 알았는데."

"쉽기는 뭐가 쉬워. 어렵지."

나는 남은 것을 마저 떴다.

오늘 한 일들을 생각해 보니까 어제 한 것보다는 훨씬 많이 일을 했다. 팔다리 어깨 근육이 뭉친 것처럼 엄청 많이 아팠다. 그러니까 내일은 어떻게 할지 걱정이 된다. 하지만 남은 1일은 더욱 열심히 일을 해서 일터 체험을 잘 끝내야겠다고 다짐을 했다.

〈3일째〉

오늘이 드디어 체험 마지막 날이다. 오늘도 어김없이 일들이 밀렸다. 어제처럼 가게 문을 열어 공기를 환기시키고 바닥을 쓸고 닦고 해서 청소를 끝냈다. 또 어제처럼 물고기를 잡고 회를 뜨고, 엄마와 함께 반찬과 야채샐러드를 만들어 엄마한테 갖다 주는 것이 오늘의 일이다.

시간이 한참 지나자 물고기 잡기, 회 뜨기가 끝나고 야채샐러드를 만드는 차례인데 엄마가

"니 어제 일을 많이 해서 오늘은 하루 쉬어라. 오늘 일은 여기까지만 하고 이제 끝내라."

"앗싸! 끝내고 놀아야지! 얼마나 힘들었는데."

"힘드는 거는 아는가 보지?"

엄마 아빠한테 미안한 마음은 좀 들었지만 나는 얼른 일을 마무리하

고 집으로 올라왔다.

지금까지 3일 동안 엄마 아빠 일을 도와 보니 장난이 아니다. 엄마 아빠가 얼마나 힘이 드는지를 알게 되었고, 앞으로 엄마 아빠를 많이 도와 드려야겠다고 마음먹었다. 도와 드릴 수 없으면 집일이라도 도와주어야지, 생각했다.

"엄마 아빠, 파이팅!"   (2007년 12월)

횟집 운영하는 어머니 아버지의 일을 3일 동안 체험하고 서사문 형식으로 쓴 보고문입니다. 반찬을 만들고, 회 뜨고, 식탁을 치우고, 그릇을 씻어 정리한 경험을 생생하게 잘 나타내었습니다. 늘 함께 살면서도 어머니 아버지가 하는 일이 얼마나 힘든지 잘 모르는 어린이가 많습니다. 어떤 일을 하는지조차 모르는 어린이들도 많고요. 이래서는 안 되겠지요?

이 체험 학습 보고문에서는 3일간을 '1일째, 2일째, 3일째' 이렇게 썼는데 날짜를 또렷이 밝혔으면 좋겠습니다.

2) 조사 보고문

조사 보고문은 처음부터 어떤 목적을 가지고 실제로 현장에 가 실태를 조사하고 밝혀 쓰는 보고문을 말합니다. 따라서 조사 보고문은 언제, 누구와, 어떤 목적으로, 어느 곳에 가서, 무엇을 조사했다는 내용이 잘 나타나 있어야 합니다. 그리고 자기 의견도 어느 정도 들어가야겠지요.

예를 들면 '금호강 환경오염 실태 보고, 우리 집 뒷산 자연환경 실태보고, ○○ 지역 어린이 생활 실태 보고, 수해 현장 조사 보고, 골프

장과 자연 파괴 현황 조사 보고, 어느 노점상 아저씨의 삶 조사 보고, ○○의 우리 말 간판 조사 보고, ○○시장 조사 보고' 같은 것들이 있습니다. 이 밖에도 종류는 매우 많겠지요?

금호강 환경은 어떨까?

대구 동호초 4학년 한지수

우리는 금호강 가까이에 살고 있다. 아니, 우리 학교 아이들은 모두 금호강과 함께 살고 있다고 해도 맞는 말일 것이다. 그런데 몇 번을 금호강에 가 보아도 깨끗하지를 않아 눈살이 찌푸려졌다. 강이 오염되면 거기에 사는 고기도 못 살고 사람도 못 살게 된다는 것을 상식으로 다 알고 있으면서도 사람들은 더럽히고 있다. 참 안타까운 일이다. 그래서 나는 도대체 금호강이 얼마나 어떻게 더럽혀져 있는지 알아보고 싶었다. 그걸 알아야 금호강을 깨끗하게 살릴 수도 있기 때문이다.

8월 23일, 바람도 쏘일 겸 해서 엄마 아빠와 금호강으로 갔다. 눈에 띄는 것이 쓰레기들이다. 강가 풀 사이로 줄이 걸려 있었다. 줄에는 빨래가 널려 있는 것처럼 비닐, 해어진 옷 같은 것들이 걸려 있고 무엇인지도 모르는 것들도 걸려 있는데 썩는 냄새가 막 났다. 사람들이 얼마나 버렸으면 이럴까, 하는 생각이 들었다. 사람들에게 "금호강에 버려져 있는 쓰레기를 어떻게 생각해요?" 하고 물으면 대답을 못 할 것이다. 왜냐하면 자신들이 버린 쓰레기이기 때문이다.

나는 조금이라도 도움이 될까 싶어 쓰레기를 주우면서 조사했다. 쓰레기를 주우면서 그 종류를 알아보니 사람들이 먹고 버린 과자 봉지, 비닐 조각, 옷이나 천 조각, 우유 곽, 맥주나 음료수 깡통, 음료수 병 같은 것들이다. 그 밖에도 별별 요상한 것들이 다 있었다.

둘러보다 보니 강 저쪽에 두루미같이 생긴 새 종류가 두 마리 거닐고 있었다. 난 '어?' 하면서 눈을 비비고 보았다. '이 더러운 물에 새가 와

먹이를 찾고 있다. 이거 큰일이다.' 이 생각이 들었다. 만약에 저 새가 오염된 고기를 잡아먹으면 큰일이니까. 난 그 새가 깨끗한 곳으로 가서 깨끗한 고기를 잡아먹었으면 싶었다. 그래도 금호강에 새가 오는 걸 보니까 금호강이 아주 못쓰도록 더러운 것은 아니구나 생각되어 조금은 안심이 되었다.

다음은 사람들이 어떻게 쓰레기를 버리는가 관찰을 했다. 한 명을 대상으로 관찰했다. 그 한 명은 아줌마다. 아줌마도 바람을 쏘이러 나왔는지 무엇을 마시며 슬슬 걸어가고 있었다. 보니까 '바나나맛우유'다. 일단 맛있게 꿀꺽꿀꺽 마셨다. 다 마셨는지 그 통 안을 살펴보았다. 그러더니 우유가 통에 남아 있었는지 다시 목을 뒤로 젖히고 마셨다. 다음은 우유 통을 쥐고 어떻게 할까 머뭇머뭇하더니 풀숲에 휙 던져 버렸다. 그러고는 빠른 걸음으로 가 버린다. 내가 한마디 할 새도 없이. 허 참! 이렇게 해서 더럽혀지는가 보다.

그리고 조금 가니 쓰레기 태운 흔적들도 많았다. 그리고 집을 부순 찌꺼기인지 시멘트와 못까지 박혀 있는 나무 조각 같은 것을 버려 놓은 곳도 있었다. '참, 쓰레기도 여러 가지군!' 이런 생각이 들기도 했다.

대충 살펴보아도 쓰레기 버려 놓은 상태가 생각보다 심각하다는 것을 알았다. 쓰레기를 주워 모은 봉지를 들고 오면서 어떻게 해야만 금호강이 더럽혀지지 않을까, 그 생각만 자꾸 했다. 또 이 말이 생각났다. 누워서 침 뱉기, 제 눈 자기가 찌르기. 또 법을 아무리 정해 놓아도 사람 양심이 없으면 금호강은 안 깨끗해질 것이라는 생각도 들었다. (2009년)

쓰레기 버려 놓은 모습을 하나하나 살펴서 더 자세하게 썼으면 좋겠고, 쓰레기 버리는 모습도 몇 사례를 더 살펴보고 꼼꼼히 썼으면 싶기는 하지만 그런대로 썼습니다. 여기다 금호강 지도까지 그려서 어디에 무슨 쓰레기가 얼마나 버려져 있는지를 나타내면 더욱 훌륭한 조사 보고문이 되겠지요.

3) 연구 보고문

과학적인 방법으로 사물이나 일, 현상을 깊이 생각하거나 자세히 조사하거나 실험 관찰하여 어떤 이치나 새로운 사실을 밝혀내는 것을 '연구'라 합니다. 연구 과정과 결과를 논리를 세워 기록한 글을 어른들의 경우 연구 논문이라고 하고요. 어린이들이 나름대로 연구하고 그 과정이나 결과를 정리해 내보이는 글은 연구 논문이라 하지 않고 연구 보고문이라 합니다. 그렇다고 어린이들이 하는 연구가 어른들이 하는 연구보다 가치가 떨어진다는 뜻은 아닙니다. 다 나름대로의 가치를 지니고 있지요.

연구 과정이나 결과를 보고문으로 써 보면 연구가 온전한 자기 것이 됩니다. 또 이를 바탕으로 한층 더 깊은 연구를 할 수 있게 해 주고요. 나아가 다른 사람들에게 새로운 정보를 주기도 합니다. 어린이들의 글은 서툴고 모자라는 점은 많겠지만 이런 경험 자체만으로도 자기 공부의 튼튼한 바탕이 될 것이라 봅니다.

연구 보고문의 주제로는 어떤 것들이 있을까요? 봉숭아 씨앗은 얼마나 튀어 가나? 오징어는 구우면 왜 말리는가? 돋보기의 열은 어떤 색깔부터 차례로 물체를 태울까? 얼음이 녹는 속도는 얼음의 모양과 관계가 있을까? 공은 어떤 경우에 잘 튀는가? 수질오염이 금붕어에게 미치는 영향, 물의 오염 정도에 따른 싹트기의 비교 관찰 연구, 머리카락과 빗의 마찰에 관한 연구, 화재는 어떤 때 많이 발생하는가? 세탁기가 바뀌어 온 과정, 신문에 실린 세계의 여러 나라, 아프리카 연구, 세계 의복 조사 연구, 숫자의 사회를 탐구한다, 하나의 바나나가 우리 입에 들어오기까지……. 이렇게 수없이 많습니다. 수많은 사

람들이 온갖 연구를 하지만 아직도 모르는 것이 더 많겠지요. 이것을
탐구해서 밝혀내는 건 무척 흥미 있고 뜻있을 것입니다.

돋보기를 통과한 열에 어떤 종이가 잘 탈까?

청도 덕산초 5학년 박욱태

1. 연구 기간
1996년 12월 22일~1997년 2월 2일

2. 연구하게 된 까닭과 목적
나는 돋보기를 가지고 노는 걸 좋아한다. 크게 확대해 보기도 하고,
무엇을 태워 보기도 하는데 태우는 걸 더 좋아한다. 그런데 돋보기로 무
엇을 태우다 보면 잘 타는 것과 잘 타지 않는 것이 있다. 왜 그럴까? 궁
금해졌다. 그래서 어떤 것이 빨리 타고 어떤 것이 빨리 타지 않는지 알
아보기로 했다.

3. 연구 내용
1) 돋보기로 종이를 태웠을 때 어떤 색깔이 가장 잘 타는지 알아봄
2) 돋보기의 초점이 어느 정도 크기일 때 가장 잘 타는지 알아봄
3) 종이의 두께에 따라 어떻게 타는지 알아봄

4. 연구 방법
1) 색깔 있는 종이는 색종이로 한다.
① 초점(돋보기)을 고정시킨다.
② 종이와 돋보기의 거리를 같게 한다.
③ 탈 때까지 기다린다.
2) 초점의 크기를 달리해서 종이를 태워 본다.

①종이의 색깔은 검은색 한가지로 통일한다.

②탈 때까지 기다린다.

3) 초점의 크기와, 종이와 초점까지의 거리를 같게 한다.

① 종이의 두께를 다르게 한다.

② 종이의 색깔은 검은색 한가지로 통일한다.

③ 1), 2), 3) 모두 종이가 탈 때까지 기다린다.

④ 1), 2), 3) 모두 햇볕이 잘 드는 곳에서 한다.

5. 연구 과정과 결과

1) 종이의 색깔을 달리해서 돋보기로 태웠을 때 어떤 색깔이 잘 타는지 알아봄.

돋보기를 햇볕이 잘 드는 곳에 설치하고 색종이를 바꾸어 놓으며 타는 시간을 재어 보았다. 1회 실험으로는 믿을 수가 없어 3회 실험을 해서 평균을 내어 탈 때까지의 시간을 알아보았다. 그 결과는 다음 표와 같다.

순위	종이 색깔	탈 때까지 시간(초)	순위	종이 색깔	탈 때까지 시간(초)
1	검은색	2.09	6	빨간색	9.49
2	녹색	2.86	7	연두색	9.55
3	파랑색	3.32	8	보라색	11.32
4	자주색	4.88	9	흰색	잘 안 탐
5	노란색	9.05	10		

표를 보면 검은색이 2.09초로 가장 빨리 연기가 올라오기 시작했다. 나음이 초록색, 파랑색 차례다. 흰색은 빨리 타지 않아 조금 있다 그만했다. 그래서 타지 않는다고 말해 놓았다. 노란색이 빨강, 연두, 보라색보다 빨리 탔는데 그것이 좀 이상했다. 내 실험에 문제가 있었는지를 잘 모르겠다. 그래도 대체로 보면 검은색에 가까운 색은 빨리 타고 흰색에

가까울수록 탈 때까지의 시간이 많이 걸렸다.

2) 돋보기의 초점이 어느 정도 크기일 때 가장 잘 타는지 알아봄.

초점의 크기는 가장 작은 것을 2mm로 해서 1mm씩 크게 해 가며 5mm까지 크게 해서 종이를 태워 보았다. 그리고 초점 크기를 아주 크게(1cm) 해서 종이를 태워 보기도 했다. 종이는 검은색 종이로 통일하고 3회를 실험해서 평균을 내었다.

초점의 크기	탈 때까지의 시간(초)
2mm	2
3mm	2.03
4mm	2.08
5mm	5.11
1cm	타지 않음

초점의 크기가 2mm일 때 가장 잘 탔다. 1cm일 때는 아무리 기다려도 타지를 않았다. 그러니까 초점이 작을수록 종이가 더 빨리 타고 초점이 클수록 타는 시간이 많이 걸렸고, 어느 순간부터는 아무리 기다려도 타지를 않았다.

3) 종이의 두께에 따라 어떻게 타는지 알아봄.

돋보기의 초점은 같게 하고, 종이의 두께를 달리하면서 종이를 태워 보았다. 역시 종이의 색깔은 검은색 계통이고 3회 실험해서 평균을 내었다. 여기서 탄다는 것은 종이에 구멍이 조금이라도 나도록 타는 것을 말한다.

종이 두께	탈 때까지의 시간(초)
화선지 같은 종이	1.15
색종이 1장	2.16
색종이 2장	2.40
색종이 3장	3.32
공책 1cm 두께	연기가 피어오르지만 잘 타지 않음

종이의 두께가 얇을수록 더 빨리 탔다. 그런데 아주 두꺼운 종이를 태워 보니까 연기가 피어오르면서 검게 변하기는 하는데 잘 타지 않았다. 시간을 더 많이 주면 타기는 탈 것이라고 본다.

6. 종합 결론

1) 돋보기로 종이를 태웠을 때 검은색이 빨리 탔는데, 그건 검은색이 햇빛을 더 많이 빨아들이기 때문이라 생각한다. 그리고 흰색 계통은 잘 타지 않았는데, 그것은 햇빛을 빨아들이지 않고 반사하기 때문일 것이다. 이미 잘 알고 있는 것이지만 그래도 실험을 통해 확인해 본 것이다.

2) 돋보기 초점의 지름 크기를 달리했을 때는 초점이 작을수록 더 빨리 종이가 탔다. 그것은 똑같은 양의 햇빛이 돋보기를 통과했는데 그 빛이 흩어지지 않고 가운데로 모였기 때문이다. 햇빛이 모이면 더 뜨거워져 종이를 빨리 태우는 것이다.

그리고 돋보기의 초점이 아주 클 때(1cm)는 종이가 아예 타지를 않았다. 그것은 그 정도로는 아무리 있어도 종이를 태울 만큼 높은 온도의 햇빛이 안 모이기 때문이다.

3) 종이의 두께가 얇을수록 빨리 타고 두꺼울수록 타는데 시간이 더 많이 걸린다. 두꺼울수록 더 늦게 타는 것은 햇볕의 열량은 같은데 종이가 두꺼우니까 앞장의 열이 뒷장으로 분산되어서 그런 것이 아닐까?

7. 더 알아보고 싶은 점

1) 돋보기로 물질에 따라서는 태우는 시간이 얼마나 걸리는지도 알아보고 싶디.

2) 연구 내용 3)의 결과 두꺼운 종이는 타는 시간이 많이 걸리는 까닭을 열이 뒷장으로 분산되어서 그럴 것이라고 했지만 정확한 답을 잘 아는 어른에게 물어서 알아보고 싶다.

3) 돋보기로 무엇을 태우는 원리를 이용해 어디에 쓸 수 있는 기구를 만들 수 있는지도 연구해 보고 싶다.

8. 연구한 소감

연구는 4학년 때부터 했지만 가장 뜻깊게 한 연구는 이번 연구인 것 같다. 재미도 있고 공부도 더 할 수 있어서다. 남의 힘을 빌리지 않고 완전히 나 혼자 연구했기 때문이기도 하다. 그런데 이번 실험에서 돋보기의 초점 맞추는 것이나 거리 맞추는 것이 쉽지 않았다. 아무래도 조금은 흔들리지 않았나 하는 생각이 든다. 과학이니까 아주 정확해야 하는데 말이다. 다음번에 더욱 잘 해 보고 싶다.   (1997년)

어린이 혼자 힘으로 이 정도 연구하는 것은 쉽지 않은 일이지요. 조금 서툴고 정확하지 않는 부분도 있긴 하지만 이렇게 스스로의 힘으로 연구해 새로운 무엇을 발견하는 것은 무엇과도 바꿀 수 없는 귀한 공부가 될 것입니다.

4) 상황 보고문

어떤 일의 그때 모습이나 형편을 '상황'이라고 합니다. 회의 진행 상황, 모둠 활동 상황, 운동회 행사 상황, 학예회 행사 상황……. 어린이들이 참여하는 이런 행사에 대한 모습이나 형편을 글로 써서 알리는 글을 '상황 보고문'이라고 이름 붙였습니다.

우리 모둠(6모둠)의 방언 연극 활동

경산 동부초 4학년 윤혜정

우리 4학년 국어 《듣기·말하기·쓰기》 책에 '5. 알아보고 떠나요' 단원이 있습니다. 우리는 이 단원에서 우리 나라 여러 지방의 방언을 공부

했습니다. 그 가운데 각 모둠별로 맡은 지역의 방언을 인터넷과 책을 보거나 어른들에게 물어서 조사했습니다. 우리 6모둠은 제주도 방언을 조사했습니다.

그런데, 선생님께서 이렇게 말했습니다.

"방언으로 연극을 할 것이다. 각 모둠별로 그 지방의 방언을 넣어서 상황극 발표를 월요일 날 국어 시간에 할 거니까 주말 동안 연습 많이 해라. 알았제?"

동무들 입이 댓 발 나오고 나도 입이 댓 발 나왔습니다. 하지만 재미있을 것 같다는 생각도 들었습니다.

그러면 지금부터 우리 모둠의 방언 연극 활동 상황을 말해 보겠습니다.

금요일 날 연습하려고 했는데 동무들이나 나나 모두 학원에 가야 하기 때문에 토요일 날 정민이 집에서 하기로 했습니다. 그런데 누구라도 한 사람이 부모님 따라 어디에 가 버리면 큰일입니다.

토요일, 종이접기를 마치고 정민이네 집으로 갔습니다. 가다가 김경동을 만나 같이 정민이 집으로 같습니다. 정민이네 집에 가니 창민이가 먼저 와 있는데 전병현은 무슨 일인지는 모르겠지만 조금 늦는다고 하였습니다. 방언 조사한 것을 보니 전병현까지 와야 연습할 수 있기 때문에 기다렸습니다.

우리는 병현이가 올 때까지 각자 가져올 준비물을 정하였습니다.

· 김경동 – 도화지, 음식 사진
· 전병현 – 낚싯대, 음식 사진
· 이창민 – 장난감 도끼, 음식 사진
· 손정민 – 도화지, 비치 타월, 물안경
· 윤혜정 – 비치 타월, 물안경, 쟁반, 곰 인형

모두 잊어버리지 않게 쪽지에 다 적었습니다.

다행히 전병현도 왔습니다. 전병현이가 오자 금요일에 짜 놓은 상황 세 가지를 제주도 방언을 넣어 연습했습니다.

· 첫 번째 상황 - 농부들이 모내기를 하고 아낙네 한 사람이 참을 가지고 나오는 상황입니다. (농부는 병현이, 창민이, 경동이가 맡기로 하고 아낙네는 정민이와 내가 하기로 했습니다.)

· 두 번째 상황 - 어부는 낚시를 하고 해녀는 물질을 하는 상황입니다. (어부 역은 병현이, 해녀 역은 정민이와 나, 창민이와 경동이는 아주 중요한 바다를 대신해 줄 비치 타월을 흔드는 역할도 합니다.)

· 세 번째 상황 - 사냥꾼이 사냥을 하는 상황입니다. (창민이가 사냥꾼, 병현이는 닭, 경동이는 노루, 정민이와 나는 토끼를 했습니다.)

상황극을 짜고 연습하는 동안 우리는 아주 재미있었습니다. 일이 너무 잘 풀렸습니다. 학교에서 장난만 치던 남자 동무들도 오늘은 진지하게 했습니다. 다섯 번쯤 연습했습니다.

"이 정도 연습하면 되겠제?"

"우리 월요일 날 잘해서 꼭 1등 하자."

"그리고 각자 준비물 다 잘 챙겨 온네이!"

"알았다."

우리는 이렇게 약속하고 각자 집으로 돌아갔습니다.

드디어 월요일 국어 시간, 모둠별로 연극을 시작했습니다. 우리 차례가 다가올수록 가슴이 '쿵쾅쿵쾅' 뛰었습니다. 6모둠인 우리 차례입니다. 우리는 준비한 소품을 들고 교실 앞으로 나갔습니다.

"우와아!"

우리 반 동무들이 감탄을 했습니다. 준비물만 보면 대단할 거라는 생각이 들 것입니다. 나와 동무들은 열심히 연극을 했습니다. 그런데 기대와는 달리 연극을 하면 할수록 호응이 별로 좋지 않았습니다. 우리 반 동무들의 뜨거운 박수갈채까지는 아니어도 재미있어할 줄 알았습니다.

'왜 우리 모둠은 서로 호응이 좋지 않을까? 반응이 별로 안 좋을까?'

속으로 생각하는 순간 선생님이 말씀하셨습니다.

"6모둠 수고했어요. 준비물, 소품은 잘 준비했네요. 그런데 방언 연극인데 대사도 별로 없고 제주도 방언도 몇 개밖에 안 들어가 아쉽네요."

우리 모둠은 기가 죽었습니다. 상황을 만드는 것과 소품에만 너무 신경 쓴 건 사실인 것 같습니다. 그리고 제주도 방언은 꼭 다른 나라 말 같아서 외우기도 어려웠습니다.

선생님이 가장 잘한 모둠은 4모둠이라고 말씀하셨습니다.

"4모둠이 그나마 대사도 많고 방언도 잘 살려서 했어요."

4모둠은 잘했다고 모두 나뭇잎을 두 개씩이나 받았습니다. 비록 우리 모둠은 크게 칭찬은 못 받았어도 아예 하지도 않은 1, 3 모둠보다는 낫다고 생각합니다. 우리 모둠은 열심히 하려고 노력은 했으니까요.

선생님은 며칠 뒤 못한 1, 3 모둠도 해야 한다고 했습니다. 나는 우리 모둠도 다시 한 번 더 하겠다고 마음먹었습니다. 모둠 동무들과 의논을 해야겠습니다.

이상 우리 모둠의 방언 연극 활동 상황입니다.　　　(2013년 6월 22일)

방언 연극 연습하는 실제 모습과 어떤 방언이 들어가 있는지 알 수 있는 대사도 들어 더 자세하게 적었으면 싶습니다. 그렇지만 이 정도만 해도 6모둠의 방언 연극 활동 상황은 어느 정도 알 수 있을 것 같습니다. 이런 활동 상황을 보고하는 6모둠은 활동할 때 모자랐던 점이 무엇인지 깨닫고 더욱 잘하도록 노력할 것이고, 이 글을 보는 다른 사람들에게는 모둠 활동에 참고 자료가 되겠지요.

5) 내용 보고문

어느 때 어떤 사물에 대해 보고 들은 지식 내용을 그대로 써서 알리는 글을 '내용 보고문'이라고 이름 붙였습니다. 조사 연구를 하거나 관찰한 상황을 적은 것이 아니라 눈으로 보거나 귀로 들은 지식 내용을 중심으로 적은 글을 말하는 것이지요. 텔레비전 방송을 본 내용, 라디오에서 들은 내용, 어떤 것을 알리는 글 내용, 어느 누가 말한 내용 같은 것입니다.

바나나 식초 다이어트

경산 동부초 4학년 윤혜정

우리 엄마는 어렸을 때부터 통통했다고 합니다. 그래서 언제나 다이어트와 함께 살아온 인생이라고 합니다. 식욕억제제, 한약, 민간요법, 운동, 단식 등 안 해 본 다이어트가 없다고 합니다. 다이어트에 성공해 내가 초등학교 1학년 때까지는 보통 체격이 되었습니다. 그런데 어느 순간부터 또 살이 찌기 시작했습니다. 그럴 때마다 '다이어트 해야 돼!' 이 말을 입에 달고 다녔습니다. 내가 보기에도 며칠 동안은 먹는 것도 줄이고 열심히 운동을 잘했습니다.

하지만 "에이! 이래 살마 뭐하노, 먹고 싶은 거 못 먹고!" 이렇게 말하는 날은 밥상이 진수성찬입니다. 요요현상이 일어나 다시 제자리로 돌아갔습니다. 이런 상황이 되풀이되다 보니 나도 조금씩 엄마의 식습관을 닮아 살이 찌기 시작했습니다. 그래서 나는 자연스럽게 TV나 신문, 잡지에서 '다이어트'란 말이 나오면 관심을 갖게 됩니다.

며칠 전, 나는 아침밥을 먹으며 귀가 쫑긋할 소리를 듣게 되었습니다. 'SBS 모닝 와이드'라는 프로그램에서 바나나를 식초로 만들어 그것을 물 마실 때마다 한두 수저 타서 마시면 운동을 안 하고도 살이 빠진다고 했습니다. 나는 먹던 밥숟가락을 멈추고 엄마에게 알려 주려고 메모지를 들고 와 적었습니다.

그러면 내 글을 보는 여러분들을 위해 방법을 자세히 알려 드릴 테니까 잘 들어 보시기 바랍니다.

재료: 바나나 600그램, 흑설탕 600그램, 식초 600그램(1:1:1 비율)
방법 ① 바나나 껍질을 벗기고 바나나를 먹기 좋게 썰어 준다.
　　　② 흑설탕이랑 식초를 섞어 준다. 식초에 넣은 흑설탕은 잘 저어 충분히 녹여 준다. (전자레인지에 돌려서 녹여 줘도 괜찮음)
　　　③ 깨끗이 씻어서 물기 없는 그릇에 바나나를 넣은 뒤 ②의 재료를 부어 준다.
　　　④ 다 넣은 다음, 상온에서 하루 보관하고 그다음엔 냉장 보관 후 2주 뒤에 먹으면 된다.
　　　※ 다이어트가 시급하다면 설탕은 조금 적게 넣어도 바나나가 달달해서 괜찮다고 한다.
먹는 방법: 완성된 바나나식초는 바나나만 따로 빼 두고 밥 먹기 전에 크게 한두 숟갈씩 하루 세 번 물에 타 먹거나 그냥 먹으면 된다.

여러분들도 보듯이 정말 간단하지요? 엄마가 재료를 사 준다면 내가 엄마를 위해 만들어 줄 수도 있을 것 같습니다. 실제 체험자가 "많이 새콤달콤하긴 한데, 서서 그런지 식욕도 많이 없어져 확실히 밥이 적게 먹히는 듯하네요. 솔직히 저는 바나나식초 다이어트 시작하고 따로 운동은 안 했는데 식이요법이 잘돼서 그런지 지금은 3일째인데 1 4킬로그램 빠졌어요." 이렇게 말했는데 이 인터뷰 내용을 보면 더 믿음이 갈 것입니다.

그리고 바나나 식초의 효능에 대해 의사 선생님은 이렇게 말했습니다.

"바나나식초는 바나나의 펙틴이란 성분이 유해 금속과 발암 물질을 흡착시켜 배출하고 지방과 당분을 빠르게 연소시켜 다이어트에 효과가 좋습니다."

또 리포터 언니가 마지막으로 식초의 효능을 말해 주었습니다.

"구연산이나 호박산, 사과산 등 식초 속의 각종 유기산은 우리 몸의 신진대사를 왕성하게 해 줍니다. 특히 구연산은 육체노동 또는 정신노동으로 몸속에 피로를 만드는 물질인 젖산이 쌓일 때 몸 밖으로 배출되도록 돕습니다. 따라서 피로 회복 효과가 뛰어나고 골다공증, 결석도 예방한다고 하네요."

이렇게 좋은 음식을 만났으니 분명히 다이어트에 도움이 될 것이라고 생각합니다. 살이 너무 많이 찐 분들은 방송에서 말한 이 방법을 꼭 한번 써 보기 바랍니다.   (2013년 6월 23일)

텔레비전에서 방송한 바나나식초 다이어트 방법을 잘 소개해 놓았습니다. 무엇보다 바나나식초 만드는 방법이나 먹는 방법을 차례로 잘 간추려 적어 놓았고, 인터뷰 내용까지 또렷하게 적어 놓아 이 보고서를 보는 사람들도 그대로 할 수 있겠습니다.

4. 보고문의 특징과 다른 갈래 글과 관계

1) 어른들이 쓰는 보고서와 어린이들이 쓰는 보고문의 차이

바로 앞 꼭지에서도 말했지만 어른이 쓰는 보고문은 결과에 무게를 두고 있습니다. 그러니까 보고문을 썼을 때 그것이 다른 사람에게 아주 좋은 영향을 주지 않으면 보고문의 가치는 떨어지게 되는 것이지요.

예를 들어 어떤 사업을 위한 보고서는 돈과 바로 관계되기 때문에 설득력 있게 내보이지 않으면 헛것이 될 수도 있고 잘못하면 큰 손해를 끼칠 수도 있지요. 그러니까 이런 글은 자신의 견해를 내세우기보다는 현실에 근거를 두고 보고를 해야 합니다. 어떤 학문에 대해 쓰는 보고서는 돈과 관련은 없지만 독창적인 자신의 견해가 들어가도 다른 사람에게 받아들여지지 않을 경우 쓸모가 없어지기도 합니다. 어른들이 쓰는 다른 보고서도 어떤 문제를 해결하기 위해서 쓰는 것이니까 그 문제에 아주 좋은 쪽으로 크게 미치지 않으면 헛것이 되는 것입니다.

어린이들이 쓰는 보고문은 어른들처럼 결과만을 중요시하는 것이 아닙니다. 어린이들은 보고문을 쓰기 위해 계획을 세우고, 준비를 하고, 조사와 연구를 하고, 체험을 하고, 자료를 모으고, 보고문을 쓰고, 발표를 하는 과정에서 배우는 것을 더 중요하게 생각해야 합니다. 그래서 어른이 되면 다른 사람들에게 좋은 영향을 줄 수 있는 보고문도 잘 쓸 수 있을 것입니다.

또 어린이들이 연구 보고문을 쓰기 위해 연구를 하다 실패를 해도 그것 나름대로 좋은 공부가 되기 때문에 헛일했다고 생각하지 말아야 합니다.

2) 보고문의 특징

보고문은 어떤 특징을 가지고 있을까요? 특징을 알면 좀 너 자신 있게 보고문을 쓸 수 있을 것입니다.

첫째, 보고문은 목적이 있는 글입니다. 사람들에게 어떤 제안을 한다든지, 어떤 정보를 또렷이 알려 준다든지, 다른 사람에게 무엇을 가르쳐 준다든지, 학습한 것이나 어떤 정보를 정리 기록한다든지, 어떤 일을 설득한다든지, 감동을 준다든지 하는 어떤 목적을 앞세워 쓰는 글이 보고문이지요. 목적 없이 쓰면 쓸데없는 내용이 많이 들어가게 되고, 초점도 흐려지게 되고, 또렷한 결론도 잘 얻지 못하게 됩니다.

둘째, 보고문은 보고 대상이 정해져 있습니다. 처음부터 누구에게 보고한다는 것을 정해 두고 쓴다는 말이지요. 어른들 같으면 주로 직장 상사에게나 자신이 속해 있는 조직에 보고하기도 하고 여러 사람에게 널리 알리기도 합니다. 어린이들은 숙제로 보고문을 쓰는 경우가 많으므로 선생님이나 동무들이 주 대상이 될 것이고 널리 여러 사람에게 알리기도 하겠지요.

셋째, 많은 정보가 필요합니다. 보고문을 잘 쓰려면 자신이 보고하고자 하는 내용에 대한 여러 가지 정보를 많이 알아야겠지요. 사물의 내용이나 형편에 관한 새로운 소식이나 자료들이 많이 필요합니다.

넷째, 계획이 더욱 필요한 글입니다. 보고문을 잘 쓰기 위해서는 자료를 충분히 수집해야 하고, 자료를 수집하기 위해서는 여러 가지 활동을 해야 하지요. 여러 가지 활동을 잘하기 위해서는 미리 계획을 잘 세우지 않으면 안 됩니다.

다섯째, 독창성이 있어야 합니다. 다른 사람보다 더욱 돋보이는 보고문을 쓰려면 자기 나름대로의 새로운 무엇이 필요합니다. 남들도 다 아는 내용을, 남들이 다 하는 방법으로 쓴 보고문은 다른 사람에게 큰 관심을 끌 수가 없지요. 새로우면서도 아주 강하게 흥미를 끌 수 있어야 하고, 또 그만한 가치도 지니고 있어야겠지요.

여섯째, 객관성 있는 자료가 필요합니다. 좋은 보고문을 쓰려면 어느 누가 보더라도 타당하다고 여길 만한 자료가 필요합니다. 믿을 수 있는 자료는 다른 사람들이 믿고 받아들일 수 있는 바탕이 되지요.

3) 보고문과 다른 갈래 글의 관계

보고문은 큰 틀로 보면 설명문에 들어간다고 했지요? 보고문과 논설문(논문)의 관계에 대해서는 11장 논설문에서 더 자세히 알아보기로 하고, 여기서는 보고문과 기록문의 관계를 알아보겠습니다.

보고문은 어떤 일에 대하여 연구를 하거나 조사한 내용을 남에게 보고하기 위하여 쓴 글이고, 기록문은 몸소 체험한 일이나 관찰 조사한 일 따위를 사실대로 적은 글을 말합니다. 그러니까 보고문은 자신이 조사 연구한 사실을 기록하되 다른 사람이 더욱 잘 알 수 있도록 특별히 배려를 해서 쓰는 글이고, 기록문은 다른 사람을 크게 의식하지 않고 있는 사실 그대로를 기록한 글이란 말입니다. 이렇게 보면 기록문은 보고문의 바탕이 되는 글이라 할 수 있지요. 어린이들이 쓰는 보고문은 대체로 기록문과 큰 차이가 없는 경우도 많습니다.

5. 어떤 보고문이 좋은 보고문일까요?

어른들이 쓰는 보고문은 핵심을 찌르고 필요한 말만 콕 집어서 아주 간결하게 쓰고, 읽은 사람이 주제를 잘 이해할 수 있도록 쉽고 알맞은 말로 명쾌하게 쓰고, 아주 정확한 정보를 가져와 쓰고, 시각 자료를 이용한다든지 해서 단순 명료하게 쓰고, 체계가 잘 서 있게 쓰고, 읽는 사람이 끌릴 수 있는 묘사로 잘 써야 좋은 보고문이라고 했습니다.

이것은 어린이들에게도 꼭 필요한 조건입니다. 여기서 한 가지 아주 중요한 것을 보태면 보고문의 내용, 다시 말해 주제가 읽는 사람에게 가치 있어야 한다는 것입니다.

그런데 어린이들에게 체험 학습이나 조사 연구를 하고 보고문을 써 내라고 하면, 아무 활동도 하지 않고 인터넷에서 받은 자료를 짜 맞추어 내거나, 사진 자료만 보기 좋게 붙이고 설명을 몇 자 적어서 보고문이라고 하면서 내기도 합니다. 누가 써 놓은 보고문을 그대로 베껴 오는 어린이도 있다고 들었습니다. 아주 옳지 않은 일이지요. 또 부모님이나 다른 어른들의 힘을 너무 많이 빌려 쓴 보고문도 옳지 않습니다. 그렇게 쓰는 보고문은 공부에 아무런 도움도 주지 못합니다. 서툴더라도 어린이들 스스로 직접 조사하거나 연구한 것을 어떤 틀에 얽매이지 않고 자유롭게 쓰도록 해야 합니다. 그것이 어린이들이 좋은 보고문을 쓸 수 있는 첫째 조건이란 걸 잊지 말기 바랍니다.

6. 보고문 쓰기 기본 공부

보고문 쓰기는 쓸거리를 찾아낸다고 되는 것이 아닙니다. 자료를 수집해야 하고 어떤 뜻을 세워 실행도 해야 합니다. 또 실행을 하려면 계획도 세워야 하고요. 그러면 계획 단계, 실행 단계, 보고문 쓰기 단계로 나누어 보고문 쓰기 기본 공부를 해 봅시다.

〈계획 단계〉
보고문 가운데는 계획을 잘 세워 실행하지 않으면 잘 쓸 수 없는 것이 있습니다. 먼저, '학습 보고문' 가운데 '견학·체험 학습 보고문'이 바로 그것이지요. 이렇게 계획을 세워 봅시다.

[견학 · 체험 학습 계획]

① 견학 · 체험 장소를 정한다.

② 견학 · 체험 장소의 정보를 알아둔다. (책이나 신문, 인터넷을 통하여 휴관일, 관람 시간 위치, 교통 따위)

③ 견학 · 체험할 날과 시각을 정한다.

④ 같이 갈 사람을 정한다.

⑤ 견학 · 체험할 내용에 대한 사전 지식을 쌓아 놓는다. (중점 주제에 대한 내용을 책이나 인터넷을 이용해 알아 놓음)

⑥ 준비물을 잘 챙겨 놓는다. (필기구, 사진기, 녹음기 따위)

⑦ 그 밖의 주의할 점도 잘 알아 놓는다.

이보다 더 새롭고 자세하게 계획을 세울 수도 있겠지요.

다음은 '실험 · 실습 보고문'에서 실험 계획입니다.

[실험 계획(탐구 계획)]

① 실험 목표(학습 목표)

② 실험 내용(탐색 및 문제 파악): 어떤 문제를 놓고 실험할 것인가 알아보고 적음.

③ 예상하기(가설 설정): 문제가 어떻게 될 것인지 예상을 해 봄.

④ 실험 계획(실험 설계): 실험을 할 수 있도록 계획을 세움.

 · 준비물: 실험할 때 필요한 준비물.

 · 실험 순서: 어떤 차례로 실험할 것인지 계획을 세움.

 · 관찰 관점: 실험할 때 무엇을 주의해서 관찰할 것인지 알아 놓음.

 · 주의할 점: 실험할 때 주의해야 할 점.

⑤ 실험과 결과(실험): 계획에 따라 실험을 하며 그 결과를 기록함.

⑥ 예상 검증(가설 검증): 예상한 것과 사실이 맞는지 확인함.

⑦ 적용과 새로운 문제 발견: 배운 내용을 실제 상황에 적용하고 응용함.

'조사·연구 보고문'을 쓰려면 다른 것보다는 더 특별한 계획이 필요합니다. 따라서 이제부터 이것에 대해 더 자세하게 알아보도록 하겠습니다. 그러면 어떻게 계획을 세워야 할까요? 1)어떤 주제로, 2)어떤 목적으로, 3)어떤 내용을, 4)어떤 차례로 실행을 하며 자료를 수집해야 할지 또렷이 계획을 세워야 합니다.

1) 조사·연구 주제 정하기

먼저, 조사·연구 주제를 정합니다. 주제는 자연에서 나올 수도 있고, 자신의 가정이나 자기 둘레 사람의 삶과 지역사회에서 나올 수도 있고, 수업과 관련이 깊은 것에서 나올 수도 있습니다. 또 취미나 여행, 시설 견학, 독서한 것 가운데서도 나올 수 있습니다. 그 밖에도 자신이 특별히 관심을 둔 어떤 일에서든 나올 수 있겠지요.

앞서도 말했지만 자신이 조사·연구하고 싶은 주제는 어떤 주제라도 가치가 있어야 합니다. 가치 있는 주제란 어떤 것일까요? 자연을 배울 수 있고, 참다운 사람의 삶을 넓고 깊게 배울 수 있고, 탐구 능력이나 창조성을 기를 수 있을 뿐만 아니라 삶을 풍부하게 가꾸고 변화, 발전시켜 줄 수 있는 주제를 말합니다.

가치도 중요하지만 주제를 선택할 때는 무엇보다 자신이 관심 가지고 있는 것, 더 깊이 알고 싶은 것, 평소 체험해 보고 싶고 조사·연구해 보고 싶었던 것이어야 좋습니다. 그리고 흥미를 가지고 즐겁게 할 수 있어야 합니다.

주제를 정할 때 더욱 중요한 것은 어린이가 감당할 수 있을 만큼의 범위로 좁혀야 하고, 분명하게 정하는 것입니다. 주제 범위를 좁히면 연구할 내용도 아주 또렷해지고 깊이 있게 연구할 수 있지요.

예를 들면 '곤충 연구' 하면 무엇을 연구해야 할지 막연해지지만 '곤충들이 사는 곳과 곤충들의 특징 관계 연구'로 하면 조금 또렷해지지요? 나아가 '곤충들이 사는 곳에 따른 발의 특징 연구'로 하면 더욱 또렷해집니다. '농약 사용 실태' '우리 마을 농약 사용 실태' '우리 집 농약 사용 실태' 이 세 가지 주제 가운데 어느 것을 주제로 정하는 것이 좋겠습니까? '우리 마을의 농약 사용 실태'를 주제로 정하는 것이 좋겠지요. '농약 사용 실태'를 주제로 정하면 범위가 너무 넓을 것이고 '우리 집 농약 사용 실태'를 주제로 정하면 범위가 너무 좁아 연구할 것이 별로 없어집니다. '우리 마을 농약 사용 실태'를 '우리 마을 농약 사용 실태와 그 영향'으로 고쳐 말하면 더욱 또렷하게 표현되어 무엇을 어떻게 해야 할 것인지까지 어느 정도 알 수가 있을 것입니다.

① 큰 주제의 예
· 여러 가지 체험 활동
· 우리 말 우리 글 살리기 관련 연구
· 식구 가운데 한 사람이나 이웃 사람 가운데 한 사람의 삶 조사
· 환경 관계 조사 활동
· 우리 마을(고장) 조사(직업, 지방 말, 문제점, 자랑거리, 문화재, 무엇에 얽힌 역사 사실, 전해 오는 이야기, 전해 오는 놀이, 전해 오는 노래, 일어난 일, 그 밖의 여러 가지 사실 따위)
· 우리 생활 속의 서구 풍속과 문물을 찾아 그런 풍속이 들어온 배

경을 조사해 보고, 그에 대해 생각해 보기(껌, 생일 케이크, 옷, 밸런타인데이, 노래, 춤, 먹는 것 따위)
- 우리가 쓰는 여러 가지 기구 가운데 불편한 것이 무엇인지 찾고, 그 원인을 밝혀 편리하게 하는 방법 찾기
- 텔레비전 방송, 컴퓨터(인터넷), 잡지, 만화 따위 내용의 문제점과 해결 방안 찾아보기
- 책 내용 가운데 잘못된 것, 잘못된 말, 잘못된 그림 찾고 바르게 고쳐 보기
- 무엇을 수집, 분류, 정리, 스크랩 해 보기
- 견학 활동
- 여러 가지 집중 탐구 활동(과학과, 사회과를 비롯해 모든 부문)

그 밖에도 많이 있겠지요. 이 큰 주제 안에서 다시 다음과 같은 작은 주제를 찾아야 합니다.

② 작은 주제의 예
- 어느 노점상 할머니 한 분의 삶
- ○○제일합섬을 찾아서
- ○○보육원 아이들과 생활해 보기
- 영천시 북안면 ○○마을에 대한 조사
- 가공식품이 우리에게 끼치는 영향
- 두부 만드는 과정 조사
- 요즘 어린이들의 놀이 실태 조사
- 경산 시내를 흐르는 강의 오염 실태 조사
- 개에 대한 모든 것

- 남천강과 그 주위의 환경 조사
- 우리 고장의 유물 유적을 찾아서
- 쌀에 대한 탐구
- 우리 마을 앞 도랑에 사는 작은 동물 조사
- 우리 고장 곳곳에 얽힌 이야기 조사
- 재활용할 수 있는 것은 얼마나 될까?
- 우리 마을의 농약 실태 조사
- 우리 아파트 단지 안의 주차 실태 조사
- 우리가 먹는 물, 어떤 과정을 거쳐 올까?
- 농촌에 가서 일해 보기
- 우리 반의 독서 실태 조사
- 물의 오염 정도에 따른 씨앗의 싹트기 비교 연구
- 오염된 물속에서는 물고기가 얼마나 살 수 있을까?
- 파리는 어떤 색깔을 좋아할까?
- 비둘기 새끼의 자람 관찰
- 어린이들의 고민과 그 해결책
- 소음은 우리 생활에 어떤 영향을 미치나?
- 시험과 학원 때문에 우리 반 아이들이 받는 스트레스 조사
- 플라스틱 병으로 무엇을 만들까?
- 요즘 어린이의 장래 희망 조사
- 쓰레기 양을 줄이기 위한 연구

  찾아보면 작은 주제는 수없이 많겠지요. 그런데 어린이들에게 주제를 정하라고 하면, 범위가 넓고 막연한 주제를 많이 잡습니다. 범위를 좁혀 또렷이 정할 수 있도록 잘 지도해야 할 것입니다.

2) 조사·연구 목적 또렷이 하기

조사·연구 보고 주제를 정할 때 벌써 목적이나 내용에 대해서도 어느 정도는 생각하고 있겠지요? '우리 마을 농약 사용 실태와 그 영향'이라는 주제를 정했다면 목적은 '우리 마을 농약 사용 실태를 조사해 보고, 농약 사용이 어떤 영향을 주는지 밝혀 보겠다.' 하고 생각했겠지요.

목적을 더욱 또렷이 하려면 "나는 왜 우리 마을의 농약 사용 실태를 조사하려고 할까? 우리 마을의 농약 사용 실태를 알면 어떤 도움이 될까? 어떻게 하면 농약 사용 문제를 해결할 수 있을까? 어떻게 하면 농약을 덜 쓰고 농사를 지을 수 있을까?" 이렇게 스스로에게 물어보면 좋습니다. 처음부터 "나는 우리 마을의 농약 사용에 대해 무엇을 연구하려고 하지? 왜 연구하려고 하지?" 이렇게 물어보고 시작하면 더 좋겠고요.

목적이 어느 정도 잡히면 간결하게 정리해서 표현합니다. 하나의 주제에 몇 가지 목적이 나올 수도 있는데 꼭 연구하고 싶은 것 한두 가지로 줄이는 것이 좋습니다. 주제에 맞게 목적을 또렷이 적어 보면 '우리 마을 농약 사용 실태와 농약 사용에 따른 영향을 밝히고 그 해결책을 찾는다.' 또는 '우리 마을에는 농약을 얼마나 사용하고 있는지, 어떤 해를 얼마나 입고 있는지 알아보고 그 해결책을 찾는다.' 이렇게 되겠지요.

잘 안 되는 어린이에게는 질문으로 암시를 주어 스스로 생각해 낼 수 있도록 도와주길 바랍니다.

3) 조사·연구 내용(조사·연구로 알아보고 싶은 점) 정하기

목적을 또렷이 했으면 어떤 내용으로 조사·연구해야 할지 정해야 합니다. 연구 내용은 목적에 비추어 꼭 필요한 것 세 가지 정도로 정하면 됩니다. 어린이들은 흔히 목적과 관련이 적은 것을 조사·연구내용으로 정하기도 하지요. 이때 내용 하나하나에 대해 '연구해 나가는 데 이 내용이 꼭 있어야 하는가?' 잘 생각해 보고 필요 없는 내용은 빼고 모자라는 내용은 더 보충해 넣습니다.

조사·연구 내용을 정리해 보면 이렇습니다.

① 우리 마을의 농약 보관 실태와 농약 칠 때의 실태를 알아본다.
② 농약이 우리 마을 사람에게 얼마만큼 어떤 영향을 끼치는지 알아본다.
③ 우리 마을은 어떤 농산물에 어떤 농약을 몇 번 치는지 알아본다.

다음은 어느 내용을 먼저 연구할 것인지 차례를 정해야 합니다. 이렇게요.

첫째, 우리 마을에는 어떤 농산물에 어떤 농약을 몇 회 치는지 알아본다.
둘째, 우리 마을의 농약 보관 실태와 농약 칠 때의 실태를 알아본다.
셋째, 농약이 우리 마을 사람들에게 얼마만큼 어떤 영향을 끼치는지 알아본다.
넷째, 농약 피해를 줄이는 방법을 알아본다.

연구 내용에 문제 해결 방법을 덧붙여 보았습니다. 이렇게 해 놓고 보니 '실태·상황·현상 → 미치는 영향 → 해결 방법' 이런 차례로 배열되었네요. 논리에 맞게 정리했다고 볼 수 있습니다. 이미 앞에서 보았겠지만 '우리 마을의 농약 사용 실태'란 주제에 대한 보고문에서는 '해결 방법'을 뒤에 따로 떼어 놓았습니다. 그렇게 할 수도 있답니다.

또 한 가지, 앞의 연구 내용에서 끝말을 '~알아본다.' 이렇게 해 놓았는데 꼭 그렇게 쓰라는 뜻은 아닙니다. 스스로 알맞다고 생각되는 말투로 쓰면 됩니다.

조사·연구 내용 정하는 것도 잘 지도하지 않으면 제대로 정하지 못하는 어린이들이 많습니다. 어른들이 보기에는 쉽지만 어린이들은 결코 쉽지 않은 일이니까요.

4) 실행과 자료 수집에 대한 계획

내용까지 또렷이 정했으면 이제 어떻게 연구하고, 자료 수집을 할 것인지 계획을 세워야 합니다.

먼저 연구 범위를 정해야 합니다. 풀어서 말하면 자료를 수집하기 위한 시간과 장소, 자료의 수량 같은 범위를 말하는 것이지요. 조사·연구를 예로 말하면 전체 조사를 할 것인지, 표본 조사를 할 것인지, 사례 연구를 할 것인지를 정한다는 뜻입니다.

전체를 대상으로 자료를 수집하려면 여러 가지 어려움이 따르게 되므로 범위를 좁히는 것이 좋습니다. 특별한 경우 말고는 어린이들은 '사례 연구'가 가장 알맞은 방법이라 할 수 있지요. '우리 마을의 농약 사용 실태' 연구도 한 마을을 사례로 한 연구입니다. 그런데 한 마을을 사례로 연구한다고 해도 큰 마을일 경우에는 표본이 되는 가구 20~30가구로 범위를 좁히고, 또 1년 내내 조사 연구할 수 없으면 어느 때 얼마만큼의 기간으로 좁혀야 합니다. 어린이의 형편에 맞게 범위를 좁히는 것이 좋다는 말이지요.

다음, 자료 수집 방법에 대한 계획도 세워야겠지요. 자료 수집 방법으로는 문헌, 체험, 실험, 실습, 관찰, 조사 기록, 실물 수집, 질문지, 방문, 면접(면담), 사진, 그림 같은 방법들이 있습니다. '문헌'이라고 하면 백과사전이나 그 밖의 책, 신문 말고도 텔레비전이나 라디오, 인터넷 검색 같은 것을 말합니다.

계획을 세울 때 어떤 방법으로 할 것인지 정해야 합니다. 조사·연구 내용에 맞는 방법으로 해야겠지요. '우리 마을의 농약 사용 실태' 계획서에 보면 주로 조사·면접 방법으로 했지요? 20~30집을 찾아가 여러 가지를 물어보고(면접), 농약 치는 현장에 가서 조사하기도 하고 농약 병의 안내표도 조사했지요?

또 한 가지는 어떤 자료 수집 방법을 선택하든 그 방법에 대해 미리 준비도 해 두어야 합니다. 설문지 방법으로 하자면 설문 내용을 잘 만들어야 하고, 면접으로 할 경우엔 질문 내용을 미리 잘 정해 두어야 할 뿐만 아니라 어떻게 말하고 행동해야 하는지도 잘 생각해 두어야 할 것입니다. 다른 모든 방법들도 미리 계획을 세워야겠지요.

자료 수집 장소로는 보통 박물관, 향토 자료관, 도서관, 백과사전, 방문지 같은 것이 있지요. 어디에 가야 자신이 원하는 자료를 모을 수 있을지 잘 생각해서 정해야 합니다.

실험할 경우에는 실험 기구와 재료는 어디에서 어떻게 가져오며, 녹음기나 사진기가 필요할 경우 누구한테서 빌릴 것인지, 또 어디를 간다면 어떻게 갈 것인지까지 시시콜콜 계획을 세워 두어야 합니다. 그 밖에도 연구 실행하는 데 걸림이 없도록 아주 꼼꼼하게 계획을 세우는 것이 좋습니다. 어린이들이 자료 수집을 어디에 가서 해야 할지 잘 모를 때는 지도하는 어른이 친절하게 안내해 주는 것이 좋겠습니다.

연구 계획(자료 수집 계획)서의 예를 보겠습니다.

우리 집 앞 냇물에는 어떤 동물이 살까?

청도 방지초 문명분교 4학년 박남영

1. 연구(조사) 기간

2001년 7월 25일~2001년 8월 20일

2. 연구(조사)하게 된 까닭과 목적

내가 사는 곳은 바로 앞이 냇물이다. 이 냇물에는 고기와 이름 모를 벌레들이 많이 산다. 그렇지만 사실 나는 어떤 동물이 살고 있는지 잘 모른다. 그래서 나는 이번 여름방학 때 꼭 조사해 보고 싶다. 우리 집 앞 냇물 위, 냇물 속, 물밑이나 흙 속에는 어떤 동물이 어떤 모양을 하고 있으며, 어떻게 살고 있는지 자세하게 관찰 조사해 볼 것이다.

3. 연구(조사)할 내용

1) 물 위에는 어떤 동물이 어떤 모양으로 어떻게 사는지 알아본다.

2) 물속에는 어떤 동물이 어떤 모양으로 어떻게 사는지 알아본다.

3) 물 밑이나 흙 속에는 어떤 동물이 어떤 모양으로 어떻게 사는지 알아본다.

4. 연구(조사) 방법

1) 관찰 기록 용지를 따로 마련한다.(※뒤에 붙인 용지 보기 참조)

2) 준비물 갖추기(채, 채집통, 고무장갑, 핀셋, 손수건 따위)

3) 필기도구를 준비한다.(연필, 지우개, 칼, 관찰 기록지, 화판이나 받침: 적을 때 받쳐 쓰기용)

4) 민물에 사는 동물에 대한 모든 자료를 찾아 알아본다.(책, 사진 자료, 인터넷 따위)

5) 2일에 한 가지 이상 관찰한다.

6) 조사 기록하는 방법

[물 위에 사는 동물 조사 기록하는 방법]

① 물 위에 사는 동물이 보이면

② 먼저 동물이 사는 곳의 환경을 조사해서 기록한다.(어디인지, 풀이 많이 우거진 곳인지, 물이 차갑거나 따뜻한지, 밝거나 어두운 곳인지 따위)

③ 가만히 두고 어떻게 활동하는지 조사해서 기록한다.

④ 활동 모습 관찰을 다 했으면 벌레가 상하지 않게 잡아서 투명 통에 넣는다.

⑤ 어떻게 생겼는지 관찰해서 그린다.

　· 연필을 뾰족하게 깎는다.

　· 천천히 정성껏 그린다.

　· 모양, 특징을 잘 관찰해서 빠짐없이 그린다.

⑥ 자세하게 관찰해서 적는다.(모양, 크기, 색깔, 그 밖의 특징, 움직이는 모습 따위)

⑦ 한 번 더 어떻게 생활하는지 알아본다.(먹이, 집, 움직임)

⑧ 관찰하고 제자리에 놓아준다.

[물속에 사는 동물 조사 기록하는 방법](※물 위에 사는 동물 조사 기록하는 방법과 같음)

[땅속에 사는 동물 조사 기록하는 방법](※물 위에 사는 동물 조사 기록하는 방법과 같음)

7) 관찰한 동물(벌레)은 관찰한 다음 잘 살 수 있도록 제자리에 놓아 준다.

8) 관찰이 끝나면(2001년 8월 20일 가까이) 관찰한 것을 바탕으로 어떤 특징이 있는지 분류 정리해 본다.

9) 보고서를 쓴다.(※선생님의 지도를 받아서)

10) 잘 모르면 선생님을 찾아뵙거나 전화, 전자우편으로 자주 여쭈어

본다.

11) 게으름 피우지 않고 끝까지 열심히 한다.

5. 주의할 일

1) 동물(벌레)에게 물리지 않도록 한다.

2) 채집할 때 동물(벌레)이 상하지 않도록 한다.

3) 물이 많이 내려갈 때는 조사하지 말고, 깊은 물에도 절대로 들어가지 않는다.

4) 그 밖에도 폭발물이나 언덕, 돌 따위를 조심한다.

5) 그 밖에도 위험한 행동은 하지 않는다.

6) 개인 연구는 꼭 해야 한다는 것을 명심 또 명심하자.

6. 예상되는 결과

1) 물살이 센 곳에는 잘 보이지 않을지 모르겠지만 물이 고여 있는 곳에는 소금쟁이, 물매암이 같은 곤충이 활발하게 살아갈 것이다.

2) 우리 집 앞 냇물은 맑은 물이기 때문에 물속에는 송사리, 피라미, 버들치, 모래무지, 퉁가리 같은 물고기가 살 것이고 그 밖에도 몇 종류가 더 살고 있을 것이다. 가시고기도 맑은 물에 산다고 하는데 우리 집 앞 냇물에는 사는지 확인해 봐야겠다. 잉어나 붕어는 너무 맑은 물에는 안 사니까 없을 것이다.

3) 물밑이나 흙 속에는 가재, 다슬기, 미꾸라지, 개구리 같은 것이 살 것이다. 게아재비, 물방개, 물자라나 장구애비 같은 곤충들은 주로 연못에 살고 있다고 하는데 우리 집 앞 냇물에도 고여 있는 물에는 살고 있을 것이다. 또 여러 가지 어린 곤충이 돌 밑에 붙어 있을 것이다.

(2001년)

체험 학습 보고나, 실험·실습 보고나, 그 밖의 보고일 경우, 또 몇 사람이 모둠으로 조사·연구를 할 경우, 집과 멀리 떨어진 곳에 조사하러 갈 경우, 위험성이 있는 주제일 경우, 특별한 장비가 필요할 경우 따위 여러 가지 경우에 따라 조금씩 다르게 계획을 세워야겠지요.

〈실행(자료 수집) 단계〉

계획에 따라 차근차근 실행해 나가면서 관찰기록하듯 꼼꼼하게 기록합니다. 찾아보기 쉽도록 질서를 세워 기록해 두면 더 좋겠지요. 이때 여러 가지 자료(실물, 글, 도표, 그림, 사진, 통계 같은 자료)도 수집합니다. 자료도 종류별로 잘 정리해 두어야 찾아 쓸 때 편리하겠지요.

실행해 나가다 보면 계획과 다르게 진행되기도 하고 결과도 조금 다르게 나오기도 할 것입니다. 이때 어느 것이 더 좋은지 잘 생각해 결정하고 더 좋은 방법으로 수정도 해야 합니다.

종류별로 어떻게 실행해 나가야 할지 줄여 설명하겠습니다.

1) 학습 보고문: 견학·체험 학습을 할 경우 다음과 같이 하면 좋겠습니다.
① 안전하게, 규칙과 질서를 지키며 견학·체험을 합니다.(어긋나는 행동을 하지 않음)
② 관찰·체험을 하며 설명이 쓰여 있을 경우 꼼꼼히 읽습니다.(안내하는 사람이 있으면 설명을 잘 들음)
③ 꼭 필요한 것은 메모합니다.(생각과 느낌도 같이 메모함)
④ 궁금한 점이 있으면 안내하는 사람에게 물어봅니다.
⑤ 허락이 되면 필요에 따라서는 사진을 찍거나 녹음도 합니다.(금지 구역에선 사진 찍지 않음)

⑥ 소개 책자나 쪽지가 있으면 잘 챙겨 옵니다.(견학·체험하기 전에 먼저 챙겨서 봐 두는 것도 좋은 방법. 내용 이해에 도움이 될 뿐만 아니라 책자나 쪽지에 기록되어 있는 부분은 메모를 하지 않아도 됨.)

어린이들 가운데는 견학·체험할 때 보고 겪은 사실과, 생각과 느낌을 기록하는 데 더 정신 쏟는 어린이들이 많습니다. 그건 옳은 견학·체험 방법이 아닙니다. 몸과 마음(머리)속에 꼭꼭 담아야지요. 기록은 사실과 생각과 느낌을 잊어버리지 않을 정도로 간략하게 하는 것이 좋습니다. 미리 책이나 인터넷 검색 자료로 공부해 두면 기록 시간을 줄일 수 있을 뿐만 아니라 더욱 깊게 공부할 수도 있지요. 현장에서는 먼저 안내 쪽지나 설명 쪽지 자료를 챙겨 살펴보는 것도 큰 도움이 됩니다.

어떤 어린이는 아무 생각 없이 견학·체험하기도 하고, 마치 놀이터에 놀러 나온 것처럼 행동하기도 합니다. 즐겁게 견학·체험하는 건 좋지만 너무 생각 없이 해서는 안 되겠지요?

또 견학·체험할 때 보면 사진도 무척 많이 찍습니다. 요즘은 디지털사진기를 흔하게 가지고 있어 찍고 싶은 대로 찍어도 크게 문제 될 건 없지만 온통 사진 찍는 데만 정신이 팔려 내가 무엇을 하러 왔는지 본디 목적을 잊어서는 안 될 것입니다.

실험·실습할 때나 그 밖의 학습을 할 때도 계획에 따라 실행하며 과정이나 결과 기록을 잘 해 두는 것이 좋습니다.

2) 조사 보고문: 조사 보고는 처음부터 어떤 목적을 두고 조사하는 것이니 더욱 단단히 계획을 세웠겠지요? 그러면 계획에 따라 실행해 나가면 됩니다. (※392쪽 6. 보고문 쓰기 기본 공부의 〈계획 단계〉 참조)

3) 연구 보고문: 연구 보고도 처음부터 계획을 세우고 실행을 하기 때문에 그 계획에 따라 차근차근 해 나가면 될 것입니다. (※392쪽 6.

보고문 쓰기 기본 공부의 〈계획 단계〉 참조)

4) 상황 보고문: 특별한 계획을 가지고 실행하는 것이 아니라 있는 그대로 살펴보는 것이니까 자기만의 생각이나 선입견을 가지지 말고 있는 그대로, 사실로 살펴볼 수 있는 마음가짐이 중요합니다. 또 있는 그대로의 상황을 잘 기록하는 것도 매우 중요하고요. 필요할 때는 녹음하거나 사진을 찍어 두기도 해야겠지요.

5) 내용 보고문: 활동 상황보다는 새롭게 알게 된 지식 내용이 중요하니까 내용 자료를 잘 챙기고, 기록하거나 녹음하고, 사진 자료도 잘 모아 놓아야 할 것입니다.

〈쓰기 단계〉

지금까지는 보고문 쓰기의 앞 단계인 준비 단계였습니다. 이제 정말 보고문 쓰기 공부를 합니다.

1) 보고문 쓰는 목적이 또렷해야 하고 가치가 있어야 한다

여기서 목적이란 어떤 상황이나 내용을 그냥 다른 어떤 사람이 알게 한다든지, 어떤 문제의 실상을 알려 고치도록 한다든지, 다른 사람이 하거나 내가 한 어떤 일의 결과를 널리 퍼뜨린다든지, 그렇게 알려 그 일에 대해 좋은 평가를 받게 한다든지, 그 일을 더욱 발전시킨다든지 하는 것을 말합니다.

어린이들은 보고문을 쓰면서 하는 살아 있는 공부 그 자체가 목적이 되는 것이 많습니다. 특히 학습 보고, 조사·연구 보고 같은 것들이 그렇지요. 또 선생님께 보고해서 좋은 평가를 받는 것도 목적이라 할 수 있겠네요. 선생님께 좋은 평가를 받는다는 것은 그만큼 공부를 열심히 잘했다고 할 수 있으니까요.

보고문을 쓰기 전에 목적을 또렷이 해야 내용이 충실한 보고문을 쓸 수가 있을 것입니다. 그리고 보고서에 따라서는 보고문을 쓸 때 그 목적을 밝히는 경우도 있습니다.

2) 어떤 사람에게 보고할 것인지 정해야 한다

계획 단계에서도 말했지만 보고문은 모든 사람이나, 어느 단체나 또는 개인에게 무엇을 보고하려고 쓰는 글입니다. 어린이들 같으면 선생님이나 동무에게 보이기 위해 쓰는 경우가 가장 많을 테고, 그밖의 여러 사람이나 특정한 사람에게 알리기 위해서도 쓰겠지요. 보고할 대상에 따라 보고문의 형식도 달라지고 말하는 투도 달라져야 하니까 보고하는 대상을 또렷이 정해야겠지요.

3) 제목은 짧게, 보고 내용을 잘 알 수 있게 쓴다

어떤 글이든 제목이 중요하지만 더욱이 보고문은 처음부터 다른 사람에게 알리기 위한 것이 목적이니까 더 또렷이 써야 합니다. 처음에는 가제목을 붙여 놓았다가 보고문을 다 쓴 다음에 다시 알맞은 제목으로 바꾸어 써도 좋습니다.

우리 마을의 농약 사용 실태에 대한 보고문 제목은 '우리 마을의 농약 사용 실태' 이렇게 적으면 될 것입니다. 좀 더 자세히 알리고 싶다면 부제목을 붙이면 됩니다. 이렇게요.

우리 마을의 농약 사용 실태
-농약의 피해와 그 대책 알아보기

또 '우리 마을의 농약 사용 실태: 농약의 피해와 그 대책 알아보기'

이렇게 써도 됩니다.

제목이 좀 딱딱하다고 아름답게 꾸며 쓰면 좋지 않습니다. 보고문은 다른 글보다 진지한 글이니까요. 또 한눈에 내용이 잘 들어와야 하니까요.

4) 계획을 세워 보고문을 쓴다

어떤 방법, 어떤 차례, 어떤 내용으로 보고문을 쓸 것인지 계획을 세워서 씁니다. 보고문 쓰는 방법은 짜여진 형식에 맞추어 쓰는 방법과 그냥 줄글로 쓰는 방법이 있지요.

견학·체험 학습 보고문은 대체로 이런 형식으로 쓰면 어떨까요?

주제(제목)

체험한 사람

1. 체험한 날
2. 체험하게 된 까닭과 목적
3. 체험 활동 내용(보고, 듣고, 체험한 내용)
4. 알게 된 점(새롭게 알게 된 점)
5. 느낀 점

새롭게 알게 된 점을 쓸 때는 이미 알고 있는 지식과 견학·체험으로 알게 된 것을 구별해 쓰는 것이 좋습니다. '견학·체험하기 전에는 이렇게 일고 있었는데 이번 견학·체험으로 ○○을 더(잘못 알고 있었던 ○○를) 새롭게 알게 되었다.' 하는 식으로요.

조사·연구 보고문은 이런 형식으로 쓰기도 합니다.

제목

연구한 사람

1. 연구 기간

2. 연구하게 된 까닭과 목적

3. 연구 내용(연구를 통해 알아보고 싶은 점)

4. 연구 방법

5. 연구 과정과 결과(연구한 내용)

※ 4, 5번을 한번에 '연구 방법과 결과'로 쓸 수도 있음.

6. 종합 결론(연구로 알게 된 점)

7. 더 알고 싶은 점

8. 연구한 소감(느낀 점)

하지만 이 형식도 하나의 예시일 뿐입니다. 어떤 방식으로 쓰든 상관없지만 꼭 들어가야 할 내용을 빠뜨리면 제대로 된 보고문이 될 수가 없겠지요. 실험·실습 보고문이나 일반 학습 보고문은 또 그에 맞는 형식에 따라 쓰면 될 것입니다.

줄글 형식으로 쓸 경우에도 앞서 살펴본 내용이 들어가게 쓰면 됩니다. 쓰기 전에 얼거리를 짜서 쓰면 중요한 내용을 빠뜨리지 않고 잘 쓸 수 있을 것입니다.

① 처음(시작하기): 보고하는 까닭이나 앞으로 어떤 말을 할 것인지 알려 주는 내용을 씁니다.

② 가운데(주제문): 보고 내용을 자세하게 씁니다.

③ 끝(결론): 보고 내용을 다시 한번 더 요약해서 말하거나, 종합 결론이나 보고 내용에 대한 뜻이나 자신의 생각과 소감 같은 것을 씁니다.

또 학교에서 많이 쓰는 견학·체험 학습 보고문은 학교에서나 담임 선생님이 주는 일정한 양식에 맞추어서 많이 쓰지요? 거기에 너무 얽매이지 않아야 합니다. 그림, 만화, 편지, 감상문, 인터뷰 기사, 사진 같은 여러 가지 방법을 곁들여 창의성을 살려 쓰면 더욱 좋겠지요. 그 밖의 보고문도 마찬가지입니다.

5) 연구자 이름, 연구 기간, 연구 방법을 밝힌다

줄글로 보고문을 쓸 때는 내용 가운데 쓰는 사람의 이름, 실행 기간, 실행 장소, 실행 경위 같은 것을 밝혀 써야 할 경우도 있습니다. 쓰기 전에 그 점을 생각해 보기 바랍니다.

6) 사진, 도표, 통계 자료를 쓴다

필요한 부분에 사진, 도표, 통계 자료를 곁들여 쓰면 내용이 더욱 충실한 보고문이 될 것입니다.

7) 의견과 비판도 쓴다

보고문에 따라서는 의견이나 비판도 들어갈 수 있습니다. 그러나 자기 주관이 아닌, 충분한 자료를 바탕으로 한 객관의 의견과 비판이라야 합니다.

8) 인용 자료는 출처를 밝힌다

책을 참고하거나 인용한 내용이 있으면 글 끝에나 지면 아랫부분에 반드시 그 출처를 밝혀야 합니다. 또 인용을 너무 많이 하면 그 보고문에 대한 진실성이 적어지니까 꼭 필요할 때만 하고, 남의 의견이라도 내 것으로 소화해서 말해야 합니다.

9) 또렷하고 정확하게 쓴다

어떤 일(사건)의 상황과 경위나 통계 같은 것을 틀리지 않게, 또렷하고 정확하게 쓰는 것은 말할 것 없고, 문장이나 앞뒤 내용을 논리에 맞게 또렷하게, 바르고 정확하게 써야 합니다.

10) 누구든지 잘 알 수 있게 쉬운 말로 쓴다

7. 보고문 쓰기

보고문 쓰기 기본 공부가 참 길었지요? 보고문은 다른 글과 달리 계획과 실행(자료 수집)을 하지 않으면 아예 쓸 수가 없기 때문입니다. 그러면 모든 준비가 다 되었으니 이제 보고문을 써 보도록 합시다.

1) 쓸거리 정하기

이미 정해진 주제를 한 번 더 살펴보고 목표와 내용을 점검해 봅니다.
'계획 단계'에서 이미 무엇을 쓸지 주제를 정해 놓았기 때문에 점검을 하면서 왜 이 보고문을 쓰는지, 내가 보고할 내용의 알맹이는 무엇인지 한 번 더 마음에 새기는 것입니다.

2) 자료 정리하기

가운데 부분의 주제문에 따라 알맞은 자료를 찾아 정리합니다.

실행하면서 모아 놓은 자료들은 제대로 정리가 안 되어 있을 것입니다. 모은 자료 가운데 쓸 것만 선택해서 잘 정리합니다.

① 참고 문헌에서 가려 뽑은 자료
② 여러 가지 자료집에서 수집한 자료
③ 질문지를 통한 통계 자료
④ 실물 자료
⑤ 면접이나 현장의 소리를 녹음한 음성 자료
⑥ 현장을 살펴보거나 겪은 실제 기록 자료
⑦ 실제로 찍은 사진 자료나 그림 자료
⑧ 지도 자료

이렇게 분류해 놓고도 정말 꼭 필요한 것만 가려 뽑아야 합니다. 그리고 뽑은 자료(참고 문헌 자료, 녹음 자료, 기록 자료 따위)에서도 알맹이가 되는 내용만 가려 뽑습니다. 통계 자료는 통계를 정확하게 내어서 표를 만든다든지 그래프로 그리는 것이 좋겠고, 사진 자료나 지도 자료는 필요 없는 부분은 잘라내고 꼭 필요한 부분만 씁니다.

그런 다음, 다음과 같이 연구 내용(주제문)에 따라 배치하고 목록을 메모해 놓습니다.

첫째, 우리 마을은 어떤 농산물에 어떤 농약을 몇 번 치는지 알아본다.
　　사료 1: 농작물에 따라 약 친 횟수 조사 통계표
둘째, 우리 마을의 농약 보관 실태와 농약 사용할 때의 실태를 알아본다.
　　자료 1: 농약 보관 상태 조사 자료
　　자료 2: 농약 치는 사람의 복장 조사 자료

자료 3: 버려진 농약 병 조사 자료

셋째, 농약이 우리 마을 사람에게 어떤 영향을 끼치는지 알아본다.

　　자료 1: 농약에 미꾸라지가 죽는 실험 자료

　　자료 2: 농약에 의한 피해 상황 조사 자료

　　자료 3: 농약 친 어른의 면담 자료

넷째, 농약 피해 줄이는 방법을 알아본다.

　　자료 1: 농약 피해 줄이는 방법의 예

이때 자료가 부족하면 다시 한 번 더 보충하면 좋겠지요.

3) 얼거리 짜기

보고문의 주제가 흐려지지 않도록 어떤 차례로 어떤 내용을 쓸 것인지 얼거리를 짭니다.

'계획 단계'에서 이미 계획서를 썼으면 새로 얼거리를 짤 필요는 없겠습니다. 하지만 '계획 단계'를 거치지 않고 바로 줄글로 보고서를 쓸 경우에는 꼭 얼거리를 짜 보아야 합니다. 체험·학습 보고문이나 상황 보고문이나 내용 보고문 같은 경우가 그렇습니다.

〈우리 마을의 농약 사용 실태〉를 줄글 형식으로 보고문을 쓴다면 얼거리는 이렇게 짜면 될 것입니다.

우리 마을의 농약 사용 실태

① 처음(시작하기)

　· 우리 마을 논길을 지나다 약 치는 모습을 봄

　· 농약 피해를 알아보고 해결책을 알아보고 싶었음

② 가운데

· 우리 마을에는 어떤 농산물에 어떤 농약을 몇 회 치는지 알아본 내용(주제문1)

· 농약 보관과 농약 사용할 때의 실태를 알아본 내용(주제문2)

· 우리 마을 사람에게 얼마만큼 어떤 영향을 끼치는가 알아본 내용(주제문3)

· 농약 피해 줄이는 방법을 알아본 내용(주제문4)

③ 끝(결론)

· 농약을 함부로 많이 사용함

· 농약을 사용할 때 조심하고 농약 사용을 줄여야겠음

② 가운데의 얼거리 내용이 작은 주제(연구 내용)입니다. 이렇게 바로 얼거리를 짜서 쓰는 보고문은 이때 자료를 정리해서 배치해야겠지요.

4) 쓰기

얼거리의 차례에 따라 차근차근 보고문을 씁니다.

보고문을 쓸 때, 어떤 형식에 맞추어 쓸 경우에는 그에 잘 맞추어 써야 하고 줄글로 쓸 때는 본주제와 부주제, 그리고 내용을 잘 구분해서 써야 합니다. 또 글을 쓸 때는 논리에 맞게 쓰며, 자신의 생각이나 주장을 내세우면 반드시 그것을 입증할 수 있는 알맞은 사례를 내보여야 합니다.(※처음, 가운데, 끝 부분 쓰는 요령은 409쪽 6. 보고문 쓰기 기본 공부의 쓰기 단계 4) 참조)

알맞은 자리에 필요한 사진, 그래프, 통계표 따위도 넣으면 좋겠지요.

5) 글 다듬기

다 쓴 글을 차근차근 읽어 보면서 모자라는 부분은 보태어 쓰고 필요 없는 말은 빼고, 틀린 곳은 고치고, 껄끄러운 곳은 다듬어서 누구나 이해하고 받아들일 수 있도록 충실하고, 정확하고, 또렷하고, 이치에 맞도록 합니다.

처음엔 스스로 다듬고, 할 수만 있다면 동무들과 서로 바꾸어 읽어 보고 지적해 주는 것을 다시 다듬고, 선생님에게 지도를 받기도 하면서 완성합니다.

6) 발표 준비하기(※학급 동무들이나 여러 사람들 앞에 발표할 경우)

보고문을 요약해서 여러 사람들 앞에서 발표할 준비를 합니다.

그냥 준비 없이 보고서를 그대로 읽으면 시간도 많이 걸릴 뿐 아니라 오히려 다른 사람들이 쉽게 이해하기도 어려울 것입니다. 그래서 내용을 요약하고 그에 따른 자료도 준비해야 합니다.

내가 생각한 방법은 두 가지가 있습니다. 첫째 방법은 한 장짜리 보고서를 만드는 것입니다. 모조 전지나 그 반을 나눈 종이에 요약한 내용을 큰 글씨로 적고 눈에 잘 들어올 수 있도록 그림이나 도표로 나타내는 것입니다. 요즘은 시청각 기구가 잘 갖추어져 있어 더욱 좋습니다. 환등기나 실물화상기 같은 기구를 이용해도 되겠고, 컴퓨터에 입력을 해서 큰 화면으로 보이며 발표하면 더욱 좋겠습니다.

다른 한 가지는 요약한 내용을 카드에 옮겨 적어 그 메모를 보며 발표하는 것입니다.

7) 발표

보고문을 여러 사람들 앞에 발표합니다.

보고문은 선생님께 그냥 제출하는 것으로 끝내는 것보다 학급 동무들이나 다른 여러 사람들 앞에서 발표하는 것이 더 큰 뜻과 가치를 지니게 됩니다. 발표하는 자신의 공부는 말할 것 없고 듣는 사람도 배울 수 있으니 얼마나 좋습니까. 쉽지는 않지만 자꾸 하다 보면 나아질 것입니다.

발표할 때는 뒤에 있는 사람까지 잘 들리도록 큰 소리로 천천히 또박또박 말해야 합니다. 발표하기 전에 집에서 식구들 앞에서 발표 연습을 한번 해 보는 것도 좋겠네요.

8. 맺는말

이렇게 해서 보고서 한 편을 완성하는 것입니다. 이것보다 더 훌륭한 공부가 어디 있겠습니까. 즐겁게 보고서를 쓰는 어린이도 있겠지만 어렵게 쓰는 어린이도 있겠지요. 어려움도 참아 내며 보고서를 쓰는 어린이는 다른 어린이보다 한층 더 자랄 것입니다.

8장

감상문

느낌과 생각을 쓰는 글

1. 감상문이란 어떤 글일까요?

우리는 눈, 코, 입, 귀, 살갗에 자극을 받으면 어떤 감각이 일어나게 됩니다. 눈으로는 크기, 모양, 색깔 같은 것, 코로는 냄새, 입으로는 단맛, 쓴맛, 짠맛, 신맛 같은 맛, 귀로는 소리, 살갗으로는 차거나 따뜻함, 꺼끌꺼끌하거나 매끄러운 감촉 같은 것 말입니다. 이런 감각이 마음을 움직여 춥다 덥다, 예쁘다 밉다, 기쁘다 슬프다, 갑갑하다 무섭다 같은 감정을 느끼게 되지요. 이런 감각과 감정을 우리는 '느낌'이라고 말합니다.

또 '생각'이란 말은 무엇을 뜻할까요? 어떤 일에 대해 머리를 써서 가늠하여 헤아리거나 판단하는 것, 어떤 사물이나 일에 대해 가지는 의견, 앞날의 일을 머릿속에 그리거나 내다보는 것, 그리거나 그리워하는 마음, 아끼거나 염려하는 마음, 헤아려 주는 마음, 그렇게 여기는 온갖 마음의 작용들을 '생각'이라고 말합니다.

우리는 살아가면서 온갖 일을 보고 듣고 겪지요? 그러는 가운데 반드시 느낌과 생각을 가지게 됩니다. 그 느낌과 생각을 위주로 쓴 글을 감상문이라고 합니다. '느낌글'이라고도 하지요.

감상문을 쓸 때는 어떤 일을 겪으며 문득 느끼고 생각한 것을 쓰기도 하지만 평소에 늘 가지고 있던 느낌과 생각을 쓰기도 합니다.

그런데 느낌과 생각을 쓰는 글이라고 해서 꼭 느낌과 생각만 쓰는 것은 아닙니다. 어떻게 해서 그런 느낌과 생각을 가지게 되었는지 그 까닭과 과정, 말하자면 느낌과 생각이 나오게 된 사실도 함께 써야 합니다.

감상문 한 편을 읽어 보겠습니다.

선풍기 아줌마

경산 성암초 4학년 김아현

저녁에 텔레비전에서 '세상에 이런 일이'를 보았다. '세상에 이런 일이 스페셜 편'이라고 하면서 옛날에 나왔던 선풍기 아줌마를 다시 보여 주었다. 선풍기 아줌마는 성형수술 부작용 때문에 다른 사람보다 몇 배나 큰 얼굴이 되었고, 눈, 코, 입이 뭉그러진 아줌마다. 그 아줌마의 얼굴과 다른 사람의 얼굴을 견주어 보면 선풍기 아줌마의 얼굴은 배로 크다. 선풍기 아줌마는 성형수술을 해도 부작용만 아니었다면 이렇게 이상한 얼굴은 되지 않았을 것이다. 무엇보다도 처음부터 더 예뻐지려는 욕심을 갖지 않았다면 본래의 예쁜 얼굴은 가지고 있었을 것이다.

어른들 중에는 얼굴이 예쁜데도 별로 예쁘지 않다면서 성형수술을 많이 한다. 그리고 소문이 맞는지는 모르겠지만 연예인들은 대부분 성형수술을 한다고도 한다. 못생겼더라도 자기만의 개성을 살리면 되는데 자기 마음에 좀 못생겼다고 예쁘다는 연예인처럼 되기 위해 성형수술을 하는 것은 옳지 않다고 생각한다. 그렇게 하다가 오히려 사람들의 얼굴이 개성이 없어지고 모두 비슷비슷해질 수도 있다. 또 성형수술을 했다가 부작용 때문에 선풍기 아줌마처럼 얼굴이 더 이상해지거나 자기와 어울리는 얼굴이 안 될 수도 있다. 더 예뻐지려고 성형수술을 했다가 부작용 때문에 더 이상해져서 평생 후회하는 것보다는 성형수술을 하지 않고 생긴 그대로 자기만의 개성을 살려 기쁘게 살아가는 것이 더 나을 것이다.

불이 나서 얼굴에 화상을 많이 입은 사람들이나 다쳐서 얼굴이 잘못된 사람들은 본래의 얼굴을 찾으려면 성형수술을 해야 하기 때문에 성형외과가 꼭 필요하지만, 예뻐지려고 성형수술을 하려고 하는 사람에게는 성형외과가 필요하지 않다고 생각한다. (2007년 11월 14일)

텔레비전에서 '세상에 이런 일이'란 프로그램에 나온 선풍기 아줌마의 모습을 보고 자기 생각을 쓴 감상문입니다.

성형수술의 잘못된 점을 선풍기 아줌마의 예와 함께 보통 사람들이나 연예인들의 예를 들면서, 성형수술보다는 자기만의 개성을 살려 그대로 살아가는 것이 더 좋다는 생각을 썼습니다.

남에게 보이기 위해서인가

경산 부림초 5학년 박지애

오늘 아침에 선생님이 교실에 들어오시자마자 벽신문도 새로 하고 창문도 닦자고 하셨다. 갑자기 우리 학교 전체가 아침부터 창문도 닦고 청소도 하니 '오늘 누가 오나?' 이런 생각이 들었다. 꼭 다른 사람에게 보이기 위해 환경 정리든 뭐든 하는 것 같았다. 아니나 다를까, 손님이 온다고 한다.

내가 지금까지 5년 동안 겪은 일이다. 교육청에서 학교를 둘러보러 온다고 하면 안 닦던 창문도 닦고 화분도 사들이고 무엇이든지 반듯반듯하게 하는 것이다. 손님이 오면 그렇게 깨끗하게 해야 하는 것은 당연한 일이지만, 평소에 창문도 닦아 두고 환경 정리를 잘해 두면 갑자기 손님이 온다 해도 그렇게 걱정되지는 않을 것이다.

작년 88올림픽 때도 나는 무언가가 잘못되었다고 생각한다. 올림픽 성화가 지나간다고 하니 그 주변 꽃길도 가꾸고 모두 깨끗하게 한다고 야단이었다. 정말 잘못되었다고 생각한다. 그냥 평소 때부터 꽃길을 가꾸고, 그 주변뿐 아니라 나라 전체를 깨끗이 하면 그런 일은 없다고 본다.

오늘, 5학년 올라와 잘 닦지도 않던 창문도 닦고 그냥 두었던 환경 정리도 새로 하고 선생님도 비를 들고 청소를 하셨다. 무슨 일이든지 그렇듯이 평소에는 잘 안 하다가 손님이 올 때만 이렇게 하는 건 뭔가 잘못되었다고 본다. (1989년 11월 30일)

보통 때는 청소를 제대로 잘 안 하다가 손님이 온다고 하면 이렇게 야단스럽게 하는 경우가 많습니다. 대부분은 '손님이 오면 이렇게 집 안을 깨끗이 하는 것은 기본 예의 아닌가.' 하고 생각하지요. 그리고 그게 마땅하다고만 생각합니다. 하지만 이 어린이는 그게 아니라는 생각을 가집니다. 순수하게 손님을 기쁘게 맞이하기 위한 것이 아니라 윗사람에게 겉만 번지르르하게 잘 보여서 환심을 사려고 하는 것은 진실성이 없고 잘못된 일이라 생각한 것이지요. 또 무슨 일이든 보통 때는 꼼꼼히 해 두지 않고 바로 코앞에 닥쳐서야 갑자기 하는 버릇도 안 좋다고 본 것입니다. 이것이 자기 느낌과 생각입니다.

그런데 고치고 다듬어야 할 말이 몇 개 있네요. '전체'는 '모두'로, '당연한'은 '마땅한'으로, '평소 때부터'는 '보통 때부터'로, '주변'은 '가깝게 있는' 또는 '옆' 따위로 고치고 다듬어 쓰면 좋겠습니다.

자신의 느낌과 생각을 또렷이 나타내어 쓴 글이 감상문이란 걸 한 번 더 마음에 꼭 새겨 두기 바랍니다.

2. 감상문은 왜 쓸까요?

운동회나 체험 학습처럼 함께 보고 겪은 일을 서사문으로 쓴다면 그 내용이 서로 비슷하게 되곤 합니다. 눈으로 보고 몸으로 겪는 것이 서로 비슷하기 때문이지요. 이런 글감은 보고 겪은 사실에 대한 자기만의 느낌과 생각을 중심으로 글을 쓰는 게 좋습니다. 어떤 것을 같이 보거나 어떤 일을 같이 겪어도 사람마다 느끼고 생각하는 것은 다 다르니까요.

또 우리는 평소에 늘 마음속에 품고 있는 느낌과 생각이 있습니다.

또렷한 것도 있을 테지만 아련한 것도 있겠지요. 그것을 마음속에만 담아 두고 있기보다 글로 표현하면 느낌과 생각이 더욱 또렷해진답니다.

이렇게 볼 때, 감상문 쓰기의 좋은 점을 한마디로 말하면 자기 생각을 또렷하게 키워 나가는 것이라 할 수 있지요. 이오덕 선생님의 말씀에 내 설명을 덧붙여 좀 더 말해 보겠습니다.

첫째, 사물의 표면만 보지 않고 내면까지 깊이 파고들어가 보고 생각하도록 해 줍니다. 사물을 내면까지 깊이 파고들어가 볼 수 있는 눈은 어떤 눈을 말할까요? 한 가지 예로 연예인을 봅시다. 연예인들의 겉모습을 보면 늘 화려합니다. 그래서 어린이들이 너도나도 연예인이 되고 싶어 합니다. 그러나 그 화려함 뒤에는 견디기 어려울 만큼 눈물겨운 노력이 있지요. 그 눈물겨운 노력까지도 볼 수 있는 눈을 말합니다.

쉬운 예를 드느라 연예인을 예로 들었지만 우리 둘레를 살펴보면 겉은 멀쩡한데 속은 푹 썩은 것도 있고, 자랑스러움 뒤에 참으로 부끄러운 것이 감춰져 있는 일도 아주 많습니다. 감상문을 쓰려면 깊이 파고들어가 다른 모습을 볼 줄 알고 생각할 줄도 알아야 합니다. 감상문을 쓰면서 그런 능력을 길러 가기도 하지요.

둘째, 막연히 느낀 것을 정리해 조리 있게 쓰면서 자기를 확인하고 논리로 생각하는 힘을 길러 줍니다. 우리는 보통 어떤 옳지 않은 일에 대해서 막연히 옳지 않다고 생각하기 쉽습니다. 그러나 그 느낌을 또렷이 자기 생각으로 자리 잡게 하는 것은 쉽지 않습니다. 이건 이렇고 저건 저렇고 그래서 이렇다, 하고 밝혀서 질서 있게 생각을 해야 합니다. 이걸 '논리로 생각한다'고 하지요. 그런데 이 질서 있는 생각은 그냥 머리만으로는 잘 안 됩니다. 왜 그럴까요? 생각이란 녀석은 자꾸 머리 주위를 맴돌기만 하기 때문이지요. 맴도는 느낌을 꼭 붙잡으려면 이건 이렇고 저건 저렇고 그래서 내 생각은 이렇다, 하고 밝혀서 질서 있게 글을 써야 합니다. 그래서 나는 이런 생각을 가지고 있구나, 하고 자기 생각을 또렷이 아는 것, 이것이 바로 자기를 확인하는 일이기도 하지요. 논리로 생각하는 힘은 이렇게 글로 써야 더 또렷이 길러집니다.

셋째, 자기 주관을 세워 나가게 합니다. 자기만의 생각을 바르고 또렷하게 가지게 된다는 말이지요. 주관을 또렷이 세우면 자기가 하는 행동에도 자신을 가지게 됩니다.

넷째, 생활을 반성하게 해 줍니다. 감상문을 쓰면서 어떤 것이 잘된 생각이고 행동인지, 어떤 것이 잘못된 생각이고 행동인지 또렷이 알 수 있게 해 줍니다. 그러니까 자기의 잘못된 생활을 반성하게 해줄 수밖에요.

다섯째, 사물을 올바르게 인식하여 비판 정신을 기르게 해 줍니다. 말하자면 어떤 물건이나 일에 대해 처음부터 바르게 깨달아 알게 해서, 어떤 일이 일어났을 때 '인지 아닌지' '옳은지 그른지'를 바르게 판단하는 정신을 길러 준다는 말입니다.

어린이들에게 이런 설명을 해 주면 '아! 나도 감상문을 열심히 써 봐야겠다!' 하는 마음이 조금이나마 일어나겠지요? 어린이들은 무슨 일에서든지 '나도 열심히 해 봐야겠다!' 이렇게 굳게 마음먹어도 나쁜 귀신이 '뭐하려고 고생을 해? 그만 편안하게 놀아. 다른 바쁜 일도 많은데 글쓰기 할 시간이 어디 있어!' 이렇게 꼬드기면 그만 그리로 끌려가기가 참 쉽습니다. 어린이들이 그 나쁜 귀신에게 끌려가지 않도록 어른들이 자꾸 일깨워 주어야 합니다.

3. 여러 가지 감상문

'감상문' 하면 어린이들은 무엇부터 떠올릴까요? 아마 독서 감상문을 먼저 떠올릴 것입니다. 독서 감상문 외에 감상문이란 이름으로는 글을 잘 안 써 봤기 때문이지요. 감상문도 여러 갈래가 있습니다. 우리가 생활하면서 겪는 모든 일에는 느낌과 생각이 있게 마련이니까요.

일상생활에서 느끼고 생각한 것을 쓰는 생활 감상문, 책을 읽고 쓰는 독서 감상문, 어떤 이야기를 듣고 쓰는 이야기 감상문, 어떤 일을 겪어 보고 쓰는 감상문, 텔레비전을 보고 쓰는 감상문, 영화를 보고 쓰는 감상문이 있습니다. 또 라디오를 듣고, 신문을 보고, 연극을 보고, 미술 작품을 보고, 음악을 듣고, 체육 활동을 보고 쓰는 감상문, 사회에서 시시때때로 일어나는 일에 대한 시사 감상문도 있지요. 또 무슨 공부를 하거나 연구를 하고 쓰는 감상문도 있습니다. 그리고 장래 희망을 쓴 글, 하느님께 드리는 글, 걱정이나 불만, 궁금한 일, 상상한 것을 쓴 글 들도 모두 감상문에 들어갑니다.

감상문의 종류도 참 많지요? 그러면 여러 가지 감상문을 살펴봅시다.

1) 생활 감상문

우리가 생활하는 가운데 보고 듣고 겪은 일에 대한 느낌과 생각을 쓰는 감상문은 가장 많이 쓰는 감상문입니다. 일상으로 겪는 보통 일도 많지만 특별한 문제를 가진 일은 또 얼마나 많습니까. 일이 많으니까 느끼는 것도 많을 테고, 느끼는 것이 많으니까 가장 많이 쓸 수밖에 없겠지요. 무엇보다 특별한 문제가 있는 일에 대해서는 그냥 넘어갈 것이 아니라 다시 꼼꼼히 생각하고 따져 보아야 무엇이 옳고 그른지, 어떻게 생활해야 할지를 알 수 있습니다.

생활 감상문을 쓸 때는 주로 생활 이야기가 먼저 나옵니다. 또는 생각을 쓰고 생활 이야기가 나온 뒤 다시 자기 생각을 정리하는 감상문도 있겠지요. 생활 감상문은 자기 주관을 뚜렷이 가지고 써야 합니다.

새벽종 소리

청도 덕산초 6학년 배상현

나는 3학년 때부터 우리 마을 교회의 종소리를 들어 왔다. 그때 들은 종소리는 아무런 느낌이 없었고, 하찮게 생각했다. 그때로부터 3년이 흘렀다. 그래서 지금은 6학년이 되었다. 지금 듣는 종소리는 3학년 때와는 다르다.

내가 우리 마을 교회 종소리를 귀담아들어 본 적이 있다. 6학년 바로 올라와서다. 하루는 늦게 잠을 잤는데도 다섯 시가 되니까 눈이 뜨였다. 눈을 뜨니까 천장이 보였다. 눈만 껌뻑껌뻑하고 꼼짝하기가 싫었다. 이불 속에 있어서 그렇겠지만 참 따뜻하다는 생각도 들었다. 그렇게 누워 있으니 그것보다 편안하고 좋은 것이 없었다. 눈꺼풀이 자꾸 내려왔다.

그러고 있는데 '댕 댕 댕 댕 댕' 새벽종이 울리는 것이다. 그런데 그전에 듣던 종소리의 느낌과는 달랐다. 종소리가 우리 마을에 잔잔하게 울려 퍼지는 것이다. 나는 그 종소리에 끌려가는 듯한 기분이었다. 또 내 마음은 보들보들한 토끼털에 내 볼이 닿는 듯한 것과 같았다. 그 뒤로는 날마다 종소리만 들으면 마음이 편안해지는 것 같다.

하루는 종이 울리지 않는 것이다. '왜 안 울리노? 종 치는 아저씨가 늦잠을 자나?' 이렇게 생각을 했다. 또, '아저씨가 늦잠을 잘 리는 없고, 어디 아프신가? 혹시 사고라도…….' 별별 생각을 다 했다.

이튿날, 종을 안 치면 어떻게 하노, 생각했는데 또 '댕 댕 댕 댕 댕' 울리는 것이다. 너무너무 반가웠다. 종소리가 들리는 것을 보고 종 치는 아저씨는 무사하구나 생각했다. 창문을 살짝 열고 들었다. 아주 맑게 들렸다. 내 귓속을 파고들었다. 가만히 누워서 새벽종 소리를 듣는 맛하고는 다른 데가 있었다. 창문을 살짝 열고 들으면 맑고 생생한 맛은 있어도 포근한 맛은 없다.

그런데 이런 종소리를 못 들을 수도 있다고 한다. 녹음된 종소리를 들려줄지도 모른다고 한다. 녹음한 것이 아무리 좋다고 해도 실제로 종을 쳐서 듣는 것보다 못할 것이다. 내 목소리를 녹음테이프에 녹음을 해서 다시 들어 봤는데 내 실제 목소리하고는 영 딴판이었다. 그러니 종소리는 더 말할 것도 없을 것이다.

날마다 새벽이면 울려 퍼지는 종소리, 지금 느끼는 그대로 언제까지나 느낄 수 있었으면 좋겠다. (1997년)

교회의 종소리를 듣고 쓴 감상문입니다. 3학년 때 듣는 종소리와 6학년 때 듣는 종소리의 느낌이 다르다는 것, 새벽에 가만히 누워서 듣는 종소리의 느낌, 창문을 열지 않고 듣는 종소리와 창문을 열고 듣는 종소리의 느낌이 다르다는 것, 앞으로 녹음된 것을 틀어서 이런 생생한 종소리를 못 듣는다는 안타까움까지 잘 나타나 있습니다.

생각 없이 그저 그렇게 생활하면 예사로 넘길 일도 이렇게 관심을 가지니까 깊은 생각을 할 수 있었습니다.

2) 일상 생각 감상문

겪어 보지는 않았지만 생각해 볼 수 있는 일상의 어떤 일에 대해 쓰는 감상문을 말합니다. 우리는 실제로 겪어 보지는 않았지만 우리 생활의 여러 가지 일들에 대해 이런저런 생각을 많이 합니다.

그런데 이런 생각은 실제로 겪은 일보다 더 정리되지 않아 막연하게 마음에 떠돌기가 쉽습니다. 이런 생각을 정리해 차근차근 쓰다 보면 자기 생각에 또렷한 줄기를 가지게 되고, 앞으로 할 행동에 대해 주관도 뚜렷이 세울 수 있을 것입니다.

일상 생각 감상문의 글감이 되는 것을 예로 들어 보면 '○○ 놀이에 대하여, 격투기에 대하여, 일제고사에 대하여, 상 주는 것에 대하여, 싸움에 대하여, ○○ 음식에 대하여, 제초제 뿌리는 것에 대하여, 청소에 대하여, 일회용품 사용에 대하여, 아파트에 대하여, 아파트에서 동물 기르는 것에 대하여……' 들이 있습니다. 그 밖에도 찾아보면 수없이 많겠지요.

감상문 쓸거리 지도는 어린이들이 나이가 들어감에 따라 둘레에 있는 일에서부터 사회의 일, 세계의 일로 점점 넓혀 가도록 해야 할 것입니다.

여자

경산 부림초 6학년 김필선

어디에 놀러 간다는 이야기가 나왔다. 오빠는 해수욕장에 가자고 했다. 나는 은혜사에 놀러 갔으면 좋겠다고 하니 어머니께서 "어데 여자가 아무 데나 뻘덕뻘덕 뛰다닐라 하노. 니 나이 몇 살인데 어린애처럼 말하노. 여자는 커 갈수록 얌전하고 어디에 가더라도 혼자 가면 안 된다." 하셨다.

나는 그 말이 궁금했다. 왜 여자는 커 갈수록 혼자 다니면 안 될까? 곰곰이 생각해 본 결과 여자는 힘이 약하기 때문에 남자한테 위협을 당할 염려가 있기 때문이지 싶다.

왜 이름을 '여자'라고 붙여 쓸까? '자여' 해도 되는데 이상하다. 또 왜 하필 여자만 아기를 낳을까? 나는 여자에 대해 이상한 기 한두 가지가 아니다.

옛날에는 남자들이 하늘이고 여자들이 땅이라고, 남자들의 종처럼 시중을 다 들어야 했다. 밥도 남자와 같이 안 먹고 했다고 한다. 남자는 방에서 먹고 여자는 부엌에서 바가지에다 밥을 먹었다고 한다. 여자를 너무 무시했던 것 같다. 같은 사람끼리 정말 너무한다. 남자가 시키는 일은 여자가 다 해야 된다는 것은 나쁘다는 생각이 든다. 뭐 남자는 손도 없고 발도 없나, 뭐. 요즘에는 별로 안 그렇지만 그래도 여자를 무시하는 버릇은 아직도 남아 있다.

참 여자들이 불쌍하다. 남자 시키는 일 해야지 부모님 시키는 일 해야지 또 아기를 낳을 때 여자아이를 낳으면 꾸중을 하신다. 왜? 남자만 이 세상에 필요한가? 아기를 낳을 때 힘이 얼마만큼 드는지 알면서도 꾸중하신다.

남자들은 여자들이 싹 없어 봐야지 얼마나 중요한지 알 것이다.

(1987년 7월 19일)

여자들은 여자가 뭐 어떠니, 하는 말을 더러 들었을 것입니다. 여기 어린이는 어머니가 "어데 여자가 아무 데나 뻘덕뻘덕 뛰다닐라 하노. 니 나이 몇 살인데 어린애처럼 말하노. 여자는 커 갈수록 얌전하고 어디에 가더라도 혼자 가면 안 된다." 하는 말을 듣고 왜 여자는 그렇게 행동하면 안 되는가 생각합니다. 나아가 여자에 대한 이런저런 일상의 생각까지 말합니다. 끝에 '남자들은 여자들이 싹 없어 봐야지 얼마나 중요한지 알 것이다.'고 한 말에 남자들은 가슴이 뜨끔할 것입니다.

이 글에는 겪은 일도 조금 들어 있긴 하지만 그것을 중심으로 쓴 것이 아니고 평소 생각한 것을 중심으로 쓴 글이라 할 수 있습니다.

3) 겪은 일 감상문

어떤 일을 겪어 보고 쓰는 감상문을 말합니다. 어떤 일이든 겪어 보지 않고는 그 일에 대해 이렇다 저렇다 함부로 말할 수는 없습니다. 또 어떤 일을 겪은 사람은 겪지 않은 사람의 형편을 잘 알지 못합니다. 그러니 어떤 일을 겪은 사람이 자기의 느낌이나 생각을 쓸 때는 친절하게 써야 겪지 않은 사람이 잘 이해하고 공감할 수 있겠지요.

그래서 실제로 어떤 일을 겪는 그 사람이 될 수 없는 일에 대한 감상문을 쓸 경우 그 사람과 같은 일을 얼마 동안이라도 겪어 보거나 그와 비슷한 상황을 만들어 겪어 본 뒤 감상문을 써야겠지요. 이를테면 '환경미화원 아저씨와 함께 일해 보기, 눈 감고 장님처럼 지내 보기, 아버지의 일터에 가 보기, 밥해 보기, 맨발로 걸어 보기, 버들피리 만들어 불어 보기⋯⋯.'

그런데 겪어 볼 때는 그냥 재미로만 겪어서는 안 됩니다. 실제 상황과 가깝게 겪어 보아야 그 느낌을 제대로 느낄 수 있고 자기 생각도 또렷이 가질 수 있기 때문입니다.

거룩한 명령과 맨발의 청춘

경산 중앙초 6학년 강동윤

선생님께서 "오늘의 재미있는 숙제는 맨발로 다녀 보기다!" 이렇게 별난 숙제를 내주셨다. 난 이때 '멀쩡한 신발을 두고 맨발로 다니라니, 참 이상한 숙제 다 보겠다.' 하며 선생님 몰래 '흥' 콧방귀를 뀌었다. 하지만 2차 세계 대전 때 히틀러가 내리던 명령과 같은 우리 선생님의 명령이기 때문에 따를 수밖에 없다. 명령이라도 히틀러하고는 질적으로 다른 거룩한 명령이기 때문에 더 열심히 해야 한다.

난 '맨발의 청춘' 숙제를 명훈이와 라면을 사러 갈 때부터 시작했다. 맨발로 학교 계단을 밟으니 왠지 차갑고 딱딱했으며, 또 한편으로는 시원하기도 했다. 복도를 지나가던 선생님께서 "자들 와 저카노?" 하시며 나와 명훈이에게 물으셨다. 부끄러워서 빨리 뛰어간다고 정신이 없었기 때문에 선생님의 물음에 말씀을 드리지도 못했다.

드디어 운동장이 나왔다. 난 거기까지 가서 계속 뛸까 말까 하며 잠시 서서 생각했다. 운동장에는 뾰족한 돌이나 유리 조각이 많기 때문이다. 하지만 명훈이가 계속 뛰어가자고 하며 먼저 뛰어가기 시작했다. 그래서 나도 '에라 모르겠다.' 하고 라면을 파는 문방구를 향하여 달렸다.

발바닥이 따끔따끔하고 무엇이 콕콕 쑤시는 것 같았다. 하지만 발바닥의 아픔보다는 하교하는 여러 아이들의 따가운 눈초리 때문에 겁이 나고 마음이 콩알만 해졌다. 따가운 눈초리뿐만이 아니고 어떤 아이는 "야, 너희들 뭐하노? 맨발의 청춘 하나?" 하며 놀리듯이 말하는 아이들도 있었다. 운동장을 뛸 때 발소리가 신발 신은 발보다 작게 나고 속력도 빨라진 것 같았다. 난 교문 앞에서 신발과 양말을 신었다. 첫 번째 '맨발의 청춘' 숙제는 여기서 마쳤다.

두 번째 '맨발의 청춘' 숙제는 강둑에 가기 전에 약 60m 떨어진 흙 골목에서 시작했다. 나의 옆에는 성현이도 있었다. 우리들은 양말과 신발을 벗어 들었다. 흙을 밟으니 보드랍고 포근한 느낌이 온몸에 느껴졌다. 또 한편으로는 차갑기도 하였다. 난 이 느낌 좋은 흙을 계속 밟았다. 흙을 계속 밟다가 성현이가 "동윤아, 어지간히 밟고 가자." 하고 말했다. 난 고개를 아래위로 끄덕이며 둑으로 걸어갔다.

둑 앞의 울퉁불퉁한 돌을 밟으니 붕 뜨는 느낌이 들고 발바닥이 좀 아팠다. 강을 건널 때에는 물이 흘러서인지 매우 차갑고 무엇인가가 잡아당기는 듯한 느낌이 들었다.

강을 건너고 나서 계속 걸어가 보니 푸르스름하고 뾰족한 돌을 깔아 놓은 길이 나왔다. 난 겁이 덜컥 났지만 다치지 않기를 빌며 뾰족한 돌 위를 걸었다. 가시가 나의 발바닥에 사정없이 꽂히는 것 같았다. 또 돌이 차갑기는 했지만 따가웠기 때문에 온몸에 열이 달아올랐다. 난 너무 따가워서 빨리 뛰어 겨우 이 뽀족한 돌들이 있는 곳을 지나왔다.

지나고 보니 앞에 모래알보다 조금 더 큰 자갈들이 박힌 시멘트 길이 나왔다. 밟고 지나가니 차갑고 울퉁불퉁해서 따가운 느낌도 조금 들었다. 난 '맨발의 청춘' 숙제는 이쯤 해 두고 양말과 신발을 신고 집으로 왔다.

재미있는 숙제를 하니 발바닥에 껍질이 좀 까지고 아프기는 했지만 재미있었고, 크고 중요한 것을 느꼈다. 내가 오늘 밟은 땅 중에서 흙이 있는 곳은 딱 한 군데밖에 없다. 운동장에도 흙이 있었지만 흙보다 자갈이 많았기 때문에 자갈 깔린 길이라 하는 것이 좋겠다.

요즘에는 흙이 없어지고 있는 것만 같다. 흙이 만들어지려면 몇 천 년 아니 몇 억 년이 걸릴지도 모를 것인데……. 이렇게 만들어지는 흙이 귀한 줄 모르고 흙 위에다 세멘이나 아스팔트를 깔다니, 어른들이 어리석게만 생각된다. 지금부터라도 흙을 없애지 말았으면 좋겠다.

(1993년 10월 9일)

무슨 일이든 머릿속으로 생각만 하기보다 이렇게 겪어 보아야 제대로 느낄 수가 있습니다. 그리고 바른 생각도 나올 수 있지요.

4) 학습·실습·연구 감상문

학습 활동(실습)을 하거나 무슨 연구를 하고 쓰는 감상문을 말합니다. 어린이들은 학교에서 공부하는 시간이 얼마나 많습니까. 그러니 거기에 대한 느낌과 생각이 아주 많겠지요. 어려운 수학 문제를 풀었을 때 느끼는 기쁨도 있을 테고, 과학 시간에 관찰을 하거나 실험을 하면서 발견하는 놀라움과 그것에 대한 자기 생각도 있을 것입니다. 음악 시간에 악기 연주를 하며 즐거웠던 느낌이나 여러 가지 새로운 것을 배우면서 느끼고 생각한 것들도 있을 테지요. 불편한 점이나 못

마땅한 점도 있을 것입니다. 또 학원에서 공부하며 겪는 일 또한 얼마나 많겠습니까. 그런 일에 대한 느낌과 생각을 글로 쓰는 것입니다.

체육을 하고

경산 부림초 4학년 조해웅

목요일 날 체육을 했다. 개구리 흉내 내어 뛰기를 했다. 그런데 손발이 아팠다. 특히 손이 돌에 찍혀서 따끔따끔했다. 그리고 다리에 힘이 많이 들어가 아프고, 달리고 나니 힘이 무척 많이 빠졌다. 고된 한 시간이라고 생각했다. 그래서 운동을 안 했으면 좋겠다는 생각도 했다. 좀 더 재미있고 유익한 운동을 했으면 좋겠다. 그리고 일주일에 한 번은 축구를 했으면 좋겠다.

또 선생님께선 2반 아이들과 같이 체육을 한다고 결정하셨지만 나는 따로따로 했으면 좋겠다. 못하는 아이는 못하는 아이끼리 해야지 못하는 아이들이 공평하게 할 수 있기 때문이다.

지난 시간에는 비가 와 교실에서 체육을 하니 답답했다. 비가 와도 운동을 할 수 있었으면 좋겠다. 그리고 우리 학교는 운동장이 좀 넓었으면 좋겠다.

(1990년)

운동장에서 개구리 뛰기 흉내 내는 운동을 했는데 손을 땅바닥에 대어야 하니까 아주 작은 돌에 찍혀서 아팠다고 했고, 좀 더 재미있는 운동을 하고, 축구를 한 주에 한 번씩 했으면 좋겠다고 했습니다. 그리고 2반 선생님이 여 선생님이라 합반을 해서 체육을 했는네, 그렇게 하니까 불편해서 따로따로 했으면 좋겠다고 했고, 비가 와도 운동할 수 있었으면 좋겠다고 했습니다.

이렇게 공부하며 느끼고 생각한 것을 글로 쓰면 그에 대한 새로운 생각도 키울 수 있을 테고, 잘못된 점을 잘 깨닫고 개선할 수 있는 방법도 찾을 수 있을 것입니다.

5) 영화·연극 감상문

영화나 연극, 비디오를 보고 쓰는 감상문을 말합니다. 어린이들은 영화나 비디오도 많이 볼 것이고 연극 볼 기회도 많아졌습니다. 본 뒤에는 그냥 재미있다 재미없다 하고 넘기기만 할 것이 아니라 그 느낌과 생각을 차근차근 글로 써 보는 것이 좋습니다. 그러면 좋은 내용은 더욱 온전히 자기 것으로 받아들이고 키워 나갈 수 있기 때문이지요.

한편 어린이들에게 좋지 않은 영향을 주는 내용도 많이 있을 텐데, 어떤 점이 어떤 면으로 옳지 않은지 어린이 스스로 따지며 볼 수 있도록 해야 할 것입니다. 그래야 나쁜 것은 내치고 좋은 것을 가려 볼 수 있기 때문입니다.

이런 감상문도 너무 잘 쓰려고 하지 말고 간단하게 일기장에 적어보는 것이 좋겠습니다.

영화 '워낭 소리'를 보고

대구 동호초 4학년 오건택

오늘 선생님과 함께 '워낭 소리'라는 영화를 보았다. 이 영화는 다큐멘터리 영화라고 한다. 워낭 소리를 들으니 마치 사람의 삶과 소의 삶을 되돌아보는 것 같았다. 그리고 워낭 소리가 내 마음속 깊이 파고들어오는 것 같았다.

할아버지와 소가 날마다 한 몸같이 붙어사는 모습을 보니 소를 짐승이라고 생각하면 안 될 것 같다는 생각이 든다. 이 영화 처음에서 끝까지 마음이 찡하지만 특히 내 마음을 찡하게 한 것은 세 부분이다.

처음 찡하게 한 부분은 늙은 소가 소죽을 먹는데 젊은 소가 뿔로 치

받아 가지고 하마터면 눈을 다칠 뻔했던 것이다. 그때 내 심장이 덜컹거리면서 '저 소 안 다쳤나? 괜찮을까?' 하며 걱정을 했다. 늙은 소를 무시하는 젊은 소를 그만 꽉 떠받았으면 하는 마음이었다.

다음은 늙은 소를 팔려고 하는 부분이다. 늙은 소를 팔려고 하니까 소는 눈물을 뚝뚝 흘렸다. 나는 소가 우는 것을 처음 보았다. 그걸 보니까 나도 그만 울컥했다. 할아버지가 할 수 없이 늙은 소를 팔러 우시장에 갔는데, 그 우시장에 있던 아저씨들이 이런 소는 못 판다고 무시했다. 할아버지가 500만 원이라고 하니까 모두 이렇게 말했다.

"이 소는 60만 원도 안 나가요."

"이건 고기도 질겨서 못 먹어요."

"이 소 때문에 다른 소 못 사겠으니까 가세요."

그 사람들은 할아버지의 마음을 몰라도 너무 모른다. 그러니까 눈물 흘리는 소의 마음을 어떻게 알까? 그 아저씨들 정말 나쁘다.

가장 마음을 찡하게 한 부분은 마지막에 소가 죽어 가는 모습과 죽어서 무덤에 묻히는 모습이다. 그때 '저 소는 이제 자기 삶을 다했구나!' 생각하니까 너무 슬퍼서 막 울음이 나오려고 했다. 그래도 울음을 꾹 누르며 억지로 봤다.

할아버지가 머리가 아파 병원에 갔을 때 소를 주차장에 놔두었는데 소가 에쿠스 자동차 옆에 있었던 것이다. 나는 거기서 쓸쓸히 웃었다.

이 영화는 너무나 많은 감동을 주는 영화다. 다 보고 나서도 뭔가 한 대 맞은 것처럼 멍했다. 워낭 소리가 아직도 딸랑딸랑 들리는 것 같다.

(2009년 4월 16일)

영화 전체 내용 가운데서도 특별히 마음을 찡하게 한 몇 부분을 내세워 쓴 감상문이지요. 나도 이 영화를 보며 눈물을 많이 훔쳤습니다. 어릴 때 우리 집에는 '늙다리'라는 늙은 암소가 있었지요. 그 순하디순한 암소는 우리 집의 힘든 일을 모두 해낼 만큼 일도 잘했답니다. 날마다 내가 풀을 뜯기기도 했지요. 그 늙다리에게 얽힌 이야기도 많은데, 그런 일들과 함께 늙다리 얼굴이 떠오르니 마음이 짠해지면서 눈물이 더 났던 것입니다.

6) 음악·미술·체육 감상문

음악을 듣고 미술 작품을 보고, 체육 활동을 보고 쓴 감상문을 말합니다. 이제는 어린이들도 미술 작품이나 사진 작품을 감상할 기회가 많아졌습니다. 그리고 좋은 음악도 많이 듣고, 야구나 축구 같은 경기 관람도 많이 하지요. 이때 보고 느낀 것을 그냥 넘기기만 하지 말고 적어 보도록 하면 좋겠습니다. 그러면 얻는 것도 많아질 뿐만 아니라 작품 보는 눈도 한층 더 깊어질 것입니다.

'엘리자를 위하여'를 듣고

대구 동호초 4학년 김벼리

눈을 감고 감상을 해 보니 음표들이 오선 위를 날아다니고 있는 느낌이 들었다. 그것도 아주 부드럽게 말이다. 피아노 소리가 참 맑다. 동물들과 새들이 나무 사이를 날아다니는 느낌도 들었다. 소리 하나하나가 무척 맑고 깨끗했다. 다시 눈을 지그시 감아 보니 음표들이 날아다니면서 자꾸 하트를 그린다. 왜인지는 모르겠다. 그리고 점점 슬프면서도 따뜻하게 들린다.

또 자꾸 저절로 고개가 음악과 함께 움직여졌다. 내가 얼굴로 지휘를 하는 것 같다. '엘리자를 위하여'는 조금은 행진곡 같으면서도 이 곡을 어떤 한 사람에게 바쳐지는 그런 느낌이 드는 것 같다. 또 생상스가 지은 '동물의 사육제' 중 '수족관'처럼 신비스러움이 느껴지기도 한다. 그리고 아름답다는 생각도 들었다.

이 곡은 겨울에 들으면 좋을 것 같다. 왜냐하면 겨울은 몸도 춥고 마음도 추우니까 아름다우면서 따뜻한 이 곡을 들으면서 잠시라도 마음을 따뜻하게 할 수 있기 때문이다. 베토벤은 이렇게 감동 받을 수 있는 곡을 많이 지어서 참 대단하다고 생각한다.　　　　(2009년 4월 18일)

이렇게 자기 감상을 적고 감상한 음악과 관련한 공부를 깊이 하면 더욱 좋겠지요.

7) 시사 감상문

텔레비전 뉴스를 보거나 신문의 기사를 읽고, 인터넷에 접속하거나 라디오를 듣고 쓰는 감상문을 말합니다. 시시때때로 일어나는 우리 사회의 일이나 세상의 일은 이렇게 주로 매스컴을 보고 많이 알게 되는데, 이런 시사 문제에도 관심을 가지고 보고 듣게 하고 그에 대한 느낌과 생각도 자주 써 볼 수 있도록 하면 좋겠습니다.

텔레비전 자체의 영향도 생각해야 합니다. 사람들이 텔레비전 앞에 멍하니 앉아 있는 모습을 보면 바보가 다 되었구나 싶습니다. 식구들과 이야기 나눌 시간도 빼앗아 가고 책 읽는 시간도 빼앗아 갑니다. 정신을 이상하게 만들기도 하고요.

텔레비전의 내용도 제정신 차리고 보지 않으면 자신도 모르게 옳지 않은 것에 빨려들어가기 십상입니다. 따라서 그 영향에 대해서도 그냥 넘길 수만은 없는 것이지요. 어린이들 스스로 어떤 내용이 좋고 안 좋은지 따져 가며 볼 수 있도록 해야 합니다. 좋은 내용은 어떤 면에서 어떻게 좋고 어떤 느낌과 생각을 가졌고 무엇을 얻었는지, 옳지 않은 내용은 어떤 면에서 어떻게 좋지 않고 고칠 점은 무엇인지 같은 것을 말이지요. 신문이나 라디오, 인터넷도 마찬가지입니다.

음식 장난

경산 성암초 6학년 노현희

지난 16일 날 만두 파동이 일어났다. 한 만두 납품업자가 단무지 공장에서 버려진 단무지를 거두어 가 냉동 만두와 호빵을 만들어 무려 5년 동안 유명 식품 업체에 팔아먹은 일이다.

나는 자신이 먹는 것이 아니라고 그렇게 장난을 친 것이라 생각한다. 또 만두와 호빵뿐만 아니라 어떤 회사에서는 라면 스프를 불량으로 만들어서 팔았다고 한다.

사람들은 왜 자신의 이익을 더 많이 챙기려고 음식으로 장난을 치는지 모르겠다. 국민들이 먹는 것이라면 식약청에서 관리 감독을 잘해야 하는데 왜 허술하게 해서 일이 이 지경에까지 오도록 한 것인지 이해가 안 간다.

그런데 식품관리법에서는 벌금 내는 것으로 끝낸다고 한다. 우리 나라 법도 참 안 좋다. 그래서 만두 파동 일이 크게 벌어지자 정부는 불량 식품 제조 회사에서 관련된 물품을 압류하고 인터넷에 공개한다고 했다.

일본에서는 먹는 것을 불량으로 만들면 징역이나 영업정지를 받는다고 한다. 예를 들어 식품의 원산지를 속였을 경우 해당 식품을 압류한다. 작은 것 하나 가지고도 일본에서는 '내가 먹는다.' 생각을 하면서 음식을 만드는데, 우리 나라는 '내가 먹는 게 아니다.' 생각하면서 음식을 함부로 만드는 것 같다. 우리 나라 식품 업체도 일본의 식품 업체 반만이라도 따라갔으면 좋겠다.

또 만두 파동 사건 이후 내가 만두 파동에 대한 내용들을 인터넷에 찾아보니까 ㅅ라면에도 불량 스프를 만들어서 유통시킨 사건도 있었고, 가짜 꿀을 토종꿀이라고 속여 팔다가 들통이 나서 징역을 받은 사람도 있었다. 또 인터넷에 조사해 보니까 불량 식품을 팔다가 걸린 사람들 중에는 대부분 식품을 만드는 비용을 아끼려는 것이었다.

우리 엄마는 만두 파동에 대한 뉴스를 보자 "미쳤다, 미쳤어." 하고 말했다. 나도 엄마 말과 같은 생각이다. 그리고 엄마는 언니, 나, 동생한테 이런 말을 자주 한다.

"먹는 것 가지고 사람이든 동물한테든 장난치지 마라."

그래서 나는 먹는 것으로 장난치지 않는다. 그런데 어른들이 음식 가지고 장난을 치니 애들보다 못한 것 같다.

또 불량 만두 파동이 크게 되자 쓰레기 만두를 돼지에게 사료로 준다고 했다. 나는 뉴스에서 그것을 보고 화를 냈다.

"뭔데! 돼지라고 저런 것 먹겠나? 완전 돼지를 무시하는 것 같다. 허, 참!"

우리 나라도 식품법을 엄격하게 다시 만들어서 다시는 불량 만두 파동 같은 일이 없도록 하고, 음식을 만들 때는 '내가 먹는 것이다.'는 생각으로 만들었으면 좋겠다.   (2004년 6월 23일)

음식은 목숨과 바로 이어져 있습니다. 그런데 이렇게 불량 음식을 온 나라 사람들이 먹게 했다니 보통 큰일입니까. 이런 일을 그냥 덮어 둘 것이 아니라 따져서 다시는 그런 나쁜 일을 저지르지 않도록 해야 할 것입니다. 그리고 이렇게 감상문을 쓰면서 그런 일에 대한 자기 생각도 바로 세우고, 이렇게 쓴 글을 다른 사람들에게도 내보여 깨닫게 해야 할 것입니다.

8) 독서 감상문

잘 알겠지만, 책을 읽거나 이야기를 듣고 느끼고 생각한 것을 쓰는 감상문을 말합니다. 책을 읽고 그냥 덮어 두지 않고 느낌과 생각을 정리하면 책 내용이 더욱 또렷이 내 마음에 담깁니다.

어린이 가운데는 '독서 감상문' 하면 얼굴부터 찡그리는 어린이들도 많을 테지요. 그건 처음부터 글쓰기에 거부감을 가져서 그렇기도 하겠지만, 독서 감상문 쓰기 대회에 글을 내기 위해 어떤 틀에 맞추어 억지로 쓴 힘겨웠던 기억 때문이기도 하겠지요.

독서 감상문 쓰기에 진력이 나면 책 읽기에도 진력이 날 수 있으니, 이제는 대회에 내보내기 위한 독서 감상문 쓰기는 하지 마세요. 책을 읽으며, 읽고 난 뒤에 느끼고 생각한 그대로를 쉽게 쓰도록 하세요. 자세하게 쓰면 더 좋겠지만 단 몇 줄로 써도 괜찮습니다. 따로 독서 감상록을 만들어 쓸 수도 있지만 일기장에 그때그때 써 보는 것도 좋습니다. 독서 감상문 쓰기에 대한 이야기는 뒤에 더 자세하게 하겠습니다. 그럼, 독서 감상문을 맛봅시다.

《미래의 과학 속으로》를 읽고

경산 성암초 6학년 박채원

나는 《미래의 과학 속으로》라는 책을 읽었다. 말 그대로 미래에 상상도 못하도록 발전된 과학에 대한 이야기다. 이 책을 읽는 내내 한마디로 놀랍다는 생각이 머리에서 떠나지 않았다.

먼저 최첨단 과학 분야에서 컴퓨터를 옷처럼 입고 다닐 수 있게 된다는 이야기가 있다. 사회생활을 하는 사람들이나 직업을 가진 사람들에게 매우 반가운 소식일 것 같다. 예를 들어 병원에서 간호사들이 차트를 들고 일일이 펜으로 기록할 일도 없어질 것이고, 경찰들도 현재 있는 자리에서 바로 정보를 받아 빨리 일을 처리할 수 있을 것이다. 그렇게 되면 우리들이 생활하는 속도가 더욱더 빨라져, 지금 우리들이 60년 사는 것보다 미래의 사람들이 60년 사는 것이 훨씬 오래 사는 것처럼 느껴질 것이라는 생각도 든다.

특별히 관심이 더 많이 갔던 것은 로봇에 대한 이야기다. 로봇의 기능이 지금보다 훨씬 더 다양해져 우리 몸속으로 들어가 직접 칼을 대지 않고서도 병을 치료할 수 있게 되어 의학 분야에서도 큰 활동을 할 것이고, 예술가 로봇들도 만들어질 것이라고 한다. 하지만 로봇들이 사람이 할 수 있는 일을 거의 할 수 있게 되면 우리들이 할 수 있는 일이 점점 줄어들어 나중에는 로봇이 사람의 지능을 앞질러 사람이 로봇의 지배 아래 살게 될 세상이 오지나 않을까 하는 걱정이 앞선다.

또, 게놈 프로젝트에 대한 내용도 있었다. 현재에도 수많은 유전자 연구를 거듭한 끝에 여러 복제 동물들이 탄생하고 있지만, 사람도 복제할 수 있게 되며 유전자 조합을 통해 아직 태어나지 않은 아이가 심장병을 앓는 경우에 건강한 유전자를 넣어 병을 없애는 것과 같은 일도 할 수 있다고 한다.

나는 이것을 읽자마자. '이렇게 된다면 세상의 모든 사람들이 자기 자식의 유전자를, 머리를 좋게 하거나 키를 크게 하는 그 같은 좋은 유전자로 바꾸려 할 텐데 언젠가는 세상 모든 사람들이 다 비슷비슷한 유전자를 가지고 태어나면 어쩌지?' 하는 생각이 들었다. 유전자 조합 기술은 불치병을 앓게 될 사람들에게는 분명 좋은 소식임에 틀림없지만 이 기술을 좋지 않은 곳에 쓴다면 큰 혼란이 생길 수도 있을 것이다.

물론 우주에 대한 것도 빼놓을 수 없다. 우주는 우리가 미래의 과학을 무궁무진하게 발전시킬 수 있는 공간이다. 우주 관광이니, 우주 정거장, 지구와 우주를 잇는 엘리베이터, 심지어는 시간 여행도 가능해진다고 한다.

미래의 과학기술 개발과 종류는 무한정이다. 하지만 편안한 생활을 위한 개발을 하기 위해선 위험도 감수해야 한다. 한마디로 지구를 파괴하거나 훼손하지 않으면서 개발할 수 있어야 앞으로 계속 '미래'라는 말을 할 수 있는 것이 가능할 것이라고 생각한다.

현재에도 지구온난화 같은 현상이 계속해서 일어나고 있으며 여러 종류의 바이러스들, 그리고 멸종되어 가는 동식물들이 점점 늘어나고 있다. 과학자들도 지구의 온도가 점점 올라가는 것을 막지 못한다면 기온이 계속 올라가 이상한 병원균 등이 급증하고 수많은 사람들이 죽을 수도 있고, 많은 땅이 황폐화되어 자연이 더 이상 살 수 없는 땅으로 바뀌게 된다고 한다.

우리가 조금이라도 더 편하게 살려고 무분별한 개발을 하다가 10년 더 빨리 죽게 되는 결과를 만들지 않도록 과학도 적당히 발전해야 한다고 생각한다.

책을 읽으면서 자꾸만 '나도 저렇게 살 수 있을까? 이런 것들은 언제 만들어질까? 저 우주는 어디가 끝일까? 과학이 어떻게 이렇게 놀랍게 발전할 수 있을까?' 같은 수많은 물음들이 떠올랐다. 정말 과학의 세계는 끝이 없는 것 같다. 이것이 생겨났다 하면 거기서 또 발전을 거듭하고 거기서 다른 것이 생겨나고……

지금 내가 살고 있는 이 세상도 옛날과 비교하자면 엄청나게 발전을 한 세상인데 미래에 더 어떻게 발전할지 상상만 해도 맘이 벅차다. 그리고 우리의 힘으로 해결할 수 있는 일은 과학의 힘을 빌리지 않고 해결해서 사람들의 마음이 기계처럼 차가워지지 않도록 했으면 한다. 인간애가 사라져 버린 이상 우리 사람들은 세상에 껍데기만 존재할 뿐일 것이다.

다시 말하지만 너무 지나치게 과학에 기대지 않고 우리 인류가 과학의 발전과 더불어 살기 좋은 세상에서 영원히 존재하기를 바란다.

(2004년)

꽤나 자세하게 쓴 과학도서 독서 감상문으로, 독서 감상문만 읽어도 책 내용의 줄기를 대충 알 수 있습니다. 그리고 중요한 부분마다 자신의 느낌과 생각을 차근차근 잘 써 놓았습니다. 끝에는 과학이 끝없이 발전하는 것에 대한 걱정을 적어 놓기도 했습니다.

9) 그 밖의 감상문

그 밖에도 감상문의 종류는 더 있겠지요. 새 학년이 시작되었을 때 새 학년이 된 소감이나 새 학년의 각오, 선생님에 대한 첫인상이나 바라는 것, 새롭게 만난 동무들에 대한 느낌과 생각 같은 것도 쓸 수 있을 테고 어떤 궁금한 일에 대한 생각도 쓸 수 있을 테지요. 이 모두가 감상문이라 할 수 있습니다.

그러면 새 학년 첫날 새로 만난 선생님에 대한 느낌과 생각을 쓴 글을 보겠습니다.

선생님을 처음 보고

대구 동호초 4학년 김벼리

오늘은 4학년 첫날이다. 복도에 서서 우리 선생님은 누구실까, 그 생각을 자꾸 하고 있는데 머리가 허연 선생님이 문을 열어 주셨다. 선생님을 보는 순간 나는 조금 실망했다.

왜냐하면 3학년 때도 남자 선생님이셨는데 이번에도 남자 선생님이셨기 때문이다. 그리고 3학년 때 선생님은 숙제를 안 해 오거나 준비물을 안 가져오면 발바닥을 때리셔서 혹시 이 선생님도 그러시는 거 아닌가, 하는 생각이 내 머릿속에 맴돌았기 때문이다.

그렇지만 선생님이 내신 책도 읽어 보았고 글을 쓰시는 분이라는 것을 3학년 때부터 알았기 때문에 선생님께 배우고 싶다는 생각도 들었다. 그리고 선생님께서는 작년 선생님처럼 때리시거나 독서 활동을 줄이지 않으셨으면 좋겠다는 생각과 여러 가지 활동을 많이 하셨으면, 하는 생각이 들었다.

집에 와 엄마께 "우리 선생님은 이호철 선생님이셔!" 하고 말했더니 "어머어! 잘됐다! 글 많이 배워라." 하셨다. 우리 아버지께서도 "그러면 글 많이 배워라." 하고 말하셨다. 엄마 아버지께서 글 많이 배우라고 하셔서 왠지 많이많이 배우고 싶다.

　그런데 오늘 보니까 선생님이 무척 무서워 보인다. 왜냐하면 쓰레기를 아무 데나 놔둔다고 혼을 내셨기 때문이다. 선생님, 혼내지 마세요오오오! 혼내면 무서워요오오오!　　　　　　　　　　　　(2009년 3월 4일)

　새 학년 들어 선생님을 처음 본 소감과 선생님께 바라는 점을 잘 적어 놓았습니다. 끝에 '선생님, 혼내지 마세요오오오!' 하는 말과 '혼내면 무서워요오오오!' 하는 말에서 이 어린이의 간절한 마음도 잘 알 수 있습니다.

4. 다른 갈래 글과 감상문의 관계

　감상문이 아닌 다른 갈래 글에도 느낌과 생각이 조금씩은 들어갈 수 있지요. 주로 보고 듣고 겪은 사실을 쓰는 서사문에도 조금씩 들어가고, 잘 알고 있는 사실을 풀어 쓰는 설명문에도 느낌과 생각이 들어갑니다. 나아가 아주 객관으로 쓰는 관찰기록문에도 신비함이나 놀라운 발견이 있을 때는 글쓴이의 느낌이 들어가게 되지요.

　그렇다고 해서 그 글을 감상문이라고 하지는 않습니다. 글의 갈래를 나누는 것은 보고 듣고 겪은 사실을 위주로 썼느냐, 풀이 위주로 썼느냐, 느낌과 생각을 위주로 썼느냐에 따라 서사문, 설명문 또는 감상문으로 나누는 것입니다.

　감상문에는 흔히 보고 듣고 겪은 사실이 먼저 나오곤 하지요. 생활 감상문이라면 생활 이야기가, 독서 감상문이라면 책을 읽은 내용이, 영화를 본 감상문이라면 영화 내용이 어느 정도 나옵니다. 또 미술 작품 감상문에는 그 작품의 설명이 나올 테고, 음악 감상문은 그 음악에 대한 설명이 나올 것입니다. 그런 내용이 나오는 건 어디까지나 글쓴이가 자신의 느낌이나 생각을 가지게 된 과정이나 까닭을 말하기 위해 쓰는 것입니다.

종팔이

경산 부림초 5학년 김준홍

우리 마을 종팔이는 파마머리에 살이 통통하게 쪘다. 배도 툭 튀어나왔다. 그런데 종팔이는 무엇이든지 자기만 좋으면 무조건 된다고 생각하고 있다.

야구를 할 때는 이렇게 한다. 1루에 아이가 가 있는데 종팔이는 자기만 살려고 2루 쪽으로 쳐 2루로 뛰는 아이를 죽게 한다. 그래 놓고 자기는 살았다고 좋아 날뛴다. 다음 아이가 2루 쪽으로 치면 그 아이는 산다. 그러면 종팔이는 죽는다. 그때 종팔이는 쳤는 아이에게 생야단이다. 다른 아이가 죽으면 미안하다 말도 안 하고 자기가 죽으면 막 화를 낸다. 자기만 좋으면 그만이다.

또 야구를 하다가 종팔이가 친 공이 잡히거나 1루에서 아웃되면 "와 재미 한 개도 없다." 하면서 안 하거나 자기 멋대로 한다. 다른 아이들이 "와 하나도 못 하노?" 하면 종팔이는 "니보다 더 잘한다." 한다. 실지로 종팔이는 다른 아이들보다 더 못한다.

나는 종팔이 같은 사람들에게 할 말이 있다. 무슨 일이든지 자기만 좋으면 되는 것이 아니고 협동을 해서 하는 것이 좋다는 것을 알아 두었으면 좋겠다.

(1989년 6월 16일)

이 글은 앞의 대부분이 종팔이에 대한 설명입니다. 그래서 설명하는 글로 볼 수도 있습니다. 그러나 끝부분 '나는 종팔이 같은 사람들에게 할 말이 있다. 무슨 일이든지 자기만 좋으면 되는 것이 아니고 협동을 해서 하는 것이 좋다는 것을 알아두었으면 좋겠다.' 하고 자기의 생각을 강하게 말해 놓았지요? 그리고 앞에 종팔이를 설명하는 부분에도 자기 생각이 많이 실려 있습니다. 그래서 이 글은 감상문이라고 할 수 있는 것이지요.

감상문은 또 주장하는 글을 쓸 때 큰 바탕이 되기도 합니다. 왜냐하면 자기 주관이 먼저 또렷이 서 있지 않으면 다른 사람이 공감하는 글을 쓰기 어렵기 때문이지요.

어린이들이 쓴 글을 보면 서사문인지 감상문인지 논설문인지 또렷이 구분하기가 어려운 글도 많습니다. 하지만 그게 꼭 중요한 건 아닙니다. 어떤 갈래 글이든 그 글을 읽는 사람이 글 내용을 잘 알 수 있고, 감동을 받을 수 있으면 되는 것이지요. 그래도 고학년은 한번쯤 다른 갈래 글과 어떤 관계가 있나 또렷이 알아두는 것이 좋겠습니다.

5. 어떤 감상문이 좋은 감상문일까요?

어떤 감상문이 더 좋은 감상문일까요? 한마디로 자기만이 가지고 있는 느낌이나 생각을 꾸밈없고 솔직하게, 그리고 자세하게 나타내어 누가 보아도 '맞는 말이지!' '참, 그렇구나!' 할 정도로 공감할 수 있는 글입니다. 좀 더 자세히 살펴봅시다. 좋은 감상문이란

첫째, 삶의 절실한 문제에서 나온 꼭 하고 싶은 이야기, 절실한 생각을 쓴 감상문이어야 합니다.

둘째, 참되고 정직한 삶에서 우러나온 가치 있는 생각이 들어 있는 감상문입니다.

셋째, 나만이 가진 느낌과 생각이 들어 있는 감상문입니다. 나만의 느낌과 생각이라도 어떤 감정에 치우치거나 한쪽으로 기울지 않아야 하고 오염되지 않아야 합니다. 또 세상의 일과 삶을 보는 관점이 뚜렷해야 하고, 아주 자기 확신을 가지고 쓴 글이어야 합니다.

넷째, 자기 생각을 조리 있고 정확하게, 그리고 자세하게 쓴 감상문입니다. 아무리 좋은 느낌과 생각이라도 조리 있고 정확하게 잘 정리되지 않으면 무슨 말을 하는지 알 수가 없기 때문이지요.

다섯째, 느낌과 생각을 가지게 된 까닭과 과정이 잘 나타나 있는 감상문입니다. 자신의 생각이 아무리 또렷해도 생각이 나오게 된 까닭을 모르면 그 생각에 믿음이 가지 않을 뿐 아니라 감동도 줄 수 없습니다.

이와 달리 생생한 삶이 없는 아련한 생각이나 거짓 생각, 흔히 늘 생각하고 남들이 다 생각하는 것, 어른들에게서 배운 지식을 자기 생각처럼 늘어놓은 것, 느낌이나 생각을 부풀려 놓은 것은 좋지 않은 감상문이라 보면 될 것입니다.

그런데 어떤 일을 놓고 느낌이나 생각을 말했을 때 대체로 비슷하거나 큰 틀에 맞추어져 나오는 경우가 많습니다. 그것은 틀에서 벗어나면 틀리는 줄만 알고 있는 굳은 생각 때문에 그렇기도 하고, 제 생각을 그대로 말했다가 무슨 큰일이라도 당하면 어떡하나, 하는 두려움 때문에 그렇기도 할 것입니다. 그건 사회와 어른들이 그렇게 만들어 놓은 것이지요. 그래서 제 생각과는 좀 다르게 꾸며 쓰거나 아주 거짓으로 꾸며 쓰는 경우가 많은 것 같습니다. 또 어떤 어린이는 제 생각대로 쓰기보다 아름답게 꾸며 써야 좋은 감상문으로 잘못 알고 있기도 하지요. 그건 옳지 않습니다.

어린이들이 내 생각이 옳다 싶으면 어떤 까닭으로든 주눅 들지 않고 그대로 제 목소리를 낼 수 있도록 해야 합니다. 그리고 남의 생각도 옳다 싶으면 깨끗이 받아들일 수 있도록 하고요.

〈85 미스코리아 선발 대회〉를 보고

거창 샛별초 5학년 방수경

나는 미스코리아 선발 대회를 보고, 아무리 예쁜 얼굴이지만 속 몸까지 보여 주고 쪼깨난 쪼가리 하나 걸치고 여자, 남자, 노인 할 것 없이 모두 보게 되니 부끄럽지도 않나 봐 하고 생각했다. 그것도 관객 중에 3분의 2가 남자이고 사회자도 남자이다. (글 뒤 줄임)　(1985년 5월 21일)
- 《글쓰기 교육의 이론과 실제 Ⅱ》(한국글쓰기교육연구회 엮음, 온누리)

대부분의 사람들이 미스코리아를 보고 '미'가 어떠니 하며 좋다고들 하는데 이 어린이는 좋지 않다는 생각을 강하게 가지고 있습니다. 어린이들이 이렇게 제 목소리를 낼 수 있도록 해야 합니다.

다음에 내보인 글은 생활하다가 느낀 것을 조용히 나타낸 생활감상문입니다.

장사하는 할머니들

청도 덕산초 6학년 김영석

우리 집 앞 찻길 옆에서는 동네 할머니들이 사과나 감 같은 과일을 팔고 있다. 말 잘 못하는 할머니는 손님이 오면 손가락 세 개를 펴서 3000원이라는 표시를 하며 판다. 어떨 때는 할머니가 말을 잘 못해서 답답해하신다. 그때는 내가 말해 주기도 한다. 나는 할머니가 하는 손짓을 대충 알기 때문이다.

또 할머니들은 하루 종일 앉아 있으면 심심하고 지루한지 사과나 감을 놔두고 밭에 가시기도 한다. 그때 지나던 차에서 손님이 내리면 우리 어머니나 가까이에 있는 마을 사람들이 팔아 주기도 한다. 우리 집은 할머니들이 과일 파는 바로 옆에 있는데 날마다 할머니들이 있어서 허전할 때가 잘 없다. 가끔 할머니들이 한 분도 나오지 않을 때도 있다. 그때는 참 허전하다. 할머니들이 하시는 이야기가 막 들려오는 듯하기도 하고 손뼉을 치며 웃는 모습이나 옥신각신 싸우던 모습도 눈앞에 보이는 듯하다.

아침에 내가 가방을 메고 나서면 "영석아, 인자 핵교 가나? 공부 열심이 하고 오너라." 하고 말하신다. 남들은 그 소리가 아무렇지도 않게 들릴지 모르겠지만 나는 자신감이 생기게 된다.

우리 할머니는 고구마나 옥수수를 삶으면 사과 파는 동네 할머니들부터 먼저 드린다. 그러면 사과 파는 할머니들도 그 쟁반에 어떤 거라도 담아서 주신다. 우리 집에 아무도 없으면 집도 봐 주시고 미나리나 파 같은 것도 다듬어 주신다. 이런 걸 두고 '가는 정이 있으면 오는 정도 있다.'고 하는 것이다.

한 가지 문제점은 바로 찻길 옆에 있기 때문에 위험하다는 것이다. 철망으로 앞을 막아드리고 싶지만 내 힘으로 할 수 없는 일이라 마음만은 언제나 그렇다.

할머니들이 파는 과일은 백화점에서 그럴듯하게 해 놓고 파는 것보다는 못할지는 모르겠지만 정성이 있기 때문에 더 맛이 있다. 적어도 속이지는 않는다. 그래서 그런지 오는 사람 가는 사람들이 꽤 많이 사 간다.

지금 쌀쌀한 바람이 조금씩 불기 시작한다. 그래서 연세가 아주 많은 할머니는 벌써 나왔다 안 나왔다 하신다. 이제 겨울이 되면 따뜻한 봄이 올 때까지 안 나오실 것이다. 그러면 나는 얼마 동안 마음이 허전할 것이다. 자꾸만 보고 싶어질 것이다.

'할머니, 할머니, 나도 언젠가는 늙어서 할아버지가 되겠지요. 그러면 할머니께서 나를 사랑해 주신 만큼 나도 아이들을 사랑하겠어요. 그리

고 할머니처럼 정도 나누어 주겠어요.'   (1997년)

생활 경험이 생생하게 나타나 있고 그것에 대한 느낌이나 생각도
진심에서 우러나와 찌릿한 감동을 줍니다. 좋은 감상문이지요.

6. 감상문 쓰기 기본 공부

이제 감상문 쓰기에 대한 기본 공부를 해 봅시다. 앞서 좋은 감상
문의 조건에 대한 이야기를 했는데, 사실은 그 속에 감상문 잘 쓰는
기초 방법에 대한 내용이 다 들어 있습니다. 그렇지만 다시 좀 더 자
세하게 살펴보도록 하지요.

1) 자기 느낌과 생각에 자신을 가져야 한다

먼저, 어린이들이 자기 느낌과 생각에 자신을 가지도록 해야 합니
다. 어린이들에게 자기 느낌이나 생각을 말해 보라고 해도 몇 마디만
하고 나면 입을 다물어 버리는 경우가 많습니다. 왜 그럴까요? 그건
자기 느낌과 생각이 없기 때문이기도 하겠지만 자기 느낌과 생각에
자신이 없기 때문이라 보는 게 더 맞을 것 같습니다.

그런데 어린이들이 왜 그렇게 자기 느낌과 생각에 자신이 없어진
걸까요? 몇 가지 살펴보면 이렇습니다.

첫째, 어린이들이 자기 일을 늘 부모나 선생님이 시키는 대로만 하
는 꼭두각시처럼 살아왔기 때문입니다. 그리고 날마다 집에서 학교
로 학교에서 학원으로 옆을 돌아볼 틈도 없이 바쁘게 살고, 틈이 나
도 그 시간에 컴퓨터나 텔레비전에 정신을 팔기 때문입니다. 어린이

들이 자기 일은 자기 생각대로 스스로 하도록 해야 하고 옆도 돌아 볼 수 있도록 해야 합니다. 우리 둘레나 세상의 모든 일에 관심을 가지고 새로운 눈으로 유심히 살펴보며 생각할 수 있는 시간도 좀 가질 수 있도록 해 주어야 합니다.

둘째, 단순 지식을 달달 외우는 공부에 매달려 왔기 때문이기도 합니다. 머릿속에 단순 지식을 잔뜩 집어넣으면 자기 생각의 문은 닫히고 맙니다. 가끔 자기 생각이라는 것을 조금 가진다 해도 다른 사람과 비슷한 생각에서 벗어나지 못하지요.

셋째, 어린이들이 자기 생각을 말해도 어른들에 의해 업신여김을 당하거나 심한 제재를 당하기 때문이기도 합니다. 지금 사회는 어른이 중심인 사회이고, 대부분의 일을 어른 기준으로 생각하니까 더욱 그렇게 되는 것입니다. 이러니 어린이가 자기 생각에 바른 판단의 줄기가 안 서는 것은 말할 것도 없고, 줄기가 조금 섰다 해도 자신 있게 말하지 못하지요. 그래서 대부분 어린이들은 아예 어른의 입맛에 맞추어 자기 생각을 말해 버립니다. 동무들 사이에서도 진정한 자기 생각을 또렷이 말하지 못하고 비위에 맞추어 말하기도 합니다. 다 어른들 탓이지요.

이제부터 어린이들이 자기 생각에 자신을 가지도록 해 줍시다. 아직 배우며 자라는 때이니 생각이 이치에 좀 안 맞아도 받아들여 줍시다. 자라면서 차츰 자기 생각을 또렷이 세워 나갈 테니까요.

2) 자기 생각에 줄기를 잡아 나간다

자기 느낌과 생각을 가지고 있다면 잘 정리해서 또렷한 줄기를 잡도록 해야 합니다. 우리는 한 가지 일을 놓고도 갖가지 생각을 하게 됩니다. 그 수많은 생각들 가운데 쓸데없는 곁가지는 잘라 내기도 하고 거르기도 해서 생각의 줄기를 잡아야 하지요.

컴퓨터 게임을 예로 들어 보겠습니다. 컴퓨터 게임이 '좋다, 좋은 점도 있고 안 좋은 점도 있다, 안 좋다' 이 세 가지 생각이 나올 수 있는데, 먼저 이 가운데서 한 가지로 생각의 중심을 잡아야 하고, 그 한 가지 생각에서도 어떤 점을 어떻게 생각하는지 줄기를 또렷이 잡아야 한다는 말입니다.

3) 자기 생각이 가치 있는 생각인지 판단한다

자기 느낌과 생각의 줄기가 또렷이 잡혔다면 그 생각과 느낌이 가치가 있는지 없는지 판단해 보아야 합니다. 가치가 없다고 판단되면 생각을 고치고, 가치가 있다면 어떤 가치가 있는지도 함께 살펴보아야 합니다.

가치 있는 생각이란 무엇일까요? 예를 들어 '컴퓨터 게임을 많이 하는 것은 좋지 않다.'는 생각을 가졌다고 합시다. 이 생각을 행동으로 옮겼을 때, 말하자면 컴퓨터 게임을 많이 하지 않았을 때 삶에 더 좋은 영향을 준다면 그 생각은 가치 있는 생각이라고 할 수 있겠고, 좋은 영향을 주지 않는다면 가치 없는 생각이지요.

4) 가치 있는 생각에 공감한다

가치 있다고 판단한 자기 느낌과 생각에 다른 사람들도 '맞는 말이지!' '참, 그렇구나!' 하고 공감할 수 있어야 합니다. 때로는 다른 사람들 대부분이 내 느낌과 생각이 가치 없다 해도 가치 있을 때도 있습니다. 반대로 다른 사람들이 다 공감한다고 모두 가치 있는 생각이라 할 수 없을 때도 있답니다. 공감 받지 못한 자기 혼자의 생각이 옳을 때도 있다는 말입니다. 그때는 자기 생각을 굽히지 말아야지요.

5) 느낌과 생각을 정확하게 쓴다

느낌과 생각의 질서를 세워 또렷하고 정확하게 써야 합니다. 자기 느낌과 생각이 머릿속에는 어느 정도 바르게 서 있어도 글로 쓰면 뒤죽박죽될 때가 많습니다. 더욱이 감상문은 글의 질서를 잘 잡아야 글 쓴이의 생각이 바르게 전달됩니다.

그러려면 글을 쓰기 전에 꼭 얼거리를 짜 보는 것이 좋습니다. 저학년이 쓰거나 짤막하게 쓰는 감상문은 그럴 필요가 없겠지만요.

6) 느낌과 생각이 나오게 된 까닭을 잘 나타낸다

느낌과 생각이 나오게 된 까닭과 그 과정도 잘 나타내어야 합니다. 느낌과 생각이 나오게 된 까닭을 또렷하게 잘 쓰지 않으면 느낌과 생각에 대해 믿음이 잘 안 생기지요. 그리고 그 까닭은 삶 속에서 나와야 더욱 믿음을 줍니다. 그렇지 않으면 그 생각은 뜬구름 같은 것이 되어 버리기 쉽습니다.

7) 우리 말을 바르게 쓴다

끝으로, 누구나 알 수 있는 쉬운 우리 말, 우리 말법으로 감상문을 써야 합니다. 우리 말로 쓰는 것은 어떤 갈래의 글에서든 다 중요하지만, 감상문 쓰기에서는 더욱 중요합니다.

흔히 우리 나라 말이라고 생각하고 쓰고 있는 말 가운데 한자말이라든지 일본 말이나 일본말투로 쓰는 말이 얼마ㅣ 많습니까? 또 요즘 새로 만들어 낸 이상한 말은 얼마나 많습니까? 그런 말은 안 쓰는 것이 좋습니다. 글을 다 쓴 뒤에는 꼭 우리 말을 바르게 썼는지 꼼꼼히 살펴보아야 합니다.

7. 감상문 쓰기

자, 이제 실제로 감상문을 써 봅시다. 어떤 어린이에게는 이런 방법이 오히려 거추장스러울 수도 있습니다. 그러니 어린이 스스로 더 좋은 방법을 찾아 쓸 수 있는 지도도 했으면 좋겠습니다.

1) 쓸거리 찾기

느낌이나 생각이 많거나 느낌이나 생각이 남다른 일, 그리고 문제가 많아 할 말이 많은 일 가운데 꼭 쓰고 싶은 글감 하나를 고릅니다.

우리 주위를 관심 있게 살펴보면 감상문 쓸거리는 널려 있습니다. 어린이가 연예인 사진 모으는 것에 대하여, 어린이가 고급 신발을 신는 것에 대하여, 전자오락에 대하여, 이웃집에 혼자 사는 할머니의 삶에 대하여, 길가에 이름 없이 핀 꽃들에 대하여, 선도에 대하여, 이름표 달고 다니는 것에 대하여, 시험에 대하여, 만화책에 대하여, 장난감 총에 대하여, 골프 운동에 대하여, 권투 운동에 대하여, 농약 문제에 대하여, 라면을 즐겨 먹는 것에 대하여, 떼죽음당한 물고기에 대하여, 숙제에 대하여, 공부에 대하여…….

그런데 우리는 그 속에서 묻혀 살다 보니 무엇을 보아도, 무엇을 들어도, 무엇을 겪어도 그저 그렇겠거니 하고 넘어가 버리기 십상입니다. 어린이들이 일상의 일도 새로운 생각을 가지고 꼼꼼히 살펴보며 생각하고 따져 보는 습관을 기르도록 하면 좋겠습니다.

① 본 것(일) 가운데서 찾기: 끌려가는 개를 보고, 어른들이 싸우는 모습을 보고, 미스코리아 선발 대회를 보고, 벌들이 생활하는 모습을 보고, 산에서 우리 마을을 보고

② 겪은 것(일) 가운데서 찾기: 나중에 내가 하고 싶은 직업을 겪어 보고, 운동회를 하고, 고무신을 신어 보고, 맨발로 걸어 보고, ○○고아원을 다녀와서

③ 들은 것(일) 가운데서 찾기: 선생님 이야기를 듣고, 산새 소리를 듣고, 가을의 소리를 듣고, 기계 돌아가는 소리를 듣고, 종소리를 듣고

④ 평소에 늘 생각해 온 것(일): 고생하시는 아버지에 대한 생각, 우정에 대한 생각, 지금 우리 나라 경제가 어렵게 된 것에 대한 생각

이렇게 예로 내보였지만 사실 감상문을 쓸 때는 이렇게 글감을 많이 찾을 필요가 없습니다. 내 앞에 맞닥뜨린 문제 가운데 꼭 할 말이 있는 것 하나를 정하면 될 테니까요.

그리고 감상문을 쓰게 할 때는 글감을 자기 스스로 찾아 쓰게 하면서도, 다 같이 생각해 보면 좋겠다 싶은 일은 공통 주제로 정해서 써 보게 하는 것도 좋습니다. 또 여러 사람이 함께 비디오를 보거나 음악 감상을 했을 때에도 다 같이 감상문을 써 보는 것이 좋겠지요.

2) 생각의 중심 찾기

자기가 정한 감상문 글감에서 자기 생각의 중심을 찾아 간단하게 적어 봅니다.

글감을 찾고 고를 때 이미 생각의 중심은 서 있겠지만 다시 한 번 자기가 무슨 생각을 말하려고 하는지 또렷이 짚어 보는 것이 좋습니다. 이를테면 끌려가는 개를 보고 자유에 대한 생각, 불쌍한 느낌, 생명에 대한 생각 들을 했다면, 이 가운데 가장 중심이 되는 생각이 무

엇인지 정하는 것입니다. 그렇지 않으면 생각이 헝클어지거나 흩어지기 쉽고 글을 써도 무엇을 썼는지 잘 알 수 없게 되는 경우가 많기 때문입니다.

다음과 같이 한 문장 또는 다섯 문장 정도로 중심이 되는 생각이나 내용을 써 보는 것도 좋습니다.

① 한 문장: 〈장사하는 할머니들〉 날마다 우리 집 앞 길가에서는 할머니들이 장사를 하는데, 그 할머니들의 모습을 보면 따뜻한 정을 느끼게 된다.
② 다섯 문장: 〈장사하는 할머니들〉 우리 집 앞 길가에는 마을 할머니들이 날마다 길 가는 사람들에게 과일을 판다. 그런 할머니들의 모습을 보면 정겹다. 그런데 가끔 할머니가 안 나오면 마음이 허전하고 자꾸 보고 싶어진다. 이제 곧 겨울이 오면 안 나올 텐데 보고 싶어질 것이다. 나도 할머니의 따뜻한 정을 잃지 않겠다.

처음 감상문 쓰기 공부를 할 때는 어떤 느낌이나 생각을 중심으로 쓸 것인지 발표를 시켜 자기 생각이 또렷해졌을 때 쓰기에 들어가는 것이 좋습니다.

3) 얼거리 짜기

긴 감상문을 쓸 때는 생각의 줄기가 헝클어지지 않도록 글 쓸 차례대로 얼거리를 짜 봅니다.

감상문을 쓰기 위해 얼거리를 짤 때는 서사문과 달리 생각의 중심에 따라 어떻게 써 나가야 할지 쓸 차례를 정해 적어야 합니다. 틀에 너무 얽매이지는 않도록 합니다. 너무 얽매이면 자유스런 느낌이나 생각을 막을 수도 있기 때문이지요.

〈장사하는 할머니들〉
① 할머니들이 장사하는 모습
② 내가 학교 갈 때 할머니들이 대하는 모습
③ 우리 할머니와 장사하는 할머니
④ 찻길이라 위험하다
⑤ 할머니들이 파는 과일은 더 맛있다
⑥ 겨울이 오면 할머니들이 안 나와서 보고 싶을 것이다

이것보다 더 짜임새 있게 적어 봐도 되고 더 간략하게 적어도 되겠
지요.

4) 마음과 몸짓으로 겪어 보기

글쓰기 바로 전에 느낌과 생각을 좀 더 생생하게 쓰기 위해 겪은
일을 얼거리 차례에 따라 마음으로 겪어 봅니다.

감상문 역시 바로 써 나가기보다는 이렇게 겪어 보기를 하면 더욱
느낌과 생각이 생생하게 떠오를 뿐만 아니라 막혔던 생각도 실타래
풀리듯이 술술 잘 풀릴 수가 있습니다. 더 자세한 것은 '2장 서사문'
의 마음과 몸짓으로 겪어 보기(※133쪽)를 참고하기 바랍니다.

5) 쓰기

얼거리 짠 차례에 따라 실을 풀어 나가듯이 생각의 실을 슬슬 풀어
자유롭게 써 나갑니다.

다시 말하지만 억지로 생각을 만들어 내어 꾸며 쓰지 않도록 하고,

지식만 늘어놓는 글이 되지 않게 자기 생각에 따라 솔직하게 써야 합니다.

글을 쓸 때 처음부터 완전하게 잘 써야겠다는 생각을 너무 하게 되면 오히려 마음에 부담이 되어 생각이 막혀 버릴 수도 있으니 쉽게 써 내려가도록 합니다.

6) 글 다듬기

다 쓴 글을 차근차근 읽어 보면서 모자라는 곳은 보태어 쓰고, 필요 없는 말은 빼고, 틀린 곳은 고치고, 껄끄러운 곳은 다듬어서 느낌과 생각이 충실하고, 정확하고, 또렷하게 나타나도록 합니다.

감상문 다듬기를 할 때는 먼저 내 생각이 바른가를 한 번 더 꼼꼼히 짚어 보며 확인을 해야 합니다. 내 생각이 바르게 잡혀 있다고 생각되면 그 느낌과 생각이 충실히 나타나 있는지를 잘 살펴보고 모자라는 부분이 있으면 보태어 적어야겠지요. 자기 생각이 흐트러져 있으면 앞뒤 차례를 바꾸고 모아서 생각의 중심과 질서가 잘 잡히도록 해야 하고 생각이 나오게 된 사실이 제대로 나타나 있는지도 살펴보고 충실히 나타내어 믿음이 갈 수 있게 해야 합니다.

그 나머지는 '2장 서사문'의 글 다듬기(※136쪽) 부분을 꼭 참고해서 다듬기를 하기 바랍니다.

아직 생각이 제대로 자리 잡히지 않은 어린이들도 많을 것입니다. 그럴 때는 지도교사가 조금 깨우쳐 줄 필요도 있습니다. 이때 교사 생각을 어린이들에게 너무 주입해서는 안 되겠지요. 자연스럽게 제 입으로 바른 생각을 말할 수 있도록 아주 조금만 이끌어 주어야 합니다.

7) 발표와 토론

다 쓴 감상문을 여러 사람 앞에 발표해서 내 생각에 대한 다른 사람의 의견도 들어 보고 토론도 하면서 생각을 더욱 또렷이 합니다.

다른 갈래 글도 여러 사람들과 나누어 읽어 보고 서로 이야기를 나누어 보는 것이 좋겠지만 감상문은 더욱 그렇습니다. 내 생각은 아직 검증된 것이 아니기 때문에 사람들에게 발표해서 다른 사람들 생각을 들어 보면 내 생각의 위치를 어느 정도 가늠할 수 있겠지요. 그러면서 내 생각을 더욱 바르게 키워 나가는 것입니다.

다 쓴 감상문을 발표시킬 때, 생각에 문제가 있는 감상문은 학급 아이들과 함께 토론해 보는 것도 좋습니다. 이렇게 하면 글 쓴 어린이의 생각을 바로잡아 줄 뿐만 아니라 학급 전체 어린이들의 생각도 바르게 세울 수 있지요.

단, 문제가 있는 감상문을 발표한 어린이 마음이 다치지 않게 좋은 방향으로 조심스럽게 이끌어 나가야 합니다.

8. 감상문 쓰기에 도움을 주는 몇 가지 활동

감상문 쓰기에 도움이 되는 활동 몇 가지를 알아봅시다. 이 방법은 감상문 쓰기뿐만 아니라 어린이들의 모든 삶에 도움을 주기도 할 것입니다.

1) 혼자 거닐어 보기

어린이들은 학원이다 숙제다 시험이다 해서 조그만 틈도 없이 무척 바쁩니다. 그리고 많은 어린이들이 어려운 일을 하기 싫어하고 깊이 생각하는 것도 싫어합니다. 또 어쩌다 혼자 있는 시간이 있어도 텔레비전이나 컴퓨터에 매달려 있으니 자기 생각이 있을 수 없지요. 그래서 권하는 것인데 하루에 10~30분쯤 일삼아 혼자 거닐면서 생각하는 시간을 갖도록 하자는 것입니다.

시골 어린이들은 마을 앞 들녘을 거닐며 지금까지 예사로 보았던 것들도 다시 살펴보며 깊이 생각해 본다든지, 오늘 보았거나 겪었던 일들을 꼼꼼히 생각하며 거닐어 보게 합니다. 도시 어린이들이라면 사람이 많은 거리를 거닐어 보는 것도 좋겠고, 조용한 공원에서 걷는 것도 좋겠습니다. 그리고 시장, 공사장처럼 사람들이 열심히 살아가는 곳에 가 보는 것도 좋겠지요. 새로운 생각이 떠오르면 그 자리에서 '생각주머니'에다 짤막하게 적는 습관을 들이면 더욱 좋겠습니다.

2) 쪽지 느낌글 써 보기

시간이 조금씩 날 때마다 무엇에 대한 느낌이나 생각을 아주 짤막하게 적어 봅니다. 그리고 무슨 일을 겪고 난 뒤에 자세하게 느낌과 생각을 쓸 시간이 없을 때는 이렇게 아주 간단하게 적어 보면 좋겠습니다.

맨발로 지내 보고

거창 샛별초 5학년 김수진

맨발로 어제 하루, 그리고 오늘도 맨발로 지냈다. 어제 하루는 처음이라 부끄러웠다. 게다가 실내화도 신지 않았기 때문이다. 특히 물 있는 곳은 질퍽하기 때문에 어제는 실내화를 신었으면 하고 생각했으나 오늘은 다르다. 맨발이 복도에 닿으면 시원한 느낌이 든다.

이 정도 짧게 쓰는 것은 어린이들도 누워서 떡 먹기겠지요? 이 정도만 써도 자기 느낌과 생각의 알맹이는 다 말했습니다. 자주 써 보도록 했으면 좋겠습니다.

3) 따져 보기

어떤 일을 놓고 좋은 점이나 좋지 않은 점을 조목조목 따져 보는 것입니다. 또 한 가지 일을 놓고 여러 사람이 같이 따져 봐도 좋지요.

9. 맺는말

누구나 지금의 생활에 묻혀 별생각 없이 살다 보면 자기 느낌이나 생각을 잃어버리게 됩니다. 자기 느낌이나 생각을 잃는다는 것은 자기 정신을 잃어버리는 것과 다를 바 없습니다. 여러 번 말하지만 어린이에게 자기 생각을 귀하게 여기도록 하고, 감상문을 쓰면서 자기 생각을 많이많이 키워 나가도록 지도하기 바랍니다.

9장

독서 감상문

책을 읽고 느낌과 생각을 쓰는 글

1. 독서 감상문이란 어떤 글일까요?

흔히 책을 많이 읽어야 한다고 하지요? 맞는 말입니다. 책 속에 길이 있다고 할 정도니까 이만큼 중요한 일이 또 어디 있겠습니까. 첫째가 먹고 입고 자고 일하며 살아가는 것일 테고, 그다음 중요한 것을 말하라면 아마 책 읽기가 되지 않을까 싶습니다.

그러면 책 읽기가 왜 이렇게 중요할까요? 그만큼 얻는 것이 많이 있기 때문입니다. 지식도 많이 얻을 수 있고, 사고력이나 창조력도 길러 주고, 가정과 이웃을 비롯해 온 세계 인류에 대한 참된 사랑과 봉사 정신도 가르쳐 줍니다. 또 역사와 지금 우리가 살아가고 있는 세상을 바르게 볼 수 있는 눈도 넓혀 주고, 옳고 그름을 바르게 판단하는 능력과 바르게 살아갈 수 있는 힘도 길러 주지요. 또 자연과 생명의 존귀함이나 인간의 존엄성도 가르쳐 주고, 어려움을 극복해 나가는 힘과 의지력, 정의감과 관용을 길러 주기도 합니다.

어린이들의 책 읽기는 더욱 중요합니다. 지식과 생각과 경험의 폭을 넓혀 바른 가치관을 갖게 해 주고, 원만한 인격도 길러 주고, 나아가 바른 인간이 되도록 해 주기 때문이지요.

이뿐만이 아닙니다. 책 읽는 행위 자체에서도 얻는 것이 많습니다. 어린이 스스로 학습할 수 있는 능력도 길러 주고, 사람들이 실제로 경험할 수 없는 것들도 간접으로 겪게 해 줍니다. 또 참을성도 길러 주고, 정서를 안정시켜 주기도 하지요.

이렇게 책 읽기로 얻는 것이 많지만 반대로 잘못 읽으면 읽지 않는 것만 못할 경우도 있답니다. 그러니까 좋은 책 고르는 방법이나 책을 바르게 읽는 방법에 대해서도 잘 알아 둬야겠지요.

그러면 어린이들에게 책 읽기 지도는 왜 할까요? 그건 어린이와 책을 바르게 이어 주기 위해서, 말하자면 어릴 때부터 책을 좋아하게 하고 책에 대한 정보를 넓히며 스스로 좋은 책을 찾아 즐겨 읽을 수 있도록 도와주기 위해서입니다.

그런데 말은 쉽지만 실제로는 쉽지 않습니다. 기본 발달 단계에 따라 책 읽는 능력이나 흥미가 어린이마다 다 다르기 때문이지요. 책 읽는 흥미는 어린이의 몸과 마음의 발달이나 생활 변화에 따라 자연스럽게 바뀌겠지만, 때로는 옳지 않게 바뀌어서 문제를 일으키는 수도 있습니다. 어떤 어린이는 책 읽기를 아주 싫어하기도 하고, 어떤 어린이는 책을 너무 많이 읽어 문제가 되기도 합니다. 지능 발달이 늦거나 책 읽는 능력의 발달이 늦거나 정서 발달에 문제가 있어 책 읽기에 흥미를 잃은 어린이도 있습니다. 그리고 책 읽는 양으로 보면 알맞다 싶어도 어느 한 분야의 책만 읽기도 하고, 너무 흥미 위주로 읽는 어린이도 있습니다. 어디 그뿐이겠습니까. 책 읽기에 흥미가 있어도 책이 없어 못 읽는 어린이도 있을 테고, 학원이다 뭐다 해서 시간이 나지 않아 못 읽는 어린이도 있습니다.

이런 문제뿐 아니라 지금 우리 사회에서 아이들의 독서 환경, 책, 책 읽기 교육 방법에도 문제가 많습니다. 이런 문제를 이겨 내고 더욱 즐겁고 뜻 있게 책 읽기를 할 수 있는 교육이 필요합니다.

책 읽는 것만으로도 귀한 공부가 되겠지만 책 읽고 배운 지식이나 느낌과 생각을 여러 가지 방법으로 정리해 보면 더욱 좋은 공부가 될 것입니다. 그림으로 그려 본다든지, 극화해 본다든지, 그림극으로 만들어 본다든지, 토론을 한다든지, 감상문을 써 본다든지 하는 것들이지요. 이 가운데 어린이 스스로 할 수 있는 가장 좋은 방법이 독서 감상문 쓰기입니다.

줄인 말로는 '독후감'이라고도 하지요. 책을 읽을 때마다 어린이 스스로 일기장이나 독서 감상록(독서 감상 기록장)에 그때그때 적고 싶은 대로 적도록 하는 것이 좋습니다.

마음씨 바르고 착한 도깨비
-《팔푼돌이네 삼 형제》를 읽고

청도 덕산초 5학년 박욱태

팔푼돌이네 삼 형제는 조금은 바보스러운 듯하지만 진짜로 말하면 자기 이익만을 생각하지 않고 힘없고 가난한 사람을 위해 착한 일을 하는 그런 도깨비들이다. 보통 '도깨비' 하면 뿔이 나고 무섭다고 생각한다. 팔푼돌이 삼형제는 뿔도 없고 사람과 아주 가까운 동무인 셈이다. 그런데 그렇게 가까이에 살던 도깨비들은 사람들의 나쁜 마음이 싫어 산속에 숨어 버렸다. 그렇지만 고향이 그리워 밤마다 사람이 사는 곳에 내려와 짓궂은 장난도 가끔 하면서 사람을 깨우치는 여러 가지 일을 벌인다.

6·25 때 아들을 잃고 혼자 사는 아픔실 할머니에게 약초를 캐어 팔아 몰래 따뜻한 털신을 사다 주었다. 그러다 마음이 약해진 팔푼돌이 삼 형제는 온 동네에 혼자 사는 할아버지 할머니들이 한겨울을 따뜻하게 지낼 수 있도록 털신을 다 사다 드렸다. 젊은 사람들은 도시로 다 떠나고 나이 많은 할아버지 할머니만 농촌에 남았으니 참 슬픈 일이다.

한번은 산을 다니고 있는데 새끼 노루가 뛰어왔다. 다리에 총을 맞고 사냥꾼에게 쫓기고 있었다. 팔푼돌이네는 또 그 새끼 노루를 정성껏 치료해 주었다. 한편 사냥꾼은 바람을 일으켜 날려 버렸다. 힘부로 동물을 죽이는 사냥꾼은 그렇게 혼이 나도 싸다고 생각한다. 그리고 총은 박살을 내 버렸다. 총이란 뭔가. 살아 있는 생명을 죽인다. 사람을 죽인다. 아이들은 그것도 모르고 총놀이를 하는데 참으로 바보짓이다. 어른들은 그런 장난감을 만들어 파는데 할 짓이 참 어지간히도 없다는 생각밖에 안 든다.

얼음이 꽁꽁 어는 한겨울에 얼어 죽을지도 모르는 못골 송아지에게 보릿짚을 가져와 따뜻하게 덮어 살리는 팔푼돌이네는 정말 따뜻한 마음 씨를 가지고 있다고 본다. 소 주인은 소를 돈으로만 생각하고 기르기 때 문에 잘 보살피지도 않는 것 같다. 참으로 사람 마음이 메말라 가는 것 같아 안타깝다.

이 도깨비, 팔푼돌이네는 장가 못 간 농촌 노총각 걱정도 한다. 일 안 하고 편안하게 살려고 하는 누나들아, 마음 고쳐먹고 착하고 부지런한 농촌 형들에게 시집 좀 오너라. 팔푼돌이네는 또 예수님을 만나 잘못된 종교 걱정도 한다. 고춧값이 똥값이 되어 농민들이 안타까워하는 모습 을 보니 농민의 자식인 나는 너무나 분통이 터진다.

이 책에는 또 자연을 해쳐서는 안 된다는 이야기나 대통령, 교장 선생 님, 시장님 같은 분들에게 깨달음을 주는 이야기도 나온다. 한마디로 아 랫사람을 생각하는 마음으로 함께 살아가야 한다는 뜻인데 정말 옳다고 본다.

또 이 책에는 이 밖에도 우리가 지금 어떻게 살아가야 하는지 여러 가 지 깨달음을 주는 이야기가 나오는데, 뭐니 뭐니 해도 통일을 애타게 바라 는 이야기가 가장 많이 나온다. 6·25 원수를 사랑으로 갚아야 한다는 말이 내 마음을 바꾸어 놓았다. 우리는 지금까지 원수를 갚아야 한다는 것만 마음에 담아 왔다. 남북 학생회담을 못하게 만든 것들에게 팔푼돌 이네는 분통을 터트린다. "이 늑대 같고 미친 개 같은 것들아!" 그렇게 소 리라도 지르니 내 속이 좀 시원해지는 것 같았다.

문동주 목사님 이야기를 하면서 아주 옛날부터 나라를 위해 싸우다 어려운 일을 당한 사람 이야기도 많이 나오는데 도대체 어떤 귀신이 통 일을 막는지 나 같은 어린이는 도대체 모르겠다. 이 책 마지막에는 통일 된 모습을 그리며 끝난다.

사람들이 도깨비, 아니 톳제비같이 바르고 착한 마음을 본받아야 통일도 이루어진다고 본다. 요즘 사람들의 나쁜 마음에 물들여지지 않으려고 산속에 꼭꼭 숨어 버린 톳제비 그러니까 뿔 없는 도깨비는 언제쯤 사람 사는 세상에 내려올까? 그 착한 도깨비와 같이 살 날은 언제쯤 될까?

(1996년)

꽤나 자세하게 썼지요? 줄거리에 따라 자기의 감상을 써서 독서 감상문만 읽어도 책 내용이 어떤지 알 수 있습니다. 또 중요한 부분마다 자기 느낌과 생각도 차근차근 잘 써 놓았습니다.

《너하고 안 놀아》에서 〈실수〉를 읽고

인천 대화초 3학년 한민주

나는 〈실수〉라는 글을 읽고 많은 것을 느꼈다. 노마는 어머니의 심부름으로 빈 기름병을 들고 가게에 가게 되었다. 노마는 성격이 까불기를 잘하고 어디를 갈 때 많이 서두른다. 꼭 나 같다. 나도 까불기를 잘하고 서두른다.

노마는 기름집을 가다가 기름병을 깨뜨렸는데 나도 작년에 어머니 심부름을 가다가 돈을 잃어버린 적이 있다. 지금 노마도 나처럼 울 심정이다. 그래서 나는 충분히 노마의 심정을 이해할 수 있다. 나는 노마가 불쌍하다. 어머니가 혼내셨다면 혼낼 일이 아니다. 혼내 주시지는 않고 타일러 주셨으면 좋겠다. 노마도 그러고 싶어서 그런 것이 아니다. 기쁜 마음을 갖고 가다가 실수를 한 것이다. 실수는 누구든지 할 수 있다. 어른과 아이들, 또 꼬마 아이들 이렇게 많은 사람들 말이다. 노마는 어디를 다닐 때 까부는 것과 서두르는 것을 조금 버렸으면 좋겠다. 노마도 그것만 버리면 참 좋은 아이다.

-《우리 말과 삶을 가꾸는 글쓰기》 21호에서

글쓴이의 생활에 비추어 쓴 독서 감상문입니다. 이렇게 자기 생활과 견주면서 생각을 적어 보는 독서 감상문도 많이 써 봅시다.

다음은 오승강 선생님의 〈장래 희망〉이란 시를 읽고 쓴 글입니다. 이렇게 아주 간단히 자기 생각을 써 보게 하는 것도 좋습니다.

모두가 높은 사람이 되려고 하는데 이 아이 혼자 문 짜는 사람이 되겠다고 한다. 나에게 장래 희망이 무엇이냐고 물어본다면 뭐라 대답할까? 아마 이 시를 보지 않았다면 다른 아이들과 같이 대답했을 것이다.

(1982년, 울진초 6학년 최진옥)

전에 동생이 나에게 장래 희망이 뭐냐고 물었을 때 나는 대학교수가 된다고 했다. 나는 가슴이 뜨끔했다. 이 시를 읽고 나니 피땀 흘리는 노력만 한다면 될 수 있다는 생각이 들기도 한다. 나는 그 희망을 꼭 이룰 것이다.

(1982년, 울진초 6학년 박미화)

아빠는 판사가 되라고 하시고 엄마는 약사가 되라고 하시지만 이 시를 읽으니 먼저 마음씨 착한 사람이 되어야겠다는 생각이 든다. 돈만 다가 아니다. 행복은 마음에 있다고 본다.

(1982년, 울진초 6학년 홍현선)

2. 독서 감상문은 왜 쓸까요?

앞에서도 말했지만 독서 감상문을 쓰는 것은 좋은 공부가 되기 때문입니다. 책을 읽고 그냥 넘어가면 얻은 것이 달아나 버릴지 모릅니다. 흐릿하거나 잡히지 않는 느낌과 생각은 더욱 그럴 테고요. 그러니까 쓴다는 것은 얻은 것을 달아나지 않게 꼭 붙잡아 쟁여 두는 것과 같다고 할 수 있습니다. 그렇게 얻은 것들은 삶에 좋은 영양소가 되겠지요.

그러면 독서 감상문은 왜 쓰는지 몇 가지로 나누어 이야기해 보겠습니다.

첫째, 책 읽기로 얻은 지식을 한 번 더 또렷이 익힐 수 있게 해 줍니다. 얻은 지식을 그냥 머릿속에 대충 넣어 두면 질서 없이 떠돌거나 얼마 가지 않아 달아나 버리기 쉽습니다. 그렇게 떠돌거나 달아나려고 하는 지식은 정리하면서 적어 보아야 꼭 붙잡아 둘 수가 있습니다.

둘째, 책을 읽을 때 느꼈던 감동을 더욱 오랫동안 간직할 수 있게 해 줍니다. 우리는 좋은 책을 읽으면 깊은 감동을 받게 됩니다. 그리고 좋은 감동은 오래도록 마음속 깊이 간직하고 싶어지기도 하지요. 글로 쓰면 그때 그 감동을 오랫동안 간직할 수 있습니다.

셋째, 느낌과 생각을 또렷이 정리하는 능력을 길러 줍니다. 우리는 책을 읽으면서 무엇을 깊이 느끼거나 어떤 생각을 가지게 되지요. 그런데 그것이 질서가 잘 잡혀 있지 않은 때가 많습니다. 따라서 글로 쓰면 정리가 잘되지요. 글로 쓰면 흐릿한 느낌과 생각은 더욱 또렷해지고, 나아가 완전히 자기 것이 될 수 있습니다.

넷째, 자기 삶을 더욱 잘 가꾸고 키워 나가게 해 줍니다. 우리는 다른 사람이 쓴 글을 읽을 때 단순히 읽어 넘기기만 하지 않고 자기 삶과 관계 짓기도 합니다. 그 관계가 엷어지기 전에 글로 쓰면 더욱 단탄하게 되겠지요. 바탕이 단탄하면 더욱 잘 가꾸고 키워 나갈 수도 있지 않겠습니까.

다섯째, 생각하는 힘이나 비판력, 논리력을 길러 주기도 합니다. 책 내용 가운데 내 생각과 다르거나 옳지 않다고 생각될 때는 비판하는 글도 써야 합니다.

또 수많은 책 가운데는 우리들에게 해독을 주는 것도 있습니다. 처음부터 책 내용이 옳지 않을 수도 있고, 그림이나 글자, 색상, 책의 모양이나 크기 같은 겉모양이 옳지 않을 수도 있습니다. 이런 책은 읽은 사람이 스스로 따져서 이 책이 옳지 않다는 것을 세상에 밝혀 놓아야 합니다. 그래야 다시는 그런 좋지 않은 책이 발붙이지 못하겠지요. 이렇게 좋은 점이나 나쁜 점을 조목조목 따져서 설득력 있게 글을 쓰다 보면 비판력이나 논리력도 길러집니다.

《김유신》을 읽고

거창 샛별초 5학년 백상훈

이 책의 중간을 보면 추남이라는 고구려의 점장이가 왕에게 바른 말을 하다가 사형을 당했다. 그다음 날 밤 왕은 꿈을 꾸었는데, 추남이 나타나서 말하기를 "나는 신라의 장군으로 태어나 삼국을 통일하겠다."고 말하고 사라졌다. 그다음 날 김유신은 태어난 것이다.

이 책에서는 하늘이 김유신 편을 드는 것 같다. 아무리 삼국 통일이 중요하다고 하지만, 이겨서 통일을 하지 말고 나라끼리 협상을 해서 통일하면 좋았을 것이다. 그러나 신라는 비겁하게 남의 나라의 힘을 빌려서 통일을 하였다. 나는 그것보다 계백의 충성심과 하는 행동이 김유신보다 당당하다고 생각한다.

나는 요즘 이런 위인전기는 못 믿겠다. 《계백》을 보면 김유신의 칭찬은 적지만 비판은 많다. 같은 책 회사에서 만들어 냈는데 어찌 이리도 비판이 심한지 모르겠다. (1988년 10월 22일)

– 《글쓰기 교육의 이론과 실제 Ⅱ》(한국글쓰기교육연구회 엮음, 온누리)

책 내용 자체에 대한 비판과 널리 알려진 생각에 대한 비판, 잘못된 위인전기에 대한 비판을 하는 독서 감상문입니다. 독서 감상문을 쓸 때, 무조건 훌륭하다, 본받겠다는 식으로만 쓰지 말고 잘못된 부분이 있을 때는 이렇게 비판하는 글도 써야 합니다.

그 밖에도 책 읽는 보람을 느낄 수 있다든지, 여러 가지 글쓰기 능력이 길러지는 좋은 점은 더 있겠지요. 독서 감상문은 이런 좋은 점이 있기 때문에 쓰는 것입니다.

그러나 마지못해 억지로 쓰거나 그냥 책을 읽었다는 표시만 내기 위해 쓰려면 안 쓰는 것이 좋습니다. 왜냐하면 그렇게 억지로 쓰면 책 읽는 것조차 싫어지기 때문입니다. 독서 감상문 쓰는 것보다 책 읽는 것이 더욱 중요하니까요. 또 독서 감상문 쓰기 대회에 나가 상을 타기 위한 목적으로 쓰는 글쓰기도 하지 않는 것이 좋습니다. 이렇게 쓰면 힘겹기도 하지만 어떤 틀에 맞추어 꾸며 쓰게 되어 진정한 독서 감상문이 될 수 없기 때문입니다.

3. 여러 가지 독서 감상문

독서 감상문은 책 내용에 따라서는 동화나 소설을 읽고 쓰는 감상문, 전기를 읽고 쓰는 감상문, 과학책을 읽고 쓰는 감상문, 시를 읽고 쓰는 감상문, 학습도서를 읽고 쓰는 감상문, 또 그 밖에 다른 책을 읽고 쓰는 감상문으로 갈래를 나눌 수 있을 것입니다. 하지만 이렇게 나누는 것은 별 뜻이 없을 것 같습니다.

따라서 여기서는 글의 형식에 따라 갈래를 나누어 보겠습니다. 사실은 이렇게 갈래를 나누는 것도 꼭 특별한 뜻이 있다고 말할 수는 없습니다. 오히려 어린이들이 독서 감상문을 쓸 때 어떤 틀에 가두어

버릴지도 모르기 때문입니다. 가장 좋은 방법은 어린이들이 쓰고 싶은 대로 쓰게 하는 것입니다.

그러면 몇 가지로 나누어 살펴보겠습니다.

1) 느낌을 중심으로 쓴 독서 감상문

사람들이 가장 많이 쓰는 형식입니다. 줄거리에 따라 자기 느낌과 생각을 쓸 수도 있고, 글 내용 가운데 특히 느낌과 생각이 많은 한 부분을 중심으로 쓸 수도 있습니다. 또 줄거리를 쓰고 난 뒤에 느낌을 쓸 수도 있겠지요.

《천년의 사랑 직지》를 읽고

대구 동호초 6학년 한지현

《천년의 사랑 직지》, 처음에는 책 제목을 이해하기가 어려웠다. 그래서 책의 내용도 어렵고 재미없을 것이라고 생각했다. 그러나 어렵지 않고 누구나 다 이해할 수 있을 정도였다. 그리고 감동도 있었다.

이 책의 주인공은 만복이라는 남자아이다. 만복이는 가족을 몽땅 잃었다. 엄마 아빠 그리고 누나 모두 문둥병으로 마을에서 쫓겨나게 되었기 때문이다. 그리고 엄마와 아빠는 만복이와 누나만 남겨 두고 먼저 세상을 떠나게 되고, 누나 역시 잇따라 만복이를 두고 죽고 만다. 만복이의 식구들을 쫓아낸 마을 사람들도 마을의 법이기 때문에 어쩔 수 없이 자신들을 보호하려고 그랬지만 만복이의 식구들에게는 정말 미안했을 것이다.

어린 나이에 식구들과 헤어진 만복이가 참 안되었다. 살아갈 길이 막막했을 만복이의 답답한 마음이 나에게도 전해 오는 것 같았다. 내가 함께 살아가던 식구들이 없어진다면 어떻게 될까? 처음으로 해 보게 된 생각이다. 내 곁에는 언제나 날 사랑해 주는 가족들이 있어서 참 다행이다.

불행 중 다행스럽게도 만복이는 절에 들어가 백운 스님과 석찬 스님, 묘덕 스님을 만나게 된다. 백운 스님은 빨리 돌아가 버리셨지만 어머니처럼 상냥하며 마음이 따뜻한 묘덕 스님과 때론 아버지처럼 엄하시지만 마음속은 만복이를 사랑하는 석찬 스님의 사랑과 보살핌을 받으며 자라게 된다.

하지만 만복이는 석찬 스님의 꾸중이 너무 무서워 절을 나와 버렸다. 그 뒤 대장장이 할아버지와 함께 살고 있는 장쇠의 집에 들어가게 된다. 만복이는 쇠로 만든 부처님을 보면서부터 쇠로 글자판을 만들어 보겠다는 생각을 한다. 만복이의 다짐이 장쇠 집에서 이루어지게 되었다. 만복이는 절에 다시 들어가 스님들과 장쇠, 장쇠 할아버지의 도움을 받아 천년만년이 지나도 닳지 않은 직지를 완성하게 된다.

다 완성된 직지판을 보며 만복이는 누나 생각이 나 눈물을 흘렸다. 나도 만복이의 눈물에 쩡한 감동을 느꼈다. 어려운 환경에도 직지를 완성한 만복이가 참 대견하고 자랑스럽다. 만복이의 끈기와 열정이 없었다면 이 직지는 영원히 만들어질 수 없었을 것이다. 그리고 만복이를 도와준 많은 사람들이 없었더라도 직지를 만들기는 어려웠을 것이다.

만약 만복이의 누나 봉화 언니가 하늘에서 이 모습을 지켜보고 있다면 눈물을 흘릴 것이다. 함께 있어 주지 못한 슬픔과 대견스러운 마음 때문에…….

이 책을 읽으면서 참 배운 게 많다. 가족의 사랑과 소중함, 그리고 끈기와 열정, 꼭 하겠다는 마음가짐이 있어야 훌륭한 일을 이루어 낼 수 있다는 것. 작가가 해 주고 싶었던 말도, 이 책을 쓰게 된 까닭도 다 이 말을 해 주고 싶어서가 아닐까 싶다. (2009년 4월 12일)

맨 앞에 보인 독서 감상문 〈마음씨 바르고 착한 도깨비〉는 줄거리를 따라 느낌과 생각을 쓴 글이라 할 수 있습니다. 다음 내보인 《너하고 안 놀아》에서 〈실수〉를 읽고〉는 자신의 생활과 관련해 쓴 글이라 할 수 있지요.

바로 앞에 내보인 글 《《천년의 사랑 직지》를 읽고〉는 글 앞부분에는 대체로 줄거리가 나오고 뒤에 자기 느낌과 생각을 쓴 글이라 할 수 있습니다.

이 독서 감상문을 다시 한 번 더 견주어 가며 읽어 보도록 합시다. 느낌과 생각을 중심으로 쓰는 독서 감상문 형식은 그 밖에도 많이 있을 것입니다.

2) 편지글 형식으로 쓴 독서 감상문

어린이들이 느낌과 생각을 중심으로 쓰는 독서 감상문 외에 많이 쓰는 형식이 편지글 형식으로 쓰는 독서 감상문이지요. 편지를 받는 사람이 바로 앞에 있는 것처럼 말하듯 쓰면 됩니다. 글 속에 나오는 주인공이나 등장인물, 사물, 또는 글쓴이에게 쓰는 형식도 있을 테고, 다른 사람이나 사물에게 자기가 책 읽은 감상을 써 보내는 형식으로 쓸 수도 있겠지요. 편지로 쓰는 독서 감상문이 좋은 점은 무엇보다 자기 속마음을 더욱 진솔하게 털어 낼 수 있다는 것입니다.

이희아 언니에게
-《네 손가락의 피아니스트 희아의 일기》를 읽고

경산 성암초 4학년 김예진

이희아 언니, 안녕하세요?

저는 경산 성암초등학교 4학년 김예진이라고 해요. 언니에게 편지를 쓰게 된 특별한 까닭은 언니가 쓴 일기가 책으로 나온 것을 읽고 감동을 받았기 때문이에요.

언니가 피아노를 배우기 시작한 건 손에 힘을 기르기 위해서였다고 들었어요. 언니, 우리는 손가락이 모두 열 개인데 언니는 네 개잖아요. 미안한 말이지만 처음엔 좀 이상하게 보였어요. 우리들이 늘 보는 것이 아니면 무엇이든지 처음엔 좀 이상하게 보잖아요. 그렇지만 자꾸 보니까 정말 예뻤어요. 그런데 손가락 열 개보다는 아무래도 힘이 약하잖아요. 그래서 손가락에 힘을 기르려고 피아노를 치게 되었다고 했지요? 그런데 그렇게 시작한 피아노 연주가 이제는 정말 잘 칠 수 있게 되었으니 얼마나 좋아요.

희아 언니, 정말 힘들 때가 많았지요? 가장 힘든 건 다른 사람에게 놀림 받을 때일 것 같아요. 모두 장애인이라고 놀렸죠? 그때 그 외로움, 쓸쓸함, 슬픔을 누가 알겠어요. 저 같으면 정말 너무너무 죽고 싶었을 거예요.

희아 언니, 한때는 저도 피아니스트라는 꿈을 가지고 있었어요. 하지만 언니처럼 열심히 연습을 하지는 않았어요. 언니는 쇼팽의 즉흥 연주곡을 5년 동안이나 연습했다면서요? 이 이야기를 듣자마자 "우와!" 하는 소리가 절로 튀어나왔어요. 저는 하루에 30분도 연습하지 않는데 같은 곡을 무려 5년이나 연습했다고 하니 말이에요.

언니는 그만큼 고생을 참아가면서 노력을 했기 때문에 상도 많이 탔지요? 1992년에는 전국 학생음악연주평가 대회에서 최우수상을 받았고, 1999년에는 장애 극복 대통령상을 받았고요. 정말 대단한 상을 타셨네요. 저는 피아노를 좋아하기는 하지만 잘 치지는 못해요. 저도 언니처럼 상을 받고 싶어요. 그렇지만 언니처럼 노력도 하지 않고 상을 받고 싶어 하는 자세가 잘못된 것이라고 봐요. 언니, 그렇지요?

언니, 언니는 손가락 때문에도 많이 괴로웠겠지만 무릎밖에 없는 발 때문에도 정말 고통스러웠다는 것이 일기에 다 드러나 있어요. 간호사였던 엄마가 날마다 주사를 놓아 주셨지만 정말 얼마나 아팠겠어요! 태어날 때부터 다리가 반밖에 없는 것이 아니라 절단 수술을 했다기에 더욱 놀랐어요.

희아 언니, 제가 희아 언니를 존경하는 까닭은 어떤 힘든 일이라도 참고 해내었다는 것이에요. 저는 몸도 튼튼한데도 조금 하기 싫거나 조금 어려운 일에는 도전도 하지 않는데 희아 언니는 불편한 몸으로도 불가능을 성공으로 이끌었어요. 말이야 쉽지만 얼마나 어렵게 이루어 내었는지 나는 잘 알고 있어요. 저도 그렇게 되도록 노력할게요. 그럼 안녕히 계세요.

2007년 10월 22일

희아 언니를 좋아하는 김예진 올림

3) 일기 형식으로 쓴 독서 감상문

다음은 일기 형식으로 쓰는 독서 감상문입니다. 그날 읽은 책 내용에 대한 감상이나 책 한 권을 다 읽은 날 그 책 내용에 대한 감상을 일기장에 쓰는 것이지요. 또 책 내용은 아니지만 책과 관계 있는 이야기를 써도 좋습니다. 일기로 쓰면 무엇보다 마음 편하게 쓸 수 있어 좋지요. 경산 장산초등학교 5학년 이우열이 일기로 쓴 독서 감상문을 보겠습니다.

2003년 4월 3일 목요일

《홍범도》란 위인전을 읽었다.

홍범도는 1868년 평안북도 양덕에서 태어났다. 가난한 농부의 아들로 태어나 제대로 교육도 받지 못한 그는 백두산을 누비며 포수 생활을 했다.

1905년, 일제는 을사조약을 맺어 우리나라의 외교권을 빼앗고 나랏일에 간섭하기 시작했다. 게다가 1907년에는 '총포 및 화약류 취급령'이라는 것을 내려 모든 총기류를 압수하였다. 포수들에게 총을 내놓으라면 굶어 죽으란 말과 같았다. 이때 홍범도는 백두산 일대에서 활동하던 포수들을 모두 모아 산포대를 조직하고 총을 빼앗으러 온 일본군과 경찰을 모조리 쏘아 죽였다.

1919년 3·1운동이 일어나자 간도를 비롯한 만주 각 지역에서도 만세 시위가 잇달아 일어났다. 그해 8월 홍범도의 대한독립군은 두만강 국경을 넘어 함경남도 해산진의 일본군 수비대를 공격해 큰 승리를 거두었다. 또 9월에는 함경남도 갑산, 10월에는 평안북도 만포진을 공격했다.

1920년 10월에는 청산리 전투에 참가해 큰 승리를 거두고 그 뒤 독립을 위해 일본군과 싸울 준비를 하고 후배들을 양성하다가 조국의 해방을 2년 앞둔 1943년 76세에 세상을 떠나고 말았다.

나도 이렇게 홍범도 장군처럼 어떤 일에도 자신감을 가지고 당당하고 용감하게 일을 해 나가야겠다.

줄거리를 쓰다가 끝에 자기 생각을 한 문장 넣어 놓은 감상문입니다. 많은 어린이들이 흔히 이렇게 쓰지요. 느낌이나 생각을 많이 안 넣어서 독서 감상문으로는 조금 모자란다고 하겠지요. 그래도 없는 느낌을 억지로 만들어 쓰는 것보다는 좋습니다. 이렇게만 써도 좋은 공부가 됩니다.

생활 일기를 쓰다가 책을 읽었을 때는 이렇게 일기 형식으로 독서 감상문을 가볍게 쓰는 습관을 들이면 정말 좋겠습니다.

4) 시 형식으로 쓴 독서 감상문

책 읽은 감동을 시로 나타내는 것이지요. 마음에 일어나는 감동을 간결하면서도 깊이 있게 나타낼 수 있습니다.

강아지 똥이 피운 꽃

대구 동호초 5학년 정소희

돌이네 흰둥이가
골목길 담 밑 구석에 눈
똥

날아가던 참새도
"똥 똥 똥…… 에그 더러워!"
소달구지에서 떨어진 흙덩이도
"똥 중에 제일 더러운 개똥이야."
하지만 흙덩이는 살던 곳으로 가고
강아지 똥은 외롭습니다.

닭에게 먹이가 되는가 싶었는데
그만 지나칩니다.
'나는 역시 아무 데도 쓸 수 없는
찌꺼기인가 봐.'
강아지 똥은
자꾸만 자꾸만 울었습니다.

아! 그런데
강아지 똥 옆에 민들레 싹
어느 날
강아지 똥은 온몸이 비에 맞아
잘게 잘게 부서졌습니다.
그러고는 민들레 몸속으로

녹아 들어갔습니다.
아! 드디어
별처럼 예쁜 민들레꽃
활짝 폈습니다,
강아지 똥의 눈물겨운 사랑의 꽃이.   (2010년 4월)

　권정생 선생님의《강아지 똥》을 읽고 쓴 독서 감상시입니다. 이야기 줄거리 속에 읽는 이가 느낀 감정도 어느 정도 실려 있어 그런대로 시가 되었습니다.
　그 밖에 여러 가지 형식으로 독서 감상문을 쓸 수 있을 테지요. 너무 형식에 얽매이지 말고 마음에서 우러나오는 대로 쓰도록 하기 바랍니다. 그러다 보면 자신의 감정에 맞게 자기만의 개성이 살아 있는 독서 감상문을 쓸 수 있을 것입니다.

4. 어떤 독서 감상문이 좋은 독서 감상문일까요?

　자기 삶이 죽어 있으면 어떤 글이든지 살아 있는 좋은 글을 쓸 수 없습니다. 이는 독서 감상문 쓰기에서도 마찬가지입니다. 책을 읽어도 살아가면서 여러 가지 경험도 해 보고, 그 경험에 대해 느껴 보고 생각도 하면서 책을 읽어야 그 가치가 살아납니다. 점수 따기 공부에만 매달리며 학교, 학원, 집으로 다람쥐 쳇바퀴 돌 듯해서 삶이 죽어 있는 어린이가 책만 읽으면 책 속에 갇히게 됩니다. 그런 사람이 독서 감상문을 쓰면 살아 있는 글은 쓸 수 없습니다.
　그러면 어떤 독서 감상문이 좋은 독서 감상문인지 살펴봅시다.

첫째, 다른 사람의 느낌이나 생각을 따르지 않고 자기 삶에 비추어 진정한 자기 느낌이나 생각을 솔직하게 쓴 글이 좋은 독서 감상문입니다. 다른 사람의 느낌이나 생각은 뭘까요? 누구나 쉽게 그렇게 느끼고 생각할 수 있는 것을 말합니다. 누구나 느끼고 생각할 수 있는 것은 내 느낌도 내 생각도 아니란 말입니다. 똑같은 책을 읽어도 사람마다 느낌과 생각이 똑같을 수 없는데, 그 까닭은 사람마다 삶이나 가치관이나 사고방식이 다르거나 차이가 있기 때문입니다. 그러니까 내 느낌이나 생각이 가치 없다고 여기지 말고 그것을 꾸밈없이 솔직하게 써야지요. 그렇게 쓴 독서 감상문이 좋은 독서 감상문입니다.

둘째, 책을 쓴 글쓴이가 읽는 이에게 주고자 하는 중심 생각이 무엇인지 또렷이 알 수 있도록, 자기 느낌이나 생각, 의견을 자세하게 쓴 글이 좋은 독서 감상문입니다. 어린이들이 쓴 독서 감상문 가운데 알맹이가 없는 독서 감상문을 흔히 볼 수 있습니다. 이것은 책을 읽을 때 집중해서 읽지 않아 내용을 잘 모르거나 내용을 알더라도 바르게 이해하지 못해서 그런 것이라 생각합니다. 글의 알맹이를 또렷이 잘 알아야 자기 느낌이나 생각, 의견을 또렷이 자신 있게 쓸 수 있습니다.

셋째, 책을 읽고 쓴 글, 그러니까 독서 감상문만 읽어 보아도 재미를 느낄 수 있고 얻는 것이 있는 글이 좋은 독서 감상문입니다. 다른 사람이 읽어도 재미있고 얻는 것이 있게 하려면 책 내용을 잘 알 수 있도록 자세하게 쓰면서도 자기 생활 경험에 비추어 생생하게 써야 겠지요.

넷째, 책에 담긴 생각을 객관으로 본 뒤 자기 생각에 비추어 비판하거나, 잘못된 책이나 잘못된 내용은 바르게 비판한 글이 좋은 독서 감상문입니다. 어린이들은 책을 읽으면 무조건 좋고, 훌륭하고, 바르다고 생각합니다. 그렇지만 책이 잘못되거나 좋지 않은 점이 있는 것도 많습니다. 그런 잘못된 점이 있다면 어떻게 해서 잘못되었는지 밝혀서 다른 사람들도 잘 알게 해야지요.

다섯째, 자신이나 다른 사람의 삶에 이어지도록 쓴 글이 좋은 독서 감상문입니다. 말하자면 자기나 다른 사람의 삶에 영향을 미쳐 좋은 변화를 가져올 수 있도록 쓴 독서 감상문은 더욱 좋은 독서 감상문이란 말입니다.

소중한 자연, 우포늪
－《우포늪엔 공룡 똥구멍이 있다》를 읽고

경산 성암초 5학년 김태욱

나는 신세대가 아니라 구세대인 것 같다. 내 주위의 친구들이 컴퓨터 게임과 전자오락을 좋아하지만 나는 산이 좋고 강이 좋고 자연환경과 더불어 신나게 노는 것이 훨씬 좋다. 부모님과 같이 여행을 다니면서 우리 나라 민물고기와 곤충, 작은 야생화를 채집하여 길러 보기도 해서 그런지 자연 생물에 관한 모든 것들이 나의 관심을 끈다. 그래서 책도 그런 책을 많이 보는 편이다. 내가 이번에 읽은 책도 바로 그런 책이다.

먼저 책 제목부터가 나의 눈길을 사로잡았다. 한마디로 좀 웃기는 제목이다. 《우포늪엔 공룡 똥구멍이 있다》 이것이 책 제목이다. 전에부터 정말 가 보고 싶은 곳이 우포늪인데 거기다 정말로 공룡의 똥구멍이 있는지 궁금하지 않을 수 없다. 우포늪에 가기 전에 얼른 책이나 읽어 보자 하고 읽었다.

책을 펼쳐 읽기 시작해서 쉬지도 않고 마지막 장까지 다 읽어 버렸다. 책 속에 나오는 푸름이 할아버지와 주인공 푸름이, 마루, 선호가 우포늪의 동식물들을 하나하나 보여 준다. 마치 내가 푸름이네 할아버지 배를 타고 가물치, 가시고기, 우렁이, 창포, 가시연, 마름, 개구리밥 등을 관찰하며 우포늪을 탐험하는 듯한 느낌을 받았다.

푸름이는 그 옆집에 사는 친구 마루와 함께 장닭, 거위, 청둥오리를 키우면서 티격태격 다툰다. 그러다 금방 또 화해를 한다. 그러면서 서로를 위하고 우정을 키워 가는 모습이 정말 좋다. 더구나 마루는 태어날 때부터 다리 길이가 안 맞아 걸을 때마다 뒤뚱거리고 말도 어눌한 아이다. 그런 마루에게 푸름이와 서울에서 전학 온 부잣집 친구 선호는 같이 열심히 나무를 깎아 목발을 만들어 주고, 마루가 이상하다고 생각하는 마루네 아버지를 대신해 읍내 구경을 시켜 주며 맛있는 햄버거와 여러 가지 먹을 것도 사 주기도 한다. 몸이 불편하더라도 친구는 똑같은 친구라는 것을 다시 깨우쳐 주는 장면이다.

우포늪의 물은 고여 있는 물이다. 그러나 바람이 불어 일어나는 물결, 물속에 사는 동식물에 의해 썩지 않는다고 한다. 보통 고여 있는 물은 얼마 안 가면 썩는데 여기서는 고여 있는 물인데도 썩지 않는다니 참으로 신비할 뿐이다.

사람들이 농약 통이나 쓰레기를 함부로 버리지 않고 더럽게 오염시키지 않는다면 개구리밥이 둥둥 떠 있고 여러 가지 동물들이 활기차게 돌아다니는 늘 푸른 늪이 될 것이다. 그렇게 되면 또 우리에게 맑은 공기와 물을 만들어 줄 것이다.

우포늪은 우리들에게 너무 소중하고 보기 드문 자연환경이다. 이렇게 소중한 만큼 아름답고 깨끗한 모습으로 우리 후손에게 있는 그대로 전해져야 한다. 그래서 우포늪을 지키는 노력도 계속되어야 할 것이다.

이 책은 소박하지만 아름다운 우포늪의 자연환경의 소중함과 그곳을 지키려는 마을 사람들의 용기와 열정, 그리고 푸름이, 마루, 선호의 우정을 배울 수 있다. 지금도 우포늪에 가면 푸름이와 마루 그리고 선호가 조그마한 배를 타고, 물속 동식물이 가득하고 마름과 가시연 그리고 개구리밥이 둥둥 떠 있는 물 위를 다니고 있을 것 같다. 다른 친구를 기다리면서, 또 나무 밑의 큰 구멍을 공룡 똥구멍이라고 말하면서 말이다.

아, 얼른 우포늪에 가 보고 싶다!　　　　　　　　　　　(2006년)

자연스러우면서도 그 속에 자기 감정, 생각과 느낌이 실려 있습니다. 우포늪을 지켜야 한다는 강한 마음도 그런대로 나타내었습니다.

5. 독서 감상문 쓰기 기본 공부

어떻게 하면 독서 감상문을 잘 쓸 수 있을까요? 특별한 방법은 없습니다. 책을 읽을 때 자기 속에서 우러나온 느낌이나 생각을 다른 사람도 읽고 느낄 수 있도록 자기 삶에 비추어 꼼꼼히 쓰면 됩니다. 앞서도 말했지만 문제는 숙제라서 억지로 쓴다거나 독서 감상문 쓰기 대회에 작품을 내보내기 위해 쓰는 데 있는 것이지요. 그냥 좋은 공부로 써야 합니다.

그러면 독서 감상문 쓰기에 대한 기본 공부를 해 봅시다.

1) 좋은 책을 고른다

먼저 좋은 책을 잘 골라 읽어야 합니다. 독서 감상문은 책 읽는 것을 앞세운 글쓰기입니다. 책을 읽는다는 것은 자신이 살아 보지 못한 삶을 간접으로 살아 보는 것이기도 합니다. 긴집 삶에서도 우리는 얻는 것이 아주 많습니다. 글머리에서도 말했지만 세상을 올곧게 살아가는 길을 찾고, 새로운 지식을 얻고, 살아가는 슬기를 얻고, 아무리 어려움을 당해도 헤쳐 나갈 수 있는 힘을 얻을 수 있고, 올바르고 깊은 생각을 키울 수 있습니다. 한마디로 말하면 진리를 찾아가는 길

가운데 아주 중요한 것이 책 읽기라고 생각하면 될 것입니다.

그런데 날마다 책이 쏟아져 나오는데 아무 책이나 읽으면 될까요? 안 되지요. 장사꾼들 중에는 깊이 생각하지도 않고 책을 만들어 사람들의 정신을 어지럽히는 이들도 있기 때문입니다. 예를 들면 웃기거나 이상스런 곳으로 끌고 가거나, 괜히 무섭게 하고 야릇한 감성을 자극하거나, 지나친 상상으로 끌고 가는 내용이 담긴 책, 어린들을 이상한 곳으로 빠져들게 만들고 황당한 생각을 가지게 하는 책들 말입니다. 이런 책은 대부분 별난 제목을 붙이고 야단스런 그림으로 치장을 하기도 합니다. 그러니 좋은 책을 잘 찾아 읽어야겠지요.

좋은 책이란 어린이들에게 좋은 가르침을 주는 책, 참다운 마음으로 바르게 살아가도록 감동으로 깨우쳐 주는 책을 말합니다. 사람다운 마음, 착한 마음, 아름다운 마음을 가지게 한다든지, 사는 형편이 어렵고 못나고 불쌍하고 보잘것없는 사람이나 사물도 업신여기지 않고 더불어 살아가야 한다는 것을 깨우쳐 준다든지, 꾀부리지 않고 땀 흘리며 열심히 일하는 사람이 훌륭하다는 것을 깨우쳐 준다든지, 자연을 바르게 알고 사랑하는 마음을 가지게 한다든지, 바르고 깨끗한 우리 말을 보여 준다든지, 세상을 보는 눈을 넓혀 준다든지 하는 책을 말합니다.

책을 골고루 읽어야 하지만 어린이들은 무엇보다 어린이 문학책을 많이 읽는 것이 좋습니다. 문학이라면 주로 동시, 동화, 소년소설을 생각하는데 옛날이야기, 겪은 이야기, 어린 시절 이야기, 수필, 편지글, 전기, 역사 이야기, 과학 이야기, 동식물 이야기도 문학에 넣을 수 있습니다. 어떤 책이든 재미가 있고, 재미있게 읽어 가는 가운데 얻는 것이 있는 책이라야 하지요.

어린이들이 좋은 책을 고를 수 있는 눈을 가지도록 해야 하지만 스스로 좋은 책을 고르기 어려운 어린이에게는 선생님이나 책을 잘 아는 어른들에게 물어서 고르도록 하는 태도를 길러 주면 좋겠습니다. 늘 좋은 책을 내는 출판사, 좋은 글을 쓰는 작가를 잘 알아 두는 것도 좋겠지요.

참고로 바람직한 어린이 책 문화 환경을 가꾸기 위해 애쓰는 '사단법인 어린이도서연구회'에서 추천하는 책 가운데서 가려 읽어도 좋을 것입니다.

2) 책을 가까이 한다

그러면 책은 어떻게 읽어야 할까요? 책 읽기에서 가장 중요한 것은 책과 가까이 하는 것입니다. 텔레비전이나 컴퓨터에 매달리는 시간이 얼마나 많습니까. 이런 것들에 너무 매달리면 우리는 정신이 얕아집니다. 그러니 이런 것들의 노예가 되지 않게 도서관과 서점에 자주 가야 합니다. 그렇게 책을 가까이 하다 보면 책을 좀 더 많이 읽게 되겠지요.

시간이 없다는 핑계로 책을 잘 안 읽을 수도 있는데, 하루 중에도 일정한 시간을 정해 두고 그 시간에는 어떤 일이 있어도 꼭 책을 읽도록 하는 것이 좋습니다.

자기 책이라면 읽으며 감동 받은 곳에다 줄을 그어 두기도 하고, 남다르게 느끼고 생각한 것이 있다면 책 어느 한 곳에 적어 두거나, 따로 독서 기록장을 만들어 그때그때 적어 두면 더욱 좋을 것입니다. 책을 읽을 때 긴 글 한 편을 쉬었다 읽으면 잘 이어지지 않아 무엇을 읽었는지 잘 모르는 경우도 많습니다. 그러니까 한 번에 글 한 편을 다 읽도록 하는 것이 좋습니다.

뭐니 뭐니 해도 책 읽는 재미를 붙이는 것이 중요한데, 재미를 붙이지 못한 어린이는 책 두께가 좀 얇고 그림이 많은 책부터 먼저 읽는 것이 좋습니다. 그리고 우리 옛이야기는 모두들 좋아하니까 그런 이야기책을 읽게 해서 차츰 여러 가지 책으로 넓히고, 정도를 높여 가는 것이 좋을 것입니다. 어쨌든 자연스럽게 책을 가까이 하도록 해야 합니다.

3) 줄거리를 잘 떠올린다

독서 감상문을 쓰려면 먼저, 읽었던 책의 전체 줄거리를 잘 떠올려야 합니다. 줄거리가 잘 잡혀 있지 않으면 전체 내용을 잘 모를 뿐만 아니라 모든 것이 뒤죽박죽되기 쉽기 때문입니다. 긴 글은 줄거리를 잘 떠올리기 위해서 중요한 부분에 밑줄을 긋거나 적어 가며 읽는 것도 한 방법입니다.

4) 중심 생각을 잘 파악한다

그다음 중요한 것은 책을 쓴 글쓴이가 글을 읽는 사람들에게 주고자 하는 중심 생각을 또렷이 아는 것입니다. 책을 깊이 있게 읽으려면 책을 읽기 시작할 때부터 나에게 무엇을 말하려고 하는지, 글의 알맹이가 무엇인지 생각하며 읽어야 합니다. 생명을 귀하게 여기자는 내용인지, 더불어 살아가자는 내용인지, 환경을 오염시키지 말자는 내용인지, 우리의 전통을 지켜 나가자는 내용인지, 사람마다 개성을 살려 나가자는 내용인지, 따뜻한 마음을 가지게 하는 내용인지…….

어쨌든 글 속에는 반드시 알맹이가 들어 있는데, 그것을 또렷이 알아야 합니다. 또 알맹이를 말로 할 수는 없어도 마음속에 무언가 울림으로 남아 있다면 알맹이를 안다고 말할 수 있지요.

5) 본받을 점을 찾아본다

책을 읽는 것은 내가 본받을 점을 찾아 배우기 위해서입니다. 그러니까 책을 읽으면 먼저 본받을 점이 무엇인지 찾아보아야 하겠습니다. 그게 없다면 읽을 가치가 없지요. 본받을 점을 찾으면 자신도 앞으로 어떻게 해야겠다는 마음의 다짐도 하게 되지요.

책 내용 가운데는 재미있는 장면, 놀랍고 우스운 장면, 슬프고 안타까운 장면, 의문스런 장면 같이 온갖 장면들이 나옵니다. 그런 장면도 놓치지 말고 기억해 두었다가 글을 쓸 때 살려 쓰면 더욱 알찬 독서 감상문이 되겠지요.

6) 비판하며 읽는다

좋은 독서 감상문이 어떤 것인지 알아볼 때도 이야기했지만, 책에 담긴 생각이나 책 자체를 비판하는 독서 감상문도 써 봅니다. 잘못된 책은 말할 것 없고 좋은 책이라도 옳지 않은 부분이 있으면 비판을 해야 하고, 글에 나오는 인물 가운데 나쁜 생각을 가지고 있거나 나쁜 인물이 하는 행동에 대한 비판도 해 보도록 하면 좋은 공부가 될 것입니다. 그러면서 올바른 삶을 찾아가는 것이지요.

7) 마음으로 겪어 본다

또 주인공과 반대 처지도 되어 봅니다. 무슨 사물이든지, 무슨 일이든지, 그 처지가 되어 보지 않으면 사정은 잘 일 수 없습니다. 사정을 알 수 없으면 바르게 느끼고 생각할 수 없는 것이지요. 그 처지를 마음으로 겪어 본다면 그냥 느끼고 생각하는 것보다는 다른 새로운 느낌과 생각이 있을 수도 있을 것입니다.

8) 자기 생활에 뿌리를 두고 쓴다

자기 삶에 뿌리를 두고 독서 감상문을 쓰는 것이 좋습니다. 독서 감상문이라도 너무 책 속 내용에만 매달리지 말고, 다른 사람의 느낌이나 생각만 따르지 말고, 자기 생활과 관련하여 써야 합니다. 또 자기가 쓴 독서 감상문이 자기 생활에 좋은 영향을 줄 수 있도록 해야 하고, 거짓 없이 참되게 써야 합니다.

9) 스스로 쓰고 싶을 때 쓴다

또 독서 감상문은 스스로 쓰고 싶어서 써야 합니다. 독서 감상문을 쓰는 것은 독서 감상문 쓰기 대회에 작품을 내려는 데 있는 것이 아니라고 했습니다. 책을 읽은 감동을 자기 나름대로 정리해서 자기 것으로 받아들이기 위해서지요. 그런데 그것으로 무슨 대회를 한다는 것 자체부터가 잘못된 것이라 봅니다. 그래서 어린이 스스로 독서 감상록을 만들어 감상문을 쓰게 한다든지 일기장에 쓰게 한다는 것입니다.

6. 독서 감상문 쓰기

지금까지 여러 가지 이야기를 했는데 이제는 정말 써 보도록 합시다. 다시 말하지만 독서 감상문을 쓰는 법도 특별히 따로 있는 것이 아닙니다. 자기 자신이 쓰고 싶은 대로 쓰면 됩니다. 다만 질서를 잡기 위해 몇 단계로 나누어 말해 보겠습니다.

1) 독서 감상문 쓸 책 정하기

자신이 읽은 책 가운데 어떤 책으로 독서 감상문을 쓸지 정합니다.

읽은 책마다 독서 감상문을 쓰는 것은 어렵습니다. 그러니 가장 감동 받은 책이나 특별히 감상문으로 써 보고 싶은 책 한 권을 선택합니다. 또 책 한 권에 글이 여러 편 실려 있을 때는, 그 가운데 한 편이나 몇 편만 골라 독서 감상문을 쓸 수도 있습니다.

2) 책 내용 떠올리기

독서 감상문을 쓰려고 하는 책 내용을 차례로 떠올립니다.

책을 읽고 나면 아무래도 내용을 잊어버리거나 기억이 흐려질 수도 있습니다. 그때는 정신을 집중해서 그 책의 내용에 몰입합니다. 그러다 보면 잊었던 내용이 다시 떠오를 것입니다. 책의 어떤 부분은 또렷이 기억나도 전체 내용이 흐릴 경우에는 다시 차근차근 떠올려 보면 되살아날 것입니다. 부분부분 기억이 흐리더라도 줄을 그어 놓았거나 따로 적어 둔 것을 참고하면 내용이 더 잘 떠오를 것입니다. 아니면 책을 대충이라도 훑어보면 다시 내용이 떠오를 수도 있습니다. 어쨌거나 책 속에 빠져들게 합니다.

3) 제목 적기

독서 감상문의 제목을 적습니다.

독서 감상문의 제목도 나름대로 적으면 되겠지만 그래도 내용에 따라 적당한 제목을 적어야겠지요. 제목만 보더라도 감상문의 내용을 대충 짐작할 수 있도록 쓰는 것이 좋습니다.

누구나 아주 잘 알고 있는 책, 전기는 사람 이름을 간단하게 적는 수도 있지만 보통은 《《천년의 사랑 직지》를 읽고〉처럼 책 제목을 적고 끝에 '~를(을) 읽고'라는 말을 쓰는 식으로 많이 씁니다.

또는 아래처럼 큰 제목으로는 내용에 대한 것을 쓰고, 바로 아래에 작은 제목으로 책 제목을 쓰기도 합니다.

마음씨 바르고 착한 도깨비
-《팥푼돌이네 삼 형제》를 읽고

이렇게 쓰면 독서 감상문의 내용도 책 이름도 잘 알 수 있어 매우 좋지요. 가제목을 정해 두었다가 글을 다 쓴 뒤에 내용에 맞는 제목을 다시 정해 적어도 되겠습니다.

4) 얼거리 짜기
책 내용에 따라 어떤 차례로 쓸 것인지 생각해 보고 얼거리를 짜 봅니다.
처음, 가운데, 끝부분으로 나누어 어떤 내용을 적을지 간추려 보면 다음과 같습니다.

① 처음: 책을 읽게 된 동기나 책을 읽게 된 사연을 적기도 하고, 독서 습관을 적기도 하고, 책을 소개하기도 합니다. 또 대강의 내용을 적을 수도 있겠고, 특히 감명 받은 내용을 앞세워 쓸 수도 있지요. 그리고 특별히 흥미를 끄는 이야기로 시작해도 될 것입니다.
② 가운데: 줄거리에 따라 자기 느낌이나 생각을 충실히 적습니다. 자기 생활과 견주어 적으면 더욱 좋지요. 책을 읽으며 특별히 감동을 많이 받은 부분은 더 많이 적기도 합니다. 바로 앞 '5. 독서 감상문 쓰기 기본 공부'의 3)~8)번을 잘 생각하며 이 부분을 쓰

도록 합니다.

③ 끝: 느낌과 생각을 묶어 정리해서 적을 수도 있고, 어떻게 생활하겠다는 다짐이나 결심, 희망을 적을 수도 있습니다. 아니면 주장을 적을 수도 있고, 또 다른 무엇을 적을 수도 있겠습니다.

이런 형식에 따라 실제로 얼거리를 짜 간단하게 적어 보고 독서 감상문을 쓰면 느낌과 생각의 질서가 잘 잡히겠지요. 하지만 꼭 이렇게 얼거리를 짜서 쓰지 않아도 됩니다. 너무 틀에 얽매이다 보면 억지 글이 되기 쉬울 수도 있으니까 얼거리를 짜더라도 참고만 하고 자연스럽게 나오는 대로 쓰도록 합니다.

5) 쓰기

얼거리 차례대로 다시 책 속에 빠져서 처음 책 읽을 때의 감정도 떠올리면서, 느낌과 생각의 실타래를 풀어 자유롭게 씁니다.

이렇게 책 속으로 한번 더 빠져서 쓰면 책을 읽을 때 가졌던 느낌과 생각을 더욱 생생하게 살려 쓸 수 있습니다.

6) 글 다듬기

다 쓴 글을 차근차근 읽어 보면서 모자라는 곳은 보태어 쓰고, 필요 없는 말은 빼고, 틀린 곳은 고치고, 껄끄러운 곳은 다듬어서 느낌과 생각이 충실하고, 정확하고, 또렷하게 나타나노록 합니다.

독서 감상문도 글을 쓴 다음 그냥 덮어 두기보다 보태어 쓰고, 고치고, 다듬기를 하면 더욱 좋습니다. 다듬기 할 때는 먼저 책 내용에 대한 내 느낌과 생각이 바른가를 한 번 더 꼼꼼히 짚어 보며 확인을 해야 합니다. 내 생각이 바르게 잡혀 있다고 생각되면 그 느낌과 생각이 충실히 나타나 있는지를 잘 살펴보고 모자라는 부분이 있으면 보태어 적어야겠지요. 자기의 느낌과 생각이 흐트러져 있으면 앞뒤 차례를 바꾸어 모아서 생각의 중심과 질서가 잘 잡히도록 해야 하고, 느낌과 생각이 나올 수 있는 책의 줄거리가 제대로 나타나 있는지도 살펴보고, 더욱 충실히 나타내어 내 생각에 믿음이 갈 수 있게 해야 합니다.

나머지는 다른 갈래 글 다듬기와 비슷합니다. '2장 서사문'의 글 다듬기(※136쪽) 부분을 꼭 참고해서 다듬기 바랍니다.

7) 발표와 토론

독서 감상문을 여러 사람들이 서로 발표하고 이야기를 나누면서 생각의 폭을 넓히고 키웁니다.

다시 쓴 독서 감상문은 발표해서 다른 사람들의 생각과 내 생각을 서로 나누는 것이 좋습니다. 그러면 내 생각의 위치를 어느 정도 가늠할 수 있고 서로 이야기를 나누면서 내 생각의 폭을 더욱 넓히고 키울 수 있겠지요.

여러 사람들이 모여 이야기를 나눌 때는 같은 책을 읽고 쓴 독서 감상문이라야 좋습니다. 책 읽고 토론해 보는 것도 좋지만 이렇게 독서 감상문을 발표해서 서로 이야기를 나눈다면 더욱 깊이 있게 이야기를 할 수 있을 것입니다.

7. 독서 흥미 불러일으키기와 독후 활동 사례

무슨 교육이든지 어린이들의 흥미를 불러일으켜야 자기 스스로 열중하게 됩니다. 자기 스스로 열심히 하는 일은 그 결과도 매우 좋은 법이지요. 어린이들의 책 읽기 흥미는 여러 형태로 나타납니다. 어린이들이 무엇인가에 열중하고 있을 때 누구라도 방해를 해 보세요. 그만 화를 내게 될 것입니다. 책 읽기도 마찬가집니다. 책 읽기에 열중하고 있을 때 방해를 하면 화를 내게 되는데 이것은 그만큼 책 읽기에 흥미를 가지고 있다는 증거입니다. 또 흥미를 가지고 있는 어린이는 책 읽는 시간이 길어지고 그 양도 많아집니다. 또 자기가 읽은 책에 대해서 이야기하려고 하고, 스스로 자기가 읽고 싶은 것을 찾아 읽습니다.

그런데 그렇지 않은 어린이들에게는 책 읽기에 흥미를 불러일으켜 주어야 합니다. 우선 그 어린이가 흥미로워할 만한 내용의 책을 고릅니다. 이때 활자의 크기나 그림 따위가 어린이가 좋아하는 것으로 골라야 합니다. 무엇보다 어린이가 책을 한 권 읽었다는 성취감을 맛보게 해야 하므로 글 양이 많지 않은 책을 고르는 것이 좋습니다. 즐거운 분위기를 만들어 주는 것도 중요하며 차츰차츰 책 읽는 범위를 넓히거나 정도를 높여서 성취감을 느끼게 해 줍니다.

그러면 다음에 독서 흥미를 불러일으키는 여러 가지 방법을 간단하게 내보이겠습니다.

1) 이야기 주고받기

몇몇 어린이들과 같이 있을 때(쉬는 시간이나 점심을 같이 먹을 때) 책을 다 읽은 어린이에게 책을 읽은 소감을 짧막하게 말하도록 하고, 책 내용에 대해 이야기를 주고받습니다. 어떤 책을 읽고 있는지, 지은이는 누구인지, 또 어떤 좋은 책을 쓴 사람인지, 얼마만큼 읽었는지, 내용은 어떤지, 주인공에 대해 어떤 생각을 가지고 있는지를 물어보면서 어린이들의 생각을 일깨워 주면 좋겠습니다. 이 방법은 어린이의 책 읽기 능력에 맞추어 이야기를 나눌 수 있어 좋습니다.

2) 책 소개하기

교사가 어린이들에게 알맞은 책을 소개해 준다든지, 어린이들이 자기가 읽은 책을 동무들 앞에서 2~3분 정도 소개하도록 하는 것입니다. 교사가 책을 소개할 때는 학부모들이 읽을 만한 책도 함께 소개해 주면 좋겠고, 좋은 글을 쓰는 아동문학 작가나 좋은 책을 내는 출판사를 소개해 주는 것도 좋겠습니다. 그리고 책이나 책 읽기에 대한 여러 가지 정보를 교사가 이야기해 주기도 합니다. 한 주에 한 번 한다든지 한 달에 두 번 한다든지 일정한 날을 정해 두고 하는 것이 더욱 좋을 것입니다. 또 한 가지 덧붙이면 책 광고를 여러 가지 방법으로 만들어 발표하도록 하는 것도 좋습니다.

3) 책 읽어 주기

어린이들이 재미있어할 작품을 읽어 주어 흥미를 끌고, 스스로 책을 찾아 읽도록 하는 것입니다.

① 짧은 동화 읽어 주기: 여러 편이 있는 동화책에서 짧은 이야기를 한두 편 읽어 줍니다.
② 이야기의 한 부분을 읽는 방법: 재미있는 이야기를 읽어 주다가 다음 이야기가 궁금해서 못 견딜 만한 곳에서 멈춥니다. 읽던 책은 아이들이 볼 수 있는 곳에 놓아둡니다. 읽어 주다가 그냥 멈추지 말고 수업 끝나는 종이 울릴 때를 맞추어 자연스럽게 멈추는 것이 극적인 효과를 더 올릴 수 있습니다.

③ 특징이 있는 문장을 살려 읽어 주는 방법: 언제나 마음에 남겨 둘 만한 좋은 시나, 문장을 읽어 주는 것입니다. 어린이들이 책을 읽으면서 직접 찾아내도록 하는 것도 좋겠습니다.

④ 같은 종류의 작품을 찾아 읽도록 하는 방법: 글 전체를 읽어 주고 느낀 감상을 이야기하도록 한 뒤 읽어 준 글과 같은 종류의 작품을 읽어 보도록 하는 것입니다.

⑤ 한 아이가 읽게 하는 방법: 어떤 아이가 읽고 재미있었다고 하는 읽을거리를 다른 어린이에게도 들려주는 방법입니다. 이 방법은 그 아이와 가까운 아이들에게 특히 효과가 크지요.

⑥ 여러 아이들이 함께 읽도록 하는 방법: 여러 명의 어린이가 돌아가며 읽도록 하든지 대화하는 장면을 여러 명이 나누어 읽어 나머지 아이들이 읽고 싶도록 하는 방법입니다.

4) 어른이 책 읽는 모습 보이기(어린이와 함께 독서하기)

어른은 읽지 않으면서 어린이들에게만 책을 읽으라고 하는 것은 잘못된 것입니다. 어른이 언제나 책 읽는 모습을 보이면 어린이들도 따라서 책을 읽게 되지요. 어린이들과 함께 책 읽는 모습은 참으로 보기가 좋습니다.

5) 책 가까이 두기

학급문고를 만드는 것도 학교 도서실보다 더 가까이 책을 만나게 하는 방법 가운데 하나이지만 언제든지 손에 잡히는 곳에 책을 둔다면 더욱 좋습니다. 책상 왼쪽 앞에다 언제나 책을 한 권 올려놓는다든지, 언제 어디를 가든지 손에 책을 들고 다니게 한다든지 하는 것입니다. 집에서는 화장실이나 식탁 위, 거실 같은 손 닿는 곳에 가볍게 읽을 만한 책을 놔두면 좋겠지요.

6) 줄거리 이야기해 주기

읽을거리의 줄거리를 재미있게 들려주어 흥미를 불러일으키는 방법입니다.

7) 겪어 보게 하기

어린이들이 겪어 보지 않은 일을 책을 읽고 겪어 보게 하면서 보충시키거나 의문을 풀게 하는 것입니다.

8) 독서 감상문 쓰기

책을 읽은 뒤 느낀 감상을 글로 적는 것으로, 책을 읽은 뒤의 활동으로는 가장 좋은 방법이라 볼 수 있습니다. 그러나 감상문 쓰기를 너무 강조해서 책 읽기를 싫어하지는 않도록 해야 합니다.

9) 독서 감상화 그리기

책을 읽고 특별히 마음속에 남아 있는 한 장면을 그림으로 그리게 하는 것입니다. 한 가지 색으로 그릴 수도 있고 여러 가지 색으로 그릴 수도 있겠지요. 이때 책에 있는 그림은 그리지 않도록 해야 합니다. 또 찰흙으로 만들기를 한다든지 모자이크를 하는 따위 여러 가지 미술 활동을 할 수도 있습니다. 이 방법은 글을 잘 못 쓰는 저학년에 더 좋습니다. 미술 활동을 하고 짤막한 감상을 적거나 책 내용 가운데 마음에 오래 간직할 만한 내용을 적어 두는 것도 좋습니다. 또 때로는 책의 내용을 만화로 그려 보는 것도 좋겠습니다.

10) 극화하기

책 내용을 극본으로 써서 극화하는 것입니다. 알맞은 인원으로 모둠을 나누어 하되, 한 사람도 빠지지 않도록 해야 합니다. 작품이 긴 것은 아주 재미있는 부분만 할 수도 있습니다. 너무 잘하려고 하다 오히려 쓸데없이 힘을 빼지 않도록 하는 것이 좋겠지요. 시간을 정해 주고 그 시간 안에 간단하게 해 보도록 하는 방법도 있습니다.

11) 독서 경연회 갖기

학급 단위로 발표회를 가끔 열면 어린이들의 독서 의욕을 불러일으킬 수 있습니다. 이때 우수한 어린이에게는 상을 주기도 합니다.

① 독서 감상문 쓰기 대회
② 독서 감상화 그리기 대회
③ 연극 대회
④ 독서 퀴즈 대회: 책 제목이나 지은이, 주인공, 이야기의 내용 같은 것들로 문제를 내어 알아맞히게 하는 것입니다. 교사가 문제를 내어도 좋겠지만 어린이들에게 문제를 내게 하면, 문제를 내는 어린이도 문제를 푸는 어린이도 즐거워합니다. 중·고학년에 알맞습니다.
⑤ 독서 표어, 포스터 만들기 대회

12) 그림극 만들기

모둠별로 이야기 한 편을 정합니다. 읽고 이야기가 이어질 수 있는 주요 장면을 정한 다음 그림으로 그립니다. 그림 장면마다 알맞게 이야기할 말을 씁니다. 발표할 때는 모둠원이 모두 참여해서 성우처럼 배역을 정해 하는 것도 좋습니다.

13) 책 돌려 가며 읽기

자기가 읽은 책 가운데 가장 재미있다고 생각하는 책을 자기 짝에게 권해 주는 것입니다. 돌려 가며 읽기는 한 학급 어린이들 모두에게 책을 한 권씩 주어 주마다 어느 날을 정해 바로 뒤 번호 어린이에게 넘겨주는 것입니다. 기간은 주마다 하든지 열흘에 한 번 하든지 적당하게 정하면 되겠습니다. 이때 책마다 독서 감상 공책을 마련해서 책과 함께 넘겨주면 더욱 좋겠지요. 독서 감상 공책에는 책을 읽은 소감을 간략하게 적는 것입니다. 다른 사람의 감상과 자기의 감상을 견주어 볼 수 있어 아주 좋지요.

14) 스스로 서점에 책 사러 가기

한 달에 한두 번 정도 아이들 스스로 서점에 가서 책을 사 올 수 있도록 하면 책과 익숙해지고 스스로 좋은 책을 고르는 능력도 기를 수 있습니다. 이렇게 자기가 사 온 책은 더 잘 읽습니다.

15) 독서를 많이 한 어린이에게 상 주기

누가 독서를 많이 하는지 볼 수 있도록 표를 만들고 표시를 해서 경쟁심을 불러일으키는 방법입니다. 달마다 독서를 많이 한 몇 명에게 상을 주고 칭찬해 줍니다.

16) 동화 구연

짧은 동화를 골라 구연시킵니다. 독서 흥미를 불러일으키기 위한 것이니까 구연 자체에 너무 힘을 들이지 않도록 해야 합니다. 어린이들이 매우 흥미로워하는 방법입니다.

17) 독서 토론회

어린이들을 모두 둘러앉게 해서 자유롭게 의견을 나누는 것입니다. 토론하기에 앞서 학급 어린이들 모두 같은 책을 읽도록 해야 합니다. 학급문고로 같은 책을 여러 권 마련하기가 어려운 점은 있지요.

사회자는 교사가 하거나 어린이가 할 수 있습니다. 처음 한두 번은 교사가 사회를 맡아 토론회를 이끌어 가는 법을 시범으로 보이는 것이 좋겠습니다. 여러 가지 방법이 있겠으나 내가 해 본 토론회 순서는 대충 이렇습니다.

① 시작하는 말
② 책(글) 소개: 책, 글쓴이, 출판사, 글 제목 들을 소개합니다.
③ 글의 줄거리 발표
④ 토론: 등장인물의 행동이나 생각에 대해서 토론하기, 사건에 대한 자기의 생각 말하고 토론하기
⑤ 글 전체에 대한 소감 한마디씩 하기
⑥ 끝내는 말: 다음에 독서 토론 할 책(글) 안내, 끝내는 말
　※ 책은 토론회에 앞서 모두 읽어 오도록 합니다.
　※ 어린이들이 사회를 할 때는 어린이들이 글의 소감을 말할 때, 어린이들의 생각과 토론 방법에 대해 교사가 종합해서 이야기하는 순서도 넣으면 좋겠습니다.

이렇게 토론해 나가는 가운데 토론 내용이나 방법에 대해 어른의

잣대에 맞추어 교사가 간섭을 하면 어린이들이 마음대로 말을 못하고 토론이 잘 안 될 수도 있습니다. 어린이들이 하는 토론이 무언가 안 맞고 모자라고 못마땅하게 보일지는 모르겠으나 어린이들의 잣대로 보면 맞는 경우가 많습니다.

18) 책에 대해서 따져 보기

내용이나 그림, 글자 크기 따위로 책에서 잘못된 점만을 찾아서 따져 봅니다.

19) 독서 신문 만들기

교실 뒤 환경판에 벽신문을 만들어 책에 대한 정보를 알리고 책을 읽은 쪽지 감상문을 써 붙이거나, 실제 신문처럼 한 달에 한 번 독서 신문을 만들어 보는 것도 좋습니다.

20) 책 읽기 시간 운영

아침에 일찍 학교에 오는 어린이들은 시간이 많습니다. 아침부터 운동장에서 뛰어놀기보다는 조용히 책을 읽는 것이 좋습니다. 그리고 빈 시간이나 오후에 30분 정도 시간을 내어 책을 읽을 수 있도록 하는 것도 좋습니다. 이때 교사도 같이 책을 읽어야 합니다.

21) 책 바꾸어 읽기

어린이들끼리 자기 집에 있는 책을 서로 바꾸어 읽도록 하는 것입니다. 학년 초에 자기 집에 있는 책 목록표를 만들어 와 복사를 해서 어린이들에게 나누어 주면 좋겠습니다.

22) 목적을 생각하며 책 읽기

책을 읽는 데는 여러 가지 목적이 있습니다. 그 목적을 또렷이 한 다음 목적에 맞게 읽도록 일깨워 줍니다.

저자나 주인공에게 편지 쓰기, 책 읽고 만화로 그려 보기, 그림자극 하기, 그 밖에도 책 읽기에 흥미를 불러일으키거나 책 읽은 뒤 내면화할 수 있는 방법들이 얼마든지 있을 것입니다. 어린이들의 능력이나 환경에 맞추어 좋은 방법을 찾아 해 보기 바랍니다.

8. 맺는말

독서 감상문을 쓰는 목적은 훌륭한 독서 감상문 작품을 얻기 위한 것이 아닙니다. 책을 읽게 하는 것이 먼저이지요. 또 그렇다고 책을 읽는 것만이 목적이 될 수는 없습니다. 책 속에 들어 있는 영양소를 내 몸으로 더욱 잘 받아들이기 위해서입니다. 그래서 책을 읽는 데만 그칠 것이 아니라 독서 감상문도 써 보는 것입니다. 책을 읽고 얻은 감동을 자유롭게 쓰도록 지도하기 바랍니다.

다만, 너무 책 속에만 빠져 있어도 안 됩니다. 책 속의 이론이나 관념에만 빠질 수도 있기 때문입니다. 책에서 얻은 것으로 내 삶을 바꾸어 갈 수 있도록 해야겠지요.

10장

상상문

상상의 세계를 쓰는 글

1. 상상문이란 어떤 글일까요?

누구나 가끔은 현실에 없는 세계를 상상합니다. 어린이들은 새가 되어 마음껏 날아다니며 온 세상 구경하는 상상을 하기도 하고, 과자로 된 집에 살면서 과자를 마음껏 먹는 상상도 하지요. 힘센 동무들에게 괴롭힘을 당했을 때는 자신이 거인이 되어 힘센 동무를 혼내 주는 상상도 합니다. 그뿐이겠습니까. 흙 마당에 빗물이 그려 놓은 이상한 무늬나 구름의 움직임을 보고 빠져들어 온갖 상상의 날개를 펼치기도 하고, 점 하나를 놓고도 온갖 상상을 하기도 합니다.

그런데 이런 상상의 세계를 허황된 생각으로만 보기에는 아쉬운 점이 많습니다. 상상의 세계가 현실이 될 수도 있고, 끝없는 상상이 우리 뇌를 자극해 창의력을 쑥쑥 키워 줄 수도 있거든요. 무엇보다도 어린이들은 이런 상상의 세계를 무척 좋아하지요.

겪은 일을 열심히 쓴 튼튼한 바탕 위에, 상상의 세계를 글로 한번 써 보면 어떨까요? '상상'이란 말을 사전에서 보면 '머릿속으로 그려서 생각하는 것' 또는 '실제로는 없거나 보이지 않는 것을 머릿속에 떠올리는 것'이라고 해 놓았습니다. 이처럼 지금 현실에는 없지만 있을 법한 사물의 모습이나 사건을 되살려 쓰거나 있을 법하지 않은 상상의 세계를 쓴 글을 상상문이라고 합니다.

어린이들이 많이 읽는 책 중 '앨리스'라는 소녀가 꿈속에서 토끼 굴에 떨어져 이상한 나라를 여행하면서 겪는 신기한 일들을 그린 《이상한 나라의 앨리스》나 '나니아'라는 가상의 세계에서 제2차 세계 대전 중 영국 출신 아이들이 가서 벌이는 모험의 세계를 그린 《나니아 연대기》, 마법사의 신나는 모험을 그린 《해리 포터》 같은 책들도 다 상상의 세계를 그린 책입니다.

2. 상상문은 왜 쓸까요?

어린이들은 현실에 없는 상상의 세계를 무척 좋아합니다.《해리 포터》에 빠지는 것만 보아도 짐작할 수가 있지요. 현실에 없는 흥미진진한 일들이 펼쳐지는 그 자체만 해도 좋은데, 끝없는 상상 속을 마음껏 누비면서 억눌리고 쫓기는 현실 생활에 대한 해방감도 맛볼 수 있으니 더욱 좋겠지요. 어린이들은 또 상상문 쓰기를 매우 흥미 있어 하기도 합니다.

그러면 어린이들이 상상문을 쓰면 어떤 좋은 점이 있을까요?

첫째, 어린이들의 생각을 키워 주고 상상의 세계를 넓혀 줍니다. 어린이들이 상상하는 세계는 아주 넓어 끝이 없을 정도입니다. 그렇지만 상상력을 억압하면 눈앞의 좁은 세계 속에 갇힐 수도 있습니다. 상상의 세계도 글로 쓰면서 구체화해 나가야만 더욱 또렷해지고, 깊어지고, 넓어질 것입니다.

둘째, 현실 세계에서는 쉽게 이룰 수 없는 것도 상상의 세계에서는 이룰 수 있습니다. 돈과 힘 능력이 없어서, 그 밖의 어떤 조건이 안 맞아서 이룰 수 없는 것도 상상의 세계에서는 모두 가능합니다.

셋째, 억압된 정신을 자유롭게 해 줍니다. 어린이들은 어리다는 것만으로 어른들에게 이런저런 간섭을 받고 제재를 받으며 살 수밖에 없습니다. 살아가는 여러 가지 환경이 안 맞아 어쩔 수 없는 억압을 받기도 하고요. 그러나 상상의 세계에서는 이런 억압에서 벗어날 수 있답니다.

넷째, 창의성을 일깨워 주기도 합니다. 상상은 우리의 뇌를 끊임없이 자극하고 활성화시켜 준답니다. 좀 허황한 듯도 하지만 이것이 어떤 새로운 것을 만들어 내는 바탕이 되기도 합니다. 새로운 것을 만들어 낼 수 있는 능력이 바로 창의력입니다.

다섯째, 실제로 하고 싶은 말을 바로 할 수 없을 때는 상상으로 빗대어 표현할 수 있습니다. 사실을 그대로 표현하면 그와 관련된 사람에게 피해가 가거나 자신이 해를 입을 수 있을 때 이렇게 상상으로 표현하면 되겠지요.

3. 여러 가지 상상문

1) 사물을 의인화해서 쓴 상상문

이 상상문은 이 책의 '15장 글쓰기 도움 글'에서도 따로 설명해 놓았습니다. 사물이 사람처럼 말하고, 행동하고, 생각하고 느낄 수 있다고 상상하며 쓴 글을 말하지요. 글감은 우리 생활에서 일어나는 일들에서 가져옵니다. 배고픈 참새가 쓰레기봉투를 찢어 먹이를 찾아 먹는 모습, 가로등 밑에서 벌어지는 여러 가지 일들, 버려진 물건들끼리 벌이는 일들이 있겠지요.

주인이 두고 간 공과 양말

대구 동호초 5학년 정소희

아파트 앞 공원 의자 밑에 현민이가 가지고 놀던 공과 준수의 양말이 놓여 있어요.

"안녕? 나는 현민이의 공이야. 너는 누구니?"

"나는 준수의 양말이야. 우리 주인이 놀이터에서 놀다 덥다고 의자 밑에 벗어 놓고는 안 들고 갔어."

"정말? 안쓰러워라. 나는 주인인 현민이가 가지고 놀다가 잃어버렸어.

현민이는 나를 아무리 찾아도 안 보이니까 그냥 가 버렸어."

갑자기 바람이 불었어요.

"어! 어! 양말아! 바람 분다! 우리 손 꼭 잡자."

공은 양말 쪽으로 굴러갔어요. 그러자 양말에 닿았어요. 양말은 손을 내밀어 공을 꼭 잡았어요.

"아, 됐다. 이제 바람이 멈췄네."

바람이 멈추자 공은 마음을 놓았어요. 그런데 그것도 잠깐, 다시 바람이 불었어요. 양말은 공을 놓치고 말았어요.

"공아, 미안해. 내가 힘이 약해 너를 놓치고 말았어."

공은 양말이 있는 반대쪽 탁자와 의자 있는 곳에 굴러갔어요.

시간이 지나자 어린아이 둘이 오더니 공을 차고 놀았어요. 공은 다시 기분이 좋아졌어요. 아이들이 던질 때 시원한 바람을 맞으니 주인에게 서운한 생각도 다 없어지는 것 같았어요. 양말은 그런 공을 보니 너무 부러웠어요. 공은 양말의 마음도 모르고 계속 '하하 호호' 웃었지요. 어린아이 둘이 놀다가 공을 가져가려 했지만 자기 엄마가 너무 더럽다고 놔두라고 했어요. 그래서 그냥 내팽개치고 가 버렸어요.

"치이! 좋다고 가지고 놀 때는 언제고 더럽다고 내팽개치는 건 또 뭐야!"

어린아이 둘이 가니 공은 속이 몹시 상했어요. 어린아이들 엄마가 더럽다고 했기 때문에 더욱 그랬어요. 또 양말의 마음도 모르고 자기 혼자 '하하 호호' 해서 양말에게 미안하기도 했어요. 공은 양말을 불렀어요.

"야, 양말아."

그런데 그 소리는 양말에게까지 들리지 않았어요. 공은 속상했어요. 그때 다시 바람이 양말 쪽으로 불기 시작했어요.

"바람아, 조금만 더! 조금만 더!"

공이 굴러가기 시작했어요. 양말과 50센티미터쯤 떨어진 곳에서 멈쳤어요.

"공아, 너무 심심하고 무서웠어."

"나도 아이 둘이 와서 나를 가지고 놀 때는 좋았는데 내팽개쳐서 다시 나 혼자가 되었어. 내가 멈춘 곳은 컴컴해서 더 무서웠어. 그리고 아까는 미안했어. 너무 즐거워서 너를 생각하지 못했어. 미안해."

"괜찮아. 그런데 너는 누군가가 가지고 놀 수 있지만 나는 아무 소용이 없어졌나 봐."

"양말아, 용기를 내. 나중에 네 주인이 너를 찾으러 올 거야. 너무 속상해하지 마. 꿋꿋이 기다려. 그리고 간절히 기도해."

"응, 고마워. 꾹 참고 기다려 볼게."

"그런데 양말아, 내가 그렇게 못생겼니?"

"아니야. 넌 정말 멋져."

"그런데 왜 그 꼬마 아이의 어머니는 내가 더럽다고 했을까?"

"오해겠지. 아니, 사람들은 흙이 더럽다고 하잖아. 흙을 밟고 다니고 흙 없으면 죽는 줄도 모르고 말이다. 공아, 넌 깨끗해. 정말 멋도 있어."

"고마워."

밤이 되었습니다. 양말과 공은 무서웠지만 가까이 있어 힘이 되었습니다. 밤이 깊었습니다. 어느새 공과 양말은 쌔근쌔근 잠이 들었습니다.

(2010년 6월 3일)

어떻습니까? 아무렇게나 버려진 공과 양말이 하는 말을 들으니 맘이 짠해지기도 하고 따뜻해지기도 합니다. 그러고 보면 우리 주위의 사물은 그 어떤 것도 뜻 없이 거기에 놓여 있지 않지요? 그 사물이 겪었을 사연을 참고로 사물을 의인화해 쓰면 이렇게 재미있는 이야기도 나올 수 있습니다.

2) 내가 '무엇'이 되어 겪어 보고 쓴 상상문

내가 물건이나 동식물, 또는 장소가 되어 그것이 겪는 일을 씁니다.

'무엇'의 예

① 물건: 빈집, 우리 집 현관 문, 내 지우개, 내 인형, 길에 버려진 몽당연필, 어느 곳에서 잘려 온 나무토막, 우리 집 골목길의 가로등, 우리 집 식탁, 우리 집 앞 놀이터의 미끄럼틀 따위.

② 동물: 우리 집 강아지, 내가 늘 보는 길고양이, 동물원에 갇혀 있는 동물, 팔려 가는 개, 잡혀 온 노루 같은 큰 동물, 어느 물고기, 새, 곤충 같은 작은 동물 따위.

③ 식물: 우리 동네 어귀에 있는 느티나무, 길가의 가로수 나무, 시냇가 버드나무, 산속 나무, 부러진 나무 같은 큰 나무나 보도블록 사이에 핀 민들레꽃, 창틀에 떨어진 민들레 씨앗, 화분에 자라는 화초, 길섶에 아무도 모르게 피어 있는 풀꽃, 먼지를 뒤집어쓰고 있는 풀꽃, 물가나 물속의 풀 같은 작은 식물 따위.

④ 곳: 우리 집 앞을 흐르는 강, 골목길, 횡단보도, 학교 운동장 따위.

이런 글을 쓸 때는 그 무엇이 겪을 수 있는 일들을 모두 메모해 보고, 줄거리가 있게 얼거리를 짜서 차근차근 써야 합니다.

이대장의 지우개

대구 동호초 4학년 이민희

나는 지우개예요. 주인님의 이름은 잘 몰라요. 아니 이름을 모른다기보다 주인님 친구들이 이름은 잘 안 부르고 '이대장'이라는 별명을 자꾸 불러서 그냥 이대장이라고 불러요.

지금 나의 몸은 온통 상처투성이에요. 그리고 몸이 잘려 나가기도 했지요. 또 엄청 더럽기도 해요. 내 머리는 까만 지우개똥으로 덮혀 있고, 내 옷은 어디에 갔는지 아예 벌거벗겨져 있답니다. 그리고 내 몸은 때도 끼어 까매요. 이 모습을 여러분들에게 보여 주는 내 마음은 어떻겠는지 생각해 봤어요? 원래는 나도 아주 깨끗했지요. 파란색 바탕에 노란 별이 그려져 있는 옷을 입고 투명한 포장지에 예쁘게 포장되어 있는 직사각형 모양의 아주 하얀, 그리고 깨끗한 지우개였지요. 문구점 지우개 가운데 내가 가장 멋졌답니다.

그런데 문구점에 온 지 일주일쯤 지났나? 이대장이 문구점에 왔어요. 이대장은 성격이 더럽기로 소문난 아이예요. 그래서 나는 친구들 사이로 파고들어 이대장이 보이지 않도록 꼭꼭 숨으려고 했어요. 하지만 친구들도 이대장을 보고 몸을 숨기느라 나는 제대로 숨지를 못했어요. 어쩔 수 없이 나는 이대장의 손에 잡혔어요. 그런데 이를 어째? 이대장이 계산도 하지 않고 내 투명한 옷을 벗기지 않겠어요? 결국 문구점 아저씨에게 들켜 이대장은 혼나고 어쩔 수 없이 나를 사게 되었지요.

아! 이대장의 악질 성격은 들은 것보다 더 고약해요. 여자아이들을 놀리거나 지각은 물론, 하루도 안 싸우는 날이 없어요. 그래도 새 지우개라고 샀는데 나를 괴롭히진 않겠지, 생각했어요. 그런데 그러면 얼마나 좋겠어요. 이대장이 필기도구 다루는 방법은 꽝이에요. 이대장 사전에는 아껴 쓰기란 없는가 봐요. 나를 손에 쥐자마자 물어뜯었어요.

"아아! 너무너무 아파요! 그만, 그만!"

소리쳐도 아랑곳하지 않았어요. 아니, 내 소리가 들릴 리가 없지요. 사람들 가운데는 우리들의 소리를 들을 수 없는 귀머거리가 더 많으니까요. 아! 나는 온몸이 찢기는 것 같았어요. 그것도 모자라 또 손톱으로 내 몸을 파내었어요. 살점이 떨어져 나가는 아픔을 사람들이 알겠어요?

그날 나는 첫 아픔을 맛봤습니다.

오늘도 공부하다 지루했던지 연필로 날 콕콕 쑤시기 시작했어요.

"아아! 제발 날 좀 가만둬요! 죽을 것 같아요!"

그것뿐 아니에요. 칼로 내 몸을 잘라 내었어요.

"아아아! 제발! 제발! 제발 가만둬요! 나 죽겠어요!"

정말 죽을 것 같았어요. 그러다 나는 그만 기절하고 말았어요.

정신을 차리고 보니 나는 불구자가 되어 있었습니다. 나는 이제 평생 이렇게 살아야겠지요. 이대장도 이런 아픔을 느껴 봐야 할 텐데……. 이대장이 나를 쓰는 날이면 한 시간이 일 년보다 더 길게 느껴져요.

오늘도 이대장은 공부가 하기 싫은가 봐요. 괜히 노랑 연필만 잘근잘근 씹어요. 아참, 소개가 늦었네요. 노랑 연필은 이대장의 집에서 나와 가장 친한 단짝 친구예요. 노랑 연필도 찢어질 듯 신음 소리를 냈어요. 나는 노랑 연필이 너무 불쌍했어요. 나는 그런 아픔을 너무나 많이 겪었기 때문에 잘 알아요.

연필 씹는 게 싫증났는지 이젠 나를 던지며 놀았어요. 나는 허공에 떠올랐다가 떨어지기도 하고, 벽에 맞고 떨어지기도 했어요. 나는 울면서 소리쳤어요.

"높은 허공에서 아무 장애도 없이 바닥에 그대로 떨어져 부딪히는 그 아픔을 사람 당신들은 모르지요? 당신들은 자신밖에 모르는 아주 나쁜 이기주의자예요. 어디 할 말 있으면 나한테 말해 봐요, 엉엉엉……."

이대장이 땅에 떨어진 나를 잡아도 겁이 나요. 왜냐하면 이대장의 아주 고약한 버릇이 나오거든요. 바닥에 떨어진 나나 노랑 연필을 손으로 잡는 일이 없어요. 거의 발로 잡지요.

"어어어!"

이대장의 발이 책상 밑을 더듬기 시작했어요. 그러다가 일단 발로 밟았어요.

"어후!"

숨이 막힐 지경입니다. 발로 밟더니 엄지발가락으로 나를 집어요. 그러고는 다른 발로 받쳐서 책상 위에 올려놓지요. 거의 묘기에 가까워요. 난 이런 행동들이 너무 싫어요. 그런데 적어도 땅에 떨어지는 것과 발로 끌어당기는 그 모욕은 참을 수 있어요. 그런데 참기 아주 힘든 것이 있어요. 그건 이대장의 발 냄새! 씻기를 별로 좋아하지 않는 이대장인데 땀까지 많이 나는 발 냄새가 오죽하겠어요? 경험해 보지 않고는 말을 마세요. 정말 '우웩!'이에요. 지옥에 갔다 온 기분이라니깐요.

난 정말 이런 이대장을 이해할 수가 없어요. 내가 이대장에게서 벗어날 수 있는 방법은 없을까요? 그럴 수 없다면 지금부터라도 이대장이 나를 좀 잘 대해 주었으면 좋겠어요. 그러면 나는 온몸을 다 바쳐 일하고, 죽어서도 그 은혜는 안 잊을 것입니다.　　　　　　(2010년 5월 10일)

이 글을 보면 보통 때는 별생각 없이 보았던 지우개의 아픔을 새삼 느낄 수 있겠지요? 누구든 다른 사람의 사정을 잘 알고 이해할 수 있다고 말한다면 그건 거짓말일 수밖에 없습니다. 그 사람의 처지가 되어 보지 않고는 다 알 수 없으니까요.

3) 장래 내 모습을 쓴 상상문

장래 내가 어떤 사람이 되어 있을지 한 번이라도 상상해 본 어린이는 얼마나 될까요? 어떤 사람이 되겠다는 생각은 해 보았지만 어떤 사람이 되어 있는 모습을 상상해 본 어린이는 많지 않을 것이라 봅니다. 그걸 상상해 본다는 것은 내가 그렇게 되기를 바라는 어떤 사람에게 한발 더 가깝게 다가가려는 적극적인 태도라 볼 수 있지요. 어떤 사람의 모습이란 장래 희망(꿈)을 이룩한 사람이 될 수도 있고, 성격이나 행동이 뜻밖에 좋게 바뀐 사람이 될 수도 있겠지요.

어쨌든 어떤 사람이 되어 어떤 일을 하고 있는 한때의 모습을 상상해 써 보도록 합시다. 여기서 어떤 일이란 장래 어떤 사람이 되었을 때 내가 생각하고 행동하는 일들이 지금보다는 더 깨어 있고, 여러 사람을 위하는 뜻있는 일이어야 합니다. 또 지금의 문제점을 잘 알고 그것을 더 좋은 쪽으로 개선하고 새로운 것을 창조해 내는 일이어야 할 것입니다.

쓰는 형식은 서사문 형식이 좋겠습니다만 어떤 형식이라도 좋습니다. 먼저 어떤 사람이 될 것인가 정한 다음 무슨 일을 할지, 어떤 방법으로 나타낼지 생각해야지요. 그리고 어떤 차례로 쓸 것인지 얼거리를 짜 보고 생생하게 쓰면 될 것입니다.

날아가는 행복 병원 내과 의사가 된 나

대구 동호초 4학년 최지현

나는 지금 내과 의사다. 내가 있는 병원 이름은 '행복 병원'이고, 이 병원에는 세계에서 이름난 의사들도 여러 명 있다. 이 병원 의사 팀은 두 팀인데 한 팀은 병원에 있고 한 팀은 무료로 봉사를 한다. 또 '행복 병원'은 서울의 변두리에 있다. 병원이 왜 서울에 있냐면 우리 나라의 한가운데 있어야 북한 사람도 빨리 치료할 수 있기 때문이다. 우리 '행복 병원'에는 아주 중요한 것이 있다. 그것은 날개도 아주 작고, 소리도 아주 작게 나는 엔진이 달린 첨단 비행기다. 이 비행기는 속력이 워낙 빨라 단 십 몇 분 만에도 우리나라 어디든지 갈 수가 있다. 더 중요한 것은 아무리 좁은 곳에서라도 마음대로 앉고 뜰 수가 있는 비행기라는 것이다. 비행기 안에는 온갖 첨단 의료시설도 갖추어져 있다. 아주 빠르게 날아다니는 움직이는 병원이라고 할 수 있다. 그래서 이 비행기를 '날아가는 행복 병원'이라고도 한다.

이 '날아가는 행복 병원'의 의사 팀은 바로 내가 이끄는 의료 봉사 팀인데, 나는 팀장이다. 우리 나라 시골에 살면서 가정 형편이 아주 어려운 사람이나 보살펴 주는 사람이 없는 나이 많은 어르신들에게는 무료로 치료를 해 주는 일을 한다. 특히 우리 병원에서는 나이 많은 어르신께는 건강 감지 팔찌를 나누어 주었다. 그 팔찌는 몸에 이상이 있을 때 우리 '날아가는 행복 병원'으로 신호가 오게 되어 있다. 신호가 오면 바로 위치를 알 수가 있고 건강 상태도 자동으로 체크해 준다. 그러면 재빠르게 바로 시골 현장으로 간다.

오늘도 매우 급한 일이 일어났다. 환자의 위치가 추적되어 가장 빠른 속도로 그곳으로 날아갔지만 상태가 생각보다 더욱 안 좋았다. 나는 어떻게 해야 할지 잠시 당황했다. 하지만 종합 진단 시스템이 어떻게 해야 할지 차근차근 알려 주어서 위기를 넘겼다. 팀장인 내 지시로 우리 의료팀은 재빠르게 치료를 했다. 할아버지의 머리에 가는 핏줄이 막혀서 조금만 늦게 왔어도 큰일 날 뻔했다. 치료를 다하고 나는 그 어르신 동네에서 '뭐, 더 도울 건 없나?' 하면서 집집마다 살펴보았다. 할아버지 할머니들이 나를 너무나 반갑게 맞아 주어서 행복했다.

다음 날 아침이다. 그런데 아침이 될 때까지도 긴급 신호가 없다. 그래서 9시쯤에는 비행기를 타고 우리나라를 한 바퀴 돌아 왔다. 오후 5시가 되어도 아무 소식이 없어 이상했다. 왜냐하면 적어도 하루 10건 이상은 긴급한 일이 생겼는데 오늘은 아무 소식이 없으니까.

그때였다. 갑자기 의료 시스템이 깜빡거렸다. 그 시스템을 보고 위치를 알아내어 급히 날아갔다. 그런데 또 시스템이 깜빡거렸다. 그것도 매우 위급한 상황이다.

'왜 갑자기 한꺼번에 신호가 많이 오지?'

니는 어디부터 가야 할지 고민에 빠졌다. 그래도 먼저 신호를 보낸 사람에게 가기로 했다.

"자 여러분! 경상북도 성주 하늘마을 김혜지 할머니한테 먼저 가도록 합시다! 서둘러요!"

가는 데 시간이 20분이나 걸렸다.

"박 기사님, 좀 늦었습니다. 다음부터는 좀 더 빨리 출동해야겠어요.

"네, 원장님!"

재빨리 내려서 할머니 집 안으로 들어갔다.

"할머니!"

그런데 부엌에 있던 할머니가 아무 일 없다는 듯이 나와 고개를 갸우 뚱거리며 나에게 말했다.

"으응? 지현 박사님, 어떻게 오셨슈?"

"어? 이상하다. 분명히 할머니한테서 신호가 왔는데?"

"그랬나? 나는 멀쩡한데? 조금 전에 내가 건강 감지 팔지를 벗어 놓 았더니 손자 놈이 그걸 가지고 놀았슈. 그래서 그런가?"

"할머니, 그러면 손자가 건강 감지 팔찌를 갖고 장난친 것 같네요."

"아이고, 그랬구나! 아이구, 시상에! 박사님, 지송합니더!"

나는 화가 좀 났다. 지금 긴급한 환자가 몇 명이나 밀려 있는데 장난 신호가 왔으니 화가 날 수밖에.

"안되겠군! 건강 감지 팔찌를 새로 만들어야겠어! 어린아이들이 장난 을 치지 못하도록 해야겠어!"

나는 빨리 할머니 집에서 나와 다른 곳으로 갔다. 이번엔 함경도 아오 지 골짝 마을 이태균 할아버지 집으로 갔다. 가니 할아버지가 구토를 하 면서 배를 꼭 잡고 정말 괴로워하고 있었다. 나는 조금 놀랐다.

"왜 그래요?"

옆에 있던 할머니가 나를 보더니 더욱 걱정스럽게 말했다.

"우리 영감이 무슨 병인지 아까부터 배가 아파스리 쩔쩔매고 있수!"

"할머니, 죄송합니다. 다른 데 갔다 오느라 좀 늦었어요. 할아버지, 많 이 아프세요?"

"아이구! 아이구, 배야!."

그러다 할아버지는 기절을 해 버렸다. 우리 팀은 서둘러 다시 진찰을 했다. 그런데 상태가 아주 안 좋았다. 할아버지를 재빠르게 '날아가는 행복 병원'에 모시고 와 단 몇 분 만에 치료를 했다. 치료하고 몇 분 지나니까 할아버지가 깨어났다.

"휴우우! 정말 다행이야!"

할아버지를 치료하고 우리는 다시 급히 다른 곳으로 날아갔다.

이제는 우리 행복 병원에서도 세계 오지에 갈 수 있는 팀을 따로 만들어 무료로 치료해 줄 계획을 가지고 있다. 그렇게 해서 앞으로는 온 세상 사람들이 병 없이 행복하게 살 때까지 우리 '날아가는 행복 병원'은 날아다닐 계획이다.

(2010년 6월 14일)

내과 의사가 되어 활동하는 모습을 상상해서 잘 썼습니다. 상상해서 썼지만 아주 불가능한 일도 아니지요. 의사가 되어도 자기 이익만 생각지 않고, 사는 형편이 어려운 사람들을 무료로 치료해 주는 그런 의사가 되겠다니 얼마나 훌륭한 생각입니까.

4) 공상 세계를 쓴 상상문

현실에서는 실현될 수 없는 일을 공상해서 쓰는 것입니다. 어른들은 어린이들의 공상을 헛된 생각, 쓸데없는 생각이라고 말하지요. 하지만 어린이들에게는 그렇지 않습니다. 어린이들은 이런 공상으로 자유로움을 마음껏 누릴 수 있고, 공상 속에서 삶에 대한 지혜를 얻기도 하고, 잘못된 생각을 깨우치기도 하지요.

이런 글을 쓸 때는 먼저 주제를 하나 정해야 합니다. 이를테면 우리에게 소중한 무엇을 찾아간다든지, 어떤 악의 무리를 무찌르고 평화를 얻는다든지, 나쁜 일을 저지르는 범죄 현장을 추적해서 범인을 붙잡는다든지, 사람들 모두가 바라는 이상을 찾아간다든지, 현실에 없는 어떤 일을 겪어 나가면서 우리에게 소중한 무엇을 얻는다든지 하는 것 말입니다. 사람의 세계뿐만 아니라 그 어떤 것의 세계를 설정해서 써도 좋습니다.

주제가 정해졌으면 사건의 줄거리를 잡아야겠지요. 어떤 일이 시작되고, 흥미진진한 일이 펼쳐지고, 급박한 상황이 닥치고, 끝나는 그런 줄거리 말입니다. 나오는 인물도 또렷이 정해야지요. 될 수 있으면 인물마다 생긴 모습이나 입고 있는 옷, 성격이나 행동 같은 것을 개성이 또렷하게 정해야 재미가 있을 것입니다. 또 사건의 시간 배경은 어느 시대이며, 그 시대는 어떤 특징이 있는지도 알아 두어야지요. 사건이 펼쳐지는 장소도 또렷이 정하면 좋겠습니다. 인물의 활동 무대를 지도로 자세하게 그려 놓고 글을 쓰면 더욱 실감 나는 글을 쓸 수 있을 것입니다. 아무리 공상이라도 위치와 장소의 구조 같은 것을 될 수 있으면 또렷이 해야 합니다.

잃어버린 아름다운 마음을 찾아서

대구 동호초 4학년 최지현, 장윤정

아름이와 아름이의 오빠인 다운이는 천왕성에 사는 아이다. 아름이는 9살, 다운이는 11살이다. 그리고 이 둘은 천왕성 지킴이 최고 책임자의 딸과 아들이다.

천왕성의 백성을 보살피는 최고 책임자와 그의 부하들은 모두 천왕성 백성들을 하나하나 정성껏 보살폈다. 백성을 보살피는 사람들은 백성들보다 더 호화스럽게 생활하지도 않고 백성들과 같은 집에서 같은 옷을 입고 같은 음식을 먹으며 생활했다. 그리고 적이 침입했을 때는 누구보다 먼저 나서서 용감하게 막았다. 아름이와 다운이는 천왕성 지킴이 최고 책임자의 딸과 아들답게 용감할 뿐만 아니라 지혜도 뛰어났다.

오늘도 천왕성 사람들은 모두 친구같이 서로서로 아껴 주고 사랑해 주며 다정하게 살고 있었다. 아름이와 다운이는 부모님의 허락을 얻어 호위병 5명과 아름다운 목성에 여행을 가게 되었다. 거기서 한창 즐거운 시간을 보내고 있었다.

그런데 그때 천왕성에서는 좋지 못한 기운이 흐르고 있었다. 어둡고 추운 별 명왕성에서 아주 못된 마녀와 날개 달린 괴물들이 침입해 행복하게 살고 있던 천왕성 사람들의 아름다운 마음을 모두 빼앗아 명왕성으로 달아나 버렸기 때문이다.

이 사실을 모르는 아름이와 다운이는 순수한 마음으로 여행을 마치고 돌아왔다. 그런데 자기 가족들도 천왕성의 모든 사람들도 모두 아름이와 다운이를 차갑게 대해 주었다. 그리고 사람이 죽었는데 웃고, 결혼식을 해서 즐겁게 웃어야 할 때는 얼굴을 찌푸리고 있었다. 완전 제멋대로였다.

'어? 이상하다?'

"오빠, 이상하지 않아?"

"그렇네? 네 말대로 정말 이상하군!"

아름이와 오빠 다운이는 이상한 마음이 들었지만 조금 더 지켜보기로 했다.

그러던 어느 날, 아름이가 할아버지의 벽장 속 조그만 상자에서 낡은 책 한 권을 발견했다. 그 책 제목은《마음의 섬 이야기》이다.

"오빠, 이것 좀 봐!"

"그게 뭐야? 으응! 낡은 책이잖아!"

"제목이《마음의 섬 이야기》인데 어떤 내용일까?"

아름이는 그 책을 들쳐 보았다.

"오빠, 이것 좀 봐!"

"무슨 내용인데 그래?"

그 책에서는 천왕성 사람은 어떤 사람이고, 명왕성 사람들은 어떤 사람이고, 목성 사람들은 어떤 사람인지 나와 있었다. 그리고 어떤 마음으로 어떻게 사는지도 설명되어 있었다. 또 명왕성의 마녀는 틈만 있으면 천왕성 사람들의 아름다운 마음을 빼앗아 가려고 한다는 것도 나와 있었다. 그리고 만약에 명왕성 마녀에게 천왕성 사람들의 아름다운 마음이 빼앗겼을 때 어디로 가서 어떻게 해야 되찾을 수 있는지도 적혀 있었다. 아름이와 다운이는 열심히 읽어 내려갔다.

명왕성에는 '죽음의 계곡'이라는 곳이 있다고 했다. 그곳의 가장 깊숙하고 위험한 숲에 바위 문이 있는데, 마녀의 집은 거기에 있다고 설명되어 있었다. 마녀의 집에 빼앗긴 마음을 찾으러 갔다가 살아서 돌아온 사람은 한 명도 없다고 했다. 이 책의 뒷장에는 마녀가 사는 곳의 지도도 자세하게 그려져 있었다.

아름이는 다짐을 했다.

'어떻게 해서라도 천왕성에 사는 사람들의 아름다운 마음을 되찾아 와야 해! 엄마와 아빠, 그리고 모든 백성들이 행복하게 살도록 해야 해!'

"오빠, 그냥 가만히 있을 거야?"

"글쎄다."

"오빠가 안 가면 나 혼자라도 명왕성 마녀에게 가서 아름다운 마음을 찾아올 거야!"

"알았어, 알았어. 그러면 우리 단단히 계획을 세우자!"

지금 천왕성에서 아름다운 마음을 간직하고 있는 사람은 아름이와 다운이, 함께 여행 갔던 기사 5명과 호위병 5명밖에 없다. 아름이와 다운이는 모든 준비를 다했다. 타고 갈 비행접시도 정비하고, 무기와 식량 같은 것도 단단히 갖추었다. 오로지 천왕성 사람들의 아름다운 마음을 찾아야겠다는 그 한 가지만을 생각하며 명왕성 죽음의 계곡으로 갔다.

명왕성 죽음의 계곡은 처음 들어가는 곳부터 으스스했다. 사람들도 별로 안 보이는 데다 모두 표정도 없이 마치 죽은 사람처럼 옆도 안 돌아보고 바삐 오고 갔다. 불러 세워도 그냥 가 버렸다.

그때, 난데없이 난생처음 들어 보는 소리가 들려왔다.

"끼킥끼킥끼킥 꾸국구구 부부붕⋯⋯."

새들의 울음소리다. 그런데 새들이 너무 이상하게 생겼다. 날개가 네 개씩 달려 있고 다리는 여덟 개나 달려 있었다. 더욱 이상한 것은 얼굴이 우리와 같은 사람의 얼굴이다. 그 새들은 왠지 슬픈 목소리로 도움을 요청하는 듯했다. 마녀가 아름다운 마음을 빼앗아 심하게 마음의 상처를 입었지만 아름다운 마음이 조금은 남아 있는 듯했다. 착한 아름이는 그들에게 약을 주어 먹게 했다.

"이제 됐다. 잘 가라, 새들아!"

"야, 아름아! 꾸물거리고 있을 새 없다. 빨리 가자!"

새들은 모두 어디론가 사라졌다. 아름이와 오빠 다운이는 호위병 5명과 계속 마녀가 사는 계곡 속으로 들어갔다. 계곡의 숲에는 자라는 나무까지도 너무나 이상하게 생겼다. 솜사탕 모양과 거품 모양의 나무들이 많이 있었다. 거품 모양의 나무숲은 방향감각을 잃게 만들었다. 어디가 어딘지 알 수가 없었다. 한참을 헤매다 솜사탕 나무로 가려진 바위틈에 문이 하나 있는 것을 보았다. 아름이와 다운이는 그 문을 열고 들어갔다.

들어가자마자 돌계단이 끝없이 아래로 이어져 있었다. 아름이와 다운이는 하나하나 조심조심 내려갔다. 긴 계단을 내려가니 또 다른 문이 있었다. 그 문을 여니 옆으로 이어진 굴이 있었다. 긴 굴을 지나 빛이 보이는 곳으로 갔다. 하지만 그곳은 막혀 있었다. 빛이 반사되고 있는 벽이었다.

"오빠, 여기는 막혀 있어! 이제 어떡하지?"

"아름아, 그 책 줘 봐!"

'아! 그 책!'

아름이는 오빠와 그 책을 펴서 살펴보았다. 책에는 이렇게 적혀 있었다.

'뒤로 돌아 열 걸음 가시오.'

둘이는 열 걸음 뒤로 갔다. 그러자 갑자기 밑으로 쑥 빠졌다.

"으아아!"

"오빠아!"

밑으로 떨어져 주위를 살펴보니 모두 미로였다. 아름이와 다운이는 어떻게 할지 몰랐다. 또 책을 봤다. 책에는 이렇게 적혀 있었다.

'앞으로 가면 계단이 있을 것이다. 그 계단을 올라가면 미로가 한눈에 보일 것이다. 그리로 가면 빨리 갈 수 있을 것이다.'

아름이와 다운이는 계단을 올라갔다. 정말 미로가 한눈에 보였다.

"오! 이거 정말 편하게 되었는걸. 이렇게 쉬운 길도 있었나?"

오빠 다운이가 말하자 뒤에서 무슨 소리가 났다.

"편하려면 아직 멀었지, 꼬마야아아!"

뒤를 돌아봤다. 마녀는 지옥의 마왕처럼 무시무시한 모습으로 버티고 있었다. 아름이는 너무나 놀라 "꺄악!" 하고는 뒤로 넘어지고 말았다.

"에잇!"

마녀가 손에 든 지팡이를 아름이 쪽으로 힘껏 휘둘렀다. 레이저 빛같이 번쩍이며 날아왔다. 그걸 오빠 다운이와 기사들이 방패로 막았다. 그 새 아름이는 재빨리 몸을 피했다. 계속되는 공격에 모두들 힘이 다 빠졌다. 아름이와 다운이는 더 이상 못 걸어갈 것 같았다. 하지만 마녀가 끊임없이 공격을 해 겨우 이리저리 피했다. 그러다 막다른 미로에 몰린 아름이와 다운이 일행은 이제 더 이상 어떻게 할 수가 없었다. 마녀에게 잡혀 꼼짝없이 죽게 생겼다.

"오빠! 이제 우린 꼼짝없이 죽게 되었어!"

"이거 어떡하냐? 지금으로서는 무슨 뾰족한 방법도 없는데!"

그때였다. 어디선가 "끼끽 꾸꾸꾸, 끼킥끼킥끼킥 꾸국구구 부부붕……." 하는 소리가 나기 시작했다. 그와 동시에 날개 네 개 달린 새 다섯 마리가 날아왔다. 아까 만났던 그 새들이다. 그 새들은 마녀의 주위를 빙빙 돌기 시작했다. 마녀의 집중력을 흐릿하게 만드는 것이었다. 아름이와 오빠 다운이는 그때를 놓치지 않고 위험한 곳에서 빠져나왔다. 정신이 잠깐 흔들린 마녀는 그만 지팡이를 놓아 버리고 말았다. 오빠 다운이가 마녀의 지팡이를 재빨리 빼앗았다. 그 지팡이로 정신이 흐릿해진 마녀의 심장을 향해 힘껏 던졌다. 그러자 심장에 그 지팡이가 꽂히고 말았다. 그때 아름이와 기사들이 광선총으로 집중 공격을 했다. 그러자 마녀는 "흐흐흐흐흐흐……." 하며 안개와 함께 스르르 공중으로 사라져 버렸다.

"야호! 고마워, 새들아!"

그런데 새들은 계속 무슨 소리를 냈다.

"끽끽끽끽끼 꾹꾹꾸구구……."

"왜 그래, 새들아?"

새들이 내려오더니 아름이와 오빠 다운이, 그리고 호위병까지 두 발로 잡더니 공중으로 날았다. 조금 있으니 마녀의 집에 내려 주었다.

"고마워, 새들아!"

마녀의 집은 버섯같이 생겼다. 아름이와 다운이는 마녀의 집으로 들어갔다. 마녀의 집 속에는 여러 행성에서 잡혀 와 죽은 사람들의 시체들이 널려 있었다. 아름이와 다운이처럼 마음을 찾으러 이곳에 왔다가 모두 잡혀 죽고 만 것이다. 마녀의 부엌에서 누가 말을 했다.

"애기야 이제 오니?"

바로 마녀의 엄마다. 그래서 아름이는 아까 마녀에게 들은 목소리를 살려서 말했다.

"응, 엄마. 너무 피곤해서 좀 잘게요."

"그럼, 그래라."

아름이와 다운이는 마녀의 방을 찾아 들어갔다.

"꺅!"

갑자기 커다란 새들이 공중에서 펄럭펄럭 날아다니며 위협을 했다. 아름이와 다운이는 꼭꼭 챙겨 두었던 빛 폭탄을 그 큰 새들에게 던졌다. 그러니까 새는 모두들 떨어져 기절을 하고 말았다. 방 가운데는 상아로 만든 것 같은 상자 여러 개가 놓여 있었다. 그 가운데 '천'자가 새겨져 있는 상자가 있었다. 그 상자가 바로 천왕성 사람들의 아름다운 마음이 담겨 있는 상자였다. 그 상자를 들고 밖으로 뛰쳐나왔다. 밖으로 다 나올 때쯤 다시 마녀가 따라왔다.

"이 꼬마 녀석들! 내가 가만두지 않을 것이다! 거기 서라! <u>호호호호</u> <u>호……</u>."

"오빠, 마녀가 다시 따라온다!"

"야! 빨리 뛰어!"

아름이와 다운이, 5명의 호위병은 비행접시 대장 기사에게 연락을 하며 달려 나갔다.

"천왕 기사님!"

"네, 아가씨!"

"빨리 명왕성 떠날 준비 하세요!"

"네! 이럴 줄 알고 벌써 준비 다해 놓았습니다!"

비행접시에 다 온 일행은 얼른 비행접시에 올랐다. 그러고는 급히 명왕성을 떠났다. 마녀가 막 따라왔지만 비행접시를 따라올 수는 없었다.

마녀가 따라오지 않자 모두들 한숨을 돌렸다. 옷은 모두 찢어져 있었고, 몸 여기저기에는 상처를 입어 피가 나고 있었다. 그래도 아름이와 다운이는 찾아온 상자가 너무나 궁금했다. 상자를 열어 보았다. 아! 반짝거리는 아름다운 마음이 거기에 들어 있었다.

"오빠, 이제 천왕성 사람들이 아름다운 마음을 가지고 즐겁게 살게 되어서 정말 다행이야."

"그래, 엄마 아빠도 정말 기뻐할 거야. 이제는 마녀가 와도 마음을 절대로 빼앗기지 않도록 마음을 단단히 관리해야 되겠어."

"오빠, 들리는 소문으로는 조그만 지구라는 곳에 사람들이 복작복작 사는데, 나쁜 마음이 자꾸만 많아져서 걱정이래."

"맞어. 언젠가는 우리의 아름다운 마음을 좀 나누어 주어야겠어."

"지구에도 어딘가 마녀가 살고 있지 않은지 모르겠어."

아름이와 다운이는 언젠가 지구에 있는 마녀들도 없애고 아름다운 마음을 많이많이 나누어 주어야겠다고 다짐했다. 그래야 빨리 아름다운 마음을 빼앗아 가는 마녀가 아주 사라질 테니까.　　　　(2010년 6월)

어디서 본 듯한 느낌은 들지만 4학년 어린이가 상상해서 쓴 것이니까 훌륭하다고 봐 주길 바랍니다. 이 글은 두 어린이가 함께 상상해서 썼는데, 이렇게 둘이 각각의 상상을 보태어 쓰면 더욱 좋은 글을 쓸 수 있겠지요. 이 글의 내용을 보면 마치 지금 우리들에게 잃어버린 아름다운 마음을 찾으라는 뜻을 전해 주는 것 같습니다.

5) 낱말에 대한 생각을 쓴 상상문

우리가 쓰는 낱말은 수없이 많습니다. 그 가운데 어떤 낱말은 읽을 때 특별한 생각이 떠오른다든지, 그 낱말의 뜻을 생각하다 마음에 움직임이 일어난 경험이 있을 것입니다. 그것을 쓰는 것입니다. 미움, 사랑, 기쁨, 슬픔, 노여움, 두려움, 질투, 고마움, 행복, 불행, 억울함, 힘듦, 불편, 더러움, 어려움, 어색함…… 주로 추상 낱말이지만 그 어떤 낱말도 좋습니다.

자비와 겸손

대구 동호초 4학년 진흥림

옛날에 자비와 겸손을 전혀 모르는 '자비겸'이라는 악동이 있었다. 그 가문은 양반 가문인데 부모님이 '자비를 베풀고 겸손하라'는 뜻에서 이름을 그렇게 지어 주었다. 그러나 자비겸은 "자비? 겸손? 흥! 양반인 내가 왜 그딴 것을 해야 되는데?" 이렇게 말하면서 그 반대되는 행동을 했다. 그래도 자비겸의 가족들은 그 사실을 모르고 있었다.

자비겸은 뭔가 가지고 싶은 것이 있으면 "난 양반이다. 그거 내놔!" 하며 자기 부하를 시켜 마음대로 남의 것을 빼앗았다. 한번은 어떤 강아지 한 마리가 자비겸 앞으로 걸어가는데 마음에 안 든다고 뻥 찬 적도 있었다. 자비겸은 그렇게 고을 사람들을 너무나 많이 괴롭혀 원한과 분노를 많이 샀다.

그러던 어느 날, 자비겸은 모자를 푹 눌러쓰고 길을 지나가던 농부가 콩나무 씨앗을 갖고 있는 것을 보았다. 그것을 보고 "우와! 콩나무 씨앗이네! 그거 나 줘!" 하고 명령하듯이 말했다. 그 농부는 태연한 목소리로 "가지고 싶으면 가지시오!" 하고 말했다. 자비겸은 지금까지 자신에게 이렇게 순순히 무엇을 준다고 하는 사람이 없었는데 그렇게 쉽게 주니까 "오오! 이렇게 쉽게 주다니 유감인데?" 하며 콩나무 씨앗을 낚아챘다. 그리고 농부에게 인사도 안 하고 휘파람을 불며 자기네 집으로 돌아왔다.

자비겸에게 씨앗을 준 농부는 "저 녀석의 나쁜 버릇을 꼭 고쳐 주어야 해!" 하며 중얼거렸다. 그리고 그 농부는 어딘가로 가 버렸다.

집에 돌아온 자비겸은 부하들을 시켜 그 콩나무 씨앗을 자기의 비밀 화단에 심게 했다. 그러고는 "무럭무럭 자라라!" 하며 물도 주었다. 왜냐하면 자비겸은 식물 키우기 하나는 매우 좋아하기 때문이다.

콩나무는 아주 빠르게 자라 구름 위에까지 닿게 되었다. 그걸 본 자비겸은 "우와! 진짜 빠르게 자라는걸! 저 위로 올라가 봐야지!" 하며 부모 님께 허락도 받지 않고 혼자서 나무 위로 올라갔다. 나뭇가지는 마치 계 단처럼 올라가기 쉽게 뻗어 있었다.

구름 위에까지 뻗어 있는 나무 꼭대기까지 올라가자 커다란 철문이 있었다. 그 문에는 손잡이가 달려 있었다.

"오오! 멋진 철문인걸? 한번 열어 보자."

자비겸은 겁도 없이 손잡이를 잡고 철문을 밀쳤다. 그러자 어디에선 가 "이곳은 자비와 겸손의 세계다! 마법의 콩나무만 타고 올 수 있는 곳 이다! 그리고 자비와 겸손이 없는 자는 들어오지 마라. 들어오면 후회할 것이다!" 하는 소리가 들렸다.

"어엉? 누가 말하는 거지? 신기하네!"

이렇게 중얼거리면서, 자비와 겸손이 없는 자는 들어오지 말라고 하 는 말에 잠시 망설였다. 그러나 곧 "흥! 내가 무서워할 줄 알고?" 하며 문을 열고 들어갔다.

모르는 세계에 들어가자마자 문은 바로 닫혀 버렸다. 어느새 자비겸 앞에는 어떤 기계가 놓여 있고 덩치가 크고 무섭게 생긴 보초 5명도 서 있었다. 그 보초들은 자비겸을 기계에 올려놓았다.

"여기 잠시만 기다리시오!" 하더니 길고 굵은 도깨비방망이 같은 것 을 자비겸의 몸 주변으로 휘둘러 댔다. 한참 그러고 나더니 곧 자비겸 보고 "당신은 최하위급인 거지로부터 새로 시작할 것이오! 자비와 겸손 을 배우시오!" 하더니 다시 자비겸을 끌고 어딘가로 가서 누더기 옷을 입힌 다음 막무가내로 어떤 곳으로 내쫓아 버렸다.

쫓겨난 자비겸은 구걸을 하게 되었다. 그곳 사람들은 모두 자비와 겸손 을 베풀 줄 아는 사람들이지만 자비겸을 보고는 마구 비웃고 욕을 했다.

그곳에서 생활한 지 석 달이 지나도 자비겸은 자비를 베풀어야 한다 는 것과 겸손한 마음을 가져야 한다는 것을 깨우치지 못했다. 곧 고치겠지 하던 사람들도 자비겸을 다르게 보게 되었다. 그래서 사람들은 자비겸을 전보다 더욱 먹을 것도 잘 안 주고, 더욱 많이 괴롭히고 욕도 더 많이 했다.

그래도 그곳의 어떤 사람 세 명이 자비겸을 불쌍히 여겨 돈을 조금 주었다. 그러나 자비겸은 고마워하기는커녕 "뭐야? 왜 돈을 이 정도밖에 안 줘? 난 양반이라고! 돈 더 내놔!" 하며 억지를 부렸다. 그러자 그 사람들 중 한 명이 "뭐라고? 이게 도와줬더니 자기가 양반이라고 돈 더 내놓으라고 하네!" 하고 말했다. 또 다른 사람들도 "이게 놀고 있네. 너 같은 녀석은 자비와 겸손을 좀 더 배워야 해!" 하며 자비겸을 마구 때렸다. 그러자 자비겸은 쓰러졌다.

자비겸이 눈을 뜬 곳은 바로 한의원이었다. 자비겸은 자기가 거만했는데도 치료를 해 주는 사람들을 보고 '아! 이곳 사람들은 정말 자비롭고 겸손하구나! 나도 이제부턴 자비를 많이 베풀고 겸손해야겠다!' 하고 생각했다. 그렇게 생각하는 순간 갑자기 어떤 빛이 자비겸을 감싸더니 어떤 곳으로 데려갔다.

자비겸이 간 곳에는 커다란 나무 한 그루가 있었다. 그리고 갑자기 나무 위에서 빛이 번쩍거리더니 신령이 나타났다. 신령이 "자비겸아! 드디어 자비와 겸손을 깨우쳤구나! 이제는 집으로 돌아가거라!" 하고 말했다. 자비겸은 "저에게 씨앗을 준 농부가 바로 신령님이셨군요. 저에게 많은 것을 깨우쳐 주셔서 감사합니다!" 하고 말했다.

그러자 또 갑자기 번쩍거리는 어떤 정체 모를 이상한 것이 자비겸을 감쌌다. 자비겸은 잠에서 깨어나듯이 깨어났다.

그 후로부터 자비겸은 자비를 많이 베풀고 언제나 겸손한 행동을 해서 많은 사람들로부터 존경을 받았다.   (2010년 6월)

자비와 겸손을 모르는 망나니가 그걸 깨우쳤다는 내용입니다. 이런 글은 또 다른 형식으로도 쓸 수 있으니까 여기에 내보인 이야기에만 얽매이지 말길 바랍니다.

6) 도형이나 부호에 대해 쓴 상상문

뜻있는 모양이 아닌 어떤 도형이나 부호 같은 것을 보고 떠오르는 상상을 글로 써 보는 것입니다. '◎, △, ◆, ⬦, ⚕, *, ❈, !, ?, ▶, ➡ ⋯⋯.' 이런 것들을 보고 있으면 자기도 모르게 상상의 세계로 빠져들 때가 있지요? 그때의 상상을 쓰는 것입니다.

세모 모양과 이장

대구 동호초 4학년 박찬호

옛날 어느 한 마을에서 일어난 일이다. 이 마을도 다른 마을처럼 아주 평범하게 살고 있었다.

어느 날이었다. 산에 오르는 것을 좋아하는 그 마을 이장은 아침마다 일하기 전에 등산을 했다. 오늘은 출발 시각이 조금 빨랐다. 이장은 지금 산에 올라갈까 말까 생각하다가 이왕 나선 것 그냥 올라가자, 하고 올라갔다.

"아아, 오늘은 평소보다 조금 빨리 왔더니 더 상쾌하고 좋네! 아아, 좋다!"

한 200m정도 올라가다가 이장은 이상한 목소리를 듣고 꼼짝 못하고 가만히 서 있었다. 그런데 점점 그 소리가 이장에게 다가오는 것 같았다.

'팅 팅 팅 팅티딩, 팅그렁 텅팅⋯⋯.'

"으으으, 무서워! 대체 누구지? 누가 나를 노리고 있는 거지?"

그렇게 혼자 중얼거리고 있는데 어떤 세모난 모양을 가진 커다란 게 와서 재빨리 이장을 덮쳐 버렸다. 이장은 꼼짝 못하고 그 세모 모양 괴물에게 잡혔다.

"아아아! 누구야? 놔! 놓으란 말이야! 오늘 이장 일도 해야 되는데 놔! 으으으윽!"

그러다 이장은 기절을 했다. 기절한 지 10분쯤 지나 눈을 떴다.

"어? 여기가 어디지?"

온 데 다 하얀색 세모 방에 갇혀 있었다. 크기는 사람 네 명쯤 들어갈 정도다. 이장은 "아아, 진짜! 누가 좀 도와주소!" 이렇게 소리 질러도 일찍 산에 오르는 사람이 없으니 도와줄 사람이 없었다. 그래서 기다렸다. 시간이 얼마 지나자 이장은 위를 한번 자세히 살펴보았다. 위에는 조그만 문이 하나 달려 있었다. 보통 남자 어른들의 키는 닿지 않았다. 그런데 밖에서 이상한 소리가 들렸다. 20대 청년 목소리였다.

"랄라 룰루 랄라 룰루 랄랄라……."

"살려 주소! 거기 누가 있소? 있으면 나를 좀 살려 주소!"

그런데 20대 청년도 그 세모 모양 괴물을 보고 놀랐는지 도망가려고 했다. 그런데 그때 세모 모양 괴물은 "야아! 같이 가자, 어? 나는 나쁜 놈 아니야!" 그러니까 20대 청년은 다시 한 번 더 세모 괴물을 꼼꼼하게 잘 살펴보았다. 나쁘게 보이지는 않았는지 말을 걸었다.

"그래, 근데 너는 몇 살이니?"

"나? 나는 스물세 살이야. 너는?"

"나는 스물두 살인데……."

"그래? 그럼 내가 형이네!"

"응."

이 대화를 들은 이장은 세모 모양 괴물이 나쁜 괴물이 아닌 줄 알아챘다. 그래서 이장은 세모 모양 괴물에게 꺼내어 달라고 소리쳤다. 그러니까 세모 모양 괴물이

"왜요?"

"나 좀 풀어 줘!"

"잘 알았어요."

괴물은 이장을 꺼내어 주었다. 이장은 아까 왜 억지로 자기를 가두었는지 물어보았다. 그러니 괴물은 "나도 친구를 사귀고 싶어서 그랬어요. 정말 미안해요." 하고 말했다.

그렇게 해서 세모 모양 괴물은 이장과 20대 청년이랑 같이 날마다 한 번씩 재미있게 놀았다.   (2010년 6월)

세모를 못된 괴물로 생각했는데, 알고 보니 세모도 마음이 나쁘지 않습니다. 세모는 동무를 사귀고 싶어 가까이 가는데 사람들은 자꾸 괴물로 보고 무서워하고 멀리하지요. 우리 주위에 있는 세모들을 무조건 멀리하지 마세요.

7) 물건에 대해 쓴 상상문

어떤 물건을 보았을 때 가끔 끝없는 상상이 꼬리를 물 때도 있지요? 길가에 버려진 신발 한 짝이 마치 하늘을 마음대로 나는 신비한 차로 변해 나를 태우고 가고 싶은 곳 어디든지 가는 상상을 할 수도 있을 테고, 그 신발을 신었던 사람에 대한 상상도 할 수 있을 것입니다. 혼자 가만히 어떤 인형을 보다가 그 인형이 살아 움직이며 여러 가지 활동을 하는 상상도 할 수 있을 것입니다. 어떤 상자를 보았을 때 그 상자에 들어 있는 무엇이 활동하는 어떤 세계를 상상할 수도 있을 테지요.

신발

대구 동호초 4학년 최지현

선생님이 나보고 흩어진 신발을 정리시켰다. 그래서 신발들을 가만히 보았다. 보니까 깨끗한 신발들은 모두 생글생글 웃고 있는데 깨끗하지 못한 신발은 저마다 얼굴을 찌푸리고 있다.

흙탕물에 젖은 신발은 얼룩이 져서 막 찡그리고 있는 것 같다. 질질 끌면서 신은 아이의 신발은 뒤쪽이 많이 닳아서 몹시 아파하고 있는 것 같다. 구겨 신고 다닌 아이의 신발은 기분이 나쁜 얼굴을 하고 있고, 한 신발은 보니까 한쪽이 삐딱하게 닳아 있다. 또 어떤 아이의 신발도 울상을 하고 있는데, 그 신발은 더욱 화가 나 있다. 왜냐하면 신발 주인 아이가 새 신발을 사기 위해 빨리 떨어지게 하려고 땅바닥에 마구 문대며 걸었기 때문이다.

화가 잔뜩 난 신발들은 하느님께 기도를 했다. 무슨 기도를 했냐 하면 마음대로 걸어 다니게 해 달라는 기도다.

"하느님! 제발 우리도 스스로 걸을 수 있게 해 주세요!"

신발들은 날마다 이렇게 빌었다. 그러던 어느 날 하느님이 나타나 "너희들의 소원을 들어주마!" 하고는 사라졌다.

신발들은 조금 있다가 모두 걸어 보았다. 진짜로 걸을 수 있었다. 신발들은 너무너무 기뻤다.

"이제 우리 마음대로 다니자!"

"그래그래!"

"밤마다 사람들 잘 때 몰래 만나도록 하는 것이 어떻겠어?"

"그래! 장소는 사람들 없는 뒷골목이 좋겠어."

신발들은 마음대로 다니기 시작했다. 깨끗하게 살고 싶었던 신발은 아주 조심조심 다녔다. 그리고 휴지를 가지고 다니면서 조금이라도 더 럽혀지면 깨끗이 닦아 냈다. 그러니까 아주 깔끔하고 윤이 났다. 신나게 자기 마음대로 다니고 싶었던 신발들은 무리를 지어 다니며 스스로 재미있게 놀기도 했다.

마음대로 놀다가 모두 각자 집으로 들어갔다. 그런데 한 신발은 들어

가기 싫어했다. 왜냐하면 신발 주인인 그 남자아이는 너무 말썽을 부리기 때문이다. 신발을 너무 더럽게 신을 뿐만 아니라 빨리 닳도록 질질 끌기도 하기 때문이다.

한번은 그 아이가 가다가 또 신발을 흙탕물에 적셨다. 그런데도 재미있다고 하면서 더러운 흙탕물에 마구 다녔다. 그래서 신발은 버릇을 단단히 고쳐 주어야겠다고 생각했다. 신발은 고약한 주인을 돌이 박혀 있는 곳으로 가도록 했다. 그랬더니 그 아이는 돌에 걸려 넘어져 버렸다. 옷은 말할 것도 없고 얼굴까지 온통 흙탕물투성이가 되었다. 신발은 아주 고소했다. 신발 주인 아이는 집에 와서 자기 어머니한테 된통 꾸중도 들었다.

"하하하하하, 꼴좋다!"

그런데 신발들은 밤에만 자기들 마음대로 해야 하니까 아쉬웠다. 그래서 다시 모두 모여 의논을 했다. 한 신발이 말했다.

"우리 밤에만 이렇게 하면 뭐해요. 낮에는 정말 힘든데."

"맞아요. 우리 낮에도 그렇게 합시다!"

"맞아!"

그렇게 해서 신발들은 낮에도 자기들끼리 모이기로 했다.

그런데 한 여자아이가 그것을 엿보고 말았다.

"웬 신발들이 모여 난리들이지?"

가만히 지켜본 여자아이는 신발들이 제멋대로 하도록 두어서는 안 되겠다고 생각했다. 어떻게 하면 될까, 계속 연구를 했다. 하지만 방법이 안 나왔다.

그 여자아이가 마트에 가려고 밖으로 나갔다. 그런데 다른 쪽으로 막 가지는 것이었다.

"어? 이거 어떻게 된 거지? 신발이 무조건 자기 멋대로 하고 있는 것 같아."

여자아이는 할 수 없이 그냥 신발을 벗고 갔다. 여자아이는 그날 밤에 또 엿들었다.

"기도하기를 잘했어요."

"기분이 아주 좋아요."

그 이야기를 듣고 여자아이는 집으로 빨리 돌아와 기도를 했다.

"하느님, 사람들이 모두 반성했을 거니까 신발이 제멋대로 못 걸어 다니게 해 주세요."

"잘 알았다."

그렇게 해서 하느님이 다시 신발을 못 걸어 다니게 했다. 신발들은 회의를 하다가 갑자기 못 움직이게 되었다. 하느님께 불평을 해도 어쩔 수가 없었다. 아침이 될 때까지 못 움직이고 그 자리에 가만히 있었다. 아침이 되자 사람들은 골목으로 우르르 몰려 나가 신발을 가져갔다.

"이게 왜 밖에 있지?"

"이게 발이 달렸나?"

"누가 옮겨 놨지?"

"별꼴이야."

하면서 모두 신발을 가져갔다.

그래도 아직 못 뉘우친 사람들이 너무 많아서 하느님은 어떻게 할까 고민 중이다.   (2010년 6월)

신발을 보고 떠오르는 상상을 쓴 상상문입니다. 이 글을 보면 신발을 함부로 신는 버릇을 깨우칠 수 있을 것 같지요? 조금은 억지스런 부분이 있긴 하지만 좋은 상상문입니다.

8) 추상 그림, 추상 무늬에 대해 쓴 상상문

그림 가운데도 어떤 사물이나 사실이 아닌 생각을 그린 그림이 있습니다. 그런 그림을 추상화 또는 추상 그림이라고 하지요. 추상 그림을 보고 상상한 대로 글을 쓴다든지, 비 온 뒤에 땅에 그려진 어떤 모습이나, 어떤 곳의 무늬나, 나무껍질이나 속 무늬 같은 것을 보고 상상한 대로 쓴다든지, 물이 흐르는 모습이나 구름이 움직이는 모습 같은 것을 보고 떠오르는 상상을 쓰는 것입니다.

튤립과 참새와 나비

대구 동호초 4학년 전서영

나는 무슨 나무인지는 잘 모르겠지만 그 나무에서 참 특이한 껍질 무늬를 보았다. 껍질은 대부분 거칠고 울퉁불퉁한데 가운데쯤에 튤립 꽃 모양, 참새 모양, 나비 모양으로 벗겨져 그 부분만 매끈하고 깨끗하다. 참새는 튤립 꽃 위에 앉아 있는 것처럼 보이고 나비는 또 조금 위에서 날아가는 것처럼 보인다. 그것을 보니까 이야기가 떠올랐다.

예쁜 튤립이 꽃밭에 외롭게 서 있었다. 전에 튤립 꽃은 형제들과 여럿이 함께 살았다. 그런데 그만 아이들이 꺾어 가서 외톨이가 되었다. 늘 쓸쓸히 혼자만 있는데 어느 날 참새 한 마리가 날아왔다. 그 참새는 튤립 꽃 위에 살며시 앉았다.

그 참새도 엄마 아빠가 없는 불쌍한 새다. 그 참새는 뱀 때문에 엄마 아빠를 잃어버렸다. 어느 날 엄마 새가 둥지에서 새끼를 품고 편안하게 있었다. 새끼들이 자꾸 날개 밖으로 나오려고 하니까 "얘들아, 가만 있어. 무서운 뱀이 오면 큰일 나." 하고 달랬디. 아! 그 말이 끝나기가 무섭게 진짜 뱀이 스르르 다가왔다. 그것을 본 엄마는 새끼를 지키기 위해 뱀에게 달려들었다. 그러나 잠깐 사이에 뱀에게 물려 죽고 말았다. 먹이를 구하러 나갔던 아빠 새가 그걸 보고 다시 달려들었지만 아빠 새도 뱀한테 물려 죽고 말았다.

참새는 튤립에게 물었다.

"너 왜 여기에 혼자 서 있니?"

"나는 엄마도 아빠도 형제도 없는 외톨이야."

"그래? 너 고아구나. 사실은 나도 그래."

참새는 그 말을 하며 눈에 눈물이 기렁기렁했다. 튤립은 "정말?" 하며 깜짝 놀랐다. 튤립과 새는 서로 이야기를 주고받으며 진해졌다. 둘은 친구가 되어 외롭지 않는 하루하루를 보냈다.

그러던 어느 날, 어디선가 우는 소리가 들렸다. "흑 흑 흑 흐흑……." 그 울음은 바로 튤립 위에서 날고 있는 나비의 울음소리였다. 튤립은 울고 있는 나비를 보고 물었다.

"나비야, 왜 우니?"

"나는 엄마도 없고 아빠도 없는데, 내 친구들에게 놀림을 받았어. 그래서 나는 견디지를 못해서 이렇게 혼자 나와 버렸어. 흑 흑 흑……."

"왜 엄마 아빠가 없는데?"

"그건 나도 몰라. 태어나니까 나 혼자였어."

그 말을 하고 나비는 자꾸 슬금슬금 피했다. 왜냐하면 새가 나비를 노려보기 때문이다. 그러니까 튤립이

"나비야, 너 왜 그래?"

"참새 있잖아. 참새가 나를 홀딱 잡아먹을지도 모르잖아."

"으응, 그랬구나! 얘, 참새야. 너 나비 잡아먹지 마라. 알았지?"

"알았어. 쟤도 불쌍하네. 그러면 우리 모두 친구하자."

"정말? 아이 고마워라."

이렇게 해서 외톨이 셋은 친한 친구가 되었다. 그리고 힘차게 살아갔다.

(2010년 6월)

나무줄기의 무늬를 보고 떠오르는 상상을 쓴 글입니다. 우리는 화

장실에서 용변을 보면서도 벽의 얼룩이나 타일의 무늬를 보면서 엉뚱한 상상을 하곤 합니다. 그런 상상도 값진 것임을 잊지 맙시다.

9) 나쁜 것들이 일으키는 반란을 쓴 상상문

우리 주위에는 나쁜 것들이 참 많습니다. 그대로 두면 우리들을 아주 나쁜 곳으로 빠뜨릴 수도 있고, 사람의 목숨을 빼앗아 갈 수도 있습니다. 그런 것들이 자꾸만 넘쳐 나면 어떻게 될까요? 그것들이 반란을 일으키면 어떻게 될까요? 큰일 나겠지요. 쓰레기, 자동차 배기가스, 담배, 탄산음료, 과자, 술, 마약 같은 것들 말입니다. 또 나쁜 것인지 아닌지는 잘 모르는 일이나 잘한다고 하는 세상의 어떤 일들, 우리 고장의 어떤 일들, 우리 마을의 어떤 일들도 잘못하면 어떤 재앙을 가져올지 모른답니다.

이런 일들에 대한 상상문을 쓰면서 나쁜 것들에 빠져들지 않으려는 마음도 다질 수 있겠지요.

술과 담배의 반란

대구 동호초 4학년 최지현

청년은 오늘도 술집에 들어갔다. 오늘은 더욱 기분이 안 좋은지 얼굴을 잔뜩 찌푸리며 주인에게 말했다.

"저기요! 술 두 병!"

"예. 또 회사일 때문에 술 마시러 왔는가 보네요?"

"예. 아이 씨이, 제기릴!"

그 청년은 술을 마시다 담배 한 개비를 입에 물고 불을 붙였다. 그 청년의 몸속에 먼저 들어온 술이 말했다.

"하하하하! 이제 이 청년의 몸은 나의 것이다! 술 마시면 기억력과 집중력이 떨어진다는 것밖에 모르는 바보 인간들! 이제 어디부터 가 볼까? 간? 위? 폐? 심장? 췌장? 위부터 가자. 어? 그런데 이 냄새는 내 친구 냄새?"

담배 연기가 몸속으로 들어왔다. 술은 아주 좋아하면서 말했다.

"어이, 친구!"

"으응? 술 친구?"

"그래, 나야! 우리 참 자주 만나네?"

"우리 같이 이 청년의 몸을 점령하자!"

"그래그래!"

다시 담배가 말했다.

"우리 춤부터 추자!"

"그래! 음악 큐!"

술과 담배는 한참 동안 신나게 춤을 추었다. 그러다 술과 담배는 자기들이 침투할 구역을 정했다. 술이 말했다.

"담배! 넌 그냥 폐랑, 심장이랑 온몸 다 혼란하게 만들어. 나는 위, 간, 췌장만 집중 공격할게. 알았지?"

"그래, 좋아! 이제 자기 구역으로 가자!"

술은 위로 가서 벽을 마구 찔러 대었다.

"룰루 라라 룰루 랄라! 우리에게 이렇게도 행운이 자주 찾아오니 살맛이 난다네!"

"위 점막이 자극을 받아 염증을 일으키기 쉽다는 걸 인간들은 잘 알면서도 자꾸 술을 마시는 바보 멍청이."

또 다른 친구 술들은 간으로도 갔다.

"어떻게 할까? 그렇지! 알코올에 중독되게 해야지!"

"알코올 중독 가지고는 약하지."

"알코올 중독에 빠져 못 헤어나게 하는 것만으로도 족해!"

"간도 못쓰게 만들어 줘야 인간들은 깜짝 놀란단 말이야."

술은 또 췌장으로도 갔다.

"알코올의 자극을 받으면 췌액이 많이 분비되고 그와 함께 십이지장이 붓고, 췌액의 출구가 방해를 받아 췌관의 압력이 높아져 결국 파괴될 수 있어. 그 결과로 소화효소가 많이 들어 있는 췌액이 조직 내로 거꾸로 흘러 들어가 췌장 자체를 갑자기 소화시켜 버리게 되지. 잘하면 복통, 설사, 체중 감소, 당뇨병이 걸릴 수도 있어. 하하하하, 이런 행운도 자주 오는구나!"

술들은 사람의 속을 그렇게 초토화시키며 지나갔다.

담배도 활동을 시작했다. 폐로 갔다. "폐! 폐! 폐!"하면서 폐를 새까맣게 만들고 온몸을 연기로 가득 차게 만들었다.

"나한테는 연탄가스 성분도 들어 있지. 그게 인간을 중독되게 만들어. 그리고 아세톤도 들어 있는데 페인트 제거제이지. 어디 그것뿐인 줄 알아? 내 몸에는 정말 이상한 게 많이 들어 있어. 포름알데히드, 나프틸아민, 메탄올, 벤조피렌, 디메틸니트로사민, 나프탈렌, 니코틴, 카드뮴 등 아주 나쁜 것들로만 꽉 차 있단 말이지. 임신 중에 담배를 피우면 산소 부족으로 저체중 아기를 낳을 수도 있지. 내가 나쁜 일들을 저지르지만 너무나 많아 어떤 나쁜 일들이 있는지 나도 다 몰라. ㅎㅎㅎㅎㅎ……."

담배는 모든 혈관들에게 갔다.

"핏줄을 모두 막자!"

담배는 차츰차츰 핏줄을 점점 더 좁게 만들었다. 수축된 혈관들은 심장에게 더 큰 힘을 달라고 떼를 썼다.

"심장아, 빨리 힘을 줘! 그래야 피가 잘 흐르게 하지."

심장도 점점 지쳐 가고 있었다.

청년이 술에 취해 비틀거리며 걸어갔다. 술과 담배가 그 청년의 몸속에서 축제를 벌이고 있는 것이다.

"야호! 우리 춤을 신나게 추자!"

"그래그래, 춤판을 벌이자!"

술과 담배는 더욱 신나게 축제를 벌였다. 청년은 그만 쓰러지고 말았다.

(2010년 6월)

술과 담배가 우리 몸속에 들어와 나쁜 일을 벌이는 모습을 상상해 쓴 글입니다. 맞지 않는 부분도 있긴 하지만 제법 그럴듯하지요? 술과 담배가 우리 몸속의 어디를 어떻게 들어가 어떤 병을 일으키는지 자세히 조사해서 쓰면 더욱 실감나게 글을 쓸 수 있겠지요.

10) 무엇이 어떻게 된다면 어떤 일이 벌어질지 쓴 상상문

동물들이 세상을 다스린다면 어떻게 될까요? 곤충들이 사람을 다스린다면 어떻게 될까요? 나무나 풀이 걸어 다닌다면 어떻게 될까요? 또 손이 여러 개 있다면 어떻게 될까요? 사람의 콧구멍이 위쪽으로 열려 있다면 어떻게 될까요? 이런 일을 상상해서 써 보는 것도 재미가 있겠지요?

이런 글을 쓸 때는 먼저 이렇게 된다면 어떤 일이 일어나겠는지 생각나는 대로 메모를 많이 하고, 이야기의 얼거리를 짜 보고 써야 더욱 잘 쓸 수 있을 것입니다.

손가락에 눈이 달린 나

대구 동호초 4학년 이민희

어제 아침이었다. 일어나니 손가락이 따끔따끔한 느낌이 들었다. 왼손 두 번째(검지) 손가락을 보았더니 동그란 눈알이 붙어 있었다. 나는 너무 끔찍했다. 흉측하기도 하고 나만 그런 게 있으니까 따돌림당할 것 같아 겁나기도 했다. 그래서 나는 그 사실을 아무에게도 말하지 않고 있기로 했다.

나는 애써 태연한 척하면서 옷을 갈아입고 밥을 먹으려고 식탁에 앉았다. 다행히 나는 오른손잡이이고 눈은 왼손에 있어서 글을 쓰거나 숟가락 잡을 때는 별 지장이 없었다. 내가 밥을 먹고 있는데 엄마가 걱정스런 표정으로 말했다.

"어머! 어떡하지? 립스틱이 장롱 밑에 들어가 버렸네! 틈은 있지만 어디쯤에 있는지 알아야 꺼내지. 장롱을 들어낼 수도 없고……."

나는 그때서야 엄마에게 왼손에 붙어 있는 눈에 대한 이야기를 해 주었다. 그리고 엄마를 도와줄 수 있다고 말했다. 엄마는 기절할 뻔한 표정이다. 나는 억지로 엄마를 안심시켰다. 엄마도 어쩔 수 없다고 생각했는지 도와 달라고 했다.

나는 왼손을 장롱 밑 작은 틈새에 넣고 손가락 눈으로 살펴보았다. 어두침침하지만 엄마의 립스틱이 보였다. 그래서 오른손으로 막대를 밀어 넣어 꺼내었다.

오늘은 쉬는 날이다. 그래서 식구들끼리 동물원에 갔다. 나는 손가락 눈을 다치지 않게 하려고 왼손을 각별히 주의하면서 다녔다. 동물원에서는 좋은 점도 조금 있었다. 다른 사람들은 멀리서만 볼 수 있는데 나는 왼팔을 쭉 뻗어 더욱 자세히 볼 수가 있었다. 그렇지만 동물들이 호기심이 생겨 물지 않도록 조심해야 했다.

동물 구경을 한참 하다 보니 벌써 열두 시가 되어 버렸다. 배가 슬슬 고파지기 시작했다. 우리 식구들은 엄마가 싸 온 김밥을 먹기로 하고 각자 화장실에 가서 손을 씻었다. 그때 나는 왼손가락에 붙어 있는 눈 생각은 잠깐 잊어버리고 있었다. 수돗물을 틀어 손을 집어넣었다. 그 순간 나는 짧은 비명을 지르면서 얼른 손을 뗐다. 손가락 눈에 물이 왕창 들어가 눈이 따가웠다. 눈물도 막 났다. 나는 얼른 왼손을 옷에 닦았다.

우리는 싸 온 김밥을 맛있게 먹었다. 다시 동물원 구경을 했다. 이번에는 파충류 전시관에 갔다. 그런데 주황색 옷을 입고 동물 관리하는 사람들이 한곳에 몰려 웅성거리고 있었다. 엄마와 나는 그곳으로 가서 사람들의 말을 들어보았다.

"어휴! 이게 무슨 일이래. 어떤 파충류가 우리에서 탈출했다네요. 뱀 같은 무서운 파충류가 탈출하지 않아서 다행이에요."

"뭔데요?"

"이구아나가 탈출했다니깐요. 사람에게 해를 끼치진 않는다고 하지만, 그래도 파충류인데……. 끔찍해요. 슬금슬금 내 다리로 기어 올라온다면 아마 기절해 버릴 거예요. 으으으, 생각만 해도 끔찍하다 끔찍해! 얼른 나갑시다!"

나는 이때다, 하고 이구아나를 찾아 나섰다. 엄마는 말렸지만 나는 끝까지 포기하지 않고 찾아다녔다. 이구아나는 어디든지 기어 들어갈 수 있으니까 틈이라는 틈은 손가락 눈을 이용해 다 찾아보았다.

이구아나 집에서 조금 떨어져 있는 곳에는 긴 관이 있었다. 관은 4m쯤 되는데 중간쯤에서 위로 꺾여 있어 보통 사람의 눈으로는 관 속을 볼 수가 없다. 하지만 나는 눈이 달린 왼손을 집어넣어서 조심조심 관 속을 살펴보았다. 갑자기 이구아나가 내 손을 타고 올라올 것 같아 조금 긴장이 되었다. 그런데 그 관 속에서 초록색이고 우둘투둘하게 생긴 긴 꼬리 같은 것이 보였다. 나는 믿기지가 않아서 몇 번이고 다시 보았다. 하지만 분명히 내가 아는 이구아나가 맞았다. 나는 손을 얼른 빼고는 주황색 옷을 입은 동물 관리 아저씨들한테 가서 헐떡거리며 물었다.

"저기요, 아저씨! 혹시 이구아나가 초록색에다 우둘투둘한 피부를 가졌나요?"

"그래. 꼬리 부분은 특히 심하게 그렇지. 혹시 그 이구아나를 봤니? 그 이구아나 본 거 아니면 끼어들지 마라."

"아저씨! 저 그 이구아나 봤어요! 저기 있는 관 보이죠? 저 안에 있어요."

아저씨들은 내 말을 믿지 않았다. 하지만 내가 손가락 눈을 보여 주며, 이 눈을 이용했다는 것을 말해 주었다. 그 아저씨들은 눈을 동그랗게 뜨면서 신기하다는 듯이 쳐다보았다. 그러고는 관 안에 전등을 비춰 보았다. 정말로 있었던 것이다. 그래서 이구아나는 무사히 찾았다. 나는 아저씨들한테서 선물을 한 꾸러미 받았다.

그날 저녁, 엄마 아빠와 내 손가락 눈에 대해 상의를 해 보았다. 손가락 눈은 생활에 좋은 점도 있지만 나쁜 점도 많이 있다는 것을 잘 알기 때문에 고민 끝에 수술로 눈을 없애기로 했다. 그 손가락 눈은 두 눈이 보이지 않는 사람에게 기증하기로 했다.

며칠이 더 지나 수술을 했다. 엄청 겁나긴 했지만 꾹 참고 했다. 다행히 수술은 성공으로 끝났고, 나는 평범한 아이가 되었다.   (2010년 6월)

자기 손가락에 눈이 하나 더 달려 있는 것으로 생각하고 겪는 일을 상상해 쓴 글입니다. 이렇게 해서 우리의 눈은 원래처럼 두 개가 얼굴에 붙어 있는 것이 어째서 좋은지를 깨닫게 되는 것이지요.

11) 과학에 대해 쓴 상상문

새로운 발명품을 만들어 내어 그 구조나 어디에 어떻게 쓰이며, 어떤 결과를 가져오는지 상상해서 써 보는 것입니다. 내가 생각해 낸 발명품을 실제로 만들어 낼 수 있을지 없을지는 생각하지 마세요. 만들 수 있으면 더욱 좋겠지만 만들어 낼 수 없는 상상의 발명품이라도 좋습니다. 그래도 전체 구조나 부속품 하나하나를 될 수 있으면 구체로 나타내어야 하고, 그것들을 어떻게 쓰는지에 대한 이야기도 아주 자세히 나타내어야 합니다.

세상을 이롭게 하는 좋은 발명품을 상상으로 만들어 봅시다!

나쁜 생각을 알아내는 기계

대구 동호초 4학년 이민희

나는 나쁜 생각을 알아내는 기계를 하나 만들어 보았다. 이 기계의 이름은 '메바'이다. '생각하다'를 영어로 하면 '리멤버'인데 조금 변형해서 그렇게 지었다.

메바는 정말 똑똑한 기계이다. 사람들은 아무리 연구해도 생각할 수 있는 기계는 만들어 낼 수 없다고 하지만 내가 만든 메바는 생각은 기본, 분석과 정리, 모든 점검까지 스스로 다 할 수 있다. 모양은 소라고둥과 비슷한 모양이다.

메바의 속은 여러 가지 복잡한 기계장치들이 있는데, 그것들 가운데 하나라도 없으면 안 되는 장치들이다. 기계장치들은 네 가지로 분류된다. 먼저 AA는 상대방이 한 말과 그 말 속에 섞여 있는 말투를 분석한다. AB는 투명한 레이저를 상대방에게 쏘아 표정을 분석한다. AC는 AA와 AB가 분석한 결과를 정리해서 AD 장치에 보내어 준다. AD 장치는 AC 장치가 정리해 보내어 준 것을 다시 종합 분석해서 뇌에 전달해 준다.

그럼, 밖에 있는 단추들은 무엇일까? 밖에 있는 단추들은 특별한 일을 제외하고는 잘 쓰지 않는다. 'AA'라고 적힌 단추는 AA 기계 장치가 분석하기 힘들어할 때 거기에서 눈에 안 보일 정도로 작은 입자가 공기 중으로 나와 돌아다니며 분석을 완벽하게 하도록 도와준다. 'AB' 단추도 마찬가지다. 반대편의 조금 큰 단추는 여러 가지 기능이 있다. 가볍게 한 번 누르면 투명해지고 가볍게 두 번 누르면 돌아온다. 또 1초 동안 있으면 켜지고 5초 동안 꾹 누르면 꺼진다.

메바는 귀에 꽂고 다니는 기계이니까 사람의 눈에 잘 띄지도 않는다. 하지만 언제나 주인을 잘 따라다녀서 잃어버릴 걱정은 없다.

하루는 메바를 귀에 끼우고 산책을 나갔다. 공원에서 비둘기에게 모이도 주고, 동네를 한 바퀴 돌아볼 때였다. 어떤 아저씨가 휘파람을 불며 지나가고 있었다. 동네를 이리저리 둘러보고 있는 꼴이 의심이 갔다. 나는 얼른 메바를 작동시켰다. 메바가 그 사람을 분석하기 좋도록 나는 그 사람에게 말을 걸었다.

"아저씨, 오늘 날씨가 참 좋지요?"

그 사람은 초조한 듯이 말을 했다.

"그렇구나. 그런데 애야, 이 근처에 슈퍼가 어디에 있지?"

나는 슈퍼를 가리켜 주었다.

'얘는 아주 순진하군. 이제 슈퍼에 가서 훔치기만 하면 되는 거야.'

나는 메바가 분석해서 알려 주는 정보를 듣고 얼어 버렸다. 칼을 품고 있고 그 칼로 슈퍼 주인을 찌를 수도 있다고 했다. 나는 경찰서에 신고하기 위해 몰래 그 사람의 모습을 사진으로 찍어 두었다. 그러고는 당장에 112에 신호를 보내었다. 그 강도는 슈퍼에서 돈을 강탈하려는 순간 경찰에게 잡히고 말았다.

그런데 내가 발명한 기계를 함부로 사용하면 여러 가지 문제가 일어날 수도 있지 않겠느냐는 걱정을 하기도 할 것이다. 그렇지만 그런 걱정은 안 해도 된다. 상대방에게 해가 되는 일은 못하게 해 놓았으니까. 그것의 비밀은 나 말고는 아무도 모른다. 앞으로 많이 만들어 내어 여러 사람이 쓰더라도 그 비밀은 영원히 말하지 않을 것이다.   (2010년 6월)

제법 그럴듯한 상상이지요? 앞으로는 정말 이런 기계도 나올 수 있지 않을까요? 새로운 발명품은 이렇게 좀 엉뚱한 생각에서 태어날 수 있으니까 상상은 헛된 것이라고만 말할 수 없을 것입니다. 엉뚱하다 해도 나름대로 머리를 써서 생각해 본 그 자체만으로도 좋은 공부가 될 것입니다.

발명품에 관한 이야기뿐만 아니라 과학에 대해 어떤 형식으로든 자유롭게 상상문을 써 보도록 하기 바랍니다.

12) 꿈의 세계에 대해 쓴 상상문

우리는 잠잘 때 흔히 꿈을 꿉니다. 무서운 괴물이 나를 막 따라와 달아나다 잡힐락 말락 하는 찰나 그만 잠이 깨는 경우도 있고, 어디에 가다 낭떠러지에 떨어지는 꿈을 꾸기도 합니다. 어떨 때는 자갈밭에서 돌을 들추기만 하면 100원짜리 동전이 자꾸만 나오는 꿈을 꾸기도 하고, 집에 불이 나는 꿈을 꾸기도 합니다. 아주 황당한 꿈이지요.

이런 꿈을 처음부터 끝까지 잘 떠올려 적어 보는 것도 재미있을 것입니다. 아주 자세하게 적어 보기 바랍니다.

땅속의 하나님

대구 동호초 4학년 김지민

밤 10시쯤에 이리저리 뒹굴다 잠이 들었다. 몇 시인지는 모르겠지만 꿈의 세계로 들어가 버렸다.

엄마가 쿠키가 먹고 싶다면서 사 오라고 심부름을 시켰다. 그래서 마트에 갔다. 마트 아줌마가 "아이고, 팔이야." 하면서 울상을 지었다. 나는 아줌마가 정말 걱정이 되었다. 하지만 엄마가 기다릴 것 같아 "괜찮아질 거예요." 하고는 나왔다.

그런데 평평한 땅에 돌이 있는데 거기에 걸려 넘어졌다. 넘어지자마자 나는 땅에 빠져 버렸다.

"으아아악! 사람 살려!"

내 몸이 빙글빙글 돌았다. 자꾸 비명을 질렀다. 그곳에는 하나님이 있었다. 마치 사진에 나오는 하나님 같았다. 내 친구가 하나님을 보면 죽는다고 했는데 나는 죽지 않았다. 하나님은 처음 본 나에게 이렇게 말했다.

"나를 믿는 것은 좋다. 그런데 요즘은 아주 어려운 시대다. 그리고 지구는 3000년에 멸망할 것이다."

나는 깜짝 놀랐다.

"정말요? 그런데 지구가 멸망하지 않을 방법은 없나요?"

"있긴 하다."

나는 기대를 했다. 그리고 눈을 깜박거리며 말했다.

"그럼, 제발 가르쳐 주세요."

하나님은 갑자기 빙긋이 웃으며

"니가 다른 사람을 많이 도와주고 쓰레기도 아무 데나 버리지 말고, 무엇보다 다른 사람과 같이 자원봉사를 해야 한다. 그래도 지구는 꼭 멸망할 것이지만 이런 자원봉사를 하면 지구는 4000년에 멸망할 수도 있단다."

나는 사람들에게 이 사실을 말하면 거짓말한다고 혼날 수도 있으니까 말하지 않아야 되겠다고 생각했다.

"하나님, 그런데 하나님은 왜 여기에 있나요? 천국은 지구 밖 아닌가요?"

"아니다. 천국 중 가장 정직한 사람은 땅속으로 오게 된단다."

나는 깜짝 놀랐다.

"저, 정말요? 그런데 시끄럽진 않으세요? 불편하지도 않고요?"

"전혀 그렇지 않단다. 이곳은 지구 밖 천국보다 더 밝고, 깨끗하고, 아름답고, 편리한 그런 땅이야. 또 시끄럽지도 않고……."

나는 또 깜짝 놀랐다. 원래 땅속은 어둡고, 더럽고, 소음이 다 들린다. 그런데 왜 이 땅속만 밝고, 깨끗하고, 편리한지 모르겠다.

"하나님, 그런데 이 땅은 누가 만들었나요?"

"응, 기원전 때 나를 죽인 그 왕의 기지였단다."

원래 책에는 하나님은 이스라엘에 살았다고 했는데 정말 이상했다.

"하나님, 그런데 하나님 고향은 이스라엘 아닌가요?"

"아니, 이스라엘은 알라의 고향이야. 그런데 내 무덤은 이스라엘에 있지. 그러니까 그게 어떻게 되었냐 하면, 사람들이 신이 있는 나라는 나라일이 잘될 것이라고 생각을 했지. 그래서 나는 이스라엘로 갔어. 왜냐하면 그땐 이스라엘이 가장 살기 힘든 나라였거든."

나는 한 가지 궁금한 게 있어서 다시 물었다.

"하나님, 아까 하던 얘기 계속해 주세요."

"알겠다. 그래서 나를 죽인 왕의 기지가 여기인데 그 왕이 반성을 하고 나한테 기지를 주었단다."

그러고는 하나님이 사라졌다. 나는 순식간에 집으로 왔다.

이때 나는 벌떡 일어났다. 아침이었다. 나는 이 꿈을 꾸고 남을 도와주는 사람이 되겠다고 결심을 하였다. (2010년 6월)

넘어지자 땅속에 빠져 버렸는데 거기에 하나님이 있었답니다. 그리고 하나님과 여러 가지 이야기를 주고받지요? 하나님은 지민이가 착한 일을 해야만 지구가 멸망하지 않는다고 했지요. 이 꿈을 꾸고 난 뒤 지민이는 남을 도와주는 사람이 되겠다고 결심을 하기도 합니다. 이런 꿈은 사람의 마음까지 바꾸어 놓습니다.

4. 상상문의 특징과 다른 갈래 글과 관계

상상문은 어떤 글이고 어떤 특징을 가지고 있는지 앞에서 자세히 이야기했고, 여러 가지 예문도 보았습니다. 상상문은 또 다른 글에 녹아 들어가는 경우도 많습니다. 어른들이 지어내는 글 가운데 그런 글이 많지만 어린이들이 쓰는 글에도 상상의 요소가 들어가는 경우가 많지요. 무엇보다 시에서 많이 나타납니다.

우리 마을

울진 온정초 3학년 김은정

뒷산에 올라와
마을을 보니
빨간 옷 노란 옷 입은
집들이 옹기종기 모여
고구마 구워 먹지요.
구수한 연기가 붕글붕글
올라오지요.
이 집 저 집 한 개씩
나누어 먹지요.
아기별은 그 착한
마음씨를 보고 웃어 주네요.   (1985년 11월 4일)

정겨운 마을 모습을 잘 살려 쓴 시입니다. 집이 빨간 옷 노란 옷을
입었다고 했습니다. 또 옹기종기 모여 고구마를 구워 이 집 저 집 한
개씩 나누어 먹는다고 했고, 아기별이 그 착한 마음씨를 보고 웃어 준
다고 했습니다. 느낀 대로 썼지만 상상의 요소가 들어 있는 것이지요.

산

청도 방지초 봉하분교 4학년 최기석

비가 왔다.
산이 목욕을 한다.
산은 기분이 좋다고
우와우와
소리를 지른다.

산은 또 어쩔 줄 몰라서

쿵쿵 뛴다.

내가 자꾸 쳐다보고 있으니까

싱긋이 웃는다.

비가 그치고 산을 보면

내 마음까지

시원해지는 것 같다.

아아!

기분 좋다.   (1999년 4월 30일)

산이 목욕을 한다고 했고, 기분 좋다고 '우와우와' 소리 지른다고
했습니다. 어쩔 줄 몰라서 쿵쿵 뛴다고도 했고, 싱긋이 웃는다고도
했습니다. 글쓴이가 그렇게 상상한 것이지요.

상상문을 쓰면 그 자체만으로도 좋은 글쓰기 공부가 되겠지만 다
른 여러 가지 글 쓰는 데도 큰 도움이 될 것이라 봅니다.

5. 어떤 상상문이 좋은 상상문일까요?

상상문에는 현실에서 일어날 수 없는 엉뚱하고 황당한 일이 많지
요. 그렇지만 상상력을 불러일으킬 수 있고 자유를 마음껏 누릴 수
있게 해 준다는 점만으로도 좋을 것입니다. 거기다 글을 읽는 사람에
게 무언가를 생각하게 해 주는 알맹이가 들어 있다면 더욱 좋겠지요.
그러면 어떤 상상문을 좋은 상상문이라 할 수 있을까요?

첫째, 어린이들의 상상력을 더욱 자극할 수 있는 상상문이 좋은 상

상문입니다. 요즘 사람들은 머리 아프게 생각하는 걸 싫어하지요. 어린이들도 마찬가지고요. 그래서 잘 쓰든 못 쓰든 상상문을 쓰기만 해도 다른 글보다는 상상력을 더욱 일깨워 줄 것이라 봅니다. 여기다 풍부한 내용으로 읽는 사람에게도 많은 상상력을 일깨워 줄 수 있다면 더욱 좋겠지요.

둘째, 글쓴이가 나타내고자 하는 가치 있는 알맹이가 또렷이 들어 있는 글이 좋은 상상문입니다. 아무리 상상한 것을 생생하게 썼다 해도 그 속에 글을 읽는 사람에게 주는 알맹이가 없으면 가치가 떨어지겠지요.

셋째, 일이 일어나고 펼쳐지고 어떻게 되다가 끝에는 어떻게 되었는지 그 과정을 또렷하고 자세하게 쓴 상상문이 좋은 상상문입니다. 어떤 글이든 그렇겠지만 현실과 거리가 많이 있는 상상문은 더욱 자세하게 써야 실감이 납니다. 그래야 읽을 맛도 더 날 테고요.

넷째, 상상 속에 빠져들어 재미와 즐거움, 자유로움을 마음껏 누릴 수 있도록 쓴 상상문이 좋은 상상문입니다. 아무리 알맹이가 있고, 줄거리가 잘 정리되어도 재미와 즐거움, 자유로움을 마음껏 누릴 수 없다면 읽을 맛이 안 날 것입니다.

6. 상상문 쓰기 기본 공부

상상문을 쓸 때는 저절로 떠오르는 상상을 쓰기도 하지만 겪은 일을 쓸 때보다 더 꼼꼼히 계획을 세워야 할 때도 있습니다. 겪은 일을 쓸 때는 일이 일어난 차례대로 쓰면 되겠지만 상상은 그런 기초 질서가 서 있지 않기 때문이기도 하고, 이야기도 만들어 가야 하기 때문입니다. 어린이들에게는 쉽지 않은 일이지요.

그러면 상상문을 쓸 때 알아 두어야 할 몇 가지를 살펴보도록 하겠습니다.

1) 자기의 상상을 귀하게 생각한다

먼저, 자신의 생각을 귀하게 생각하는 마음을 가져야 합니다. 자기가 상상한 것을 남들이 쓸모없는 생각이라고 하더라도 주눅 들지 않고 스스로 귀하게 여기며 잘 키워 나가야 한다는 말이지요. 또 어른들은 어린이들의 엉뚱한 생각을 우습게 생각하지 말고 귀하게 생각해 주어야 합니다.

2) 언제 어디서나 자기 생각을 붙잡아 둔다

어느 때 어디서나 자기의 생각을 붙잡아 두어야 합니다. 상상은 처음부터 끝까지 차례로 떠오르지 않고 조각조각 떠오를 때가 많습니다. 그런 조각들을 잘 붙잡아 적어 두는 버릇을 들여야 한다는 말이지요. 여러 조각들이 모여 줄기가 서 있는 하나의 상상 이야기가 만들어지니까요.

3) 얼거리를 짠다

이야기의 줄거리를 생각하며 얼거리를 잘 짜야 합니다. 원인과 결과가 또렷하도록 질서가 잘 서 있게 얼거리를 짜야 한다는 말이지요. 처음부터 완전할 수는 없으니 여러 번 살펴서 질서가 더욱 잘 서 있게 하고 살을 붙이며 꼼꼼히 얼거리를 짜면 좋겠습니다.

잘 알겠지만 이야기가 펼쳐지는 단계는 대충 이렇습니다.

① 이야기가 시작되는 부분(발단): 어떤 일이 벌어지는 실마리가 되는 부분입니다.

② 이야기가 펼쳐지는 부분(전개): 여러 가지 일들(사건)이 넓게 펼쳐지는 부분입니다. 이야기의 대부분을 차지하는 단계지요.

③ 이야기가 최고조에 이르는 부분(절정): 사건의 발전이 가장 긴장되는 부분을 말합니다.

④ 이야기가 끝나는 부분(결말): 그간에 일어났던 일들(사건)이 마무리되는 부분을 말합니다.

꼭 이런 차례로만 쓰는 건 아닙니다. 여러 가지 다른 방법이 있을 수 있지요.

4) 이야기 속 인물과 배경을 또렷이 나타낸다

이야기에 나오는 인물도 정하고 배경도 또렷이 나타나도록 합니다. 주인공과 그 밖의 인물은 어떤 인물로 할 것인지, 겉모습이나 행동 특성, 성격 같은 것을 분명하게 정해 두어야 합니다.

또 이야기가 펼쳐지는 때와 장소, 그때의 생활 모습도 또렷이 해 두어야 합니다. 이야기가 펼쳐지는 장소의 모습은 지도로 그려 보거나, 주로 건물 안에서 펼쳐지는 이야기일 경우에는 건물의 구조를 대충이라도 그려 본 다음 글을 쓰면 이야기가 더욱 또렷하게 될 것입니다.

상상문은 쓰다가 상상이 더 보태어져 계획보다 더 좋은 글을 쓸 때도 많으니까 얼거리에 너무 얽매이지 않기 바랍니다. 또 잠잘 때 꾼 꿈 이야기나, 사건이 펼쳐지는 이야기가 아닌 상상문일 때는 앞서 말한 것처럼 계획을 세우지 않고 그냥 상상한 대로 쓰면 되겠지요.

7. 상상문 쓰기

1) 글감 찾기

상상문 쓸 글감들을 찾아 하나를 정합니다.

지금까지 생활하면서 머릿속에 그려 두었던 상상 가운데 붙잡아도 좋겠고, 지금 어떤 사물을 보면서, 지금 어떤 일을 겪으며 떠오르는 상상을 붙잡아도 좋습니다.

2) 선택한 글감 집중 상상하기

자신이 선택한 글감에 집중하며 그 속에 빠져들어 상상을 합니다.

3) 상상의 조각 모으기

차례를 생각하지 않고 떠오르는 대로 상상의 조각을 적어 모읍니다.

상상은 처음부터 질서가 서 있지 않을 경우가 많습니다. 이야기의 알맹이 부분만 먼저 떠올릴 수도 있고, 이야기의 한 부분을 먼저 떠올릴 수도 있습니다. 그런 상상의 조각을 떠오르는 대로 적습니다. 적다 보면 새로운 상상이 꼬리에 꼬리를 물고 떠오르기도 하지요. 밥 먹다가도 떠오르면 적고, 길 가다가도 떠오르면 적고, 잠자려고 누웠다가도 떠오르면 적어 두어야 합니다. 그렇지 않으면 어느새 달아날지 모르니까요.

4) 얼거리 짜기

이야기가 시작되고, 펼쳐지고, 최고조에 다다르고, 끝날 때까지의 얼거리를 짜서 적어 봅니다.

조금은 황당할 수 있는 이야기라도 원인과 결과가 또렷이 나타나도록 짜임새 있게 쓰려면 얼거리를 짜 보아야 합니다. 처음부터 완전하게 얼거리를 짜려고 하지 말고, 큰 줄기를 먼저 짜 놓고 거기에 보태어 짜다 보면 좀 더 또렷하고 자세한 줄기가 서게 될 것입니다.

얼거리를 짤 때 앞서 모아 두었던 상상의 조각들을 잘 정리해서 적절한 곳에 배열해야겠지요.

5) 쓰기

얼거리 짠 차례대로 상상문을 써 내려갑니다.

얼거리 차례로 글을 써 내려가면서 상상이 더 보태어져도 좋습니다. 다른 글을 쓸 때도 마찬가지겠지만 상상문 쓰기 할 때는 더욱 정신을 집중해서 써야 상상이 흐트러지지 않아 더욱 생생하게 잘 살려 쓸 수 있습니다. 또 처음부터 완전하게 쓰려고 하면 오히려 쓰기가 더 어려워질 수도 있으니까 자신의 능력대로 집중해서 열심히 써 내려가면 됩니다.

6) 보태어 쓰기

처음 써 놓은 글에서 모자라는 부분을 더 자세하게, 더 또렷하게, 더 실감 나게 보태어 씁니다.

처음 써 놓은 상상문은 다른 글보다 모자라는 부분이 더욱 많을 것입니다. 어떤 부분을 더 보태어 쓰면 이야기가 더 재미있고 감동을 불러일으키겠는지, 더욱 실감이 나겠는지 잘 살펴서 그 부분을 보태어 씁니다. 상상문도 누가, 언제, 어디서, 무엇을, 어떻게 해서, 어떻게 하였는지(되었는지) 또렷이 나타나야 합니다.

7) 글 다듬기

다 쓴 글 차근차근 읽어 가며 틀린 곳은 고치고 껄끄러운 곳은 잘 다듬습니다.

보태어 쓰기를 했지만 다듬으면서 모자라는 부분이 발견되면 다시 한 번 더 보태어 쓰고, 필요 없는 말은 빼고, 틀린 곳은 고치고, 껄끄러운 곳은 매끈하게 다듬어 완전한 한 편의 상상문이 되게 합니다. '2장 서사문'의 글 다듬기(※136쪽) 부분을 참고하길 바랍니다.

8. 맺는말

어린이들이 자기 상상을 귀하게 여기며 가끔 상상문도 써 볼 수 있도록 지도하기 바랍니다. 다시 한 번 더 당부하고 싶은 말은 반드시 겪은 일 쓰기가 튼튼하게 되었을 때 상상문 쓰기를 해야 한다는 것입니다. 또 어른들이 쓰는 동화를 흉내 내지 않도록 하기 바랍니다.

이오덕 선생님이 어린이 글의 갈래에 상상문을 넣어 놓았지만 아직 상상문에 대한 정의도 또렷하지 않고, 지도한 사례도 보지 못했고, 참고 자료도 없고, 어린이들이 쓴 예문도 볼 수 없어 내 나름대로 지도해 보았습니다. 이것을 시작으로 더 좋은 상상문 지도 사례가 나왔으면 합니다.

11장

논설문

생각과 의견을
내세우는 글

1. 논설문이란 어떤 글일까요?

여행 갈 장소를 놓고 식구들과 의논할 때 서로 이런저런 좋은 점이 있으니까 내가 추천하는 곳으로 가자고 주장한 일이 있을 테지요. 아이가 부모님께 무엇을 사 달라고 했을 때 사 주기가 어렵다고 하니까 사야 한다는 온갖 까닭을 들이대며 꼭 사 달라고 한 일도 있을 테고요. 또 어떤 문제를 놓고 내 말이 맞다 네 말이 맞다 서로 의견이 팽팽하게 맞설 때 객관성 있는 까닭을 대어 내 말이 더 맞으니 따르라고 주장한 일도 있겠지요.

이처럼 어떤 사물이나 사실, 일에 대해 자기 생각을 강하게 내세우는 글, 자기가 생각한 바를 이치를 세워 조리 있게 말해, 다른 사람들도 나와 같은 생각이나 태도를 갖고 행동해 주기를 바라는 글을 논설문이라고 합니다. 또, 자기의 생각이나 의견을 주장한다고 해서 '주장하는 글'이라 하기도 하고, 남들이 자기의 생각이나 의견에 따르도록 설득한다고 해서 '설득하는 글'이라고도 합니다. 어린이들이 말할 때는 그냥 주장하는 글이라고 하는 것이 좋겠습니다.

우리 마을 쉼터 화장실 좀 깨끗이 씁시다

청도 덕산초 6학년 윤영웅

사람은 누구나 똥오줌을 눈다. 그 똥오줌을 누지 못하면 큰 병이 나고 끝까지 못 누면 죽는다. 그러니까 똥오줌 누는 것이 얼마나 중요한지는 더 말 안 해도 잘 알 것이다. 그러니까 우리가 똥오줌 눌 때 쓰는 화장실도 매우 중요하다. 화장실이 좀 깨끗하고 문이 튼튼하면 똥이 잘 나온다. 더러워서 뭐가 묻을까 하는 불안감도 없고, 누가 들여다본다는 불안감도 없고, 문 잠금장치가 튼튼하니까 누가 함부로 들어온다는 불안감도 없기 때문이다. 그런데 우리 마을 쉼터에 있는 화장실을 보면 정말 속이 뒤집힌다.

화장실을 지은 지 얼마 안 되었을 때다. 쉼터에서 놀다가 뒤가 급해서 가까이에 있는 쉼터 화장실에 들어갔다.

"이럴 때 이런 화장실이 필요하지. 거참 잘 만들었네." 하면서 말이다. 그렇게 중얼거리며 화장실 문을 여는 순간 완전히 그 생각이 싹 없어졌다. 냄새가 코를 팍 찌르는 것은 말할 것도 없고, 발판 주위에는 똥이 더덕더덕 묻어 있고 벽도 아무 곳에나 오줌을 누어서 얼룩덜룩했다. 또 바닥에는 오줌이 강줄기처럼 흥건히 고여 있었다.

"아이, 여기서 똥을 누야 되나 말아야 되나? 우야꼬?" 하다가 급해서 할 수 없이 똥을 눴다. 똥을 누긴 눠도 보통 찝찝한 게 아니다. 밖에 나와서도 속이 울렁거렸다. 똥이 신발에 묻기도 했다. 조금만 똑바로 누면 괜찮을 것인데 그렇다. 그 일이 있었던 뒤로 얼마 동안은 화장실 가까이 가지도 않았다. 요즘에도 몇 번 가 봤지만 청소를 해 놓아도 며칠 안 가서 한결같이 더러워진다.

이렇게 똥오줌을 아무렇게나 누는 사람은 누굴까? 우리 마을 사람도 있겠지만 내가 알고 있기로는 다른 곳에서 우리 마을 가까이로 놀러 온 사람들이 대부분이다. 누가 그랬거나 처음부터 좀 조심해서 똥오줌을 누면 될 것인데 아무 생각 없이 볼일을 보다가 변기 가에 묻혀 놓거나 변기 밖에 오줌이 고이도록 한 것이다. 아무리 깨끗해도 처음 누가 조금 더럽게 해 놓으면 그 뒤부터는 말 안 해도 뻔하다.

'에라이, 아무 데나 적당히 볼일 보자.' 하고는 눈 질끈 감고 볼일 보고는 뒤도 안 돌아보고 나와 버리는 것이다.

이렇게 더럽게 해 놓으면 치우는 것은 우리 마을 어른들이다. 치우는 사람의 마음은 어떻겠는지 생각해 봤는지 모르겠다. 자기 집에 다른 사람이 와서 그렇게 해 놓았을 때 그것을 자기가 치운다고 생각해 보면 짐작이 갈 것이다.

　이렇게 화장실을 더럽게 쓰는 것 말고 또 한 가지 큰 문제는 화장실을 부수는 것이다. 화장실이 지어진 지 얼마 안 되었을 때 일이다. 놀러 온 아이들이 화장실 문에 매달려서 그만 내려앉아 버렸다. 그때부터 문이 제대로 맞지 않아서 잘 닫히지도 않는다. 문을 닫으려고 밀면 분필로 칠판에 글씨 쓸 때 잘못하면 '찌이익' 소리가 나는데 그 소리보다 더 듣기 싫은 소리가 난다. '끼이익, 뿌지직' 하고 소리가 난다. 그리고 그때부터 문을 닫아도 언제나 뻘쭘이 열려 있다.

　누가 깨어 놓았는지 창문도 박살 나 있다. 아마 어른들 짓은 아닐 것이고 틀림없이 아이들 짓일 것이다. 놀다가 실수로 깨었으면 또 모르겠는데 깨어진 꼴로 보면 우리 형들쯤 되는 아이들이 돌 같은 것으로 맞히기 시합을 한 것 같다. 화장실 문이 열려 있고, 유리창이 깨어진 뒤로는 가까이만 가도 냄새가 더 난다. 그런데도 다른 곳에서 놀러 온 사람들(주로 대구 사람들)은 화장실 가까이서 천연스럽게 고기를 구워 먹는다. 그 고기가 어떻게 목구멍에 넘어가는지 모르겠다.

　거기다가 우리 마을 아이들이 화장실 뒤쪽 벽에 온갖 낙서를 다 해 놓았다. '○○○ 바보야' '○○이는 △△를 좋아한다.' 뭐 이런 낙서다. 크레파스로 막 그려 놓았다. 그러면 어른들은 어떻게 해 놓았나? 광고지를 막 붙여 놓았다. 정말 보기 싫다. 어린아이들이야 몰라서 그렇다고 치지만 어른들은 너무하는 것 같다.

　문제 한 가지를 더 들춰내면 바로 휴지 문제다. 한번은 놀이터에서 놀다가 똥이 급하게 마려워 할 수 없이 그 화장실에 들어갔다 똥을 다 누고 엉덩이를 닦을라고 하니 휴지가 없는 것이다. 정말 짜증이 났다.

　"어떻게 하꼬? 아이씨이……." 하면서 욕도 막 했다. 할 수 없이 누가 버려 놓고 간 신문지를 비벼서 대충 닦고 나와 버렸다. 엉덩이가 얼마나 찝찝했을지 상상에 맡긴다. 가겟집 아저씨가 아무리 휴지를 갖다 놓아도 사람들이 많이 놀러 오면 며칠도 안 되어 없어진다고 한다. 그래도 아껴 쓰면 좀 나을 텐데 한 번에 한 발 정도도 더 쓰니 휴지가 남아날 수 있겠나. 갖다 놓으면 없어져 버리고 갖다 놓으면 없어져 버리니까 요즘은 아예 갖다 놓지도 않는다.

지금까지 내가 몇 가지 문제를 말했지만 편리하게 쓰라고 만든 화장실이 무슨 죄가 있다고 그 모양을 만들어 놓는지 모르겠다. 마을 어른들은 힘은 들겠지만 좀 더 자주 청소하고, 고장 나면 바로 좀 고쳤으면 좋겠다. 그리고 놀러 오는 사람들이나 우리 마을 사람들은 화장실을 쓸 때 좀 깨끗이 썼으면 좋겠다. 화장실 쓰는 모습을 보면 그 사람들의 문화 수준을 알 수 있다고 한다는데, 우리 마을 쉼터에 있는 화장실 쓰는 사람들은 대부분 문화 수준이 낮은 것일까? 낮다고 하면 화를 내겠지?

(1997년 11월 21일)

마을 쉼터 화장실을 깨끗이 쓰자는 자기주장을 쓴 글입니다. '시작하는 말(서론)'로는 똥오줌 누는 것이 중요한 만큼 화장실도 중요하다는 이야기를 해 놓았고, 가운데 부분인 '주장하는 말(본론)'은 네 가지로 화장실이 더럽게 되는 문제, 화장실 문 부수는 문제, 벽에 낙서하고 광고지 붙이는 문제, 휴지를 함부로 쓰는 문제를 말해 놓았습니다.

그런데 이 본론 부분에는 문제만 말해 놓은 것 같지만 그 말 속에는 화장실을 깨끗하게 써야 한다, 문이 부서지지 않게 조심해서 써야 한다, 벽에 낙서하지 말고 깨끗이 써야 한다, 휴지를 아껴서 써야 한다는 주장이 담겨 있습니다. '맺는말(결론)'로는 화장실 관리하는 사람은 잘 관리하고, 쓰는 사람은 깨끗이 쓰자는 주장을 종합해서 강조해 놓았습니다.

칭찬도 좀 해 주세요

청도 덕산초 5학년 윤영웅

우리 학교 아이들은 조회 시간만 되면 거의가 얼굴을 찌푸립니다. 나역시 조회 시간만 되면 짜증이 납니다. 교장 선생님이 입만 벙긋했다 하면 우리들에게 기분 나쁘게 말하거나 꾸중을 하기 때문입니다. '운동장 조회를 아예 하지 말았으면' 하는 생각을 하는 아이들이 대부분일 것입니다. 조회 시간에 기분 나빠하는 데는 다 까닭이 있지요.

그중에서도 가장 큰 까닭은 맡은 일이나 청소를 열심히 했는데도 계속 "열심히 하지도 않고 이게 뭐야!" 하고 꾸중을 하는 것입니다. 꾸중을 들으면 '에이, 열심히 했는데 꾸중하니까 열심히 해 봤자잖아.' 하는 생각이 들더라구요. 그러니까 칭찬도 좀 하셨으면 합니다.

다음은 남이 잘못한 일을 가지고 흥분을 해서 우리에게 화풀이를 하는 것이 아주 못마땅합니다. 요즘 일본이 우리나라의 독도를 자기 땅이라고 어거지를 쓰는데 그 미친 소리 하는 걸 가지고 "너희들이 정신을 똑바로 차리지 못해서 왜놈들이 독도를 빼앗으려 하고 있는 것 아니야! 그래도 왜놈 흉내나 내고, 이래 가지고 되겠어 안 되겠어! 요즘 도시에 나가 보면 옷이고 머리고 신발이고 모조리 왜놈 따라가고 있는데 이래 가지고 되겠나 안 되겠나!" 하며 얼마나 호통을 치는지 모릅니다. 교장 선생님께서는 일본 사람, 왜놈들 때문에 어려운 일을 당하며 살아서 일본을 싫어하는 것은 이해를 하지만 그렇다고 해서 우리에게 이렇게까지 호통을 칠 것까지는 없지 않습니까. 왜놈이 우리 나라 땅인 독도를 빼앗을라고 했지 우리가 왜놈이 된 것은 아니잖아요. 꼭 따지면 그것도 어른들 잘못인데 우리늘에게 덮어씌우는 것이나 다름없다고 봅니다. 우리도 방송을 들어서 어느 정도는 압니다. 그래서 일본을 경계해야 되겠다는 생각도 하고 있는데 걸핏하면 그렇게 꾸중하듯이 호통을 치니까 정말 화가 납니다.

마지막으로 교장 선생님이 자꾸만 강조하는 것이 싫습니다. 예를 들면 우리들은 책을 열심히 읽는다고 읽는데 조회 때마다 '무조건 책을 많이 읽어라'고 말하니 기분이 좋을 리가 없지요. 좋은 말인데도 듣기가 싫고 오히려 책이 싫어지는 마음이 생기는 것은 바로 교장 선생님이 너무 강조해서 그렇습니다. 부모님께 존댓말을 써야 한다고 강조하는 것도 그렇습니다. 정말 노이로제 걸릴 지경입니다.

우리들이 잘못한 일도 많지만 그래도 너무하시는 것 같습니다. 이렇게 교장 선생님의 단점인 꾸중을 너무 많이 하는 것과 다른 사람의 잘못을 우리에게 화풀이하는 것과 무조건 자꾸 강조하는 일을 조금씩 삼가시며 칭찬도 좀 해 주시면 그 어느 교장 선생님보다 좋은 교장 선생님이 되시리라고 믿습니다. 이 세 가지만은 꼭 좀 지켜 주세요!

(1996년 3월 20일)

교장 선생님은 어린이들이 잘되라고 잔소리하고 꾸중도 했겠지만 정도가 지나쳐서 누구라도 이런 경우를 당하면 속상하고 화날 것입니다. 이 글은 또 교장 선생님 한 분한테 호소한 글이지만 글을 읽는 어른이라면 누구라도 잘못을 반성하겠지요? 그리고 어린이들에게 또렷한 근거 없이 잔소리하고 꾸중하지는 말아야지 하는 마음도 들 것입니다. 또래 어린이들도 이 어린이의 주장에 공감할 테고요.

3학년쯤 되면 나름대로 자기주장을 조금씩은 내세울 수 있으니까 서툴더라도 스스로 논설문을 써 보도록 했으면 합니다. 문제를 분석하고 이치를 따져 가며 계획을 세워 더욱 조리 있게 쓰는 논설문은 적어도 4학년은 되어야 쓸 수 있겠지요. 그리고 5, 6학년은 되어야 객관성 있는 논설문을 쓸 수 있고요. 저학년은 자신의 생각이나 의견을 나타내더라도 문제를 분석하고 이치를 따져서 나타낼 수는 없고, 다른 갈래 글 속에서 조금씩 나오게 됩니다.

2. 논설문은 왜 쓸까요?

논설문은 다른 사람이 자신의 생각을 따르도록 하기 위해 쓴다고 했습니다. 그러면 논설문을 쓰면 또 어떤 좋은 점이 있을까요? 나는 한마디로 논리에 맞게 생각하고, 말하고, 행동할 수 있는 능력을 길러 준다는 점을 들곤 합니다. 이를 몇 가지로 나누어 자세히 살펴보도록 하겠습니다.

첫째, 나를 삶의 주체로 우뚝 서 있게 해 줍니다. 어린이들이 생활하는 모습을 가만히 보면 꼭두각시가 아닌가 하는 생각이 들 때가 참 많습니다. 대부분의 일을 부모님이나 선생님이 시키는 대로만 하고 스스로 할 줄 모르기 때문입니다. '나'라는 존재가 빠져 있는 것이지요. 쉬는 시간인데도 "선생님, 화장실 가도 돼요?" 이렇게 묻고, "선생님, 손이 조금 긁혔어요. 보건실에 가서 치료하고 오겠습니다." 이렇게 말하고 갔다 오면 되는데 "선생님, 보건실에 가면 안 돼요?" 이렇게 묻거든요. 무더운 한여름에도 먼저 온 어린이들이나 뒤에 온 어린이들이나 창문 열 줄 모르고 책 읽는다고 자리에 앉아 있습니다. 더우면 선생님이 창문을 열라고 말하지 않아도 스스로 열어야 하고 추우면 닫아야지요.

또 많은 사람들이 유명 상표 옷과 신발을 가지려고 합니다. 또 무조건 유행만 따라가는 사람은 제정신 바로 가지고 있다고 말할 수 없지요. '비싼 상표값까지 외국에 주어야 하는 비싼 운동화 안 신고 시장 싸구려 운동화 신겠어!' 이러면서 정말 시장 싸구려 운동화를 신고도 부끄러워하지 않고 당당하게 다닐 수 있어야 내 주관대로 행동했다고 말할 수 있습니다.

무조건 남들에게 끌려가기만 하지 않고 내가 판단해서 옳다 싶으면 스스로 당당하게 행동할 수 있어야 내 몸과 정신의 진짜 주인이라 말할 수 있습니다. 논설문을 열심히 쓰면 내 몸과 정신의 진짜 주인이 되게 해 주고, 나를 삶의 주체로 더욱 우뚝 서 있게 해 줄 것입니다.

둘째, 논리와 이치에 맞게 생각하는 힘을 길러 줍니다. 무조건 자신의 주장만 내세우는 사람 가운데는 다른 사람이 자기주장에 안 따라 주면 억지를 부리는 사람도 있습니다. 그래서는 안 되지요. 주장을 뒷받침할 수 있는 근거를 밝혀 스스로 따르도록 해야지요. 주장의 근거를 또렷이 밝혀 쓰다 보면 논리와 이치에 맞게 생각하는 능력이 길러집니다.

셋째, 문제 해결 능력을 길러 줍니다. 우리가 살아가는 곳에서는 끊임없이 문제가 일어납니다. 논설문 쓰기는 그 문제점을 파악하고 상황을 바로 인식하여 자신의 생각이나 견해를 내세우는 일이기도 합니다. 이때 문제점을 여러 가지 방향으로 분석하고 자신의 생각을 정리하여 해결 방안을 찾아가게 되는데, 이 과정에서 문제 해결 능력이 길러지는 것이지요.

넷째, 지식을 늘려 주고, 서로의 생각을 함께 나누어 가지도록 해 줍니다. 주장의 근거를 여러 가지로 내보이기 위해서는 많은 지식이 필요합니다. 그 필요한 지식을 폭넓게 얻기 위해 노력하다 보면 지식이 늘어나게 되지요. 또 내 의견을 내세워 말하면서 상대방의 생각과 의견에 관심을 가지게 되고 서로의 생각을 주고받으며 나누어 가지기도 하지요. 나아가 세상을 보는 눈도 더 넓고 깊게 해 줄 것입니다.

다섯째, 자신 있게 자기 의견을 말할 줄 알고, 나와 다른 의견도 받아들일 줄 아는 민주 시민의 생활 태도를 길러 줍니다. 민주 사회에서는 여러 사람들이 자기 의견을 말합니다. 그 많은 의견 가운데 더 좋은 의견을 선택하고, 나와 다른 의견도 받아들이면서 사회가 발전하게 되지요. 논설문을 쓰면 바로 그런 생활 태도가 길러집니다.

여섯째, 논리적인 언어 표현 능력, 문장력이 길러집니다. 논설문 쓰기는 논리와 이치에 맞게 생각한 것을 글로 적는 것입니다. 따라서 문장도 느낌을 위주로 쓰는 시, 감상문과는 달리 이치에 맞게 정확하게 써야 합니다. 그렇게 쓰려고 노력하는 가운데 논리적인 언어 표현 능력이나 문장력이 길러지지요.

3. 여러 가지 논설문

어른들이 쓰는 논문은 자기 주장을 쓰는 글, 시사 평론, 문화와 문학에 관한 비평, 학술 논문을 비롯해 여러 종류가 있습니다. 어린이들이 쓰는 논설문 갈래는 한국글쓰기교육연구회 이성인 선생이 〈글쓰기 지도를 위한 어린이 글 갈래 나누기〉 글을 쓴 것이 있습니다. 여기에서 논설문을 주장하는 글, 비판하는 글, 옹호하는 글, 호소하는 글로 나누어 놓았습니다. 나는 여기에 '요구하는 글'을 더 넣어서 전체 다섯 갈래로 나누어 보았습니다.

그러면 갈래별로 살펴볼까요?

1) 주장하는 글

주장하는 글은 어른들의 경우 사기의 학설이나 의견 따위를 굳세게 내세우는 글을 말합니다. 학설은 어른들이 학문상으로 주장하는 이론을 말하지요. 어린이들이 쓰는 주장하는 글은 주로 자신이 생활해 나가는 가운데 어떤 사물이나 일에 대해 '어떻게 하자'는 의견이나 생각을 굳세게 내세우고 그 의견에 잘 따르도록 구체성 있는 근거를 밝히거나, 자신의 의견에 믿고 따를 수 있도록 방법을 자세하고 또렷하게 알려 주는 글로 씁니다. 가장 많이 쓰는 논설문이지요.

욕을 쓰지 말자

경산 동부초 4학년 윤혜정

며칠 전에 엄마가 교문에서 기다렸다. 그날은 우리 학년부터 6학년까지 한꺼번에 쏟아져 나와서 무척이나 복잡하고 시끌벅적했다. 그런데 엄마가 얼굴을 찌푸렸다.

"X발놈아, 같이 가자!" "미쳤나? X 같은 게!" "에이씨, 쩐다."

내 귀에도 들렸다. 엄마는 6학년 오빠야들이 욕하는 소리를 듣고 얼굴을 찌푸린 것이다. 엄마가 나한테 말했다.

"봐라. 니도 듣기 싫제? 너거들도 저래 욕하나?"

"아니, 우리는 욕 쓰면 샘한테 혼나는데."

"저래 욕하고 다니마 부모 욕미기는 기다. 그라고 나쁜 사람 돼. 항상 말조심해라, 알겠제?"

나는 기어들어 가는 목소리로 대답을 했다. 왜냐하면 사실 나도 친구들과 있을 때 가끔 욕을 쓰기 때문이다.

그런데 욕은 왜 쓸까? 까닭은 한 가지로 딱 정해져 있지는 않은 것 같다. 몇몇 남자 동무들을 보면 자기가 강해 보일려고 쓰는 경우도 있는데 대부분의 아이들이 욕을 쓰니 너도 나도 습관으로 욕을 쓰게 되는 것 같다. 인터넷 기사를 보니까 초등학교 때 욕을 배운 학생들이 80%라고 한다. 욕하는 까닭으로는 '습관'이 가장 많다고 한다. 습관도 참 이상한 습관도 다 있다. 그 밖에 스트레스 풀기 위해, 친근감의 표현으로, 남들이 만만하게 볼까 봐, 그냥 편해서, 누군가를 무시하거나 비웃기 위해서라고 한다. 누가 봐도 이 모든 까닭은 말도 안 되는 까닭이다. 오히려 서로

부추겨서 더 심하게 욕을 하게 된다고 본다.

그러면 왜 욕은 쓰면 안 될까? 욕을 쓰면 듣는 사람이 기분이 나쁘게 된다. 그리고 무엇보다 우리의 마음이 나쁘게 된다. 마음이 나쁘면 나쁜 행동도 할 수 있다. 나쁜 욕을 쓰다 보면 싸움도 일어날 수 있다. 우리가 살아가는 사회는 악이 들끓는 사회가 될 수도 있다. 그러면 우리가 행복하게 살아갈 수 있을까?

나도 동무들이나 어른들의 나쁜 말이나 행동을 따라하는 버릇이 있었다. 얼마 전에 영어 학원의 동무가 욕은 아니지만 은어 비슷한 말을 했다. 그 말이 금방 입에 붙어서 나도 모르게 따라 하고 있었다. 엄마 아빠 다 계신 데서 그 말이 튀어나오는 바람에 입이 왜 그렇게 거치냐고 혼이 났다. 그다음부터는 '안 써야지 안 써야지' 하는데도 생각처럼 고쳐지지 않아서 애를 먹기도 했다. 그러니까 욕은 한번 습관이 되면 고치기가 그만큼 어렵다고 생각한다.

그럼 욕 쓰는 습관을 고치기 위해서 우리가 할 수 있는 일은 없을까? 이런 방법은 어떨까? 친구들에게 "나 오늘부터 욕 안 하기로 했어. 앞으로 내가 혹시 욕을 하면 나한테 꼭 말해 줘야 해." 이렇게 부탁을 하는 거다. 그래 놓으면 만약에 내가 욕을 쓰면 친구들이 말해 줄 것이다.

수원 대평초등학교에서는 '욕 버리기 캠페인'을 벌인다고 한다. 학생들은 학급에서 욕의 정확한 정의를 알아보고 욕에 대한 가치 판단을 해 본 뒤 '버리고 싶은 욕 쪽지'에 자신이 다시는 사용하지 않도록 욕을 적고 휴지통에 버렸다고 한다. 이 방법은 학교에서 전교생이 벌이는 캠페인이라 더 효과가 있을 거라는 생각이 든다.

어떤 방법으로든 자기 형편에 맞는 방법으로 욕을 쓰지 않으려고 노력을 해야 한다. 우리 모두 사람의 마음을 나쁘게 만드는 욕을 쓰지 말자! 우리 모두 바른말 고운 말 쓰는 착한 사람이 되자! (2013년 7월 1일)

욕을 쓰게 되는 까닭과 욕을 쓰면 안 되는 근거를 밝히고, 뒤에는 욕 쓰는 습관을 고치는 방법까지 구체로 예를 들어 말하면서 욕을 쓰지 말자고 주장하고 있습니다. 이 어린이의 말대로 욕을 쓰면 마음이 나쁘게 되고 마음이 나쁘게 되면 행동도 나빠질 수 있으니 정말 욕은 쓰지 말아야 할 것입니다.

주장하는 글은 자기의 생각을 써도 좋겠지만 스스로 어떤 일을 실천해 보고 옳다고 생각하는 일을 주장하는 글로 쓰면 읽는 사람이 더욱 믿고 잘 따르겠지요.

2) 비판하는 글

사물의 좋고 나쁨, 어떤 문제나 쟁점에 대한 옳고 그름을 따지고 평가하여 나쁘다거나 잘못되었다는 것을 근거를 대어 비판하는 글을 말합니다. 초등학교 어린이가 손전화 가지고 다니는 것, 시험 치는 것, 컴퓨터 게임, 텔레비전을 많이 보는 것, 주번, 일회용품 많이 쓰는 것, 청량 음료수 마시는 것, 여름에 양말 신는 것……. 찾아보면 비판할 일은 참 많지요.

학원은 없어져야 된다고 생각한다

대구 동호초 4학년 오건택

요즘 학원에 안 다니는 학생은 거의 없다. 초등학생들도 보통 3~4개의 학원에 다닌다. 학교에 갔다 와 집에 들어가지도 못하고 8~9시까지 학원에 다니는 친구들도 있다. 놀 시간은 아예 없다. 나도 학원에 다닌다. 정말 힘들다. 나는 죽으라고 공부만 시키는 학원은 없어졌으면 한다.

학원이 왜 없어져야 하나? 나는 학교 마치고 집에 오면 쉴 틈도 없이 학원에 간다. 학교에서 공부한다고 힘들어 죽겠는데 또 학원까지 가서 꼼짝 못하고 공부에 매달려야 하니 죽을 것 같다. 나는 솔직히 학교에서 돌아오면 큰 대자로 뻗고 싶다. 그리고 밖으로 뛰쳐나가 스트레스도 풀면서 체력이 바닥날 때까지 즐겁게 놀았으면 좋겠다. 나는 지금 다리를 다쳐 밖에서 신나게는 못 놀지만 친구들과 수다라도 떨고 싶다. 나는 학원을 안 가고 학원 가는 시간에 밖에서 놀았으면 좋겠다. 그래야 내 몸이 건강해질 수 있기 때문이다. 실컷 놀고 나면 머리도 맑아질 것이다. 그런데 어떤 친구들 중에는 학원을 가서 9시 되어서야 집에 오는 아이들도 있다. 옳게 쉬지 못하니까 힘도 들고 스트레스도 많이 쌓인다. 이 세상 어머니 아버지들은 학원 때문에 우리가 얼마나 힘든지 잘 알지도 못하고 무조건 학원에 가라고 하는데 어머니 아버지들이 한번 학원에 가 보라고 하고 싶다. 힘들어 죽을 것이다. 그래도 학원에 가라고 하니까 학원이 아예 없어야 우리가 학원에 안 갈 것이다.

나는 또 학교에서 한 공부를 다시 힘들게 공부를 시키는 학원이 재미도 없고 싫다. 복습을 해야 하면 집에서 스스로 책을 보며 해도 될 건데 왜 꼭 학원에 가서 문제나 풀도록 하는지 모르겠다. 나는 문제집을 풀지 않아도 보통 이상의 성적은 된다. 그런데 어머니 아버지는 백 점을 원한다. 우리가 신이 아닌데 어떻게 꼭 백 점을 먹으라고 하는지 모르겠다. 그리고 아직 학교에서 진도도 안 나간 단원을 학원에서 공부하기도 하는데 뭐하게 미리 고생하며 배울까? 학교 선생님에게 원리를 먼저 배우지도 않았는데 문제에 답을 써 넣고 외우면 그게 좋은 공부가 될까? 나는 아니라고 생각한다.

또 학원에 갔다 오면 학교 숙제도 못 한다. 나는 학교 숙제가 더 중요하다고 생각한다. 우리 선생님은 꼭 집에서 조사해 와야 하는 숙제를 내주는데 그걸 못 해 가면 학교 공부도 안 된다. 나는 그게 더 중요하다고 생각한다. 그런데 학원 갔다 오면 늦어 시간이 없기도 하고 또 학원 숙제도 있으니까 할 수가 없다. 학원 때문에 숙제가 더 힘들어지고 스트레스도 더 많이 쌓인다. 학원을 줄여 학교 숙제라도 제대로 하도록 했으면 좋겠다.

그리고 학원에서는 시험 기간이 되면 너무 공부를 시킨다. 나는 이게 너무 싫다. 왜냐하면 시험 기간이라도 그냥 자기 힘으로 공부하면 되지 학원에서 계속 죽으라고 공부를 시킨다. 학원에서 시켜 억지로 하는 공부는 학원 실력이지 내 머리로 한 실력이 아니다. 우리 선생님 말처럼 답을 달달 외우는 공부는 제대로 된 공부가 아니다. 자기가 집에서 마음을 가라앉히고 차근차근 공부를 해서 자기 실력으로 시험을 치면 될 것인데 학원에서 이래라 저래라 하니 정말 힘들다.

이런 까닭 말고도 까닭은 더 있지만 이 정도로도 충분히 초등학생들이 다니는 공부 학원은 없애야 하는 까닭이 된다고 생각한다. 제발 우리들이 밖에서 신나게 뛰어놀게 놔두면 좋겠다. 자기 취미로 무엇을 배우고 싶거나 특별한 까닭이 아니라면 너무 학과 공부만 죽도록 시키는 학원은 이 세상에서 없어져야 된다고 생각한다.   (2009년 6월 20일)

학교를 마치고 집에 와 쉴 틈도 없이 학원에 가서 힘들다는 점, 학교에서 공부한 것을 또 시켜 재미없다는 것과 선행 학습이 옳지 않은 점, 학교에서 하는 공부가 더 중요한데 학원 갔다 오면 시간도 없고 힘들어 학교 숙제도 못한다는 점, 시험 기간이 되면 달달 외우는 공부를 힘들게 시킨다는 점 따위를 들어 학원이 없어져야 한다고 했습니다. 학원을 비판한 글이라 할 수 있지요. 어린이들을 이렇게 힘들게 하는 게 학원이라면 정말 없어져야 한다는 생각이 듭니다.

3) 옹호하는 글

옹호하는 글이란 옳다고 생각하는 다른 사람의 생각에 편들어 자신의 의견을 내세우는 글을 말합니다. 어떤 문제나 쟁점에 대한 비판

의견에 맞서서 좋다는 것, 옳다는 것을 증명해 보이는 것이지요. 나쁜 일에 편을 든다는 것은 좋지 않은 일이지만 이렇게 옳다고 생각되는 일은 오히려 편들어서 다른 사람들도 따르도록 하면 더욱 좋겠지요.

초등학생도 손전화가 있어야 한다

경산 동부초 4학년 윤혜정

어른들 가운데는 초등학생이 손전화가 뭐 필요하나, 이렇게 말하는 사람이 많은데 나는 초등학생도 손전화가 필요한 정도가 아니라 꼭 있어야 한다고 생각한다.

그 첫 번째 까닭으로는 손전화 본래의 목적인 전화 기능이다. 지난 일요일 오전 늦게 엄마랑 서문시장에 갔다. 동아쇼핑을 지나서 서문시장 들어가는 입구부터 차가 엄청 밀렸다.

"아이고, 사람들 엄청 많겠다. 우리가 좀 늦었네. 일찍 서두를걸. 차가 와 이리 안 빠지노?"

엄마는 짜증을 내면서 겨우 주차장에 차를 대고 볼일을 보러 시장을 돌아다녔다.

"혜정아, 엄마 잘 따라다녀야 된다."

"엉."

이렇게 대답은 했는데, '아코!' 내가 잠깐 호떡에 정신 팔리는 바람에 엄마를 놓쳐 버렸다.

나는 손전화을 찾아 엄마에게 전화를 걸려고 했는데 손전화를 차에 두고 내린 것이다. 나는 다른 사람에게 손전화 빌릴 용기가 나지 않았다. 그리고 쉽게 엄마를 찾을 수 있을 거라고 생각하며 이리저리 찾아다녔다. 그런데 엄마는 보이지 않는 것이었다. 나는 하늘이 노래지는 것 같았다. 한참 만에 용기를 내어 옷집 주인아줌마에게 휴대폰을 빌려 전화를 해 엄마를 겨우 만났다. 엄마도 얼굴이 하얗게 질려서 왔다. 엄마는 이럴 때 손전화를 쓰라고 사 줬는데 왜 차에다 두고 내렸냐고 엄청 혼을 냈다. 지금도 그 일을 생각하면 끔찍하다.

이렇게 언제 어디서나 급한 일이 있을 때 중요한 연락을 할 수 있는 게 손전화다. 간혹 지하철이나 공공장소에서 큰 소리로 통화를 해 옆 사람들에게 피해 주는 분들도 있지만 모두가 다 예의에 어긋나는 행동을 하는 건 아니다. 그건 그 사람의 문제다. 이럴 땐 통화는 짧게 소곤소곤 속삭이듯 얘기하면 남에게 피해를 주지 않는다.

두 번째 까닭으로는 요즘 새로 나오는 손전화기들은 정보를 언제 어디서나 편리하게 찾아볼 수 있다. 무엇이든 잘 모르는 것이 있으면 바로 그 자리에서 인터넷으로 여러 가지 정보를 찾아볼 수 있고, 전자사전으로 모르는 낱말을 찾아볼 수도 있다. 또 우리 반은 인터넷으로 알림장을 알려 주는데 그것도 손전화로 확인하면 편리하다.

우리 선생님이 인터넷의 정보는 믿을 수 없는 정보도 있다고 했는데 잘만 이용하면 된다고 생각한다. 그리고 숙제 같은 것을 할 때 인터넷에서 그대로 베끼기도 하고 어떤 친구들은 게임에 빠지기도 하지만 그것도 그렇게 하는 사람이 나쁘지 잘만 활용하면 얼마든지 유익하게 활용할 수 있다고 생각한다.

세 번째로는 여러 가지 기능을 편리하게 이용할 수 있다. 요즘 손전화기에는 호신용 경보기 앱, 노래를 들을 수 있는 mp3 기능, 내비게이션 기능, 카메라 기능, 메신저, 일정 관리 등 이렇게 많은 여러 가지 기능이 있는데 이 기능을 잘 이용하면 우리의 생활을 임청 편리하고 즐겁게 해 준다.

요즘 나는 mp3 기능을 자주 이용한다. 엄마가 노래 한 곡을 다운 받으면 블루투스 기능을 이용해 나에게 공유를 해 준다. 가끔 나도 친구들에게 공유를 해 준다. 그 덕분에 작년 학예회 춤 연습을 내가 엄마에게 받은 노래로 친구들에게 공유해 줘서 신나게 연습할 수 있었다.

요즘 엄마가 자주 이용하는 기능은 스마트 뱅킹이다. 은행에 직접 가지 않고도 모든 내용을 눈으로 보면서 은행 업무를 보는 게 신기했다. 나도 어제 손전화 기능 정리를 했는데 게임은 다 지우고 친구들과 무료로 서로 메시지를 주고받는 기능과 어두울 때 환하게 밝혀 주는 플래시 기능, 공부하는 나에게 꼭 필요한 전자사전 기능만 남겨 두고 다 정리했다. 앞으로도 나에게 필요한 기능만 골라 쓰는 똑똑한 혜정이가 될 것이다. 그러니까 나처럼 잘만 이용하면 초등학생들도 손전화를 매우 유익하게 이용할 수 있으니까 있어야 된다고 생각한다. (2013년 6월 14일)

손전화를 잘못 이용하거나 나쁘게 이용해서 안 좋은 점이 있는 것이지 이렇게 유익하게 이용만 한다면 초등학생도 손전화기를 가지고 다녀도 된다고 했습니다. '그렇구나!' 하는 생각이 들지요? 자주 이런 일들을 놓고 비판하거나 옹호하는 토론도 하고 글도 쓰면 논증과 설득의 방법 공부에 큰 도움이 될 것입니다.

4) 호소하는 글

어린이들은 어른들에게 불이익을 당하는 억울한 일을 참 많이 겪습니다. 약자이기 때문이지요. 이런 억울한 문제에 대해 어떻게 해 달라고 까닭을 들어 호소하듯 적는 글을 호소하는 글이라고 합니다.

교장 선생님, 제발 달리기 너무 강요하지 마십시오

청도 덕산초 5학년 박욱태

교장 선생님, 제발 너무 달리기 하라고 하지 마세요. 요즘 정현이랑, 나, 상현이, 혜민이 이렇게 달리기를 하고 있습니다. 왜냐하면 살을 빼기 위해서입니다. 이것은 교장 선생님께서 우리를 위해 시키신다는 것도 알고 있습니다. 하지만 달리기를 해도 살은 눈곱만큼도 빠지지 않고 있습니다.

그런데 달리기를 하다 보니 힘도 들고 다리도 아프고 죽을 것만 같습니다. 숨도 차고 내 가슴속에서는 전쟁이라도 일어난 듯이 쿵쿵거려서 제대로 걷지 못할 때도 있습니다.

어느 날 달리기를 했는데 운동장 다섯 바퀴를 돌았습니다. 그런데 교장 선생님께서는 두 바퀴만 뛰었다고 말씀하셨습니다. 전 다섯 바퀴 다 돌고 숨을 헐떡이며 말씀드렸습니다. 다른 아이도 함께 고개를 끄덕였지만 교장 선생님께서는 더욱 거짓말을 한다면서 30분 동안 엎드려뻗쳐를 시켰습니다. 달리기 하는 것만 해도 죽을 지경인데 벌까지 받아서 완전히 한강에 빠져 죽어 버렸으면 좋겠다는 생각까지 들었습니다.

또 공부를 하다가도 불려 나가는 것도 싫습니다. 달리기 해야 할 시간이 되면 양호 선생님께서 부르신다고 하셨는데 그날은 부르지 않으셔서 깜박하고 운동장에 나가지 않았습니다. 그런데 교장 선생님은 야단치셨지요. 저는 그때 속으로 '○○○ 똥통에나 빠져 버려라. 그런 교장이 우리 학교, 아니 우리 나라에 있으니까 나라 발전도 안 되는 거 아이가. ○○○ 때문에 일본한테도 지겠다.' 하며 마구 욕도 퍼부었습니다. 물론 욕하는 것은 나쁘지만 제 마음속에 솟아오르는 건 나도 어떻게 할 수가 없었습니다.

또 있습니다. 달리기 하는 시간은 많이 걸리는데 쉬는 시간 그것 가지고 달릴 수가 있습니까? 몇 바퀴 달리다 보면 그새 공부를 시작하고, 그러다 보니 공부도 빼먹고, 그러다 늦게 들어왔다고 우리 선생님한테 야단맞고, 다 달리고 나면 덥고 짜증나고, 더우니까 선생님 말씀도 귀에 들어오지 않고, 공부도 제대로 되지 않습니다. "너거가 공부할 게 뭐 있겠노." 하시겠지만 적어도 선생님께서 가르치시는 것이라도 들어야 하지 않겠습니까?

교장 선생님이 우리의 건강을 위해서 그렇게 하시는 줄은 알고 있습니다. 그리고 감사하기도 하고요. 그렇지만 우리들을 마치 죄인 다루듯이 하는 그 태도가 더 싫습니다. 살찐 것도 죄입니까? 그리고 너무 심하게 운동을 시키고요. 그래서 교장 선생님이 싫어지고, 자꾸 반항하는 투로 달리기를 빼먹기도 하고, 욕도 나옵니다. 건강이 좋아지기는커녕 아픈 곳도 더 생기고 죽고 싶다는 말도 나오게 됩니다. 그러니까 교장 선생님, 제발 달리기를 너무 강요하지 마십시오!   (1996년 3월 20일)

교장 선생님이 살 빼기 위해 살찐 어린이에게 달리기를 시켰는데 너무 심하게 시키셨나 봅니다. 어린이를 위해 그렇게 했겠지만 당한 어린이는 무척이나 힘들었다는 것을 알 수 있습니다.

그러고 보니 나도 잘못한 일이 참 많은 것 같습니다. 글쓰기를 꼭 해야 한다면서 싫어하는 어린이들에게까지 글쓰기를 시켰고, 일기를 강제로 쓰게도 했고, 밥 먹을 때는 알맞게 받아서 깨끗이 먹으라고 강조하기도 했습니다. 어디 이것뿐이겠습니까? 그때마다 우리 반 아이들이 이 글을 쓴 어린이처럼 힘들어하고 속상해했을 것을 생각하니 자꾸만 미안해집니다. 그때 이렇게 호소하는 글을 써서 나한테 보여 주었더라면 그런 잘못을 크게 저지르지는 않았겠지요?

이런 글은 논리보다 주로 글을 읽는 사람의 감정을 움직여 설득한답니다. 그래서 어느 학년에서나 쉽게 쓸 수 있지요.

5) 요구하는 글

요구하는 글은 부모님이나 선생님, 또 어떤 사람이나 단체, 회사에 무엇을 달라거나 해 줄 것을 부탁하는 뜻이 담긴 글을 말합니다. 호소하는 글과 큰 차이는 없지만 긍정의 뜻이 많이 담겨 있어 이렇게 따로 나누어 보았습니다.

아버지, 자전거 브레이커 고쳐 주십시오

청도 방지초 6학년 손만식

아버지, 아버지도 우리 집 자전거 브레이커가 고장 난 것을 알고 계시죠? 그리고 자전거의 필요성도 잘 아실 것입니다. 조금 먼 거리도 빨리 갈 수 있고, 조금 무거운 짐도 실어 나를 수 있고, 차가 못 다니는 좁은 길도 자전거는 달려갈 수 있고, 자전거를 타면 운동도 되지요. 그런데 브레이커를 안 고쳐 전번에 한번은 큰 사고도 날 뻔했습니다. 야구를 하고 집에 오다가 내리막길을 내려올 때였습니다. 브레이커가 안 들어 신발을 끌어서 자전거를 세우려고 했는데 내려오는 속도 때문에 멈추지를 못하고 찻길까지 내려가 버렸습니다. 다행히 그때는 차가 지나가지 않아서 사고는 나지 않았습니다. 만약 차가 지나갔다면 어떻게 되었을까요? 아버지, 한번 상상해 보십시오. 생각만 해도 끔찍하실 것입니다.

제가 이렇게 말하면 분명히 "자전거 안 타면 된다 아이가, 자식아." 하시겠지요. 그런데 아버지, 제가 왜 그러는지 끝까지 한번 들어 보기나 하고 브레이커를 고쳐 주신다 안 고쳐 주신다 말씀하십시오. 아버지, 버릇도 없는 아들이 '제가' 하고 깍듯이 존댓말을 쓰니까 우습지요?

하여튼 아버지, 제가 자전거 브레이커를 고쳐서 타야 한다는 첫째 까닭은요 운동이 되기 때문입니다. 제가 알기로 우리 학교 아이들 가운데도 살이 너무 많이 쪄서 제 몸도 못 가누는 아이도 있습니다. 아버지, 아버지 아들이 그렇게 되기를 바라지는 않겠지요. 자전거를 타고 페달을 밟으며 시원한 운문댐 주위 길을 달리면서 제 몸을 건강하게 만들겠습니다. 그러면 병도 안 생기고 병이 안 생기니까 돈 들 일이 없으니 꿩 먹고 알 먹고 아닙니까. 그런데 아버지는 또 꼭 운동이 되는 게 자전거 타기밖에 없느냐고 말씀하시겠지만요 그것은 우리 아이들을 잘 모르고 하시는 말씀입니다. 흥미를 끌지 못하면 아무리 좋다고 해도 잘하지 않는다는 것 아시겠지요?

아버지, 두 번째 까닭은요 심부름을 잘할 수 있기 때문입니다. 자전거를 안 탈 때 저는 심부름을 무척 하기 싫어했지요? 그런데 자전거를 타고부터는 자전거 타는 재미로도 심부름을 잘하지 않았습니까. 그것보다는요 시간을 아낄 수 있다 아닙니까. 걸어서 갈 때는 5분에서 10분 정도 걸리지만 자전거를 타고 가면 3분에서 늦어도 5분이면 심부름을 깨끗이 할 수 있습니다. 또 무거운 물건을 가지고 오는 심부름이면 걸어서 간다면 무거워서 낑낑거리겠지만 자전거를 타고 가면 뒤에 싣거나 앞에 매달아서 오면 되기 때문에 쉽게 할 수 있습니다.

마지막 한 가지 브레이커를 고쳐야 하는 까닭은 가게에 손님이 많이 오면 자전거를 타고 가서 일을 도와드릴 수 있다는 것입니다. 손님이 많이 오면 70명에서 120명까지 오기도 하는데 그때는 물건도 더 많이 날라야 하고 또 손님이 가고 나면 그 많은 물건을 다시 집으로 날라 와야 하는데 그때 내가 자전거를 타고 다닌다면 얼마나 빨리 할 수 있겠습니까. 걸어서 한다면 힘도 너무 들고 시간도 더욱 많이 걸립니다. 요즘 같이 해가 짧을 때는 어두워지면 얼마나 불편하겠습니까.

아버지, 내 말이 틀리다면 자전거를 안 고쳐 줘도 좋습니다. 그렇지만 제 말이 어느 정도 맞다면 아들에게 좋은 선물하는 셈치고 자전거를 고쳐 주십시오. 크게 돈 드는 것도 아니고 고치는 것도 간단한 것을 왜 안 고쳐 줍니까. 아들이 두 손 모아 이렇게 빌게요. 꼭 좀 고쳐 주시기 바랍니다.

(1999년)

자전거를 타면 운동도 되고, 심부름도 더 잘할 수 있고, 일도 잘 도와드릴 수 있다는 까닭을 들어 자전거를 꼭 고쳐 달라고 부탁(요구)하고 있습니다. 아버지가 이 글을 읽는다면 자전거를 고쳐 주지 않을 수 없겠지요? 어린이들이 이렇게 무엇이 필요할 때는 부모님께 떼쓰지 않고 요구하는 글을 써 보게 했으면 합니다.

4. 논설문의 특징과 다른 갈래 글과 관계

1) 논설문 쓰기를 어려워하는 까닭

요즘 어린이들은 자기가 하고 싶은 말을 스스럼없이 잘합니다. 그런데 겉보기로는 말 잘하는 것처럼 보여도 자신의 속마음을 솔직히 드러내어 또렷하게 말하는 어린이는 그리 많지 않다고 봅니다.

왜 그럴까요? 언제나 어른들로부터 지시 받고, 명령에 복종하도록 강요받고, 검사 받고, 일방으로 주입 받아 제 목소리를 낼 수 없도록 만들었기 때문입니다. 조금만 떠들어도 "조용히 해!" 이렇게 제재 받고, 숙제 검사 받고, 숙제 안 하면 꾸중 듣고, "책 읽어라." "공부해라." "복도에서 한쪽으로 조용히 걸어라." "점심 먹을 때 조용히 먹어라." "쓰레기 함부로 버리지 마라." …… 끝이 없지요. 이러는 가운데 어린이들은 그만 스스로의 생각으로 판단해서 행동하는 능력을 잃어버린 것입니다. 어린이들이 하고 싶은 말을 한다 해도 관심 가지고 들어주는 어른도 잘 없습니다. 오히려 말해서 불이익을 당하기까지 하니까요. 이런데 말하라 한다고 해서 어디 쉽게 속마음까지 드러내어 말하겠습니까?

또 늘 하나의 정답으로 정해져 있는 지식을 달달 외우는 공부만 하도록 강요받고, 시험으로 그 단순지식 점수 따기 강요도 받고 있습니다. 거기다 학원이다 숙제다 해서 옆 돌아볼 사이 없이 바쁘고, 시간이 좀 나면 텔레비전이나 비디오, 컴퓨터에 매달려 자기 생각을 가질 기회가 잘 없습니다. 자연의 모습이나 사람들이 살아가는 모습을 살펴보며 생각하고, 자기의 의견을 말하고, 다른 사람의 의견도 들으며 한층 더 나아간 생각을 키워 나가는 공부를 제대로 못하고 있다는 말입니다. 자기 의견 내세우며 토론하는 학급이 얼마나 될까요?

어린이들은 처음부터 논설문 쓰기에 대해 거부감을 가지고 있기도 합니다. 딱딱한 논리 전개, 일정한 형식의 틀, 이치에 맞는 근거를 내보여야 하는 어려움 때문이지요. '시나 그 밖의 이야기글이라면 그것을 읽는 사람이 대개 이 글은 감동이 느껴진다든지 느껴지지 않는다든지, 또는 잘됐다든지 못됐다든지, 재미가 있다든지 없다든지 하는 반응이 있을 뿐인데, 논문이 되면 "이 사람의 주장이 옳다." 하든지 "이 주장은 아주 잘못되었다."든지 하는 반응'《우리 문장 쓰기》이오덕, 한길사)처럼 논란을 일으키기 때문이기도 합니다.

그리고 논설문을 더욱 어렵다고 느끼게 되는 것은 논설문을 어려운 말과 문장으로 쓰는 글이라고 받아들이고 있기 때문이기도 합니다. 그건 잘못된 생각이지요. 글을 어렵게 쓰는 것은 누구나 잘 알 수 있도록 쓰는 능력이 모자라거나 별 내용도 없는 것을 이리저리 비틀어 써 그럴듯하게 보이기 위해서라고 볼 수밖에 없습니다.

교과서에 실려 있는 논설문의 내용을 살펴보면 어린이들의 삶에서 나온 절실한 이야기가 아니고 무슨 이론을 펼쳐 놓은 것 같은 이야기가 대부분입니다. 이런 글이 어린이들 마음에 와 닿을 리 없지요. 어린이들에게 그런 글을 쓰라고 한다면 잘 쓸 수 있을까요? 주눅 들 수밖에 없는 것 아니겠습니까.

어린이들이 말해야 할 자리에서는 자기 생각을 마음껏 말할 수 있도록 해야 합니다. 서툴고 모자라더라도 어린이들이 하고 싶은 말을 글로 쓰도록 해야 합니다. '문제는 작법 – 쓰는 법에 있는 것이 아니다. 하고 싶은 말이 있는가 없는가 하는 데 있다. 자기 생각이 뚜렷하고, 그래서 다른 어떤 사람도 하지 않았던 말을 자기가 할 수 있다고 믿고, 자기가 아니면 아무도 그 말을 해 줄 사람이 없다는 생각만 가졌다면 다 되는 것이다.'《우리 문장 쓰기》이오덕, 한길사)

2) 논설문의 특징

어린이들이 쓰는 논설문은 또 다른 특징이 있습니다. 그런 특징을 알면 논설문을 이해하고 쓰는 데도 크게 도움이 될 것입니다.

첫째, 어린이들이 쓰는 논설문에서는 자신의 삶과 가까운 현실 문제(일)를 놓고 생각과 의견을 말하고 주장하는 게 특징입니다. 그런데 교과서나 다른 어떤 책에 실려 있는 논설문을 보면 어린이들의 삶과는 좀 떨어진 내용이 많습니다. 어린이들이 그런 글을 모범 글 삼아 쓰면 살아 있는 논설문은 쓸 수 없겠지요. 어린이들에게는 더욱 자기가 겪는, 자기와 가까운 일에 대해 자기주장을 하도록 해야 하고, 생각이 자라면서 조금씩 범위를 넓혀 가도록 해야 합니다.

둘째, 논설문은 글쓴이의 생각과 주장이 아주 또렷하고, 그 주장에 대해 이치에 맞는 근거를 또렷이 밝힌 글입니다. 먼저 자기주장이 있고 그 주장에 맞게 다른 사람을 이해시키고 설득하는 여러 가지 근거를 대어 자기주장이 옳다고 하는 것이지요. 그래서 논설문의 말끝을 보면 '~해야 한다.' '~하지 않으면 안 된다.' '~하자.' 따위로 매우 단정하는 투로 쓴 말이 많습니다.

셋째, 논설문은 매우 논리적입니다. 생각하는 방법이나 이야기의 줄거리 같은 것이 이치에 꼭 맞는 글이란 말입니다. 그래서 앞서 말했듯이 논설문은 '감동이 느껴진다'고 말하지 않고 '주장이 옳다, 옳지 않다'고 하는 것입니다.

넷째, 논설문은 서론(시작하는 말), 본론(주장말), 결론(맺는말)으로 짜여 있습니다. 서론은 글을 쓰게 된 까닭이라든지 어떤 문제에 대해 어떤 주장을 펼쳐 나갈 것인지 전체의 틀(문제 상황)을 내보이는 부분입니다. 본론은 남들이 받아들일 수 있도록 자기주장을 펼쳐 나가는 부분으로, 가장 많은 부분을 차지하지요. 또 결론은 글 전체를 요약하기도 하고, 문제 해결 방안을 내보이기도 하고, 앞으로 나아갈 길에 대한 희망이나 자신의 결심 같은 것을 쓰는 부분이고요. 논설문을 이렇게 형식이 짜여 있는 것이 특징입니다.

다섯째, 논설문은 대부분 읽는 대상이 정해져 있습니다. 여러 사람에게 하는 자기주장도 많지만 때에 따라서는 어떤 특정한 사람을 상대로 자기의 생각을 주장하는 경우도 많습니다. 이를테면 부모님이나 자기 식구들, 선생님, 자기 반의 회장이나 동무들, 마을 사람들…… 말입니다.

3) 논설문과 다른 갈래 글의 관계

어린이들이 쓰는 산문은 대체로 어느 때 어디에서 보고 듣고 겪은 사실을 쓰는 서사문이 많지요. 그다음 늘 되풀이되는 일이나 잘 알고 있는 일반의 사실을 쓰는 설명문이고, 이어서 어떤 일을 보거나 겪은 것에 대해 자신이 느끼고 생각한 것을 쓰는 감상문입니다. 그다음, 단순한 생각과 느낌에서 더 나아가 어떤 일에 대해 옳고 그름을 따져 자신의 생각이 옳음을 주장하는 논설문을 쓰게 되는 것입니다. 대체로 이렇게 발전하게 된다는 말이지요.

그러면 여기서 감상문과 논설문의 관계를 좀 더 살펴보기로 하지요. 사람은 어떤 일에서든 느끼고 생각을 하게 됩니다. 그런데 어린이들에게 어떤 일에 대해 어떤 생각을 가지고 있는지 물어보면 아무 생각이 안 난다고 하는 어린이가 많습니다. 기억을 되살려 내지 못하거나 생각 떠올리기가 귀찮으니까 그렇게 말해 버리는 게 아닌가 싶습니다. 또 한 가지는 강하게 느끼고 깊이 생각하지 않고 별 뜻을 두지 않기 때문이기도 합니다. 어린이 스스로 느끼고 생각하면서 자신의 생각을 키워 나갈 수 있도록 적극 지도했으면 합니다. 논설문을 쓰기 전에 먼저 감상문을 써 보도록 하라고 했지요? 감상문은 자신이 느끼고 생각한 것을 그대로 보여 주는 글로, 소극성, 주관성을 많이 가지고 있고 또 분석적이지 않습니다. 그러나 논설문은 적극성, 객관성을 가지고 있고 매우 분석적이기도 합니다.

다음, 논설문(논문)과 보고문의 관계입니다. '보고문은 조사하고 실험하고 관찰하고 실행한 것을 그대로 적은 글이다. 물론 그 결과에 대해 의견이 덧붙을 수도 있지만, 어디까지나 사실을 기록한 것이 알맹이가 되어 있는 글이다. 이에 견주어 논문은 조사하거나 실험하거나 관찰한 사실을 바탕으로 해서 어떤 생각을 논리를 세워서 처음부터 끝까지 한결같이 말하게 된다. 따라서 논문은 조사보고문으로 쓴 것과 같은 실증의 자료가 풍부하게 갖춰 있어야 비로소 그 논리가 튼튼하게 되는 것이니, 논문과 조사보고문은 바로 이웃에 있는 사이라 하겠다.'(《우리 문장 쓰기》이오덕, 한길사) 주로 어른들이 쓰는 연구 논문 같은 것이 여기에 해당되지만 어린이들도 쓸 경우가 있을지 모르니 그 관계를 알아 두는 것이 좋겠습니다.

4) 논설문과 웅변과 내 생각 발표

여러 사람을 감동시킬 수 있게 자신의 의견을 조리 있고 힘차게 말하는 것 가운데 '웅변'이라는 것이 있습니다. 요즘은 잘 모르겠지만 해마다 6월이면 하는 통일 웅변대회를 비롯해 여러 가지 웅변대회가 있었지요. 웅변 학원도 많았고요. 그런데 이 웅변은 담겨 있는 내용보다는 목소리를 더 중요하게 생각하는 것 같습니다. 목소리 크다고 다 옳은 것은 아니지요.

더 문제가 되는 건 내용이 자기 말이 아니라 어른이 써 주는, 뜻도 잘 모르는 내용이란 것입니다. 그런 걸 달달 외워서 목에 핏대를 세워 소리 지르는 어린이를 보면 가여운 생각이 들기도 합니다. 발표력을 키운다고 그런 걸 시키기도 했지만 별 효과도 없는 것 같습니다. 자기 생각이 없기 때문이지요.

이젠 어린이들에게 이런 꼭두각시 노릇은 시키지 않았으면 합니다. 어린이들끼리 토론도 자주 하게 하고 어린이들 스스로 제 생각을 조리 있게 써서 발표하게 했으면 좋겠습니다. 어린이들 스스로 여러 사람 앞에 자기 생각을 내세워 차근차근 말하는 것을 '내 생각 발표'라고 하는데, 서툴더라도 이렇게 자기 생각을 스스로 쓰고 스스로 발표하도록 해야 더 훌륭한 공부가 됩니다.

5) 논설문과 논술

논술이란 자신의 의견이나 사물의 이치를 조리 세워 말하는 것을 말합니다. 논술도 논설문과 다를 것이 크게 없지요? 그런데도 별다른 것처럼 야단법석을 떠는 것은 대학 입시 때 치르는 논술 시험 때문입니다. 대학 입시 논술은 어떤 논할 거리를 주고 그 요구에 맞추어 자신의 견해를 조리 있게 말하거나 적는 것입니다. 자신의 견해를 조리 있게 잘 말하는지 그 능력을 알아보기 위해 치르는 시험이지요. 그런데 대학 입시 논술 시험에서 비슷한 답이 80%나 된다는 이야기를 얼핏 들은 적이 있습니다. 그렇게 되는 것은 책에서 얻은 지식을 늘어놓았기 때문입니다. 그건 자기 생각이 아니고 남의 생각, 남의 지식을 베껴 쓴 것이나 같지요. 옳은 논술이라고 볼 수 없습니다.

이렇게 해서 여러 방법으로 논술 가르치는 학원이 많이 생겨나게 되었고 논술 지도를 받는 어린이들도 많아지게 되었지요. 대학 시험에 논술이 없어진다면 논술 공부도 잘 안 하게 되겠지요? 하지만 논술은 대학교에 들어가서도, 어른이 되어서도 꼭 필요하답니다.

그러나 초등학교 어린이들이 대학 입시에 대비해 미리 논술 공부를 하는 것은 좋지 않습니다. 초등학교 어린이들은 서사문 쓰기와 설명문 쓰기, 학년이 올라갈수록 감상문과 논설문 쓰기부터 열심히 해야 합니다. 이렇게 하다 보면 생각이 자라고, 생각이 자라면서 자연스럽게 논술도 쓸 수 있게 되는 것입니다. 그리고 기초 글쓰기 공부 속에 이미 논술 공부가 되고 있기도 합니다. 글쓰기 기초 공부도 되어 있지 않은 어린이들에게 삶을 떠난 논술 쓰기 공부부터 시키면 오히려 다른 글쓰기마저 저해할 수 있습니다.

다시 말하지만 논술을 가르치더라도 서사문, 시, 설명문, 감상문, 논설문 같은 기초 글쓰기 공부부터 한 뒤에 해야 합니다.

5. 어떤 논설문이 좋은 논설문일까요?

한마디로 좋은 논설문이란 읽은 이가 '그래, 옳은 생각이야!' 하며 기꺼이 글쓴이의 생각에 따르고 행동으로까지 옮길 수 있도록 쓴 논설문을 말합니다. 그렇지 못한 논설문은 주장이 내 생각과 다르거나, 주장의 근거가 모자라거나 마땅치 못하다고 보면 될 것입니다. 글 전체에 조리가 없어 무슨 말을 하는지 헷갈리게 썼거나 어려운 말을 늘어놓아도 좋은 논설문이라고 할 수 없겠지요.

좋은 논설문의 조건을 몇 가지로 나누어 보겠습니다.

첫째, 자기 생각과 주장이 또렷이 나타나 있는 글입니다. 자기 생각과 주장이 논설문에서는 알맹이인데 이 알맹이가 빠지거나 시원찮으면 안 되겠지요.

둘째, 다른 사람이 내 주장이 옳다고 따를 수 있도록 주장의 근거를 이치에 맞게 잘 나타낸 글입니다. 자신은 아무리 주장이 옳다고 해도 다른 사람의 마음에 끌리지 않으면 쓸모없는 글이 되고 말지요. 허공에다 소리친 것이나 다를 바 없습니다. 그러니까 글을 읽는 사람이 '참 그렇구나!' '나도 그렇게 해야지!' 하는 마음이 일고 행동까지 할 수 있도록 근거를 보여 주어야 합니다.

셋째, 자기 삶에서 우러난 절실한 생각을 솔직하게 내세운 글입니다. 주장이나 주장의 근거가 자기 삶에서 우러나온 것이 아니고 책에서나 인터넷 같은 것에서 얻은 지식을 늘어놓은 글은 자기 글이라고 할 수 없습니다. 이렇게 쓴 글은 '죽은 논설문'이지요. 그렇게 얻은 지식이라도 자기 삶에 녹여 새롭게 태어나게 한다면 살아 있는 논설문을 쓰는 데 좋은 재료로 쓸 수도 있겠지요.

넷째, 논리 정연하고 문장이 정확한 글입니다. 자기의 의견이나 생각이 일관성 있게, 질서가 잘 서 있도록 쓴 글, 문장도 틀린 말이 없고 앞뒤 차례에 맞게 또렷이 쓴 글이라야 읽는 사람이 잘 알 수 있겠지요.

다섯째, 쉽게 쓴 글입니다. 어른들이 쓴 논문을 보면 흔히 알맹이는 별것 아닌데 아주 어렵게 써 도무지 무슨 글인지 이해할 수 없는 글이 참 많습니다. 그건 자신도 내용을 아직 정확하게 잘 이해하고 있지 못하거나, 별것 아닌 내용을 아주 고상한 것처럼, 특별한 것처럼 보이기 위해서거나, 글 쓰는 능력이 모자라서 그렇다고 볼 수밖에 없습니다. 글을 어렵게 쓰는 사람들 가운데는 글 읽는 사람이 이해 능력이 모자라서 어렵게 보인다고 말하겠지만 그렇지 않습니다. 어떤 글이든 어느 누가 읽어도 잘 알 수 있게 써야 잘 쓴 글이지요. 어린이들이 쓰는 논설문도 마찬가지입니다.

다음 글 세 편을 견주어 봅시다.

[글 1] 교통사고를 줄이자

6학년

요즈음 우리 나라의 큰 문제 중의 하나가 바로 교통사고이다. 이것은 하루에 단 한 번이라도 교통사고가 일어나지 않는 날이 없다는 것만으로도 충분히 이해가 될 것이다.

그리고 이 상태로 계속 교통사고가 난다면 '동방예의지국'이란 이름 대신 '교통사고의 나라'로 불리게 되는 것은 시간문제이다. 그렇다면 우리는 지금 교통사고를 줄이기 위한 방법을 생각해 보지 않을 수가 없다.

먼저 보행자가 지켜야 할 것에는 어떤 것이 있을까?

첫째, 찻길을 건널 때에는 횡단보도로 건너야 한다. 그리고 횡단보도에 신호등이 설치되어 있을 때에는 반드시 녹색 신호등이 켜져 있을 때 건너야 한다. 만약 우리가 길을 건널 때에 무단 횡단을 하거나 신호등을 무시하고 건넌다면, 사고가 나더라도 보상을 받기는커녕, 도리어 그 사람이 운전자에게 보상을 해 주어야 하는 일이 벌어지게 된다.

둘째, 비가 오는 날에는 눈에 잘 띄는 노란색이나 흰색 옷을 입도록 하자. 그렇게 하면 날씨가 흐린 날에도 색깔이 잘 구분되어 운전자도 사고를 방지할 수 있어 서로에게 커다란 이익이 될 것이다.

또한, 거리를 지날 때에는 조금 더 걷더라도 보행자만 다닐 수 있는 육교나 보도로만 다녀야 한다. 그래야만 차를 운전하는 운전자나 보행자도 모두 안심하고 거리를 활보할 수 있는 것이다.

이제 반대로 운전자가 지켜야 할 것들을 알아보도록 하자.

먼저, 운전자는 특히 음주 운전을 하지 않아야 한다. 이런 일이 왜 있어야 하는 것일까? 자기 개인만의 의욕을 채우기 위해 수많은 귀중한 목숨들을 앗아가는 일이 말이다. 이런 이기주의자들이야말로 돈과 사람의 목숨을 비교하는 사람과 같은 마음을 가지고 있을 것이다.

셋째, 차선을 위반하지 말아야 한다. 운전자들은 그야말로 끼어들기를 하는 것 때문에 차선을 위반한다. 차선은 곧 생명줄이라 해도 과언이 아니다. 차선을 위반함으로써, 사고가 나는 경우도 꽤 많기 때문이다. 그리고 아무리 바쁘더라도 양보하는 마음을 가져야 한다. 그렇지 않으면 이 역시 사고의 원인이 된다. 앞에서 말한 것과 같이 끼어들기를 한다든가, 아니면 교통 규칙을 위반하는 것들이 말이다.

이 밖에도 교통사고를 줄이기 위한 방법에는 여러 가지가 있다. 그러나 이런 쉬운 것들도 실천으로 옮기지 못하고 있는 것이 부끄러울 뿐이다.

자동차는 우리 생활을 편리하게 해 주는 것이지, 사고를 내기 위해 만든 것이 절대 아니다.

그러므로 우리 모두 '나 하나쯤이야' 하는 생각을 버리고 교통사고를 줄이는 데 앞장서도록 하자.

[글 2] 어른들의 잘못

6학년

요즘 어른들은 우리에게만 큰소리치지 실제로는 우리에게 꾸중하신 것도 잘 지키지 못하는 분이 있다. 예를 들면 우리에게는 휴지를 아무 곳에나 버리지 말라고 하시면서 피우던 담배를 불도 안 끄고 길바닥에 그냥 버린다.

나는 평소에 어른들의 잘못을 많이 보아 왔다. 그런 잘못을 보고 그냥 넘긴 우리도 바보지만 아이들 보는 앞에서 그런 행동을 하신 어른들의 잘못이 더 크다고 생각한다. 내가 어른이 되면 무조건 큰소리치지는 않겠다. 근본적으로 누구에게 잘못이 있는지 잘 파악한 후에 소리두 큰 소리를 칠 것이다.

어른들께 꾸중 한마디 한다.

"제 눈에는 어른들이 이기적인 사람으로 보일 때가 있습니다. 저희가 잘못한 것은 어디까지나 잘못이지만 어른들의 말, 생각, 행동은 모두가

옳다고 하시는 것도 잘못입니다. 세상에 잘못 한 번 안 하는 사람은 없
겠지만 우리에겐 자기 잘못을 고치라고 꾸중하시면서 어른들은 쉽게 고
칠 수 있는 것도 고치지 않는 것을 보았습니다."

내가 주장하고 싶은 건 어른들은 어른답게 행동해야 한다는 것이다.

[글 3] 정류소는 내 몸이다

청도 덕산초 6학년 박욱태

우리 마을 길옆에는 지은 지 2년이 조금 넘은 간이 정류소가 하나 있
다. 이 정류소는 버스를 기다릴 때 쉴 수 있도록 해 준다. 여름에는 햇볕
을 가려 주고 비를 피하게 해 준다. 나는 학원에 다니면서 이 버스 정류
소에서 비를 피한 적이 한두 번이 아니다. 소낙비는 퍼붓듯이 오고 마땅
히 피할 곳이 없을 때 이 정류소가 얼마나 반가운지 겪어 본 사람은 잘
알 것이다. 또 겨울에는 바람이 쌩쌩 불어도 정류소가 있어서 따뜻하게
기다릴 수 있다. 하지만 지금 정류소는 끙끙 앓고 있다.

의자부터 살펴보면, 흙이나 먼지가 보통 묻어 있는 게 아니다. 이건
우리들보다 학년이 높은 형들이 올라서고 침도 뱉고, 자전거로 올라갔
다 내려갔다 하다 보니 더럽혀졌다. 그러면서 사람들이 앉지 않게 되었
다. 그 뒤부터는 형들이 더 많이 올라갔고 조그마한 아이들도 본을 받아
자꾸 올라가 뛰어놀게 되었다. 아이들이 그러면 어른들이 타이르거나
말려야 하는데 아이들이 뛰어놀거나 말거나 관심 한 번 주지 않는다. 그
래 놓고는 앉을 때는 더럽다 그리고 누가 그랬냐며 욕을 한다. 만약 그
때 타이르고 관심을 가졌더라면 아마 그런 이야기를 하지 않아도 될 것
이다.

그리고 의자가 겉은 멀쩡하지만 나사못이 빠져 있고 나무 부분이 부
러져 있다. 나는 거기에 앉았다가 머리를 깰 뻔한 적이 있다. 우리 마을
아이들이라면 한두 번쯤 겪었을 것이다. 고치지 않고 그대로 두었다가

는 큰 사고가 날지도 모른다. 빨리 고쳐야 하는 것은 말할 것도 없고, 고쳐 놓더라도 깨끗하게 쓰지 않으면 얼마 안 가서 또 그 모양이 되고 말 것이다. 우리가 정류소를 깨끗하고 편안하게 쓰려면 먼저 의자부터 깨끗하게 써야 한다.

또 정류소 안은 온통 쓰레기장 같다. 우리 정류소 말고도 쓰레기는 어디서나 문제지만 우리 마을에선 정류소가 가장 심하다. 특히 직사각형 모양으로 2.3㎡ 정도 되는 큰 시멘트 화분이 있다. 그곳에는 있어야 할 꽃은 없고 쓰레기만 가득하다. 냄비, 깡통, 젓가락, 과자 봉지 없는 게 없다. 그리고 그 밑의 흙 속에도 여러 수십 가지의 쓰레기가 있다. 또 잘 보이는 오른쪽보다 잘 보이지 않는 왼쪽에 더 많이 버린다.

여기뿐만 아니다. 정류소 지붕을 보면 깡통도 있고 과자 봉지, 비닐, 담배꽁초까지 있다. 그리고 정류소 안에도 안 보이는 곳에 숨겨 두었다. 의자 뒤인데 과자 봉지부터 담배꽁초까지 모두 모여 있다. 껌도 있는데 나는 의자에 앉다가 그 껌이 엉덩이에 붙어 버려서 다리미로 떼어 내느라 죽을 욕을 보았다.

아예 정류소를 쓰레기장으로 생각하고 남이 보든지 말든지 그냥 버리는 사람도 있고, 정류소에 와서 주머니에 있는 쓰레기를 털어 버리는 사람도 있다. 또 정류소에다 누가 똥을 누기도 했는가 하면 구석에 오줌을 누어서 찌린내가 막 난다. 그래 놓고도 더럽니 어쩌니 욕을 한다. 쓰레기는 주머니에 좀 집어 넣어 가서 쓰레기장에 버리고, 볼일은 좀 참든지 가까운 마을 회관 화장실에다 보면 되는데도 그렇다.

또 게시판은 어떤가! 부서져 있고, 선전 쪽지들이 너덜너덜하게 다 떨어져 보기에 흉치하다. 사람들이 붙여 놓은 쪽지를 마구 찢어 버려서 그렇다. 또 붙였으면 기간이 다 되었거나 보기 흉할 정도로 변해 버린 것들은 새것으로 붙이거나 떼어 가야 하는데 떼어 가기는커녕 2년이 넘도록 붙어 있는 것도 있다. 지금도 하나하나 떼어 보면 95년도 것이 막 나온다. 군청에서 알리려고 붙여 놓은 것을 자기와는 상관이 없다며 찢어 놓는다.

그리고 게시판의 테두리는 누군가 송곳 같은 것으로 조금씩 떼 나가다가 결국엔 다 떼 내어서 지금은 뒤쪽 합판만 남아 있다. 만약 자기 물건을 부숴 놓았다면 어떨까? 온 동네 난리가 날 것이다. 하지만 자기 물건이나 다름없는 공동 물건을 이렇게 해 놓았으니 벌을 받아도 많이 받을 일이다.

벽에 낙서를 해 놓았는데 이것 또한 흉하기 짝이 없다. 낙서의 내용은 '○○ 바보' '○○ 씨발놈' '○○ 개새끼' 따위의 몹쓸 욕이다. 또 낙서 말고도 벽을 못이나 송곳으로 뚫다가 둔 곳도 있고 줄을 좌악 그어 버린 곳도 있다. 그 사람들은 자기 몸이나 자기 집, 자기 물건이 그렇게 되고 나서야 그것이 얼마나 잘못된 짓이고 나쁜 짓인지 알게 될 것이다.

제발 좀 아끼고 사랑하자. 우리가 편리하게 쓰는 우리의 공공 물건이다. 누워서 바로 위로 침이나 뱉는 얼간이가 되기 싫으면 좀 아끼자. 이제 의자는 좀 더 튼튼한 것으로 갈아 주었으면 좋겠고, 쓰는 사람은 가만히 앉아서 자기 탈 차가 올 때까지 기다리자. 쓰레기통 하나 없는 것도 문제는 있지만 그렇다고 거기다 버리면 안 된다. 쓰레기통도 하나 만들어 두면 좋겠다.

'정류소는 내 몸이다' 생각하면 더 말할 것도 없을 것이다.

(1997년 11월 21일)

[글1]은 논설문이지만 누구나 알고 있는 일반 사실을 설명하듯 써 놓았습니다. 맞는 말이지만 글을 읽는 사람이 '교통사고를 줄이도록 노력해야겠구나!' 하는 마음보다는 '또 이런 말을 썼구나!' 하는 마음이 더 들 것 같습니다. 자신의 삶에서 우러나온 절실한 문제가 아니고 어디서 들은 지식이나 책에서 얻은 지식을 쓰면 대체로 이런 글이

됩니다. 살아 있지 않은 논설문이지요.

[글2]는 어른을 비난하는 글이 되고 말았습니다. 목소리는 큰데 주장도 또렷하지 못하고 주장의 근거도 구체로 밝혀 쓰지 못했기 때문입니다. 자신의 생활에서 흔히 겪는 문제이기는 하나, 어느 날 어느 때 겪은 일도 아니고 생각이나 의견을 잘 정리하지도 않고 대충 짐작해서 쓰다 보니 이렇게 된 것입니다.

[글3]은 어느 누가 보아도 정류소를 깨끗하게 써야겠구나 하는 마음을 불러일으킬 것입니다. 그리고 정류소를 내 몸처럼 소중히, 깨끗이 쓸 것이라 믿습니다. 글 내용을 보면 의자에 먼지나 흙을 묻혀 놓고 부수는 문제, 정류소 안을 더럽히는 문제, 게시판을 부수고 더럽히는 문제, 벽에 낙서해서 더럽히는 문제를 낱낱이 밝히면서 정류소를 바르고 소중하게 쓰도록 강하게 주장하고 있습니다. 살아 있는 좋은 논설문이라고 할 수 있지요.

이런 글을 쓸 수 있었던 것은 자신이 생활하면서 맞닥뜨린 절실한 문제이고, 그 문제에 대해서는 누구보다 많이 겪어서 잘 알고 있기 때문이지요. 사람마다 쓰는 방법도 다르고 글투도 다르겠지만 어린이들이 쓰는 논설문은 이렇게 삶에서 우러나오는 문제로 시작해야 합니다.

6. 논설문 쓰기 기본 공부

논설문 쓰기를 어려워하는 어린이들이 많다고 했습니다. 아직 생각이 많이 자라지 못해 더 그럴 거라고 봅니다. 그렇지만 어렵게만 생각하지 말고 자기 수준에서 옳다고 생각되는 주장을 나름대로 내

세워 쓰면 훌륭한 논설문이 될 수 있다는 걸 어린이들에게 잘 이해시켜 주기 바랍니다.

그러면 논설문 쓰기 기본 공부를 해 볼까요?

1) 자유롭고 용기 있게 이야기할 수 있는 마음 자세를 가진다

논설문 쓰기에 앞서 마음을 열고 자유롭게, 용기 있게 이야기할 수 있는 마음 자세를 가져야 합니다. 글 가운데도 읽는 사람의 마음을 매우 불편하게 만드는 일이 많은 게 논설문입니다. 왜 그럴까요? 잘못된 점을 파헤치고 따지는 일이 많기 때문이지요. 자신이 잘못한 것이 사실이고, 잘못한 것은 잘 알고 있지만 다른 사람이 다시 그걸 끄집어내어 말하면 듣기가 싫어집니다. 하지만 글 읽는 사람이 불편해하는 마음이 없으면 주장하는 글은 가치가 없어집니다. 남이 불편해하는 글을 써서 내보이는 사람의 마음도 편한 것만은 아닙니다. 그래서 용기가 필요한 것이지요.

그러니까 우리는 생활하면서 남의 의견이 옳다 싶으면 내 마음이 불편하더라도 받아들이는 태도부터 길러야 합니다. 다른 사람의 의견을 받아들이지 않으면서 내 의견만 받아들이라고 하는 것은 독선이지요. 어린이들은 교실에서 동무들이나 선생님과 터놓고 말할 수 있어야 합니다. 그런데 선생님들 가운데는 자기주장을 강하게 내세우는 어린이를 버릇없는 어린이로 보기도 하지요? 어린이들의 이야기를 받아들이는 마음이 좁기 때문입니다.

어린이들이 논설문을 잘 쓸 수 있도록 하는 첫째 조건은 어린이들이 어떤 이야기도 마음 놓고 할 수 있게 해 주는 것입니다. 어린이들을 간섭하고 억누르는 환경 속에서는 하고 싶은 말을 제대로 하지 못하지요. 어린이들이 하는 말이 불편하게 들리더라도 옳다면 기꺼이 받아들이고, 조금 맞지 않거나 모자라더라도, 받아들이기에 마음이 불편하더라도 나무라지 않고 먼저 받아들여야 합니다. 잘못된 생각을 가지고 있을 때는 스스로 깨달을 수 있도록 이야기해 주면 되겠지요. 겉으로 잘 받아들이고 이해하는 척하면서 속으로는 그렇지 않을 때, 어린이들은 잘 알아채고 입을 닫아 버립니다.

교실에서는 어린이들끼리나 교사와 어린이들 사이가 평등한 관계여야 합니다. 교사가 권위나 내세우고, 어린이들을 인격을 가지고 있는 한 사람으로 보지 않고 생각이 모자라는 아이로만 봐서는 안 됩니다. 가정에서는 부모들이 사회에서는 어른들이 그래야 합니다.

2) 자기만이 꼭 하고 싶은 말이 있어야 한다

논설문 쓸거리는 생활에서 부딪히는 문제에 대한 절실한 생각에서 나와야 하고, 자기만이 꼭 하고 싶은 말이 있는 것이어야 합니다. 먼저 자기 삶 속에서 일어나는 일이나 문제에서 찾아야 한다는 말입니다. 그 가운데도 자기가 아니면 말해 줄 사람이 없는 일이요. 그러면서 차츰 집안의 일, 학급·학교의 일, 마을의 일, 사회의 일, 나라의 일, 세계의 일로 넓혀 나가도록 해야 합니다. 어떤 일이든 절실하게 할 말만 있으면 쓰는 방법은 저절로 나오게 되어 있지요.

3) 자기가 쓴 글을 읽을 사람을 생각하고 쓴다

읽어 줄 사람이 누구인지 또렷이 생각하고 논설문을 써야 합니다. 논설문의 특징 가운데 한 가지가 자기주장을 들어 줄 상대가 정해져 있다는 것입니다. 따라서 자기의 글을 읽어 줄 사람을 생각하고 써야겠지요.

어머니, 아버지, 식구들, 선생님, 교장 선생님, 동무, 학급 어린이들,

학교 어린이들, 마을 사람들, 도시에서 우리 마을에 놀러 오는 사람들, ○○의 어린이들, ○○의 어른들, 모든 어린이들, 모든 어른들……. 읽어 줄 사람이 또렷이 정해지지 않으면 할 말도 별로 없는 것으로 보면 될 것입니다.

4) 자기주장을 뒷받침할 자료를 잘 정리한다

자료를 모으고 정리를 잘해야 합니다. 글을 쓰기에 앞서 자기주장이 옳다는 것을 뒷받침해 줄 자료를 조사 관찰하고, 모으고, 정리를 해야 한다는 말입니다. 어떤 문제가 있는지, 일어난 까닭은 무엇인지, 주장을 뒷받침할 수 있는 근거는 어떤 것이 있는지, 문제 해결 방법은 무엇인지 말이지요.

생생한 자료를 많이 얻기 위해서는 현장에 가 조사 관찰도 하고, 실제로 겪어 보기도 해야 합니다. 책이나 신문, 인터넷에서도 조사하고 잘 아는 사람에게 물어보기도 해서 사실이나 통계 자료 같은 객관성 있는 자료를 많이 모으면 좋겠지요.

5) 제목을 바르게 쓴다

어른들이 쓰는 논설문에는 어려운 말이나, 우리 말이 아니거나, 우리 말투가 아닌 말이 많이 있지요. 혹시라도 어른 흉내를 내지 않도록 하고, 어른이 되어서도 그렇게 쓰지 않아야 합니다.

제목은 한눈에 무엇을 말하려고 하는지 잘 알 수 있도록, 간략하게 써야 합니다. 다음은 어린이들이 쓴 제목의 예입니다.

'우리 마을 쉼터 화장실 깨끗이 씁시다' '물건은 제자리에' '차 좀 똑바로 세우세요' '자전거 브레이커 고쳐 주십시오' '공중 전화기가 몸살을 앓아요' '장난 전화 하지 맙시다' '내 의자 좀 사 주세요' '우리

집 앞이 쓰레기장인가?' '엄마, 가방 다 떨어졌어요'

또 논설문 제목을 쓸 때 다음과 같이 작은 제목을 덧붙이기도 합니다.

정류소는 내 몸이다

-우리 마을 정류소 깨끗이 씁시다

6) 글 쓸 계획을 미리 세운다

시작하는 말(서론), 주장 말(본론), 맺는말(결론)에 무엇을 쓸지 계획을 잘 세웁니다. 논설문은 다른 글보다 더 조리가 있고 논리가 잘 서 있어야 하기 때문에 계획을 잘 세워야 합니다. 논설문의 특징 가운데 하나가 짜임이 시작하는 말, 주장말, 맺는말로 되어 있는 것인데, 쓸 계획을 세우려면 각 부분에는 어떤 내용이 어떻게 들어가는지부터 알아야겠지요?

① 시작하는 말(서론)

시작하는 단계로 처음부터 읽는 이의 관심을 끌 수 있도록 쓰면 더욱 좋겠지요. 여기는 대체로 글을 쓰게 된 까닭이나 목적 같은 것을 씁니다. 또 문제 상황을 내보일 수도 있고 어떤 주장을 펼쳐 나갈 것인지 전체의 틀을 대충 내보이기도 하지요. 주제와 관련된 생활 경험도 좋고, 주제와 관련된 지식이나 시사 내용 한 도막을 내보여도 되겠지요. 주장과 반대되는 이야기로 시작하기도 하고 중요한 낱말 풀이로 시작하는 경우도 있습니다.

서론 부분에서 흔히 격언이나 속담 같은 것을 따와 쓰는 어린이가 많은데 내용에 딱 맞는 말이 아니면 쓰지 않는 것이 좋겠습니다. 딱 맞다 해도 너도나도 쓴다면 새로운 맛이 없어지겠지요.

서론의 길이는 대충 글 전체의 5분의 1이나 6분의 1정도면 알맞겠습니다. 너무 길면 글이 너절하게 되기 쉽고 본론에 대한 집중이 좀 흐려지기도 하겠지요. 여기서 본론으로 넘어갈 때 '~보자.' '~하겠다.' '내 생각을 밝히겠다.' '주장을 펼쳐 보도록 하겠다.' 이렇게 많이 쓰는데 너무 흔히 쓰는 말이지요? 자연스럽게 본론으로 넘어가는 말을 쓰면 좋겠습니다.

② 주장말(본론)

자기주장을 남들이 잘 알고 받아들일 수 있도록 논리 정연하고 명확한 문장으로 펼쳐 나갑니다. 말하자면 문제점을 내보이고 문제의 까닭을 분석하고 설명하여 문제의 해결책을 내보이거나, '~해야 한다.' 하는 식으로 주장말을 해 놓고 주장에 대한 자신의 생각과 의견을 일관성 있게 또렷이 말하는 것이지요.

주장을 할 때는 주장을 뒷받침할 수 있는 근거를 충분히 잘 들어 보여야 읽는 사람이 잘 받아들일 수 있습니다. 근거를 드는 방법으로는 이유를 들거나, 반대 이유를 들거나, 실천할 수 있는 방법을 구체로 들거나, 객관성 있는 자료를 들거나, 어떤 예를 드는 방법들이 있습니다.

본론의 길이는 대체로 글의 5분의 3에서 3분의 2가 넘습니다.

③ 맺는말(결론)

글을 끝맺는 부분으로, 글 전체를 요약하거나 펴 온 주장을 새로운 말로 강조해 보일 수도 있습니다. 문제에 대한 해결 방법과 또 앞으로 나아갈 길에 대한 희망 같은 것, 앞으로 어떻게 하겠다는 결심, 글을 읽는 사람에게 당부하는 말 같은 것을 쓸 수도 있지요.

맺는말도 간결하고 '~해야 한다.' '~하자.'처럼 자신 있는 말투로 써야 합니다. 서론의 길이와 마찬가지로 글의 5분의 1이나 6분의 1

정도가 알맞지요. 그리고 서론, 본론의 내용과 일관성을 잘 지켜 나가야 합니다.

글 쓰기 전에 이 형식에 맞추어 얼거리를 짜면 좋지만 너무 이런 틀에만 얽매이지는 않았으면 좋겠습니다. 짧게 자기주장을 할 때는 얼거리를 적지 않고 마음속으로 간략히 생각만 해 보아도 될 것입니다.

7) 또렷하게 쓴다

주장을 또렷하게, 주장에 대한 근거가 잘 드러나게 씁니다. 쓸 계획을 세웠으면 자신감을 가지고 써 나갑니다. 무엇보다 주장에 대한 근거가 잘 드러나게 모아 둔 자료를 충분히 참고해서 써야겠지요. 자료를 쓸 때 남의 말이나 연구 자료를 함부로 쓰지 말아야 하고, 쓰더라도 어디에서 따온 누구의 말인지 또렷이 밝혀야겠지요.

여기서 또 한 가지 중요한 것은 자기 주장에 대한 반대 의견이나 다른 의견도 나올 수 있으니 이것 또한 잘 생각하며 써야 합니다. 그리고 쓰는 말도 사실에 꼭 맞고 논리가 서 있어서 처음부터 끝까지 한결같아야 합니다. 또 글을 머리로 만들지 말고 가슴에 울려 온 느낌과 생각을 말하듯 써야 합니다.

8) 알기 쉽게 쓴다

누구든지 읽어서 쉽게 알 수 있도록 씁니다. 감상문 쓰기에서도 강조했지만 논설문을 쓸 때는 더욱 쉬운 말로, 누구든 잘 이해할 수 있게 써야 합니다. 좋은 논설문의 조건에서도 말했지만 어른들처럼 어려운 말을 쓰지 않아야 합니다. 어른들이 쓰는 논설문도 어린이까지 이해할 수 있을 정도로 쉬운 우리 말로 써야 한다는 것을 잊지 말길 바랍니다.

7. 논설문 쓰기

논설문은 어린이들이 쓰기 어려워하는 글 가운데 하나지만 그래도 자꾸 써 버릇해야 잘 쓸 수 있겠지요. 처음부터 잘 쓰려고 하지 말고 자기 능력대로 최선을 다해 쓰면 될 것입니다.

다음에 보이는 과정을 참고로 논설문을 써 보도록 합시다.

1) 쓸거리 정하기

생활해 가면서 부딪히는 문제 중 자기 생각이 또렷해 꼭 하고 싶은 말이 있는 일, 남들 앞에 꼭 내세워 말하고 싶은 일 가운데 하나를 글감으로 고릅니다.

생활해 가면서 부딪히는 문제는 많지요. 따져 볼 일, 불편한 점이 있는 일, 잘못되어 고쳐야 할 일, 있어서는 안 될 일, 자기에게 괴로운 일, 나에게 꼭 필요한 일⋯⋯. 그 가운데 먼저 자신과 가장 가까운 일이나 어떤 문제 가운데서 글감을 잡는 게 좋습니다. '아버지가 술을 많이 드시고 담배를 많이 피우는 문제, 식구들이 같이 쓰는 화장실 문제, 부모에게 무엇을 요구하는 문제' 같은 것 말입니다. 생각이 자라면 차츰 세계의 문제로까지 넓혀 가야겠지요.

2) 자료 모으기

논설문 글감과 관련된 여러 가지 자료를 모읍니다.

논설문을 잘 쓰려면 다른 갈래 글보다 자료를 더욱 충분히 모아야 자기주장에 다른 사람이 적극 따를 수 있는 좋은 글을 쓸 수 있습니다.

3) 얼거리 짜기

주장과 주장의 근거가 흐트러지지 않도록 쓸 차례에 맞게 얼거리를 짭니다.

주장하는 글의 기본 짜임인 시작하는 말(서론), 주장 말(본론), 맺는 말(결론)에 맞추어 얼거리를 짜 보면 이렇습니다.

우리 마을 쉼터 화장실 좀 깨끗이 씁시다
① 시작하는 말(서론)
· 똥오줌 누는 것이 중요한 만큼 화장실도 중요하다는 이야기.
② 주장 말(본론)
· 화장실이 너무 더럽다.: 바르게 뒤를 안 본다, 조금 더러워지면 더욱 아무렇게 씀.
· 화장실 부수는 문제: 아이들이 문을 타고 놂, 형들이 돌을 던짐.
· 벽에 낙서해 놓고 광고지 붙이는 문제: 아이들이 낙서함, 어른들이 광고지 붙임.
· 휴지를 함부로 쓰는 문제: 휴지 한 번에 많이 씀, 가겟집에서 갖다 놓아도 안 됨.
※ 해결 방법: 깨끗이 쓸 것, 청소 자주 할 것.
③ 맺는말(결론)
· 문화 수준 이야기, 깨끗이 쓰자는 것 강조.

시작하는 말 한 문단, 주장말 네 문단, 맺는말 한 문단으로 여섯 부분으로 나누어 얼거리를 짰는데, 이 여섯 부분이 각각 기본 한 문단이 되는 것입니다. 본론에서는 또렷이 몇 가지로 나누어 주장할 것인가를 잘 생각해야 합니다. 여기 얼거리를 보면 본론에 문제점을 내세웠습니다. 문제점 다음에는 근거가 될 만한 자료도 간단하게 메모해 놓았고요. 또 본론 뒷부분에 해결 방법도 넣어 놓았습니다.

4) 자료 정리하기

앞서 모은 자료를 얼거리 차례에 따라 나누어 정리합니다.

설명문 쓰기에서도 모은 자료를 잘 정리해야 한다고 말했습니다. 그건 논설문을 쓸 때도 마찬가집니다. 얼거리 짜기의 예에서 보는 것처럼 얼거리 짠 뒤 부분마다 각각 어떤 자료를 넣어야 할지 메모해 두면 좋겠지요. 이때 자료를 더 보태어도 좋습니다.

5) 쓰기

얼거리 짠 차례에 따라 제목부터 차근차근 논설문을 써 나갑니다.

그리고 글을 읽을 사람이 누군지 다시 한 번 확인을 합니다. 글을 읽을 사람이 또렷하지 않으면 주장도 흐려지기 쉽기 때문이지요. 그 다음 차근차근 말하듯이 써 나갑니다.

6) 글 다듬기

다 쓴 글을 차근차근 읽어 보면서 모자라는 부분은 보태어 쓰고, 필요 없는 말은 빼어 버리고, 틀린 곳은 고치고, 껄끄러운 곳은 다듬어서 누구나 이해할 수 있도록 내용을 충실하고, 정확하고, 또렷하고, 이치에 맞도록 다듬습니다.

처음엔 자신의 글을 스스로 읽어 가며 모자라는 곳을 찾아 보충하고 다듬습니다. 그리고 할 수 있다면 동무들과 서로 바꾸어 읽고 잘못된 곳을 지적해 주도록 하거나 반대 의견과 다른 의견을 말해 주도록 하면 좋겠습니다. 지적 받은 곳을 다시 보태어 쓰고 고치기와 다듬기를 하면 한층 더 좋은 글이 되겠지요. 그리고 교사가 개별 지도를 해 줄 수 있다면 더욱 좋고요.

글 다듬기에서는 무엇보다 주장의 근거가 충실하고 또렷하게 나타냈나를 살펴보고 보충하도록 하는 것이 매우 중요합니다. 또 보태어 쓰고, 고치고, 다듬기 지도할 때 어린이들의 생각을 너무 간섭해서 교사의 생각으로 만들어지는 글이 되지 않도록 해야 합니다. 그냥 어떤 부분이 어떤 면으로 보태어 썼으면 좋겠다든지, 어린이 스스로 틀린 곳을 찾아내도록 지적해 주는 정도로 하는 것이 좋겠습니다.

7) 발표와 토론

다 쓴 논설문을 여러 사람 앞에서 발표하고 자기주장에 대한 다른 사람의 견해도 들어 보고 토론도 하면서 자기주장을 더욱 바로 세우고 서로의 생각을 나누어 가집니다.

먼저 자기 학급 동무들 앞에서 발표해 자기주장이 어느 정도 설득력이 있는지 가늠해 보며 더욱 바로 세우고 다른 사람의 좋은 의견도 나누어 가지도록 하면 좋은 공부가 될 것입니다.

좀 더 생각해 보아야 할 문제는 자연스럽게 토론으로 이어지도록 하면 좋겠습니다. 토론을 하면 학급 어린이 모두의 생각을 키워 나갈 수 있으니까 더욱 좋지요.

여기에 내보인 방법을 바탕으로 더 좋은 방법을 찾고 발전시켜 지도하기 바랍니다.

8. 논설문 쓰기를 도와주는 몇 가지 방법

어린이들의 생활 속에서 자연스럽게 논설문을 쓰는 데 도움을 줄 수 있는 몇 가지 활동을 내보입니다. 간접 도움이 되는 것도 있고 직접 도움이 되는 것도 있지요. 틈틈이 지도해 보기 바랍니다.

1) 산이나 들에서 소리 지르기

하고 싶은 말을 큰 소리로 말하는 게 논설문 쓰기에 무슨 도움이 될까 싶지요? 하지만 어린이들이 제 목소리를 낼 수 있는 용기와 자신감을 기르는 데 큰 도움을 줍니다. 어린이들에게 아무도 없는 들이나 산에서 마음껏 소리를 지르라고 하면 자신감이 없는 어린이는 큰 소리를 못 냅니다. 그래도 여러 번 해 보면 큰 소리를 낼 수 있지요.

2) 짧게 자기주장 발표하기

여러 사람 앞에서 1~2분 안에 간단하게 '~하자.' 하는 주장글을 써서 발표하는 것입니다.

3) 집중 토론하기

한 주에 한 번 정도 학급 어린이들을 빙 둘러앉혀 한 가지 주제를 놓고 토론을 하도록 하는 것입니다. 토론을 하다 보면 밑도 끝도 없이 될 수도 있고, 다른 방향으로 흘러갈 수도 있지만 그래도 좋습니다. 좋은 결과가 나오지 않는다 해도 내 생각을 다른 사람 앞에 근거를 대어 가며 말하는 것 자체가 논설문 쓰기 공부가 되니까요.

4) 좋은 점과 나쁜 점 찾아보기

자기 둘레에서 벌어지는 어떤 일에 대해서 좋은 점과 나쁜 점이 무엇인지 알아보고 무엇 때문에 좋고 나쁜지 다른 사람 앞에서 말해 보는 것입니다.

5) 다른 사람의 주장에 반대 의견이나 다른 의견 찾아보기

다른 사람의 주장에 대해 반대 의견이나 다른 의견이 있으면 근거를 대어 말해 보도록 하는 것입니다. 그리고 옳다면 왜 옳은지도 말해 보도록 합니다.

6) 옳다고 생각하는 것 실천하기

어떤 행위가 옳다고 생각되면 남이 뭐라 하든 실천하는 것입니다. 자기 생각에 대해 확신과 자신감을 길러 주기 위한 것이지요.

9. 맺는말

논설문 쓰기에서 참으로 중요한 것은 자기주장을 말로만 그치지 않고 스스로 실천하는 것입니다. 또 자기의 글을 읽는 다른 사람들도 글쓴이의 주장에 따라 행동할 수 있도록 한다면 그 글의 가치는 더욱 빛나겠지요. 주장을 받아들이더라도 행동으로 이어지지 않는다면 그 까닭은 어디에 있는지 살펴보고 다시 고쳐 쓰도록 해야겠지요.

12장

일기

하루의 기록

1. 일기란 어떤 글일까요?

우리가 살아가는 하루하루는 대체로 비슷합니다. 세끼 밥 먹고, 일하고, 쉬고, 자고. 그렇지만 자세히 보면 그렇지 않습니다. 날마다 집과 학교와 학원을 다람쥐 쳇바퀴 돌 듯하는데 무슨 색다른 삶이 있겠냐고 하는 어린이들의 삶도 모두 하루하루가 다릅니다. 또 내가 살아가는 하루하루는 늘 그렇고 그렇다고 치더라도 내 주위 사람들이 살아가는 모습은 볼 때마다 다르고 자연환경 또한 때때로 변합니다. 더나아가 세상살이는 어떻습니까? 잠깐 동안도 수많은 일들이 일어나지요? 그런 일들을 보고 듣고 겪으며 또 새롭게 느끼는데 어떻게 늘 그날이 그날이라고 할 수 있겠습니까. 그래서 우리들 하루의 삶은 늘 새로운 삶일 수밖에 없고, 이런 하루하루가 모여 그 사람의 한평생을 이루는 것이지요.

일기는 바로 이러한 삶의 기록입니다. 말하자면 '일기'는 어떤 한 사람이 그날 보고 듣고 겪은 일, 그리고 그것에 대해 느끼고 생각한 것들을 솔직하고 자유롭게 날마다 쓴 글입니다. 하루를 되돌아보며 그날의 여러 가지 일들 가운데 자기가 살고 있는 세상에 대해 가치 있는 생활과 그 생활에 대한 느낌과 생각을 적는 글이라고도 말할 수 있지요.

일기는 자기만 본다고 생각하고 쓰는 글이지만, 세상에는 수많은 사람들이 함께 읽게 된 훌륭한 일기도 있습니다. 먼저 우리 나라에는 연암 박지원(1727~1805)이 조선 22대 정조 4년(1780)에 청나라 북경(그때는 '연경'이라고 했음)에 갔다 오면서 쓴 《열하일기》가 있습니다. 일기 문학의 백미로 꼽히기도 하지요. 연암은 영조 임금의 사위인 삼종형 박명원이 이끄는 청나라 건륭 황제의 칠순 잔치(만수절) 축하

사절단의 한 사람으로 가게 되지요.《열하일기》는 연암이 1780년 음력 6월 24일 압록강을 건너면서부터 8월에 북경에 들어가 10월에 귀국하기까지의 여정을 아주 자세하게 기록한 여행기이기도 합니다. 중국 글자인 한자로 써서 우리는 풀이해 놓은 것을 읽지만, 얼마나 자세하게 기록했는지 읽으면 눈앞에 그 모습이 고스란히 보이는 듯합니다. 그런 점은 우리 모두 이 일기를 본받았으면 싶습니다.

또 《의유당일기》가 있습니다. 조선 23대 왕 순조 29년(1829년)에 의유당이 그의 남편이 함흥판관으로 부임할 때 같이 가서 그 부근의 명승고적을 찾아다니며 우리 글로 쓴 훌륭한 일기이지요.

그리고 20세기에 와서는 국문학자 가람 이병기(1891~1968)가 쓴 《가람일기》가 있습니다. 이 일기는 평생 동안 국문학 연구에 열정을 쏟은 가람 이병기 선생의 담백한 삶을 그대로 보여 주는 책입니다. 그뿐 아닙니다. 이순신 장군이 임진왜란 때 쓴《난중일기》도 있고요, 가까운 날인 1960년대와 1970년대를 기록한 이오덕 선생님의《이오덕 교육일기》도 있습니다.

외국의 유명한 일기 문학으로는 먼저, 미국의 시인이자 수필가, 철학가인 헨리 데이비드 소로(1817~1862)가 쓴 《소로의 일기》가 있지요. 소로는 자연을 사랑하고 자연 속에 살면서 자연과 하나 되는 삶을 살았던 사람입니다. 그리고 스위스의 문학가이자 철학자인 앙리 프레데릭 아미엘(1821~1881)이 쓴 《아미엘의 일기》, 러시아의 문호 톨스토이(1828~1910)가 쓴 《톨스토이의 일기》, 프랑스 작가인 쥘 르나르(1862~1910)가 쓴 《르나르의 일기》, 독일의 의사이자 작가인 한스 카로사(1878~1956)가 쓴 《루마니아 일기》 같은 것들을 비롯해 수많은 작품이 문학 작품으로 지금까지 온 인류에게 귀하게 읽히고 있습니다.

어린이들이 쓴 훌륭한 일기도 많이 나와 있습니다. 제2차 세계 대전 때 나치의 강제수용소에서 죽은 네덜란드 소녀 안네 프랑크(1929~1945)가 쓴 《안네의 일기》가 있지요. 내가 가지고 있는 일기 문집 가운데 1953년 1월 22일부터 1954년 9월 3일까지 쓴 재일교포 소녀 야스모토 스에코의 일기 《니안짱》도 있네요.

우리 나라 어린이들이 쓴 일기 가운데는 1960년대에 나온 이윤복의 《저 하늘에도 슬픔이》와 1987년에 나온 신현복의 《현복이의 일기》, 신현복이 중학생 때 쓴 《자물쇠여 안녕》 《슬픔에서 축복으로》와 같은 책이 있습니다. 그리고 1994년에 나온 이새롬의 일기 《새롬이와 함께 일기 쓰기》와 2001년에 나온 송민주의 《나도 일등한 적이 있다》를 비롯해서 여러 권이 있습니다.

그러면 일기 몇 편 볼까요? 먼저 대구 동호초등학교 4학년 김찬일의 일기 두 편입니다.

2009년 9월 22일 화요일

(날씨) 아침에는 먹구름이 끼였고 온도는 약간 낮은 것 같았다. 오후에도 아침과 별 다를 바 없었지만 온도는 더 높아진 것 같았다.

(겪은 일) 일찍 일어남, 점심시간에 도서관에 감, 길 모르는 사람을 도와줌, 컴퓨터 수업을 함, 영어 선생님께서 오심, 책을 읽음, 인터넷 만화를 봄.

길 모르는 아저씨

오늘 오후 다섯 시쯤 컴퓨터 공부를 모두 마치고 집에 오고 있었다. 우리 집이 있는 '아름다운 나날 2차' 207동이 보이기 시작했다. 아파트 앞길을 지나고 있는데 어떤 아저씨가 "영조 3차가 어딘데?" 하고 물었다. 나는 갑작스럽게 아저씨가 물어보아서 당황했다. '저 아저씨 부산 사람인가?' 하고 주제에 맞지도 않는 생각이 막 떠올랐다. 길을 가르쳐 주는 방법을 교과서에서 배웠지만 당황하니깐 생각이 나지 않았다. 심지어는 영어 학습지 시간에 배운 길 안내하는 영어도 막 입 밖으로 튀어나오려고 했다. 그래서 나는 말실수하지 않게 잘 말해야겠다고 생각하고 말했다. "여기 공원 쪽 가로질러 가서 길 건너면 바로 영조 3단지 앞이에요." 하고 말이다. 그 아저씨는 "고맙다." 하고 저쪽으로 걸어갔다.

그런데 교과서에서는 '길 모르는 사람을 만났을 때에는 친절하게 길을 가르쳐 줍니다.' 하고 분명히 공부를 했다. 그리고 그림에도 그렇게 나타나 있었다. 그런데 이상하게 실제로 그런 일이 벌어지게 되면 우리들은 모두 당황한다. 오늘 나도 역시 그랬다. 길을 다 가르쳐 주고 나서도 '길이 틀리면 어떡하지?' 하는 별별 생각을 다했다.

나는 그냥 책을 달달 외우는 것보다는 실전에 부딪쳐 보는 것이 낫다고 생각한다. 왜냐하면 책만 본 사람은 현실을 모르기 때문에 옛말로 하면 '백면서생'이나 같기 때문이다.

2009년 10월 14일 수요일

(날씨) 아침에는 조금 추웠다. 그래서 잠바를 입고 가는 아이들과 어른들이 많이 보였다. 그러나 점심때가 되자 잠바를 입고 가는 사람은 아무도 없고 오히려 반팔을 입고 있는 아이들이 많이 보였다. 그러나 저녁에는 꽤 추워졌다.

(겪은 일) 일찍 일어남, 친구와 같이 학교에 감, 학원에 감, 학원 숙제를 함, 어머니가 전화로 내가 뭐하는지 꼬치꼬치 물어봄, 학습지 선생님께서 오심.

이상한 엄마

저녁에 학원 숙제를 하고 있었다. 그런데 '따르르르르릉!' 전화벨이 울렸다. 그래서 전화기를 들고 통화 단추를 눌렀다. 받아보니 엄마다. 그런데 뜬금없이 "니 지금 뭐하고 있노?" 했다. 나는 학원 숙제 하고 있다고 말했다. 그랬더니 다시 물었다. "지금까지 뭐했노?" 나는 영어 공부를 했다고 했다. 그러자 엄마는 알았다고 하고는 전화를 끊었다. '그건 왜 물어보지?' 이상한 생각이 들었다.

저녁 8시 30분쯤 나는 학습지 선생님과 공부를 하고 있었다. 그런데 다시 '따르르르르릉!' 전화벨 소리가 울렸다. 나는 얼른 가서 전화를 받았다. 또 엄마다. 그리고 이번에도 "니 지금 뭐하고 있노?" 하고 물었다. 나는 "학습지 쌤 오셔서 공부하고 있는데?" 했다. 엄마는 미안하다며 전화를 끊으려고 했다. 나는 그때 엄마에게 "그런데 그건 왜?" 하고 물었다. 그러니 엄마가 "니 딴짓 했는지 알아보려고." 그러고는 전화를 뚝 끊었다. '으아아! 아무리 우리 엄마라도 정말 너무하네!' 나는 이상한 생각이 다 들었다. 할 수 없이 나도 전화기를 놓고 학습지 선생님과 공부를 했다.

나는 아무리 어른이고 엄마 아빠라 할지라도 사람을 이렇게 못 믿는 건 정말 잘못되었다고 생각한다.

9월 22일, 〈길 모르는 아저씨〉는 길을 묻는 아저씨에게 길을 안내하면서 당황했던 이야기입니다. 책에서 아무리 배워도 실제로 그런 일을 당하면 마음처럼 잘 안 되는 일이 많습니다. 그러니까 책을 달달 외우는 공부보다 이렇게 실제로 부딪쳐 보면서 배우는 것이 진짜 살아 있는 공부지요. 참으로 훌륭한 공부를 했습니다.

10월 14일, 〈이상한 엄마〉는 자신을 못 믿어서 자꾸만 전화로 확인하는 어머니에 대한 일기입니다. 어머니는 아들이 안전하게 잘 지내고 있나, 혹시나 할 일을 내팽개치고 밖에 나가 너무 놀기만 하지나 않나 해서 전화를 했겠지요. 하지만 걱정이 지나쳐 자식을 못 미더워하니까 기분이 좋을 리 없을 것입니다. 어머니가 자식을 너무 못 믿는 건 좀 그렇지요?

이번에는 얼굴을 찡그릴지도 모르겠지만 경산 성암초등학교 4학년 백성우가 쓴 변비 일기도 한번 보세요.

2008년 5월 30일 금요일
(날씨) 아침엔 더웠고, 낮엔 더 더웠고, 저녁엔 쌀쌀했다.

변비

학교에 다녀와 똥이 나올 것 같아서 똥을 누었다. 그런데 아무리 힘을 주어도 입구가 막혔는지 도대체가 나오질 않았다. 내가 어릴 때 변비 걸렸을 때는 최고 기록이 한 시간 삼십 분이었다. 똥이 안 나와서 울기도 하였다. 그때 생각을 하면 몸이 이상해진다.

그런데 요즘 갑자기 어릴 때로 돌아가고 있다. 나오지 않았을 때 혈압이 최고치로 올라가는지 얼굴이 붉어진다.

난 힘을 꽉 주었다 다시 풀었다. 다시 힘을 주니 똥이 갑자기 안으로 들어갔다. 난 좌절을 했다. 다시 정말 눈에 눈물이 고일 정도로 힘을 주었다. 머리가 쑥 빠지는 것 같은 시간이 몇 분 흘렀다. 3! 2! 1!

"발사!"

똥이 쑥 빠지면서 '퐁당!' 했다.

아아! 우주 공간을 나는 기분이 이럴까?

2008년 6월 2일 월요일
(날씨) 아침과 낮에는 흐렸고 저녁에는 빗방울이 띠졌다.

똥

오늘은 똥이 생각보다 아주 잘 나왔다. 30초라는 짧은 시간에 배 속에 있는 노폐물을 내보낸 것이다. 난 이게 최고 빠른 기록이다. 오랜만에 시원하게 누니 장이 좋아했다.

나의 장은 이상하다. 어떨 때는 잘 나오고 어떨 때는 사투를 벌이며 고생한다. 내가 한 달 전쯤에 쉬는 시간에 배가 아파 선생님께 허락을 받고 병원엘 갔다. 그때 의사 선생님이 처음에는 맹장염을 의심했지만 아니었다. 의사 선생님이 다시 결단을 내리며 한 한마디!

"장염입니다."

난 그때부터 어릴 때와 같은 변비가 다시 나타났다.

그런데 오늘은 똥이 얌전하게 잘 나왔다.

2008년 6월 4일 수요일

(날씨) 아침과 낮엔 흐렸고 저녁엔 비가 조금 왔다.

똥구멍

어제와 오늘 집에 오니까 똥구멍이 간지러웠다. 난 이상하다 싶어 씻어봤다. 5분까지는 안 간지러웠는데 5분 뒤 또 간지러웠다. 또 씻었는데 또 그 시간과 똑같이 되풀이되는 것이다. 참 귀신이 곡할 노릇이라는 말은 이때 쓰는 말인 것 같다. 이제는 몸이 싸늘해지는 느낌이다. 그래도 닦기가 귀찮아서 참았다. 참다가 참다가 "하하하하하." 웃었다.

어? 그런데 조금 있으니 안 간지럽다!

변비 때문에 고생하고 있는 어린이의 일기입니다. 사람의 몸뿐 아니라 무엇이든지 들이기는 하는데 내버리지를 못하면 이렇게 큰 어려움(아픔)이 따르게 됩니다. 끝까지 똥이 안 나오면 살 수가 없지요. 똥을 잘 눈다는 것은 그만큼 중요한 일입니다. 그러니 이 어린이는 똥 누는 이야기가 일기에 많이 담길 수밖에 없지요.

신문에 보니 초등학교 4학년 때부터 68살까지 50년 넘게 일기를 써 왔다는 할아버지가 일기장을 민속박물관에 기증한다는 기사가 나와 있었습니다. 참으로 대단하지요? 이 할아버지가 쓴 일기 내용 가운데 1950년 8월 25일과 9월 2일의 일기에는 '유격대'라는 사람들이 집으로 와서 반동분자로 찍힌 아버지의 전 재산을 몰수한다며 식량과 옷, 살림살이 모두를 가져갔답니다. 더 나아가서는 텃밭의 채소 수량까지 세어 감시했던 사연들이 쓰여 있습니다.

또 이 일기에는 1950년대 물가도 적혀 있습니다. 1956년 물가는 참기름 1깍지 100환, 돼지고기 반근 100환, 목욕 50환, 이발비 60환, 영화관람료 30환, 필름 400환, 버스 요금 10환, 신문 대금 300환, 혈액검사 40환, 성냥 10환, 학생 배지 60환으로 나와 있습니다.

이 일기는 한국전쟁 때 한 집안의 어려움이 고스란히 나타나 있고, 같은 민족끼리 다투었던 슬픈 역사도 읽어 볼 수 있지요. 또 그때의 물가도 알 수 있고, 돈은 '원'이 아니고 '환'으로 썼다는 것도 알 수 있습니다. 필름이 400환인데 돼지고기 반근은 100환으로 공산품이 농산품보다 훨씬 비싸지요? 버스 요금이 10환이니까 요즘 1100원에 견주면 돈 가치도 훨씬 더 있었다는 것을 알 수 있습니다.

그러고 보면 일기는 그 사람의 역사라고 할 수 있습니다. 이런 작은 역사가 모여 큰 역사를 이루는 것이지요.

2. 일기는 왜 쓸까요?

일기를 쓰면 좋다는 건 어느 정도 알고 있을 것이라 봅니다. 하루 생활을 반성할 수 있다든지 글쓰기 공부가 된다든지 하는 몇 가지는 말입니다. 하지만 일기를 쓰면 좋은 점은 생각보다 훨씬 많습니다. 그러면 차근차근 살펴보도록 하지요.

첫째, 일기를 써 나가는 동안 내가 이 세상에 뜻있는 한 사람으로 당당하게 존재하고 있다는 건강한 마음을 가지게 해 줍니다. 일기를 써 나가는 동안 자기를 살피게 되고, 그러는 동안 나는 어떤 사람인가, 내가 이 세상에 살아가고 있는 뜻은 무엇인가를 생각하면서 자신의 존재 가치를 높여 가게 됩니다. 일기 쓰는 그 자체만 해도 내가 이 세상에 살아가고 있음을 보여 주는 것이기도 하지요.

어린이들 가운데는 자기를 매우 낮추어 보는 사람이 많습니다. 하지만 그렇지가 않지요. 누구나 자기만의 힘이 있답니다. 다만 그것을 잘 모르고 살아가고 있는 것뿐이지요. 일기를 써 나가면 그것을 발견할 수 있고 또 키워 나갈 수도 있습니다. 그것이 자기의 개성이 되기도 하지요. 또 그렇게 해서 자기의 길을 바로 찾아가게 되기도 합니다.

둘째, 자기 마음을 스스로 잘 다스릴 수 있게 해 줍니다. 우리는 자신의 마음을 주체하지 못할 때가 많습니다. 너무 기뻐도 그렇고 너무 슬퍼도 그렇습니다. 너무 속상하거나 화가 나도 그렇습니다. 그럴 때 바로 말을 하거나 행동을 하면 틀림없이 이성을 잃은 말과 행동을 하게 되어 사람과 사람 사이에 금이 가고 맙니다. 한 번 간 금을 돌이킬 수 없을 때도 있지요. 그러니까 일기를 쓰면 그런 마음을 잘 다스리고 조정할 수 있습니다. 터질 듯한 기쁨은 넘치지 않게 하고 덜 찬 기쁨은 가득 차게 해 줍니다. 억울하고 속상할 때나, 슬프고 괴로울 때 일기를 쓰다 보면 어느새 풀어져 평온한 마음을 되찾을 수 있지요.

셋째, 내 삶을 반성하며 올바르게 생활할 수 있게 해 줍니다. 우리는 늘 생활하면서도 내가 바르게 살아가고 있는지 잘 모를 때가 많습니다. 여러 사람이 다 옳다고 해도 아닌 경우가 있고, 여러 사람이 다 아니라고 해도 옳은 경우가 있습니다. 대부분 사람들은 옳거나 그르거나 많이 가는 쪽으로 생각 없이 따라가곤 합니다. 그러면 안 되지요. 날마다 일기를 쓰면 자기 생활을 되돌아보게 되는데, 그러면서 올바른 일은 그 일을 길잡이나 발판으로 해서 더욱 넓혀 가게 되고, 옳지 않은 일은 그 잘못을 깨달아 올바르게 살아가도록 바로잡을 수가 있지요. 그러는 가운데 좋은 품성을 길러 가게 되는 것입니다. 그냥 마음속 생각으로 반성하는 것과 일기를 쓰면서 깨닫고 반성하는 것과는 큰 차이가 있습니다. 그래서 일기를 쓰는 것이 매우 중요하지요.

넷째, 생활을 계획성 있게 꿋꿋이 잘해 나갈 수 있게 해 줍니다. 우리가 날마다 생활해 나가는 것은 자기 계획에 따른 것입니다. 아무 생각 없이 그냥 생활해 나가는 것 같아도 마음속으로는 오늘은 이런 저런 일을 이렇게 저렇게 해 나가야겠다고 다짐했을 것입니다. 하루 계획뿐 아니라 한 주 계획, 한 달 계획, 한 해 계획도 세우겠지요. 어디 그것뿐이겠습니까. 내 일생의 계획도 세울 것입니다. 그 계획이 흐트러지지 않고 꾸준히 이어진다면 틀림없이 무언가를 이룰 수 있을 것입니다. 그러나 얼마 못 가서 흐트러지고 마는 경우가 많지요. 또 얼마 못 가서 후회할 일도 일어나게 됩니다.

그런데 일기를 쓰면 계획을 좀 더 또렷이 세울 수 있을 뿐만 아니라 계획이 잘 흐트러지지도 않습니다. 날마다 일기를 쓰면서 점검을 하니까 착실하게 실천할 수 있게 해 주기도 합니다. 일기를 쓰면서 늘 확인하고 점검하고 비판하고 개선하면서 더욱 좋은 방향으로 일관성 있게 꾸준히 실천해 나가게 된다는 말이지요.

다섯째, 사물이나 사실을 깊이 살펴보는 힘과, 세상일을 잘 살펴서 옳고 그름을 판단하는 힘을 길러 줍니다. 또 깨달음을 얻게도 해 줍니다. 사물이나 사실을 바르게 보고 받아들이고 느껴야만 '인' 것과 '아닌' 것을 또렷이 구분하고 바르게 판단할 수 있지요. 더구나 어린 이들은 끝없이 자라는 중입니다. 이때 사물을 또렷이 받아들이지 않으면 어른이 되어서도 자기의식이나 가치관에 혼란을 가져올 수도 있고 자칫 잘못하면 엉뚱한 길로 갈 수도 있습니다. 처음부터 단추를 잘 맞추어 끼우는 일과 같다고나 할까요? 그러니 사물을 잘 살펴보고 옳게 받아들인다는 것은 매우 중요한 일입니다.

일기를 잘 쓰려면 사물이나 세상일을 잘 살펴보아야 할 것이고, 그러는 동안 그런 힘이 저절로 길러지게 되는 것이지요. 그리고 별 뜻 없이 봐 왔던 조그만 사물이나 사실, 아무렇게나 지나쳤던 사물이나 사실에서도 큰 깨달음을 얻을 수 있게 해 줍니다. 또 사물을 바르고 또렷이 받아들이는 것은 모든 학문을 연구하는 데 튼튼한 기초가 되기도 하지요.

여섯째, 경험의 세계를 넓혀 주고, 새로운 것을 발견하게 해 주고, 감정을 풍부하게 해 주고, 생각하는 힘을 길러 줍니다. 일기는 날마다 겪은 일을 적는 것입니다. 우리는 이렇게 무엇을 겪으며 더 잘 알게 되고 느끼게 되지요. 일기를 쓰려면 먼저 자기가 하루 동안 겪었던 일을 떠올리게 됩니다. 그리고 그것에 얽힌 다른 일도 생각하게 되지요. 이런 경험으로 여러 가지 느낌과 생각을 갖게 되는 것입니다. 또 그런 경험 속에서 기쁨, 노여움, 슬픔, 두려움, 쾌감, 불쾌감 따위의 마음을 올바르게, 풍부하게 키우게 됩니다.

일곱째, 여러 가지 글 쓰는 능력을 길러 줍니다. 날마다 일기를 쓰는 것은 날마다 살아 있는 글 한 편을 쓰는 것과 같습니다. 그때 그 사실, 자기의 생각과 느낌, 자기주장 같은 것을 일기로 나타내다 보면 저절로 여러 가지 갈래의 글을 쓰게 되지요. 그러니까 온갖 갈래의 글 쓰는 능력이 길러집니다.

그런데 한 가지 마음에 새겨 두어야 할 것이 있습니다. 글 쓰는 능력을 기르기 위해 일기를 써서는 안 된다는 점입니다. 그것은 본말이 뒤집어진 것이나 다름없습니다. 글을 잘 쓰기 위해 일기를 쓴다면 부담스러워 일기 쓰기가 싫어지기 쉽습니다. 어른들 가운데는 오직 글

쓰는 능력을 키우기 위한 일기 쓰기 지도를 하기도 하는데 그러지 않길 바랍니다.

또 아이들에게 '효행 일기'니 무슨 일기니 해서 조건을 붙여 일기를 쓰게 하는 경우도 많습니다. 이것도 아주 안 좋은 방법입니다. 그 조건에 맞추어 거짓으로 쓰게 되기 쉽기 때문이지요. 열심히 일기를 쓰다 보면 글 쓰는 능력은 저절로 길러진답니다. 좋은 품성도 자연스럽게 길러지고요.

여덟째, 뒷날 자신이 살아온 자취를 알 수 있게 해 줍니다. 일기는 훌륭한 기록 자료가 됩니다. 앞에서도 소개했지만 《안네의 일기》는 2차 세계 대전 때 독일의 점령국이 된 네덜란드의 소녀 안네 프랑크가 독일군을 피해 다락방에 숨어서 쓴 일기지요. 이 일기 속에는 그때 독일군에게 시달리던 유대인의 아픔과, 불안 속에 살았던 한 소녀와 둘레 사람들의 심리가 그대로 잘 나타나 있습니다. 그래서 훌륭한 문학 작품으로도 인정받고 있지 않습니까. 사람을 차별해서 학살하는 모습이나 잘못된 역사를 보여 주어서 우리에게 큰 깨달음을 주고 있지요. 이 일기가 없었다면 어떻게 그 모습을 바로 알 수가 있었겠습니까. 그래서 매우 중요한 기록 자료가 되는 것입니다.

이것뿐 아니지요. 충무공 이순신 장군의 《난중일기》, 연암 박지원이 쓴 《열하일기》를 비롯한 수많은 일기가 그 시대의 한 모습을 잘 알 수 있게 해 주는 아주 귀한 기록 자료가 되는 것입니다. 어린이들의 작은 일을 쓴 일기는 기록으로서 가치가 없는 것일까요? 그렇지 않습니다. 그것 또한 귀한 기록으로 가치를 지니게 됩니다. 같은 시대에 같은 날을 살지만 누구도 같은 삶을 살아가는 사람은 없기 때문입니다.

어린이의 일기는 쓰는 사람만 얻는 것이 있는 게 아닙니다. 지도하는 사람인 교사나 부모가 얻는 것도 많습니다. 그건 뭘까요?

첫째, 어린이들의 삶을 잘 알 수 있습니다. 어른들은 어린 시절을 겪었으면서도 어린이들을 잘 이해하지 못하고 있습니다. 어린이들을 잘 이해한다 해도 빠르게 바뀌고 있는 어린이들을 잘 알기란 그리 쉽지 않은 일이지요. 일기에는 어린이들만이 가지고 있는 말, 노래, 행동, 생활 방식, 환경, 느낌, 생각, 자기표현 방식, 관심을 가지고 있는 것들이 나타나 있어 어린이들 삶을 이해하는 데 큰 도움이 됩니다.

둘째, 올바른 생활지도를 할 수 있습니다. 어린이들은 살아가는 동안 여러 가지 경험을 하게 됩니다. 그러면서 문제 있는 생각을 하기도 하고, 좋지 않은 일을 저지르기도 하며 삐뚤게 나가기도 합니다. 겉보기에는 멀쩡하던 어린이들도 갑작스럽게 어떤 일을 저질러 아주 당황스럽게 만들기도 하는데, 겉으로 보기에는 이런 일이 갑작스럽게 일어났겠지만 마음의 움직임은 벌써 일어났을 터입니다. 그것이 일기장에 나타나게 되지요. 따라서 그 일기를 보는 교사는 아이가 올바르게 갈 수 있도록 생활지도를 할 수 있습니다. 문제를 예방할 수도 있고, 문제가 일어났을 때 해결의 실마리를 찾을 수도 있고, 상처를 입었을 때는 치료할 수 있는 방법을 찾을 수도 있다는 말입니다.

셋째, 올바른 교사나 부모로 거듭날 수 있게 해 줍니다. 어른인 교사나 부모도 자기의 생각이나 행동이 잘못된 것인지 스스로 잘 깨닫지 못할 때가 많습니다. 더구나 어른과 어린이와 관계되는 일은 더욱더 그렇지요. 이때 깨끗한 거울이라 할 수 있는 어린이들이 일기를 통해 자기 모습을 비추어 보면 잘못된 점을 찾을 수도 있고 고칠 수도 있습니다. 하지만 여기에는 어린이들이 어떤 내용이든지 마음 가는 대로 솔직하게 일기를 쓰더라도 이것을 받아들일 수 있는 그릇을 가진 어른이 되어야 한다는 조건이 따릅니다.

넷째, 글쓰기 지도를 할 수 있습니다. 일기 쓰기는 글쓰기를 목표로 두고 하는 것은 아니지만 어린이들의 삶을 자유롭고 풍부하게 북돋워 주면서 일기 쓰기를 싫어하지 않도록 계획성 있게 지도한다면, 이것만 해도 여러 가지 훌륭한 글쓰기 지도가 되는 것입니다. 다시 말하지만 글쓰기 지도를 위한 일기 쓰기 지도는 하지 않아야 한다는 점을 마음에 새겨 둡시다. 일기 쓰기 지도를 하다 보면 글쓰기 능력은 저절로 길러집니다.

다섯째, 어린이와 믿음 관계를 더욱 단단하게 할 수 있는 수단이 됩니다. 위에서 말한 얻을 수 있는 모든 것들은 어린이들이 교사를 믿고 솔직하게 털어놓았을 때 가능한 것입니다. 또 어린이들이 일기장에 어떤 일이든 솔직하게 털어놓을 수 있는 것은 교사와 어린이 사이에 믿음 관계가 이루어졌을 때 가능한 것이고요. 믿음 관계는 다른 여러 가지 방법으로도 이루어지겠지만, 일기는 그런 관계를 더욱 단단하게 해 주기도 합니다.

여섯째, 교사와 어린이가 서로의 생각을 주고받을 수 있습니다. 교사는 일기장에 어린이가 한 말에 대한 답도 해 주고 교사가 해 주고 싶은 말도 하게 되는데, 그러다 보면 서로 생각을 주고받으며 어떤 일이라도 풀어 나갈 수 있게 되는 것입니다. 그런데 이것 또한 믿음 관계가 확실하지 않으면 안 하는 것만 못할 수도 있으니 매우 조심하지 않으면 안 됩니다.

일기를 쓰면 이 밖에도 좋은 점이 더 많겠지요. 고학년 어린이라면 일기 쓰기에 대해 좋은 이야기를 해 주어 '일기를 써야겠구나!' '일기를 더욱 열심히 써야겠구나!' 하는 마음이 일어나게 하는 것도 좋을 듯합니다.

3. 어린이들이 일기 쓰기를 싫어하는 까닭

일기는 옳게 열심히만 쓴다면 앞서 말한 것처럼 여러 가지 좋은 것을 얻을 수 있습니다. 그런데 일기 쓰기를 싫어하는 어린이들이 참 많습니다. 일기를 쓰라고 자꾸 일깨워 주지 않으면 스스로 쓸 어린이가 얼마나 될까요? 또 어린이들은 왜 그렇게 일기를 쓰기 싫어할까요? 가장 큰 까닭을 한마디로 말한다면 '귀찮고 힘들어서' '절실하게 필요하다고 못 느껴서' 또는 '또렷하게 어떻게 쓸지를 몰라서'일 것입니다. 내가 생각하기에 가장 큰 까닭은 '귀찮고 힘들어서'라고 봅니다. 사람에게는 신경 쓰지 않고 편하게 지내고 싶은 욕망이 마음 바탕에 자리 잡고 있는데 정신 활동이 많은 글쓰기를 하는 것은 아무래도 짐스러운 일이 될 수밖에 없습니다. 거기다 요즘같이 편리함을 좇고 편안하고 즐겁게 사는 것을 더 많이 찾는 세상에서는 더욱 그렇습니다.

잘 알고 있듯이 생각하지 않고는 글을 쓸 수 없습니다. 생각하지 않고는 어떤 발전도 있을 수 없습니다. 더구나 어린이들은 부모로부터 너무 많이 보호받고 자라서 어떤 일을 스스로 해내는 힘을 키우지 못하고 있습니다. 나약하고 자신감 없는 사람이 되고 있습니다. 그래서야 어떻게 홀로 설 수 있겠습니까? 조그만 일을 결정할 때도 부모에게 물어보지 않으면 못합니다. '엄친아'란 말이 유행한다지요? 요즘은 본디 뜻과는 다르게 '마마보이'나 '마마걸'과 같은 말로 많이 쓰인다고 합니다. 부모의 조종 없이는 아무 것도 스스로 결정하지 못하는 사람을 두고 하는 말입니다. 자기 생각대로, 자기 의지대로 무엇 하나 할 줄 모르는 사람이지요. 어린이들이 그렇게 되어서는 안 되겠습니다. 또 편리하고 편안하게 살다 보니 견디는 힘도 매우 약합니다. 조금만 힘겨워도 그만 못하겠다고 합니다. 힘겨움을 참아 내지 못하면 발전도 없고 그 무엇도 이루어 낼 수 없습니다.

둘째, 텔레비전이나 비디오, 컴퓨터 같은 사이버 세계에 갇혀 살기 때문입니다. 이런 것들은 어린이들 눈으로 보기에 마냥 유익하기만 할 것으로 보입니다. 하지만 자칫 잘못해서 아주 갇히면 헤어 나오기 매우 어렵습니다. 중독성이 매우 강하기 때문이지요. 중독은 자신이 거기에 빠지고 싶어서 빠지는 것이 아니라 자기도 모르게 빠지는 것입니다. 알맞게 하려고 해도 저절로 많이 하게 되는 것이지요.

더 문제는 이 속에 아주 무서운 것이 들어 있다는 것입니다. '즐기자!' 하는 병이지요. 이 병에 안 걸리고 알맞게만 한다면 피로한 자기 마음을 풀어 줄 수도 있겠지만, 어디 그게 마음대로 되나요? 심하면 해야 할 일도 잊어버립니다. 더 나아가서는 조금이라도 힘겨운 걸 참지 못하게 되지요. 어디 그뿐입니까? 허황된 꿈속에 빠지게도 합니다. 이 꿈은 마치 곧 이루어질 것 같으면서 안개처럼 손에 잡히지 않는 것들입니다. 그 밖에도 나쁜 것들이 시시때때로 어린이들을 노리고 있습니다. 그러니 일기 같은 것은 쓰기 싫어할 수밖에요.

셋째, 입시 위주 공부, 주입식 단순 지식 공부를 더 중요하게 생각하고 거기에 매달리기 때문입니다. 이를테면 '불국사나 석굴암을 창건한 사람은 김대성이다.' 같은 단순 지식을 억지로 달달 외울 필요가 있을까요? 꼭 알고 싶으면 책에서 찾아보면 되지 않겠습니까? 그런데 우리는 이런 단순 지식을 외우는 데 너무 매달려 있습니다. 단순 지식을 많이 아는 것만이 그 사람의 능력이라고 말하면서요. 또 이런 지식을 시험 친다고 하면 온통 매달리지 않습니까. 일기 같은 건 마음에도 없을 테고요.

넷째, 필요성을 크게 못 느끼기 때문입니다. 어떤 일이든지 자기한테 꼭 필요하다고 느꼈을 때, 그것도 절실히 필요하다고 느꼈을 때 하게 됩니다. 그런데 '일기 쓰기가 뭐 그렇게 필요할까?' 하는 생각을 가지고 있는 사람이 많습니다. 그러면 안 쓰게 되겠지요. 필요성을 깨달았다 해도 그 결과가 눈앞에 당장 드러나지 않으니 의지가 굳지 않으면 그만 먼저 내 앞에 맞닥뜨린 급한 일에만 매달리게 됩니다. 그러다 보면 일기도 안 쓰게 되고 점차 쓰기 싫어지게 되지요. 필요성을 굳게 믿고 어린이들에게 꾸준히 일기를 쓰게 해야 합니다.

다섯째, 글 쓰는 능력이 없기 때문에 싫어하기도 합니다. 무슨 일이든지 그 일에 대한 지식이 모자라거나 그것을 해내는 능력이 모자라면 흥미를 잃게 됩니다. 흥미를 잃으면 하기 싫어지고 안 하게 되는 것이지요. 일기도 마찬가지입니다. 그러나 어린이들은 글쓰기 능력이 모자라도 괜찮습니다. 다른 사람이 무슨 말인지 못 알아들어도 괜찮습니다. 어린이들에게 이렇게 써라, 저렇게 쓰라는 말을 해서 부담을 갖게 하지 마세요. 일기에 대해 이러쿵저러쿵 말하는 건 더 잘 쓰도록 하기 위한 방편일 뿐이지 글 쓰는 능력이 모자란 사람들을 주눅 들게 하려는 것이 아닙니다. 일기는 남에게 보여 주기 위해 쓰는 것도 아니기 때문입니다. 일기를 지도하는 교사는 이러쿵저러쿵 너무 잔소리를 해서 어린이가 부담을 갖게 해서는 안 됩니다. 누가 뭐래도 일기는 자기 마음대로 쓰는 것이니까요.

어린이와 관련해 일기 쓰기 싫어하는 까닭을 이야기했지만 대부분은 가르치는 교사나 부모의 책임이 매우 크다고 볼 수밖에 없습니다. 그러면 교사의 문제를 짚어 보겠습니다.

첫째, 일기 지도에 대한 교사의 신념과 의지가 모자라는 것이 문제입니다. 교사가 일기의 가치를 잘 알지 못하고 일기 지도에 대한 신념이 없어 열심히 지도하지 않으면 어린이들은 일기를 잘 쓰지 않습니다. 교사의 몫이 얼마나 중요한지 알 수 있을 것입니다.

둘째, 일기를 어떻게 지도해야 할지 잘 모르는 것은 더욱 문제입니다. 일기를 어떻게 지도해야 할지 지식이 모자라면 일기 지도를 잘 하지 않게 됩니다.

셋째, 여러 가지 바쁜 일로 해서 지도할 시간이 없다는 것도 문제입니다. 교사들은 참 바쁜 게 사실입니다. 바쁘다 보니 아무리 열심히 지도하고 싶은 마음이 있어도 지도할 수가 없지요. 하지만 바빠도 지도해야 합니다.

넷째, 일기를 잘 쓰라고 너무 강조하면 어린이들은 매우 싫어합니다. 친절하게 지도하지 않고 막무가내로 잘 쓰라고만 강조할 때 어린이들은 더욱 쓰기 싫어합니다. 그리고 일기를 지도하다 보면 더 잘 썼으면 하는 마음에 이렇게 써라, 저렇게 써라 하지요. 생각이나 느낌을 많이 쓰라고 강조하기도 합니다. "사실만 쓰면 그게 어디 일기냐? 일지지. 생각을 많이 써야지." 하고 말입니다. 이렇게 잔소리처럼 자꾸 강조하면 어린이들은 아주 싫어합니다.

또 한 가지는 길게 쓰라고 강조하는 것입니다. 길게 쓰는 일기가 꼭 좋은 일기라고 말할 수 없습니다. 바쁘거나 쓰기가 힘겨운 날에는 아주 짧게 쓰거나 못 쓸 수도 있지요. 억울한 일이나 깊이 따져 보고 싶은 일이 있거나, 할 말이 많은 날에는 길게 쓰라고 말하지 않아도 길게 쓰게 될 것입니다. 잘 쓰라고 너무 강조만 하지 말고 꾸준히 친절하게 지도해야 합니다.

다섯째, 글씨를 정성껏 쓰라고 하거나 맞춤법을 강조하면 일기 쓰기를 싫어합니다. 일기를 쓸 때 글씨도 깨끗이 쓰고 맞춤법도 잘 맞추어 쓰면 좋겠지만 그렇지 못한 경우가 많습니다. 그렇더라도 그 자리에서 바로 바르게 쓰라고 강조하면 일기 쓰기 자체를 싫어하게 됩니다. 잘 안 되는 부분은 교사가 잘 알아 두었다가 다른 자리에서 다른 방법으로 지도를 해야겠지요. 표준말 쓰기처럼 애써 지도하지 않아도 자라면서 저절로 깨우치는 것은 굳이 지도하지 않아도 될 것입니다.

여섯째, 특별한 목적으로 일기를 쓰라고 하면 쓰기 싫어합니다. 무조건 생활을 반성하는 마음이 나타나도록 쓰게 하거나, 효행 일기니 자연보호 일기니 선행 일기니 해서 어떤 목적에 맞추어 쓰도록 할 때 어린이들은 무척 쓰기 어려워하고 싫어합니다. 그런 억지 일기를 쓰도록 해서는 안 됩니다.

일곱째, 일기를 강제로 검사하면 일기 쓰기를 아주 싫어합니다. 누구라도 드러내 놓기 싫어하는 사생활이 있습니다. 일기에는 그런 비밀스런 일까지도 털어놓는 곳인데 누군가 몰래 들여다본다면 일기를 쓰고 싶은 마음이 나겠습니까? 일기는 어린이들과 확실한 믿음 관계가 이루어졌을 때 교사가 보아야 합니다. 그래도 보이기 싫어하는 내용이 있다면 보지 말아야지요. 그렇지 않으면 비밀 일기장을 따로 만들어 쓰거나 아예 일기를 안 쓸 수도 있습니다.

무엇보다도 일기를 쓰고 싶도록 만들어 주어야지요. 쓰고 싶어서, 쓰지 않으면 안 되겠어서 쓰도록 해 주는 것이 가장 잘 지도하는 것입니다.

문제는 아니지만 일기 쓰기를 지도할 때 교사나 부모가 알아 두면 더 좋은 점이 있습니다.

첫째, 어린이늘은 일기 쓰기보다 더 즐거운 일이 있거나 집안에 큰 일이 있을 때 일기 쓰기를 싫어하고 못 쓰게 됩니다. 어린이들이 즐거운 놀이에 파묻혀 있을 때는 일기뿐 아니라 다른 어떤 일도 하기 싫어하지요.

둘째, 잠자기 전에 쓰려면 잠이 와서 제대로 쓸 수 없습니다. 저녁 먹기 전에 쓰라고 해도 어린이들은 놀기 바쁘거나 학원이다 숙제다 해서 어쩔 수 없이 잘 때쯤 일기를 쓰게 되는 경우가 많습니다. 이러면 피곤해서 잠이 오고, 잠이 오니 쓸 수가 없지요. 다른 숙제를 하기 전 편안한 시간에 일기부터 먼저 쓰도록 해야 합니다.

셋째, 쓸거리를 찾지 못하면 일기 쓰기를 어려워합니다. 어린이들은 하루 내내 여러 가지 일을 겪고도 쓸거리가 없다고 합니다. 하기야 날마다 다람쥐 쳇바퀴 돌듯 하는 생활이니까 그럴 만도 할 것입니다. 그렇지만 같은 일이라도 뜻을 가지고 보면 모든 일은 날마다 새롭게 다가올 수 있지요. 그런 삶 지도도 해야 할 것입니다. 또 특별한 일이 있어야 일기를 잘 쓸 수 있다고 생각하는 것도 일기 쓰기를 어렵게 만듭니다. 지도하는 교사도 자꾸만 특별한 일을 쓰라고 강조하게 되는데, 어린이들은 그때 몹시 일기 쓰기를 힘겨워합니다.

때때로 교사가 쓸거리를 만들어 주는 것도 좋은 방법입니다. 쓸거리가 별로 없는 날에는 오늘 아침에 있었던 일 가운데 한 가지를 써 보게 한다든지, 학교에서 있었던 일 한 가지를 써 보게 한다든지, 뉴스를 본 뒤 생각을 써 보게 한다든지, 무엇을 관찰하고 써 보게 한다든지, 무엇을 겪어 보고 쓰게 한다든지 하는 것도 괜찮겠지요.

어린이 교육에서 부모의 몫이 매우 크다는 건 다들 잘 알고 있을 것입니다. 그러나 이런저런 문제로 마음먹은 대로 잘 안 되는 게 그것입니다. 일기 쓰기 지도도 마찬가지입니다. 그렇다 하더라도 일기 쓰기 지도에서 부모의 문제를 짚고 넘어가지 않으면 안 될 것 같습니다. 몇 가지만 짚어 보겠습니다.

첫째, 일기에 대한 바른 인식이 모자라 일기 쓰기를 반갑게 생각하지 않는 경우입니다. 일기는 시험공부에 별 도움이 안 되니까 달갑잖게 생각하기도 하고, 일기를 쓰면 어떤 좋은 점이 있는지 몰라 그렇기도 합니다. 조금 안다 하더라도 바로 눈앞에 그 효과가 나타나지 않으니까 일기 쓰기는 중요하지 않다고 생각하기도 하지요.

둘째, 아이가 조금만 힘겨워해도 안쓰럽게 생각하고 그만두게 하는 것입니다. 처음엔 힘겨워하더라도 자꾸 힘을 북돋워 주며 열심히 쓰게 해야지요.

셋째, 아이들을 입시 위주, 지식 위주 교육에 매달리게 하고, 학원으로 내몰기 때문입니다. 학원에 갔다 오면 아이들은 일기 쓸 시간이 없습니다. 있다 해도 피곤해서 쓰기가 쉽지 않지요.

넷째, 부모가 아이들의 일기장을 허락 없이 함부로 보거나, 그 내용으로 꾸중이나 잔소리를 하는 것입니다. 부모라도 일기 그 자체를 놓고 어떤 말이라도 해서는 안 됩니다. 문제가 있다면 다른 자리에서 좋은 방법으로 지도를 해야 합니다.

4. 여러 가지 일기

일기는 누구나 자유롭게 쓸 수 있는 글입니다. 그래서 나이에 따라, 직업에 따라, 관심을 가진 대상에 따라, 쓰고 싶어 하는 내용에 따라, 그 밖에 온갖 조건에 따라 갖가지 일기가 나올 수 있지요.

어른들 같으면 다음과 같은 갈래가 있습니다.

· 일상의 삶을 쓰는가, 마음의 움직임을 쓰는가에 따라: 생활 일기, 명상 일기
· 직업에 따라: 노동 일기(○○작업 일기), 농사(영농) 일기, 직장 일기,

의정활동 일기, 순찰 일기, 항해 일기, 판매 일기, 교단 일기, 가정방문 일기, 기자 일기, 운전 일기, 양잠(누에치기) 일기, 양봉 일기, 치료 일기…

· 학습과 수련에 관한 것: 학습 일기, 연구 일기, 동아리 일기, 관찰 일기, 독서 일기, 수련 일기, 훈련 일기, 농촌활동 일기…

· 특별한 때에 쓰는 일기: 여행 일기, 농성 일기, 병상 일기…

· 자연에 관한 일기: 구름 일기, 참새 일기, 벌레 일기…

· 취미를 따라: 등산 일기, 낚시 일기, 바둑 일기…

· 주부가 쓰는 것: 부엌 일기, 가계 일기, 육아 일기…

-《우리 문장 쓰기》(이오덕, 한길사)

그러면 어린이들이 쓰는 일기는 어떻게 나누어 볼 수 있을까요?

1) 표현 방법에 따른 일기 분류

먼저 표현 방법으로 보면 이렇게 나눌 수 있을 것 같습니다.

① 그림일기

그림일기는 말 그대로 그날 있었던 일을 그림으로 표현하는 일기입니다. 글로 표현하지 못하는 부분을 그림으로는 표현할 수 있는 좋은 점이 있지요. 글자를 잘 모르거나 글만으로는 자기표현을 제대로 하기 어려운 유치원 어린이나 초등학교 1학년 어린이들은 이렇게 그림으로 표현할 수밖에 없겠습니다. 글로 자기표현을 할 수 있는 어린이라도 그림 그리기를 아주 좋아하는 어린이라면 때때로 그림일기를 쓸 수도 있겠고요.

그림일기를 쓸 때, 날마다 색칠까지 해서 그림 한 편을 그리는 일은 무척 힘겨운 일이 될 수도 있으니까 쉽게 한 가지 색으로 표현하거나 사인펜으로 표현해도 좋습니다.

사마귀

대구 병원에 손에 있는 사마귀를 빼러 갔다. 의사 선생님은 빨리 낫지 않는다고 했다. 나는 레이저로 찢을까 봐 걱정이 났다. 엄마가 나를 많이 걱정하시는 것 같다.

그런데 의사 선생님께서 얼굴에 있는 건 건드리지 말라고 하셨는데 아빠는 모르고 내 얼굴에 있는 사마귀를 짜서 많이 아팠다.

(2009년, 경산 동부초 1학년 장혜진의 그림일기)

상추 잎 따기

외할아버지 상추밭에서 상추 잎을 땄다. 쪼그리고 앉아 있으니 다리
가 저렸다. 상추 잎을 따는 것이 힘들었다.

(2012년, 경산 사동초 1학년 우도경의 그림일기)

② 만화 일기

　내용에 따라서는 글로만 표현하기 어려운 부분도 있을 것입니다. 그럴 때 만화로 표현할 수도 있지요. 만화 그리기를 좋아하는 어린이에게 한번씩 해 보게 하면 새로운 재미를 느낄 수 있을 것입니다.

(2012년, 경산 동부초 4학년 진민진의 만화 일기)

③ 글에 그림을 섞은 일기

글 군데군데에 낱말 대신 그림을 넣어 쓴 일기입니다. 어린이들이 일기 쓰기를 매우 지루해하거나 싫증을 낼 때 한번씩 해 보는 것이 좋습니다.

일기를 쓰다 보면 아무리 자세히 써도 글로는 표현하기 어려운 부분이 있기도 합니다. 그때는 그림을 그리거나 사진을 넣어서 잘 알 수 있도록 하는 것이 좋겠지요.

(날씨) 아침에 비가 조금 오고 오후에는 바람이 조금씩 불었다.
(겪은 일) 내 동생 호태를 돌봄, 삶은 계란을 먹음, 목욕탕에 못 감, 하루 종일 집에 있음, 오랜만에 집에서 공부를 함, 학교와 학원을 안 감

(내 동생 호태를 봄)

◯ 는 볼일 보러 가시고 언니는 ◯ 에 가서 내가 ◯ 에서 내 동생 호태를 돌보게 되었다. 호태는 ◯ 를 보고 싶다고 해서 ◯ 를 틀어주니 ◯ 를 하고 싶다고 했다. 그래서 ◯ 를 켜주니 또 ◯ 놀이를 하고 싶다고 ◯ 을 가져오니 잠이 온다면서 잤다.

맨날 ◯ 먹고 싶다고 해서 사 주면 ◯ 먹기 싫다면서 ◯ 를 사 달라 하고, 또 ◯ 를 사주면 ◯ 가 싫다면서 ◯ 사 달라 하고, ◯ 를 사주면 배 안 고프다면서 안 먹는다고 한다.

나는 호태 같은 아이들은 참 웃기는 것 같다. 무엇을 하자고 하면 안 한다 하고, 이것을 하고 싶다고 해서 시켜주면 안 한다 하고 참 웃긴다. 그리고 행동도 제 멋대로 이다. 무슨 일만 하면 멍청이같이 웃어대고, ◯ 끝 하나라도 대이면 ◯ 한테 "작은 누나가 때렸어." 하며 ◯ 고, ◯ 들은 정말 알 수가 없다. 그래서 ◯ 들이 "아이 하나 키우기 힘들다." 하는 것 같다.

나는 오늘 ◯ 들의 마음을 처음 깨달았다. 나는 우리 ◯ 처럼 ◯ 를 셋 안 낳고 하나만 낳을 거다. 아니면 결혼을 하지 말던지. 그런데 결혼을 안 하면 늙어서 외로울 것 같다.

나는 매일 내 동생을 보면 내 미래가 궁금해진다. (18:21~19:34)

(2012년, 경산 동부초 4학년 채서윤의 일기)

이렇게 그림으로 일기 쓰는 방법을 소개는 했지만 글로 자기표현을 충분히 할 수 있는 어린이는 될 수 있으면 글로 일기를 쓰도록 하는 것이 좋겠습니다. 그림일기는 어린이에 따라서는 매우 힘겨울 수도 있고, 글에 그림을 섞어 쓰는 방법은 자칫 잘못하면 일기를 너무 장난스럽게 생각할 수도 있거든요.

④ 글로만 쓴 일기

서사문, 설명문, 감상문, 논설문 같은 형식으로 쓰는 것입니다. 어린이들은 대부분 이 네 가지 갈래가 섞여 있는 형식의 일기를 많이 쓰지요. 또 특별한 경우에는 시 형식, 편지 형식, 상상문 형식, 그 밖에 다른 갈래 형식으로도 쓸 수 있겠지요.

'시 형식'은 그날 있었던 일 가운데 한 가지를 글감으로 잡아 시로 쓰는 방법입니다. '편지 형식'은 다른 누구에게 말하듯이 편지 형식으로 쓰는 방법입니다. 《안네의 일기》가 그 본보기지요. 일기에 나오는 사람에게 쓰는 편지 형식도 좋고 가상의 어떤 대상에게 편지를 쓰는 형식도 좋은 방법입니다. '상상문 형식'으로 쓰는 방법은 일기에 나오는 인물을 어떤 짐승이나 물건으로 바꾸어 이야기 쓰듯 내용도 꾸며 쓰는 방법을 말합니다.

여기서는 경산 동부초등학교 4학년 김명원이 쓴 시 형식 일기와 같은 반 이현영이 편지 형식으로 쓴 일기를 보기로 들겠습니다.

2012년 9월 19일 수요일

(날씨) 아침, 저녁에는 시원한 편인데 낮에는 맑고 해가 내리쬐어 더운 날씨다.

(겪은 일) 아침에 늦잠 잠, 놀 시간에 놀다가 넘어짐, 친구와 다툼, 종이

줍는 할머니를 거들어 줌, 엄마에게 거짓말하며 놂, 저녁에 엄마에게 혼남.

거짓말한 일

석흠이랑 놀았다.
학원에도 가지 않고
신나게 놀았다.
엄마한테는 친구에게
모르는 거 물어볼 거 있다고 했다.

집에 돌아오니 엄마가
"물어보고 왔니?
이제 모르는 거 없지?" 한다.
휴우!
혼은 나지 않아 다행이다!

그런데,
엄마가 날 보기만 해도
엄마가 나한테 말을 걸기만 해도
심장이 팔딱팔딱.
혼나지 않아도
내 거짓말이 들키진 않아도
내 마음 한 곳은 언제나 찜찜하다.

오늘은 잘 넘어갔지만
시간이 지나도
내 마음은 깨끗하지 않을 것 같다.

2012년 9월 18일 화요일

(날씨) 바람이 좀 불었지만 낮에는 좀 더웠다.

(겪은 일) 친구와 다툼, 계단에 내려가다 남자아이들이 밀어 넘어짐, 집에 갈 때 길 건너다 차가 쌩 지나가 치일 뻔했음, 동생 데리러 갔다 옴, 엄마께 혼남.

엄마께 혼났다

엄마께

엄마, 저 큰딸 현영이에요. 오늘도 저희들을 보살피느라 애쓰시는 거 다 알아요. 그런데 오늘은 특히 제가 억울한 일이 있어 편지를 썼어요. 기분이 안 좋아도 제 말을 좀 잘 들어 주셨으면 좋겠어요.

저녁에 집 안에서 쿵쾅거렸다고 저를 혼내셨지요? 전 그 일로 기분이 엄청 나빴어요. 숙제를 다하고 TV를 보면서 가만히 앉아 있었어요. 그런데 동생들이 뭘 하는지 막 뛰어다녔어요. 그래서 저는 동생들에게 뛰지 말라고 했어요. 시끄럽기도 하고 밑의 집에 울리기 때문이에요. 그런데 동생 근영이는 그 말을 듣지 않고 막 짜증을 내고 그랬어요. 그리고 저의 말을 들은 척도 하지 않고 다시 동생 정원이랑 막 뛰어다녔지요. 엄마도 시끄러웠겠지만 저도 짜증이 났어요. 그런데 말을 안 들어서 그냥 참고만 있을 수밖에 없었어요. TV를 보며 참고 있었죠.

지는 TV를 보고 있다가 잠이 와서 이불에 누워 있었어요. 그런데 동생 근영이와 정원이가 또 마루에서 아까보다 더 심하게 뛰어다니면서 놀고 있었어요. 그래서 저는 또 뛰지 말라고 하였죠. 그런데 근영이는 막 저한테 신경질을 내고 "뭐!" 하면서 정원이과 더 심하게 뛰어다니는 거예요. 제가 화가 나 있는 것을 보고도 말이에요. 그래도 어쩔 수 없이 또 참았지요. 또 그러면 다시 화를 내려고 말이에요.

그다음에 또 방에서 들락날락하면서 막 마루를 뛰어다니는 것이었어요. 그것도 아까보다 더 심하게 쿵쾅거리면서 말이에요. 그래서 저는 누왔다가 다시 벌떡 일어나서 근영이보고 "야, 뛰지 말라고 했잖아!" 하니까 "뭐!" 하면서 말대꾸만 하는 것이에요. 그래서 저는 완전 화가 머리끝까지 났어요.

"야, 이게 진짜!" "뭐!" 이러면서 막 싸웠어요.

그런데 엄마가 갑자기 오시더니 저한테 화를 내셨지요.

"엄마가 뛰지 말랬지!"

"왜! 내가 안 했단 말이야!"

그래서 엄마는 저를 더 혼내셨어요. 그래서 저는 화가 더 났지요. 동생들이 말을 안 들어 화가 잔뜩 나 있는데 말이에요. 정말 짜증났어요. 그런데 동생들은 자기들 대신에 내가 혼나는 것을 보고 막 웃었지요. 그때 내 기분이 어떤지 엄마는 아세요?

전에도 저녁에 그렇게 늦지 않은 시간인데도 공을 튀기지 말라고 하셨잖아요. 그래서 저는 엄마 말씀을 듣고 공을 튀기지 않았어요. 그런데 동생들이 공을 계속 튀겼지요. 그런데 엄마는 저보고 "야! 공 튀기지 말라니까!" 하면서 소리치셨죠. 그때도 정말 억울했어요. 저는 그때 제가 잘하든 못하든 매일 혼만 내는 것같이 생각되는 엄마랑 이야기조차 하기 싫었어요.

잘못을 한 동생은 혼내지도 않고 저만 혼을 내서 정말 억울해요. 동생과 싸웠을 때도 동생이 먼저 잘못했는데도 저만 혼내셨잖아요, 제가 잘못했을 때는 저만 혼내는 것은 괜찮아요. 그런데 저는 잘못하지도 않고 동생이 잘못했는데도 저만 혼내는 것은 이제 참을 수가 없을 것 같아요. 그러니까 엄마, 제발 잘 보고 화를 내셨으면 좋겠어요.

엄마, 내 억울한 말만 해서 죄송해요. 그럼 안녕히 계세요.

2012년 9월 18일

맏딸 현영 올림

이 밖에 요즘은 디지털 사진기나 손전화로 중요한 장면을 사진으로 찍어 간단히 글로 쓰는 '사진 일기'를 쓰는 사람도 많습니다. 그런데 '영어 일기' '한자 일기' 같은 것은 영어 공부나 한자 공부를 하기 위해 쓰는 학습의 한 방편이지 일기 쓰기의 한 방법이라 보기는 어렵다고 생각합니다.

2) 내용에 따른 일기 분류

이제 어린이들이 일기를 쓰는 내용에 따라 갈래를 나누어 보겠습니다. 일기의 갈래라고 하면 대개 이렇게 내용에 따라 나눈 것을 생각하면 되겠습니다.

① 생활 일기

아이들이 보통 쓰는 일기가 바로 생활 일기입니다. 일상생활을 해 나가는 가운데 그날그날 보고 듣고 겪은 일을 적는 것이지요. 생활 일기는 하루 동안 겪은 일을 다 적을 수도 있지만 대체로 그날 겪은 일 가운데 뜻있는 일 한 가지를 자세히 씁니다. 아마 대부분의 어린이들이 그렇게 쓸 것입니다. 이 책에서 일기 쓰기에 대해 자세하게 이야기하는 것도 바로 이 생활 일기에 대한 것이 많습니다.

아무리 그날이 그날 같은 생활을 한다 해도 느낌과 생각이 다르면 또 다른 날이 됩니다. 그래야만 그날을 뜻있게 살았다고 할 수 있지요. 모든 사물을 스쳐 보지 않고 깊이 살펴보고 깊이 느껴 보고 깊이 생각하는 가운데 뜻있는 새로운 것을 붙잡아 쓸 수 있을 것입니다.

대구 동호초등학교 4학년 한지수가 쓴 생활 일기 한 편을 보겠습니다.

2009년 11월 16일 월요일

(날씨) 아침에 바람이 많이 불고 기온도 많이 낮았다. 오전에는 구름이 많이 끼어서 많이 어두웠다. 오후가 되자 햇빛이 나면서 좀 따뜻해졌다. 그래도 아침처럼 바람 부는 것은 별 차이가 없었다. 저녁이 되자 바람도 아침보다 심하게 불고 기온도 더욱 낮아 웅크리며 걸어야 했다.

(겪은 일) 아침에 복도 청소를 함. 공부방에 가는데 선이가 잠바를 안 입고 옴, 집에 왔다가 피아노 학원 감.

선이와 잠바

내 동생 선이와 나는 공부방 학원 차를 타기 위해 오후 2시 20분에 나왔다. 그리고 학교 운동장으로 갔다. 그런데 바람이 불고 날씨도 쌀쌀한데 선이가 잠바를 입지 않고 나온 것이다. 그래서 운동장 말고 급식실 앞에 바람이 덜 들어오는 곳에 좀 있었다. 그래도 선이는 춥다고 징징대었다.

"지수 언니야, 나 추워. 추워!"

"잠바 입고 나오지…… 알았어."

나는 입고 있던 잠바를 벗어서 이불처럼 선이와 덮어 썼다. 그리고 손을 팔 끼워 넣는 데 넣고 있으니 곧 손이 따뜻해지고 몸도 따뜻해졌다. 선이는 날 보고 씨익 웃었다. 그리고 나한테 이렇게 말했다.

"지수 언니, 땡큐! 정말 따뜻하다!"

선이를 많이 덮어 주려고 하니 내가 너무 추웠다. 그래도 선이는 잠바를 입지 않아서 너무 춥지만 나는 입고 있다가 벗어서 아직 온기가 남아 있었다. 선이는 잠바를 덮어도 추운지 덜덜 떨었다. 그래서 선이보고 아예 잠바를 혼자 입으라고 했다. 선이는 고개를 좌우로 흔들었다. 그래도 계속 입으라고 하자 입었다. 속으로는 입고 싶었던 것 같다. 선이는 지금 2학년이긴 하지만 나에게는 너무 귀여워 보였다. 아기 같았다.

선이가 잠바를 입고 운동장에서 뛰어놀다가 나한테 달려왔다.

"지수 언니, 안 추워?"

"언니는 잠바 입고 있다 벗어서 괜찮아."

"추워서 벌벌 떠는 것 같은데?"

선이가 그렇게 말하자 나는 웅크리고 있던 몸을 짝 펴서 막 뛰어다니다 다시 앉았다. 그리고 선이게 이렇게 말했다.

"안 춥잖아! 봐, 맞지?"

선이는 내 옆으로 와서 웃었다. 그리고 잠바를 벗더니 나한테 주었다.

"선아, 잠바 왜 벗어?"

"난 이제 괜찮아. 근데 언니는 춥잖아."

"언니 괜찮다고 했잖아."

"아니, 그냥 언니 입어."

동생이 억지로 잠바를 주어서 그냥 입었다. 동생은 학원 차 온 것을 봤는지 나보고 가자고 했다.

우리는 학원 차 안에서 차가운 몸을 따뜻한 몸으로 만들었다. (오후 7시 10분~8시 5분)

언니는 동생이 춥다고 '잠바'를 벗어 주고 동생은 언니가 추울까 봐 다시 언니에게 돌려줍니다. 이런 일기를 읽으면 마음이 참 따뜻해지지요.

② 독서 일기

책을 읽고 느끼고 생각한 것을 적어 나가는 일기입니다. 어린이들은 책을 읽고 그냥 넘어가기보다는 책에 녹아 있는 내용을 자기 속에 더욱 또렷이 받아들일 수 있도록, 책을 읽은 바로 그날 느낀 감상을 적는 것이 좋습니다.

경산 동부초등학교 4학년 윤혜정의 독서 일기를 보기 글로 들겠습니다.

2013년 6월 26일 수요일
(날씨) 오후엔 햇볕이 강했지만 아침저녁엔 시원한 바람이 붊.

〈한여름의 물놀이〉를 읽고

오늘은 선생님의 책《늑대 할배 산밭 참외 서리》중 〈한여름의 물놀이〉를 읽었다.

요즘 우리는 물놀이를 하려면 돈을 주고 워터파크나 수영장을 가는데 호철이와 동무들은 학교 갔다 오면서 개울이 보이면 물놀이, 신나게 놀다가도 땀이 나면 못에 들어가 물놀이. 너무 부러웠다. 고추를 내놓은 지도 모르고 여자 동무들에게 장난치다 늦게 알아채고 도망가는 모습을 보니 막 킥킥 웃음이 나왔다. 나는 1학년 때 엄마랑 목욕탕 갔다가 여탕에서 준현이를 만났는데 준현이 얼굴이 빨개져서 나를 슬금슬금 피하던 모습이 떠올랐다.

또 호철이가 처음 수영 배우다 빠져서 물을 엄청 먹고 토하는 모습을 보니 내가 처음 수영 배울 때가 생각났다. 나도 물에서 노는 건 엄청 좋아하지만 수영은 할 줄 모른다. 2학년 때 계곡에 갔을 때 모르고 깊은 곳에 들어가 빠지고 말았다. 아빠가 허우적거리는 날 발견하고 겨우 건져 냈다.

그 뒤로 수영이 필요하다 싶어 엄마에게 부탁해 수영을 배우게 되었다. 처음 수영 배우던 날 뜨질 않아 물도 많이 먹었다. 락스 냄새는 어찌나 독한지 수영을 하고 오는 날에는 머리가 뻣뻣해 린스로 머리를 헹궈도 잘 빗어 넘어가질 않았다. 그리고 락스 물을 많이 마셔 머리가 띵하기도 했다. 그런데 호철이는 웅덩이에서 새끼를 허리에 매고 수영을 배웠다. 친구들의 도움을 받아 자기 힘으로 말이다.

호철이가 수영하는 못이나 시내는 요즘과는 다르게 물도 맑은 것 같다. 요즘에는 수질오염이 많이 되어 아무 물에나 들어가 놀지를 못한다. 그래서 우리는 돈을 주고 수영장이나 물놀이 허가된 곳에서만 물놀이를 한다.

나는 타임머신이 있다면 호철이가 놀던 그때로 한번 가 보고 싶다. 학원도 안 가고 공부하라고 잔소리도 많이 안 하는 그런 곳에서 더우면 물놀이하고, 가끔 참외 서리, 수박 서리도 하고 소먹이도 해 보고 싶다. 딱 일주일만 그렇게 실컷 놀아 보고 싶다. (오후 9시 21분~10시 31분)

2013년 6월 27일 목요일

(날씨) 맑은 날씨. 아침저녁에는 쌀쌀한데 낮에는 완전 여름 날씨.

〈연꽃 꺾기〉를 읽고

오늘도 시간이 많이 없어 선생님의 책《늑대 할배 산밭 참외 서리》중 〈연꽃 꺾기〉밖에 못 읽었다. 그래도 책 한 권을 다 읽어서 기분은 괜찮았다.

이 글에서 보면 주인공 호철이는 소심하고 겁이 많은 아이 같다. 물뱀도 겁나고 연못 깊은 곳에 빠져서 헤엄쳐 나오지 못할까 봐 겁도 난다. 그래서 못 가장자리에서만 연꽃을 꺾는 소심한 아이다. 나도 학교에서 발표만 하게 되면 소심해진다. 동무들과 선생님의 눈이 모두 나를 보고 있다는 것에 주눅이 들고 머리가 하얘진다. 하지만 호철이는 나처럼 끝까지 소심하진 않았다. 결국은 혼자 연못에서 연꽃을 한 아름 꺾어 나온다. 나는 호철이의 용기가 부럽다.

엄마가 연꽃의 쓰임을 말해 준 기억이 닌다. 인꽃은 차로도 만들어 마시고 연잎은 연잎밥으로도 해 먹는다고 한다. 그리고 연뿌리로는 반찬을 해 먹는다. 연은 버릴 것이 별로 없는 것 같다. 영화에서 비 올 때 연잎을 쓰고 가는 것을 본 적이 있는데 가면을 만들어서 놀았다는 것은 처음 알았다. 나도 기회가 되면 호철이처럼 가면을 만들어 보고 싶다.

〈연꽃 꺾기〉에는 재미있고 정말 웃기는 장면이 많은데 그중에서도 복이 고추에 거머리가 달라붙은 이야기는 정말 웃겼다. 복이의 고추는 괜찮을까? TV에 보니까 거머리를 이용해 상처를 치료하는 것을 본 적이 있다. 상처 난 부분에 거머리를 붙여 놓으면 상처의 나쁜 피를 빨아 먹는다. 피를 다 빨아 먹은 거머리의 크기는 피를 먹기 전보다 10배는 커져 있었다. 징그러워 죽는 줄 알았다. 그런 거머리가 복이의 고추에 붙었으니! 재미있어서 웃기는 했지만 복이는 얼마나 놀랐을까! 그래도 자꾸 웃음이 나와 참을 수가 없었다.

나는 이런 우리 선생님의 옛 시절이 부럽다. (오후 9시 15분~10시 20분)

따로 독서 일기를 쓰는 것도 좋겠지만 생활 일기를 써 나가면서 책을 많이 읽은 날은 독서 일기를 써 보는 것이 좋을 것 같습니다. 이렇게 쓰면 부담이 없어 좋습니다.

③ 관찰 일기

동물 또는 식물이 자라는 과정이나 여러 가지 과학 관련 내용을 관찰하고 쓰는 일기입니다.

강낭콩 관찰 일기, 콩 싹 관찰 일기, 오이꽃 관찰 일기, 금붕어 관찰 일기, 강아지 관찰 일기, 플라나리아의 개체 번식 실험관찰 일기, 우리 집 앞 금호강 생태관찰 일기 같은 것이지요.

자라면서 달라지는 모습이나 실험하면서 바뀌는 과정을 정확하고 자세하게 기록하면서 새로운 과학 사실(원리나 법칙)을 발견하는 것입니다. 그러면서 탐구 능력을 길러 나가지요.

경산 중앙초등학교 6학년 이미례가 쓴 개미 관찰 일기를 한번 봅시다.

1993년 10월 13일 수요일 맑음

개미가 먹는 것

개미가 먹는 것을 알아보기 위해 집에 있는 음식을 가지고 나가 개미가 많이 있는 곳에 두었다. 먼저 설탕과 소금을 두고 기다리며 살펴보았다. 개미는 소금에 먼저 가더니 그냥 지나가고, 설탕 있는 데 가서 자리를 뜨지 않고 있다가 가지고 갔다. 이것으로 보아 단 것을 좋아한다는 것을 알았다. 그래서 사탕이나 과자에 개미가 많이 붙어 있었구나.

다음은 밥알과 그냥 쌀알을 두었더니 밥알을 갖다 놓고, 쌀알도 가지고 갔다. 쌀알은 왜 가져갈까? 이상하다.

소금(✕), 설탕(◯), 밥알(◯), 쌀알(◯)

1993년 10월 20일 수요일 맑음

개미의 음식 운반 모습

개미의 음식 운반 모습을 자세히 살펴보았다. 밥알을 마당에 두었더니 개미가 왔다. 발 여섯 개 중 두 개를 이용해서 밥을 끌고 갔다. 혼자가 아니고 두 마리가 밥알 뒤에서 허리를 꼿꼿이 세우고 끌듯이 들고 갔다.

1993년 10월 22일 금요일 맑음

개미는 빛을 싫어하나 좋아하나?

개미는 빛을 좋아할까? 어두운 곳을 좋아할까? 궁금해서 한번 실험해 보기로 했다. 그래서 개미가 있는 곳을 손전등으로 일단 비추어 보았다. 서로 도망가려고 야단들이었다. 그리고 그냥 두니 보통 때처럼 행동했다. 이것으로 개미는 밝은 빛을 좋아하지 않는다는 것을 알 수가 있었다.

그런데 한 가지 궁금한 것이 있다. 그것은 낮에는 잘 다니는데 왜 밝은 빛을 싫어하냐는 것이다. 내 생각에는 너무 밝기 때문일 것이라고 보는데 확실히 맞는지는 잘 모르겠다.

1993년 10월 24일 일요일 맑음

개미의 협동 정신

개미가 많이 다니는 곳에 음식을 두고 개미의 협동 정신이 어떤지 알아보기로 했다. 음식(과자)을 두고 기다렸다. 조금 있으니 개미 한 마리가 음식 있는 곳에 오더니 그냥 갔다. 나는 이상하게 생각했다. 그래서 조금 더 기다리고 있으니 그 개미가 다른 개미 두 마리를 더 데리고 와들고 갔다.

다음에는 큰 음식을 두었다. 길이가 2cm 정도인데 이번에는 여러 마리가 와서 들고 갔다. 개미는 협동 정신이 강하다는 것을 알았다.

개미의 모습을 더 자세히 관찰하고 구체로 썼으면 좋겠다 싶기는 하지만 한 번에 한 가지 주제를 잡아 관찰한 점이 좋습니다. 어떤 조건을 주지 않고 그냥 가만히 두고 개미가 활동하는 모습을 자세히 관찰하고 기록하는 방법도 있겠지요.

④ 재배, 사육 일기

재배 일기는 화초나 곡식, 채소, 나무 같은 것을 씨앗 뿌리기에서부터 열매를 수확하기까지 재배 과정을 적는 일기입니다. 땀 흘리며 곡식이나 채소를 가꾸면서 그 과정을 날마다 적어 나가면, 씨앗이 싹을 틔워서 날마다 자라고 마침내 꽃이 피고 열매를 맺는 모습을 보게 되겠지요. 머리만으로는 절대 알 수 없는 신비한 자연의 이치와 소중함을 손발로 배우게 될 것입니다. 일하기의 가치나 흙의 소중함도 배울 것이고 삶에 대한 깨달음도 얻을 수 있지요.

사육 일기는 곤충이나 새, 또는 여러 가지 동물을 기르는 방법이나, 동물을 기르면서 겪은 일들을 적는 일기입니다. 동물을 기르면 그 생태를 잘 알 수 있을 것이고, 생태를 잘 알면 기르는 방법도 더욱 잘 알 수 있겠지요.

재배하고 기르는 과정에서 동식물에 대해 애정도 갖게 되고 정서나 감성 또한 넉넉해질 것입니다.

다음은 경산 성암초등학교 4학년 윤원빈의 닭 사육 일기입니다.

2007년 5월 11일 금요일

(날씨) 오늘 햇빛은 화창하게 비치고 바람은 아주 조금 불었다. 오후에도 그렇다. 저녁에는 조금 추웠다.

닭 모이 주기

닭들 모이를 주었다. 닭들이 7마리나 되어서 모이를 주는 게 돈이 너무 많이 든다. 아침에는 할머니가 닭 사료를 주고 나는 학교 마치고 와서 쌀과 풀을 준다. 그리고 물도 준다. 닭 사료를 줄 때는 닭들이 닭장 밖으로 나올 수도 있기 때문에 위험하다. 닭들이 날아서 닭장 밖으로 나가거나 발 사이로 빠져나간다. 전번에도 복순이가 빠져나와 식겁했다. 그래서 나는 닭 모이를 줄 때 떨린다.

"조심조심."

나는 풀을 뜯어 오고 동생 주원이는 쌀을 한 움큼 쥐어서 닭장 문 사이로 팔을 넣어서 던져 주었다. 나도 그 틈에 풀을 던져 주었다.

"와, 성공이다!"

"휴우, 살았네!"

"간 떨어지는 줄 알았다."

진짜 간이 떨렸다. 하지만 또 물을 갈아 줘야 한다. 나는 망을 보고 주원이는 수돗가에 가서 물을 깨끗하게 갈아서 왔다. 물을 넣어 주려고 할 때 오골계 한 마리가 날개를 크게 휘두르며 날아올랐다.

"으아, 난다!"

"에이씨!"

나는 막대기로 오골계 발을 때렸다. 그러니까 이제 가만히 있었다.

"어디서 쿠데타를!"

나는 닭에게 욕을 했다.

닭들은 이제 모이들을 쪼아서 뜯어 먹기 시작했다.

"병아리 많이 자랐다."

"맞다."

병아리는 꼭 아기 같았다. 하여튼 닭 모이 주는 것은 힘들다. (오후 3시~4시)

2007년 5월 25일 금요일

(날씨) 오늘 날씨도 어제와 같이 화창했다. 땀은 나지 않았지만 조금 더 웠다.

대소동

오늘은 대소동이 일어난 날이다. 닭 세 마리가 밖으로 나갔기 때문이다. 닭 세 마리는 저기 담 뒤편에 있었다. 두 마리는 남의 상추를 뜯어 먹고 있었고 한 마리는 풀이 쌓여 있는 곳에 있었다.

할머니가 "저쪽을 몰아라!" 하고 소리쳤다. "알았다!" 우리는 막대기를 한 개씩 잡고 쫓으며 몰았다. 닭은 "꼬꼬댁!" 카면서 뛰었다.

우리는 풀 있는 곳에 가뒀다. 갇힌 닭들은 못 나가서 아둥바둥이었다. 할머니가 닭들을 잡긴 했는데 닭들이 하도 뛰어서 못 잡을 뻔했다. 그렇게 두 마리는 잡아넣었는데 남은 한 마리가 문제였다. 잘하면 옆집으로 날아갈 수도 있기 때문이다. 나는 마음이 떨리는 것을 진정시키고 막대기로 풀로 몰았다. 닭이 안 날아가고 겨우겨우 풀 속으로 들어갔다. 그래서 할머니가 잡았다. 다행이다. (오후 7시~7시 40분)

2007년 5월 30일 수요일

(날씨) 오늘 아침은 따뜻하지도 않고 춥지도 않았다. 오후에는 많이 뛰어서 땀이 줄줄 났다. 저녁에는 반팔티를 입어도 될 따뜻한 날씨였다.

닭 홰 달아 주기

오늘은 닭에게 홰를 달아 주었다. 할머니는 아침에 "오늘 닭한테 홰 달아 줘야겠다." 하고 말했다. 나는 기대를 했다. 할머니는 홰에서 닭들이 자고 놀고 한다고 꼭 필요하다고 하셨다.

"할매, 닭 홰 달아 주자."

"니 영어 학원 갔다 오면 하자."

"왜?"

"알았다. 그럼 운동화로 갈아 신고 온나."

나는 얼른 운동화 끈을 매고 할머니한테로 갔다. 기다란 막대기를 한 개 들고 "할매, 이거 되겠다. 이걸로 해라." 하고 말했다.

할머니는 못을 나무 막대기에 대고 망치로 탕탕 내리쳤다. 못은 쑥쑥 들어가는데 닭들은 무서워서 지들끼리 한쪽 구석에 모여 숨죽이며 가만히 있었다. 할머니는 나무 막대기를 한 개 더 들어서 못을 망치로 쾅쾅 내리치셨다. 내 귀도 움찔움찔했다. 옆 편에 있는 곳에 이어서 박았다. 또 나머지 한 개도 박았다.

닭들은 "꼬꼬댁 꼬꼬!" 하면서 막 날아다녔다. 나는 그때마다 나갈 것 같아서 가슴이 조마조마했다. 닭들이 "저걸로 내 죽이려나 봐. 나 살려!" 하는 것 같았다.

할머니는 아주 작은 막대기를 두 편의 막대기로 이어서 못을 빅아 주었다. 그 이유는 두 막대기가 떨어질까 봐 고정시켜 주는 것이다. 그렇게 우리는 닭 홰 달아 주기에 성공을 했다. 닭들이 어서 우리가 만들어 준 홰에서 놀고 자고 했으면 좋겠다. (오후 6시~7시)

2007년 6월 22일 금요일

(날씨) 오늘 아침부터 덥기는 했지만 바람이 살살 불었다. 오후부터는 완전 여름이었다. 더워 죽을 것 같았다. 저녁에는 시원했다. 벌써 여름이 왔다.

장닭 다리 고쳐 주기

오골계 장닭의 다리가 전번에 활처럼 휘어지더니 부러져서 오늘 고쳐 주었다. 생각과 달리 상처가 심했다. 제대로 걷지도 못했다. 휘청휘청 걸었다. 그때는 저녁이라서 동물 병원에 가지도 못하고 우리가 직접 고쳐 주기로 했다.

할머니는 장닭이 할머니 앞에 오면 잡을 계획으로 모이를 뿌려 놓았다. 그러나 장닭은 저쪽에 물러서서 가만히 있었다. 한 10분쯤 있어도 장닭은 나오지 않고 가만히 있었다.

"와아, 고놈 참 안 나오네."

할머니는 견디기 힘든지 들어가서 직접 잡으셨다.

"꼬꼬댁 꼬꼬 까악 까악!"

울음소리가 귀 아프게 들렸다.

"아, 진짜 시끄럽네."

나는 귀가 저절로 막아졌다.

할머니가 닭장 밖에서 나오셨다. 한 손에는 장닭이 들려 있었다. 장닭은 난리를 치며 바둥거렸다.

"살이 쪽 빠졌네."

나는 마음이 아팠다.

할머니는 장닭이 날아가지 못하게 끈으로 날개를 묶었다. 장닭은 잘 걷지도 못하고 흔들흔들했다. 할머니는 다시 장닭을 안았다. 닭을 진정시켜야 하기 때문이다. 닭은 처음에는 '꼬꼬댁!' 하면서 난리 치더니만 점점 진정되면서 잠들었다. 나는 신기했다. 어떻게 닭이 사람 품에서 잠들 수 있는지 이해가 되지 않았다.

"와아, 신기하다!"

나는 탄성이 나왔다.

할머니는 그 틈을 타서 약을 바르고 붕대로 다리에 감았다. 붕대로 다 묶고 우리는 닭을 깨웠다. 닭은 땅에 떨어뜨리니 놀라서 깼다. 우리는 다시 닭장에 넣어 주었다. 장닭이 빨리 낫기를 바란다.

'닭아, 빨리 나아.' (오후 6시~7시)

할머니와 닭 모이 주기, 닭장 밖으로 나온 닭 잡아 넣기, 홰 달아 주기, 다친 다리 고쳐 주기 같은 닭 기르기 한 일을 꼼꼼히 썼습니다. 이런 경험들은 새로운 경험이 될 것이고 아주 좋은 살아 있는 공부가 될 것입니다.

⑤ 기행(여행) 일기

여행하면서 보고 듣고 겪은 일이나, 느끼고 생각한 것을 적은 일기를 말합니다. 내가 사는 곳과 다른 풍광이나 유적지를 둘러본다든지, 박물관과 기념관, 역사 사실이 얽혀 있는 현장을 둘러본다든지, 다른 지방 사람들의 사는 모습을 살펴보면서 견문을 넓히는 것이 여행입니다. 여행을 하면서 보기만 하고 말 것이 아니라 그때그때 보고 듣고 생각한 것을 적는다면 더욱 알차게 많은 것을 깨닫고 배울 수 있을 것입니다.

서울 이수초등학교 3학년 이새롬이 쓴 여행 일기를 보겠습니다.

1992년 1월 1일 수요일 맑음

92년 첫날의 여행

1992년 1월 1일 아침 7시 아버지, 어머니, 동생과 나는 설악산을 향해 고속도로를 쭉쭉 시원하게 달렸다.

창밖에서 나무들이 점점 밀려나고, 영동 고속도로 가에는 뾰족뾰족 여러 가지 침엽수 위에 깨끗하고 포근해 보이는 눈꽃이 피었다. 침엽수에 솜 같은 눈꽃이 가시잎 사이에 피니, 크리스마스트리 전구만 달면 크리스마스가 찾아온 것 같을 것이다.

조금 뒤 대관령 휴게소 안에 있는 태백산맥 꼭대기에 올라갔다. 눈이 많이 쌓여서 발을 짚으면 눈 속으로 푹 들어갔다. 꼭대기에서는 동해 바다가 보였다. 희미하게 보이는 파란 물결과 갈매기들이 있었다.

꼭대기에서 내려와 조금 가다가, 꼭대기에서 본 동해 바다에 내렸다. 조개껍데기도 줍고, 파도와 놀았다. 겨울 바다는 더 깨끗하고 아름다웠다.

설악산 입구에서 차가 심하게 막혔다. 기다리다 못해 어머니와 나, 보름이는 걸어서 가기로 하였다. 걸어서 도착하였는데 식당이 문을 닫아서 한참 식당을 찾았다.

밥을 먹고 있으니 아버지께서 오셨다. 밥을 먹고, 고생 끝에 호텔 주인 할머니 방을 구했다. 따뜻한 게 꼭 은혜네 방 같았다.

짐을 풀고 상가를 구경하였다. 사람들이 큰 개미 떼들처럼 우왕좌왕하고 많았다. 온 세상이 눈으로 덮여서 맨땅이 보이질 않았다. 그리고 건물 위에는 고드름이 길고 뾰족하게 달렸다. 머리에 맞으면 구멍이 뚫릴 것 같아서, 군인 아저씨 총 생각이 났다.

내일은 아침 일찍 케이블카를 타고 권금성에 간다고 한다. 기대가 된다.

1992년 1월 2일 목요일 맑음

정상에 오르다

아침 7시쯤에 호텔에서 나와서 차를 타고 케이블카 타는 곳에 갔다. 사람들은 벌써 표도 팔지 않는데 줄을 서고 기다리고 있었다. 표를 사고 시간이 남아서 사진을 여러 장 찍었다.

케이블카를 탔다. 꽉 차서 발을 움직일 수가 없었다. 케이블카에서 바라보는 경치는 너무나 멋있었다.

케이블카에서 내리고 아이젠을 찼다. 한발 한발 올라갔다. 어느 정도 올라가자 올라가기 어렵게 돼 있었다. 그래도 꾹 참고 무서움을 달래며 정상에 올랐다.

정상에 오른 기쁨은 무엇과도 바꿀 수 없다. 아래를 보면 떨어질 것만 같았다. 오늘 일은 하나의 큰 추억이 될 것이다.

-《새롬이와 함께 일기 쓰기》(이새롬, 보리)

새해 첫날 설악산 여행을 하면서 보고 듣고 경험하고 느낀 점을 쓴 여행 일기입니다. 첫날의 일기는 고속도로를 달리면서 본 풍경이나 대관령 꼭대기에서 본 모습, 설악산 상가 모습을 그림처럼 잘 묘사해 놓았습니다. 둘째 날의 일기 가운데 케이블카에서 바라보는 경치를 좀 더 그려 놓았다면 더욱 좋겠다 싶기도 합니다.

⑥ 학습 일기

학교나 학원에서 공부하는 데 바치는 시간이 하루 3분의 1이 훨씬 넘는 어린이들도 많을 것입니다. 어린이들의 삶에 큰 부분을 차지하고 있지요. 그러니 배우고 익히는 과정이나 학습 내용, 그리고 그때 느끼고 생각한 것을 적어 보는 것은 매우 뜻있는 일입니다. 이런 일기를 '학습 일기'라고 이름 붙여 보았습니다. 학습 일기를 쓰면 배운 것을 한 번 더 확인하고 익히기도 할 테고 새로운 것을 발견할 수도 있을 것입니다.

대구 동호초등학교 4학년 송서윤이 사회 공부를 하고 쓴 일기를 한 편 보겠습니다.

2009년 11월 26일 목요일

(날씨) 아침에는 꽤 추웠다. 낮이 되니 춥지도 않고 덥지도 않았다.

(겪은 일) 아침에 일찍 일어남, 글쓰기를 함, 맛있는 점심, 사회 공부시간.

사회 시간

오늘 다섯째 시간에 사회 공부를 했다. 내용은 뭐냐 하면 가정의 경제생활이다. 선생님이 컴퓨터 동영상을 준비해 놓고 이렇게 말씀하셨다.

"우리는 지금 가정의 경제생활에 대해 공부하고 있지요? 그런데 우리가 가지고 싶은 것, 원하는 것을 다 가질 수가 있어요?"

"아니요!"

"왜 그럴까요?"

그러니까 아이들이 여러 가지 말을 했다. 그걸 선생님이 간단하게 정리를 해 주셨다.

"예를 들어 우리가 무엇을 사려고 할 때 가정의 소득은 일정하게 정해져 있잖아요? 그런데 이것저것 사고 싶다고 다 사면 어떻게 되겠어요? 빚을 져서 잘살 수가 없겠지요."

나는 선생님의 말에 동의했다. 나도 그런 적이 여러 번 있다. 엄마와 옷가게에 갔을 때 잠바가 필요해서 샀는데 신발을 보니 신발도 가지고 싶었다. 그러니까 사람의 욕심은 한도 끝도 없는 것 같다.

"그리고 우리의 자원도 한정되어 있어요. 석유는 40년 정도밖에 더 쓸 수 없다고 합니다."

나는 이 사실을 오늘 처음 알았다. 석유가 갑자기 끊길 수도 있다니 큰일 났다. 왜냐하면 언제나 난 따뜻한 물을 펑펑 썼기 때문이다.

그래서 무엇을 사거나 무엇을 할 때는 현명한 선택이 필요하다고 한다. 물건을 살 때는 이렇게 차례를 정해서 한다. 첫째, 사고 싶은 물건을 알아본다. 둘째, 내가 가진 돈으로 물건을 살 수 있는지 알아본다. 셋째, 물건 사려는 까닭을 알아본다. 넷째, 선택 기준표를 만들어 점수를 매긴다.

선택 기준 \ 물건	컴퓨터 게임용 시디롬	축구공	조립 로봇
꼭 필요한가?	△	○	×
도움을 주는가?	○	△	×
오래 쓸 수 있는가?	△	○	×
물건 사는 순서	2	1	3

이렇게 해서 ○표가 많은 축구공을 사는 것이다. 정말 표를 만들어 보니까 먼저 무엇을 사야할지 딱 정해진다. 정말 놀랐다.

또 동영상에 보니 현수라는 아이가 외할머니 댁인 성주에 가는데 어떤 교통수단을 이용할 것인가, 정하는 것도 그냥 아무거나 정하는 것보다는 선택 기준을 정하고 이렇게 표를 만들어 점수를 내 보는 것이 좋다고 했다.

	승용차	열차	고속버스	선택
걸리는 시간	1	3	2	승용차
비용	3	2	1	고속버스
안정성	2	1	3	열차
편리성	1	2	3	승용차

그러니까 여기서는 승용차를 선택하는 것이 가장 좋다는 것을 알 수 있다. 무조건 승용차를 타는 것하고 이렇게 따져 보고 정하는 것은 다르다는 것을 알 수 있다. 또 주말에 뭘 할 것인가를 정하는 것도 유익성, 즐거움, 비용, 장래성 같은 것을 따져서 정하면 좋다고 한다. 그런데 선택 기준 정하는 것이 우리한테는 조금 어렵기는 하다.

오늘 사회 공부 시간에 정밀 중요한 것을 배웠다. 오늘 사회는 의외로 지겹지가 않고 재미있었다. 내일도 이렇게 재미있게 공부를 했으면 좋겠다. (오후 4시 23분~5시 40분)

이렇게 공부한 과정과 결과를 또박또박 적어도 재미있지요? 다른 사람에게 보이기 위해 쓴 건 아니지만 다른 사람이 이 일기를 읽어 보아도 잘 알 수 있게 썼습니다.

⑦ 특별활동 일기

특별활동 부서 활동이나 당번 활동, 체험 활동, 단체 활동, 취미 활동, 또 자기가 무엇을 특별히 정해서 하는 활동, 그 밖에도 여러 가지 특별한 활동을 하면서 겪은 일을 쓰거나, 특별한 때에 쓰는 일기를 말합니다. 특별활동을 하면서 그냥 넘기기보다는 글로 남기면 더욱 뜻있고 알찬 활동, 알찬 경험이 될 것입니다.

그럼, 경산 동부초등학교 4학년 선재훈이 청소 당번 활동을 하면서 쓴 일기를 한 편 보겠습니다.

2012년 9월 18일 화요일

(날씨) 맑고 적당히 시원해서 기분 좋은 날씨다.

(겪은 일) 다리를 다침, 청소를 함, 방과 후 로봇과학에 감, 배드민턴 연습을 함, 태권도 학원에 지각함.

청소

5, 6모둠은 오늘 청소 당번이다. 나는 6모둠이다.

공부를 마치고 친구들은 거의 다 갔다. 나는 걸레질을 한 번도 못 해봐서 오늘은 걸레질을 해 보고 싶었다. 그런데 이미 은규랑 상현이가 걸레를 꺼내고 있었다. 나는 할 수 없이 빗자루로 쓸었다.

그런데 처음에는 모두 열심히 하더니 갑자기 장혜진, 나, 박상현만 빼고 다른 아이들은 청소는 제대로 안 하고 놀고 있었다. 은규는 시험지를 매기고 우현이와 동훈이는 국어 숙제를 하고 있었다. 그런데 아무 일 없는 이환진과 박현진은 다른 여자애들과 이야기를 하면서 대충대충 하고 있었다.

게다가 상현이도 복도에 나가 자기 친구들이랑 이야기를 하고 있었다. 나는 청소 똑바로 하라고 말했다. 처음에는 말을 좀 듣는 것 같아 보였는데 조금 있으니 다시 친구들이랑 얘기만 했다. 그러다 보니 나도 청소를 제대로 하지 못했다.

안 그래도 화나 있는데 장혜진이는 6반은 피자를 돌렸다면서 부러워했다. 그러자 박현진이 나에게 6반처럼 간식 좀 돌려 보라고 했다. 안 그래도 나는 화가 나 있었는데 박현진이 한 말 때문에 더욱 화가 났다.

그렇게 청소를 하고 있는데 엄마가 방과 후 로봇과학에 들고 가야 할 부품을 놔두고 갔다며 가져다주러 오셨다. 부품을 모르고 못 들고 와서 걱정했는데 갖다주셔서 다행이었다. 나는 엄마와 인사를 하고 부품이 담긴 가방을 책상 옆에 걸어 놓았다.

나는 또 이환진에게 청소를 좀 똑바로 하자고 했다. 그러니까 이환진은 청소를 다했다고 했다. 바닥에는 지우개 가루가 엄청 떨어져 있는데 말이다. 나는 손가락으로 바닥을 가리키며 "야, 니 이걸 보고도 지금 청소 다했다는 말이 나오나?" 하고 말했다. 이환진은 아무 말도 하지 않고 몸을 옆으로 돌려서 손희진과 얘기만 했다. 바닥에 쓰레기가 있는데도 청소를 다했다고 하니까 어이가 없었다.

조금 있다가 선생님께서 오셔서 청소 검사를 하셨다. 선생님께서 책상 줄도 안 맞춰져 있다고 바로 하라고 하셨다. 나는 책상 줄 맞추는 것을 잊고 있었는데 선생님께서 말해서 생각이 났다. 우리는 빨리 책상 줄을 맞췄다.

선생님께서 오늘온 칭소를 제대로 안 했는 편이라고 하셨다. 나는 오늘 친구들이 협동을 하지 않아서 속이 무척 상했다. 청소 당번 활동하기가 참 힘들다. (오후 8시 38분~9시 16분)

동무들이 잘 협조하지 않아 청소하는 데 무척 힘겨웠던 경험을 썼습니다. 협동에 대해 생각해 보는 좋은 기회가 되었을 것입니다.

그 밖에도 일기의 갈래는 더 있겠지요. 상상한 것을 쓰기, 지난 이야기 쓰기……. 어떤 활동을 하든 그냥 넘기기보다는 이렇게 꼭 일기로 적어 보도록 했으면 좋겠습니다.

5. 일기의 특징과 다른 갈래 글과 관계

1) 일기의 특징

일기는 다른 글과 다른 일기만의 특징이 있습니다.

첫째, 일기는 날짜를 꼭 씁니다. 날짜가 없으면 일기라고 할 수 없지요. 날짜는 그 시대 환경을 알 수 있는 중요한 기록입니다. 보통 일기 맨 처음에 연월일과 요일을 쓰지요.

둘째, 날씨를 씁니다. 날씨와 그날 겪은 일은 매우 깊은 관련을 가지니까 꼭 쓰는 것이 좋겠지요.

셋째, 일기는 보통 날마다 꾸준히 쓰는 것이 원칙입니다. 그러나 더러 며칠에 한 번씩 쓰기도 합니다.

넷째, 일기는 주로 그날 있었던 일을 씁니다. 그날이 아닌 지난 일이나, 앞으로의 일에 대해서 쓸 수도 있지만 이런 일기도 그날 겪은 일에서 비롯됩니다.

다섯째, 일기는 누구에게 보이기 위해 쓰는 글이 아닙니다. 일기는 오직 자기에게 자신의 모든 것을 털어놓는 곳입니다. 하지만 생활 일기가 아닌 관찰 일기나 재배·사육 일기 같은 것은 다른 사람에게 보여도 괜찮겠지요. 다른 사람도 보게 해서 무엇을 깨닫게 한다든지, 설득하기 위해 쓰는 일기는 여느 일기와 달리 발표하기도 합니다.

여섯째, 일기는 가장 자유롭게, 가장 진솔하게 쓸 수 있는 글입니다. 일기는 발표하기 위해 쓰는 글이 아니기 때문에 자기의 어떤 비밀이나 부끄러운 일까지도 쓸 수 있습니다.

일곱째, 분량도 길든 짧든 상관없습니다.

2) 일기와 다른 갈래 글의 관계

일기에는 어떤 형식으로든 글을 쓸 수 있습니다. 서사문, 감상문, 시, 설명문, 논설문, 편지글 같은 형식으로 쓸 수도 있고, 일지 형식으로도 쓸 수 있습니다. 이 가운데 가장 많이 쓰는 것은 서사문과 감상문 형식입니다.

일기의 소재와 주제도 한계가 없습니다. 자기 일을 주로 쓰겠지만 남의 이야기나 사회 이야기, 다른 나라 이야기는 말할 것도 없고, 자연 이야기, 책 이야기, 물건 이야기, 무엇이든 다 쓸 수 있습니다. 그러니까 일기에는 모든 갈래 글이 다 담길 수 있습니다.

그런데 본디 일기는 누구에게 보이기 위해 쓴 글이 아닌데도 쓴 사람에 따라 어떤 문학 작품 못지않은 훌륭한 글을 남겨, 여러 사람이 함께 보도록 출판을 한 것도 많습니다.

6. 어떤 일기가 좋은 일기일까요?

일기는 발표하는 글이 아니지만 뒷날 자기가 다시 보았을 때 잘 알 수 있도록 써야 합니다. 어떤 일기가 좋은 일기인지 살펴봅시다.

첫째, 진솔하게 쓴 일기입니다. 일기는 진솔하고 정직하게 쓰는 것이 생명입니다. 사실과 체험을 그대로 쓰면서도 자기 내면의 생각과 느낌, 마음의 움직임도 한 점 거짓이나 꾸밈, 부풀림 없이 써야 일기로 가치를 지니게 됩니다. 어린이들이 쓴 일기를 교사나 부모가 보는 일이 많습니다. 교사나 부모의 나쁜 모습, 또는 자신의 부끄러운 일을 일기로 쓴 것을 어른이 보았을 때 꾸중하거나 흉보지 않을까 싶어 거짓으로 좋게 쓰는 경우도 있을 것입니다. 그러면 옳은 일기라고 할 수 없지요. 어떤 일이 있어도 나쁘면 나쁘다 좋으면 좋다, 그르면 그르다 옳으면 옳다고 쓰게 해야 합니다. 어떤 부끄러운 일도 적을 수 있어야 합니다.

둘째, 참된 삶의 모습, 참된 생각이 나타나 있는 일기입니다. 아무리 진솔하게 썼다 하더라도 참된 삶이나 참된 생각이 담겨 있지 않으면 가치가 없는 것이지요. 그러니까 참된 삶이 일기에 담기도록 하자면 참되게 살아가는 것이 먼저겠지요. 또 참되지 못한 일들에 대해서는 올바른 비판도 할 줄 알아야 할 것입니다. 어린이가 참된 삶이 없다 하더라도 진솔하게만 쓴다면 교사에게는 매우 중요한 자료가 되기도 합니다.

셋째, 날마다 되풀이되는 일이나 누구나 흔히 겪는 일상이 아닌 좀 더 뜻있는 일을 쓴 일기입니다. 날마다 '아침에 일어나 세수하고, 밥 먹고, 학교에 가 공부하고, 집에 왔다 학원가고, 집에 와 저녁 먹고 숙제하고, 텔레비전 보거나 컴퓨터 좀 하다 잤다.' 이렇게 되풀이해서 겪는 일을 생각 없이 적는다면 무슨 뜻이 있겠습니까. 그날 보고 겪었던 일 가운데 늘 생각했던 것보다 다른 뜻이 있는 일을 써야 더욱 좋은 일기 글이라 할 수 있겠지요. 사람이 살아가는 모습이나 자연의 모습을 뜻 깊게 살펴보는 마음의 눈이 밝아지면 예사로 보이던 일들이 뜻을 가지게 될 것입니다.

하지만 되풀이되는 비슷한 일이라도 자신에게 매우 중요하게 뜻을 지닌 일이라면 오히려 더욱 꼼꼼히 적을 필요가 있습니다. 어른의 예를 들면 건강 일기, 장사 일기, 농사 일기 같은 자신이 특별히 관심을 두고 쓰는 일기들입니다.

넷째, 궁금한 점 없이 잘 알 수 있도록 정확하고 자세하게 또렷이 쓴 일기입니다. 일기는 보통 한 번 쓴 뒤에 다시 읽지 않는 경우가 많습니다. 그래서 늘 모자라는 부분이 참 많지요. 다른 사람에게 보이기 위해 쓰는 글은 아니지만 누가 본다 해도 궁금한 점이 없도록 또렷하고 자세하게 쓴 일기가 잘 쓴 일기지요. 일기도 쓴 뒤에 한 번 더 읽어보며 보충하고 다듬는 것이 좋습니다.

다섯째, 쓸 필요가 없는 '나는'과 '오늘'이란 말을 쓰지 않는 일기입니다. 일기를 쓸 때 '나는'과 '오늘'을 꼭 쓰는 어린이가 많지요? 필요 없는 경우가 대부분입니다. 자기가 쓴 일기이므로 '나는'이란 말이 필요 없을 테고, 일기란 그날 있었던 일이기 때문에 '오늘'이란 말도 필요 없지요.

그렇지만 강조하기 위해서 쓸 때도 있습니다. 또 '나는'이나 '오늘'을 쓰지 말라고 너무 강조하다 보면 일기 쓰는 자체를 어려워하는 어린이도 있습니다. 그런 어린이에게는 너무 쓰지 말라고 강조하지 말아야 합니다.

7. 일기 쓰기 지도

중·고학년은 지도하지 않아도 잘 쓸 거라 생각하기 쉬운데 뜻밖에도 잘 모르는 어린이들이 많습니다. 알고 있다 해도 때때로 한번씩 지도를 해야 합니다.

1) 일기장으로 쓸 줄공책 준비하기

어떤 양식으로 짜여 있는 공책은 좋지 않습니다. 일기는 길게 쓸 수도 있고 짧게 쓸 수도 있기 때문에 규격이 정해져 있으면 매우 불편합니다. 또 양식이 만들어진 일기장을 쓰면 생각의 틀을 만들어 버리기도 합니다. 보통 어린이들이 쓰는 줄공책이 좋습니다. 다만 띄어쓰기를 잘 안 하는 어린이는 원고지 양식의 일기장을 얼마 동안 써 보는 것도 좋을 것입니다.

2) 날짜와 날씨 쓰기

일기의 특징 이야기할 때도 말했지만, 일기는 그날그날 보고 겪은 일을 쓰기 때문에 연월일과 요일까지 날짜를 쓰는 것은 매우 중요합니다. 날짜는 뒷날 시대 배경을 알려 주는 중요한 자료가 되기도 하지요.

날씨 쓰는 것을 보면 '맑음' '흐림' '갬' '비' '눈' 정도로 쓰는 어린이가 많습니다. 날씨는 그것뿐 아니지요? 바람이 불기도 하고 덥거나 춥기도 합니다. 그리고 아침에서 저녁까지 시시때때로 날씨가 달라집니다. 그러니 하루 동안 날씨가 어떻게 달라지는지, 덥고 추운 정도, 맑고 흐림, 바람의 세기와 방향, 비나 눈 따위를 될 수 있으면 훤히 알 수 있도록 자세하게 쓰는 것이 좋습니다. 덥고 추운 정도도 그냥 '덥다' '시원하다' '춥다'가 아니라 어느 정도로 덥고 추운지 또렷이 알도록 써야 하고, 날씨가 흐릴 때도 얼마만큼 흐린지, 구름의 색깔과 모양 같은 것도 함께 쓰면 더욱 좋겠지요. 그러나 일기 본문 쓰는 데 너무 지장을 주어서는 안 되겠지요. 예를 들면 이렇게요.

> (날씨) 아침에 바람은 불지 않았으나 조금 쌀쌀했다. 내의를 입어도 떨렸다. 아침 햇살이 퍼지면서부터 따뜻해지기 시작해서 낮에 점심 먹을 때쯤에는 아주 따뜻했다. 5교시 체육 시간에는 땀도 났다. 오후 저녁 무렵에는 수양버들이 일렁일렁할 정도로 바람이 불었다. 밤 10시쯤에는 뜻밖에 비가 오기 시작했다.

3) 뜻있는 일 한 가지를 쓰기

그날 겪은 일을 일지 형식으로 모두 쓸 수도 있겠지만 하루 일 가운데서 뜻있는 일 한 가지를 가려 집중해서 쓰는 것을 권합니다. 되풀이해서 겪는 일이나 누구나 겪는 일은 별 뜻이 없기 때문입니다.

따라서 여기서 말하는 것도 하루의 여러 가지 일 가운데 한 가지를 가려 집중해서 쓰는 일기 쓰기에 관한 지도 방법 중심이 되겠습니다.

4) 날마다 쓰기

일기는 한두 번 거르기 시작하면 그만 쓰기가 싫어져서 끝에는 쓰지 않게 되기 쉽습니다. 어린이들에게 하루도 거르지 말고 날마다 꼭 일기를 쓰라고 하면 그만 얼굴을 찡그릴 것입니다. 그래도 잘 이야기해서 꼭 쓰도록 하고, 일기 쓰기를 아주 싫어하면 단 몇 줄이라도 쓰도록 해 봅시다. 그래도 쓸 것이 없다고 하면 '일기 쓸 것이 없다.' '무슨 무슨 일 때문에 못 썼다.'는 말이라도 쓰도록 해 봅시다. 때때로 쓰기 싫은 마음을 이겨 나갈 수 있는 힘을 기르도록 이야기도 잘 해 주어야겠지요.

이렇게 해서 날마다 쓰는 습관이 들고, 나아가서는 쓰지 않고는 견딜 수 없도록 하면 좋겠습니다. 일기 쓰기 싫을 때도 있지만 '안 쓰니까 마음이 편하지 않네!' 하는 말이 나오도록 하면 더욱 좋겠고요.

5) 일기부터 먼저 쓰기

어린이들은 저녁 먹기 전이나 숙제하기 전, 또는 학교에서 돌아오면 일기부터 먼저 써야 합니다. 흔히 잠자기 바로 앞서 쓰다 보면 잠이 와서 못 쓰는 경우가 많기 때문이지요.

6) 꾸미거나 부풀리거나 거짓으로 쓰지 않고 진솔하게 쓰기

'좋은 일기의 조건'에서 이야기했지만 무엇보다 중요한 것은 어떤 일이든 진솔하게 쓰는 것입니다. 어떤 부끄럽고 비밀스런 이야기도 숨김없이 써야만 진정한 일기라고 할 수 있겠지요?

7) 될 수 있는 대로 자세하고 생생하게 쓰기

일기는 보통 아주 짧게 쓰는 날이 더 많습니다. 그렇지만 자세하게 쓰도록 노력도 해야 합니다. 자신이 보고 겪은 일이기 때문에 자세히 쓰지 않아도 그 일이 머릿속에 그려질 것입니다.

하지만 시간이 지나면 지날수록 자신도 어떤 내용인지 모를 경우가 많습니다. 누가 보아도 궁금한 점이 없도록, 머릿속에 그 장면이 떠오르도록, 그림처럼 눈에 보이듯 자세하고 생생하게 써야 합니다. 때로는 꼭 필요한 대화를 잘 살려 말하듯이 쓰면 더욱 살아 있는 일기가 될 것입니다.

날마다 자세히 쓰기가 힘겨우면 한 주에 두세 번 정도라도 아주 자세하게 쓰려고 노력을 해야 일기 쓰는 실력이 더욱 늘 것입니다.

8) 다 쓴 뒤 다시 읽어 보고 다듬기

일기를 다 쓰고는 뒤도 안 돌아보고 덮어 버리는 경우가 대부분이지요? 그러면 내용이 충실할 수 없지요. 보통 글 다듬기를 할 때처럼 모자라는 부분은 보충하고 바르지 못한 곳은 다듬어서 더욱 좋은 일기가 되도록 노력해야 일기 쓰기 실력도 늘어날 것입니다. 일기를 다 쓴 다음에 한 번 더 읽어 보면 그날 일을 한 번 더 마음에 새기고 반성도 하게 되겠지요.

나는 학급을 처음 맡았을 때는 한두 주쯤 '진단하기' 기간을 갖습니다. 아무 지도 없이 자유롭게 쓰도록 하면서 어린이들이 일기 쓰는 경향을 알아보려는 것이지요. 그래야 학급 전체의 경향이나 어린이 하나하나의 능력, 특징, 문제들을 알 수 있지요.

8. 일기 쓰기

요즘 나는 일지 쓰는 형식으로 간단하게 일기를 씁니다. 또 일기장을 늘 가지고 다니며 틈나는 대로 그때그때 적기도 합니다. 그때그때 적을 시간이 없으면 중요한 내용을 메모해 두었다 그걸 참고해서 저녁에 일기를 쓰기도 하고요. 그날 일을 하나하나 일지 형식으로 쓰니까 뒤에 어느 날에 어떤 일이 있었는지 알 수 있어 좋습니다. 하지만 내용이 충실하지 않은 것이 흠입니다. 아무래도 어린이들은 한 가지 일을 집중해서 쓰는 것이 좋겠습니다.

1) 날짜와 날씨 쓰기

날짜를 뚜렷이 쓰고 다음 줄에 날씨를 자세히 씁니다.

날짜가 없으면 일기라 할 수 없다고 했지요? 날짜 쓴 다음에 아침부터 일기 쓰기 전까지 하루의 날씨를 자세히 씁니다.

> 2011년 12월 8일 화요일
> (날씨) 3일 동안 따뜻하더니 오늘은 아침에도 한낮에도 몹시 춥다. 그리고 오전엔 구름 한 점 없더니 오후 들면서 검은 구름이 하늘을 덮었고, 바람도 먼지가 날릴 정도로 분다.

2) 겪은 일 쓰기

조용히 눈을 감고 아침부터 일기 쓰기 전까지 보고 겪은 일을 차례로 떠올려, 날씨 다음 줄에 다섯 가지 이상 적습니다.

이것은 글감을 찾기 위해서기도 중요하지만 하루 일을 조용히 생각해 보는 시간을 갖자는 데 더 큰 뜻을 둔 것입니다. 아침부터 내가 간 길을 따라가며 보고 듣고 겪은 일을 떠올려 보고 뜻있는 일을 적으면 됩니다.

> (겪은 일) 아침에 풀잎 이슬 봄, 까치를 봄, 길에서 넘어짐, 아버지가 밭 가는 것을 봄, 점심시간에 축구하다 건택이와 조금 다툼, 거지 할아버지를 도와줌…….

3) 글감 고르기

겪은 일 가운데 가장 뜻있는 일을 글감으로 하나 고릅니다.

하루 동안에도 보고 겪는 일은 매우 많습니다. 그것을 일기로 다 쓰기는 어려울 테니까 그 가운데 나에게 가장 뜻있고 쓰고 싶은 일을 하나 고르는 것입니다. 윤태규 선생님은 글감을 고를 때 다음과 같이

'일기 감 고르는 잣대'에 견주어 보고 잣대에 맞는 것 하나를 고르면 더욱 좋다고 했습니다.

일기 감 고르는 잣대
첫째, 누구에게 꼭 말해 주고 싶은 일
둘째, 누구에게도 말하고 싶지 않은 꼭꼭 숨기고 싶은 일
셋째, 억울하고, 답답하고, 괴롭고, 속상하고, 슬프고, 따지고 싶은 일
－《일기 쓰기 어떻게 시작할까》(윤태규, 보리)

4) 겪어 보기

조용히 눈을 감고, 고른 글감 속의 일을 다시 하나하나 마음으로 겪으며 그 일을 생생하게 떠올립니다.

어린이들 가운데는 일기 쓸 게 없어서 못 쓰겠다고 하는 어린이가 많다고 했지요? 또 글감을 정하고 쓰려고 해도 쉽게 잘 써지지 않을 때가 있지요. 그건 겪은 일이 없어서가 아니라 겪은 일을 잘 떠올리지 못해서 그렇습니다. 조용히 눈을 감고 그때 그 일로 돌아가 마음으로 겪으면서 그때 그 사실과 생각, 느낌을 자세하고 생생하게 떠올립니다.

5) 쓰기

말하듯이 자세히 일기를 씁니다.

겪어 본 다음 겪은 차례대로 말하듯이 쉽게 써 내려갑니다. 잠깐! 내가 쓸 일기의 알맹이는 무엇인지, 왜 이 일기를 쓰는지 한번쯤 생각해 보고 쓰면 더욱 좋습니다. 생각 없이 쓰면 알맹이가 없는 밋밋한 일기가 되기 쉽겠지요.

그리고 자세하게 쓰는 것이 좋다고 했지요? 자세히 쓴다는 것은 때와 장소, 모습, 모양, 표정, 행동, 주고받은 말, 중얼거리는 말, 주위 분위기(배경), 생각, 느낌 따위를 자세하게 써서 누가 보더라도 궁금한 것이 없도록 쓰는 것입니다. 그렇다고 너무 억지로 쓰라는 말은 아닙니다.

6) 쓴 글 읽어 보기

다 쓴 일기는 다시 읽어 보며 보태고 다듬어서 모자라거나 잘못된 것이 없도록 합니다.

일기라도 한 번에 쓰고 그냥 덮어 두지 말고 다시 읽어 보며 한 번 더 생각하는 시간을 갖습니다. 읽다가 모자라는 부분이 있으면 끼워 쓰거나 번호를 매겨 뒤에 보태 씁니다. 그리고 필요 없는 부분 빼어 버리기, 말이 잘 안 되는 곳 바로잡기, 부호 바로 쓰기, 띄어쓰기, 틀린 글자 바로 쓰기, 우리 말 살려 쓰기 같은 것을 생각하며 다듬어 쓰도록 하면 좋겠지요. 어린이 스스로 말입니다.

7) 일기 쓴 시간 쓰기

일기 끝에 쓴 시간을 적어 둡니다.

일기를 빠른 시간에 아무렇게나 써 버리려는 어린이들도 많습니다. 그러면 일기를 충실하게 쓸 수 없겠지요. 될 수 있으면 충분한 시간을 가지고 넉넉한 마음으로 일기를 쓰도록 하기 위해서 시간을 적어 보도록 하는 것이 좋겠습니다.

오후 4시 30분~5시 35분

9. 일기 쓴 다음의 지도

어린이들이 일기를 쓰는 것만 해도 어린이들의 삶에 큰 보탬이 되겠지만 일기 쓴 다음 지도까지 해 준다면 얻는 것이 더욱 많아질 것입니다.

1) 생활지도

일기 쓰기를 지도하다 보면 학급 전체의 문제나, 개별 문제, 나아가서는 사회문제까지 드러나게 됩니다. 그래서 일기는 생활지도를 하는 데 큰 자료가 되지요.

그렇지만 문제가 드러나더라도 일기를 쓴 그 어린이를 바로 지도해서는 안 됩니다. 얼마 지난 뒤 다른 시간을 내어 학급 전체 어린이를 대상으로 생활지도를 하는 것이 좋습니다. 일기 내용을 본 뒤 바로 이야기하면 어린이가 일기를 솔직하게 안 쓰게 될 수도 있으니 매우 조심해야 합니다.

때로는 학급 어린이 모두의 의식 문제가 드러나게 되면 그와 비슷한 상황을 설정해 아이들끼리 집중 토론하게 해서 무엇이 잘못되었는지, 그 해결책은 무엇인지 스스로 찾아 나가도록 하는 것도 좋겠습니다. 겉으로 드러내기 꽤 힘든 문제라도 잘 이해시키면 뜻밖에 아주 잘 풀어 갑니다.

2) 일기를 글감으로 다시 글 쓰게 하기

일기 가운데 다른 갈래 글로 다시 살려 쓰면 더 좋은 글이 될 것 같은 것이 있으면, 가끔은 그 일기를 바탕으로 새롭게 글을 써 보게 하는 것도 좋습니다.

3) 일기장 봐주기의 문제

앞에서 간단하게 이야기했지만 다시 정리하겠습니다.

① 어린이가 허락한 일기만 보고, 보더라도 일기 내용으로는 어떤 이야기도 하지 말아야 합니다. 비밀을 꼭 지키고, 생활지도는 다른 자리에서 자연스럽게 해야 합니다. 어린이가 보지 말라고 하는 비밀 일기는 접어 놓거나 다른 표시를 하도록 하고, 보지 않아야 합니다.

② 일기로 국어 공부를 하지 말아야 합니다. 틀린 글자 고치기, 말이 안 되는 것 다듬기, 띄어쓰기 같은 그 어떤 국어 공부도 국어 시간에 따로 하는 것이 좋습니다. 일기 쓰기는 국어 공부가 아니기 때문입니다.

③ 일기 끝에 교사의 그 어떤 말도 될 수 있으면 쓰지 말았으면 합니다. 교사가 말을 덧붙이게 되면 어린이들이 일기를 진솔하게 쓰지 않고 교사의 입맛에 맞게 거짓된 내용으로 쓰기 쉽기 때문입니다. 꼭 쓴다면 힘을 북돋워 주는 말, 이를테면 어린이의 마음을 공감해 주는 말 몇 마디면 됩니다. 꼭 하고 싶은 말이 있으면 다른 쪽지에 써서 일기장에 끼워 주는 게 좋겠습니다.

④ 일기글을 밖으로 내보일 때는 반드시 일기를 쓴 어린이에게 허락을 얻어야 하고, 어린이가 허락을 하더라도 교사가 보았을 때 그 어린이나 일기 내용에 관련된 사람들에게 피해가 갈 가능성이 조금이라도 있으면 내보이지 말아야 합니다. 생활지도를 위해 꼭 내보여야 한다면 반드시 이름을 숨겨서 누구인지 아주 모르게 해야겠지요.

⑤ 일기장 봐주기, 도움말 써 주기, 일기 발표, 일기장 묶어 주기에 대한 내용은《일기 쓰기 어떻게 시작할까?》(윤태규, 보리)를 참조

하여 응용하기 바랍니다.

10. 일기 쓰기를 도와주는 몇 가지 방법

다음은 일기를 더 잘 쓰도록 하기 위한 지도 방법 몇 가지입니다.

1) 쓸거리 만들어 주기

일기 쓰기 지도할 때 어려운 점 하나가 아이들이 쓸거리를 못 찾는 것입니다. 아이들이 일기를 쉽게 쓸 수 있도록 글감 찾는 법을 알려 주어야겠지요. 수첩을 가지고 다니며 그때그때 겪은 사건이나 생각을 적어 두었다가 일기 쓸 때 참고하라고 합니다.

그다음은 무엇이든 보고 듣게 하거나 실제로 겪어 보게 하거나 관찰 조사하도록 하는 방법입니다.(※《재미있는 숙제 신나는 아이들》 참조) 또 세상에 일어나는 일 가운데 문제가 되는 일을 어떻게 생각하는지 적어 보게 하든지, 어떤 문제가 생겼을 때 잘못된 점을 따져 해결책이 무엇인지 알아보게 한다든지, 학과 공부에 관계되는 일을 적어 보게 한다든지 합니다. 그 밖에도 찾아보면 더 있을 것입니다.

하지만 이런 방법도 가끔 해야 합니다. 쓸거리를 만들어 주더라도 스스로 쓸거리를 찾을 수 있는 능력을 길러 주는 공부로 해야 합니다. 잘못하면 스스로 찾는 능력을 오히려 죽일 수도 있기 때문이지요.

2) 좋은 일기 읽어 주기

학급 어린이들의 일기 가운데 잘 쓴 일기를 골라 두었다가 하루에 한두 편 틈나는 대로 읽어 주는 것입니다. 이때 칭찬과 아울러 어떤 점이 잘 되었는지 꼼꼼히 이야기해 줍니다. 꼭 잘 쓴 일기가 아니라도 전보다 조금 발전된 모습을 보인 것이 있다면 잊지 말고 읽어 주며 어떤 점이 어떻게 발전되었는지 이야기해 주고 칭찬도 아끼지 말아야 합니다.

《웃음이 터지는 교실》(이오덕 엮음, 창비) 《새롬이와 함께 일기 쓰기》(이새롬 씀, 이성인 엮음, 보리) 《현복이의 일기》(신현복 씀, 한길사) 《저 하늘에도 슬픔이》(이윤복 씀, 산하) 《저 하늘에 이 소식을》(이윤복 씀, 산하) 《내가 처음 쓴 일기》(윤태규 엮음, 보리)처럼 출판된 책에 나와 있는 좋은 일기도 가끔 읽어 줍니다.

3) 학교에서 다 같이 써 보기

일주일에 한 번쯤 아침 자습 시간에 학급 어린이들 다 같이 일기를 쓰게 하는 것도 좋습니다. 이때 일기 쓰기에 대한 좋은 이야기를 해 주고 쓰게 하면 자신감도 생기고 내용도 더욱 충실하게 잘 쓸 수 있을 것입니다.

4) 문장 공부하기

국어 시간을 이용해 우리 말 바로 쓰기, 띄어쓰기, 문단 나누기, 부호 쓰기, 말이 안 되는 것, 표현이 잘못된 것, 필요 없는 말을 쓴 것 그 밖에 여러 가지 문제가 있는 글 한 편을 나눠 주고 교사 지도 아래 함께 공부를 하는 것입니다. 이렇게 공부하면 일기 쓰는 능력이 한층 더 자랄 것입니다.

5) 잘 쓴 일기는 학급 문집에 실어 발표하기

잘 쓴 일기 가운데 다른 사람에게 내보여도 괜찮은 일기는 가려 뽑아 문집에 싣습니다. 일기를 학급 문집에 싣는 것은 다른 사람들과 공유하기 위한 목적이 크지만 일기를 쓰는 데 힘을 북돋우어 주기 위한 목적도 있지요.

11. 맺는말

요즘 어린이들은 참으로 바쁩니다. 학교 갔다 오면 바로 학원에 가지요. 학원을 갔다 오면 또 숙제 해야지요. 시간도 없지만 얼마나 피곤하기도 하겠습니까. 그러니 일기 쓰는 것이 참 힘들겠다는 생각도 듭니다. 그렇지만 아무리 힘들고 어려워도 꼬박꼬박 일기를 쓰는 어린이들도 많이 있습니다. 일기를 꼬박꼬박 잘 쓰도록 관심을 가지고 지도하기 바랍니다. 일기를 쓰면서 어린이 자신의 삶을 소중하게 잘 가꾸어 나가도록 해 주기 바랍니다.

여기 내가 내보인 일기 쓰기 지도 방법은 하나의 예일 뿐입니다. 이를 바탕으로 더 좋은 지도 방법을 찾기 바랍니다.

13장

편지

따뜻한 마음을
주고받는 글

1. 편지란 어떤 글일까요?

요즘 집에 오는 우편물을 살펴보세요. 어떤 우편물이 많이 옵니까? 동무나 친척들한테서 오는 편지가 있나요? 아마 별로 없을 것입니다. 대부분 요금 통지서나 청첩장, 신문, 백화점 같은 데서 보낸 선전지 같은 것들입니다. 그러니까 사람들끼리 소식을 주고받는 것은 집 전화와 손전화로 하는 말, 손전화의 문자 메시지, 컴퓨터의 전자우편 같은 것으로 합니다. 그러니 펜으로 쓴 편지 같은 것은 구경하기 어렵게 되었습니다.

하지만 이렇게 말로 하거나 문자 메시지로 주고받는 편지는 쉽게 사라져 버리지요? 가슴 깊숙한 곳에서 우러나오는 사람의 따뜻한 마음(정)이나 절실한 마음을 온몸으로 느낄 수 있는 무언가가 빠져 있는 겁니다. 그래서 참 안타깝기도 합니다.

멀리 있는 사람에게 하고 싶은 말을 글로 적어 보내는 글이 '편지'입니다.

경산 부림초등학교 5학년 김찬식이 쓴 편지 한 통을 볼까요?

김영일 선생님께

선생님, 안녕하세요? 그동안 몸 건강히 잘 지내고 계시겠지요.

저야 선생님도 잘 아시는 것처럼 당연히 언제나 명랑하고 씩씩하게 잘 지낸답니다.

제기 1학년 때 선생님께서는 6학년 선생님으로 계셨지요. 그때 제가 복도를 너무 쾅쾅거리며 달려갔다고 선생님께 붙잡혀 교실 바닥에 꿇어앉아 야단을 맞았죠. 그뒤로부터 선생님을 좋아하게 되었어요. 뚱뚱한 몸으로도 열심히 축구하는 선생님의 모습을 보고 나도 선생님과 같이 축구를 해야겠다고 생각했어요.

　제가 2학년 때 바로 선생님과 같이 공부하게 되었지요. 얼마나 기뻤
는지 모릅니다. 겨울에 운동장에 나가 선생님과 우리 반 아이들 모두와
눈싸움을 하였지요. 선생님께서는 저의 등에다 옷을 벌리고 눈을 잡아
넣어 얼마나 차가웠는지 몰랐어요. 그래도 그땐 정말 신났습니다.

　선생님이 우리 집에 오셔서 술 중에도 맥주를 드시는 모습이 아직도
저의 눈앞에 아른거립니다. 엄마 아버지께서도 선생님이 가장 마음에
든다고 하셨습니다. 저도 그렇고요.

　지금은 교육청에서 일하고 계시지요? 손으로 귀때기 한 방 때리면 교
실 처음에서 끝까지 날아간다는 아이들의 말을 듣고 댁바리 무서워했지
요. 그래도 나는 선생님이 좋아서 편지를 쓸 때는 선생님께만 쓴답니다.
우리와 함께할 때 그게 아니란 것을 증명해 보여 주셨기 때문이지요.

　이 세상에서 누구보다도 좋은 선생님, 김영일 선생님! 언제나 행복하
시길 빕니다. 꼭 답장 바랍니다. 그럼 이만 줄일게요.

　안녕히 계십시오.

1989년 5월 15일
제자 김찬식 올림

　2학년 때 담임이었던 선생님께 쓴 편지입니다. 처음 선생님을 알게
된 이야기, 2학년 때 선생님과 생활하면서 겪은 일 가운데 눈싸움했던
일, 편지 내용에는 없지만 이런저런 즐거웠던 일을 떠올리며 선생님
을 좋아하고 감사하는 마음을 잘 전하고 있습니다. 내용이 충실한 편
지라고는 할 수 없지만 그런대로 자신의 마음은 전한 편지입니다.

베개에게

　베개야, 잘 있니? 나는 지금 학교에서 동무들과 공부하고 있어서 심

심하지 않고 즐거워. 그렇지만 너는 혼자 어두컴컴한 방구석에 처박혀 있으니까 얼마나 답답하겠어. 너와 같이 있고 싶지만 그럴 수는 없잖니. 내가 너에게 편지 쓰는 까닭은 내가 너에게 잘못한 것을 사과하기 위해서야.

오빠가 나보고 베개 싸움을 하자고 했잖아. 나는 좋다며 베개 너를 쥐고 오빠를 때리고 하였지. 벽에도 막 부딪히고 발에 밟히기도 했지. 그래도 오빠와 나는 너에게 미안하다는 생각 조금도 없이 "히히히, 와우!" 하며 너를 쥐고 서로 때리며 놀기만 했지. 놀 때는 생각 안 했지만 지금은 얼마나 아팠겠나 하는 생각이 들어. 정말 미안해. 앞으로는 너를 던지고 차고 밟으며 아프게 하지 않을게. 너는 밤에 잠도 같이 잘 자게 해 주는 내 친구잖아.

베개 너도 잘 알지만 나는 요새 잠을 일찍 자잖아. 9시 30분쯤 말이야. 그때부터 나는 너를 베고 자잖니. 나는 너를 베고 자면 잠이 무지무지 잘 와. 그래서 니가 참 좋아. 그렇지만 너는 정말 힘이 들 거야. 그게 네가 할 일이니까 어쩔 수는 없는 일이지만 말이야. 하여튼 고맙게 생각해. 그런데 내가 자다가 몸부림을 쳐서 내 머리가 밑으로 내려가 네가 안타까워하는 것도 알 수 있을 것 같아.

어떨 때는 너를 내 두 다리 사이에 끼고 잘 때도 있지? 그러면 니가 "나 살려!" 하며 말하는 것 같아도 나는 모르는 체하고 있었지. 미안해. 좀 참아 줘. 그렇지만 너를 지지밟고 너를 쥐고 오빠하고 장난치는 것은 그만 할게.

베개야, 언제나 잠을 편안하게 자게 해 주어서 고마워. 밤에 잘 때 나와 또 만나자.

안녕.

1998년 10월 18일
너의 주인 최신영 씀

청도 방지초등 봉하분교 4학년인 최신영이 늘 베고 자는 자신의 베개에게 쓴 편지입니다. 보통 때는 베개의 고마움을 생각지도 못하고 있지만 이렇게 편지를 써 보면 그 고마움을 더 잘 느낄 수가 있을 것입니다. 가끔 이런 편지도 써 보길 바랍니다.

그래요, 늘 만나는 사람이라도 자기의 속내를 자기 느낌을 살려 다정하고 자세하게 담아 전하려면 글로 쓰는 것이 훨씬 좋겠지요.

2. 편지는 왜 쓸까요?

요즘 통신기기가 발달해서 아무리 편지 쓸 일이 없다 해도, 쓰지 않으면 안 되는 까닭이 뭔가 있을 것입니다. 그게 뭘까요?

첫째는 상대편의 전화번호를 모르는 경우다.

둘째는 처음 대하는 분이어서 전화로 말하기가 어렵게 생각되는 경우도 있다.

셋째는 말하려고 하는 사연에 대한 비밀이 전화로써는 보장되지 못한다고 여겨지는 환경일 때는 편지를 쓴다.

넷째는 한 번 말해 주는 것으로는 곧 잊어버릴 염려가 있어서, 잊지 않게 하려고 글을 써서 보낸다.

다섯째는 전화로써는 자세하게 말하기가 힘드는 복잡한 생각이나 느낌을, 글로 조리 있게 적어 보내고 싶어 편지를 쓴다.

여섯째, 귀로 듣는 것보다는 눈으로 보는 것이 더 알기 쉽고 편리한 자료(지도 같은 것)가 있을 때도 편지를 쓰게 된다.

일곱째, 사진이나 그 밖에 어떤 작품을 보낼 때 편지를 쓰게 된다.

여덟째, 연하장같이, 편지를 써야 예의가 되는 경우도 있다.

아홉째, 전화하기가 불편한 외국에 가 있는 사람에게는 편지를 쓴다.

열째, 감옥에 갇혀 있는 사람과 그 가족·친척·친지들 사이에는 편지를 쓸 수밖에 없다.

－《우리 문장 쓰기》(이오덕, 한길사)

그러니까 아무리 전화로 다 한다 해도 편지는 꼭 쓸 수밖에 없는 경우가 있는 것이지요.

편지글은 마주한 사람에게 말을 하듯 쓴 살아 있는 글입니다. 그러나 말은 해 버리고 나면 잘못되어도 바꿀 수 없고, 지나가 버리면 되살려 내기도 어렵습니다. 그리고 조리 있게 자세하게 말하는 것도 어렵지요. 그러나 편지는 그런 것을 가능하게 해 줍니다. 그리고 살아 있는 글쓰기의 바탕이 되는 글이기도 하지요.

그러면 또 편지는 왜 쓰는지, 편지를 쓰면 어떤 점이 좋은지 살펴볼까요?

첫째, 둘레 사람들과 관계를 두텁게 해 주고, 다른 사람과 새롭게 사귈 수 있는 기회도 만들어 줍니다. 사람과 사람 사이는 자주 만나야 정이 깊어집니다. 아무리 가까운 친척이라도, 아무리 친한 동무도 자주 만나지 않으면 어느새 정이 엷어지게 됩니다. 자주 만나지 못할 때는 이렇게 편지를 자주 써서 마음을 주고받아야 정이 두터워지는 것이지요. 그리고 자주 만나는 사이라도 속내를 털어내어 진솔하게 말하기는 쉽지 않습니다. 이때 편지는 속에 감추어져 있는 깊은 정까지 표현할 수 있어 좋지요. 정이란 친근한 마음, 헤아려 주는 마음, 고마운 마음, 서로 사랑하는 마음 같은 것들, 또는 그러한 마음의 움직임을 말합니다. 편지를 쓰면 그런 마음이 길러집니다.

둘째, 편지는 상대방에게 잘 설득할 수 있는 좋은 방편이 되기도 합니다. 편지는 보내는 사람의 진심을 담아 씁니다. 그 진심은 사람의 마음을 잘 이해시킬 수도 있고, 믿음도 줄 수 있습니다. 더구나 그 진실한 마음은 상대방에게 감동을 주기도 합니다. 말로 하면 가볍게 흘려 버릴 수 있는 일도 진심을 담아 편지로 쓰면 그 편지를 읽는 사람은 상대방을 다시 생각하게 되고, 더 깊이 생각할 수 있게 되고 오랫동안 기억하게 됩니다. 그러면 어려운 문제를 해결할 수도 있고 원하는 일을 이룰 수도 있습니다.

셋째, 상대방의 처지와 형편에 비추어 자기반성을 하게 할 뿐만 아니라 진심 어린 충고로 자기반성을 할 수 있게 해 줍니다. 편지에 나타난 말과 행동에 비추어 나는 어떻게 말하고, 행동하고, 생각하나 다시 살펴보게 되겠지요. 그러면서 나도 상대방처럼 더 좋은 사람이 되겠다는 다짐을 하게 됩니다. 또 내 잘못을 충고해 주면 그 또한 잘 이해하고 반성해서 고치게 됩니다.

넷째, 참되고 예절 바른 심성과 태도를 길러 줍니다. 말로 할 때는 감정 표현을 바로 하게 됩니다. 그러면 본마음과 달리 옳지 않은 말과 행동이 나올 수도 있고 예절에 벗어난 말과 행동을 할 수도 있지요. 그러나 마음을 가다듬고 진솔하게 편지로 쓰면 참된 심성이 길러지고, 좋지 않았던 감정까지도 곰삭아 예의도 갖추게 됩니다. 또 상대방에 따라 그에 맞는 예절과 말법을 지켜 쓰다 보면 더욱 예절 바른 심성이 길러지겠지요.

다섯째, 감수성을 풍부하게 만들어 줄 뿐만 아니라 창의력도 키워 줍니다. 편지 속에는 주고받는 사람의 애틋한 마음이 담기기 마련입니다. 그러면서 감수성이 자라는 것입니다. 또한 진실하고도 새로운 표현을 하려고 노력하는 가운데 창의력도 길러지겠지요.

여섯째, 글 쓰는 힘을 길러 줍니다. 전달하고자 하는 사실을 진지한 마음으로 자세하게 쓰다 보면 저절로 그리 되지요.

그러나 아무리 좋은 점이 많다 한들 안 쓴다면 무슨 소용이 있겠습니까. 앞서 편지를 잘 쓰지 않는 가장 큰 까닭을 통신 기기의 발달과 너무 바쁘게 살아가는 것 때문이라고 했지요?

편지를 잘 쓰지 않는 큰 까닭은 또 있습니다. 멋진 문장으로 그럴듯하게 잘 쓰고 싶은 마음이 앞서기 때문입니다. 있는 그대로 자연스럽게 쓰는 것이 감동을 준다는 걸 잊지 말아야 합니다. 또 게으름도 한몫하겠지요? 늘 쓰기 쉽도록 여러 가지 조건을 언제나 갖추어 놓길 바랍니다. 그 밖에도 글씨를 잘 못 써서거나, 겸연쩍어서일 때도 있겠지요. 하지만 이 모든 것을 극복해 나가면서 습관처럼 쓰는 버릇을 들였으면 합니다.

3. 여러 가지 편지글

어른이 쓰는 편지와 어린이가 쓰는 편지는 좀 다릅니다. 먼저 어른들이 쓰는 편지글에 대해 알아봅시다. 어린이들은 좀 더 자라서 알아보아도 되겠지만 공부 삼아 먼저 이런 것이 있구나, 하는 정도로 알아 두는 것도 좋을 듯합니다.

① 생활 편지: 세상살이에 바로 필요해서 쓰게 되는 모든 편지를 말한다. 금전·부동산·사업 관계, 입학·졸업·진학·취직 관계, 결혼 관계…… 그 밖의 모든 문제에서 의논하거나 부탁하거나 묻거나 알리거나할 일이 생겼을 때 쓰는 편지다. 실용 편지라고도 한다. 최근에 와서 전

화에 그 자리를 가장 많이 빼앗긴 것이 이 생활 편지라 하겠다.

② 인사 편지: 이것은 안부를 묻고 알리는 편지, 근황을 알리는 편지, 위문·화재·수재·교통사고·병환·감금 생활…… 따위 편지, 위문을 받은 일에 대한 답례 인사 편지, 생일·입학·졸업·진학·취직·개업·결혼·수상(상을 받음)·작품 전시·발표회·출판…… 들을 축하하는 편지, 해마다 정해 놓고 보내는 새해 인사 편지(연하장) 들이 있다.

③ 주장 또는 설득 편지: 이것은 사회의 어떤 문제를 두고 자기 의견을 상대편에 알려서 자기와 같은 생각을 가져 주기를 바라서 쓰게 되는 편지다. 가령 양심수 문제라든가, 학생들의 시위 문제라든가, 아이들의 교육 문제에서 의견이 다른 친구를 설득하려고 쓰는 편지 같은 것이다. 앞으로 살아갈 길에 대해서 아들의 생각이 잘못되었음을 깨닫게 하려고 아버지가 쓴 편지가 있다면 그런 편지도 이 갈래에 들어간다. 그러나 주장 편지도 요즘은 쓰는 사람이 드물게 되었다.

④ 동지 편지: 직업이 같은 사람끼리, 뜻을 같이하는 사람끼리 주고받는 편지다. 같은 일을 하면서 살아가는 사람들이 멀리 떨어져 있어도 편지로 서로 위로하고 격려하고, 모르는 일을 묻고 알려 주고, 생각을 나누어 한마음임을 확인하면서 살아간다면 괴로운 세상에 얼마나 힘이 되고 즐겁겠는가.

⑤ 알림 편지: 결혼식·회갑연·수상식·출판기념회·낙성식·개업 잔치·운동회·졸업식·학예회·여러 가지 문화 잔치·미술 전시회·음악 발표회·연극 공연·영화 감상회·강연회·규탄 대회·창립 대회·보고회…… 이런 모든 행사를 알리는 편지다. 이런 편지는 모두 인쇄를 해서 보낸다.

⑥ 공개 편지: 이것은 사회의 모든 문제 – 정치나 경제나 산업이나 교육이나 예술이나 그 밖의 모든 문제를 두고, 그 문제를 해결하는 열쇠를 가지고 있는 사람에게, 또는 그 어떤 문제에 관계되는 중요한 일을 맡은 사람에게 자기 의견을 편지 형식으로 자세히 써서 신문이나 잡지에다

공표하는 글을 말한다. (글 중간 줄임)

　⑦ 감옥 편지: 감옥에 갇혀 있는 사람이 그 가족이나 친지나 그 밖에 사회에 있는 사람에게 써 보내는 편지가 있다. (글 뒤 줄임)

－《우리 문장 쓰기》(이오덕, 한길사)

어린이들은 어떤 편지를 주로 쓸까요? 아마 안부 편지를 가장 많이 쓰겠지요. 다음은 위문편지, 축하 편지, 감사 편지, 우정을 나누는 편지, 초대 편지 같은 것들이겠지요.

그러면 나누어서 살펴보겠습니다.

1) 안부 편지

편안히 잘 있는지 묻고, 자기도 잘 있음을 전하는 편지를 안부 편지라 합니다. 멀리 떨어져 있는 가족이나 친지, 동무, 그리고 나와 관계를 맺고 있는 모든 사람들이 늘 잘 지내는지 어떻게 지내는지 궁금할 것입니다. 그럴 때는 가끔 편지로 어떻게 지내는지 요즘의 형편을 물으며 내 생활을 알려 주기도 하고 안녕과 행복을 빌어 주기도 합니다. 그러면서 서로의 정을 더욱 두텁게 하는 것이지요. 해마다 새해에 보내는 연하장도 안부 편지라고 할 수 있습니다.

선생님께

선생님, 안녕하십니까? 저 지애입니다. 따가운 아침 햇살이 모기장으로 들이와 제 눈을 살짝 뜨게 하는 아침(7시)입니다. 쩅쩅 울리는 매미 소리와 푸른 산들! 아마 선생님께서는 이런 풍경 볼 수 없으시겠지요? 그렇지만 날씨는 무척 덥네요. 이 더운 날씨에 선생님께서는 어떻게 지내시는지요? 건강하시겠지요?

저는 아픈 곳 없이 건강하게 잘 지내고 있지만 단 한 가지, 지금 일주일 동안 미루어 두었던 숙제를 하느라 쉴 틈이 없어요. 왜 일주일 동안 이나 숙제를 못 했는지 아세요?

외갓집에 있는데 8월 1일 저녁에 집에서 전화가 오지 않겠어요. 그래서 제가 받아 보니 엄마의 우는 소리와 함께 "지애야, 할머니가 교통사고로 돌아가셨다. 장례식 날 외삼촌하고 온나." 이 말을 하고는 전화를 뚝 끊고 마는 게 아닙니까! 그때는 정말정말 엄마의 그 말이 믿기지가 않아 어리둥절했습니다.

3일 날 외삼촌의 차를 타고 올라와 돌아가신 할머니를 뵈니 정신이 하나도 없었습니다. 아빠도 가슴을 다쳐 병원에 누워 있었습니다. 집에서도, 산소에서도 우리가 가니 모두들 더 울었습니다. 땅을 치며 통곡하시는 우리 할아버지, 할아버지가 너무 불쌍해요.

이렇게 해서 약 일주일 동안 숙제를 못 했습니다. 요즘도 토, 일, 월요일은 숙제를 못 하고 있어요. 일주일에 한 번씩 제를 지내기 때문입니다.

선생님, 죄송합니다. 우리 집 사정만 너무 이야기한 것 같습니다. 선생님께서는 어디 피서라도 다녀오셨는지요? 제 생각으로는 선생님께서는 아마 집에서 보내실 것이 분명할 겁니다. 더운데도 우리들의 글을 끌어안고 계시겠지만 마음으로라도 좀 쉬시라고 그냥 여쭈어 보는 것입니다.

방학 전에 짜 놓은 생활 계획은 모두 엉터리가 되어 버리고 보람된 방학이 못 된 저는 빨리 개학이나 했으면 하는 생각입니다. 말은 이렇게 하지만 저희들이야 개학하면 또 방학하고 싶고 그런 것 아니겠습니까? 그렇지만 조금 남은 방학 동안이라도 즐겁고 보람된 방학이 되도록 하겠습니다.

선생님! 선생님께서도 남은 방학 잘 보내시고 개학날 아주 밝은 모습으로 뵙길 바랍니다. 그럼 안녕히 계십시오!

1989년 8월 15일
박지애 올림

경산 부림초등학교 5학년 박지애가 선생님께 보낸 안부 편지입니다. 방학 동안 생긴 집안 이야기, 그래서 숙제를 바쁘게 한다는 이야기를 하면서 선생님의 안부를 묻고 남은 방학 잘 보내고 개학 날 밝은 모습으로 만나기를 바라는 진솔한 마음이 잘 나타나 있습니다.

2) 위문편지

수재, 화재, 교통사고, 병환 같은 뜻밖의 불행한 일을 당해 걱정에 싸여 있는 사람이나, 나를 비롯해 여러 사람을 위해 수고하는 사람을 위로하고 의욕과 힘을 북돋워 주는 편지를 말합니다. 힘든 사람에게 따뜻한 편지 한 통은 정말 큰 힘이 될 것입니다. 위문편지는 진심으로 슬픔이나 어려움을 함께하는 마음가짐을 가지고 써야 하고, 상대방에게 상처가 되지 않도록 말을 잘 가려서 해야 합니다.

군에 있는 지웅이 형에게

형! 안녕! 나 찬일이야. 잘 지내고 있지? 난 아주 잘 지내고 있어. 물론 가족들 잘 지내고 있고. 우리들 걱정은 아예 안 해도 돼. 그런데 형 얼굴 본 지가 오래되어서 까먹을 정도가 되었네. 빨리 군 복무를 마치고 왔으면 좋겠어. 형이 없으니 노는 것도 영 재미가 없거든.

형! 그런데 형이 군대에 들어간 지도 어느새 1년이 되었네. 형이 특전사 부대에 가다니, 나는 생각도 못한 일이었어. 특전사 부대에 관한 것을 텔레비전이나 사진으로 몇 번 보았는데 모두 힘든 훈련을 거쳐야 하는 우리 나라 최고의 부대라고 하더라구. 그런데 형이 거기에 가다니! 원래 형이 체격은 좋은 줄 알지만 특전사 부대까지 갈 줄은 생각도 못했어. 주일이 형도 겨울에 해병대에 갔어. 아빠가 형이 특전사 부대에 갔다고 할 때 나는 자랑스러워했지만 걱정되기도 했어. 특전사 부대의 훈

런은 이름 그대로 매우 힘들다고 하기 때문이야. 열심히 훈련하고 있는 모습이 멋져 보이기도 했지만 불쌍해 보이기도 했거든. 그래서 '나는 군대에 어떻게 가나?' 하는 생각까지 했어.

그런데, 형! 나는 형은 어떻게 훈련을 하는지 궁금해. 총 쏘는 연습하나, 아침마다 몇 킬로미터씩 달리나, 이런 생각도 많이 했어. 형이 집에 오면 나에게 이야기 좀 해 줘. 그래야 앞으로 나도 군대 갈 것에 대비를 하지. 아이 참, 내가 쓸데없는 말 많이 했지?

형! 훈련이 지치고 힘들고 하기 싫어도 꿋꿋이 참고 열심히 훈련해. 형의 땀방울이 우리 대한민국을 지켜내는 힘이 되니까 말이야. 나는 형이 용감무쌍하고 건강한 군인의 모습으로 지내길 바래. 집 걱정은 할 것 없어. 모두 잘 있다고 했잖아.

형! 사랑해! 파이팅!

2009년 10월 28일
사촌동생 찬일이가

대구 동호초등학교 4학년 김찬일이 군에 있는 사촌 형에게 쓴 위문편지입니다. 힘든 특전사 훈련을 거쳐 씩씩한 군인이 된 형을 보고 싶어 하는 마음, 조금은 걱정하는 마음, 자랑스러워하는 마음, 건강하게 잘 지내길 바라는 마음이 잘 나타나 있지요?

3) 축하 편지

축하 편지는 기쁨을 함께하는 편지라 할 수 있겠지요. 그러니까 생일, 입학, 졸업, 진학, 결혼, 수상, 작품 전시, 발표회 같은 일에 직접 찾아가지 못하더라도 함께 기뻐하고 즐거워하는 뜻으로 인사하기 위해 쓰는 편지입니다. 우리가 많이 쓰는 편지 중 하나인데, 인사말이나 안부 같은 내용은 생략하고 축하하는 마음을 잘 전달하면 되겠지요.

인우 오빠!

결혼 축하해요.

제가 어렸을 적에 오빠가 사촌동생들과 저에게 무서운 귀신 이야기를 들려주었을 때가 엊그제 같은데 벌써 오빠가 결혼을 한다니 놀라울 따름이네요.

인우 오빠와 결혼할 언니는 추석 때나 가끔 외할머니 댁 모임이 있을 때 와서 잘 알아요. 이름은 '주아' 맞죠? 주아 언니 성격은 조금 조용하면서도 할 일은 다 하는 성격인 것 같아요. 오빠의 성격과 비슷해서 둘이 잘 맞을 것 같은 생각이 드네요. 그래도 오빠가 잘 다독여 줘야 해요. 제가 여자라서 잘 아는데 여자들은 그런 성격을 굉장히 좋아해요.

오빠도 인물이 잘생겼고 주아 언니도 인물이 예쁘니까 예쁘고 잘 생긴 아기가 태어날 것 같아요.

아참! 이제 인우 오빠에게는 뭐라고 불러야 해요? 또 주아 언니에게는 뭐라고 불러야 해요? 또 인우 오빠의 아이는 뭐라고 불러야 돼요? 내가 엄마한테 물어보았죠. 인우 오빠와 주아 언니는 그대로 부르라고 해요. 그런데 인우 오빠의 아이는 오촌이라고 하네요. 왠지 조금 어색해요. 그래도 익숙해지면 괜찮겠지요.

결혼식 날 검은 양복을 입은 인우 오빠의 멋진 모습과 주아 언니의 드레스 입은 모습이 기대가 돼요. 주아 언니는 그냥 있어도 예쁜데 드레스를 입으면 왕비 같을 것 같아요. 아마도 결혼식 날 참석한 사람들은 오빠와 언니의 모습에 감탄할걸요!

그런데 결혼식을 마치고 나면 왠지 조금 어색할 것 같네요. 그렇거니 말거나 무엇보다 건강이 최고이니 결혼을 해도 건강을 꼭 지키기 바래요.

인우 오빠, 또 한 가지 말할 게 있어요. 결혼하고 나면 큰이모와 같이 살 거예요, 아니면 주아 언니랑 둘이서만 살 거예요? 제 생각에는 석 달 정도는 큰이모랑 같이 살다가 석 달쯤 지나면 주아 언니랑 둘이서만 사는 게 좋을 것 같아요.

축하 편지를 쓰다 보니 전번에 주아 언니가 방아깨비를 메뚜기라고 해서 웃었던 생각도 나요.

인우 오빠! 언제나 즐겁고 건강하게 살길 빌게요. 진심으로 결혼을 축하해요!

2009월 10월 26일
오빠의 귀여운 사촌동생 벼리 올림

여러분들은 생일 축하 편지를 많이 쓰겠지만 여기서는 좀 다른 예문을 내보였습니다. 이 글은 대구 동호초등학교 4학년 김벼리가 곧 결혼식을 올릴 사촌오빠의 결혼을 축하하는 편지예요. 결혼을 진심으로 축하하는 마음이 잘 나타나 있지요?

4) 감사 편지

우리는 늘 둘레 사람들로부터 은혜를 입으며 살아가고 있습니다. 할머니 할아버지, 어머니 아버지, 친척, 선생님, 동무, 경찰관, 소방관……. 고마움을 표할 대상이 그뿐이겠습니까. 우리를 둘러싸고 있는 모든 자연도 감사하지요. 위문이나 축하를 받으면 감사하다는 편지를 쓰기도 하지요. 이렇게 우리에게 호의나 정성, 은혜를 베풀어 주는 모든 분들과 어떤 대상에게 고마움을 나타내기 위해 쓰는 편지를 감사 편지라 합니다. 자주 이런 편지를 써 버릇하면 마음속은 늘 감사함으로 꽉 차 있을 것입니다. 감사 편지는 때를 잘 맞추어 써야 더욱 효과가 있답니다.

앞서 말한 안부 편지, 위문편지, 축하 편지, 감사 편지 같은 것을 모두 인사 편지라고 할 수 있습니다.

사랑하는 엄마!

엄마, 안녕하세요? 저 현정이에요. 오랜만에 이렇게 편지를 쓰니까 조금 부끄럽기도 해요. 하지만 감사하는 마음을 전하고 싶어 이렇게 편지를 써요.

엄마! 저를 낳아 주시고 10년 동안 예쁘게 키워 주셔서 감사합니다. 지금까지 모든 것이 감사하지 않은 것이 없지만 내 마음에 가장 크게 남아 있는 것이 있어요.

제가 1학년 2학기 때 전학 왔을 때입니다. 적응을 못 해 학교생활을 힘들어하며 학교에 가지 않겠다고 막 떼를 썼잖아요. 그래도 엄마께서는 야단치지 않으시고 학교까지 친구처럼 데려다 주셨지요. 더구나 그때는 엄마도 회사에 출근하느라 바쁘셨을 텐데 화내지 않으시고, 시간이 지나면 새로운 친구도 생기고 학교에 정도 들 거라고 다정하게 타일러 주셨어요. 그때는 엄마가 무슨 말을 하는지 잘 몰랐어요. 하지만 만약에 엄마가 야단치고 화를 내셨으면 적응하는 데 얼마나 힘들고 슬펐겠어요? 이젠 그 말을 알겠어요. 믿고 기다려 주셔서 감사합니다. 그러니 지금의 제가 되었겠지요.

또 한 가지 특별하게 감사한 게 있어요. 제가 폐렴에 걸려 아플 때 병원 응급실에서 한숨도 못 주무시고 밤새워 간호해 주셨지요. 아침에 회사로 출근하시는데, 얼마나 힘들었을지 그때는 어려서 몰랐는데 지금은 조금 알 것 같아요. 그때 엄마가 아파 누워 계실 때 저는 배고프다고 조르기만 했어요. 얼마나 철이 없었는지……

엄마, 저는 엄마의 딸이 된 것이 자랑스러워요. 이제는 엄마께 떼쓰거나 조르지 않고 건강하게 자랄게요. 스스로 공부도 척척 할게요. 만약에 제가 잊어버리고 잘 지키지 않을 때는 이 편지를 보여 주세요. 왜냐하면 가끔 나쁜 뿔난 악마가 떼를 쓰고 학원을 땡땡이치자고 하기 때문이에요.

엄마, 다시 한 번 더 감사드려요, 저를 이렇게 예쁘게 길러 주셔서. 속 썩이지 않고 더 예쁜 딸이 될게요. 엄마, 하늘만큼 사랑해요! 언제나 건강하고 행복하세요!

2009년 5월 7일
예쁜 딸 현정이 올림

대구 동호초등학교 4학년 김현정이 어머니께 쓴 감사 편집입니다. 흔히 어버이날에 쓰는 감사 편지지만 이 어린이의 편지글은 지금껏 예쁘게 길러 준 데 대해 감사하는 마음이 더 깊이 배어 있습니다.

5) 초대 편지

초대란 말은 남을 청하여 대접한다는 뜻입니다. 어린이들은 생일에 동무들을 많이 초대합니다. 졸업식, 학예회 때 부모님들을 초대하는 알림 편지도 많이 씁니다. 그 밖에도 미술 전시회, 음악 발표회, 연극 공연, 출판기념회 같은 데에 초대하는 편지도 쓰지요. 이렇게 사람을 초대하기 위해 쓰는 편지를 초대 편지라고 합니다.

초대 편지에는 반드시 초대하는 때와 곳이 들어가야 한다는 것 잊지 맙시다.

진현이에게

진현아, 안녕!

요즘 잘 지내고 있지? 밤낮 기온차가 심하니까 감기가 유행이야. 더구나 신종 플루 때문에 더욱 조심해야 돼. 나? 튼튼하잖아. 나는 아무 탈 없이 잘 지내고 있어.

그런데 너에게 알릴 말이 있어. 이제 곧 내 생일이 다가와. 이번엔 조그만 생일잔치를 하려고 해. 그래서 너를 내 생일잔치에 초대하고 싶어.

꼭 와 주길 바란다.

우린 3학년 때 같은 반이었고 친한 친구였잖아. 그런데 4학년 때 반이 갈리는 바람에 자주 놀지도 못하고 그랬잖아. 그래서 이번 내 생일 때라도 꼭 같이 놀고 싶어.

우리 어머니께서 맛있는 음식도 해 주신다고 했으니까 너와 나누어 먹으면 얼마나 좋겠어. 꼭 와 주길 바래. 다른 친구들도 많이 오니까 같이 즐거운 시간을 보내면 더욱 좋지 않겠니? 너 혼자 오기가 쑥스러우면 너와 친한 친구 한 명 정도는 데리고 와도 좋아. 꼭 올 거지?

그러면 그날 즐겁게 만나자. 만날 때까지 잘 지내.

안녕.

· 때: 2009년 11월 7일 낮 12시 30분
· 곳: 우리 집('공짜나라' 앞에서 기다릴게)
· 준비: 재미있는 놀이 한두 가지

2009년 10월 27일
친구 기범이 씀

대구 동호초등학교 4학년 권기범의 초대 편지입니다. 초대 편지는 조금은 짜여져 있는 공식에 맞추어 쓰는 경우가 많은데 이 초대 편지는 어린이답게 아주 자유롭게 썼습니다. 그러면서도 다정하고 친절한 느낌을 줍니다.

6) 부탁 편지

어떤 일에 대해 아쉬움이 있을 때 부탁하거나 협조 또는 요청하는 편지입니다. 이를테면 동무에게 책을 빌려 달라거나, 부모님께 자전거를 사 달라고 하거나, 교장 선생님께 무엇을 요구하는 편지 같은 것입니다. 더 나아가서는 학용품을 생산하는 공장 사장님에게 학용품을 잘 만들어 달라는 부탁을 하거나, 지역을 대표하는 사람에게 학교 앞에 신호등을 설치해 달라고 부탁하거나, 어떤 기관에 견학을 할 수 있게 해 달라는 부탁을 하거나 하는 편지를 말합니다. 이 편지는 쓰는 사람이 아쉬워 쓰는 편지이므로 상대방의 마음에 거슬리는 말을 하면 편지를 하지 않는 것만 못하게 되지요. 그러니 더욱 정중하게 예의를 잘 갖추어 편지를 써야 합니다.

또 무엇을 묻거나 의논하려고 쓰는 편지도 여기에 넣을 수 있습니다.

　　동구청장 님께
　　동구청장 님! 안녕하십니까?
　　언제나 우리 동구의 주민을 위해 여러 가지 일하시느라 수고가 많으시지요? 저는 동구 동호동에 살고 있는 동호초등학교 4학년 김벼리입니다. 어린 제가 이렇게 동구청장 님께 편지를 쓰는 것은 한 가지 부탁 드릴 것이 있어서입니다. 비록 제가 어리더라도 제 편지를 끝까지 읽어 보시고 꼭 들어주시면 감사하겠습니다.
　　부탁 드릴 일은 다른 일이 아니라 신호등 하나를 설치해 달라는 부탁입니다. 저희들이 학교 오가는 길에 차가 많이 다니는 길을 건너야 하는데 신호등이 없습니다. 바로 상록 아파트와 동호초등학교 사이의 길입니다. 아침에 학교 올 때는 경찰관 아저씨와 우리 학교 녹색어머니들께서 안전하게 건너가도록 도와주시지만 집으로 올 때는 경찰관 아저씨도 없고 녹색어머니도 없습니다. 그래서 그 횡단보도를 건널 때 무척 무섭습니다.
　　동구청장 님, 바로 이곳에 신호등을 설치해 주세요. 이곳은 삼거리라서 더욱 위험합니다. 문방구 앞이나 학교 앞 횡단보도에는 모두 신호등이 있는데 학교에 오갈 때 언제나 지나가는 그 길에는 왜 신호등이 없는지 잘 모르겠습니다. 신호등이 없으니 교통사고 일어나기가 일쑤입니다. 제가 직접 사고 나는 것을 본 일도 있습니다.

지난 여름방학 때 제가 친구들과 그 길 가까이에 가고 있었습니다. 그런데 그 길로 한 택시가 손님을 태우고 상록 아파트를 나가려고 오른쪽으로 돌았습니다. 또 그때 어떤 자가용 승용차가 사람 네 명을 태우고 아파트 쪽으로 들어가려고 했습니다. 그러다 서로 부딪혀서 택시와 승용차 앞부분이 서로 부셔졌습니다. "빵빵! 끼이익 탕!" 소리가 너무나 커서 큰 사고가 난 줄 알았습니다. 다행히 사람은 다치지 않았지만 서로 피해 입은 두 차의 사람들끼리 막 싸워 난리가 났습니다.

동구청장 님! 신호등만 설치되어 있었다면 교통사고는 일어나지 않았을 것입니다. 제가 직접 보지는 않았지만 들은 소문으로는 거기서 흔히 사고가 일어난다고 합니다. 더구나 우리 학교 아이들도 몇 번 사고를 당했다고 들었습니다. 이 신호등 하나 때문에 우리 동구 사람들, 우리 학교 어린이들의 목숨을 잃을 수도 있습니다. 그러니 더 큰 사고가 일어나기 전에 꼭 신호등을 설치해 주시기 바랍니다.

동구청장 님! 우리 동구의 여러 가지 일 때문에 얼마나 힘드시겠습니까. 힘드신 건 알지만 저 같은 어린이들을 위해서라도 꼭 2009년도 안으로 신호등을 설치해 주시면 정말 감사하겠습니다. 하는 김에 동구의 다른 지역 신호등 없는 곳도 잘 살펴보시고 설치해 주시면 정말정말 감사하겠습니다.

그럼, 언제나 건강하시고 안녕히 계십시오.

2009년 10월 19일
내구 농호초등학교 4학년 김벼리 올림

동구청장 님에게 신호등을 설치해 달라는 부탁 편지로 예의를 갖추면서도 간절한 마음을 잘 표현했지요?

7) 거절 편지

초대나 부탁을 거절하는 편지를 말합니다. 부탁을 하는 사람은 자기를 낮추고 자존심을 꺾으면서까지 매우 어려운 마음으로 편지를 씁니다. 그래서 그런 부탁을 거절할 때는 자칫 잘못하면 상대방의 기분을 아주 크게 상하게 할 수 있습니다. 그러니 부탁하는 편지보다 더욱 조심스럽게 써야겠지요. 이 편지는 자기 처지를 솔직하게 말하고 상대방의 인격을 존중해 주면서 깨끗하게 거절하는 것이 좋습니다.

민창이에게

민창아, 안녕? 잘 지내고 있지? 나 태욱이야.

그런데 한 가지 미안한 말 할 게 있어. 나 너의 생일파티에 갈 수가 없을 것 같아. 우리 식구들이 함께 영화 '트랜스포머'를 보러 가야 하기 때문이야. 아빠가 예약을 해 놓았거든. 그래도 친구 생일파티에 가고 싶다고 하니까 아빠가 오랜만에 식구들과 함께 가는 것이니까 꼭 갔으면 좋겠다고 하시는데 어떡하니?

민창아, 너의 생일파티에 초대해 준 것만으로도 난 너무 고마워. 그리고 정말 미안해. 그래서 나는 이렇게 편지로라도 너에게 생일을 축하한다고 말하고 싶어.

내 친구 강민창! 너의 생일 진심으로 축하해!

우리 언제나 서로 잘 통하는 친한 친구로 지내자. 내 마음 잘 알지? 만창아, 나의 거절을 기분 나쁘지 않게 받아 줄 수 있겠지?

민창아, 우리 언제나 즐겁게 생활하자.

안녕!

2009년 10월 25일
너의 친구 태욱이로부터

대구 동호초등학교 4학년 이태욱이 어쩔 수 없는 까닭으로 친구 민창이의 생일파티에 못 간다고 알리면서도 우정을 잃지 말자는 내용으로 쓴 거절 편지입니다. 이런 편지는 쓰기 쉽지 않은 편지인데 그런대로 잘 썼습니다.

8) 소개 편지

소개 편지는 자기나, 가족, 자기가 알고 있는 사람, 자기 집, 자기가 다니는 학교, 자기가 살고 있는 고장 따위를 다른 사람들에게 잘 알리기 위해 쓰는 편지입니다. 이 편지는 모르는 사람들 사이에서 관계를 맺어 주는 일을 하기도 하고, 자기를 다른 사람이 또렷이 기억하게 하기도 합니다. 이름, 나이, 성격, 취미, 이력, 환경 같은 것을 자연스럽게 알려 주고, 다른 사람을 소개할 때는 자신과 어떤 관계인지 밝혀 주기도 하며, 장점을 자연스럽게 알려 주는 것도 좋습니다. 어쨌든 딱딱하지 않고도 예의에 어긋나지 않게 써야겠지요.

여진아!

오랜만이야! 그동안 잘 지냈니?

나, 대구에 있는 너의 친구 소희야. 요즘 신종 플루 때문에 거기서도 걱정이 많지? 넌 아무 탈 없이 잘 지내고 있지? 너의 아빠 엄마, 네 동생도……. 나를 비롯해 우리 식구들은 모두 건강하게 잘 지내고 있어. 그런데 엄마가 직장에 나가게 되었어. 그래서 같이 있을 시간이 얼마 안 되이 좀 그렇긴 해.

여진아, 아빠 따라 놀러 갔다가 너와 만났잖아. 만난 것은 한 번인데도 오래된 친구처럼 느껴져. 더구나 며칠 전에 보내 온 편지에 너의 가족 소개를 해 주어서 고마워. 이번엔 내가 우리 가족을 소개해 줄게. 알았지? 자, 그럼 시작한다.

먼저 우리 아빠야. 우리 아빠는 대구 K-2에 다니셔. 비행장에 말이야. 아빠는 비행기를 고치는 일을 하셔. 난 우리 아빠가 훌륭하다고 생각해. 너도 그렇지? 너 우리 아빠 보았지? 동그란 얼굴에 안경 쓴 모습을. 우리 아빠는 줄넘기를 엄청 많이 하셔. 날마다 3000번이나 3500번씩 뛰어. 다이어트를 한다나 어쩐다나. 살 빼는 데는 줄넘기가 가장 좋은 운동이래. 내가 생각해도 꼭 줄넘기가 가장 좋은 건 아닐 것 같아. 그렇지? 우리 아빤 내가 사 달라고 하는 건 거의 다 사 주셔. 부럽지? 히히히…….

우리 엄마는 아빠보다 세 살이나 적으셔. 우리 엄마는 내가 태어나기 전엔 간호사를 했어. 지금은 대구 남부교육청에서 일하고 계셔. 무슨 일이라더라? 아, 참! 문서 같은 것을 컴퓨터로 치고 뭐 그런 일 하는데 좀 바쁘다고 해. 우리 엄마의 취미는 음악 듣기라 틈틈이 음악을 들어. 영어 노래도 들어. 하이튼 듣는 걸 좋아하셔. 우리 엄마 생김새는 조금은 달걀형 얼굴에 눈은 나처럼 크고 키는 보통 수준이야. 참고로, 아빠보다는 키가 작으셔.

나의 겉모습은 네가 보아서 잘 알지? 난 1999년 너랑 같은 해에 태어났어. 생일은 10월 4일이지. 우리 학교 개교기념일이랑 같아. 취미는 종이접기랑 음악 듣기야. 노래는 요즘 유행하는 TTL 노래를 많이 들어. 내 소개는 이쯤 할게.

마지막으로 우리 집의 귀여운 막내 소현이야. 나보다 4년 늦게 태어났어. 생일은 5월 2일이지. 그리고 반야월 유치원에 다니고 있어. 소현이는 그림을 안 그리면 그림책을 많이 봐. 그런데 싫증을 잘 내어서 탈이야. 얼굴은 동그랗고 눈이 땡그랗게 생겼어. 할머니 댁에 가면 "코는 빽코요 귀는 짝짝이." 할머니가 이렇게 놀리기도 해. 그런데 빽코가 무슨 말인지는 나도 몰라. 아마 귀엽다는 것을 그렇게 말하는 것 같아. 내 동생은 내 말을 잘 들어서 귀여워. 내 친구들이 오면 신나서 떠들고 대들기도 해.

여진아, 이제 우리 가족에 대해서 좀 알 수 있겠지? 대충 설명했는데도 이렇게 편지가 길어졌어. 지루하진 않았니? 이 편지를 쓰니 네 생각 많이 난다. 처음 만났을 때는 쑥스러워 말도 잘 못했는데 금방 친해졌잖아. 이젠 전화도 하고 전자 편지도 보내고 하잖아. 난 네가 참 좋아. 언제 아빠가 가평에 가게 되면 나도 따라갈 거야. 아니면 너희 아빠가 여기 올 때 네가 와도 좋아.

여진아, 보고 싶다. 그렇지만 어쩔 수 없지 뭐. 내가 자주 연락할게, 너도 자주 연락해 줘. 언제나 건강하게 잘 지내야 해.

그럼, 안녕!

2009년 10월 27일
너를 몹시 보고 싶어 하는 친구 소희 씀

대구 동호초등학교 4학년 정소희가 새 친구에게 쓴 소개 편지입니다. 아버지를 따라 가서 한 번 만난 친구니까 서로 식구들을 잘 모를 것입니다. 그래서 편지로 서로 식구를 소개한 것입니다. 이렇게 해서 낯선 사람끼리도 가까워지겠지요?

9) 우정 편지

동무 사이의 정을 더욱 두텁게 하기 위해 쓰는 편지를 말합니다. 멀리 있는 동무는 말할 것 없고 가까이에 있는 동무에게도 편지를 쓰면 더욱 정이 두텁게 될 것입니다. 그리고 하나가 아닌 다수에게, 말하자면 이북에 사는 동무들, 섬이나 산촌에 사는 또래 동무들, 추운 지방이나 더운 지방에 사는 동무들, 아프리카 난민촌에서 어렵게 사는 동무들에게도 소개나 위로를 겸한 우정의 편지를 쓸 수 있겠지요.

내 친구 동환이에게

동환아! 그동안 잘 지냈어? 보나 마나 넌 학교에서 친구들과 즐겁게 생활하고 있을 거야. 너 나를 잊어버린 건 아니지? 나를 잊지 않았다고 믿어. 나는 여기서 새로운 친구들과 함께 오늘도 즐거운 하루를 보내고 있어. 그렇지만 네가 없으니까 어딘가 허전해.

내가 거기에 있을 때 우린 우리 반을 엄청 시끄럽게 했잖아. 너와 나, 그리고 민수, 상엽이 이렇게 네 명은 우리 반의 개구쟁이였지. 회장도 무시하고 우리 마음대로 했잖아. 착한 짓은 아니었지만 그래도 나는 그때가 참 재미있고 좋았어. 또 너의 비밀 절대로 아무한테도 말하지 않고 잊어버리지도 않을게.

그래도 동환이 너는 공부도 잘하는 모범생이잖아. 너 공부에 집중할 때는 옆도 안 돌아보잖아. 그런데 난 공부를 꾸준히 하는 게 잘 안 되어서 탈이야. 가끔 나와 너 심하게 싸워서 틀어져 있다가도 어느 날 갑자기 친해지곤 했지. 지금도 그런 일을 생각하니 웃음이 나와. 그 밖에도 사건이 참 많았어.

그런데 동환아, 너 개구쟁이 짓 한다고 몸 다치면 안 돼! 그리고 꼭 답장해 줘. 네 소식이 궁금해 죽겠어. 동환아, 우리의 우정 언제나 변치 말자. 잘 지내라.

안녕!

2009년 10월 26일
친구 오성이가

대구 동호초등학교 4학년 권오성이 전학을 와 전 학교의 동무에게 지난 이야기를 하면서 우정을 다지는 편지입니다. 전화나 문자 메시지를 보내기보다는 이렇게 편지를 쓰면 좋겠습니다.

10) 사과 편지

사과 편지는 자기 잘못에 대해 용서를 비는 편지를 말합니다. 우리는 잘못을 저지르지 않으려고 노력은 하지만 뜻하지 않게 흔히 잘못을 저지릅니다. 잘못을 저지르고도 가만히 있으면 자신의 양심을 속이는 것과도 같습니다. 진심으로 잘못했다고 말하면서 용서를 구해야 그 사람과 정이 더욱 깊어지고 믿음을 줄 수가 있습니다.

어린이들은 어머니나 아버지께 잘못을 많이 저지르지요? 잘못을 저지르고도 잘못했다 말도 하지 않고 가만히 있으면 부모님의 마음이 얼마나 아프겠습니까. 그리고 동무들과 서로 다투기도 하고 또 다른 잘못을 저지르기도 합니다. 잘못을 깨달았다면 용서를 구하는 편지를 써 보면 좋겠지요. 더욱 가까운 사이가 될 것입니다. 그 밖에 어떤 사람에게든 잘못을 저질렀을 때는 사과하는 편지를 꼭 쓰면 아주 좋겠지요.

이모께

이모! 그동안 잘 지내셨어요? 저 버리예요. 이모한테는 처음 편지 쓰려니까 어떻게 말을 해야 할지 자꾸 망설여져요.

제가 이렇게 편지를 쓰는 것은 전번에 잘못한 일에 대해 용서를 빌기 위해서예요. 그때 일을 생각하면 이모 앞에 고개를 잘 못 들 것 같아요.

제가 문을 세게 열어 많이 놀라셨죠? 게다가 인사까지 안 해서 더욱 화나셨을 거예요. 그런데 사실 저는 일부러 문을 세게 열려고 한 건 아니었어요. 이모가 오시기 전에 엄마와 다투어서 기분이 몹시 상해서 그랬어요. 싸운 내용은 더 부끄러운 일이라 비밀이에요. 제가 문을 세게 열어서 사촌 동생 창인이가 다칠 뻔했잖아요? 화가 나서 문을 세게 열어 놓고 제 스스로 너무 놀라 이모께 인사까지 못한 것이에요. 그러니까 이모, 용서해 주세요!

　제가 그때 바로 죄송하다고 말하려고 했는데, 안 그래도 화가 나 있는 엄마께 이모가 "언니야! 벼리 왜 인사 안 하노? 그리고 집안 분위기가 와 이카노?" 이렇게 말했잖아요. 이모의 그 말을 듣는 순간 또 두 손을 꼭 쥐었어요. 화가 너무 났거든요. 그래서 또 엄마께 벌까지 받았잖아요. 그땐 정말 이모가 우리 집에서 나갔으면 싶었어요. 거기다 이모는 제가 벌 받고 있는 것을 알면서도 "벼리는 뭐하는데?" 해서 더욱 화가 났어요.

　그렇지만 제 화가 어느 정도 풀리고 생각해 보니 이모께 잘못한 것이 너무 많다는 것을 깨달았어요. 그런데 그때는 또 죄송하다는 말을 못했어요. 말하기가 부끄러워서요.

　이모! 제가 문을 세게 열어서 동생이 다칠 뻔한 일과 이모에게 인사를 안 한 것, 또 이모를 미워한 것 용서해 주세요. 너무 죄송해요! 다음에 우리 집에 오시면 문도 살살 열고 이모께 화도 안 내고, 인사도 공손히 할게요. 빨리 놀러 오세요.

　이모, 이젠 가을 날씨가 제법 쌀쌀하지요? 감기 조심하세요. 특히 신종 플루 때문에 어린 창인이가 걱정돼요. 이모! 꼭 용서해 주세요!

　안녕히 계셔요.

2009년 10월 27일
벼리 올림

　대구 동호초등학교 4학년 김벼리가 이모에게 쓴 사과 편지입니다. 이모가 왔을 때 인사도 제대로 하지 않고 화내고 무례하게 행동해서 죄송하다는 것이지요. 그때 왜 그렇게 행동을 했는지 그 까닭을 솔직하게 쓰고 용서를 빌고 있습니다. 진심이 잘 나타나 있어 아마 이모가 기꺼이 용서해 줄 것입니다.

11) 가상 편지

직접 대할 수 없는 가상의 대상에게 자신의 여러 가지 마음을 털어
내어 쓰는 편지를 말합니다. 이를테면 하늘에 계시는 아버지께나 하
느님께, 어떤 동식물이나 물건에게, 내 마음에게, 아픔, 미움, 사랑 같
은 추상적인 뜻에게, 글쓴이에게나 글 속의 주인공에게, 자신이 어떤
사람이나 물건이 되어 다시 어떤 사람이나 물건에게…….

하느님께

안녕하세요? 저는 경산 중앙초등학교 6학년 7반에서 공부하고 있는
○○이에요. 저는 소원이 한 가지 있어요. 무엇이냐구요? 지금부터 이야
기해 드리겠습니다.

저희 식구들은 전세방에서 살고 있습니다. 그런데 개나리 아파트가
생긴다고 하길래 저희 어머니께서는 근로자 아파트라도 우리 집을 갖는
다고 기뻐했습니다. 우리 집을 갖는 게 소원이었거든요. 그런데 동장 아
저씨가 갑자기 찾아오셔서 하시는 말씀이 아파트에 들어가기는 어렵다
고 하시는 것이었어요. 그러자 우리 어머니께서는 깜짝 놀라서 왜냐고
물으시니 동장 아저씨께서는 다른 집에서 돈이 다 되어 그쪽으로 넘어
갔다고 하셨어요. 어머니께서는 이렇게 말씀하셨어요.

"아파트를 넘겨주는 것은 좋은데 돈이면 답니까!"

어머니께서 이렇게 말씀을 하시고는 몇 분 동안 아무 말 없이 머리
위에 손만 얹고 있었습니다. 하느님께서는 아시겠지요. 누가 잘하고 못
하는 것을 아시겠지요. 하느님, 죄송해요. 제 생각만 해서요.

저는 소원이 있다면 진짜 우리 집 아파트를 가지는 것이어요. 돈 많은
사람을 보면 안 부러운 날이 없어. 우리 반에 □□이라고 있거든요.
□□이가 하는 말이 지금 쓰고 있는 아파트까지 합하면 집이 세 채라고
하는 거예요. 거기까지는 좋아요. 자꾸만 "우리 집 부자다." 하며 자랑을

하잖아요. 저는 이런 친구가 제일 싫어요. 꼭 가난한 사람을 비웃는 것 같거든요. 그래서 □□이 하고는 별로 사이가 좋지 않아요. 전번에 **이 가 하는 말이 △△이 집에서 □□이가 울었다고 해요. □□이는 나와 친해지려고 하는데 내가 싫어서 그런가 봐요. 그 말을 듣고 나도 어떻게 하면 친해질까 여러 번 생각해 보았어요. 그래도 생각이 나지 않아서 어떻게 하든 친해지려고 노력하기로 했어요.

하느님, 괜히 트집을 잡은 것 같지요? 제발 아파트 한 채 좀 마련할 수 없을까요? 너무 어려운 부탁인가요? 꼭 부탁해요. 그럼 이만······.

안녕히 계셔요.

1993년 7월 7일
○○ 올림

집이 없는 속상한 마음을 이렇게 하느님께라도 속 시원하게 털어 놓으면 마음이 조금은 편해지겠지요. 어린이들도 말로 하지 못할 억울하고 속상한 일들이 많을 것입니다. 가끔 이렇게 편지글로 털어놓게 하면 큰 위로가 될 것입니다.

12) 싸움 편지

어린이들 사이에는 다툼이 자주 일어납니다. 그때 보면 입에 담지 못할 말을 하거나 몸으로 싸우기까지 합니다. 그렇게 싸우다 보면 서로가 상처를 입게 되고 사이는 더욱 나빠지게 되기도 합니다. 그걸 보다 못해 생각해 낸 것이 '편지로 싸우기'입니다. 서로 편지로 자기가 할 말을 자세하게 써서 주고받는 것이지요. 그렇게 편지로 주고받으면서 불같이 일어났던 마음이 가라앉게 되고, 마음이 가라앉으면 스스로 자기의 잘못도 돌아보게 됩니다. 끝에는 서로 사과를 하게 되고 다시 친해지지요.

경산 동부초등학교 2학년 어린이의 싸움 편지를 한번 보세요. 얼마 전에 내가 2학년 한 반 아이들을 데리고 수업을 한 시간 하게 되었습니다. 교실에 들어갔더니 두 남자아이(세움이와 영민이)가 붙어서 싸우고 있었습니다. 키가 작은 세움이는 화가 몹시 나서 책상을 발로 차고 울면서 씩씩거렸지요. 겨우 말려서 싸우고 싶으면 편지로 싸우라고 했어요. 그랬더니 이렇게 썼지 뭡니까.

[첫 번째 세움이의 편지] 야! 이 미친놈아! 니 왜 때리는데? 니 112에 신고한다!
[첫 번째 영민이의 편지] 니가 색종이를 이유 없이 찢었잖아. 내가 하지 말라고 했는데도 자꾸 했잖아. 그런 데다가 너가 나를 자꾸 때리고 해서 너를 때린 거야.
때린 거는 미안해.

영민이가

두 아이의 편지를 서로 바꾸어 읽어 보게 해서 다시 답장을 쓰게 했더니 이렇게 편지를 썼습니다.

[두 번째 세움이 편지] 미안해, 씨이!
[두 번째 영민이 편지] 세움아, 알겠는데 너 자꾸 욕 쓰지 않았으면 좋겠어. 미안해.

다시 바꾸어 보게 해서 답장을 쓰게 했더니 이렇습니다.

[세 번째 세움이 편지] 알았서. 아까 전에 미안해.
[세 번째 영민이 편지] 그래 나도 미안해.

이 편지를 보면 세움이는 화가 아주 많이 나 있는 상태고 성격도 매우 급합니다. 글자 수로 보면 몇 자 안되는 편지지만 첫 번째보다는 두 번째, 두 번째보다는 세 번째로 갈수록 화가 풀려서 서로 화해하게 되는 모습을 볼 수 있습니다.

다음은 경산 동부초등학교 4학년 이정욱과 황예진의 싸움 편지입니다. 점심시간에 급식실 갈 때 줄 서 있다가 둘이 다투어 황예진이가 울면서 나한테 그 일을 일러바쳤습니다. 그래서 억울하면 점심 먹고 나서 나한테 그 내용을 편지로 써 보라고 했더니 이렇습니다.

[첫 번째 이정욱의 편지] 선생님, 급식실에 갈 때 유성이가 똥침을 하려고 해서 저는 그것을 막았습니다. 그러다가 예진이가 유성이한테 부딪쳤습니다. 그때 예진이는 내가 막는 것을 못 보고 "야! 똑바로 가만히 있어!" 해서 저는 "황! 너가 선생님이니?" 이랬더니 예진이가 선생님께 말한 것 같습니다. 별로 잘못한 것도 없는 것 같은데요?

[첫 번째 황예진이의 편지] 선생님, 급식실에 갈 때 민영식이가 떠들어서 뒤로 보내었어요. 그때 정욱이는 조용해서 바로 뒤에 보내어 주었는데 제가 앞으로 보자 유성이랑 막 떠드는 거예요. 그러니까 6학년 오빠가 "조용해라!" 하고 말했어요. 그래도 계속 떠드는 거예요. 그래서 정욱이한테 니 다시 원래 니 자리로 가라고 하니 안 간다는 거예요. 그래서 빨리 가라고 하니까 정욱이가 "황! 황! 누를 황! 키키키."라고 하는 거예요. 그런데 그때 6학년 오빠가 나를 막 쳐다봐서 왠지 망신당한 것 같았어요.

그리고 조금 전에 편지 적을 때 이정욱이가 내 어깨를 툭 치면서 "빨리 적어라, 임마!"라고 했어요.

편지를 서로 바꾸어 읽게 하고 다시 서로에게 편지를 쓰라고 했더니 이랬습니다.

[두 번째 이정욱의 편지] 놀린 거 사과할게. 미안해.
[두 번째 황예진의 편지] 내가 너를 하인처럼 대한 거 사과할게. 그런데 니가 "누를 황!"이라고 한 것도 사과하면 좋겠다.

[세 번째 이정욱의 편지] 알겠어. 사과할게. 미안.
[세 번째 황예진의 편지] 나한테 불만 있는 것 같네? 불만 있으면 적어 줘.

[네 번째 이정욱의 편지] 불만 없어. 화해하자.
[네 번째 황예진의 편지] 내가 더 이상 할 말이 없네. 이것으로 끝내자. 미안해. 안녕.

이렇게 해서 서로 화해하게 된 것입니다.

이 밖에도 편지 받을 대상을 여러 가지로 넓히거나 다른 글도 편지글 형식을 빌려 쓸 수가 있습니다. 이를테면 농촌 어린이가 도시 어린이에게 농촌의 사정을 알리거나, 도시 어린이가 농촌 어린이에게 도시의 사정을 알리는 편지를 쓸 수도 있습니다. 또 독후감, 일기, 기행문 같은 것도 편지글 형식으로 쓰면 자기의 마음을 더 잘 드러내어 자연스럽게 쓸 수 있습니다. 바로 가깝게 함께 살지만 말로는 하기가 어려운 일을 짤막하게 쪽지 편지로 써 보는 것도 좋습니다.

여러 가지 방법으로 편지글을 써 보기 바랍니다. 어른이 되면 이보다 훨씬 많은 종류의 편지를 써야 할 필요가 있지요.

참, 이제는 손전화로 보내는 문자 메시지나 전자우편으로 보내는 편지도 중요한 자리를 차지하고 있는 것을 받아들이지 않을 수 없게 되었습니다. 그러니까 꼭 써야 할 것이라면 좀 더 좋은 내용으로 바르게, 예의를 갖추어 쓸 수 있도록 잘 지도해야 할 것입니다.

4. 편지글의 특징

편지글의 특징은 다음과 같습니다.

첫째, 편지는 받는 사람과 글을 쓰는 목적이 뚜렷이 정해져 있습니다. 다른 갈래 글 가운데 주장하는 글도 때에 따라서는 대상이 정해져 있기도 합니다만, 편지글은 어떤 종류든 모두 대상이 정해져 있지 않으면 안 됩니다. 그리고 상대방에게 하고 싶은 말도 뚜렷하지요.

둘째, 또 편지글은 말하듯이 씁니다. 대상이 정해져 있기 때문이지요. 보통 글을 쓸 때는 '우리 아버지 어머니는 오늘도 일하시느라 애쓰십니다.' 이렇게 쓰지만 편지글로 쓸 때는 '아버지 어머니, 오늘도 일하시느라 애쓰시지요?' 이렇게요.

셋째, 받는 사람에 따라 말투가 달라집니다. 나이, 남녀, 동무, 그 밖에 자기와 어떤 관계냐에 따라 예를 갖추어 하고 싶은 말을 다 해야 합니다. 이를테면 어른인 아버지 어머니께 편지를 쓸 때는 존댓말을 써야겠지요. 처음에는 '아버지 어머니께' 이렇게 쓰고 내용은 '아버지 어머니, 이제 걱정 마세요. 이제 이렇게 저희들의 잘못을 깨달을 줄 알도록 자랐습니다.' 이렇게 써야겠지요. 또 끝에 '○○이 올림' 이렇게 쓰고요. 그러나 동무에게 쓸 때는 '기원아!' '기원아, 너는 몇 반이고? 나는 5학년 3반이다.' 또 끝에는 '너의 친구 □□' 이런 식으로 써야겠지요.

넷째, 편지글은 형식이 있습니다. 상대에 따라, 형편에 따라 조금씩 다르긴 해도 대체로 이렇게 짜여져 있지요.

① 부르는 말
② 받는 사람의 안부
③ 보내는 사람의 안부
④ 하고 싶은 말
⑤ 끝인사
⑥ 편지를 쓴 날짜
⑦ 쓴 사람

하지만 너무 얽매이지 않아도 됩니다. 형식을 깨뜨려 쓰는 편지도 많이 있으니까요. 다만 편지글은 인사말을 꼭 써야 합니다.

다섯째, 편지글은 상대방의 마음을 움직이려고 쓰는 글입니다. 좋은 글이라면 어떤 갈래의 글이든 읽는 사람의 마음을 움직이겠지만 편지글은 쓰는 사람이 목적하는 바대로 편지를 받는 사람의 마음이 움직여지기를 간절히 바라서 쓴다는 말입니다.

5. 어떤 편지글이 좋은 편지글일까요?

좋은 편지글이란 한마디로 말하면 내가 상대방에게 하고 싶은 말이 잘 전달되고, 그것을 상대방이 기쁜 마음으로 받아들일 수 있도록 쓴 편지입니다.

몇 가지로 나누어 자세히 살펴봅시다.

첫째, 하고 싶은 말이 잘 전달되도록 쓴 편지글입니다. 인사 편지가 아닌 편지인데 인사말을 많이 쓴다든지, 엉뚱한 말만 하고 꼭 하려던 말은 제대로 하지 않으면 받는 사람이 '이 편지는 왜 보냈지?' 하겠지요. 위문편지면 슬픔이나 힘겨움을 위로하고 힘을 북돋워 주는 내용을 써야 하고, 축하 편지 같으면 함께 기뻐하며 축하하는 내용을 써야 하고, 감사 편지면 고마움과 감사하다는 내용을 담아야겠지요.

둘째, 상대에 맞게 예의를 잘 갖추어 쓴 편지글입니다. 글로 예의를 갖춘다는 뜻은 글 속에 예의가 잘 나타나도록 써야 한다는 말입니다. 불쾌하게 말하지 않고 존댓말로 쓴다든지, 정중한 말로 쓴다든지 하는 것이지요.

셋째, 받는 사람에게 중심을 두고 쓴 글입니다. 어떤 편지는 자기 형편만 잔뜩 늘어놓은 것을 볼 수 있습니다. 그렇게 쓰면 받는 사람의 마음이 내게로 다가오지 않을 것입니다. 받는 사람 이야기를 많이 해야 내 말이 더 잘 받아들여질 것이고 내 이야기를 하더라도 받는 사람과 관계 있는 이야기를 하는 것이 좋습니다.

넷째, 무엇보다 진정한 마음과 정성이 담겨 있는 글입니다. 어버이날이나 생일에 쓰는 편지글은 뻔하게 쓰는 경우가 많습니다. 그렇게 쓰는 편지는 받는 사람의 마음을 움직일 수 없습니다. 편지는 뭐니 뭐니 해도 진정한 마음과 함께 정성이 담겨 있어야 합니다. 글씨 또한 정성껏 써야 받는 사람이 그 정성에 감동할 것입니다.

다섯째, 우리 말로 쓴 편지글입니다. 바로 앞서도 말했지만 어려운 한자말이나 그럴듯한 말로 꾸며 쓰지 말고 자기가 평소에 쓰는 입말로 쓰되 우리 말을 잘 살려 써야 합니다.

아버지 어머니께

아버지 어머니, 오늘도 일하시느라 애쓰시지요? 저는 아버지 어머니께서 낳아 주고 길러 주신 맏아들 영웅입니다. 봄이다 싶더니만 벌써 여름 문턱에 서 있는 것 같습니다. 여름이 다가오면 올수록 아버지 어머니 어깨가 무거워지시지요? 일이 많이 늘어나니까요.

아버지 어머니, 제가 그동안 걱정 많이 끼쳐 드렸지요? 그래 놓고는 죄송하다는 말도 한번 못했습니다. 다른 말 하기 전에 죄송하다는 말부터 먼저 드리겠습니다.

"아버지 어머니, 죄송합니다."

며칠 전 일만 해도 그렇습니다. 동무 집에 아무 말 없이 놀러 갔다가 밤늦게 돌아왔지요. 아버지 어머니께서 걱정하신 것도 모르고 꾸중한다고 신경질만 냈습니다. 그때는 정말 '내가 마음대로 동무 집에 놀러가는 건데 디기 꾸중하네.' 하는 생각만 했습니다. 그런데 자세히 생각해 보니 다 내 걱정하는 것이라는 생각이 들었습니다. 내가 잘못했다는 것을 알았는데도 미처 "제가 잘못했습니다." 하는 말도 못했습니다.

또 있습니다. 지난주에 어머니께서 허리가 아프다고 나보고 짚 가지고 와서 소죽 주라고 했을 때 저는 일부러 가기 싫어서 "아아! 배 아파 죽겠다. 꼼짝도 못하겠어요!" 하면서 꾀병을 부렸어요. 그러니까 어머니께서 "웅아, 많이 아프나?" 하면서 약까지 지어 오셨지요. 할머니는 "개 안아야 될 낀데." 하면서 내 배를 슬슬 어루만져 주셨지요. 안 아프다고 하면 꾀병이라고 꾸중 들을 것 같고, 어떻게 해야 될지 몰라서 가만히 있었습니다. 정말 왜 그런 거짓말을 했는지 모르겠습니다. 그 작은 일 하나 하기 싫어서 그런 걱정을 끼쳐 드렸습니다. 아버지 어머니께서는 그런 일보다 몇 배 더 힘든 일을 날마다 하시는데 말씀입니다.

그리고 또 있습니다. 날마다 나하고 동생하고 치고받고 싸우지요. 그때 아버지 어머니께서 회초리로 손바닥을 때렸지요? 나하고 동생은 찔

찔 짜면서 고함지르고 대들었습니다. 이 편지를 쓰면서 아버지 어머니 마음이 어떨지 생각해 봤습니다. 내가 아버지 어머니였더라면 더욱 화나고 분통 터질 것입니다. '저놈들이 커서도 저렇게 싸우면 어떡하나.' 걱정도 했겠지요.

또 있습니다. 용돈이 적다고 돈을 더 달라고 하기만 했지요. 그 용돈으로 기껏해야 군것질만 하면서요. 아버지 어머니 지갑에서 말없이 천 원씩 이천 원씩 꺼내어 과자를 사 먹은 적도 있습니다. 아버지 어머니께서는 단돈 십 원도 아끼는데 정말 부끄럽습니다.

아버지 어머니 앞에 제 잘못을 몇 가지만 털어놓고 봐도 제가 큰 죄인입니다. 아버지 어머니께서 죽을 판 살 판 일하는 것을 보면 정말 제가 걱정 끼쳐 드리지 말아야지, 하면서도 그게 잘 안 됩니다. 앞으로 그렇게 되도록 최선을 다하겠습니다.

아버지 어머니, 이제 걱정 마세요. 이제 이렇게 저희들의 잘못을 깨달을 줄 알도록 자랐습니다. 그리고 한 가지는 일을 너무 많이 하지 마시고 조금이라도 쉬어 가면서 했으면 좋겠습니다.

아버지 어머니, 저희들은 아버지 어머니 잘 모시는 더욱 착한 아들이 되겠습니다. 오래오래 건강하게 저희들과 사시길 빕니다.

1997년 5월 5일
아버지 어머니를 가장 존경하는 맏아들 영웅이 올림

해마다 어버이날 즈음 관행처럼 부모님께 편지를 쓰지요? 평소에는 잊고 지냈던 부모님 은혜를 그때라도 편지를 쓰며 진정으로 감사하는 것도 참 좋은 일입니다. 이 편지도 청도 덕산초등학교 6학년 윤영웅이 그렇게 쓴 것입니다. 그동안 자기가 저지른 온갖 잘못을 고백하고 진정으로 반성하지요? 그리고 아버지 어머니가 건강하시기를 진정으로 비는 마음이 가슴에 와 닿도록 쓴 편지글입니다.

6. 편지 쓰기 기본 공부

1) 편지 쓰기의 기본 태도와 방법

먼저, 누구에게 왜 쓰는지 정해야 합니다. 편지를 쓰기 전에 조용히 눈을 감고 편지를 받아 볼 사람을 한 번 더 생각해 봅니다.

하고 싶은 말을 분명히 합니다. 어떤 목적으로 편지를 쓰려는지 머릿속으로 한 번 더 정리해 보는 것이 좋습니다. 전체 내용을 어떤 차례로 쓸 것인가 간단하게 짜 보는 것도 좋겠지요.

편지를 쓸 때는 상대방을 존중하는 마음으로 정중하게, 예를 갖추어 씁니다. 그리고 상대방을 중심에 놓고 쓰며, 언짢은 마음이 들지 않게, 기분 좋게 받아들일 수 있도록 씁니다.

진솔하게 씁니다. 거짓된 마음으로 쓰면 겉으로 아무리 예를 갖추어 썼다 해도 상대방이 다 느끼게 됩니다. 그러니까 무엇보다 진정을 다해 쓰는 것이 가장 바탕이 되는 태도입니다.

글씨를 정성껏 씁니다. 아무리 내용이 좋다 하더라도 글씨를 아무렇게나 써서 상대방이 편지를 받았을 때 기분이 언짢아졌다면 헛일이 되지요. 오히려 편지 보낸 사람에 대한 느낌이나 생각이 나빠질 수도 있습니다. 그러면 편지를 쓴 목적도 이룰 수 없지요. 그러니 깨끗하고 예쁜 편지지에 글씨를 정성껏 쓰고 어법에 맞게 바르게 써야 합니다.

만나서 말하는 것처럼 씁니다. 편지는 상대가 정해져 있으니 더욱 그 사람에게 말하는 것처럼 써야 합니다. 상대방에게 "그동안 잘 지냈니?" 이렇게 말해야지 '그동안 잘 지냈는지 물었습니다.' 이렇게 써서는 안 되잖습니까?

우리 말로 쉽게 씁니다. 꾸며 쓰지도 말고 우리가 쉽게 하는 말로

'국화 향내 가득한 늦가을입니다.' '선생님, 온 들에 파릇파릇 새싹이 돋고 아지랑이 아른아른 피어오르는 따뜻한 봄입니다.' 뭐 이런 식으로 써야 합니다.

2) 편지의 격식과 바르게 쓰는 방법

편지는 어느 정도 격식을 갖추어 쓰는 글이라고 했습니다. 그 격식은 대충 이렇습니다.

① 처음
· 부르는 말: 받는 사람을 부르는 말을 씁니다.
· 인사말: 계절에 맞는 인사나 일반 인사말을 씁니다.
· 받는 사람의 안부: 편지를 받는 사람의 안부를 묻습니다.
· 보내는 사람의 안부: 편지를 보내는 사람의 안부를 알려 줍니다.
② 가운데(본문)
· 하고 싶은 말: 쓴 사람이 하고 싶은 말을 씁니다.
③ 끝
· 끝인사: 받는 사람의 안녕을 비는 인사말을 씁니다.
· 쓴 날짜: 편지글 끝에 쓴 날짜를 밝힙니다.
· 보내는 사람: 쓴 사람의 이름을 밝힙니다.

이 격식에 따라 어떻게 써야 할지 설명을 좀 더 해 보겠습니다.
먼저 처음 부분입니다. 처음 글이 시작되면 그다음은 실타래가 풀리듯 슬슬 잘 풀리지요. 편지글에서는 더욱 그렇습니다.
편지 내용을 쓰기에 앞서 부르는 말을 쓰지요. 보통 편지 받는 사람이 어른이면 '선생님!' '선생님께' '아버님께' '어머님께' '아버지께'

'형님께' '버스기사 아저씨께'처럼 호칭 뒤에 '~님' '~님께' '~께' '~께(님께) 올립니다' '~께(님께) 드립니다' 이렇게 많이 씁니다. 또래 동무면 '지연이에게' '지연아'처럼 이름 뒤에 '~에게' '~야(아)'를 많이 씁니다. 또 아랫사람이면 '정현이에게' '정현아' '정현이 보렴' '정현이 보아'처럼 이름 뒤에 '~에게' '~야(아)' '~야(아) 보아라' '~이 보아(보렴)' 이렇게 씁니다. 바로 앞에 있는 사람을 부르듯 다정한 말투로 쓰면 됩니다. 그리고 부르는 말 앞엔 '보고 싶은 영철에게' '존경하는(잊지 못할) 선생님께' '사랑하는 어머니께'처럼 꾸미는 말이 들어가기도 합니다.

다음은 인사말인데, 편지를 많이 써 보지 않은 어린이들은 '안녕?' '안녕하십니까?' 이 정도밖에 달리 생각을 못하는 경우가 많습니다. 오랜만에 동무를 만나면 "야아, 이거 얼마 만이야? 정말 오랜만이야!" 하고 반가운 인사부터 나누게 되지요? 이렇게 인사를 나누고는 여러 가지 이야기를 나눕니다. 편지도 이렇게 말하듯 쓰면 됩니다.

동무에게 쓴다면 '정말 오랜만이구나!' '그동안 잘 지냈니?' 이렇게 쓰면 되겠고, 선생님께 쓴다면 '선생님, 그동안 안녕하셨습니까?' 하거나 또 다른 좋은 인사말을 쓰면 되겠습니다.

여기에다 계절이나 날씨에 맞추어 하는 인사나 식구들에 대한 인사, 환경에 대한 인사말을 덧붙여 쓰면 더욱 자연스런 인사말이 될 것입니다. 우리의 생활과 가장 가까운 관계를 가지고 있기 때문이지요.

'아직 아침저녁으로 날씨가 제법 쌀쌀합니다.'

'새싹이 파릇파릇 돋아나고 아지랑이 아른거리는 따뜻한 봄입니다.'

'우리 마을 뒷산에 진달래가 활짝 핀 걸 보니 정말 봄은 봄이구나. 그동안 잘 지냈니?'

'가만히 앉아 있어도 땀이 줄줄 흘러내리는 이 무더운 여름, 오빠

는 어떻게 지내고 있어?'

이런 식입니다. 그렇지만 꼭 계절 인사를 해야만 하는 건 아닙니다.

'선생님, 안녕하세요? 저 주희예요.'

'영철아, 너와 헤어진 지 벌써 1년이 지났구나!'

이런 식으로 쓰기도 합니다. 어쨌든 상황에 따라 온갖 방법이 있으니 자연스럽게 나오는 입말을 살려 인사말을 쓰면 될 것입니다.

다음은 편지를 받는 사람의 안부를 묻습니다.

'선생님, 그동안 안녕하셨습니까?'

'몸 건강하시지요? 선생님은 약하신 편이라 감기 드실까 걱정도 됩니다.'

보통 인사말에 이어 바로 안부를 묻는 경우도 많습니다.

'이 무더운 여름 어떻게 지내니?'

'늦가을 아침저녁으로 쌀쌀해지는 날씨에 할아버지 할머니께서는 어떻게 지내시는지요?'

이렇게요. 그렇지만 이 또한 상황에 따라 다 다르게 안부를 묻게 되겠지요.

이어서 보내는 사람의 안부도 꼭 알립니다. 내가 받는 사람의 안부가 궁금하듯 받는 사람도 내 안부가 궁금할 것입니다. 무엇보다 상대방의 안부만 묻고 자기의 안부를 전하지 않으면 실례가 됩니다.

'난 탈 없이 학교에 잘 다니고 있어.'

'저는 늘 할아버지께서 걱정해 주시는 덕분에 잘 지내고 있습니다.'

이런 식으로요. 상대에 따라서는 자기 안부뿐 아니라 식구들이나 상대방도 잘 아는 가까운 사람의 안부도 알려 주면 좋겠지요.

'저는 잘 지내고 있습니다. 어머니 아버지께서도 평안하시고 동생도 건강하게 잘 있습니다.'

이렇게요. 안부도 좋은 내용으로 쓰지 못할 경우도 있습니다. 자신에게 어려운 일이나 불행한 일이 있을 때에는 말을 하더라도 너무 걱정하거나 불편해하지 않도록 하고, 상대방에게 어려운 일이나 불행한 일이 있으면 조심스럽게 위로하는 마음을 담아 말해야겠지요. 또 인사나 안부는 상대나 상황에 따라 간단하게 또는 궁금해하지 않도록 자세하게 써야 하는 것도 잊지 말기 바랍니다.

편지글은 이렇게 인사 예의를 어느 정도 갖추는 것이 특징입니다. 하지만, 친한 사이거나, 함께 살고 있는 식구이거나, 늘 가까이 있는 사람에게 짧게 편지를 쓸 때는 부르는 말 다음 인사말 없이 바로 하고 싶은 말을 쓰기도 합니다. '영철아! 어제 내가 먼저 집에 가서 정말 미안하다.' 이런 식으로요.

인사말이 끝나면 하고 싶은 말을 합니다. 하고 싶은 말은 편지를 보낸 목적이 여기에 있기 때문에 편지에서는 가장 알맹이가 되는 중요한 부분입니다. 그러니까 알맹이를 또렷이 생각하고 써야 내용이 엉뚱하게 흐르지 않을 것입니다. 하고 싶은 말을 쓸 때는 상대방이 당황스럽게 부풀려 써도 안 되고, 기분이 상하도록 콕 찌르듯이 말해도 좋지 않겠지요. 솔직하게 쓰되 받는 사람의 마음을 헤아려 써야 합니다. 또 상대의 이해 수준에 맞추어 쉽게 알 수 있도록, 잘 받아들일 수 있도록 써야겠지요.

안부 편지 같은 경우 하고 싶은 말이 또렷이 없거나 하고 싶은 말이 매우 간단할 때는 받는 사람이 궁금해할 것이나 알면 좋아할 자신의 일이나 자기 집 소식 같은 것을 새미나게 알려 주면 좋을 것입니다.

하고 싶은 말을 다 한 다음엔 끝인사를 합니다. 이 끝인사도 만났다 헤어질 때 하는 인사말처럼 쓰면 됩니다. 끝인사는 대체로 처음 인사보다는 간결하게 하면서도 상대방에 따라 알맞게 해야 합니다.

어른이라면 '선생님, 언제나 건강하시기 바랍니다. 다음에 또 편지 올리겠습니다.' '선생님, 안녕히 계십시오. 이만 쓰겠습니다.' 이런 식으로 쓰면 될 것입니다. 동무나 아랫사람에게는 조금 달라야겠지요. '다음에 또 편지 할게. 몸 건강히 잘 지내라.' '주희야, 그럼 몸 건강히 잘 있어.' 이렇게요.

그런데 '선생님, 건강하십시오.'라고 쓰는 것은 실례입니다. '~하십시오.' 하는 말은 명령투이므로 어른에게 어린이가 할 말은 아니지요. 그러니까 '건강하시기 바랍니다.' 이렇게 쓰면 됩니다.

'선생님, 꼭 답장해 주세요.'라고 쓰는 것도 좋지 않습니다. 꼭 필요한 일이 아닌데 어른에게 답장을 요구하는 것은 버릇없어 보이기도 합니다. 부탁을 할 때는 '꼭 해주세요.' 하고 명령하지 말고, '선생님, 저에게 도움 말씀을 해 주시길 부탁드리겠습니다.' 이렇게 공손하게 써야 한답니다.

어쨌든 끝인사도 진정한 마음이 담기게, 좀 더 부드럽게, 여운이 좀 남게 쓰는 것이 좋겠습니다.

끝인사까지 다 썼으면 편지 쓴 날짜를 반드시 적어야 합니다.

쓴 날짜 다음에는 편지를 보내는 사람의 이름도 반드시 적어야겠지요. 어른들께 쓰는 편지는 이름 뒤에 공경하는 마음이 담긴 '~ 올림' 또는 '~ 드림'이란 말을 쓰고 동무나 아랫사람에겐 다정한 마음이 담긴 '~ 씀' 또는 '~ 보냄'이란 말을 많이 씁니다. '~이가'라는 말은 어른께는 말할 것 없고 동무끼리라도 안 쓰는 것이 좋답니다. 또 집을 나가 멀리 떨어져 있을 때는 장소를 넣어서 '~에서 ~ 올림' 또는 '~에서 ~ 씀' 이렇게 쓰기도 합니다.

그러면 실제 편지로 그 짜임을 살펴볼 수 있도록 보기를 내보이겠습니다.

	부르는 말	선생님께
처음	인사말	선생님, 안녕하십니까? 아직 아침저녁으로는 날씨가 제법 쌀쌀합니다.
	받는 사람의 안부	몸 건강하시지요? 선생님은 약하신 편이라 감기 드실까 걱정도 됩니다.
	보내는 사람의 안부	저는 키가 크려는지 하루 다섯 끼를 먹으면서 건강하게 잘 지내고 있습니다.
가운데 (본문)	하고 싶은 말	선생님, 저는 1학년 6반이고 담임선생님 성함은 박윤경이십니다. 참 이쁘시고 선생님처럼 우리들에게 좋은 말씀 많이 해 주십니다. 국어 과목을 가르치세요. 정은이와 희자도 한 반이에요. 중학교에 올라오니 처음 두려운 마음과는 달리 그렇게 어려운 점은 없어요. 재미있는 일도 많아요. 시간마다 선생님이 바뀌고, 웃기는 선생님도 계셔서 공부하는 것도 재미있어요. 새로운 친구들도 많이 사귀어서 좋고 아무튼 힘들진 않아요. 선생님께선 3학년 1반을 가르치게 되셨다는 소식을 들었습니다. 저에겐 지금 《꽃교실》일이 가장 걱정이 돼요. 3학년 아이들은 아직 일기 쓰고 시 쓰고 하려면 선생님께서 힘 많이 드시겠어요. 작년에 우리들 가르치실 때도 애를 참 많이 쓰셨잖아요. 저희들이 능력도 좀 없었고, 《꽃교실》낼 돈도 없었잖아요. 그래도 지금 작년 6학년 때처럼 선생님께 시를 다시 배우며 써 보고 싶어요. 제가 이렇게 다시 시 쓰기 공부를 열심히 해 보고 싶은 마음은 아무도 모를 거예요. 지금도 과자를 마구 사 먹는 친구들을 보면 쓸데없이 사 먹기만 하지 말고 우리 《꽃교실》에나 좀 보태어 주지, 하는 생각뿐입니다. 선생님, 97년도의 선생님 제자인 저를 잊지 마셔요. 저도 시집을 가더라도 영원히 잊지 않을 거예요. 사랑으로 저희들을 진실되게 가르쳐 주신 선생님께 은혜를 갚는 길은 저희들이 진실하게 살아가는 것이겠지요.
끝 부분	끝인사	선생님, 이렇게 편지를 쓰니 선생님이 무척이나 보고 싶어요. 이만 줄이고 다음에 다시 편지 올리겠습니다. 부디 살 좀 찌시고 몸 건강하시길 빕니다.
	쓴 날짜	1998년 3월 24
	보내는 사람	제자 김언경 올림

3) 편지 봉투 쓰는 법

편지 봉투 쓰는 법은 다들 잘 알겠지만 한번 더 살펴보고 주소 쓰는 위치와 방법을 잘 알아 두기 바랍니다.

① 일반 우편

```
보내는 사람                                      우표
대구시 수성구 신매동 570번지
       이 호 철 올림
 706-750
                    받는 사람
                    경기도 파주시 문발동 직지길 492
                         김 보 리 귀하
                           413-120
```

② 우편엽서

```
                   우 편 엽 서
  보내는 사람
  대구시 수성구 신매동 570번지
         이 호 철 올림
   706-750
                      받는 사람
                      경기도 파주시 문발동 직지길 492
                           김 보 리 귀하
                             413-120
```

어린이들 가운데는 가끔 주소를 제대로 안 적는다든지 우편 번호를 제대로 안 적는데, 또박또박 잘 써야 전달도 잘 되겠지요.

7. 편지 쓰기

편지 쓰기도 떠오르는 대로 쓰다 보면 중요한 것을 빠뜨리기 일쑤입니다. 그러다 편지지를 버릴 때도 참 많지요. 그러니까 머릿속으로라도 어떤 내용으로 쓸까, 어느 정도 정리를 한 뒤에 쓰는 것이 좋습니다. 그리고 바로 편지지에 쓰기보다는 연습 종이에 써서 보충하고 다듬은 뒤에 편지지에 깨끗이 옮겨 적는 것이 좋겠습니다.

그러면 이제 정말 편지를 써 봅시다.

1) 누구에게 쓸지 정하기

먼저, 누구에게 쓸지 정합니다.

편지를 쓴다고 마음먹었다면 이미 받을 사람은 정해져 있을 것이라 봅니다. 그렇다면 편지를 받는 사람은 누구인가, 나에게 어떤 사람인가를 한 번 더 마음속으로 생각해 보며 그 사람을 뚜렷이 머릿속에 떠올려 보는 것이 좋겠습니다.

2) 편지 쓰는 목적 뚜렷이 하기

편지를 쓰는 목적이 무엇인지 마음속으로 되뇌어 보며 뚜렷이 합니다.

누구에게 쓸 것인지도 이미 정해져 있겠지만 쓰는 목적도 정해져 있을 것이라 봅니다. 그렇지만 여기서는 다시 한 번 더 어떤 목적으로 쓸 것인지 마음속으로 뚜렷이 합니다.

3) 쓸 내용 정리하기

편지 쓸 내용을 떠올리고, 쓸 차례를 정해 정리합니다.

편지도 어떤 내용과 차례로 쓸 것인지 머릿속으로 정리를 해 두어야 내용이 뒤죽박죽되지 않을 것입니다. 또 그렇게 해야 어떤 내용은 더 자세히 쓰고 어떤 내용은 간단히 쓸 것인지 파악해 쓸 수 있습니다. 제법 긴 편지글이라면 다른 갈래 글을 쓸 때처럼 얼거리를 짜서 적어 보고 쓰는 것도 좋습니다.

4) 편지 쓰기

내용을 정리한 차례대로 말하듯 또박또박 편지를 씁니다.

다정한 사람에게 하고 싶은 말을 하듯이 차례로 또박또박 씁니다. 편지를 쓸 때는 진정한 마음으로 진솔하게 써야 한다고 했지요? 보통 어린이들이 쓰는 편지 내용을 보면 할 말만 간단하게 하고는 그만입니다. 그러면 너무 내용이 딱딱하겠지요. 상대방이 궁금해하지 않도록 보내는 사람의 일과 마음을 내보여야 좋습니다.

5) 글 다듬기

다 쓴 편지글을 다시 차근차근 읽어 보면서 모자라는 곳은 보태어 쓰고, 필요 없는 말은 빼고, 틀린 곳은 고치고, 껄끄러운 곳은 다듬어서 충실한 내용이 되도록 합니다.

이렇게 글 다듬기를 하자면 편지지가 아니라 연습 종이에 먼저 써야겠지요. 편지는 받는 사람이 정해져 있어 더욱 마음을 써서 다듬어야 합니다. 말이 잘 안 되거나 틀린 곳을 받는 사람이 발견하면 정성이 없는 것으로 생각할 수도 있을 것이기 때문입니다. 정성이 없는 것으로 생각되면 믿음 또한 덜해질 것이고, 문제 해결을 위한 편지일 경우에는 일을 그르칠 수도 있기 때문입니다.

6) 정성껏 옮겨 적기

쓴 편지를 다시 깨끗하고 예쁜 편지지에 정성껏 옮겨 적습니다.

앞서도 말했지만 연습 종이에 깨끗이 잘 썼다면 이 과정은 필요 없겠지요. 하지만 좀 더 정성스런 마음을 전하기 위해서는 다시 깨끗한 종이에 정성껏 옮겨 적는 것이 더 좋습니다.

7) 봉투에 주소 쓰기

편지글을 넣어 보낼 봉투에 주소를 씁니다.

주소는 더욱 바르고 정확하게, 정성껏 써야 합니다. 봉투의 겉모습은 얼굴과 같다고 생각하면 될 것입니다. 깔끔하고 정성스런 마음이 거기에도 나타나기 때문이지요. 봉투에는 '보내는 사람'의 주소와 '받는 사람'의 주소 쓰는 위치를 잘 보고 쓰기 바랍니다. 흔히 위치를 바꾸어 쓰는 경우도 봤거든요. 또 우편 번호도 잊지 말고 정확하게 쓰기 바랍니다. 다 쓴 편지는 우표를 바르게 붙여 보냅니다.

8. 맺는말

편지에 대해서는 설명을 하지 않아도 이미 잘 쓰고 있을 테지만 이렇게 한 차례 공부를 하면 더욱 잘 쓸 수 있을 것이라 봅니다. 또 한 가지는 여기에 내보인 편지 쓰는 격식대로만 편지를 써야 하는 것은 아닙니다. 상황에 따라 여러 가지 방식으로 자유롭게 쓸 수 있으니 너무 얽매이지는 말기 바랍니다. 좀 더 새로운 방식으로 편지를 쓰는 노력이 필요하겠지요.

요즘은 전자우편으로 편지를 많이 주고받습니다. 그래도 때에 따라서는 손으로 쓴 편지를 주고받아 보기도 합시다. 전자우편으로 편지를 쓰더라도 손으로 정성껏 쓰는 편지처럼 바르게 쓰도록 합시다.

　사람들 모두 편지로 따뜻한 마음을 주고받으며 행복한 세상을 만들어 갔으면 좋겠습니다.

14장

극본

연극하기 위해 쓰는 글

1. 극본이란 어떤 글일까요?

연극은 배우가·일정한 시간에 무대에서 어떤 뜻을 가진 말과 행동을 사람들에게 보여 주는 예술이라고 합니다. 어린이들을 더 쉽게 이해시키려면 어린이들이 하는 소꿉놀이를 떠올려 보게 하면 될 것입니다. 소꿉놀이를 할 때는 모두 내가 아닌 소꿉놀이 속의 사람이 되어 그 사람처럼 말과 행동을 하잖아요? 연극도 그것과 비슷합니다. 다만 연극은 어떤 주제에 맞게 계획을 세워 보여 준다는 것이 다를 뿐이지요.

연극은 또 종합예술이라고도 합니다. 왜냐고요? 연극을 하려면 먼저 배우가 해야 하는 말과 행동 따위를 쓴 글, 다시 말해 극본이 필요하고, 음악도 필요하고, 극 내용에 맞게 무대도 꾸며야 하고, 시대와 형편에 맞는 옷도 필요하지요. 이렇게 문학, 음악, 미술, 무용, 건축, 조명 따위 여러 가지 예술이 다 필요하기 때문에 종합예술이라고 하는 것입니다.

이 가운데 극본은 연극의 모든 계획이 다 기록되어 있는 글입니다. 이렇게 연극을 할 수 있도록 쓴 글을 극본(희곡)이라고 합니다. 원래 극본이란 말은 연극뿐 아니라 극이나 어떤 구성이 없으면 할 수 없는 영화, 텔레비전 드라마, 라디오 연속극, 인형극, 무용극, 노래극, 만화, 코미디, 오페라, 다큐멘터리, 오락쇼 같은 것들을 할 수 있도록 쓴 글 모두를 일컫는 말이라고 보면 되겠습니다. 그렇지만 보통 극본 하면 연극을 하기 위해 쓴 글을 말합니다.

여기서는 연극을 하기 위해 쓰는 글인 극본(희곡)을 중심으로 말하겠지만 특성에 맞게 조금만 바꾸어 생각하면 어떤 극본이라도 쓸 수 있을 것입니다.

먼저 극본 한 편 맛보도록 합시다. 권정생 선생님이 쓴 동화를 연극을 할 수 있도록 고쳐 쓴 짤막한 극본입니다.

다람쥐 동산

때: 어느 여름
곳: 다람쥐 동산
나오는 이들: 똘똘이, 엄마, 쫑쫑이, 해설자

해설: 하늘은 푸르고 물이 맑은 동산이 있었어요. 그 동산 이름이 뭘까요? 꿀꿀이 동산이라구요? 아니에요. 발발이 동산이요? (길게) 어머! 아니에요. 그 동산 이름은 다람쥐 동산이에요. 다람쥐 동산에는 예쁜 다람쥐들이 많이 살고 있었어요. 그 다람쥐들 중에는 눈이 반짝반짝 빛나고 발이 아주 빠른 다람쥐가 있었어요. 그 다람쥐 이름은 뭘까요? 네! 쫄쫄이요? 아니에요. 똥똥이? (길게) 어머! 아니에요! 네, 맞았어요. 다람쥐 이름은 똘똘이에요.

똘똘이: 엄마, 저기 고개 너머에 도깨비들이 살아요?

엄마: 그렇단다. 고개 너머엔 얼굴이 시뻘겋고 이마에 뿔이 난 도깨비들이 살고 있어요.

똘똘이: 정말이에요? 아무래도 거짓말 같아요. 한번 가 보면 안 돼요?

엄마: (놀라며) 큰일 날 소리를 하는구나! 고개를 넘어가면 살아오지 못해요. 절대로 가면 안 돼요. 참! 너 학원 갈 시간 다 됐지?

똘똘이: (시큰둥한 목소리로) 네에. (집을 나서며) 엄마 말씀이 사실일까?

해설: 다람쥐 동산에 밤이 찾아왔어요. 하늘엔 아름다운 별이 예쁘게 떠올랐군요. 어머 이젠 환한 달님이 나왔네요. 깜깜한 숲 속까지 환해

지는군요. (놀라며) 어어? 그런데, 저 숲 속에 있는 게 누구죠?

똘똘이: (조심스런 목소리로) 한 번 살짝 넘겨다보는 건 괜찮을 거야. 저 고개 너머엔 도깨비가 살지 않을지도 몰라.

해설: 울타리가 있는 고개로 살금살금 올라가는군요.

똘똘이: (아주 놀라며) 어! 저게 뭐지? (말을 더듬으며) 도, 도, 도깨빈가?

해설: 울타리 너머엔 똘똘이만 한 아기 다람쥐가 있네요.

똘똘이: (놀란 것을 감추며) 얘! 넌 누구니?

쫑쫑이: (놀라며) 아이고, 깜짝이야! 나아 쫑쫑이라고 해.

똘똘이: 넌 어디 사니?

쫑쫑이: 저쪽 산 너머에 산다.

똘똘이: 뭐라구! (사이) 산 너머엔 도깨비가 없니?

쫑쫑이: 어머나! 너도 그렇게 알고 있었니? 우리 엄마 아빠도 그렇게 말씀하셨어. 고개 너머엔 무시무시한 도깨비들이 살고 있으니깐 절대로 가지 말라고 하셨어.

똘똘이: 그건 거짓말이야. 이제 보니 어른들 모두가 거짓말을 했구나!

해설: 그날 밤이었어요. 똘똘이와 쫑쫑이는 울타리에 작은 구멍을 뚫었어요. (똘똘이, 쫑쫑이: 영차! 영차!) 똘똘이와 쫑쫑이는 그날부터 울타리 구멍으로 오락가락하며 재미있게 놀았어요.

쫑쫑이: 여우야, 여우야 뭐하니?

똘똘이: 밥 먹는다.

쫑쫑이: 무슨 반찬?

똘똘이: 도토리 반찬!

쫑쫑이: 죽었니? 살았니?

똘똘이: 살았다!

쫑쫑이: (놀라 달아나며) 아악!

해설: 울타리 구멍은 점점 더 커졌고, 아기 다람쥐들도 더 많이 몰려 다녔어요. 결국엔 어른 다람쥐들이 그 사실을 알게 되었지만 어쩔 수 없었어요. 더 이상 아기 다람쥐들을 속일 수 없었기 때문이에요. 그러던 어느 날이었어요.

똘똘이: 엄마, 왜 있지도 않은 도깨비들이 있다고 하셨어요?

엄마: (대답할 말이 없어서) 그, 그, 글쎄다. (사이) 맞아! 너희 아버지가 그랬고, 또 다른 어른들 모두가 그러니까 나도 그런 줄 알았지. 똘똘아! 쫑쫑이네 집에 놀러 가지 않을래? 오늘 밤에 쫑쫑이네 집에서 도토리로 묵을 쑤었는데 우릴 초대한다는구나.

똘똘이: (놀라며) 도토리묵이요? (아주 좋아하며) 야아, 신난다! (웃음소리) 헤헤헤헤 말만 들어도 침이 넘어가요.

해설: 다람쥐 동산엔 울타리가 모두 없어졌어요. 이젠 평화롭게 오고 갈 수 있게 되었어요. 많은 다람쥐들이 결혼도 하고, 이사도 하고, 어려운 일 즐거운 일 서로 나누었어요. 그리고 울타리를 뚫었던 똘똘이와 쫑쫑이의 용기를 기념하여 아기 다람쥐들을 위한 똘쫑똘쫑 놀이터를 만들었어요. 어린이 여러분! 우리 용감한 똘똘이와 쫑쫑이에게 큰 손뼉을 쳐 줄까요? (관객 어린이 손뼉 침) 다음 시간까지 안녕!

(**똘똘이**: 안녕! **쫑쫑이**: 안녕!)

-《연극으로 만드는 신나는 교실》
(어린이 연극을 연구하는 선생님들의 모임인 '소꿉놀이', 내일을 여는 책)

　유아나 저학년 어린이들이 이 극본으로 공연하는 연극을 보면 무척 재미있어하겠지요? 또 이 극본으로 연극을 해 보면 더욱 재미있어할 것입니다.

　그런데 이 극본에는 해설이 많이 들어가 있지요? 뜻을 더 잘 전달하기 위해서나 무대의 장면으로 나타내기 어려울 때, 공연 시간의 한계가 있을 때 이렇게 설명하듯 해설로 처리하기도 합니다.

어린이가 쓴 토막 극본 한 편 맛보겠습니다.

나는 나

대구 동호초 4학년 송서윤

때: 2010년 2월 어느 날
곳: 집 안
나오는 이들: 엄마, 나, 지혜(목소리)

엄마는 부엌에서 설거지를 하고 있다.
나는 학교 갔다 집 안에 들어선다.

나: 엄마, 나 학교 갔다 왔어요.
엄마: 그래. 시험 결과 나왔나?
나: (힘없이) 네? 네에.
엄마: (앞치마에 손을 닦고 부엌에서 나오며) 몇 개 틀렸노?
나: (힘없이) 여덟 개요.
엄마: (깜짝 놀라며) 뭐라고? 여덟 개나 틀렸다고? 내가 니 놀 때부터 알아봤다. (답답하다는 표정으로)으이구우, 지혜는 몇 개 틀렸다 하더노?
나: 몰라요.

엄마는 시혜네 집에 전화를 건다.

엄마: 여보세요?
지혜: (목소리만 들리게) 여보세요?

엄마: 으응, 지혜구나. 나 다윤이 엄만데 니 혼자 있니?

지혜: (목소리만 들리게) 예.

엄마: 엄마는 어디 가고?

지혜: (목소리만 들리게) 슈퍼에 잠깐 갔다 온댔어요.

엄마: 그런데 한 가지 물어보자. 너 이번 시험 몇 개 틀렸는지 말해 줄 수 있니?

지혜: (목소리만 들리게) 저요? 저 네 개요.

엄마: (놀라는 표정을 지으면서) 아이구, 잘 쳤네! 우리 다윤이는 너무 많이 틀려 가지고……. 그래, 잘 알았다. 안녕. (전화를 끊고 화가 잔뜩 나서) 송다윤! 너 일로 와 봐! 너 공부를 어떻게 했길래 남들은 다 잘 쳤는데 너 혼자 여덟 개나 틀려? 그리고 너 왜 뭘 해도 지혜가 더 잘하니? 니가 지혜보다 잘하는 거 있어? 있으면 말해 봐!

나: (짜증 내면서) 엄마! 내가 지혜보다 잘하는 거 더 많아! 피아노, 미술, 춤, 노래, 달리기도 더 잘하고 시험도 내가 잘 칠 때가 더 많잖아! 그런데 왜 내가 잘했을 때는 아무 말도 안 하고 좀 더 못 쳐 오니까 화내는데? (다시 조금 작은 목소리로) 이번 시험은 내가 더 못 친 건 사실이지만……. (다시 조금 큰 소리로 항의하듯이) 그래도 그렇게 비교하면 내 기분이 얼마나 나쁜데. 내가 엄마랑 지혜 엄마랑 비교하면 기분이 좋아? 안 좋잖아.

엄마: (가라앉은 목소리로) 엄마가 너무 욕심만 채우려고 그랬나 보다. 하지만 니 이번에 너무 놀았어. 그건 반성하고 5학년 때는 더 열심히 해. 그러면 비교 안 당해도 되잖아.

나: (기어들어 가는 목소리지만 불만이 가득 찬 목소리로) 네에, 엄마.

나는 방에 들어와 가방을 내리고 힘없이 의자에 앉는다.

나: (혼자 중얼거리는 말로) 엄마는 맨날 지혜하고 비교해. 그리고 엄마는 욕심이 끝도 없는 것 같아. 나는 엄마 욕심 채우는 기계밖에 안 되는 것 같아. 지혜는 지혜고 나는 나잖아. (힘없이 책상에 엎드리며 점점 작은 소리로 중얼거리는 말로) 나는 난데, 나는 난데, 나는 난데 ……

어린이들이 흔히 겪고 있는 일을 극본으로 잘 나타내었습니다. 누구나 다른 사람에게 견주어지는 건 정말 싫지요. 그런데도 부모들은 어린이들이 더 잘하기를 바라는 욕심에 자꾸만 이런 일을 저지르곤 합니다.

2. 극본은 왜 쓸까요?

극본은 형식이 좀 다를 뿐이지 이야기가 펼쳐진다는 건 서사문이나 다른 어떤 이야기글과 다를 게 없습니다. 따라서 극본이 아닌 일반 글쓰기로 얻을 수 있는 좋은 점은 기본으로 가지고 있는 셈이지요.

먼저 어린이들이 극본을 쓰면서 얻을 수 있는 좋은 점 몇 가지만 말하겠습니다.

첫째, 극본을 쓰면 이야기의 알맹이가 되는 내용을 짜임새 있게 쓰는 능력이 더욱 길러지게 됩니다. 극본은 연극을 하기 위해 쓰는 글이기 때문에 다른 글보다 글의 알맹이를 더욱 또렷이 알아야 하고, 공연 시간의 한계가 있기 때문에 주어진 시간 안에 연극할 수 있도록 극적인 장면을 잘 가려서 펼쳐 나가야 합니다. 이야기의 알맹이가 되는 중요한 요소들을 잘 가려 뽑아 구성해야 한다는 말이지요. 그러니까 이야기의 알맹이를 가장 짜임새 있게 쓰는 능력이 길러질 수밖에요.

둘째, 대화체를 알맞게 잘 살려 쓸 수 있는 능력을 길러 줍니다. 극본에서는 거의 모두가 대화글입니다. 대화가 너절하게 많으면 연극 보는 관객이 지루해할 것이고 너무 말을 아끼면 관객이 내용을 잘 이해할 수 없을 것입니다. 따라서 꼭 필요한 대화 내용만 뽑아 쓰려고 노력하게 되지요. 그러다 보면 일반 이야기글, 주로 서사문 쓸 때도 꼭 필요한 대화체만 가려 쓰게 되지요.

다음은 연극을 하면서 얻는 좋은 점입니다.

셋째, 연극을 하면 자존감을 높여 줍니다. 우리는 때때로 자신이 왜 존재하는지, 무엇 때문에 사는지도 모르고 그냥 그렇게 살아가기도 합니다. 이럴 때 연극 속에서 자신이 맡은 역할을 열심히 해 나가다 보면 자신이 이 땅에 존재하고 있다는 데 대한 자긍심을 갖게 되지요. 자신을 이 세상에 쓸모가 별로 없다고 아주 낮추어 생각하는 어린이나, 자신에 대한 믿음이 없는 어린이는 연극을 하면서 나도 한몫하고 있구나, 나도 쓸모 있구나, 나도 이 땅에 존재할 가치가 있구나, 나도 참 중요한 한 사람이구나 하는 자존감을 갖게 됩니다.

넷째, 닫힌 마음을 열게 해 주고, 상처 입은 마음을 치료해 주기도 합니다. 힘겨운 일을 겪거나, 억울한 일을 당하거나, 속상한 일을 당한 어린이, 슬픈 일을 겪으며 살아가는 어린이도 참 많습니다. 그러면서도 어디에 말 한마디 하기도 쉽지 않지요. 그대로 두면 그것이 깊은 상처가 되고 큰 병이 되기도 할 것입니다. 이런 때 연극을 하면서 속을 시원하게 드러내면 쌓인 독이 풀어지고 상처가 치유되기도 하고 서로의 어려운 마음을 깊이 이해할 수 있게 되기도 하지요.

다섯째, 자신감을 길러 줍니다. 다른 사람 앞에 얼굴 내미는 것조차 어려워하는 어린이도 연극을 하면서 차츰 자신감을 가지게 된답니다.

여섯째, 스스로 알아서 하는 사고방식이나 창의력을 길러 줍니다. 어른이 이건 이렇게 저건 저렇게 하라고 시시콜콜 이야기해야만 겨우 자기 일을 하는 어린이도 많지요. 그런 어린이도 연극을 하다 보면 어느새 스스로 무엇을 하고 있는 자신을 발견하게 될 것입니다. 어떤 일이든 움츠리지도 않을 것이며, 어찌할 바를 몰라 쩔쩔매지도 않을 것이며, 스스로 개척해 나갈 수 있을 것이며, 자기만의 빛깔도 갖게 될 것입니다. 그리고 어떤 일이든 스스로 해 나가려고 노력하다 보면 창의성도 저절로 길러지겠지요.

일곱째, 올곧은 의식을 길러 줍니다. 생활극을 하다 보면 우리 생활의 잘못된 부분을 밝혀 내고 비판도 하게 됩니다. 어린이들은 조금 어려울지 모르겠지만 법정극 같은 경우엔 토론하며 논쟁도 하게 되는데, 이때 올바른 논리를 배울 뿐만 아니라 옳고 그름의 비판 능력도 기르고, 올곧은 의식도 기를 수 있지요. 사람들과 갈등을 빚는 문제를 다루다 보면 그 문제점을 새롭게 이해하게 되고 해결점을 찾아낼 수도 있을 것입니다.

여덟째, 다른 사람의 삶을 깊이 이해하게 됩니다. 연극은 자신과 비슷한 삶뿐만 아니라 아주 다른 사람의 절실한 삶을 몸으로 겪는 것입니다. 무슨 일이든 그 사람이 안 되어 보면 그 사람의 속사정이나 마음을 알 수가 없잖아요? 그래서 배역 맡아 연극을 하다 보면 그 사람의 삶을 어느 정도 이해하고 나아가서는 절대 받아들일 수 없었던 사람까지 받아들이며 이해할 수 있게 됩니다. 아주 소중한 가치지요.

아홉째, 공동체 의식을 길러 줍니다. 어린이들이 하는 일은 모든 것이 그렇지만 연극 또한 훌륭하게 잘해서 남에게 내보이는 것보다 어린이들 스스로 연극을 해 나가는 과정이 매우 중요합니다. 연극을 하자면 여러 분야에서 각자 자기가 맡은 역할을 제대로 하지 않으면 안 됩니다. 또 서로 도와주고 협조하면서 하나 된 마음으로 하지 않으면 연극 한 편을 만들어 낼 수가 없지요. 그러다 보면 공동체 의식, 더불어 살아가는 삶 의식이 길러지게 되는 것이지요.

연극은 또 그 자체로 유쾌함과 즐거움도 줍니다. 또 연극을 하다 보면 발표력과 표현력도 길러집니다. 그 밖에도 좋은 점은 더 있겠지요.

3. 여러 가지 극본

먼저 어른들이 쓰는 극본의 갈래부터 살펴볼까요?

· 희곡(극본): 연극을 할 수 있도록 쓴 글입니다. 여기서 말하는 연극은 우리가 흔히 하는 연극 외 인형극, 그림자극, 노래극, 무용극, 마당극, 탈춤극까지 함께 말하는 것입니다.

· 가극(오페라) 극본: 가수의 노래가 중심이 되어 펼쳐지는 연극을 할 수 있도록 쓴 글을 말합니다.

· 시나리오: 영화를 찍을 수 있도록 쓴 극본을 말합니다.

· 텔레비전 극본: 텔레비전에서 하는 단막 또는 연속 극본을 말합니다.

· 라디오 방송 극본: 라디오 방송극을 할 수 있도록 쓴 글을 말합니다.

그 밖에도 코미디나 오락 쇼 같은 것을 하기 위해 쓴 글인 오락극본, 다큐멘터리, 뉴스를 하기 위해 쓴 글을 비롯해 여러 가지가 있습니다.

어린이들이 주로 쓰는 극본은 어떤 것이 있을까요? 내 생각대로 나누어 보면 다음과 같습니다.

1) 희곡(극본)

앞서도 말했지만 희곡(극본)은 연극을 하기 위해 쓴 글로, 배우가 주고받는 말인 대사, 배우가 움직이는 모습이나 움직이는 까닭, 연극을 보는 관객이 더욱 실감나게 느끼도록 하는 여러 가지 기술에 관한 것을 적은 지문, 그리고 가장 앞부분의 때, 곳, 나오는 사람, 무대 장치에 대한 설명, 대사 가운데 극이 펼쳐지는 상황 따위의 설명을 적은 해설로 이루어져 있습니다.

어떤 일요일

때: 겨울방학을 앞둔 어느 주말
곳: 종달이네 집
나오는 이들: 어머니, 아버지, 쥬리, 종달

1장
가족이 나와서 가족회의를 준비하고 있다.

종달: 안녕하세요?
관객: (대답이 없다.)
종달: (조금 더 큰 소리로) 안녕하세요?
관객: (대답 소리가 작다.)
종달: (더 크게) 안녕하세요?
관객: 안녕하세요!

종달: 네, 제가 이렇게 여러분 앞에 나온 까닭은요, 여러분을 가족회의에 초대하기 위해서예요. 여러분은 집에서 가족회의를 해 보신 적이 있으세요?

관객: (대답한다.)

종달: 네. (관객의 대답에 따라 말한다.)

아버지: 종달아! 뭐하니?

종달: (아버지에게) 예. 곧 갈게요. 빨리 오라고 저렇게 부르시는군요. 저희 집에서는 무엇을 가지고 가족회의를 하는지 잘 지켜봐 주세요.

어머니: 왜 이렇게 늦었니? 어서 앉아라.

쥬리: 엄마, 가족회의를 왜 하자고 하셨어요?

어머니: 그래, 잘 들어라. 가족회의를 하자고 한 것은 집안일을 엄마 혼자서 하려니 너무 힘들어서란다. 종달아, 네가 먼저 대답해 봐라. 이 집은 누가 사는 집이니?

종달: 그야 엄마, 아빠, 나, 쥬리가 사는 집이죠.

어머니: 그래 맞았어. 우리 모두가 사는 집이지. 그럼 이 집과 우리 가정을 이끌어 가는 사람은 누구니?

종달: 그야 아빠죠.

아버지: 우리 집을 가꾸고 이끌어 가는 사람은 우리 모두란다.

종달: 그런데 그게 어쨌다는 거예요?

어머니: 그러니까 우리 집안의 일들은 모두에게 책임이 있다는 말이지. 엄마가 그동안 여러 번 잔소리를 했지. 하지만 아무도 귀 기울여 듣는 사람이 없었어요. 그래서 엄마가 얼마나 힘든지 직접 느껴 보기 위해 역할 바꾸기란 것을 하루 동안 해 보자는 거야. 아버지는 어머니가 되고 어머니는 아버지, 쥬리는 종달이 종달이는 쥬리! (아버지를 보며) 어때요?

아버지: (고개를 끄덕이며) 당신이 원한다면, 마침 내일이 일요일이

니까 당신 뜻대로 어디 한번 해 봅시다.

쥬리: 좋아요.

종달: (얼떨떨해서) 찬성이에요.

2장

다음 날 아침, 모두 자고 있다.

어머니: (남편을 깨우며) 여보, 일어나세요. 지금 몇 신 줄 아세요? 벌써 10시란 말예요. 빨리 식사 준비 해야죠.

아버지: (이불을 뒤집어쓰며) 아아아, 왜 이래. 깨우지 말란 말이야.

어머니: (이불을 다시 벗기며) 여보! 어제 가족회의에서 오늘 뭘 한다고 했죠?

아버지: (이불이 없어도 쿨쿨)

어머니: (큰 소리로) 여보!

아버지: (놀라서 일어난다.) 왜 그래! 무슨 일 났어?

어머니: 부엌에 가서 식사 준비 하세요.

아버지: (어제 일이 기억난다.) 아아, 알았어요. (부엌으로 간다.) 알았어.

어머니: 쌀은 다 씻어 놓았으니깐 플러그만 꽂으세요. 그리고 반찬은 냉장고에 있고 국은 가스레인지로 데우세요.

아버지: 아아, 알았어. (잠이 오는 눈으로 이리저리 헤매며 식사 준비를 한다.) 얘들아, 일어나라. 세수해야지. (밥상을 내려놓는다.)

아이들: (일어나지 않고 계속 잔다.)

아버지: (이불을 빼앗으며) 어서 일어나! 자, 자, 세수하고 밥 먹어야지.

아이들: (이불을 밟으며 세수하러 간다.)

어머니: 여보, 신문!

아버지: 바쁘니까 당신이 가져다 봐요.

어머니: 어허어, 여보, 신문!

아버지: 알았어요. 잠깐 기다려요. (신문을 어머니에게 주며) 여기요.

어머니: 여보! 이불 개고 청소해야지. (신문을 읽는다.)

아버지: (기가 막혀서) 허허허……. (이불을 갠다.) (화가 나서) 여보, 빗자루 쓰레받기 어디에 있어?

어머니: 당신이 찾아봐요. 여자가 돼 가지고 그것도 몰라요? 화장실 앞에 있잖아요. 그리고 어디다 대고 반말이에요, 여자가!

종달: (세수하고 들어오며) 아빠, 수건.

※ 가운데 줄임.

아버지: (기진맥진해서) 아이고 허리야. 빨래가 이렇게 힘든 것인 줄 몰랐어. 정말 당신 수고가 많은 걸 알겠어.

어머니: 얼씨구, 당신 그걸 이제야 알았어요? 아부하기엔 아직 멀었어요. (시계를 본 다음) 점심밥 차려야죠. (웃으면서) 특별한 것으로 준비해 주세요.

아버지: 아니, 벌써 점심시간이야?

어머니: 벌써라뇨? 2시예요, 2시! 빨리 차려 와요.

※ 가운데 줄임.

3장

종달: 잘 보셨어요? 우리 가족은 이렇게 하루를 보내고 나서 조금씩 달라졌지요. 저만 해도 일주일에 하루는 설거지하고, 청소는 스스로 하기 시작했답니다. 여러분 어떠세요? 역할 바꾸기, 한번 해 보시지 않을래요?

-《연극으로 만드는 신나는 교실》
(어린이 연극을 연구하는 선생님들의 모임인 '소꿉놀이', 내일을 여는 책)

이 극본 앞과 뒤에는 관객들에게 말하는 형식으로 되어 있지요? 이런 형식도 있다는 것 알아 두기 바랍니다.

2) 인형극본

인형극이란 배우 대신에 나무나 헝겊, 종이로 만든 인형을 사람 손으로 조종하며 대사를 주고받는 연극을 말합니다. 이 인형극은 조작 방법에 따라 봉 인형극, 손조종 인형극, 봉조종 인형극, 실조종 인형극으로 나뉜답니다.

봉 인형극은 가장 단순한 구조의 인형극으로, 막대기 한쪽 끝에 인형의 머리를 붙이고 막대기의 아랫부분으로 조작하는 것입니다. 유럽에서는 '마로트'라고 한답니다.

손조종 인형극은 인형 속에 손을 넣고 손가락과 손목을 움직여 조종하는 인형극으로 한 손으로 조종하는 것과 양손으로 조종하는 것이 있습니다. 한 손으로 조종하는 인형은 장갑처럼 손에 끼게 되어 있으며 보통은 검지로 인형의 머리를, 엄지와 중지로 인형의 양손을 조작합니다. 양손으로 조종하는 인형의 경우는 대개 왼손으로 인형의 얼굴에 달린 손잡이를 이용해 인형의 상반신을 조종하고 오른쪽 손가락으로는 인형의 양손을 조종합니다.

봉조종 인형극은 인형 속에 막대나 철사를 넣어 그것으로 인형을 조종하는 인형극입니다. 위에서 조종하는 것과 밑에서 조종하는 것이 있지요.

실조종 인형극은 인형의 관절마다 실을 달아서 그것을 위쪽에서 조작하여 인형을 조종하는 인형극입니다. 세계 각국에서 널리 발달한 인형극으로 실의 수는 몇 가닥에서 20가닥에 이르는 것도 있답니다. 유럽에서는 '마리오네트'라고 합니다.

인형극본의 구성은 대체로 해설, 동작 지시, 대사로 되어 있답니다. 해설에는 장소, 배경, 등장인물의 성격 등을 표현해 놓습니다. 동작 지시는 인형 조종자의 행동 따위를 지시하고 조명에 의한 연출 효과나 음향 효과도 지시해 놓습니다.

그러면 이런 손인형극을 하기 위해 쓴 극본 한 편 맛볼까요? 어른이 쓴 글로 유아들을 위한 손인형극입니다.

사자와 쥐

· **준비물**: 인형극 틀, 손 인형(사자, 찍돌이), 배경 그림, 노래 테이프, 녹음기

사자: 친구들, 안녀엉! 난 숲 속의 왕, 사자야. 만나서 반가워. 지금 나는 낮잠을 자려고 해. 너무너무 졸리거든. 만약 사냥꾼이 오면 얼른 날 깨워 줘. 알겠지? (응.) 그럼 친구들 안녕! 드르렁 쿨쿨 드르렁 쿨쿨…….
(찍돌이가 신나게 걸어오면서 등장)
찍돌이: 친구들, 안녕! 나는 찍돌이야. 난 지금 찍순이를 만나러 가고 있어. (시계를 보는 척하며) 으악! 늦었다! 이번에도 또 늦으면 찍순이가 가만 안 둔다고 했는데, 흑흑……. 그럼 친구들 난 바빠서 이만

갈게! (후다다다다닥 뛰어가는 척하다 사자에 걸려 꽈당 넘어진다.) 뭐야! 누가 이런 걸 여기에다가 둔 거야! 아이고, 아파라. 도대체 어떤 녀석이야! (아프다면서 투덜댄다.)

(사자는 일어나서 찍돌이 뒤로 온다.)

사자: 감히 사자님의 꼬리를 밟은 건방진 녀석이 너냐? 으르르렁!

찍돌이: 어머나! 사자님, 죄송해요! 사자님의 꼬리인지 몰랐어요! 정말이에요! 친구들한테 물어보세요. 얘들아, 저 길쭉하고 털이 많은 것이 꼬리 같아 보이니?

(아이들은 "아니!"라고 대답한다.)

사자: 뭐라고? 네 이놈! 용서할 수 없다! 너를 잡아먹어야겠다, 으르르렁!

찍돌이: 아뇨, 아뇨, 사자님! 장난이에요! 이번 한 번만 용서해 주세요. 제가 언젠가 이 은혜를 꼬오옥 갚을게요. 한 번만 용서해 주세요, 네에에?

사자: 푸하하하하하하하하하하하, 이렇게 조그맣고 작은 네가 어떻게 은혜를 갚겠단 말이냐? 그리고 내가 너같이 작은 생쥐한테 도움 받을 일이 있을 것 같으냐? 친구들! 이 조그마한 생쥐를 살려 줄까요? 살려 주지 말까요?

(아이들이 큰 소리로 '살려 줘요!' 소리친다.)

후후후, 그래. 친구들 때문에 살려 주는 거야. 친구들이 아니었으면 넌 벌써 끽! 크크크, 그래도 다음부턴 조심하거라!

찍돌이: 사자님, 정말 감사합니다! 얘들아, 정말 고마워! 이 은혜는 꼭 갚을게요! 안녕히 계세요오.

(찍돌이 빠진다.)

(사자는 어슬렁댄다.)

사자: 아아함, 배고파. 어디 먹을 게 없나? 앗! 이게 뭐야? 고기 아니

야! 우하하하, 이게 웬 떡이냐. 으으음, 맛있겠다! (덥석 깨문다) (무척 놀라는 모습으로) 으아악! 이게 뭐야! 맛있는 고기인 줄 알았더니 그물이잖아. 흑흑 숲 속의 왕, 사자가 이렇게 꼼짝없이 당하다니! 말도 안 돼! 거, 거기 누구 없어요? 누가 나 좀 살려 주세요! 누가 좀 도와 줘! 친구들아! 이 사자님 좀 도와줘. 흑흑흑, 사자 살려! 아무도 없어요오?

(찍찍찍, 소리를 내며 찍돌이 등장)

찍돌이: 아니! 사자님 아니세요? 여기서 뭐하시는 거예요?

사자: 너, 넌 예전의 그 생쥐 아니냐?

찍돌이: 네, 사자님! 아니, 그물에 걸리셨군요. 조금만 기다리세요. 제가 곧 구해 드릴게요.

사자: 아니 네가 어떻게 나를 구해 준단 말이냐?

찍돌이: (이를 드러내 보이며) 내 이를 보세요. 아주 날카롭답니다.

(이로 끊는 흉내를 내고, 사각사각 사각사각 사각사각 소리)

사자: 생쥐야, 고맙다. 작고 약하다고 우습게 봤는데 내가 너에게 도움 받을 일이 생겼구나.

(그물을 빠져나온다.) 휴우우, 네가 아니었다면 나는 사냥꾼들에게 잡혀 갔을 거야. 고맙다, 찍돌아.

찍돌이: 제가 언젠가는 은혜를 꼭 갚을 거라고 했잖아요, 하하하하하. (친구들-관객들-을 돌아본다.)

친구들아, 사자는 내가 작다고 비웃었지만 나의 날카로운 이빨 때문에 살 수 있었어. 아무리 작아도 큰일을 할 수 있단다. 그리고 은혜를 베풀면 그 은혜가 나에게 다시 돌아온다는 것도 잊지 말아 줘. 재미있게 잘 봤니? 그럼 우리는 이제 헤어져야 할 시간이야. (사자랑 같이 친구들-관객들-을 보고 손을 흔들며) 친구들, 안녀엉!

-유아교육 대표 카페 'http://cafe.daum.net/dkdlnamu'에서 찾아 다듬기함

3) 그림자극본

그림자극은 인형극의 한 부분이지만 빛과 그림자를 이용한다는 특수한 점을 생각해 따로 떼 내어 이야기합니다.

막 뒤에서 인형이 움직이는 모습에 빛을 비추어 종이 스크린에 투사해서 그림자를 막 앞에서 볼 수 있도록 한 극을 그림자극이라고 합니다. 인형의 사지를 막대기나 줄을 이용해 밑에서 조종하지요. 그림자극도 팔이나 다리, 목 같은 부분을 움직이게 할 수도 있고, 셀로판 종이로 여러 가지 색상 연출도 가능하답니다. 손으로 여러 가지 모습을 만들어 그림자로 보여 주는 '손 그림자극'도 있지요.

그림자극은 어두운 곳에서 할 수 있습니다. 그래서 밤에 많이 하고, 낮이라도 암막을 쳐서 주위를 어둡게 하면 볼 수 있지요. 그림자극의 좋은 점은 어린이들이 쉽게 해 볼 수 있다는 점입니다. 불빛과 막, 그리고 어린이들이 만든 인형만 있으면 되기 때문이지요.

그림자극본도 다른 극본과 크게 차이는 없습니다. 다만 지문에서 인형을 어떻게 움직이는지에 대한 말이 더해지지요.

두더지 사윗감 고르기

때: 옛날
곳: 어느 곳
나오는 이들: 하느님, 해님, 구름, 바람, 바위, 아빠 두더지, 딸 두더지, 사위 두더지, 해설

〔역할 인물〕 해설(○○○), 아빠 두더지(○○○), 딸 두더지(○○○), …….

해설: 옛날에 아빠 두더지와 딸 두더지가 함께 살고 있었어요. 어느 날, 아빠 두더지가 딸 두더지에게 말했어요.

아빠 두더지: 너도 이제 결혼할 때가 되었구나. 너에게 어울리는 남편감을 찾아오마.

딸 두더지: 네, 조심해서 다녀오세요.

해설: 먼저 하느님을 가장 훌륭하다고 생각한 아빠 두더지는 먼저 하느님을 찾아갔어요.

아빠 두더지: 하느님, 하느님은 이 세상에서 제일 훌륭하신 분이니 제 딸과 결혼해 주세요.

해설: 그러자 하느님이 대답했어요.

하느님: 아니에요, 아니에요. 저보다 해님이 힘이 더 세답니다.

해설: 그래서 아빠 두더지는 해님을 찾아갔어요.

아빠 두더지: 해님, 이 세상에서 제일 훌륭하신 분이니 제 딸과 결혼해 주세요.

해설: 그러자 해님이 대답했어요.

해님: 아니에요, 아니에요. 구름이 저를 가리면 저는 힘을 쓸 수가 없답니다. 구름에게 가 보세요.

해설: 그래서 아빠 두더지는 구름에게 갔어요.

아빠 두더지: 구름님, 구름님, 구름님은 이 세상에서 제일 훌륭하신 분이니 제 딸과 결혼해 주세요.

해설: 그러자 구름이 대답했어요.

구름: 아니에요, 아니에요. 저는 바람이 불면 날아가 버린답니다. 바람에게 가 보세요.

해설: 그래서 아빠 두더지는 바람을 찾아갔어요.

(바람 소리)

아빠 두더지: 바람 님, 바람 님, 바람 님은 이 세상에서 제일 훌륭하신

분이니 제 딸과 결혼해 주세요.

해설: 그러자 바람이 대답했어요.

바람: 아니에요, 아니에요. 후우, 하고 불어도 바위를 움직이지는 못해요. 바위에게 가 보세요.

해설: 그래서 아빠 두더지는 바위에게 갔어요.

아빠 두더지: 바위 님, 바위 님, 바위 님은 이 세상에서 제일 훌륭하신 분이니 제 딸과 결혼해 주세요.

해설: 그러자 바위가 대답했어요.

바위: 아니에요, 아니에요. 저는 이것이 땅 밑을 파헤치면 넘어져요.

아빠 두더지: 이것이 누구죠?

바위: 당신! 바로 두더지예요!

해설: 그래서 아빠 두더지는 두더지가 세상에서 제일 강하다는 것을 알고, 두더지에게 찾아가 말했어요.

아빠 두더지: 자네, 우리 딸과 결혼하지 않겠나?

사위 두더지: 마침 저도 신붓감을 찾고 있었습니다. 좋습니다.

해설: 얼마 후 두 두더지는 결혼을 하게 되었습니다. 아빠 두더지는 이제야 딸에게 딱 맞는 신랑감을 찾은 것 같아 몹시 흐뭇했습니다.

(결혼행진곡)

딸 두더지: 아빠, 너무 마음에 들어요. 저희 행복하게 잘 살게요. 고마워요.

사위 두더지: 잘 살겠습니다. 장인어른!

(볼에 입맞춤 '쪽!')

해실: 이 두 두더지 부부는 아들딸 낳고 오래오래 행복하게 잘 살았답니다.

-앗! 열림이다(대구대학교 특수교육과 연합 소모임)
'http://cafe.daum.net/theopenmind'에서

이 그림자극본에서는 해설이 많이 나오지요? 해설이 많이 나오면 그냥 낭독하는 것 같은 느낌이 들긴 해요. 그래도 내용에 따라서는 이렇게 할 수도 있습니다.

4) 노래극본

노래극이란 극 속에서 일어나는 모든 일의 내용이나 감정을 주로 노래로 표현하면서 행동하는 연극을 말합니다. 대사와 대사 사이에 노래가 들어가는 것이지요. 어른이 노래극본을 쓴다면 노래를 새로 창작할 수 있겠지만, 어린이들은 잘 알고 있는 노래에 노랫말만 극본 내용에 맞게 만들어 넣으면 됩니다.

다음은 어른들이 어린이가 공연할 수 있도록 쓴 극본의 앞부분입니다. 옛이야기 〈콩쥐 팥쥐〉를 노래극에 맞게 새로 쓴 것이지요.

콩쥐 팥쥐

(해설자 등장: 음악에 맞추어 해설자가 무대 앞으로 나와 마이크 앞에 선다)

해설: 옛날 옛날 한 옛날, 콩쥐라는 아이가 있었는데 못된 새엄마와 그의 딸 팥쥐는 집안일을 모두 콩쥐에게 시키고 구박만 했답니다. 그러던 어느 날 원님 댁 도련님 잔치에 새엄마는 팥쥐만 데려가려 하는구나, 어허어.

(해설자 퇴장: 음악에 맞추어 해설자는 무대 뒤편으로 들어간다.)

〔**노래**〕 콩쥐 팥쥐(※악보 생략)
엄마 잃은 콩쥐는 누구하고 살았나.

욕심 많고 심술 사나운 팥쥐하고 살았죠.

콩쥐는 헌 옷 입고 새벽부터 일하고

팥쥐는 새 옷 입고 놀고먹고 호사해

그래도 새엄마는 콩쥐만 구박하네.

새엄마는 팥쥐 엄마.

(새엄마, 콩쥐 등장: 등장 음악에 맞추어 무대 양편에 섬, 새엄마는 '경사 났네' 노래를 두 번 부른다.)

〔노래〕 경사 났네 (※악보 생략)

경사 났네 경사 났어. 원님 도령 색시 찾네.

우리 팥쥐 단장하고 어서 잔치 가자.

새엄마: 애, 콩쥐야! 너는 가서 밭 갈고, 물독도 다 채우고, 옷감도 다 짜 놓고 오너라.

콩쥐: (혼잣말로) 나도 잔치에 가고 싶은데, 이렇게 많은 걸 언제 다 하나?

(새엄마 퇴장: 퇴장 음악에 맞추어 무대 뒤편으로 들어간다.)

(음악에 맞추어 황소가 등장하면 콩쥐와 황소는 무대 양편에 선다.)

(같은 방법으로 두꺼비, 선녀가 입장하여 노래를 부른다.)

〔노래〕 (※악보 생략)

(콩쥐 노래) 이를 어쩌나, 이를 어쩌나. 호미가 부러졌네.

이를 어쩌나, 이를 어쩌나. 돌밭을 맬 수가 없네.

(황소 노래) 콩쥐야, 걱정 마라. 돌밭은 내가 매 놓을게.

(다 같이) 밭을 갈았네, 밭을 갈았네. 콩쥐야, 물을 긷자.

(콩쥐 노래) 이를 어쩌나, 이를 어쩌나. 독 밑이 깨졌네.

이를 어쩌나, 이를 어쩌나. 물 부어도 소용없네.

(두꺼비) 콩쥐야, 걱정 마라. 물독은 내가 채워 놓을게.

(다 같이) 물 채웠네, 물 채웠네. 콩쥐야, 옷감 짜자.

(콩쥐 노래) 이를 어쩌나, 이를 어쩌나. 베틀이 고장 났네.

이를 어쩌나, 이를 어쩌나. 옷감을 짤 수 없네.

(선녀) 콩쥐야, 걱정 마라. 옷감은 내가 짜 놓을게.

(다 같이) 일이 끝났네, 일이 끝났네. 콩쥐야 어서 가.

황소: 콩쥐야, 걱정 마. 돌밭은 내가 매 놓을게. (호미로 밭 매는 흉내를 냄)

콩쥐: 고마워, 황소야!

(황소 퇴장: 퇴장 음악에 맞추어 무대 뒤편으로 들어간다.)

(두꺼비 등장: 등장 음악에 맞추어 등장한다.)

두꺼비: 콩쥐야, 걱정 마. 독 밑은 내가 막아 줄게.

콩쥐: 정말 고맙다, 두껍아!

(두꺼비 퇴장: 퇴장 음악에 맞추어 무대 뒤편으로 들어간다.)

(선녀 등장: 선녀 등장하여 위의 노래를 부른다.)

선녀: 콩쥐야, 걱정 마. 옷감은 내가 짜 놓을게. 어서 잔치에 가야지.

콩쥐: 그런데 난 잔치에 갈 예쁜 옷도 신발도 없는데……

선녀: 우리가 해 줄게. (선녀가 준비된 꽃신을 콩쥐에게 건넨다.)

콩쥐: 고마워요, 선녀님! 어서 잔치에 가야지. (한복 치마 위에 둘렀던 앞치마를 벗고 선녀가 준 꽃신을 신는다.)

－《차은진의 유아노래극》(차은진, 창지사)

이 극본을 보면 노래가 많이 나오지요? 어린이가 쓴 글은 아니지만 이 극본을 보면 어떤 식으로 쓰는지는 조금 알 수 있을 것입니다. 여기에서는 악보를 생략했지만 실제로는 악보도 넣어야겠지요.

5) 라디오 방송극본

라디오 방송극을 하기 위해 쓴 글을 말합니다. 라디오 방송극본은 때와 곳, 등장인물을 소개하는 해설과 인물이 주고받는 대사와 인물의 말투, 소리(음향효과), 음악 같은 것을 지시하는 말인 지문으로 이루어져 있습니다. 잘 알겠지만 라디오 방송극은 오직 소리를 통해 내용을 전달하는 것이 특징인데, 따라서 극본도 이에 맞게 잘 써야 할 것입니다.

그리고 라디오 방송극(라디오 드라마)의 3대 요소는 언어(대사), 음향효과, 음악입니다. 인물의 모습, 표정, 동작, 정경까지도 인물이 주고받는 말인 대사로 전달해야 하므로 대사의 비중이 다른 극본보다 더욱 크고, 일어나는 여러 현상을 소리(음향효과: 바람 소리, 물 흐르는 소리, 자동차 소리, 시장 소리, 천둥소리, 동물의 울음소리 따위)로 실제처럼 상황에 맞는 분위기, 공포 분위기, 쓸쓸한 분위기, 희망찬 분위기 따위를 표현해야 합니다. 배경음악도 다른 극보다 비중이 큽니다. 배경음악은 이야기의 시작, 장면의 바뀜, 극적인 분위기, 이야기의 끝을 알려 줍니다.

라디오 방송극은 또 무대장치가 필요 없기 때문에 장면을 자유롭게 바꿀 수 있고, 듣는 사람이 마음껏 상상할 수 있다는 좋은 점도 있지요.

반장 선거

때: 반장 선거 기간
곳: 학교 앞, 학교, 교실
나오는 사람들: 선생님, 병수, 영우, 영우 엄마, 은주, 아이들

음악: 주제음악이 사라지면

효과: '봄의 왈츠' 곡이 확성기로 흘러나온다. (등굣길)

효과: 아이들의 웃음과 발소리

아이들: (조금 멀리서) 선생님, 안녕하세요?

선생님: 오, 그래. 저 병수, 운동화 끈 풀어졌구나. 잘 매야지.

병수: 헤헤헤, 예. 잘 매겠습니다.

효과: 승용차 와서 멎는 소리

효과: 이어 차 문 열리고

영우 엄마: 자, 다 왔다. 내려라.

영우: 예.

영우 엄마: 저기 선생님이 나와 계시구나. 인사 잘하고. 선생님께 인사 안 해? (문득) 응? 아, 그게 좋겠구나. 가자.

효과: 승용차 문 닫고 내는 발소리

영우: (인사) 선생님, 안녕하세요?

선생님: 그래, 지금 오니?

영우 엄마: 안녕하세요? 영우 엄마입니다.

선생님: (웃으며) 오셨습니까? 영우 등하고 시키느라 힘드시겠어요.

영우 엄마: 예. 저 애가 친구들과 헤어지기 싫다니 어쩌겠어요.

선생님: 예. 전학 가서 새 친구 사귀는 것도 쉽지 않지요.

영우 엄마: 선생님.

선생님: 예?

영우 엄마: 반장 선거가 있나 보죠?

선생님: 예. 어른들 선거 못지않습니다. 연설문도 만들고, 선거 공약도 만들고 야단이에요.

아이들: (인사) 선생님, 안녕하세요?

효과: 가까이 아이들 인사하고 가는 발소리

선생님: 그래. (영우 엄마에게) 영우도 출마하나요?

영우 엄마: 영우는 선생님이 공부 잘하는 아이를 추천할 것이라고 걱정하던데요.

선생님: (놀라며) 예? 아유, 그런 말씀 마십시오. 요즘 아이들 눈치가 얼마나 빠른데요! 누구 하나 예뻐하는 이야기라도 하면 금방 학급 홈페이지에 왕따 시키는 글이 도배를 하는걸요.

영우 엄마: 그래요?

효과: 조금 멀리 버스의 경적 소리

영우 엄마: 어머나! 내 차 때문에⋯⋯. 선생님, 차를 빼 줘야겠네요.

선생님: 예. 살펴 가십시오.

음악: 배경음악

효과: 교실 안의 아이들 소음

선생님: 조용!

효과: 아이들, 조용해지는 소리

선생님: 에에, 그럼 지금부터 기호 추첨 결과를 발표하겠다. 선생님이

기호와 이름을 부르면 모두 뜨거운 손뼉과 성원을 보내 주기 바란다. 알았나?

아이들: 예!

선생님: 먼저 기호 1번 박민성!

아이들: (손뼉과 함성 소리) 와아!

선생님: 기호 2번 김점자!

아이들: (손뼉과 함성 소리) 와아!

선생님: 기호 3번 최영우!

아이들: (손뼉과 함성 소리) 와아!

선생님: 지금 이름 부른 세 후보는 교단 앞으로 나와라.

효과: 의자를 물리고 나오는 소리

선생님: 친구들을 보고 바로 서!

효과: 바로 서는 옷 스치는 소리

선생님: 에에, 선거 방법은 오전에 우리 지역 선거관리위원회에서 나오신 선생님으로부터 지도를 받아 잘 알고 있을 것이다. 공식 선거운동 기간은 3일로 정하겠다.

아이들: 3일? 너무 짧은 것 아니야? (다른 아이들의 말소리도 들림)

선생님: 세 후보가 정한 규칙을 알려 주겠다. 선거운동 기간 동안 각 후보는 천 원 미만의 다과나 선물을 줄 수가 있다.

아이들: (손뼉과 환호하는 소리) 와아!

선생님: 이 녀석들, 공명선거를 하자고 해 놓고 선물 받고 접대받기 좋아하는 모습 봐. (사이) 이것은 우리 반만의 특혜라는 것을 알아 둬라.

은주: 선생님, 공명선거는 공명선거구요. 축제니까 이 기회에 우리 반 친구들이 한번 뭉치는 거예요.

- 《학교방송극본선집》(곽영석, 미리내)

방송극본의 앞부분입니다. 이것만 보아도 대충 어떤 형식인지 알 수 있을 것입니다. 그런데 이 방송극본에서는 목소리에 대한 지문이 좀 더 있었으면 싶습니다. 또 여기는 해설이 없지만 해설이 필요한 극본은 또 중간중간 해설도 넣을 수 있겠지요.

6) 그림극본

그림극이란 옛이야기, 동화, 겪은 일 따위를 몇 장면으로 나누어 그림을 그리고 그에 맞는 이야기를 적어 다른 사람에게 보이며 이야기를 들려주는 것입니다. 혼자 할 수도 있지만 모둠으로 하는 것이 좋습니다. 한 반 모두가 함께 할 수도 있습니다. 한 사람이 한 장면을 그리고 장면에 맞는 말을 적으면 되겠지요.

모둠으로 하려면 4~5명 정도가 알맞을 것 같습니다. 모둠이 만들어졌으면 어떤 이야기를 극화할 것인지 정해야지요. 옛이야기나 동화로 해도 되고, 어린이들 둘레 이야기를 직접 써도 됩니다. 주제가 정해졌으면 이야기의 줄거리에 따라 몇 장면으로 나눌지를 정합니다. 그게 정해지면 이야기의 줄거리 가운데 어떤 장면을 그림으로 그릴지 정해야지요. 나타내고자 하는 내용이 가장 잘 표현될 수 있는 장면을 선택해서 그림으로 그리고, 뒷면에는 앞 장면에 맞는 말을 적으면 됩니다. 말은 다른 종이에 적어도 되겠지요. 완성되면 그림극 틀에 끼워 한 장씩 내보이며 이야기를 들려주면 됩니다.

그림은 너무 복잡하게 그리지 말고 조금 단순화해서 그려야 멀리서도 잘 보입니다. 그림은 보통 10~20장면(10~20분) 정도가 알맞을 것입니다. 어린이들 스스로 이런 활동을 해 보는 과정 자체는 좋은 공부가 될 것입니다.

　다음 그림극은 어렵게 맞벌이 하면서 살아가는 부부가 방문을 잠그고 일 나간 사이 지하 셋방에 갇혀 있던 아이들이 불장난하며 놀다 불이 나는 바람에 밖으로 빠져나오지 못하고 질식해 숨진 일을 극화한 그림극 가운데 세 장면입니다.

　　[일곱 번째 장면]

　　조그만 창문의 햇볕도 스러지고 우린 종일 누워 천장만 바라보다 잠이 들다 깨다 꿈인지도 모르게 또 성냥불 장난을 했어. 배가 고프기도 전에 밥은 다 먹어치우고 오줌이 안 마려운데도 요강으로……. 우린 그것밖에 할 게 없었네. 동생은 아직 말을 못하니까. 후미진 계단엔 누구 하나 찾아오지 않고……. 도둑이라도 강도라도 말야. 옆방에는 누가 사는지도 몰라. 어쩌면 거긴 낭떠러지인지도 몰라.

[여덟 번째 장면]

성냥불은 그만 내 옷에 옮겨붙고 내 눈썹, 내 머리카락도 태우고…….
여기저기 옮겨붙고 훨훨 타올랐어. 우리들 놀란 가슴, 두 눈에도 훨
훨…….

[열세 번째 장면]

엄마 아빠! 너무 슬퍼하지 마. 이건 엄마 아빠의 잘못이 아냐. 여기,
불에 그을린 옷자락의 삭은 몸뚱이, 몸뚱이를 두고 떠나지만 엄마, 아
빠! 우린 이제 천사가 되어 하늘나라로 가는 거야. 그런데 천사들은 이
렇게 슬픈 세상에는 다시 내려올 수가 없어.

- 《선생님, 우리 연극해요》(김용심, 보리) 성암여자상업고등학생 작품의 한 부분

몇 장면만 보아도 무슨 내용인지 짐작할 수 있을 것입니다. 맞벌이를 해야만 살아갈 수 있는 가난한 집의 안타까운 한 모습입니다. 이런 슬픔은 없어야겠지요.

이 밖에, 요즘 많이 하는 '영상극'도 있고, 무용극, 마당극, 탈춤극 같은 극도 있는데, 이런 극본도 각각의 특성을 잘 살려 형편에 맞게 쓰면 될 것입니다.

4. 극본의 특징과 다른 갈래 글과 관계

1) 극본의 특징

극본은 연극의 한 요소로, 연극하기 위해 쓴 글입니다. 그러니까 집짓기 위한 설계도와 같은 것이지요. 공연하는 무대, 표현하는 배우, 같이 호흡하며 극을 보는 관객, 이런 연극의 여러 가지 요소를 생각하며 써야 합니다.

극본은 해설, 지문, 대사의 3요소로 구성되어 있습니다. '해설'에서는 때, 곳, 나오는 사람, 무대장치에 대해 설명하고, '지문(바탕글)'에서는 배우의 행동이나 몸짓, 표정 따위를 (   )속에 지시해 주고, '대사'는 인물들이 주고받는 말로, 이야기를 펼쳐 나가게 되지요.

극본은 또 막과 장으로 나누어집니다. '막'은 배경이 바뀌고 인물이 등장하거나 퇴장하는 단위를 말하고 '장'은 무대의 막이 올랐다가 다시 내릴 때까지로 사건이 이루어지는 단위를 말합니다. 연극에서는 이렇게 이야기 장면이 바뀌도록 합니다.

대사를 통해 이야기가 펼쳐집니다. 연극은 주고받는 말이 중심이기 때문에 그 속에 이야기 내용이 다 담겨야 합니다.

극본은 무대에서 공연을 목적으로 쓰기 때문에 연극 공연 시간과 무대, 그리고 등장인물 수에 제한받습니다. 공연 시간이 너무 길면 관객이 지루하겠지요. 보통 1~2시간 정도로 하는데, 어린이들이 하는 연극은 몇 분에서 몇 십 분 정도면 될 것입니다. 그 안에 오랜 세월을 담을 수도 있고 순간을 담을 수도 있지요.

또 연극은 시대와 계절, 그리고 어느 한순간의 때를 장면에 어울리게 무대장치를 해야 합니다. 해설로 때를 설명하기도 하지만 무대 장면의 분위기를 보고도 때를 느낄 수 있어야 합니다. 그런데 그 장면 수를 마음대로 많이 할 수 없습니다. 장면이 너무 많으면 무대 장치 하기가 어렵고, 너무 적으면 보는 사람이 싫증이 나겠지요. 따라서 아주 알맞은 몇 장면을 잘 선택해야 합니다. 또 무대가 제한된 공간이라 출연자 수도 제한이 되지요.

2) 극본과 이야기의 관계

이야기는 들려주거나 읽히기 위해 쓴 글입니다. 연극같이 사람이 직접 새롭게 표현하지 않기 때문에 글로만 감동이 잘 전달되게 하면 됩니다.

극본은 사건의 전개가 대사로 표현되지만 이야기는 바탕글과 대화글을 통해 사건이 펼쳐집니다. 이야기에서는 대화글은 큰따옴표 " "로 나타내고 생각하는 부분은 작은따옴표 ' '로 니타냅니다.

장면은 극본에서는 장과 막으로 바뀌는데 이야기에서는 문단으로 나누긴 하지만 겉보기에는 극본처럼 구분되지 않게 자연스럽게 바뀌어 펼쳐집니다.

극본에서는 인물의 행동은 등장인물이 연기로 보여 주지만 이야기는 사건이나 인물의 행동을 설명하듯 표현합니다.

이야기는 극본과 달리 글을 읽는 시간 제약을 안 받습니다. 쉬었다 읽을 수도 있고 읽다가 다음 날 다시 읽어도 되지요. 또 장소의 제한도 받지 않으니 어디에서건 읽을 수 있습니다. 그리고 이야기 내용 속의 시간이나 장면이 자주 바뀌어도 거리낄 게 없습니다. 그리고 글 속에 등장하는 인물의 수를 마음대로 해도 됩니다.

5. 어떤 극본이 좋은 극본일까요?

극본에서 좋은 글이란 좋은 연극 공연과 함께 생각해야 합니다. 극본이 재미있어야 공연도 더 재미있다는 말이지요. 좋은 극본의 조건을 몇 가지로 나누어 말해 보겠습니다.

첫째, 삶에 좋은 영향을 줄 수 있는 알맹이가 또렷한 극본이 좋은 극본입니다. 가끔 어린이들이 하는 연극 가운데는 알맹이도 없고 코미디처럼 억지로 웃기기만 하는 싱거운 연극이나, 전쟁놀이 같은 연극을 하는 모습도 볼 수 있는데 특별한 경우가 아니면 이런 연극은 하지 않았으면 합니다.

둘째, 이야기가 바로 눈앞에 펼쳐지듯 실감나게 쓴 극본이 좋은 극본입니다. 연극했을 때 관객이 그 이야기 속에 빨려 들어갈 수 있도록 실감나게 쓴 극본 말입니다.

셋째, 펼쳐지는 이야기 내용 가운데 알맹이가 되는 내용을 잘 걸러 쓴 극본이 좋은 극본입니다. 다른 이야기글에서는 인물, 시간, 장소 같은 것에 제약을 받지 않기 때문에 괜찮지만 극본은 연극을 하려면 이런 여러 가지 제약이 따르기 때문에 내용을 잘 거르지 않으면 안 되지요.

넷째, 때와 장소, 인물의 성격에 맞게 살아 있는 입말을 잘 살려 쓴 극본이 좋은 극본입니다. 다른 글에서도 마찬가지지만 극본에서는 더욱 인물에 맞게 입말을 살리지 않으면 죽은 글이 되겠지요.

다섯째, 공연하는 사람의 입장에서는 공연하기에 좋도록 쓴 극본이 좋은 극본이 되겠지요. 말하자면 무대 장치, 음악과 소리, 배우의 몸짓이나 표정, 목소리 같은 것을 어떻게 표현해야 하는지 구체로 자세하게 잘 알려 주는 극본 말입니다.

6. 극본 쓰기 기본 공부

앞서 한 이야기와 여러 편의 예문을 통해 극본을 잘 이해했으리라 봅니다. 그래도 좀 더 공부해 봅시다.

1) 극본의 세 가지 구성 요소

극본은 해설, 지문, 대사 3요소로 구성되어 있나고 말했습니다. 이 3요소는 어떻게 쓸까요?

① 해설

때, 곳, 나오는 사람들을 소개하고, 무대 장치 설명을 합니다. '때'는 시간, 계절, 시대 배경 같은 것입니다. '곳'은 사건이 펼쳐지는 장소(무대 장면)이고, '나오는 사람들'은 연극에 등장하는 인물을 말합니다. '무대 장치'는 장면에 따라 무대에 설치되는 여러 가지 시설이나 장면의 모습을 말합니다. 예를 들면 다음과 같이 씁니다.

때: 옛날

곳: 시골 마을의 기와집

나오는 사람들: 시아버지, 며느리 셋

불이 켜지면 기와집 안방이 보이고, 시아버지가 아랫목에서 무엇인가를 골똘히 생각하고 있다.

극본에는 이렇게 써 놓았지만 연극 보는 사람은 무대의 모습을 보고 극 속의 '때'를 느낄 수 있겠지요. 그렇더라도 극본 쓰는 사람은 몇 년 몇 월 며칠 몇 시에 일어난 일인지 생각하고 써야 합니다. 그래야 대사와 지문도 정확히 쓸 수 있지요. 극본에는 때를 '옛날'이라고 썼다 하더라도 극본을 쓰는 사람은 그 옛날이 어느 시대인지 또렷이 알아야 하고, 한겨울인지, 초겨울인지, 한낮인지 한밤중인지 분명히 알고 써야 합니다.

'곳'도 또렷이 밝혀 적어야 합니다. '학교'가 아니고 '교실', 교실이라도 '4학년 5반 교실'이어야 합니다. 극본에는 조금 넓은 범위를 적었다 하더라도 극본 쓰는 사람은 좁혀 생각하고 또렷이 써야 합니다. '시골 마을의 기와집'으로 썼다 하더라도 '경상도 ○○○마을, ○○○집'을 생각하고 극본을 써야 사건 전개가 또렷한 극본이 됩니다.

② 대사

연극에서 가장 중요한 것은 대사입니다. 대사를 통해 등장인물의 성격, 나이, 직업 같은 것을 나타내고 이야기를 펼치기 때문입니다. 그러니까 등장인물에 맞게 대사를 잘 써야 합니다. 같은 말을 해도 말을 듣는 사람(관객), 말하는 사람(등장인물)의 성격이나 기분, 어떤 상황인가에 따라 달리 표현해야 하지요.

대사는 크게 세 종류가 있습니다. 먼저 상대방과 주고받는 '대화'가 있습니다.

> 나: 엄마, 나 학교 갔다 왔어요.
>
> 엄마: 그래, 시험 결과 나왔나?
>
> 나: (힘없이) 네? 네에.
>
> 엄마: (앞치마에 손을 닦고 주방에서 나오며) 몇 개 틀렸노?
>
> 나: (힘없이) 여덟 개요.
>
> 엄마: (깜짝 놀라며 큰 소리로) 뭐라고? 여덟 개나 틀렸다고? 내가 니 놀 때부터 알아봤다. (답답하다는 표정으로) 으이구우, 지혜는 몇 개 틀렸다 하더노?

다음, '독백'이 있습니다. 상대 없이 혼자 하는 말로 마음속의 생각, 옛 추억, 고민, 결심 같은 것을 혼자 중얼거림으로 표현하는 것이지요.

> 아버지: (방문을 열고 밖을 내다보며) 아이고, 하늘에 구멍이 뚫렸나, 이놈의 비는 그칠 줄을 모르네. (다시 방문을 닫는다.)

> 인수: (주먹을 불끈 쥐며) 그래! 한번 해 보는 거야! 하면 될 거야!

그리고 '방백'이 있습니다. 무대 위의 상대 배우는 듣지 못하는 상황을 전제로 관객들만 듣는 것으로 약속하고 하는 내사를 말합니다. 방백은 관객에게 들리게 말하는 경우와 관객에게는 들리지 않게 시늉만 내는 경우가 있습니다. 귓속말을 할 때 관객에게는 들리도록 말하지만 상대 외의 다른 등장인물은 귓속말을 못 듣는 것으로 생각하고 연기를 해야 합니다.

수희: (지민이 귀에 대고) 난 반장 저 앤 딱 싫어. 뭣이든지 자기가 가장 잘 아는 체하는 꼴 보면 더 그래. 지민이 넌 안 그러니?

지민: (그렇다는 듯 고개를 끄덕끄덕한다.)

여기서 "난 반장 저 앤 딱 싫어. 뭣이든지 자기가 가장 잘 아는 체하는 꼴 보면 더 그래. 지민이 너는 안 그러니?" 하는 말은 지민이 귀에 대고 소곤거리는 흉내를 내면서 관객에게 다 들리도록 말을 하는 것입니다.

독백이나 방백은 관객에게 재미와 특별한 의미를 전달해 줄 수 있는, 대사 전달의 좋은 한 방법이 되지요.

대사는 관객의 마음을 잡아끌고, 감동을 줄 수 있도록 써야 합니다. 또 이야기의 앞뒤가 자연스럽게 잘 이어지도록, 이를테면 내가 말하면 상대방이 받아 대꾸를 할 수밖에 없는 말을 써야 한다는 말입니다. 등장인물의 성별, 성격, 나이, 인격 따위에 맞게 써야 하고, 그에 맞는 얼굴 표정, 몸짓, 손짓 따위의 동작이 저절로 나올 수 있도록 실감 나게 대사를 써야 더욱 좋겠지요.

③ 지문(바탕글, 지시문)

지문은 배우가 해야 할 행동이나 몸짓, 표정, 말투, 감정에 대한 설명이나 연극 장면을 더욱 실감나게 만들어 주는 여러 가지 기술에 관한 내용을 대사의 앞뒤나 대사 사이 ( ) 속에 씁니다. 바로 앞 예문에서 (힘없이), (앞치마에 손을 닦고 주방에서 나오며), (깜짝 놀라며 큰 소리로), (답답하다는 표정으로) 같은 ( ) 속의 말이 지문이지요.

2) 막과 장

극본은 또 막과 장으로 나뉘어 있습니다. '막'은 배경이 바뀌고 인물이 등장하거나 퇴장하는 단위를 말하고, '장'은 무대의 막이 올랐다가 다시 내릴 때까지로 사건이 이루어지는 단위입니다. 또 '경'이라는 것도 있습니다. 이것은 막을 내리지 않고 불이 꺼지면서 다음 장면의 무대 장치가 바뀌는 것을 말합니다. 연극에서는 막이나 장, 경의 횟수에 따라 무대 장치도 달라질 경우가 많으니까 극본을 쓸 때 글의 전체 틀을 생각하며 잘 맞추어 써야 할 것입니다.

3) 극본 쓰는 방법

극본 쓰는 방법은 크게 두 가지로 나눌 수 있습니다. 그 한 가지는 우리 삶에서 일어나는 사실을 바로 극본으로 쓰는 것(순수 창작)이고, 다른 한 방법은 이미 나와 있는 이야기글을 극본으로 바꾸어 쓰는 것(각색)입니다.

① 순수 창작

우리의 삶에서 극본 쓸거리를 가져올 때는 자신이 겪은 일이나 바로 자기 근처에서 일어나는 일에서 찾아내거나, 신문이나 텔레비전에서 본 일에서 찾아낼 수도 있습니다. 그리고 어떤 주제('죽어 가는 강을 살리자' '불우한 이웃을 생각하자' 같은 주제)를 정해 놓고 우리 둘레에서 그와 관련된 이야기를 끌어오는 방법도 있고, 역사극 같은 것은 어떤 역사 상황을 설정해 놓고 거기에 맞게 자료를 찾아 꾸며 가는 방법도 있지요.

② 각색

이미 글로 쓰여 있는 이야기글을 극본으로 바꾸어 쓸 때, 내용을 관객에게 잘 전달하기 위해 중요한 부분을 연극 공연 시간에 맞추어 잘 가려 뽑아 써야 합니다.

4) 주고받는 말에 이야기의 알맹이가 들어 있다

극본은 주고받는 말(대사)로 이야기가 펼쳐집니다. 대사를 꼭 필요한 만큼만 넣어서 이야기의 알맹이가 잘 전달되고 감동을 줄 수 있도록 가려 써야겠지요.

5) 현실에서 있음직한 일을 생생하게 쓴다

《재미있는 극본 쓰기》(엄인희, 북스토리)에 나온 부분을 예를 들어 보겠습니다.

초등학교 3학년 도덕 교과서(구 교육과정)에 실린 글이다. 학급 회의를 하는 장면인데 희곡처럼 써 놓았다. 이런 것이 연극이라고 가르친 효과가 잘 나타나 있다. 이것을 쓴 사람은 교육자일 것이다.

영길이네 반에서는 교실을 아름답게 꾸미기 위하여 회의를 열었습니다.
재훈: 교실을 아름답게 하기 위한 좋은 의견을 발표해 주십시오.
현철: 유리창을 깨끗이 닦아야 하겠습니다. 먼지가 끼어 있는 유리창을 바라보면 마음까지 답답해집니다.
창수: 청소 도구를 쓰고 나면 제자리에 두어야겠어요.
미옥: 꽃도 더 있어야겠어요. 꽃이 적으니까 교실이 쓸쓸해 보입니다.
정희: 신도 자주 빨아 신고 다닙시다. 신장 옆에 가면 냄새가 심해요.
모두들: 하하하!

삶 속에서 이런 학급 회의를 하는 아이들은 없다. 아이들이 이런 식으로 회의를 하지 않는다는 것을 알면서도, 연극을 잘못 배워 놓으니 이렇게밖에 쓰지 못한다.

'사실인 것처럼 착각'이 들기는커녕 '연극하고 있네'로 보인다. 오히려 아이들은 '있는 사실을 가짜로 만든 것을 연극이라고 배워 버린다. 그러니 연극이 어렵고 재미없다고 한다. 하지만 있는 것을 그대로 무대에 내놓으면 연극은 쉽다. 앞에서 예로 든 학급 회의를 바꿔 보자.

영길이네 반에서는 교실을 아름답게 꾸미기 위해 회의를 했다.
재훈이가 사회를 맡았다.
재훈: 저는 열한 번째 우리 반 회의에서 사회를 맡은 이재훈입니다.
(재훈이가 인사를 한다. 모두들 손뼉!)
재훈: 우리 교실을 잘 꾸미기 위해 좋은 말을 해 주세요.
현철: (손을 들고) 저요!
재훈: 네! 장현철! 말하세요.
현철: 유리창을 깨끗이 닦읍시다. 나는 유리창에 먼지가 낀 걸 보면 답답하거든요.
아이들: 맞아요. 옳소!
인식: 야! 무슨 답답하지 말라고 창문을 닦냐? 기침이 나니까 닦는 거지.
재훈: 네! 김인식은 손을 들고 말하세요. 먼저 장현철 의견을 첫 번째로 받아 놓구요. 서기는 칠판에 잘 적고 있습니까?
서기: 네!

훨씬 살아 있는 극본이 되었지요? 극본을 더욱 생생하게 쓰려면 다른 어떤 글보다도 실제 생활에서 말하는 것처럼 입말을 잘 살려 써야 합니다.

때때로 여러분들이나 주위 사람이 주고받는 말을 그대로 적어 보는 것도 생생한 말을 그대로 살려 쓰는 공부가 될 것입니다.

6) 지문을 자세하게 쓴다

> **엄마:** (가라앉은 목소리로) 엄마가 너무 욕심만 채우려고 그랬나 보
> 다. 하지만 니 이번에 너무 놀았어. 그건 반성하고 5학년 때는 더 열
> 심히 해. 그러면 비교 안 당해도 되잖아.
> **나:** (기어들어 가는 목소리지만 불만이 가득 찬 목소리로) 네에, 엄마.

이 글을 이렇게 썼다고 해 봅시다.

> **엄마:** 엄마가 너무 욕심만 채우려고 그랬나 보다. 하지만 니 이번에
> 너무 놀았어. 그건 반성하고 5학년 때는 더 열심히 해. 그러면 비교
> 안 당해도 되잖아.
> **나:** 네에, 엄마.

이렇게 쓴다면 엄마는 가라앉은 목소리가 아니고, 나는 기어들어
가는 목소리지만 불만이 가득 찬 목소리가 아닌 보통의 목소리로 말
할 수도 있습니다. 극본을 읽는 사람도 마찬가지겠지요. 그래서 지문
은 또렷하면서 자세하고 친절하게 써야 합니다.

7) 여러 사람이 함께 쓸 수도 있다

글은 대부분 혼자 쓰지만 극본은 공동 창작도 합니다. 주제를 정하
는 것부터 극본을 다 쓸 때까지 여럿이 협의를 해서 쓰는 것입니다.
주제를 정하고 얼거리를 짠 뒤에는 부분별로 각자 써서 다시 모아 보
충하고 다듬어 극본 한 편을 완성하고 연극을 하는 것이지요. 공동
창작을 하면 여러 사람이 새로운 의견을 내어 더욱 좋은 극본을 쓸

수도 있답니다.

8) 사건이 펼쳐지는 단계에 따라 극본을 쓴다

어른들이 쓰는 소설이나 동화, 어린이들이 쓰는 서사문 같은 경우 사건이 펼쳐지는 단계(발단 → 전개 → 절정 → 결말)가 있습니다. 극본도 마찬가지지요. 대체로 이런 단계로 극본의 흐름을 짜면 더욱 감동을 줄 수 있는 생생한 극본을 쓸 수가 있답니다.

발단은 이야기의 시작 부분으로 전개 과정에서 펼쳐질 사건의 실마리가 나타나 있는 부분이지요. 예를 들어 축구하다 싸운 일로 우정을 그리는 극본을 쓴다고 합시다. 이때 '동무들과 모여 축구를 하게 되는 일'이 발단 부분이 됩니다. 축구를 했기 때문에 모든 일이 벌어지게 되거든요.

전개 단계는 발단에서 시작된 사건이 펼쳐지는 부분입니다. 가장 많은 부분을 차지하는 부분이지요. '한 아이가 축구공을 차다 모르고 상대방 다리를 걷어차 버린 일, 그러다 다툼이 일어나게 되고, 주먹질까지 하게 되는 과정'이지요. 이야기가 복잡하게 얽히게 되는 부분입니다.

절정 단계는 이야기의 최고조를 말합니다. 감정이 최고로 격하게 되기도 하지요. 어떤 사건에서는 마음이 조마조마하기도 하고요. '엎치락뒤치락 싸우다 끝내는 코피가 터지는 일이 벌어지고 서로의 감정이 아주 나빠지는 부분'이 이 부분입니다.

결말은 갈등이 풀어지고 사건이 끝나는 단계입니다. '서로 사과하고 다시 우정이 깊어지지요.'

전개와 절정 사이에 위기라는 단계를 넣기도 합니다. 앞의 축구 이야기를 예로 말하면 '감정이 아주 나빠지는 부분'이 되겠지요. 또 전개 단계를 줄여 발단, 절정, 결말 세 단계로 쓰기도 합니다.

어쨌든 극본을 쓸 때는 이런 단계를 생각하고 쓰면 이야기가 자연스럽게 펼쳐질 것이고 더욱 감동 있는 극본을 쓰게 됩니다. 그렇다고 공식처럼 꼭 이렇게 쓰라는 말은 아닙니다. 얼마든지 다른 방법으로도 쓸 수 있지요.

또 극본의 갈래에 따라 조금씩 다른 점은 있지만 예문을 보면 잘 알 수 있을 것입니다. 무엇보다 배우가 연극을 했을 때 관객이 끝까지 지루함을 못 느끼고 몰입할 수 있도록 써야 합니다.

그렇지만 어린이들은 전문으로 극본 쓰는 사람도 아니요, 전문으로 연극하는 사람도 아니니 너무 복잡한 설명은 하지 않길 바랍니다. 다만 지도교사는 좀 더 깊이 공부해 두면 지도에 도움이 되겠지요.

7. 극본 쓰기

모두들 다른 갈래글은 더러 쓰지만 극본 쓰기는 잘 안 하는 편입니다. 6학년 교과에 이야기글을 극본으로 바꾸어 써 보기가 있긴 하지만 직접 써 보게 한 곳은 없습니다. 그리고 연극을 하지 않으면 쓸 일도 잘 없지요. 학예회 때 연극을 한다 해도 다른 사람이 써 놓은 극본으로 연극을 하는 게 보통입니다. 이제 가끔이라도 어린이들이 스스로 극본도 쓰고 연극도 하도록 했으면 좋겠습니다.

앞에서 공부한 것을 바탕으로 이제 극본을 써 봅시다.

1) 쓸거리 정하기

흥미도 끌 수 있고 뜻깊은 감동도 줄 수 있으면서 극화하기 쉽도록 우리 생활 가까운 곳에서 글감을 찾아 하나 고릅니다.

연극 시간으로나 여러 가지 환경으로 보나 사건 처음부터 끝까지 다 보여 줄 수는 없으니까 그 가운데 가장 뜻을 잘 전달할 수 있는 알맹이 부분을 잘라 낸다는 말이지요.

2) 나오는 사람(등장인물) 정하기

나오는 사람(등장인물)과 나오는 사람의 특성을 또렷이 정합니다.

나오는 사람을 정할 땐, 가장 주제를 잘 드러내 보일 수 있는 주된 인물을 먼저 정한 뒤 주변 인물을 알맞게 정해야 합니다. 또 인물이 정해졌으면 그 인물 한 사람 한 사람을 극본에서 어떤 사람으로 내보일지 잘 생각해 두어야 합니다. 남자인지 여자인지, 몇 살쯤인지, 무슨 일을 하는 사람인지, 어떤 성격인지, 또 어떤 개성이 있는지 같은 것 말입니다.

3) 얼거리 짜기

어떤 차례로 써 나갈 것인지 얼거리를 짜서 간단히 적어 봅니다.

극본도 글을 쓰기 전에 일이 일어난 차례에 따라 얼거리를 짜 보아야 합니다. 이야기가 펼쳐지는 과정에 맞추어 얼거리를 짜 보면 다음과 같습니다.

① 발단
· 동무들과 축구 경기를 한다.
② 전개
· 축구공 차려다 주인공인 호철이가 모르고 동무 광수의 다리를 차 버린다.

· 축구가 중지되고 말다툼하다 치고받는 싸움으로까지 번진다.

· 엎치락뒤치락 싸우다 코피가 터진다.

③ 절정

· 감정이 아주 나쁜 상태로 헤어지고 호철이는 잘잘못에 대해 갈
등한다.

④ 결말

· 이튿날 서로 사과하고 더욱 친해진다.

다음과 같이 얼거리를 짜도 괜찮습니다.

① 처음

· 축구하다 주인공 호철이가 동무 광수의 다리를 모르고 차 버림.

② 가운데

· 말다툼하다 치고 받으며 싸우고 코피 터짐.

· 집에 온 호철이는 잘잘못에 대해 갈등.

③ 끝

· 이튿날 서로 사과하고 더욱 친해짐

4) 쓰기

얼거리 짠 차례대로 바로 눈앞에서 일이 펼쳐지듯 대사와 지문 따
위를 차근차근 써 나갑니다.

극본 가장 앞쪽에 때, 곳, 나오는 사람을 쓴 다음, 무대 장치를 쓰기
도 합니다.(※765쪽 6. 극본 쓰기 기본 공부의 1) 참조)

다음은 대사와 지문을 씁니다. 지문은 배우가 보는 글입니다. 어른
들이 하는 연극에서는 배우뿐만 아니라 연출하는 사람, 조명하는 사

람, 무대를 꾸미는 사람, 연극을 잘할 수 있도록 하는 사람들 모두가 필요한 내용을 씁니다. 지문을 쓸 때는 또 배우의 행동을 통해 관객에게 전달하고자 하는 알맹이가 무엇인지 생각하며 써야겠지요.

5) 글 다듬기

쓴 극본을 차근차근 살펴보며 모자라는 부분은 보태어 쓰고, 틀린 곳은 고치고, 껄끄러운 곳은 다듬어 더욱 알찬 극본이 되도록 합니다.

극본은 연극하기 전에도 고치고 다듬어야 하지만 연극 연습을 할 때나, 연극을 하면서도 고치고 다듬어야 합니다. 그래야만 극본을 더욱 실감나게, 완전하게 잘 다듬을 수 있으니까요. 잘 쓴 극본은 연극을 해도 재미있고 감동을 줄 수가 있지만 그냥 읽어도 재미있고 감동을 줍니다.

6) 연극 연습하기

극본에 따라 연극 연습을 충실히 합니다.

연극의 4요소가 극본, 배우, 무대, 관객입니다. 이 4요소를 잘 생각하고 준비를 단단히 해야 합니다. 연극을 하는 원래의 차례는 다음과 같습니다.

먼저, 총책임자를 정합니다. 학교에서 선생님 지도 아래 연극을 한다면 새로 정할 것도 없이 선생님이 총책임자가 되겠지요. 선생님은 또 연기자를 지도하는 연출자가 되기도 하지요.

그리고 공연 날짜와 시간, 장소를 정합니다. 또 관객에 대해서도 알아 두면 좋겠지요. 다음은 극본을 선택해야 합니다. 극본을 써 놓았다면 선택이 필요 없겠지요. 다음, 배역과 연극 도울 사람을 정합니다. 또 연습은 어느 시간에 어디서 할 것인지도 정하고 극본을 복사해 배역 맡은 사람이나 연출하는 사람, 그 밖에 도우는 사람에게 나누어 줍니다.

이제 연습을 시작합니다. 먼저, 대사를 잘 외워야겠지요. 외울 때는 소리 내어 외우는 것이 좋습니다. 저절로 입에서 튀어나올 정도로 대사를 외운 다음 실감나게 말할 수 있도록 연습해야 합니다. 더욱 실감나게 하려면 자신이 맡은 인물의 모델이 될 만한 사람을 찾아가 살펴보는 열성이 있으면 더욱 좋겠지요.

대사를 충실히 외운 다음 행동과 표정 연기도 함께 연습해야 할 것입니다. 내가 그때 있어야 할 위치, 손발짓, 그 밖의 행동과 얼굴 표정 따위 하나하나 생각해서 아주 자연스럽게 되도록 연습해야지요. 거울 보고도 연습해 보고 다른 사람에게 자신의 연기가 자연스러운지 어떤지 살펴봐 달라 하기도 하면 좋겠지요. 개별 연습을 어느 정도 했으면 다 같이 모여서 호흡을 맞추며 연습합니다.

또 준비해야 할 것도 많습니다. 무대도 꾸며야 하고, 조명, 의상, 음악, 효과음, 분장, 소품도 준비해야 하지요. 그 밖에도 꼼꼼하게 살펴서 빠진 것이 없도록 합니다.

준비를 다 했으면 무대에서 총연습을 해 봅니다. 실제로 공연하는 것처럼 총연습하면서 껄끄러운 부분을 다듬어 완전하게 합니다.

7) 발표(공연)와 반성과 뒷정리

관객 앞에서 실감나게 연극하고, 연극한 뒤 반성해 보고 뒷정리를 합니다.

공연하기 바로 전까지는 공연을 실수 없이 잘하기 위해 모든 준비를 해야 합니다. 의상, 소품, 음향 기기, 조명 기기 따위 연극을 하는 데 필요한 모든 것을 다시 점검해서 빠뜨리지 않도록 하는 것이지요.

준비가 다 되었으면 시간에 맞추어 공연을 실감나게 합니다.

공연이 끝나면 무엇이 잘되었고 무엇이 잘못되었는지 반성도 해 보고, 뒷정리를 깨끗이 합니다.

8. 맺는말

극본에 대해 여러 가지로 이야기했지만 실제로 해 보면 그렇게 어렵거나 복잡한 것만도 아닙니다. 어린이들은 전문으로 극본을 써서 연극하는 사람처럼 잘하지 않아도 됩니다. 실수해도 괜찮고 잘하지 못해도 괜찮습니다. 그냥 신나게 해 보기만 해도 됩니다. 가끔 어린이들이 극본을 써서 연극도 해 보도록 하기 바랍니다.

여기에 연극 연습을 하고 연극 발표하는 단계까지 넣어 놓긴 했지만 그건 차례 구색을 맞춘 정도밖에 안 됩니다. 그러니까 연극 지도에 대한 것은 좋은 책들을 보며 공부를 더 하기 바랍니다.

※ 참고한 책들

《재미있는 극본 쓰기》 엄인희 지음, 북스토리

《선생님 우리 연극해요》 김용심, 보리

《연극으로 만드는 신나는 교실》 소꿉놀이, 내일을 여는 책

《교육연극 아동극집》 오판진, 정인

《학교방송극본선집》 곽영석, 미리내

15장

글쓰기 도움 글

살아 있는 글쓰기를 도와주는 글

좋은 글이란 감동을 주는 글입니다. 그리고 감동을 주는 좋은 글은 사물의 참모습이나 사람의 참삶을 있는 그대로 받아들이고 느낄 수 있게 잘 표현한 글을 말합니다. 여기서 잘 표현한다는 말은 잘 꾸며 낸다는 뜻이 아닙니다. 실제로 보고 듣고 겪은 일을 있는 그대로 생생하게 표현한다는 뜻입니다.

하지만 생생하게 표현하는 것이 말처럼 쉽지는 않습니다. 실제 모습을 또렷이 보고 마음을 모아 사람들이 하는 말을 들어야 합니다. 그리고 자꾸 써 보아야 합니다. 그러는 가운데 글 쓰는 능력이 조금씩 조금씩 앞으로 나아갈 것입니다.

그러면 지금부터 글을 생생하게 잘 쓸 수 있게 도와주는 글쓰기, 글쓰기의 기초가 되는 글쓰기 방법 몇 가지를 말해 보겠습니다.

1. 눈으로 보고 그림 그리듯 사생문 쓰기

글을 대충 써 버리는 어린이들이 꽤 많습니다. 그런 어린이들에게 좀 더 자세하고 정확하게 쓰라고 하면 그만 쓰기 싫어하거나 생각이 잘 안 나서 못 쓰겠다고 합니다. 그런 어린이들은 사물을 보아도 스쳐보고 듣는 것도 대충 듣는 경우가 많지요. 그래서 어떤 사람의 말을 들어 놓고도 그 사람이 무슨 말을 했는지 다시 물으면 잘 모른다고 합니다.

왜 그럴까요? 관심 없이 대충 들어서 그렇기도 하겠지만 어린이들이 너무 바빠서 그런 건 아닐까요? 학교에 다니는 것만 해도 쉽지 않은데 학원까지 여러 군데 다녀야 하니까 옆 돌아볼 틈이 어디 있어야지요. 그리고 공부하는 것도 단순 지식을 외우는 데만 익숙해져 있어, 의식을 가지고 사물을 꼼꼼히 살펴보고 들으며 생생한 정보를 받아들이는 것은 매우 어려워합니다. 하지만 내가 살고 있는 둘레의 자연이나 삶의 모습을 깊이 살펴보는 버릇을 들여야 합니다.

사물의 정보를 자세하고 정확하게 받아들였다면 그것을 글로 잘 표현할 수도 있어야겠지요. 글로 잘 표현하는 데 밑거름이 되는 글 가운데는 사생문이 있습니다. 사물의 모습을 눈으로 보거나 소리를 귀로 듣고 자세하고 정확하게 그림 그리듯 쓰는 글을 '사생문'이라고 합니다. 잘 쓴 사생문은 다른 사람이 읽어도 글쓴이가 실제로 보고 들은 것처럼 생생하게 느낄 수 있습니다.

1) 짧게 쓴 사생문

앞에서도 말했지만 우리 반은 늘 '생각주머니'라는 조그만 수첩을 가지고 다니며 짧은 순간에 보고 들은 느낌을 그때그때 적었습니다. 때로는 느낌이 아닌 생생한 모습을 있는 그대로 적어 보기도 하지요. 한두 줄로 적지만 이렇게 자주 적다 보면 사물을 자세하고 정확하게 보는 능력이 저절로 길러지게 된답니다. 자세하고 정확하게 보는 능력이 길러지면 예사로 보였던 사물들도 어떤 뜻을 가지고 다가설 것입니다.

어린이들에게 스스로 수첩을 가지고 다니며 하루에 한 번 이상, 틈틈이 특별히 눈에 뜨이는 자연의 변화 모습이나 정경, 우리 둘레에서 살아가는 사람들이나 동물의 모습을 간단하게 적어 보게 하면 좋겠습니다. 그때 그 자리에서 바로 적는 것이 좋겠지만 그게 안 되면 잘 생각해 두었다 집에 와서라도 적어 보도록 하면 좋겠습니다. 예를 들면 이렇게요.

· 소 두 마리가 트럭 위에서 벌벌 떨고 있다. 아기를 낳으려는지 왕구슬만 한 눈을 끔뻑대기만 한다. 엄마는 / "어구 춥겠데이" / 한다. (6학년 박정미)

· 버스 안에서 어떤 할머니께서 자리가 없으니 / "아이고오 자리가 없네." / 하며 바닥에 주저앉아 '휴우' 한숨을 쉰다. (6학년 김형휘)

· 길에 참새 한 마리가 흩어진 빵 조각을 콕콕 쪼아 먹는다. 목을 빼었다 넣었다 하며 쪼아 먹는다. 발을 콩 구르면 벼락같이 날아간다. 빵 조각이 모두 부스러져 있다. (6학년 소미령)

· 버스 운전수가 아주머니들에게는 / "빨리 타이소." / 하면서 할아버지한테는 / "빨리 타소!" / 소리를 꽥 지른다. 웃긴다. (6학년 소미령)

· 꾸벅꾸벅 졸던 경비 아저씨가 현관 문소리가 '덜커덩' 나니 도둑이 들었는가 싶어 뻘떡 일어나 밖을 빼꼼이 내다본다. 그러더니 나를 보고 싱긋이 웃는다. (6학년 소미령)

· 가게에 갔다 오는데 어떤 똥개 한 마리가 갑자기 툭 튀어나온다. 깜짝 놀라 눈이 왕방울만 해졌다. 내가 이리로 갈려고 하니까 그 개도 이리로 갈려고 하고, 저리로 갈려고 하면 그 개도 저리로 갈려고 한다. 내가 다시 다른 곳으로 가니까 눈치를 슬슬 보다가 슬그머니 돌아서서 꽁지를 살랑살랑 흔들며 뛰어간다. (6학년 권경희)

· 어떤 아이가 비를 맞으며 뛰어가다가 발을 잘못 디뎌서 흙탕물이 옷에 튀었다. 그러자 / "에이 씨이." / 하며 옷을 탁탁 털고는 다시 집을 향해 뛴다. (6학년 권경희)

어떻습니까? 그냥 지나칠 수 있는 한순간의 모습을 짧지만 눈앞에 또렷이 잘 그려 보였지요? 이런 짤막한 글은 언제 어느 자리에서든 간단히 적을 수 있어 참 좋습니다. 이번엔 짧지만 앞에 보인 한두 줄보다는 조금 긴 사생문을 보겠습니다.

강아지와 벌

청도 덕산초 6학년 배향미

강아지 머리 주위에 조그만 벌이 돌아다닌다. 강아지는 그걸 쫓는다
고 그러는지 장난을 친다고 그러는지 요리 달려가다 벽에 '콩' 저리 폴
짝 뛰다가 '쿵' 박으며 온갖 애를 다 쓴다. 벌은 '왜애앵' 날아서 강아지
젖을 콕 쐈다. 강아지가 "깨앵 깨개갱 깨애애앵 깨개개개갱." 하며 폴작
폴작 뛴다. 벌은 쏜살같이 달아나 버린다. 강아지는 물똥을 '포드득' 싸
고서는 엉덩이를 탈탈 턴다. 그러고는 개집에 들어가 버린다.   (1997년)

용접하는 늘봄이 아버지

청도 덕산초 6학년 윤영웅

늘봄이 아버지가 용접을 하신다. 얼굴 가리개를 얼굴 앞에 대고 용접
기를 경운기 바퀴 축 부분에 댄다.

"빠지지지직 지이익 버벅 버벅 푸부부……."

소리를 내고, 폭죽놀이하는 것처럼 불꽃이 발광을 한다. 대포 쏘듯이
날아오는 불꽃이 금방이라도 늘봄이 아버지의 얼굴을 뒤덮을 것 같다.
가리개에 불꽃이 튀어 부딪치더니 땅에 떨어진다. 거기에서 담배 연기
같은 작은 연기가 폴폴 난다. 늘봄이 아버지는 "아이고, 디다." 하면서
둥둥 걷은 팔뚝으로 이마에 타고 내려오는 땀을 한 번 슥 닦는다. 그리
고 다시 용접을 하신다.

"빠지지직 버벅 버버버버벅 지지지지……."   (1997년)

〈강아지와 벌〉에서는 벌이 강아지의 젖꼭지를 쏜다든지, '콩' 박고
'쿵' 박는다든지, 강아지가 벌에 쏘여 "깨앵 깨개갱 깨애애앵 깨개개
개갱" 한다든지, 물똥을 '포드득' 싸고 엉덩이를 탈탈 턴다든지 하는
부분을 보면 강아지의 귀여운 모습이 바로 눈앞에 보이는 듯합니다.

그러니까 읽으면 저절로 웃음이 나올 수밖에 없지요.

〈용접하는 늘봄이 아버지〉도 용접하는 늘봄이 아버지의 모습이나 용접 불꽃이 튀는 모습이 훤히 그려지는 듯합니다.

일기 쓸거리가 없다는 어린이들, 일기를 써도 늘 학원 갔다 온 이야기나 외식했다는 이야기밖에 쓸 것이 없다는 어린이들은 이런 글을 보면 우리 둘레에 널려 있는 것이 새로운 쓸거리라는 것을 잘 알게 될 것입니다. 날마다 같은 길을 오고 가도 다른 모습으로 느낄 수 있는 감각은 이렇게 꼼꼼히 살펴보고 자세하고 정확하게 기록하는 가운데 얻을 수 있는 감각입니다. 학원 차를 기다리거나, 동무를 기다리거나 틈이 조금만 나도 적는 버릇을 들이도록 합시다.

어린이들에게 하루에 한 번 정도 '생각주머니'에 이런 짧은 글을 적어라 해도 이런저런 일로 게을러지는 경우가 많습니다. 그때는 때때로 어린이들이 쓴 글을 읽어 주기도 하면서 끊임없이 적도록 일깨워 주어야 합니다.

가끔은 시간을 내어 한 학급 어린이 모두 다 같이 밖에 나가 둘레를 살펴보고 느끼면서 짤막한 글(사생문)을 써 보는 것도 좋은 방법입니다.

또 그냥 잘 살펴보고 쓰라고만 하기보다는 때로는 교사가 주제를 내주고 써 보도록 하는 것도 좋겠지요. 강아지가 먹이 먹는 모습, 노점에서 장사하는 한 할머니의 모습, 꽃 한 송이 같은 모습을 자세하게 적어 보도록 하는 것입니다.

2) 모양이나 모습을 나타내는 사생문

그다음은 사람이나 동물, 사물의 모습을 더욱 자세하게 그림 그리듯 적어 봅니다.

먼저, 사람의 몸 전체 모습이나 사람의 몸 한 부분인 얼굴, 발, 손 같은 것의 크기나 모양, 색깔, 냄새, 풍기는 느낌 같은 것을 자세히 쓰거나, 사람이 입은 옷의 모양이나 색깔, 옷을 입은 상태 같은 모습을 글로 자세히 적어 보는 것입니다.

또 동물이나 어떤 사물의 모양이나 크기, 색깔 같은 여러 가지 모습도 눈에 선하게 떠오를 정도로 자세하고 정확하게 적어 보도록 합시다.

우리 동네 한 아줌마

대구 동호초 4학년 이민희

우리 아파트 202동 뒤에 있는 농구장에 어떤 아줌마가 서 있다.

얼굴 전체 모양은 갸름하다. 턱이 좀 뾰족해 더 그렇게 보이는 것 같다. 눈은 3분의 1쯤 감겨 있는 것 같으면서도 쭉 찢어져 좀 날카로워 보인다. 코는 뾰족하면서 좀 높은 편이고, 콧구멍은 작은 세모 모양에 가깝다. 입술은 좀 얇고 분홍색이다. 두 입술이 조금 벌어져 앞니가 살짝 보인다. 그렇지만 그렇게 흉해 보일 정도는 아니다. 귀는 머리카락에 가려져 있고, 밑부분 1/4 정도 보이는 귓밥은 동글납작하다. 귀걸이를 했는데 모양은 콩알만 한 흰색 진주 같다.

머리카락은 전체로 보면 짙은 까만색인데 갈색 머리카락도 조금씩 보인다. 머리카락은 목까지 내려왔고 끝은 바깥으로 동그랗게 말려 있으면서 조금 곱슬곱슬하다.

옷은 위에는 진분홍색 반팔 티셔츠에다 똑같은 색의 얇은 겉옷을 걸치고 있다. 진분홍색 반팔 티셔츠 가슴 부분에는 노란색으로 된 꽃그림이 그려져 있고, 그 위에 영어 문장이 쓰여져 있다. 옷이 얇으면서 몸에 착 달라붙어서 몸매가 다 드러날 정도다. 몸매는 날씬한 편이다. 밑에는 청바지를 입고 있는데 허리에는 낡은 갈색 허리띠를 하고 있다. 바지도 몸에 좀 붙는 편이면서 발쪽으로 갈수록 통이 좁다. 종아리에서는 착 달라붙을 정도다.

　신발은 끈으로 묶는 운동화다. 조금 번들거리는 은색 바탕에 군데군데 분홍색 무늬가 조금 섞여 있다. 끈 색은 흰색이고, 끈 끝에 코팅되어 있는 부분은 아주 엷은 분홍빛이 난다.

　자세히 보면 우리 엄마랑 비슷한 모습으로 옷을 입고 있다.

(2010년 5월 19일)

　한 아주머니의 얼굴 모습과 입고 있는 옷, 운동화의 모습을 잘 그려 놓았습니다. 가만히 눈을 감으면 그 아주머니가 그대로 내 앞에 서 있는 듯하지요? 이 글에서 조금 아쉬운 점은 얼굴색이라든지 키 크기는 어느 정도인지 안 나타낸 것입니다. 설명문 쓰기 공부할 때도 자세히 이야기했지만 이런 글을 쓸 때는 질서를 잘 세워 써야 혼란스럽지 않겠지요. 사람의 모습을 사생문으로 쓴다면 이런 차례로 쓰면 좋겠습니다.

· 몸 전체의 모습: 얼굴→몸통→팔→다리
· 얼굴의 모습: 눈썹, 눈→코→입→귀→머리카락
· 입고 있는 옷의 모습: 윗옷→아래옷→신발→장신구

3) 사람이나 동물, 사물의 표정이나 행동, 움직임을 쓴 사생문

　사람이나 동물은 별로 움직이지 않는 것 같은데도 가만히 살펴보면 잠시도 가만히 있지 않는다는 것을 알 수 있습니다. 가만히 앉아 있을 때도 잠을 잘 때도 끊임없이 움직이고 있습니다. 그런데 우리는 큰 움직임은 잘 보지만 작은 움직임은 스쳐보기가 쉽습니다. 작은 움직임까지 유심히 살펴보면서 낱낱이 적어 보면 어떤 때 어떤 표정을 짓는지, 어떤 때 어떻게 얼마나 행동하고 움직이고 있는지를 잘 알 수 있답니다. 아주 작은 행동이나 움직임으로 그 사람이나 그 동물의 참모습을 더 잘 알 수 있지요.

그러면 이번엔 사람이나 동물, 사물의 표정이나 행동, 움직임을 중심으로 사생문 쓰기를 해 봅시다.

엄마의 움직임

대구 동호초 4학년 이민희

점심때다. 엄마가 식탁 의자에 앉아 책을 보고 있다. 손에 침을 묻히더니 책장을 넘긴다. 그러다 '흐흐흐' 웃는다. 아빠가 밥 먹자고 하니 벌떡 일어나 싱크대 서랍에서 냄비를 꺼낸다. 수돗물을 틀어 냄비에 물을 담고는 가스레인지에 올린다. 냄비 뚜껑을 닫고 가스 불을 '딸깍' 켠다. 그리고는 냉장고에 가서 김치를 꺼내 와 싱크대 위에 놓는다. 엄마는 다시 앉아 책을 본다.

조금 있으니 냄비의 물이 '갈갈갈갈갈' 끓는 소리를 내니까 냄비 뚜껑을 열고 김치를 넣는다. 또 라면을 뜯어 수프 봉지를 꺼내더니 찢어서는 수프를 면과 함께 털어 넣는다. 그리고 조금 아쉬운 표정을 지으며 말한다.

"에이, 참. 파랑 달걀이 없어서 맛이 하나도 안 나겠네." 이러면서 면을 넣는다. 수저통에서 젓가락 한 짝을 집더니 냄비 속을 휘젓다 싱크대에 놓고 냄비 뚜껑을 닫는다. 물이 끓는 동안 수저를 놓고는 서서 책을 조금 본다.

한 3분쯤 있다가 불을 끄고는 냄비를 들어내어 식탁에 있는 받침대 위에 놓는다. 그리고 싱크대 쪽으로 가더니 밥그릇 하나를 들고 밥통으로 간다. 밥통을 열더니 현미밥을 그릇에 꾹꾹 담아 식탁 위에 놓는다. 그러더니 다시 냉장고로 간다. 냉장고 왼쪽 칸을 당겨 열더니 허리를 구부려서 밑에 있는 겉절이김치가 담긴 플라스틱 통을 꺼내고는 냉장고 문을 닫는다. 김치 통을 식탁 위에 올리더니 뚜껑을 연다. 김치가 꼭꼭 담겨 있다. 김치를 꺼내면서 나보고 말한다.

"아빠, 진지 드시라고 해라."

라면 냄비 뚜껑을 여니까 김이 무럭무럭 난다. 그릇에 나누어 담는다.

"아빠, 진지 드세요."

아빠가 오더니 엄마의 어깨를 주무른다. 엄마는 얼굴을 찡그린다. 그래도 시원한지 하지 말라는 소리는 안 한다. 그러다 식탁 의자에 앉는다.

엄마와 아빠는 라면을 먹는다. 나도 라면을 먹었다.

"후우우 후루룩 후루룩 후우우 후루룩……."

라면을 다 먹자 엄마는 그릇을 겹쳐 들고는 싱크대에 갖다 집어넣는다. 반찬 그릇도 깔끔하게 정리해서 냉장고에 넣고는 고무장갑을 낀다. 수돗물을 틀다 잠그고는 수세미에 퐁퐁을 묻힌다. 그릇을 이리저리 돌리며 문대어 씻는다. 거품이 북북 난다. 다 문대고는 수돗물을 틀어 헹군다. 거품기가 없어졌는데도 마지막까지 물로 헹군다.

그릇을 다 정리하고 행주로 식탁을 닦더니 다시 식탁 의자에 앉아 아까 보던 책을 펼쳐 본다. (2010년 5월)

어머니가 부엌에서 라면을 끓이고 설거지하는 모습을 살펴보고 글로 그려 놓은 사생문입니다. 어머니의 조그만 행동도 빠뜨리지 않고 차근차근 잘 적어 놓았습니다. 4학년이 이 정도 적기는 쉽지 않지요.

4) 정경을 쓴 사생문

이번에는 눈앞에 보이는 어떤 정경의 한 부분을 살펴보며 자세하고 또렷하게 글로 그려 보이는 것입니다. 가깝게는 방 안이나 교실, 거실, 부엌, 집 안의 정경부터 더 넓혀서는 우리 집 앞 거리의 정경,

겨울 아침 우리 집 앞 거리의 정경, 우리 집 앞 채소 가게의 정경, 우리 마을의 정경, 비 오는 날 우리 마을의 정경을 적어 보기도 하고, 더욱 넓혀서는 먼 산이나 들판의 정경, 바닷가나 바다의 정경, 시내의 정경 같은 것도 적어 보도록 하기 바랍니다.

우리가 흔히 보는 정경도 자세하게 글로 써 보면 그렇게 아름다울 수가 없습니다. 그래서 예사로 보았던 모습들도 더 깊이 사랑하게 되지요.

아파트 앞의 풍경

경산 중앙초 6학년 윤지현

앞에는 103동이 보인다. 103동 1, 2호 경비실 왼쪽 옆에는 화단이 있는데 향나무가 심겨져 있다. 현관 경비실에는 경비 아저씨가 계신다. 그 오른쪽에는 1, 2호 현관이 있고 계단도 있다. 계단은 모두 3층으로 되어 있고, 이 계단 옆에는 장애인용 길이 하나 더 있다. 이 길은 오돌토돌한 경사길인데 휠체어를 타고 다니기에 알맞게 되어 있다.

경비실 맞은편 쪽으로 열 발자국 가면 아파트 높이 한 층 반 정도의 히말라야시다 나무가 심겨져 있는데, 바람에 따라 시원하게 움직이고 있다.

경비실 아저씨가 문을 열고 나와서 의자를 끌어내더니 앉는다. 잠시 앉아 있다가 다시 일어나서 계단을 타고 내려와 쓰레기통 옆의 종이를 보더니 집어넣는다. 그런 후 다시 의자로 돌아가 다리를 꼬고 팔짱을 끼며 앉는다. 두 손으로 머리를 싹싹 뒤로 넘긴다. 그러고는 손을 앞에 모으고 가만히 앉아 있다.

103동 1, 2호 경비실에서 왼쪽으로 30걸음 될까 말까 하는 곳에는 상가가 있다.

상가 맨 오른쪽에는 대구축산정육 직판장이 있다. 지금 이 가게에서는 쇠파이프, 끈 들을 풀어 헤치고 무엇인가 설치하고 있다. 은박지도 여기저기 널려 있고 꺼먼 전깃줄도 있다. 기술복을 입은 아저씨 세 분이 일을 하고 있으니 어떤 아이가 신기한 듯이 자전거 위에 올라앉아서 두 발을 땅에 대고 계속 지켜보기만 한다. 바람이 몹시 불어 옷이 풍덩해지니 그 아이는 몸을 움츠린다. 104동의 경비 아저씨 한 분이 대구축산정육 직판장으로 돈을 세며 들어갔다가 아무것도 사지 않은 채 나온다. 기술자 아저씨가 번갈아 왔다 갔다 움직인다. 지켜만 보고 있던 아이는 시커매진 하늘을 보고 바람을 가로질러 106동 쪽으로 간다.

대구축산정육 직판장 옆에는 문구·완구 수입품점이 있다. 이 문구·완구 수입품점에는 불만 밝게 켜져 있고 조용하기만 하다. 사람 기척은 없고, 문 앞에는 '아이스박스'라고 부르는 상자들만이 너저분하게 널려 있고, 햇빛 가리개로 쳐 놓은 포장만이 펄럭거린다. 흰 '잠바'에 청바지를 입은 아이가 수입품점 안을 기웃기웃거리다가 그냥 지나친다.

바람이 몹시 불어 '휘이잉 휘이잉' 소리가 나고, 나무들은 이리저리 휘어지고, 상점의 포장들은 '펄펄' 소리를 내며 몹시 펄럭인다.

문구·완구 수입품점 옆에 자리 잡고 있는 귀빈 세탁소는 주인이 와서 두 손으로 작대기를 잡고 옷을 빼어낸다. 주인이 들어가자 한 여자가 꼬깃꼬깃 구겨진 양복 한 벌을 가지고 들어간다. 주인아저씨 부인인가 보다. 그 뒤로는 인기척이 없다. 이 세탁소 역시 바람 때문에 포장이 몹시 펄럭이고 있다. 세탁소 출입문 옆에 있는 무료 신문은 펄럭거리다가 한 장이 하늘 높이 날아가 버린다.

세탁소 옆에는 비디오점이 있는데 어떤 한 쌍의 부부가 팔짱을 끼고 나란히 들어간다. 봉지 하나를 들고 나온다. 비디오점은 포장도 안 치고 쓰레기통도 없어 아무것도 움직이지 않는다. 그래서 비디오점만 바람이 안 부는 것 같기도 하다.

상가에는 바람만 난리를 치지만 고요한 편이다. 어쩌다 양복 입은 아저씨와 시장바구니를 든 아주머니들이 오긴 하지만 그냥 목만 빼고 보다 가 버린다.

　저녁이 되니 사람들도 잘 안 다닌다. 바람뿐, 경비실 아저씨는 경비실에서, 아파트는 아파트대로, 상가는 상가대로 그냥 고요히 있기만 한다.

(1993년)

아파트와 아파트 옆의 상가 정경을 자세하게 그려 놓았습니다. 차근차근 읽어 가다 보면 마치 내가 그 가운데 서 있는 느낌이 들 정도입니다. 여러분들도 한 번씩 이런 정경을 글로 그려 보기 바랍니다.

지금까지 사생문 쓰기에 대한 이야기를 했습니다. 사생문은 모든 글 속에 녹아들어 가서 감동 있는 글을 쓰는 데 큰 도움을 주기도 하지만, 사생문을 쓰면서 관심 없이 보고 별것 아닌 것으로 생각했던 사람이나 동물, 사물들에 대해 의미를 가지게 되고, 관심과 따뜻한 마음을 가지게 됩니다. 또 사물을 보는 눈도 더 넓어지고 깊어지겠지요. 그러니까 사생문 쓰기는 꼭 완전한 글 한 편이 되지 않더라도 그 자체만으로도 큰 공부가 될 수 있는 것입니다.

또 이렇게 그림 그리듯 글로 잘 표현하려면 한두 번 적어 보아서 되는 것이 아닙니다. 자주 적어 보는 노력이 많이 필요합니다. 많이 써 보기 바랍니다.

2. 주고받는 말을 생생하게 대화문 쓰기

대화문이란 사람이 서로 마주 대하고 주고받은 말을 쓴 글입니다. 이 대화문도 사생문이지만 이렇게 따로 떼 내어 공부해 보기로 했습니다.

우리는 둘 이상 모이면 주고받는 말이 없을 수가 없습니다. 끊임없이 말을 주고받으며 서로의 의사를 전달하는 것이지요. 사람이 직접 말을 주고받는 것은 크게 세 부분으로 나누어 볼 수 있겠네요. 주고받는 말과, 말하는 사람의 목소리, 말하는 사람의 표정과 행동으로요. 사람을 마주하고 말을 주고받을 때는 이 세 가지가 아우러져 서로 말하고자 하는 바가 더욱 잘 전달되는 것입니다. 그렇지만 직접 마주 대할 수 없는 사람들에게는 주고받는 말 한 가지만을 글로 써서 보여 줄 수밖에 없겠지요. 목소리나 표정과 행동을 설명으로 보여 주긴 하지만 어디까지나 말이 중심이 되는 것입니다.

주고받는 말을 글로만 적어 놓으면 직접 말을 주고받는 것보다는 의사 전달이 잘 안 되지만 그래도 설명으로 하는 것보다는 더 생생하게 의사가 전달됩니다. 사람이 주고받는 말 속에는 어떤 일의 내용, 어떤 일이 일어난 배경, 그 사람이 말하는 뜻, 그 사람의 성격, 그 사람의 감정까지 들어 있어 더욱 실감 나게 느낄 수가 있지요. 그러니까 글을 쓸 때는 주고받는 말도 얼마나 중요한지를 잘 알 수 있을 것입니다.

지도교사는 어린이들에게 사생문 쓰기와 함께 대화문 쓰기도 자주 지도해 보기 바랍니다.

1) 자신과 다른 한 사람의 대화를 쓴 글

먼저, 자신과 다른 한 사람이 주고받는 말을 써 보도록 합니다. 이오덕 선생님은 이렇게 쓰는 것을 아주 오래전에 낸 책《글짓기 교육》에서 '필담'이라고 말해 놓았습니다. 자기가 한 말을 사투리나 말투 그대로 쓰면서 이야기를 해 가는 것이라고 했습니다. 이렇게 하면 자기의 일상용어를 그대로 글로 나타내는 태도를 기르고, 글 쓰는 것을 어렵잖게 생각하며, 자기 생각을 쉬운 용어로 거침없이 자유스럽게 나타내는 동시에 빨리 쓰는 능력을 기를 수도 있고, 또한 서로 이야기하는 두 어린이가 협력해서 하나의 이야깃거리를 가지고 펼쳐 나가면서 생각을 높이게 되는 등, 여러 가지로 글쓰기 훈련이 된다고 했습니다.

필담 지도 방법을 이렇게 말해 놓았습니다.

① 우선 짧은 글을 불러 주어서 빠르고 정확하게 받아쓰는 연습을 한다.
② 다음에 교사의 질문에 대해서 글로 대답하게 한다.
③ 그다음에 어린이를 둘씩 짜 주어서 필담을 시키는데, 능력이 비슷한 어린이끼리 하는 것이 좋겠고,
④ 이야기할 주제는 구체적인 것을 주도록, 더구나 처음 지도할 때는 이야기할 줄거리나 윤곽을 조목으로 적어 주는 것이 좋다.
⑤ 필담이 끝나면 더러는 쓴 것을 다시 읽혀 실연을 시키고, 그 내용을 검토 지도하는 것이 좋겠다.

-《글짓기 교육》(이오덕, 아인각)

그렇게 쓴 대화문을 한 편 보겠습니다.

토끼

청도 덕산초 6학년 박욱태: ○, 6학년 김영석: △

○- 야, 영석이 너거 토끼, 새끼 언제 놓노?
△- 벌써 놨다야.
○- 좋겠다. 우리는 고마 다 죽었다.

△- 아이고, 불쌍해라.

○- 그래 말이야. 근데 야, 너거 집토끼 잘 크고 있나?

△- 그래, 잘 크고 있다. 근데 느그 집토끼도 잘 크고 있나?

○- 그래. 16일쯤 되면 새끼 또 낳는다. 근데 느거 집토끼 새끼는 몇 마리고?

△- 여덟 마리 났는데 두 마리 죽고 니머지는 잘 큰다.

○- 우리는 두 번이나 났는데 다 죽고 한 마리도 없다.

△- 근데 니 토끼 샀는 지 몇 년 됐노?

○- 1년쯤 됐다.

△- 근데 두 번밖에 안 났노, 1년이나 됐다 카민서?

○- 그동안 암놈, 숫놈을 같이 나놨거든. 그라마 교배 안 붙는다카데. 그래가 일곱 달 정도는 같이 키우다가 한 달 정도는 띠 났다 아이가. 그래가 두 번밖에 못 났다. 그래고 그동안 났는 토끼가 다 없어져서 어미 토끼가 얼매나 슬퍼하는지 모른다 아이가. 다 내가 잘못해서 그렇지 싶어가 마음이 안 좋다.

△- 근데 토끼는 한 달에 한 번 새끼 놓잖나. 근데 1년 열두 달이면 열두 번 새끼 놓을 거 아이가.

○- 야, 니는 열두 번이나 새끼 놓으면 어미는 어떻게 살아나겠노. 아이구, 이 바보야. 와아, 나는 새끼들 다 죽여서 불쌍하고 열 받아 죽겠다 아이가.

△- 근데 니는 내보다 일찍 토끼 샀으니까 더 잘 알잖나. 한 가지 물어보게. 토끼는 뭐를 잘 먹는지 다 가리키 도.

○- 먼저 풀은 씀바귀 잘 먹고, 거의 다 잘 먹는 편이다. 근데 이름이 잘 생각 안 나네. 그라고 사과, 사료, 과일 껍질, 무, 당근, 밥, 못 먹는 거 없다.

△- 씀바귀는 어떻게 생겼고, 사료는 어떤 사료 먹는데?

○- 씀바귀는 왜 있잖아, 잎이 삐죽삐죽하고 뜯으면 하얀 물이 나온
   다. 그리고 사료는 개 사료, 돼지 사료, 다 묵는다. 독풀은 뱀풀 비
   슷한 건데 그건 나도 잘 모르고, 거의 아무 풀이나 먹이면 된다.
   걱정할 것 없다.
△- 그라마 오늘 집에 가면서 씀바귀 풀 찾아 보여 도.
○- 야, 그기 지금 났는지 모르겠다. 하여튼 보자.
△- 밥도 묵나? 그런데 물 무마 꼭 죽나?
○- 밥? 묵지. 물은 한 바가지씩 안 먹이마 괜찮다. 쪼매씩 주마 된다
   는 뜻이다.
△- 그래, 인제 문제는 다 해결됐다. 가르쳐 죠서 고맙대이.
○- 뭐 그것 가 캐쌌기는.   (1997년)

 토끼를 기르는 두 어린이가 어미 토끼가 새끼 낳은 이야기, 새끼가
죽어서 속상했던 이야기를 나눕니다. 뒤에 토끼를 기른 어린이는 먼
저 토끼를 기른 어린이에게서 무엇을 잘 먹는지 정보도 얻습니다. 또
주고받는 말 속에서는 두 어린이가 매우 활발한 성격을 가지고 있다
는 것도 느낄 수 있고, 토끼에 대한 애정이 남다르다는 것도 생생하
게 느낄 수 있습니다. 그뿐만 아니라 설명해 놓지 않아도 말할 때의
표정이나 행동까지 생생하게 그려 볼 수 있지요.
 그런데 이렇게 이야기 주고받자 하고 이야기를 주고받으면 아무래
도 좀 어색하기도 하고 바로 할 말이 잘 안 떠오를 수도 있을 것입니
다. 그러니까 그냥 자연스럽게 주고받은 말을 잘 살려 적어 보는 것
도 좋을 것입니다. 이렇게요.

 사춘기를 어떻게 보낼까?

                                          대구 동호초 4학년 임혁규

밤 열 시가 되었다. 다들 잘 준비를 하려고 할 때쯤 아빠가 뜬금없이 물었다.

"혁규야, 니는 커서 뭐 될라 카노?"

"으응? 선생님."

"와아?"

"《열 살에 만나야 할 100인의 직업인》에서 보니까 내 성격에 맞는 직업이 선생님이라서요."

"니는 가르치는 게 적성에 맞나?"

"모르겠어요. 책을 많이 안 읽어서 지식이 부족할 것 같아서……."

그때 창밖에서 오토바이가 엔진 소리를 '빠아아앙!' 심하게 내며 달렸다.

"근데, 아빠. 오토바이 소리가 왜 저래 험해요?"

"머플러 개조해서 그렇다."

"아아, 매연가스 분출하는 거, 그거요?"

"응, 그거 맞다. 근데 왜 저거 개조하는지 아나?"

"할 일 없어서. 아니에요? 개조해서 달리기 경주해요?"

"으응, 저거 머플러 떼면 소리가 많이 나잖아."

"왜요?"

"머플러가 소음기잖아."

"아빠, 자동차 공부는 몇 년 했어요? 한 20년 했어요?"

"으응, 20년 했지."

"스무 살 때부터 했어요?"

"그래. 딱 스무 실 때부터 했네. 그긴 그렇고 왜 저래 시끄럽게 디니는지 아나?"

"내기 하는가 보죠. 조직폭력배가 저러는 거 아녜요?"

"조직폭력배는 아이고, 폭주족이나 반항심이 큰 아들이 저카고 다닌다."

"사춘기 애들요?"

"사춘기는 아이들이 커 가는 한 과정인데, 그 과정을 잘 넘기면 훌륭한 사람이 되고, 그 시기를 잘못 보내면 세상을 자신만의 기준으로 멋대로 살려고 하는 사람이 될 수도 있다. 뭐가 될지, 어떻게 살지에 대한 계획이 없으면 아무렇게나 자신을 방치할 수가 있으니까, 이 시기를 잘 보내야 된다. 알았나, 혁규야?"

"예, 알았어요."

아빠와 이야기를 끝내고 자리에 누웠다. 그런데 어떻게 하면 사춘기를 잘 보낼 수 있을까, 모르겠다. 보통 우리가 잘 살아야 되는 줄은 알지만 어떻게 살아야 잘 사는 건지 잘 모르는 것처럼 말이다.

(2010년 5월 12일)

아버지와 주고받는 말이 아주 자연스럽습니다. 그대로 주고받는 글만으로도 완전한 글 한 편이 될 수 있는 것이지요. 더구나 이 대화문은 이야기가 끝나고 바로 쓴 것이 아니고 그 이튿날 쓴 것인데도 바로 쓴 것처럼 또렷합니다. 이 글을 보면 아버지와 아들이 매우 다정하다는 것, 아버지와 아들의 생각이 깊다는 것, 아버지가 아들에게 매우 자상하게 말해 준다는 것, 아들이 아버지의 말을 잘 받아들이고 있다는 것 들을 생생하게 느낄 수 있지요.

2) 다른 두 사람이 주고받는 대화를 글로 쓰기

다음은 다른 두 사람이 주고받는 말을 듣고 그대로 적어 보도록 합니다. 이야기를 들을 때도 그냥 스쳐 듣는 것과 귀담아듣는 것은 많은 차이가 있지요. 정신 차려 귀담아들으며 또렷하고 정확하게 적다 보면 그 일의 정황도 잘 알 수 있을 것입니다. 잘잘못이 있는 싸움일 경우에는 자기 나름대로 누가 옳고 그른가 판단하는 능력도 길러지겠지요. 또 이야기하는 사람의 형편이나 마음도 잘 알 수 있을 것입니다.

주고받는 말을 적을 때는 남의 비밀스런 이야기기가 아닌, 드러내 놓고 나누는 이야기를 듣고 적어야겠지요. 그리고 듣는 그 자리에서 들은 대로 완전하게 적기는 쉽지 않을 테니 잊어버리지 않을 만큼 메모를 해 와 집에서 다시 잘 살려 적어야 할 것입니다.

먼저 다음 글을 봅시다.

엄마와 오빠가 주고받는 말

대구 동호초 4학년 이민희

저녁을 먹다가 엄마가 갑자기 오빠에게 말을 했다.

엄마: 야, 니 학교에서 쉬는 시간에 뭐 하노? 딴 애들은 다 공부한다던데…….

오빠: 엄마, 누가 공부해요?

엄마: 아니, 다른 애들은 좀 그런다고 해서 물어봤다.

오빠: 엄마, 저 있잖아요. 저는 쉬는 시간에 세 가지 일을 해요.

엄마: 뭐 하노? 보나마나 밖에서 놀고 수업 시간에 늦게 들어오겠지.

오빠: 맞긴 한데요, 수업 시간에 늦은 적은 한 번밖에 없었어요.

엄마: 그거 말고 나머지 두 가지는 뭐고?

오빠: 으음, 그림 그리구요.

엄마: 보나마나 칼, 총 그림 그리겠지.

오빠: 정답! 엄마, 이제는 듣고 놀라지 마세요?

엄마: 뭔데, 또. 시시꿀렁한 것들이제? 뻐언하다.

오빠: 아닌데요! 쉬는 시간에 공부해요.

엄마: 진짜아? 허이구, 우리 아들 철들었네.

오빠: 나도 한다면 해요! 오늘 쉬는 시간에는 과학 봤으니까 밥 먹고

사회 볼 거예요. 오늘은 진짜 한눈 안 팔고 공부 열심히 할 거예요.

엄마: 그래, 오늘은 한번 마음 따악 잡고 잘해 봐라. 그리고 오늘 엄마 모임 가는 거 알제? 엄마 없다고 또 '아싸아!' 하면 안 된다?

오빠: 엄마, 내가 무슨 6학년 앤 줄 아나. 요번에는 지인짜 마음잡고 해 볼 거예요.

엄마: 그래, 오늘은 좀 다르겠지. 한번 믿어 볼게.

엄마는 이제 말을 끝내고는 남은 저녁밥을 먹었다. (2010년 5월 12일)

엄마와 오빠가 주고받는 말입니다. 엄마는 오빠를 못 미더워하면서도 믿지요. 또 말속에는 엉뚱한 행동을 하지 않도록 주의를 주는 엄마의 마음도 잘 나타나 있습니다. 오빠도 엄마에게 학교에서 하는 행동을 숨기지 않고 그대로 말하고 있어 엄마와 오빠 사이가 참 다정스럽게 보이고 믿음 관계로 맺어져 있다는 것을 잘 느낄 수 있습니다.

싸움

경산 중앙초 6학년 이미례

옆집의 아줌마와 아저씨가 아이 문제로 싸우고 있다.

아줌마가 먼저 소리친다.

"아니, 아이를 데리고 와야지. 언제까지 할머니 집에 둘 거예요?"

"아니 그럼, 데리고 와서 우리 회사 가면 혼자 집에 있어? 어떻게 해야 할지 당신이 말해 봐. 당신이 회사 그만둘 거야? 그만두고 현이 데리고 와?"

"아니, 그만두긴 왜 그만둬요."

"그럼, 어떻게 키울 건데? 다섯 살짜리가 혼자 집에 있나?"

아줌마가 더 큰 소리를 낸다.

"유아원에 맡겨 두고 회사에서 오면서 데리고 오면 되잖아."

"아니 뭐야? 그럼 할머니 집에 그냥 있는 것이 그것보다 안 낫나? 현이가 할머니 집에 있으며 친구들과 노는 것을 더 좋아하잖아."

아줌마는 방바닥에 주저앉더니 아저씨를 보면서 금방 울 것처럼 말한다.

"그럼 평생 할머니 집에 두고 엄마 노릇 한 번도 못하나. 세 살 때부터 할머니 집에서 자라 왔잖아요. 나하고 같이 사는 게 어떤데?"

"허허 엄마 노릇 똑바로 할라면 회사를 그만둬야지."

"아니 뭐요? 내가 회사 다니는 데 당신 불만 많아? 그럼, 그만두면 되잖아. 당신이 혼자 번 돈으로 다 돌아갈 것 같아요? 당신 혼자 벌어서 우리 세 식구 먹여 살려 보라구요."

"어떻게든지 밥만 먹으면 되잖아. 걱정 마, 밥은 먹을 수 있을 테니까."

아저씨는 담배를 하나 내어서 입에 물고 피우며

"어떻게 하든 당신 마음대로 하라구. 나는 이제 모르겠으니까 당신이 다 알아서 해." 이렇게 말하고는 신을 신고 밖으로 나간다.

"좋아, 내가 집에 있을 테니까. 당신이 지금까지 살아온 것처럼 먹여 살려 보라구."

그만 눈물을 흘리고 말았다. 나를 보더니 문을 '꽝!' 닫고는

"어어어어어어……."

쉬지 않고 계속 울면서, 물건을 던지는지 '쨍그랑' 소리가 들리더니 조용했다.

(1993년)

이 대화문은 옆집 부부가 아이 문제로 다투고 있는 모습입니다. 맞벌이로 아이를 기를 수가 없으니까 아이의 할머니 댁에 맡겨 놓았는데, 어머니는 데리고 오자 하고 아버지는 그대로 두자고 합니다. 두 사람의 의견이 팽팽하게 대립되어 있지요. 아이를 곁에 두고 보살펴

려고 하는 어머니의 마음이나 아이 혼자 둘 수 없으니까 할머니 댁에 그대로 두자고 하는 아버지의 마음이 맞서 있지만 아이를 사랑하는 마음은 두 사람 다 같겠지요.

3) 세 사람 이상이 주고받는 대화를 쓴 글

다음은 세 사람 이상이 주고받는 말을 써 봅시다. 여러 사람이 모여 있는 곳에서는 또 여러 가지 이야기를 만나게 됩니다. 아무리 사람이 많아도 그 한 사람 한 사람이 다른 성격을 가지고 있기 때문에 말하는 모습도 다 다를 것입니다. 두 사람이 말하는 것하고는 또 다른 맛을 느낄 수 있지요. 세 사람 이상이니까 두 사람이 말하는 것을 적을 때보다는 더 복잡해지기도 할 것입니다.

이것 또한 이야기를 나눌 때 잊어버리지 않을 정도로만 메모해 집에 와 다시 살려 쓸 수밖에 없겠지요. 혹시 녹음기로 녹음해 와서 쓰면 안 되겠느냐고 할 수도 있을 테지만, 자료를 수집하기 위한 것이 아니고 이렇게 대화문을 쓰면서 글 쓰는 능력을 기르려고 할 때는 직접 적어 보아야 한다는 것을 잊지 맙시다.

채소 파는 아저씨

경산 중앙초 6학년 소미령

"자아 한 단 800원, 두 단 1500원."

"아저씨, 이거 얼마라예?"

"그거? 800원, 저 옆에 1500원, 뭐 주까요?"

"800원짜리 두 단 주소."

"이거요?"

"마, 아무거나 주소."

아저씨가 채소를 주고 나니까 다른 아주머니가 말했습니다.

"아저씨, 두 단에 2000원 주면 안 되겠능교?"

"아주매요, 두 단에 2000원 주면 장사해서 남는 게 뭐 있겠능교?"

"알았으예, 퍼뜩 주소."

"안녕히 가이소."

아저씨는 다리를 벌리고 앉아 담배를 쭉쭉 피우고 있다. 한참이 지나도 손님이 없자 담배를 던지고 발로 쓱쓱 밀대고 일어선다.

"한 단 800원, 두 단 1500원, 빨리빨리 사 가소! 아주매, 이것 좀 사 가소! 김치 담글 때 넣으면 얼마나 맛있겠능교!"

그러더니 중얼거린다.

"디기 안 사 가네, 에이 씨팔."

"아저씨, 이거 얼마라예?"

"800냥이라예."

"뭐 이래 시들시들하노. 맛도 없겠다."

"뭐가예? 얼마나 맛있다고요."

"이게 뭐 800원이라예? 500원만 주면 되겠구만."

"정 찝찝하마 사 가지 마소! 맛없는 거 사 가서 뭐할라꼬! 사 가지 마소!"

"마, 한 단 주이소."

"어는 거 주까예?"

"저거 주이소."

"이거예?"

"언지예. 그 옆에 거."

"이거예? 앗따 좋구만."

"800원이라 캤지예? 자요. 많이 파이소."

"안녕히 가이소. 잘 해 무소."

옆에서 장사하던 아줌마가 말한다.

"잘 팔리능교? 나는 하나도 안 팔린다, 우짜노. 꼴랑 3만 원 벌었다. 우짜마 좋노."

"나도 오늘 장사 지지리 안 된다. 일찍 마치고 들어갔뿌자. 한 단 800원 두 단 1500원! 두 단 1500원, 두 단 1500원, 1500원!"

"아저씨, 이거 얼마예요?"

"800원이라예."

아주머니는 아무 말 않고 그냥 간다.

"에이 씨팔, 마 사 가꼬 가지."

"두 단 1500원! 1500원! 퍼뜩퍼뜩 와서 사 갔뿌소! 아주매, 이거 좀 사 갔뿌소! 야 야, 니는 뭐 하노? 뭐 주꼬?"

나는 아저씨가 자꾸 물어봐서 그냥 와 버렸다.   (1993년)

채소 파는 아저씨를 중심으로 채소 사러 온 아주머니 세 사람과 옆에서 채소 파는 아주머니와 나눈 이야기를 잘 살려 썼습니다. 채소 파는 아저씨의 모습이나 성격, 채소를 사러 온 아주머니의 태도나 마음, 옆 아주머니의 모습을 잘 알 수 있을 것입니다. 그리고 시끌시끌하면서도 활기가 넘치는 시장 분위기도 느껴지지요.

대화문도 사생문처럼 짬이 날 때마다 많이 적어 보도록 했으면 합니다. 대화문 쓰는 것도 몸에 배면 글쓰기 할 때 쉽게 잘 살려 쓸 수 있을 것입니다. 그리고 자꾸 쓰다 보면 많고 많은 대화 가운데 글 속에 중요하게 꼭 들어가야 할 대화가 어떤 것인지 가려 쓸 줄도 알게 될 것입니다.

다시 말하지만 이런저런 너절한 설명보다 주고받는 말 몇 마디로 더 많은 내용이나 뜻을 담을 수도 있다는 것을 어린이들이 잘 이해하도록 지도했으면 합니다.

3. 문장 끝에 '다' 없이, 또는 자기만의 독특한 말투로 쓰기

우리는 글을 쓸 때 문장 끝말을 주로 '다' 아니면 '요'라는 말을 많이 씁니다. '다'로 쓰면 설명하는 느낌이 들어 글에 따라서는 싱싱한 맛이 살아나지 않지요. '요'라는 말은 그래도 누구에게 말하듯이 쓴 느낌이 조금은 납니다. 그래도 실감은 덜 납니다. 그런데 서정오 선생님이 들려주는 옛이야기 잘 알지요? 그 옛이야기 글을 보면 문장 끝에 '다' 아닌 말로 써서 바로 앞에서 들려주듯 생생한 맛을 느낄 수 있을 것입니다.

옛날 옛적 어느 산속에 호랑이 한 마리가 살았어. 이 호랑이는 몸집도 크고 힘도 아주 세어서 산속에서 당할 짐승이 없었지. 곰이고 멧돼지고 늑대고 살쾡이고, 제 딴엔 힘깨나 쓴다는 짐승들도 이 호랑이를 만나면 끽소리도 못 하고 그냥 슬금슬금 도망가기 바빠. 그러니까 이 호랑이는 아주 기가 오를 대로 올라서, 세상에 저보다 힘센 짐승은 없다고 잔뜩 뻐기게 됐지.

하루는 이 호랑이가 어슬렁어슬렁 돌아다니다가 사람 사는 마을로 내려갔어. 마침 추운 날인데, 저 멀리서 황소 한 마리가 나무 실은 발구를 끌고 터벅터벅 걸어오거든. 옆에는 농부가 고삐를 잡고 걸어오고 말이야. 그런데 발구에 나무를 어찌나 많이 실었던지, 멀리서 보니 그게 아주 산더미만 해. 그걸 보고 호랑이가 깜짝 놀랐어.

― 《범아이》(서정오, 보리)

여기에 보면 문장 끝말에 '다'나 '요'가 없고, '어' '지' '빠' '든' '야'

'해' 이렇게 여러 가지로 되어 있습니다. 한 군데도 '다'가 없지요. 그래서 읽어 보면 저절로 말하는 것처럼 되어서 글이 살아 있다는 느낌이 듭니다.

요즘은 다른 어른들도 이런 식으로 쓰는 사람이 많아졌지요.

토끼 새끼

청도 덕산초 6학년 윤영웅

오늘 우리 집에 경사가 났어. 학교에 갔다 오자마자 경사가 난 것을 알았거든. 무엇이냐 하면 말이야 토끼 새끼가 또 태어난 것이야. 며칠 전에 토끼 새끼가 다섯 마리 태어났거든. 그런데 오늘 또 태어났지 뭐야. 정말 좋아 못 견디겠어.

학교에서 돌아왔어.

"토끼야! 내 왔다!"

토끼를 봤거든. 그런데 가만히 있어. 윗집에는 두 마리가 있고 아랫집에는 세 마리가 있어. 토끼풀을 줄라고 하니 풀이 가득 있는 거라.

"영민이가 줬는갑다. 가자." 하고 갈라고 했거든. 그런데 윗집 토끼가 배를 내게 보일라고 하는 것 같지 뭐야.

"이게 뭐꼬? 와카노?" 카면서 어미 토끼의 배를 보았어. 그런데 어미 배에서 털이 숭숭 빠져 있는 거야. 털이 빠지니까 벌건 속살이 보이고, 다른 데보다 움푹 들어갔는 거라. 그래 이상하다 싶어.

'혹시 새끼 날라 카나? 며칠 전부터 짚으로 둥지 같은 것을 만들던데…… . 그래서 맨날 후다닥후다닥거렸나? 혹시?'이러며 어미 토끼를 봤는데 문 뒤에서 머리를 박고 뭐를 자꾸 핥아.

"어어? 토끼가 와 문 뒤에 있노?"

내 눈을 철망 앞에 바싹 대고 보니까 문 뒤에 어미 토끼 몸에서 빠진 털이 보여. 어미 토끼는 그 털 속에 있는 무엇을 핥고 있는 거라. 그래도 처음에는 모르고 "에이, 아무것도 없는데 털은 와 핥노?" 했거든. 그카는 순간 털이 막 꾸물렁꾸물렁 지렁이 같이 움직이는 거야.

"저거 뭐꼬? 지렁이같이 뭐가 자꾸 꾸물렁꾸물렁거리노? 와카지?"

가슴이 막 두근두근 뛰어.

'뭘까? 뭐지?' 하는 호기심이 나를 잡고 막 흔드는 거야. 문을 열고 보았어. 문을 열면서도 쥐가 토끼집에 들어와 있는 줄 알았거든. 그런데 그게 아니야. 뭐냐 하면 토끼 새끼지 뭐야!

"우와아아아! 억수로 귀엽다!"

토끼 집 바로 문 앞에 새끼를 놓아서 내가 맨날 가 보아도 볼 수 없었던 거야. '내가 토끼를 얼마나 하찮게 여겼으면 토끼 집까지 와 놓고도 문을 안 열어 봤을까.' 하는 생각이 들어.

토끼 새끼들은 모두 여덟 마리나 돼. 겨우 색깔을 구분할 수는 있지만 아직 발개. 발간 토끼, 아니 흰토끼가 될 거니까 흰토끼지. 흰토끼가 다섯 마리, 거무스름한 토끼가 두 마리, 한 마리는 얼룩덜룩해. 아직 눈도 안 뜬 새끼들이 지금 지가 어디에 있는지도 모르면서 먼저 위에 있을라고 막 고물락고물락거려. 서로 막 기어오르고 또 검은 토끼 새끼는 어미 털 뽑아 놓은 밖으로도 더듬더듬 나가는 거야. 그러니까 어미가 목을 슬쩍 물고 다시 털 속에 넣어 주지 뭐야. 그러면 또 형, 누나, 동생들과 장난을 쳐. 새끼 토끼는 어미 토끼보다 코도 납작하고 귀도 쬐꼼한 게 정말 귀여워. 그걸 보니까 내 동생 영민이하고 이불 위에서 막 장난치던 일이 희미하게 생각 나.

자꾸 보다가 내가 너무 보면 토끼 새끼를 어미가 물어 죽인다 카던 할머니 말씀이 생각나서 그만 문을 닫았지. 마당에 나오니까 정말 가만히 못 있겠어. 그래서 너무 좋아서 막 펄쩍펄쩍 뛰었어. 이보다 더 큰 경사가 어디 있겠어. 이게 바로 경사지. 경사 났네! 경사 났어!

(1997년 4월 9일)

어때요? 문장 끝말이 '다'로 끝난 곳은 따온 말 말고는 한 곳도 없지요? 그러니까 바로 앞에서 실감나게 이야기하는 것 같습니다. 사람도 모르게 토끼 새끼가 태어났는데, 그걸 기뻐하는 모습이 바로 눈앞에 보이는 듯합니다. 덩달아 기뻐하지 않을 수가 없겠지요?

다음, 사기만이 지니고 있는 독특한 말투로 써 보는 것도 좋겠습니다.

경상도 시골의 한 아이가 서울 공장에서 일하다 고향에 다니러 와 동무들한테 서울에 있다는 걸 자랑하기 위해 이렇게 서울 말투로 말했답니다.

"서울 백지로 갔다 싶어."

그런데 그만 경상도 지방 말인 '백지로'라는 말이 들어가 버렸습니다. '백지로'라는 말은 '괜히'라는 뜻이거든요.

자기가 쓰는 말투대로 하지 않고 억지로 다르게 쓰면 어딘가 모르게 이렇게 껄끄러운 것이 드러나게 된다는 것을 이렇게 우스갯말로 해 보았습니다.

그러고 옛날에 반상간에 담뱃대에다 담배를 먹잖여? 그러면 상놈은 담뱃대도 못 들고 가. 담뱃대도 요리 속으다 찔러서 손으로 잡고 가지. 감춰 갖고 가. 양반 사는 동네서는 담뱃대도 못 들고 간당게. 양반이란 것은 담뱃대 들고 두루매기 입고 이렇게 팔자걸음 걸어야 그게 양반이란 것이거던. 그러니 그게 뭣이여? 아무것도 아니지.

－《어떻게 하면 똑똑헌 제자 한놈 두고 죽을꼬?》
뿌리 깊은 나무 민중자서전 3(신기남 구술, 김명곤 편집, 뿌리깊은나무)

전북 임실의 어떤 어른이 한 이야기를 그대로 받아 적은 글입니다. 끝말이 참 재미있지요? 그리고 '먹잖여?' '간당게' '뭣이여?' 이렇게 그 지방이나 그 사람만의 특징이 나타나는 구수한 말맛이 살아 있습니다. 그런데 이런 말을 죄다 표준말투로 바꾸어 버린다면 재미가 하나도 없겠지요.

이처럼 사람마다 쓰는 말은 말투도 다르고 말맛도 다 다르답니다. 어린이들도 자기만의 말투, 그러니까 사투리와 말 가운데나 말끝마다 들어가는 꾸밈말(군말)까지 그대로 넣어서 써 보자는 것입니다. 그렇다고 억지로 만들어 쓰자는 뜻은 아니고, 자연스럽게 나오는 말투는 그대로 써 보도록 하자는 말이지요.

4. 어떤 일을 겪어 보고 바로 쓰기

글을 생생하게 쓰는 방법 가운데 가장 중요한 한 가지는 어떤 일을 겪으면서 바로 쓰는 것 아니겠습니까? 그렇지만 일을 하면서 글을 쓸 수는 없잖아요? 아무리 빨라도 어떤 일을 겪고 난 다음 바로 글을 쓰는 방법밖에 없을 것입니다. 그래서 늘 글을 쓸 때는 가장 가까운 날에 겪었던 일을 글감으로 찾아야 하는 것입니다.

보통 글을 쓸 때는 그렇게 하고, 이번에는 공부 삼아 어떤 일을 겪어 보고 글을 써 봅시다. 어린이들이 겪어 보았으면 싶은 일들은 참 많습니다. 눈 감고 한 시간 지내 보기, 한쪽 팔이나 발을 안 쓰고 세 시간 지내 보기, 실내화 씻어 보기, 설거지 해 보기, 부모님 발 씻어 드리기, 버들피리 만들어 불기, 우리 집 둘레 청소하기, 이웃 할아버지 할머니 도와 드리기, 청소하는 아저씨와 같이 청소해 보기, 노점상 할머니와 같이 장사해 보기, 맨발로 걸어 보기……. 이런 일을 겪어 보고 바로 글을 쓰는 겁니다.

별 희한한 일도 다 있네

경산 부림초 6학년 김승웅

밖에서 놀다가 집에 들어와 보니 엄마가 발을 씻으려는 모습이 보였다. 그때 마침 '재미있는 숙제' 생각이 번득 났다. 그래서 "엄마, 잠깐만 있어라. 내가 발 씻어 줄게. 잠깐만 기다려래이." 하고 방으로 뛰어 들어갔다. 수건을 하나 가지고 나왔다. 그것을 엄마 옆에다 놓고 발을 씻으려고 하는데 "별 희한한 일도 다 있네. 웅아가 엄마 발도 다 씻어 주고. 거 참 신기하네." 했다.

그 말을 듣고 나니 나도 모르게 기분이 좋았다.

발을 씻었다. 엄마 발을 만져 보는 순간 나는 깜짝 놀랐다. 왜냐 하면 엄마 발에 꾸둑살이 많이 배겨 있었기 때문이다. 그리고 엄마 발이 쭈글쭈글했기 때문이다.

"엄마, 발에 꾸둑살도 많고 쭈글쭈글하다."

"장에 많이 가 안 카나."

나는 그 말을 듣고 아무 말도 하지 못했다. 그때 그만 물을 쏟고 말았다. 그래서 다시 물을 떠서 엄마 발을 계속 씻기기 시작했다. 발을 더욱 깨끗이 씻기 위해서 빡빡 문질렀다. 그러니 엄마가 "아이고 따갑다. 좀 살살 해라." 했다. 그래서 살살 문질렀다. 한쪽 발을 다 씻고 또 다른 발을 씻기 위해 물을 다시 떠 왔다. 다른 쪽 발도 꾸둑살이 많이 배겨 있고 쭈글쭈글했다. 그래서 엄마 발을 한번 간지래 보았다.

"엄마, 안 간지럽나?"

"안 간지럽다. 빨리 씻기나 해라." 했다.

계속 발을 씻었다. 이번에는 물을 쏟는 일이 없도록 조심해서 씻었다. 발을 씻다가 엄마 얼굴을 보니 기분이 좋은지 웃고 있었다. 발을 다 씻고 수건으로 깨끗이 닦아 주었다. 오늘 엄마 기분이 아주 좋을 것이다.

(1991년 10월 6일)

어머니의 발을 씻어 드리고 쓴 글입니다. 보통 때는 잘 돌아보지도 않던 발을 씻으며 만져 보고 어머니가 얼마나 고생하고 있는지 깨달았다는 글입니다.

자주 이렇게 겪어 보고 글을 써 보도록 합시다.

5. 자세히 표현해 보기

어린이들의 글도 관념으로 표현한 글이 참 많습니다. 관념은 기호 같은 것이지요. 기호는 한 가지로 통일된 뜻을 나타내는 약속입니다. 그래서 관념으로 쓴 글은 살아 있는 글이 될 수 없고, 큰 감동을 줄 수도 없습니다. 자세하고, 정확하게 표현해야 하지요.

그런데 자세하게 표현해야 한다고 하면 무조건 글을 길게 쓰는 것으로 생각하는 어린이들이 많겠지요. 자세하게 표현한다는 것은 꼭 길게만 표현하는 것은 아닙니다. 대체로 길긴 하지만 더 짧으면서도 다른 사람에게 사실이나 자기 생각과 감정이 고스란히 잘 전달되도록 표현할 수 있지요.

이를테면 '우리 집에는 젖소가 아주아주 많아.' 했을 때 '아주아주 많다.'는 말은 얼마나 많은지는 알 수가 없습니다. '우리 집에는 젖소가 오백 마리나 돼.' 이렇게 표현한다면 글자 수는 같아도 더욱 자세하게, 또렷하게, 정확히 표현했다고 할 수 있지요.

그다음은 꾸미는 말을 넣어서 자세하게 표현하는 방법입니다. '토끼를 꺼내었다.' 이렇게 쓴다면 토끼를 어디에서 어떻게 꺼내었는지를 잘 모릅니다. 그걸 잘 알도록 써야지요. '어깨를 토끼장 안으로 쑤욱 넣고 팔을 쭈욱 뻗쳐서 토끼 귀를 손으로 잡고 엉덩이를 받쳐서 홀딱 들어 가지고 한 마리 한 마리 꺼냈다.' 이렇게요.

다시 이오덕 선생님의 책 《글짓기 교육》에서 빌려 오겠습니다. 나도 오래전부터 이런 식으로 개별지도를 해 왔거든요.

3. 수식 한정법

이것은 아주 간단한 글(가령 주어와 술어만 있는 글같이)에 수식하거나 한정하는 말을 넣게 하여 그 뜻을 뚜렷하게 하고 그 모양을 자세하게 그려 내도록 하는 방법이다. 글의 전체를 이렇게 지도할 수도 있고, 한 문단이나 한 글귀만을 이렇게 지도할 수도 있다.

가령, "새싹이 돋아 올라옵니다." 하는 글귀가 있으면 "어떤" 새싹이 돋아 올라오던가? 그때 본 것을 잘 생각해 보라 하여,

"아기처럼 귀여운 노란 새싹"이라고 고쳤다면, 다시 "어떻게" 올라오던가 본 그대로 자세히 써 보라 하여,

"아기처럼 귀여운 노란 새싹이 한 자리에 소복이 돋아 올라옵니다."(2학년 임도순)라고 하는 것과 같다.

그리하여 이 지도는 언제? 어디서? 누가? 무엇을? 어떻게? 어떠했다는 것을 밝히는 것이 된다.

— 《글짓기 교육》(이오덕, 아인각)

글 전체를 이런 식으로 지도하면 되겠지요. 더 자세한 내용은 '글다듬기'에서 다시 이야기하기로 하고 여기서는 줄입니다.

글을 쓸 때는 이렇게 자세하게 표현해야 할 부분은 자세하게 표현해야 더욱 실감을 느낄 수가 있습니다.

2장 서사문에서 글에 예문으로 내보인 〈토끼 똥 치기〉나 〈할머니 짐 들어 드리기〉 같은 글은 아주 자세하게 표현한 글이라 하겠습니다. 다시 한 번 더 찾아 읽어 보기 바랍니다. 그 밖에도 지금까지 모

범 예문으로 내보인 글들은 대부분 자세하게 나타내어야 할 곳은 자세하게 나타내었다고 볼 수가 있겠지요.

6. 동식물이나 사물을 사람처럼 생각하며 보고 겪은 일 쓰기

어린이들의 마음은 하늘 마음이라서 동식물이나 사물도 사람과 다르게 생각하지 않습니다. 그래서 보통 글을 써도 동식물이나 사물이 말을 하고, 생각하고, 감정이 있는 것처럼 씁니다.

버드나무 할아버지

울진 온정초 3학년 김은정

우리 동네에서 제일 많이 늙으신
버드나무 할아버지
어깨가 축 늘어져 있어요.
뿌리에는 수염이 숭숭 나 있어요.
학교에 오며 갈 때 내가
쉬고 있으면
턱 내려다보시고
허허허 웃어 주지요.
언제나 우리를 끌안을려고
팔을 떡 벌리고 있지요.
아이들이 팔에 매달리고
그네를 타도

허허허 웃고만 있지요.

그런데 오늘은

어깨가 축 늘어져 있어요.   (1985년 10월 31일)

이렇게요. 늙은 버드나무를 나이 많은 할아버지로 생각한 것이지요. 그래서 이번엔 아예 처음부터 동식물이나 사물을 사람처럼 생각하고 글을 써 보도록 하는 겁니다. 이런 방법을 어려운 말로 의인법이라고도 하는데, 한 가지 잊지 말아야 할 것은 공상이나 상상이 아닌 실제로 보고 겪은 이야기라야 합니다. 상상문의 한 갈래이기도 하지요. 더 설명할 것도 없이 다음 글을 보면 어떻게 쓰는지 잘 알 수 있을 것입니다.

쓰레기봉투와 배고픈 참새

대구 동호초 4학년 전민아

우리 집 가까운 골목길 한쪽에 쓰레기봉투가 몇 개 나뒹굴고 있습니다. 거기에 배고픈 참새 한 마리가 먹을 것을 찾고 있었습니다.

"어디 먹을 거 없나? 쓰레기봉투에서 찾아봐야지!"

참새는 쓰레기봉투를 콕콕 쪼았습니다. 그러니까 쓰레기봉투는 너무 아파 잉잉 울었습니다.

"아이 참, 좀 비켜! 아파 죽겠단 말이야! 제발 내 몸 못살게 굴지 마!"

하지만 참새는 그 말을 듣는 둥 마는 둥 자꾸만 쓰레기봉투를 콕콕 쪼아 찢었습니다.

"어, 여기 있다! 또 찾아봐야지."

"제발 나 좀 봐줘! 힘들고 아파 죽겠단 말이야!"

쓰레기봉투는 더 크게 울었습니다. 하지만 참새는 듣는 둥 마는 둥 자꾸만 쓰레기봉투를 콕콕 쪼고 뒤적거리며 먹을 것을 찾고 있었습니다.

그러다가 먹을 것이 없는지 밖으로 튀어나온 쓰레기를 보며 중얼거렸습니다.

'이것을 먹을 수 있다면 얼마나 좋을까? 배가 너무 고픈걸……'

그러다가 다시 쓰레기봉투를 뒤적거렸습니다.

다시 찾아봐도 먹을 것이 없으니까 다른 데로 포르륵포르륵 날아갔습니다.

쓰레기봉투는 참새가 날아간 뒤에도 자기 몸이 찢어져서 몹시 아팠지만 배고픈 참새를 생각하니 마음이 더 아팠습니다. (2010년 5월 16일)

흔히 보는 장면인데도 이렇게 써 놓고 보니 재미가 있습니다. 쓰레기봉투는 자기 몸이 찢겨져 아픈데도 배고픈 참새를 생각하는 마음이 참 예쁩니다. 이 마음은 바로 글쓴이의 마음이지요.

동식물이나 사물을 사람처럼 생각하고 글을 쓰려면 그 모습이나 습성을 잘 관찰하고 써야 합니다. 이런 글이 발전되면 어른들이 쓰는 의인 동화처럼 될 수도 있겠지요.

7. 시늉말 중심으로 글쓰기

글에서는 시늉말도 매우 중요한 몫을 합니다. '시늉말'은 '흉내말'이라고도 하지요. 어떤 소리, 모양이나 동작 따위를 흉내 내어 하는 말이지요. 시늉말에는 '소리시늉말(의성어)'과 '모양이나 동작시늉말(의태어)'이 있답니다. 소리시늉말은 사물의 소리를 흉내 낸 말인데, '딸랑, 쨍그랑, 와당탕퉁탕' 따위가 그것입니다. 그리고 모양이나 동작시늉말은 사물의 모양이나 움직임을 흉내 낸 것인데, '아장아장,

곰실곰실, 반짝반짝, 데굴데굴, 나풀나풀' 따위가 그것입니다.

그런데 이 시늉말을 제대로 표현하지 못하는 어린이들이 많이 있습니다. 표현을 하더라도 관념으로 굳은 표현을 많이 하지요. 돼지는 무조건 '꿀꿀' 운다고 하고, 매미는 무조건 '맴맴' 운다고 하고, 아기는 무조건 '아장아장' 걷는다고 하는 것입니다. 그런데 이 세상 어느 돼지도 '꿀꿀' 우는 돼지가 없고, 어느 매미도 '맴맴' 울지 않습니다. 또 '아장아장' 걷기만 하는 아기도 없고요. 이런 소리나 모습의 시늉말도 정해 놓은 기호와 같은 것이라 살아 있다는 느낌이 안 납니다.

이제부터는 어린이가 자기 귀로 소리를 듣고 자기 눈으로 본 모습대로 시늉말을 잘 붙잡아 쓰도록 지도하기 바랍니다. 그래야 글이 더욱 살아 있게 되니까요.

다음과 같이 줄글 속에 시늉말을 잘 살려 써 보면서 자기만의 시늉말 표현 능력을 길러 보는 것도 좋겠습니다.

부엌에서

대구 동호초 4학년 전서영

부엌에서 엄마가 저녁 준비를 한다. 먼저 밥통 속 그릇을 들어내어 쌀을 '사르르르' 붓고 정수기 물에 쌀을 '살그륵 살그륵 살그륵 살그륵' 씻는다. 그리고 밥통에 넣고 뚜껑을 '척, 딸깍' 닫고는 스위치를 '삑' 누른다.

엄마는 밥이 다 될 동안 반찬을 만든다. 양파를 도마에 놓고 칼로 '탁탁탁탁탁 타타타타타' 다진다. 그러더니 프라이팬 위에 멸치를 올린다. '치짓 치이이이이이 치이이이이이' 소리를 낸다. 주걱으로 '드그덕 드그덕 드그덕' 저으며 볶는다.

반찬이 거의 다 될 무렵에 압력 밥솥에서 '치이이이 치칫치칫 치칫치칫 치지지지지' 소리를 내며 밥이 다 되었다고 알린다.

밥을 먹기 위해 엄마는 식탁을 반들반들하게 닦고 수저와 반찬 그릇을 놓는다. '따그락 딱, 따그락 따라랑 팅, 따르락 딱 따그르, 딱 따닥' 소리가 난다. 그리고 밥통을 '딸깍, 착' 열어서 밥을 푼다. 그리고 밥그릇을 식탁에 '탁 턱 타닥' 놓는다. 우리들은 의자를 '뽀그으으으 삐극 뽀복' 꺼내어 앉는다. 우리는 '짭짭짭, 쭙짭짭짭, 쩝쩝쩝' 밥을 먹는다.

밥을 다 먹자 엄마는 수세미에 퐁퐁을 '프르륵 프르륵' 짜서는 그릇에 '쓱쓱 쓱싹' 문대며 씻는다. '타당 탕, 떵그르 퉁, 쓱쓱 탕, 탕 따그르' 그릇 부딪치는 소리가 시끄럽다. 퐁퐁으로 다 문대고는 수도꼭지를 트니까 물이 '쏴아아아아아 싯싯쏴아아아' 소리를 내며 나온다. 그러니까 엄마는 그릇을 헹군다. '쏴아아아 쌋싸싸 씻, 탕 타르르, 팅 뜨르 떵' 물 나오는 소리 그릇 부딪치는 소리가 막 섞여 시끄럽다.

엄마는 설거지를 다 했는지 고무장갑을 벗는다. 소리가 '꽈 꽈드득 꽉 꽈아 꽉' 난다. 드디어 장갑을 '착' 놓는다.　　　　　(2010년 5월 17일)

어머니가 부엌에서 음식하며 내는 소리시늉말들을 살려 줄글로 엮어 쓴 글입니다. 이 글을 보면 우리 귀에 들어오는 소리가 매우 다양하다는 것을 알 수 있을 것입니다. 정신을 집중해 듣고 시늉말로 잘 나타내도록 해 보기 바랍니다.

소리시늉말을 아주 실감나게 살려 쓴 시 한 편 맛보세요.

솔 넘어가는 소리

안동 대곡분교 3학년 권상출

안동매기에서
솔을 빈다.
짝닥닥하고
넘어간다.
빌 지기는

설설거다가
넘어갈라 할 지기는
짝닥닥거다가
땅에까지 댈 때는
꽈당탕건다.
내가 멀리 있어도
칭기는 것 같다.
소나무 앞에 있는
참나무도
엄침이 큰 게
소나무에 칭기서
붉어진다.

(1968년 10월 4일)
-《일하는 아이들》(이오덕, 보리)

'설설' '짜닥닥' '꽈당탕' 하는 소리시늉말이 잘 살아 있는 시입니다. 시에서처럼 멀리 있어도 소나무에 칭기는 것 같은 느낌입니다.

바람 소리, 물소리, 동물의 울음소리 같은 자연의 소리도 잘 듣고 나타내어 봅시다.

다음은 움직이는 모습을 중심으로 나타낸 시늉말글을 한 편 보겠습니다.

참새와 아이

대구 동호초 4학년 이민희

학교 뒤 공원이다. 참새 소리가 난다. 아니, 참새인지 무슨 새인지 모르겠지만 내가 보기에는 참새 같다. 나무 위에서 '째쩍 째쩍' 울던 참새 네 마리가 '포륵 프르륵 포륵 파라락' 땅에 내려앉더니 부리로 먹이를

'콕 코곡 콕 콕 코곡 코코코코' 쪼아 대고 있다. 그때 공원에서 놀던 한 아기가 뒤꿈치를 들고 '사알금 사알금 기우뚱' 하다 다시 '살그음 살그음' 걸어가더니 손뼉을 한 번 '짝' 친다. 그러자 참새들은 나무 위로 '푸르륵 포르륵 파르르르륵 파락파락' 날아갔다. 아기는 또 그쪽으로 '콩콩콩콩' 뛰어간다. 그런데 얼마 못 가서 '더덜퍽' 넘어졌다. 아기 주위에는 먼지가 '풀썩' 솟아났다. 아기 얼굴이 일그러지고 '으으으 하아' 하더니 손으로 땅을 짚고 '스을슬' 일어나 한 번 '비틀' 한다. 양손에 묻은 흙을 '슥슥 스윽' 닦더니 옷을 '톡 톡 톡 토토' 턴다.

아기는 다시 '팔짝팔짝' 뛰어가 머리위로 팔을 뻗어 손뼉을 '짝 짝 짝' 친다. 그럴수록 참새는 멀리 있는 나무로 '포르르르 파라라라' 날아가 버린다.

아기는 참새 쫓기를 포기하고 아기의 할아버지인지 어떤 나이 많은 아저씨한테로 '뿔뿔뿔뿔' 걸어간다. 그러니까 참새들은 다시 '포르르르륵 프르르르륵 파라라라락 포르르르륵' 땅에 내려온다.   (2010년 5월)

새를 쫓는 아기의 움직임을 잘 살펴보고 쓴 시늉말글입니다. 조금은 억지 같은 부분도 있긴 하지만 그런대로 잘 보고 썼지요?

다음은 어떤 사물의 모양이나 색깔, 상태 같은 것을 나타내는 시늉말을 중심으로 쓴 글입니다.

호빵

경산 동부초 4학년 장혜진

나는 엄마한테 호빵을 쪄 달라고 했다. '뽀얗고' '둥글납작'하면서도 가운데가 '봉긋한' 호빵, 입에 침이 '사르르' 고인다. 호빵 찌는 냄비에서 김이 '피이이이 피이이이' 올라온다. 엄마가 호빵을 하나 꺼내 주었다. 나는 손에 쥐자 나도 모르게 "앗, 뜨거!" 소리가 나왔다. 호빵이 '따끈따

끈'하고 '말랑말랑'하다. 나는 침을 '꼴깍' 한 번 삼키고 입김을 '후우우 후우우' 불어 가며 먹었다. 너무 뜨거워서 "으으, 뜨거 뜨거!" 하면서 먹었다. 밀가루의 '구수한' 맛에 '검붉은' 색깔을 띠면서 '달콤한' 팥소 맛이 더해져 더욱 맛있었다. 나는 두 개를 먹었더니 배가 '둥둥해'졌다.

호빵을 보니 색깔이 '볼그레한' 호빵도 있고 '포르스름한' 호빵도 있었다. 나는 다음에 그것도 먹어 봐야지 하고 생각했다.　　　(2012년 12월)

호빵의 모양이나 맛, 색깔의 시늉말을 잘 표현했지요?

또 시늉말을 넣어 짤막한 글을 써 보게 하기 바랍니다. 다음은 또래 어린이들이 쓴 시에 나타난 시늉말을 예로 들어 놓은 것입니다.

· 강아지는 젖꼭지를 찾아 / 꼼지락꼼지락 / 파고들어간다. / 침을 질질 흘리며 / 쭙 쭙 쭙 / 엄마 젖을 빨아 먹는다.

· 우리 마당에 새싹 // 오리 주둥이처럼 치켜들고 / 조물조물 물을 먹네.

· 바람이 시원하게 분다고 / 풀들이 춤을 춘다. / 사르르 누웠다 / 사르르 일어나는 풀 / 타르르 떠는 풀 / 목을 빙글빙글 돌리는 풀 / 좋다고 좋다고 / 몸을 펄렁펄렁 날리는 풀 / 풀들이 신나게 춤을 춘다.

· 포릅포릅한 쑥 / 비에 흠뻑 젖었다.

· 호박이 까불거려요 / 한쪽에 물을 주면 / 잎은 조리로 해딱 가고 / 또 다른 쪽에 물을 주면 / 요리로 해딱 누워요. / 떡잎 사이에 본잎이 / 혀를 내밀듯이 쏙 나왔어요. / 하얀 털이 송송송 나왔어요 / 만지면 간질간질해서 / 웃음이 터질 것 같아요.

· 오동나무가 방울을 달고 있다. / 흔들어 보면 / 소르르르 소르르르 / 차르르르 차르르르 / 아기 장난감 같다.

· 방에서 공부하고 있으면 / 개구리들이 / 자기 목소리를 서로 뽐내

려고 / 괴괴괴괴괴괴괴괴 / 뽀르르르 뽀르르르 뽀르르르 뽀르르르 / 가
가가가가 가가가가 가가가가가 / 노래를 불러요.

　・초롱초롱한 눈 / 새끼 고양이가 끼이야옹 끼이야옹 / 어미를 부른다.

　・어미 소가 풀을 뜯어 먹으면 / 송아지도 풀을 날름날름 뜯어 먹고 /
어미 소가 물을 마시면 / 송아지도 물을 꿀딱꿀딱 마신다.

어때요? 시늉말 표현이 참 재미있지요? 바로 눈앞에 그 모습이 보
이는 듯하기도 하고 바로 앞에서 소리가 들리는 것 같기도 합니다.

아이들에게 소리, 움직임, 모양이나 모습, 색깔, 또 그 밖의 시늉말
을 함께 넣어서 글을 자주 써 보게 하기 바랍니다.

8. 맺는말

지금까지 글을 더욱 생생하게 쓸 수 있는 방법 몇 가지를 살펴보았
습니다만 그 밖에도 여러 가지 방법들이 있겠지요. 지나간 일을 지금
겪는 것처럼 써 보기, 들은 내용(말)을 잊지 않고 살려 써 보기, 비유
하는 말 살려 써 보기, 느낌 살려 써 보기 같은 방법들 말입니다. 여
러 가지 방법을 찾아 지도해 보기 바랍니다.

누구든지 글쓰기를 더욱 잘하려면 이렇게 여러 가지 방법으로 꾸
준히 글 쓰는 공부를 해야 합니다. 또 이렇게 여러 가지 방법으로 글
쓰는 것 자체가 즐거움이 되도록 하면 더욱 좋겠습니다.

찾아보기 – 갈래별 사례 글

일기

편지

극본

추천하는 말

아이들과 살아가는 사람이 이 책을 만난다는 것은 어마어마한 행운이 될 것이다. 이호철 선생님의 글쓰기 교육뿐만 아니라, 이오덕 선생님도 뵙게 되고, 글쓰기회의 역사와도 만날 수 있기 때문이다. 늘 곁에 두고 자주 펼치다 보면 어느 순간 아이들과 즐겁고 재미나게 교실 생활을 하는 자신을 발견하게 될 것이다. _윤태규(한국글쓰기교육연구회 이사장, 전 대구 동평초등학교 교장)

스승님께 문안드리러 갔는데, 그때마다 내게 필요한 책을 선물로 주셨다. 한번은 스승님 책상 위에 이호철 선생이 쓴《살아 있는 글쓰기》가 있어서 여쭈었더니, 언어학을 더 깊이 연구하러 유학 떠나는 손녀한테 줄 책이라고 하셨다. 그래서 나도《이호철의 갈래별 글쓰기 교육》을 초등학교 교사인 내 제자와 초등학생인 우리 손녀한테 먼저 선물하려고 한다. _주중식(전 거창 샛별초등학교 교장)

《이호철의 갈래별 글쓰기 교육》은 이호철 선생님 교실 혁명의 고갱이요, 40년 글쓰기 교육의 온묶음(집대성)입니다. 이 책을 읽는 것은 곧 그 큰 흐름을 꿰뚫는 일과 같습니다. _서정오(한국글쓰기교육연구회 회원)

하고 싶은 말을 마음껏 할 수 있는 자유로운 교실이라야 살아 있는 글쓰기가 된다. 먼저 말길이 트여야 글길도 열리게 마련이다. 이것이 이호철 선생님이 평생 실천한 글쓰기 교육 철학이고, 이 책 바탕에 깔려 있는 선생님 생각이자 뜻이다. _구자행(부산 연제고등학교 교사)

중·고등학교 학생들에게 글쓰기는 논술 시험을 위해 학자들이 쓴 요란한 글을 읽고 요약하고 비교하고 짜깁기하는, 괴롭고 짜증나는 '노동'이다. 그런데 어릴 적부터 글을 왜 써야 하고, 그 글이 다른 글과 어떻게 다르고, 글을 쓰기 위해 기본 공부를 어떻게 하고, 자기 생각을 담아 글을 쓰는 법을 차근차근 자세하게 안내받을 수 있다면? 800쪽이 넘는 책에서 이호철 선생님은 그 길을 환하게 밝혀 주신다. 이 책을 만나서 고맙고 든든하다. _박종호(서울 신도림고등학교 교사)

와, 드디어 나왔다. 이호철 선생님이 교단에서 한평생 아이들과 일구어 온 살아 있는 글쓰기! 그 결실인 책. 이제 곁에 두고 나는 필요할 때마다 야금야금 따먹어야겠다. 생각만으로도 배가 불러! _주순영(강원 원주 치악초등학교 교사)

이 책은 이호철 선생님이 평생 교실에서 하루하루 실천하며 엮어 낸 이 시대 최고의 글쓰기 교과서입니다. _이정호(김해 진영금병초등학교 교사)

'글짓기 교육'을 '글쓰기 교육'이라고 우기는 얼뜨기 책들이 넘쳐나는 세상에, 아이들을 살리는 제대로 된 글쓰기 교육을 해 보고 싶은 사람이라면 이 책부터 읽어야 한다. 이호철 선생님 교실 아이들 글을 읽으면 말들이 어쩌면 그리도 생생하고 재미난지 모르겠다. 그게 어디서 나왔을까. 삶이 곧 글이요 글이 곧 사람이라는 믿음으로 글쓰기 교육을 실천해 온 선생님의 평생이 고스란히 이 책에 담겼다. _이무완(강원 삼척초등학교 교사)

우리 나라 교육계에 이호철 선생님만큼 아이들 삶을 가꾸면서 체계 있는 글쓰기 교육을 하신 분이 또 있을까 싶다. 후배로서 늘 선생님의 지도 사례로 배우고 깨달으며 살고 있다. _윤일호 (전북 진안 장승초등학교 교사)

초등토론교육연구회 회원으로 초등학생들과 토론을 자주 한다. 책에서 주장하는 글은 아이들이 자신의 삶과 가까운 현실 문제로 자기 생각을 마음껏 말하도록 해야 한다고 한다. 이 말을 바탕으로 아이들이 토론하도록 도와야겠다. _이영근(경기 군포양정초등학교 교사)

세 살배기 아들과 함께 길을 가려면 참 힘들다. 아이가 보고, 듣고, 냄새 맡고, 맛보고, 만져 보고 싶은 것이 너무 많아 좀처럼 나아가지 않기 때문이다. 또 다른 이가 느끼는 감정에 그대로 빠져들기도 한다. 아이들은 이렇게 활짝 열어 놓고 태어난다. 하지만 오늘날 교육은 세상과 이어진 그 문을 하나씩 닫고 있다. 이제는 교과서 내용 말고는 봐도 본 것이 아니고, 들어도 듣지 못하는 아이들로 키우고 있다. '살아 있는 그대로 느끼고 이를 참되게 표현해야 한다.'는 이호철 선생님의 글쓰기 교육이야말로 참된 사람을 키우는 길임을 나는 믿는다. _주한경(경기 남양주 덕소초등학교 교사)

살아 있는 교육 34

이호철의 갈래별 글쓰기 교육

2015년 3월 2일 1판 1쇄 펴냄 | 2023년 11월 15일 1판 7쇄 펴냄

글쓴이 이호철

편집 신정숙, 김로미, 박세미, 이경희, 조성우
디자인 김은미 | **제작** 심준엽
영업마케팅 김현정, 나길훈, 양병희 | **영업관리** 안명선 | **새사업부** 조서연
경영지원실 노명아, 신종호, 한선희
인쇄와 제본 (주)상지사 P&B

펴낸이 유문숙 | **펴낸 곳** (주)도서출판 보리 | **출판 등록** 1991년 8월 6일 제9-279호
주소 (10881) 경기도 파주시 직지길 492
전화 031-955-3535 | **전송** 031-950-9501
누리집 www.boribook.com | **전자우편** bori@boribook.com

ⓒ 이호철, 2015

보리는 나무 한 그루를 베어 낼 가치가 있는지 생각하며 책을 만듭니다.

ISBN 978-89-8428-864-5 03370

이 도서의 국립중앙도서관 출판예정도서목록(CIP)은 서지정보유통지원시스템 홈페이지(http://seoji.nl.go.kr)와
국가자료공동목록시스템(http://www.nl.go.kr/kolisnet)에서 이용하실 수 있습니다.
(CIP제어번호: CIP2015001062)